日帝強占期　檀君陵修築運動

김 성 환

문학박사(한국사)
경기도박물관 학예연구관
Harvard Korea Institute Reserach Scholar(2003~2005)
현재 실학박물관 학예연구실장

대표논저

『고려시대 단군전승과 인식』(경인문화사, 2002)
『한국역대문집총서목록』Ⅰ·Ⅱ·Ⅲ(경인문화사, 2000)
『하바드옌칭도서관한국귀중본해제』Ⅰ~Ⅴ(경인문화사, 2005)
「조선시대 단군묘에 관한 인식」(2006)
「강화도 단군전승의 이해와 인식-문집 자료를 중심으로-」(2008) 등 다수

日帝强占期 檀君陵修築運動

값 35,000원

2009년 10월 20일 초판 인쇄
2009년 10월 30일 초판 발행

　　　저　　자 : 金 成 煥
　　　발 행 인 : 한 정 희
　　　발 행 처 : 경인문화사
　　　편　　집 : 김 하 림, 안 상 준
　　　　　　　서울특별시 마포구 마포동 324-3
　　　　　　　전화 : 718-4831~2, 팩스 : 703-9711
　　　　　　　이메일 : kyunginp@chol.com
　　　　　　　홈페이지 : 한국학서적.kr / http://www.kyunginp.co.kr
　　　등록번호 : 제10-18호(1973. 11. 8)

ISBN : 978-89-499-0668-3　94910

日帝强占期 檀君陵修築運動

金 成 煥

景仁文化社

이 연구는 한국학중앙연구원 한국학기획연구사업단의 2007~2008년
한국학기획사업(역사기초자료번역사업)의 지원을 받았다.
과제번호 AKS-2007-GD4002

책머리에

단군묘檀君墓는 한말 경술국치 직전 능으로 숭봉되었다. 국권 수호를 위한 대한제국의 마지막 몸부림으로 받아들일 수 있는 대목이다. 하지만 이때에도 단군릉檀君陵은 수치되지 못했다. 경술국치로 국권이 일본 제국주의 아래로 넘어간 시대적 상황과도 관련이 있다. 이후 일제강점기에 들어서면서 거의 방치되다가 1920∼30년대 그 소재지인 강동군과 평안남도의 유림을 중심으로 수치를 위한 일종의 캠페인이 진행되었다. 이것이 단군릉수축운동檀君陵修築運動이다.

이 시기에 진행되었던 단군릉수축운동에 대해서는 본격적인 접근이 거의 없었다. 민족주의적인 관점에서 그 성격에 대한 약간의 견해가 제시되었을 뿐이다. 내용에 대해서는 전혀 알려진 것이 없다. 하지만 이 시기 수축운동의 성격을 그렇게만 파악하는 것은 충분하지 못하며, 내용에 대해서도 구체적인 접근을 필요로 한다. 우리 상고사의 중요한 한 축인 단군과 직접 관련한 유적이기 때문이다. 현재적인 관점에서 진위 여부만을 논쟁의 대상으로 삼는 것은 바람직하지 못하다.

한말부터 본격적으로 논의된 단군릉 수치에서 가장 중요하게 생각되었던 것은 수호각 건립이었다. 1920년대 초반 강동 유림에서의 움직임, 1920년대 중반 평안남도유림연합회가 이끌었던 '단군묘수호계檀君墓守護契', 1930년대 다시 강동 유림에서 주도한 '단군릉수축운동'에서 한결같았다. 특히 이를 위해 1930년대 강동명륜회 산하에 조직된 것은 '단군릉수호각건축기성회檀君陵守護閣建築期成會'였다. 수호각 건립에 대한 그들의 열의를 짐작할 수 있게 한다.

필자는 수년전부터 단군묘의 출현과 인식의 문제에 깊은 관심을 가져왔다. 이것은 진위의 여부에만 머물러 있는 남북 역사학계의 논의에 대한 반성에서 시작되었고, 나름대로 객관적인 인식의 틀을 정리할 필요가 있었기 때문이다. 그 첫 번째 것이 『조선시대 단군묘 인식』(경인문화사, 2009)이고, 이 책은 그 후속 작업의 결과라고 할 수 있다.

정확하게 말해서는 단군묘를 둘러 싼 전통사회부터 일제강점기까지의 이해를 검토하고자 하는 것이 연구를 시작할 때의 계획이었다. 하지만 그 결과를 수합하는 과정에서 생각보다 내용이 많아져 한 권으로 엮기에 힘들어 부득이 두 권으로 나누기로 하였다. 이런 점에서 당초 연구계획을 충분히 달성했는지의 문제가 제기될 수 있다. 또 게으름으로 독립된 논문을 재정리하지 못하고, 모으는 데 급급하다보니 전체 내용에서 중복된 부분이 많다. 하지만 논지를 전개하는데 필요하다고 생각되어 그대로 두었다. 독자들에게 편의를 제공하지 못했다는 점 역시 죄송스럽다.

몇 해 전 은사이신 신천식 선생님께서 작고하시기 전날, 몇 개월 만에 병상을 찾은 필자에게 공부에 대한 이런저런 말씀을 하시며, 당신이 작업을 진행하시다가 마무리 짓지 못한 과제가 있으니 이것을 부탁한다는 뜻밖의 말씀이 있으셨다. 선생님을 여주의 한적한 곳에 모시고 난 후 유품을 정리했지만, 찾지 못했다. 이후 선생님께서 말씀하신 과제를 필자의 공부가 어느 정도 성과가 있으면 시작할 것이라고 마음먹기도 했지만, 지금까지 바쁨을 핑계하여 손에 대지도 못하고 있다. 이제서 생각해 보면 그 깊은 뜻은 아무래도 앞으로 필자의 공부 방향에 대한 구체적인 고민과 관련이 있어 보인다.

이 연구를 진행하는데 많은 분들의 도움이 있었다. 우리 상고사 문제에 관심이 많은 복기대 선생님, 이래저래 폐가 많은 친구 경인문화사 한정희 사장 등 인사할 분도 많다. 감사드린다. 또 서투른 글을 손봐준

직장 동료인 홍인국 선생님과 경인문화사 신학태 부장의 고마움도 있
다. 사랑하는 가족, 아내 한경희, 역사에 관심을 가지려는 재하, 예술 감
각을 뽐내는 재우, 그리고 항시 자식 걱정이신 어머니, 모두 항상 곁에
있는 후원자들이다. 고마운 말씀을 올린다.

2009.10

金 成 煥

<목 차>

제3부 단군릉수축운동檀君陵修築運動의 성격

제4부 결 론
-단군릉수축운동檀君陵修築運動의 전개와 성격-

x

부 록

제1부

서 론

-연구의 목적과 방법-

연구의 목적과 방법

『동국여지승람東國輿地勝覽』의 강동현「고적」조에 처음 소개된 단군묘
檀君墓는 1990년대 중반 우리에게 관심 대상으로 다가왔다. 1993년 북한
에서의 소위 단군릉檀君陵의 발굴과 이듬해 개건이라는 사건이 있었기
때문이다.[1] 이후 북한 역사학계의 이에 대한 정당성 확보를 위한 여러
작업이 진행되었지만,[2] 이것이 현재 우리의 관심사는 아니다. 물론 우리
사회에서 이 유적에 대해 다양한 시각이 존재하고 있고, 그 중심에는 진
위 문제가 자리하고 있다.[3]

---

1) 사회과학원 력사편집실 엮음, 1994,『단군과 고조선에 관한 연구론문집』, 사회과학
   출판사 ; 이형구 엮음, 1993,『단군을 찾아서』, 살림터 및 1999,『단군과 고조선』,
   살림터 ; 장우진, 2000,『조선 민족의 발상지 평양』, 사회과학출판사 및 2002,『조
   선 민족의 력사적 뿌리』, 사회과학출판사 ; 2002,『조선민족의 원시조 단군의 유골
   감정보고』, 사회과학출판사 참조.
2) 이에 대한 북한학계의 작업 결과는 다음을 참고할 수 있다. 강룡남, 1996.3,「단군
   에 대한 고구려사람들의 리해와 숭배」『력사과학』 ; 허종호 등, 1999,『고조선력
   사개관』, 사회과학출판사 ; 권승안, 2003.3,「동방문명국건설에 이바지한 단군의
   신하들」『민족문화유산』, 조선문화보존사 ; 김은택, 2004.3,「고구려는 고조선의
   계승국」『력사과학』; 김봉환,「강동과 성천일대에 분포되어 있는 단군 및 고조선
   관계지명에 대하여」『력사과학』 ; 김철수, 2004,「<강계고>에 반영된 단군조선
   관계 력사지리 자료에 대한 고찰」『력사과학』 2 ; 최인철, 2004,「규원사화의 사
   료적 가치」『력사과학』 2 ; 손영종, 2005,「단군 및 고조선관계 비사들에 대한
   리해」『단군과 고조선 연구』, 지식산업사 ; 김현우, 2005,「고조선의 건국시조 단
   군의 출생지에 대하여」『력사과학』 193 ; 김유철, 2006,「고조선은 군주제가 지
   배한 고대국가」『김일성종합대학학보』 387 ; 리기원, 1996,「단군 및 고조선의
   지명과 ≪정주읍도록≫에 대하여」『력사과학』 157 ; 서용국, 2008,「≪단군기≫
   에 반영된 고유명사표기의 특성과 후기표기와의 관계」『조선어문』 151 참조.
3) 이에 대한 우리학계의 비판은 최몽룡, 1994,「단군릉 발굴에 대한 몇 가지 이견」
   『한국상고사학보』 15, 한국상고사학회 ; 이선복, 1997,「최근의 '단군릉' 문제」
   『한국사시민강좌』 21, 일조각 ; 서영대, 2000,「신화이해의 역사적 변천-북한

한말 국권을 상실하기 직전 단군묘는 '능陵'으로 숭봉되었고,[4] 곧 일제강점기에 접어들어서 이에 대한 수축운동이 본격적으로 진행된다. 이 시기 수축운동은 강동군 명륜회가 진행했던 1920년대 초반의 축장건문築墻建門, 평안남도유림연합회平安南道儒林聯合會가 중심이 된 1920년대 중반의 '단군묘수호계壇君墓守護契', 1930년대 강동군 명륜회가 다시 이끌었던 '단군릉수축기성회檀君陵修築期成會' 등이 있다. 하지만 이 역시 아직 진행된 연구 성과가 미흡하다. 부분적으로 민족대동단결의 사상적 기반의 정립이라는 큰 목표아래 조선의 문화와 사상을 부르주아적 관점에서 부양시키고 선양하기 위해 동아일보에 의해 추진되었던 위인 선양 및 유적보존운동 차원에서 검토된 바 있다.[5] 대종교大倧敎의 활동과 관련하여 간략하게 검토되기도 했다.[6] 그러나 그 과정이나 의미가 충분하게 논의되었다고 생각되지 않는다. 사실에서 어느 정도 벗어난 측면도 있다고 생각된다. 최근에는 이에 대한 관심을 가진 성과가 제출되기도 했지만, 이 시기 수축운동을 본격적으로 분석하기 위한 배경적인 검토에 머물고 있을 뿐이다.[7]

의 경우를 중심으로-」『정신문화연구』78, 한국정신문화연구원 ; 박광용, 2000, 「북한학계의 단군 인식과 '단군릉' 발굴」『역사비평』52, 역사비평사 ; 권오영, 2003, 「단군릉 사건과 대동강문화론의 전개」『북한의 역사만들기』참조.

4) 김성환, 2009, 『조선시대 단군묘 인식』, 경인문화사 참조.

5) 이지원, 2004, 『日帝下 民族文化 認識의 展開와 民族文化運動－民族主義 系列을 중심으로-』, 서울대교육학박사학위논문 참조.

6) 佐佐充昭, 2000, 「檀君ナショナリズムの形成－韓末愛國啓蒙運動期を中心に－」『朝鮮學報』174, 朝鮮學會 ; 2000, 「檀君ナショナリズムの形成－1894～1910を中心に－」『宗教研究』73-4, 宗教研究會 ; 2001, 「韓末における檀君敎の・重光・と檀君ナショナリズム」『朝鮮學報』180, 朝鮮學會 ; 2003, 「한말·일제시대 檀君信仰運動의 전개－大倧敎·檀君敎의 활동을 중심으로-」, 서울대종교학과박사학위논문 참조.

7) 김성환, 2006, 「일제강점기 ≪강동지≫의 편찬과 내용」『한민족연구』1, 한민족학회 ; 2007, 「일제강점기 「檀君陵記蹟碑」의 건립과 단군전승」『사학연구』86, 한국사학회(이 책 2부 1장 및 3부 1장) 참조.

특히 이 시기 수축운동은 친일 유림들이 주도하고 있다고 판단되며, 강동군의 경우 군수가 적극적으로 관여하고 있음을 볼 수 있다. 이는 1930년대 전시체제하에서 동조동근론同祖同根論에 토대한 내선일치內鮮一致의 식민사관을 앞세워 식민통치를 강화하려는 조선총독부의 의지가 반영된 것으로 보인다. 이 시기 단군이라는 Key Word가 민족주의 진영에서 조선민족을 하나로 단결하게 하려는 측면에서 그 인식이 확대된 것과는 다르다. 이것은 일제 식민통치자들에게도 그들의 목적을 달성하기 위한 수단으로 단군의 Key Word가 이용되었음을 보여주는 것이다. 단군을 중심으로 나철羅喆 등이 중광重光한 (원)단군교(原)檀君敎가 만주독립운동의 사상적 배경을 뒷받침했던 대종교大倧敎와 국내에서 조선총독부에 붙어 친일성향을 보였던 단군교檀君敎로 갈라져 각기 다른 길을 갔던 상황과 비교된다고 할 수 있다.[8]

이 연구는 크게 단군릉수축운동의 전개와 성격이라는 두 장으로 나뉘어 있다. 먼저 2부에서는 일제강점기인 1920~1930년대에 강동유림江東儒林을 중심으로 이루어졌던 단군릉수축운동檀君陵修築運動이 어떻게 전개되었는지의 문제를 다루려고 한다. 1920년대 초반의 강동 유림들이 전개하였던 축장건문과 관련해서는 자료의 불비不備로 본격적인 검토를 하지 못한 한계를 지닌다. 2부 1장 「≪강동지江東志≫의 편찬과 단군릉수축운동」에서는 1935년 간행된 강동군江東郡의 읍사邑史인『강동지』가 단군릉수축운동과 함께 당시 강동유림에서 진행하고 있던 2대 역점사업이었다는 점에 주목하고자 한다. 따라서『강동지』의 편찬 과정과 구성, 내용의 문제를 검토하고자 한다. 이 자료는 일제의 효과적인 식민통치라는 큰 틀에서 이루어져 1930년대 강동군의 현황을 상세하게 서술하고 있다. 특히 단군릉수축운동과 관련해서는『강동지』에 실려 있는 「현대

---

8) 김성환, 2006,「대종교계 사서의 역사인식-상고사 인식을 중심으로-」『한민족 연구』2, 한민족학회 참조.

인물」조를 검토하지 않을 수 없다. 단군릉 수축에 참여하고 있는 사람들의 대부분이 여기에 실려 있다고 보이기 때문이다.

2부 2장 「단군릉수축운동 주도단체」에서는 1920～1930년대 수축운동을 주도한 단체들에 대해서 검토하려고 한다. 단군릉수축운동은 1920년대 초반 친일적 영향아래 있던 강동군 명륜회를 중심으로 진행된다. 하지만 그 재원을 마련하는 데는 역부족이었다. 이에 강동군 유림에서는 1920년대 중반 평안남도유림연합회에 도움을 청한다. 단군릉에 대한 관심이 강동군에서 평안남도로 확대되었음을 의미한다. 평남유림연합회에서는 '단군묘수호계'를 조직하여 수축운동에 필요한 재원을 각 군의 유림들을 통해 조달하려고 하였다. 하지만 이 역시 쉬운 일은 아니어서 실패하였다. 이에 강동군 명륜회에서는 1930년대 다시 명륜회 산하에 수축운동을 본격적으로 추진할 단군릉수호각건축기성회(이하 단군릉수축기성회로 서술한다)를 조직한다. 이후 기성회는 몇 차례의 개편을 거쳐 당초 계획과는 많이 벗어난 결과였지만 1936년 수축운동이 마무리된다.

2부 3장 「단군릉수축운동의 전개」에서는 수축운동의 진행과정에 대해 상세하게 검토하고자 한다. 수축운동이 진행되려면, 이를 주도하고 있던 사람들이 단군릉을 어떻게 인식하고 있었는지의 문제가 중요하다. 그들의 가장 큰 관심사중 하나가 단군릉에 있었기 때문이다. 따라서 강동 유림을 중심으로 단군릉 인식의 문제를 검토한 후, 이를 바탕으로 단군묘수호계, 단군릉수축기성회 등이 조직되어 수축운동을 진행한 과정을 살펴보고자 한다. 당시 수축운동의 성패 여부는 이에 필요한 재원의 확보에 있었다. 하지만 이는 강동군의 노력만으로 충당할 수 없었다. 또 단군에 대한 민족적 감정 역시 작용할 수 있었다. 이에 강동군의 단군릉수축기성회가 주도하고, 동아일보가 후원하는 모금운동이 전국적으로 전개된다. 동아일보에 보도된 약 3천여 명의 성금 참여자를 지역과 성금 액수 등으로 나누어 검토하고, 강동 지역에서도 이를 각 면별로 정리하여 운동의 실체와 그 내용에 대해 검토하고자 한다.

3부 단군릉수축운동의 성격에서는 「단군릉기적비檀君陵記蹟碑」와 기성회를 주도한 회장 김상준金商俊을 비롯한 회원들의 분석을 통해 그 성격의 본질에 접근하고자 한다. 3부 1장 「<단군릉기적비>와 단군전승」에서는 먼저 「단군릉기적비」의 건립과정을 추적하고자 한다. 단군릉은 1936년 10월 수축과 정비가 완료되면서 수축운동도 마무리된다. 그 결과 강동군에 전해지고 있던 단군전승의 내용과 그간의 과정을 기록한 「단군릉기적비檀君陵記蹟碑」가 능 앞에 건립된다. 이는 1930년대 수축운동의 성격을 엿볼 수 있는 자료이다. 이 비는 당초 추진했던 수축운동의 계획에 포함되어 있었다. 하지만 「단군릉비檀君陵碑」와 함께 당초의 계획보다 거의 1년 후에 세워졌다. 이런 문제를 검토하고, 이 비의 구성과 내용 문제를 함께 다루려고 한다. 이 시기 단군릉수축운동의 성격을 규명하는데 일차 사료이기 때문이다. 「단군릉기적비」의 내용은 강동군의 단군전승을 토대로 하고 있지만, 다른 내용도 보인다.

3부 2장 「단군릉수축운동과 김상준金商俊 일가」에서는 단군릉수축기성회를 조직하여 수축운동을 주도한 김상준과 그 일가에 대해 검토하고자 한다. 그가 속한 김해김씨는 전통적인 강동군의 토호였으며, 그는 당시 강동군의 유지로 활동하였다. 그는 수년간 진행된 수축운동을 주도하였는데, 여기에는 그의 친일적 성향 역시 상당히 개입되어 있었을 것으로 추측된다. 그는 수축운동을 주도하기 전에 강동군참사를 비롯하여 강동면장, 중추원의원, 평남도의원을 지냈다. 일제의 식민통치를 강동군의 각 면리까지 시행, 전달하는 역할을 담당하였다. 또 그의 아들인 대우大羽는 일본 구주대학을 졸업한 후 군수를 역임하고 당시 조선총독부 사회과장으로 있었고, 호우虎羽는 경도제국대학을 졸업한 후 경부로 있었다. 또 관우寬羽는 동경법정대학을 졸업하였다.

특히 장남 대우와 차남 호우는 김상준의 단군릉수축운동을 직간접으로 지원했을 것으로 추측된다. 김상준이 수축운동의 재원 확보를 위해 조직했던 강동향약江東鄕約은 그런 점에서 주목할 수 있다. 이는 뒤에서 살펴볼 단군릉수축운동의 성격과도 밀접한 부분이다. 또 김대우는 조선사편수회의 간사로 참여하고 있는데, 그가 지니고 있던 단군릉수축운동을 둘러싼 단군과 단군묘 인식 또한 조선사 편수 방향에 직간접적인 영향을 주었을 것으로 추측된다. 이와 관련한 문제들에 대해 검토하고자 한다.

3부 3장 「단군릉수축운동의 성격」에서는 본격적으로 1920~1930년대 진행된 수축운동의 성격에 대해 검토하려고 한다. 동아일보의 후원으로 진행된 재원 확보를 위한 캠페인은 단군을 정점으로 전조선인들에게 애국심을 호소하는 것이기도 했다. 여기에는 분명히 민족주의적인 감정이 들어 있다. 캠페인에 참여한 조선인들 역시 대부분 이런 측면에서 호응했던 것이다. 하지만 과연 여기에 단군민족주의라는 관점을 대입시켜 단군릉수축운동을 단군을 중심으로 하는 민족주의적인 측면으로만 파악할 것인가에는 이견이 있을 수 있다. 이를 주도한 인물들이 대부분 친일적 성향을 지니고 있었기 때문이다. 여기서는 단군릉수축기성회의 조직과 이에 참여하고 있는 역원에 대한 개인별 탐색을 『강동지』의 「현대인물」조를 중심으로 진행하고, 그 성격에 대해 논의하고자 한다. 이 시기 수축운동은 전조선인에게 애국심을 호소하는 단군민족주의의 관점도 있을 수 있지만, 친일적 성향을 지닌 인물들을 통해 식민통치의 효율화를 치밀하게 진행했던 조선총독부의 관점 역시 들어 있을 수 있다고 추측된다. 이런 점들을 검토하고자 한다.

이상의 검토가 단군릉을 둘러싼 일제강점기의 인식을 이해하는데 일조하기를 기대한다. 특히 이 시기 단군릉수축운동을 주도한 집단의 지역적 연고는 최소한 한말의 그것과 동일선상에서 이야기될 수 있다. 하지만 그 내용과 성격은 분명 다르다. 한말까지의 단군릉 수축 논의는 조선 사회에서의 고조선 시조로서 단군에 대한 인식의 확대와 관련하여 진행된 것이었다. 그럼에도 불구하고 일제강점기의 수축 논의는 조선총독부를 대리한 강동군수가 친일 성향의 강동군 명륜회 등을 적극 지원하여 내선일체 등의 식민사관을 통해 그들의 식민통치에 적극 이용하려는 목적성이 강하게 개재되어 있다.

이런 차이는 단군이라는 Key Word가 항상 역사와 민족의 관점에서 긍정적으로 작용하고 있었을 것이라는 막연한 생각과 분명 다른 점이다. 물론 수축을 위한 재원 마련을 위해 동아일보의 주도로 전국을 대상으로 실시된 성금모금에는 조만식曺晩植 등 일부 민족진영 인사들이 포함되어 있기도 하다. 그러나 그 운동은 강동군을 중심으로 한 친일 유림계열들에 의해 주도되었음도 분명하다. 이런 점에서 이 시기 단군릉수축운동은 어느 한편의 일방적인 관점에서 이루어진 것이 아니었다. 또 일방적인 관점에서 파악해서도 안 된다. 두 가지 측면을 모두 고려한 균형적인 시각에서의 접근이 필요하다. 이 연구를 통해 우리의 생각이나 바람과는 달리 단군이라는 Key Word가 항상 긍정적인 방향으로 작용하지 않았음도 밝혀지게 될 것이다.

제2부

단군릉수축운동檀君陵修築運動의 전개

제1장 『강동지江東誌』의 편찬과
단군릉수축운동檀君陵修築運動

1. 머리말

강동江東은 『동국여지승람東國輿地勝覽』의 단군묘 기록 이후 적지 않은
주목을 받아왔다. 북한에서는 1993년 단군릉檀君陵 발굴과 이듬해 개건
이후 그 결과를 토대로 고조선의 역사를 전면 수정함에 따라 남한에서도
긍정적이든 부정적이든 강동은 단군릉이 소재한 곳이라는 지역적 특성
을 주목했다. 특히 북한이 단군릉을 역사적 존재로서 단군을 확정하는
표지 유적으로 주목한 이후, 강동을 단군의 출생지로 단정하고,[1] 강동
또는 그 주변에서 단군과 관련한 유적, 전승, 지명에 이르기까지 전면적
인 조사를 진행하고 있다.[2]

그들의 논리에 따르면, 단군은 강동의 대박산大朴山 일대에서 태어났
기 때문에 단군 관계 전설은 강동에서 먼저 나왔고, 그것이 훗날 단군을
숭배한 선조들에 의해 평양 일대의 묘향산·구월산에 옮겨져 전해지게
되었다고 한다.[3] 문학에서도 단군릉 발굴에 대한 과정을 설화적 서술방

---

1) 강인숙, 1999, 「단군의 출생지에 대하여」 『력사과학』 172(1999년 제3호) 참조. 이
   에 대한 전반적인 상황은 김성환, 2009, 『朝鮮時代 檀君墓 認識』, 경인문화사 참조.
2) 리기원, 1996, 「성천의 옛 지도 ≪성주읍도록≫에 반영된 단군 및 고조선관계 지
   명에 대하여」 『력사과학』 157(1996년 제1호) ; 로승민, 2000, 「≪평양지≫의 사
   료적 가치」 『력사과학』 174(2000년 1호) 참조.

법을 통해 상세하게 설명하고 있다.[4] 이는 역사학에도 그대로 옮겨져 단
군의 출생연대 5011년 전을 기준으로 고조선의 건국시기를 기원전 30세
기 초, 구체적으로는 기원전 2993년으로 설정하여 그 역사와 문화를 서
술하고 있다.[5]

이 같은 접근은 사실성 여부를 떠나있지만, 단군릉을 중심으로 하는
자료적 검토는 여전히 미진하다. 특히 일제강점기 단군릉의 수축을 위한
일련의 운동이 벌어지고, 그 결과 수축을 마무리하는「단군릉기적비檀君
陵記蹟碑」가 1936년 능 앞에 건립되었다. 이로서 정조 이후 간간히 논의
되어 온 단군릉사적비檀君陵事蹟碑의 건립 논의는 일단락되었다. 여기에
는 단군릉 수축에 대한 사적의 내용과 이때 운동을 주도하던 68명의 단
군릉수축기성회檀君陵修築期成會 명단[중복자 포함] 및 58명의 성금후원
자 명단이 기록되어 있다. 그러나 그 내용이 간략하여 비문의 내용만으
로는 수축운동의 전개과정이나 주도계층의 이력 및 성향에 대해 자세히

---

3) 강인숙, 1999,「단군의 출생지에 대하여」『력사과학』172, 65쪽.
4) 통일문학편집위원회, 2003,「단군릉에 깃든 전설」『통일문학』58(2003년 3호), 평
  양출판사, 144~153쪽. 여기에 소개된 것 중 단군릉과 관련한 것은 아니지만, 임진
  왜란과 관련한 숭령전의 전설을 소개하면 다음과 같다. "언제인가 저기 평양성안
  에 있는 숭령전(단군사당)이 한밤중에 몹시 운적이 있는데 그 소리가 어찌나 크던
  지 성안 사람 모두가 깨여났는데 이어 세찬 바람이 터지면서 기와며 지붕이며 모
  두 벗겨 버리는게 참으로 무시무시한 광경이였다네. 사람들은 이게 무슨 괴변인가
  싶어 밤새도록 한잠도 못자고 뜬눈으로 새웠는데 그로부터 꼭 3일만에 저 남쪽바
  다 부산땅에 왜놈들이 쳐들어 오고 임진란이 터졌다오"(통일문학편집위원회,
  2003,「단군릉에 깃든 전설」『통일문학』58(2003년 3호), 평양출판사, 151쪽).
  북한 문학사에서의 단군신화에 대한 연구는 이재원, 2001,「북한문학사에 서술된
  단군신화 고찰」『교양교육논문집』6, 한국체육대 교양교육연구소 ; 2001,「북한·
  연변 문학사에 서술된 단군신화 분석」『단군학연구』4, 단군학회 ; 2003,「남한과
  북한 문학사에 서술된 단군신화 고찰」『단군학연구』9, 단군학회 ; 2005,「북한의
  단군신화 인식에 대한 연구-문학적 관점을 중심으로-」『단군학연구』13, 단군
  학회 ; 2006,「단군을 소재로 한 소설 고찰-새로운 스토리텔링(Storytelling) 모색
  을 중심으로-」『단군학연구』15, 단군학회 참조.
5) 최인철, 2000,「전조선왕조의 존속기간」『력사과학』176·177(2000년 2·3호), 55쪽.

알 수 없어 이때의 수축운동을 검토하는데 충분하지 못하다.

　이점에서 주목되는 자료가 1935년 간행된 『강동지江東志』이다. 이 자료는 단군릉수축운동을 전개하던 기성회를 산하에 두었던 강동명륜회江東明倫會의 적극적인 주도에 의해 이루어졌다. 또 「현대인물」조에서는 모두는 아니지만 단군릉수축운동에 참여했던 기성회 회원과 성금운동에 적극적이었던 강동 인사들에 대한 상당한 정보를 수록하고 있어 이 시기 단군릉수축운동을 이해하는데 절대적인 자료라고 할 수 있다.

　여기에서는 일제강점기의 단군릉수축운동을 보다 상세하게 이해하기 위한 전단계로 『강동지』의 자료적 검토를 진행하고자 한다. 이는 여기서 얻은 결과를 향후 진행하고자하는 단군릉수축운동에 대한 검토에 적극 반영하기 위함이다. 먼저 그 편찬과정을 살펴본 후, 구성과 내용의 전반을 개관할 것이다. 그리고 『강동지』 편찬 당시 강동군에서 활동하고 있던 유력인사 156인을 싣고 있는 「현대인물」조를 성관별로 분석하고자 한다. 단군릉수축운동과의 관련 정보를 얻기 위함이다. 이 작업이 1930년대 강동군을 중심으로 전개된 단군릉수축운동을 보다 구체적이고 효율적으로 이해하기 위한 목적에서 이루어졌음을 다시 한 번 밝힌다.

2. 『강동지江東誌』의 편찬

　전통사회에서 지리지 특히 읍지는 지방의 치정治政에 대한 1차 자료이다. 여기에는 지방의 전통과 경제·정치·군사·교통 등 모든 분야를 망라하고 있다. 이는 『강동지』도 마찬가지라고 할 수 있다. 우리가 현재 접할 수 있는 강동의 지방지는 『고려사』 지리지와 『세종실록』 지리지·『동국여지승람』·『여지도서輿地圖書』·『대동지지大東地志』 등의 「강동현」조, 조선후기 간행된 『강동읍지江東邑誌』(1871)·『강동현읍지江東縣邑誌』(1895),

그리고 여기서의 검토대상인『강동지』이다. 물론 조선 전기 양성지梁誠之의 주도로 편찬된『팔도지리지八道地理誌』와 이의 편찬을 위해 간행된 것으로 짐작되는『평안도지리지平安道地理志』에도 당연히「강동현」조가 편재되어 있었을 것이다.6) 하지만 남아있지 않아 이용할 수 없다. 또『세종실록』지리지·『동국여지승람』·『여지도서』등에서의 강동현은 전체 편목중 하나로 지극히 간략한 것이어서 사정의 전반을 충실하게 전하지 못하고 있어 아쉬운 감을 더한다.

1935년 군수 송주순宋柱淳의『강동지』서문에 의하면, 강동현의 독립된 자료로서 읍사邑史인『강동지』는 인조 때 나만갑羅萬甲(1592~1642)에 의해 처음 만들어진다.7) 그는 1625년(인조 3) 교리로 있으면서 서인 김류金瑬가 북인 남이공南以恭을 등용하자 이에 반대하다 강동현감으로 좌천되어『강동지』를 편찬했다. 그러나 이때의『강동지』는 일찍 일실된 것으로 짐작된다. 이는 송주순이 순조 때 현감을 지낸 홍익문洪益聞(1761~?)의 1819년 편찬 사실을 전하면서 나만갑이 편찬한『강동지』가 남아있지 않아 이때의 편찬 역시 소략했음을 언급하고 있음에서 알 수 있다.8) 하지만 인조 때 강동현감이었던 나만갑이 편찬한『강동읍지』와 1819년 강동현감인 송익문이 편찬한『강동읍지』에도 단군묘 기록은 서술되었을 것이 분명하다. 이들 역시『동국여지승람』강동현조에 기록되어 있는 강동현의 제반 내용을 그 편찬에 깊이 참고하였을 것이기 때문이다.

이후에 보이는 강동과 관련한 자료는 고종 때의『강동읍지』와『강동현읍지』이다. 이들은 이때 편찬된『관서읍지關西邑誌』의 한 편으로 이루어졌는데, 1871년의 읍지는 당시의 행정편재에 따라『삼등현읍지三登縣邑誌』와『강동현지江東縣誌』로 나누어져 있고, 각기『삼등현읍규중수책

---

6)『눌재집』권4,「進新撰地理志箚子[戊戌正月初六日 以工曹判書上箚子]」참조.
7)『강동지』,「序」[宋柱淳] 참조.
8)『강동지』,「序」[宋柱淳] "… 其在仁祖時 有羅萬甲所誌 純祖時有洪益聞所誌 而 羅氏之誌 亦無遺焉 洪氏之誌 亦僅有一於郡衙 其載述者 猶未免疏略 …".

三登縣邑規重修冊』과 『강동읍사례江東邑事例』가 실려 있다.9) 이는 1895년
의 읍지 역시 마찬가지이다. 다만 『삼등현읍지』의 경우는 현재 『삼등현
읍사례三登縣邑事例』 밖에 남아있지 않고, 『강동현읍지』는 『강동현주년
응입응하사례江東縣周年應入應下事例』가 함께 실려 있다.10) 그러나 이들
은 평안도 전역을 대상으로 하는 작업의 일환으로 이루어졌다는 점에서
강동현 인사들이 중심이 되어 나만갑·홍익문 등에 의해 이루어진 『강
동지』와는 다른 성격의 자료였다.

이후 강동과 관련한 읍사 작업은 일제강점기에 추진되었다. 이는 다
음의 기록에서 그 전말을 읽을 수 있다.

> A. 그 후 백여 년간 속편이 이루어지지 못하다가 수년전부터 본군 明倫會
> 諸員들이 誌(江東誌; 필자주)를 편찬할 뜻을 가져 前著(洪益聞의 江東
> 誌; 필자주)를 續撰하려 했으나 因循으로 이루지 못하고 있었다. 마침
> 浿上(平壤; 필자주)의 사인 曹秉源이 이곳에 와서 우거함에 하루는 會
> (明倫; 필자주)의 여러 사람과 論道講磨하던 중 서로 誌(江東誌; 필
> 자주)를 저술하기로 결의하여 이내 一郡의 일을 널리 모으고 舊誌(洪益
> 聞의 江東誌; 필자주)와 비교하여 더욱 상세함을 더하여 邑史를 편성했
> 다. 내(郡守 宋柱淳; 필자주)가 이를 일람하니 그 지리와 人事는 備載
> 하지 않은 것이 없고 인물을 기록함에도 치중했다. 본군의 역사를 이로
> 인하여 얻었으니 모든 군민으로 하여금 책상에 갖추게 하여 또한 본군
> 의 施政에 일조하도록 할 것이다(『강동지』, 「序」[宋柱淳])

『강동지』는 김수철金壽哲이 군수로 있을 때인 1932년 봄부터 논의되
다가 그해 가을 본격적으로 추진되어 군수 김광일金光一을 거쳐 1935년
6월 송주순에 의해 마무리되었다. 실무 작업은 강동명륜회의 주도와 평

---

9) 『관서읍지』 제15책, 「三登縣邑誌」·「江東邑誌」(韓國學文獻研究所 編, 1986, 『平安
   道邑誌』 2, 아세아문화사) 참조.
10) 『관서읍지』 제10책, 「三登縣邑事例」·「平安道江東縣邑誌」(韓國學文獻研究所 編,
   1986, 『平安道邑誌』 3, 아세아문화사) 참조.

양의 사인 조병원曹秉源의 참여로 이루어졌다. 이에 군 전역에 걸쳐 1819
년 이후의 자료를 널리 모으고, 이를 구지舊誌와 비교하여 소략했던 홍익
문의 『강동지』를 보완하는데 역점을 두었다. 지리·인사·인물조의 서술
에 역점을 두고 편성했는데, 이는 당시 강동군의 시정에 도움을 얻기 위
함이었다. 그런데 단군릉 수축 역시 1932년 봄에 강동명륜회 산하에서
기성회期成會가 발기되어 수년간의 성금활동과 공사 진행으로 1935년
10월 1차적으로 수축이 마무리되었다. 따라서 1932년부터 1935년까지
강동군과 강동명륜회의 중점사업은 단군릉 수축과 『강동지』의 편찬에
있었다고 할 것이다. 양자의 관계는 이 점에서 관련을 가진다.

『강동지』의 편찬과정은 조병원의 서문에서 보다 상세하다. 그는
1932년 봄, 평양에서 강동으로 이거하여 이곳의 문인·석덕 등과 교유하
던 중 고구담사考舊譚史를 좋아하던 성향에 따라 홍익문의 『강동지』를
보게 되었다.[11] 이때 인조 때의 고지古誌는 전하지 않고, 순조 때의 후지
後誌는 속찬이 이루어지 않아 유감으로 여겼다고 한다. 그는 강동을 단군
및 동명왕, 궁예의 옛 땅이자 문화의 고장으로 이해하고, 백여 년 동안
속찬이 없었던 원인을 시의가 불합하고 전수前修를 미황未遑했다는 것에
서 찾고 있다.[12] 이에 강동명륜회 회원들과 읍지의 찬술을 논의하고 작
업에 착수했다. 그가 강동에 우거한 것이 1932년 봄이고, 『강동지』가 간
행된 것이 1935년 6월인 것으로 미루어 강동명륜회와 읍지 편찬을 논의
한 시점은 1932년 가을로 추정되며, 자료 수집과 이에 대한 본격적인 작
업은 1933~34년에 이루어졌음을 알 수 있다. 그리고 명륜회에서는 자
료 수집을 위해 공의公議를 박순博詢하는 한편 향곡을 편방編訪하였다. 그

---

11) 『강동지』의 曹秉遠 서문에는 순조 때 『강동지』의 편찬 시기를 乙卯로 기록하고
   있으나, 이는 己卯(1819)의 오기이다. 『강동지』, 「序」[曹秉遠] 참조.
12) 『강동지』, 「序」[曹秉遠] "… 江東 是檀君及東明王弓釖之鄕 而山其秀野其沃 古
   稱文化之地也 … 而近今百餘年之史 亦無文可讀 此盖由於時宜之不合 抑亦前修
   之未遑也".

결과가 1935년 간행된 『강동지』이다.

그런데 『강동지』의 편찬은 당시 조선총독부의 시책과도 일정한 관련이 있어 보인다. 일제는 조선의 식민 지배를 위해 한국 내의 여러 종교에 대해 회유와 분열을 획책했다. 유림계 역시 그 대상 중 하나였음은 물론이다. 그들은 대동학회大東學會·공자교孔子敎(1910년대), 대동사문회·유도진흥회·유도천명회(1920~30년대), 조선유도연합회(1930년대 후반) 등의 친일단체를 조직하여 조선의 유림을 친일화하려는 정책을 실시했다. 학교의 설립과 교육, 농상공업 등 실업 홍기, 지방의 지리·고적·행정구역 등의 연구, 기근 구제 및 의료 등의 실시 등은 이들의 구체적 사업 내용이었다.13) 강동명륜회의 주도로 이루어진 『강동지』의 편찬 역시 조선총독부의 식민화정책에서 이루어진 유림계의 회유책이라는 방향에서 자유로울 수 없다. 강동군江東郡의 시정에 도움을 얻으려는 편찬 목적을 밝힌 송주순의 언급은 이와 관련되어 있다.14)

전국적인 지리지의 편찬사업과는 별개로 강동에서 읍사의 형태로 『강동지』가 처음 간행된 것은 1625~26년경 강동현감 나만갑에 의해서이다. 그러나 이는 두 번째의 읍사인 1819년 홍익문의 『강동지』가 이루어지기 전에 이미 일실되어 참고 되지 못했다. 이런 이유로 홍익문의 『강동지』 역시 소략한 형태로 마무리될 수밖에 없었고, 이런 불만과 조선총독부의 식민지 지배정책의 일환으로 1932년부터 강동명륜회에서는 읍사의 편찬에 의견을 모으고, 작업에 착수하여 3년만인 1935년 『강동지』를 간행하였다. 이때의 읍사 편찬에는 강동명륜회로 대표되는 유림의 참여가 적극적이었는데, 이는 인조 및 순조 때의 작업에도 마찬가지였을 것으로 짐작된다. 이점에서 이 시기의 『강동지』 편찬이 조선시대의 읍사 편찬사

---

13) 劉準基, 2001, 「1910년대 전후 일제의 유림 친일화정책과 유림계의 대응」 『한국사연구』 114, 한국사연구회 참조.

14) 국립중앙도서관 소장 『강동지』의 표지에서 확인되는 '檢閱濟'의 도서인 역시 이런 측면에서 참고할 수 있다. 국립중앙도서관장, 1935, 『강동지』 참조.

업을 계승한 것이라 할 수 있다. 반면에 이때의 작업은 지리와 인사·인물을 중심으로 이루어졌는데, 이는 조선총독부의 식민지배의 일환과 명륜회 소속 유림의 의사를 반영한 것으로 해석된다. 이점이 조선중기 이후 진행되었던 『강동지』의 편찬과 성격을 달리하는 부분이다.

3. 『강동지』의 구성과 내용

강동명륜회의 적극 주도로 이루어진 『강동지』는 지리와 인물 편으로 구성된 석인본이다. 판권기에 의하면, 편집 겸 발행인은 홍재문洪在雯이고, 인쇄인은 김낙연金樂淵으로 1935년 6월 평양부 수옥리의 금천인쇄소金泉印刷所에서 간행되었다. 제1편 지리편은 건치연혁, 강역위치, 산천, 명승, 고적, 사찰, 면리, 토지면적·호구·교통·시장일市場日, 교육·종교, 토산·특산 등 10장으로 이루어져 있고, 제2편 인물편은 충훈, 관직, 문과, 연방蓮榜, 효자, 열녀·절부, 현대인물, 역대수령 등 8장으로 이루어져 있다. 지리와 인물을 중심으로 군의 시정에 도움을 얻기 위한 목적에서 편찬했다는 언급과 일치한다. 그런데 지리편이 전체 분량의 15%에 불과하고, 나머지가 인물편으로 이루어져 있음은 자료의 성격을 알 수 있는 대목이다. 특히 전체 58%를 차지하고 있는 「현대인물」조에서는 156인의 성향·이력·선계先系를 비교적 상세하게 서술하고 있는데, 이 자료 편찬의 현실적 목적을 반영하고 있다.

『강동지』의 편찬이 인물을 중심으로 이루어졌음은 범례에서도 확인된다. 범례의 내용은 구지舊誌를 얻어 보지 못한 삼등三䔲 기사의 소략함을 지적한 것을 제외하고는 모두 인물편에 관한 내용이다. 그중에서도 충훈·효자·열녀·절부·관직은 대체로 구지를 전재하는 것을 원칙으로 하여 별다른 문제가 없어 보인다.[15] 그러나 현대인물과 관련해서는 그렇지 못

---

15) 『강동지』, 「범례」 "… 一 忠勳孝子烈女節婦의記事는舊誌를轉載하고近今所見所

하다. 이는 범례 6항목 중 현대인물과 관련한 항목이 3개로 이루어져 있음에서도 알 수 있다. 물론 군의 시정에 도움을 얻기 위한 목적이 뚜렷하게 밝혀져 있지 않지만, 고기古記가 없어 현대인물만 수록했다는 첫 번째 항목을 볼 때 편찬에서의 현실적 목적이 드러나 있다. 이중에서도 원하지 않는 경우 세계世系를 싣지 않았다는 세 번째 항목에서는 참여자의 사회적 여건을 배려하는 쪽으로 편찬 방향이 정해졌음을 엿볼 수 있다. 편찬에 객관적 여건이 제공되었는지 의문을 가질 수 있는 대목이다.

『강동지』는 읍사邑史의 성격을 가지면서도 현대에 큰 비중을 두고 편찬되었다. 이를 이전에 제작된 읍지와 단순 비교할 수 없지만, 1871년과 1895년 제작된 『삼등현읍지』·『강동현지』, 『강동현읍지』와 항목을 비교하면 <표 1>과 같다.

〈표 1〉 조선후기 읍지와 『강동지』의 항목 비교[16]

항 목	삼지(1871)	동지(1871)	강지(1895)	강동지(1935)	항 목	삼지(1871)	동지(1871)	강지(1895)	강동지(1935)
建置沿革	○	○	○	○	邑先生	○	○(宦蹟)		○(歷代守令)
官職		○	○(官員)	○	忠勳			○(公署)	○
鑛管			○		孝行	○	○(忠孝烈)	○(孝烈)	○
城郭		○	○(城郭堤堰)		烈婦	○			○(烈婦節女)
山川	○	○	○	○	行誼	○			
疆域		○	○	○(疆域位置)	蓮榜		○	○	○
縣名		○	○		文科				
古蹟	○	○	○	○	樓亭			○	○(名勝)
古事		○			題詠	○			

聞을 從하야 略補하엿으나 搜採不廣으로 闕漏必多니 覽者恕之함 … ㅡ 官職記載는 近今百餘年間의 記事를 不得하고其所傳聞은 未詳하고坮는 先後를 難辨하기로 舊誌대로만 記載함 ㅡ 三登記事는 舊誌를 得覽치못하야 闕略의 大多를 未免하엿으니 覽者恕之함 …".

16) 『강동현읍지』는 『강지』로, 『강동현지』는 『동지』로, 『삼등현읍지』는 『삼지』롤 약칭한다.

항 목	삼지 (1871)	동지 (1871)	강지 (1895)	강동지 (1935)	항 목	삼지 (1871)	동지 (1871)	강지 (1895)	강동지 (1935)
校院		○	○		形勝 八景			○	
坊曲	○	○ (坊部)	○	○ (面及里)	蔭仕		○	○	
戶口		○		○ (土地面積戶口 交通市場日)	武科		○	○	
堤堰	○		(城郭堤堰)		現代 人物				○
道路	○				軍制		○		
橋梁	○	○ (橋梁 津渡)	○ (津梁)	○ (土地面積戶口 交通市場日)					
風俗	○	○	○		壇廟	○	○ (壇墻)	○ (壇墻)	
姓氏	○	○ (土姓)			公廨	○			
土田		○		○ (土地面積戶口 交通市場日)	倉庫	○	○		
土産	○	○	○	○ (土産特産)	各廳	○	○ (公署)	○ (公署)	
貢賦		○			寺刹	○	○	○	○
場市			○	○ (土地面積戶口 交通市場日)	教育 宗教				○

이를 볼 때, 1895년 이전 제작된 읍지들은 항목에서 약간의 차이가 있지만 대략 25항목 내외로 이루어져 있다. 물론 항목의 서차는 읍지가 편찬되는 시기와 목적에 따라 다르게 편차되어 있다. 그러나 이 같은 항목과 편차는 1935년의 『강동지』와 비교할 때, 확연하게 구분된다. 이전 읍지에서 전통적 항목이었던 진관鎭管·성곽城郭·현명縣名·풍속·성씨·공부貢賦·교원校院·음사蔭仕·무과·단묘壇廟·창고·공서公署·누정樓亭 등 인문과 관련한 내용이 제외되어 있고, 충훈·효행·열부절녀·연방蓮榜·문과 등의 항목을 유지하면서도[蔭仕·武科 삭제] 현대인물조를 신설하여 현재적 관점을 강화했다.

이런 현재적 관점은 『강동지』 전편에 걸쳐 나타나는데, 지리편에서도 확인이 가능하다(<표 2> 참조).

〈표 2〉 『강동현읍지』(1895)와 『강동지』의 지리편 비교

항 목	『강동현읍지』(1895)	『강동지』(1935)
建置沿革	1482년(성종 13)까지 연혁과 邑治의 변화 수록	·『강지』 내용 전재. ·1914년 府郡制 개편으로 三登郡과의 통합 사실 미수록
疆域位置	東-成川文憲坊界5里, 北-成川丫波津30里, 慈山月灘坊界44里, 南-三登明德里界8里, 祥原楓洞坊界44里, 西-平壤柴足坊界39里	·『강지』를 기본으로 府郡制 개편의 내용을 반영, 西-大同郡界39里로 고치고, 東南-황해도 遂安郡界 65里를 추가 ·동북부-산악 중첩, 서남부-서강유역·남강유역에 토지가 비옥하고 田野가 廣開함을 서술
山 川	『강지』-27개 산천 수록	·『강지』의 歡喜山·光霽峰·杜老峰·蘆浦 삭제
	『삼지』(1871)-12개 산천 수록	·『삼지』의 祭靈山·建達山·架山·能城江·串洞泉·鸚鵡洲 삭제 ·玉硯峰·萬戶峰·儲靈山·積霞峰·立石·黑龍山·兄弟峰·鳳凰島·彌勒嶺·長財山·陶唐山·鵰巖·鷹峰·軍點嶺·孫子山·禹家垈·石隅窟·三登窟·蓬塘灘·和灘·玉崖灘·通德·錢浦 추가
名 勝	『강지』 樓亭-泛鳧樓 등 4개처	·擬睨亭·水仙亭·復初亭·淸溪窟, 萬柳堤·龍橋(이상 『강지』 古城堤堰·津梁) 추가
	『삼지』 題詠-靑雲館 등 3개처	·『강지』 山川의 臨鏡臺·暮雲臺와 『삼지』의 三十六洞을 이곳에 편재 ·『강지』와 『삼지』의 江東八景과 能城八景을 이곳에 편재
古 蹟	『강지』-檀君墓 등 3개처	·『강지』의 高芝山·支石·盤松 추가, 城郭의 古城 이곳에 편재
	『삼지』-姑城 등 3개처	·『삼지』의 廣寒亭·能城鎭 추가 ·『강지』의 太子院, 『삼지』의 碧雲臺 삭제
寺 刹	『강지』-淸溪寺 등 4개처	·『삼지』의 帝釋寺·雙鳳寺·乾達寺·八龍寺·盤龍寺·明堂菴·靈水菴·萬景菴 삭제
	『삼지』-東林寺 등 12개처	·冷泉菴·性達菴·虛空寺·圓通庵·石泉寺·彌勒堂·月江寺·鶴林寺·乾川寺·觀佛寺·靈隱寺·鳳凰寺·望泉寺·僧房 추가
面及里	『강지』-縣內坊6개리, 古邑坊7개리, 區池坊4개리, 陶山坊3개리, 高泉坊5개리, 元堂坊4개리, 秋灘坊6개리, 馬灘坊3개리	江東面18개리·三登面25개리·晩達面13개리·元灘面17개리·高泉面17개리·鳳津面19개리
	『삼지』-朝陽坊8개리·靈峀坊8개리·晶湖坊8개리·楓峀坊6개리	

항 목	『강동현읍지』(1895)	『강동지』(1935)
土地面積 戶口及交 通市場日	『강지』-3482戶(縣內坊712, 古邑坊443, 區池坊347, 陶山坊260, 高泉坊473, 元堂坊423, 秋灘坊568 馬灘坊256) 田摠-2731結40負42束(縣內坊373結40負24束, 古邑坊386結45負21束, 區池坊253結23負16束, 陶山坊308結79負13束, 高泉坊396結 83負4束, 元堂坊273結24 負31束, 秋灘坊513結12負24束, 馬灘坊226結33負9束) 場市-邑市 등 3개처 津梁-圓淵津·處女津·閑波津·漢垈津·巴陵津·船橋·龍橋 『삼지』-戶·田摠 ·場市 없음. 道路(東-成川界15里·南-逢安界2里·西-江東界27里·北-成川界38里) 橋梁-上阿川橋·下阿川橋·九龍橋	·土地面積-67,892,427.8(國有地1,602,791.6, 民間및公有地의 課稅地62,128,037.9, 非課稅地3,764,389.9) 國有地-田41,558坪, 畓137, 垈6,767, 池沼 2581, 林野1493545, 雜種地237, 社寺地106, 溜地5292, 道路9,891.6, 河川173, 溝渠752, 鐵道敷地11,657, 鐵道線路30,131課稅地-田59,597,490.9坪, 畓1,047,581.0, 垈1,439,486.0, 池沼 3,426.0, 雜種地40,054.0 ·戶口-戶數11,573, 人口60,093(江東面1696·9129, 三登面2054·11028, 晚達面2763·13401, 元灘面2020·10446, 高泉面1404·7493, 鳳津面1636, 8596) ·交通-鐵道(1), 1等道路(1), 3等道路(3), 等外道路(3) ·市場-『강지』串赤市 삭제, 朝陽·勝湖·高飛·鳳津 추가
敎育, 宗敎	『강지』 校院-鄕校·書院·去思臺 각 1개처 『삼지』-없음	·公立小學校(2-敎員5·生徒160), 公立普通學校(6-敎員23·生徒1561), 私立學校(2-敎員2·生徒75), 私立宗敎學校(3-敎員4·生徒131), 書堂(76-敎員76·生徒1192) ·朝鮮寺刹布敎所(2-信徒2), 耶蘇敎長老派禮拜堂(19-信徒2283), 耶蘇敎美監理派禮拜堂(1-信徒62), 天道敎布敎所(12-信徒1391), 天理敎布敎所(1-信徒492)
土産, 特産	『강지』 土産-紫草茸 등 16개물 『삼지』 土産-絲麻 등 14개물	·土産-紫草茸 등 39개물 ·『삼지』의 白木·山藥·芎藭·白芍藥·山査·酸棗仁·自然銅는 삭제 ·山蔘·桔梗·蕨·黃精·葛根·煙草·李·梨·櫻桃·林檎·覆盆子·黃獷·赤頂魚·無鱗魚·鱉·沙魚·石鐘乳·セメント·大理石·落花生이 추가 特産-江東繭(年2600石)·三登栗(年3000石)·セメント(14만瓲)·無煙炭·松枝(14,395,600束)·鷄卵(1,253,800瓩)·蓋石·農産·林産·工産·畜産

건치연혁에서는 『강동현읍지』와 같은 내용을 수록하여 1914년 부군제府郡制 개편의 결과인 삼등군三登郡과의 통합 사실을 기록하고 있지 않

다. 하지만 나머지 항목에서는 이 자료가 편찬되는 1935년 직전의 현황
을 비교적 충실하게 서술하고 있다. 산천에서는 각기 27·12곳을 수록하
고 있는『강동현읍지』·『삼등현읍지』와 비교하여 전자에서는 4곳, 후자
에서는 6곳을 삭제하고 23곳을 대폭 추가하고 있으며, 명승에서도 전에
편찬된 읍지보다 4곳을 새로 소개하고 있다. 『강동현읍지』에서 고성제
언古城堤堰과 진량津梁에 편재되었던 만류제萬柳堤와 용교龍橋를 명승에
분류하여 이들의 활용도가 변화했음을 반영하고 있다.

이는 고적에서도 마찬가지이다. 이전 읍지에서 성곽에 편재했던 고성
古城이 고적으로 옮겨져 수록되어 그 주요 기능이 상실되었음을 반영하
고 있다. 또 강동군의 대표적인 유적으로 단군묘檀君墓·황제묘皇帝墓와
함께 고지산高芝山·지석支石·반송盤松 등을 추가하고, 태자원太子院·벽운
대碧雲臺를 제외하고 있다. 1914년 부군제 개편 이전 7방坊 38리里의 강
동현과 4방 30리의 삼등현 방리체제가 6면 109리 체제로 개편되었음과
토지를 국유지·과세지로 나누어 상세하게 기록한 것, 1895년 3,482호에
불과했던 강동현의 호수가 이때 11,573호 60,093명으로 크게 증가한 사
실을 각 면별로 기록한 호구, 철도와 도로를 중심으로 재편한 교통, 서당
을 포함한 각 학교의 교원과 생도, 종교시설물과 신도 등의 구체적 파악
역시 마찬가지이다.

인물편에서 이 같은 관점은 보다 강화된다(<표 3> 참조). 이는『강
동지』 전체 분량에 반 이상을 차지하는 현대인물을 논외로 하더라도 다
른 항목에서도 쉽게 확인할 수 있다. 『강동현읍지』의 내용과 비교하여
홍경래난洪景來亂 때 병방兵房을 지낸 이경환李慶煥을 추가하여 충훈에 싣
고 있지만, 음사와 무과에서는 16인을 추려 관직조에 수록하고 있다. 문
과조에서는 주만리朱萬离 등 3인을 추가하고 있지만 이전의 읍지와 크게
다르지 않다. 관직의 경우 오히려 약화된 느낌이다. 이는 조선총독부의
식민통치의 영향과도 무관해 보이지는 않는다. 그러나 각기 8·7인을 수

록한 『강동현읍지』·『삼등현읍지』에 비해 『삼등현읍지』의 5인을 제외하고 30인을 새로 추가한 효자, 역시 5·2인을 수록한 『강동현읍지』·『삼등현읍지』에 비해 『삼등현읍지』의 내용을 제외하고 16인을 추가한 열녀절부 등에서는 시정에 일조를 얻으려는 편찬의 목적을 읽을 수 있다.

〈표 3〉 『강동현읍지』(1895)와 『강동지』의 인물편 비교

항 목	『강동현읍지』(1895)	『강동지』(1935)
忠勳	『강지』-趙師賓 등 7인 『삼지』-없음	·李慶煥 추가(洪景來亂때 兵房)
官職	『강지』-蔭仕 李培 등 9인, 武科 金仲賢 등 204인 『삼지』-없음	·『강지』 蔭仕·武科에서 李培 등 16인 수록
文科	『강지』-洪承範 등 21인 『삼지』-없음	·朱萬离·朴湛柱·金明濬 추가
蓮榜	『강지』-李承宗 등 62인 『삼지』-없음	·『강지』의 李鎭英·黃 儁·林基文·李禎麟·劉元晉·黃基南·黃錫羽·李寅植·金栽吉·金麗天·黃鍾烈·劉元永·禹元奎·元容升·吳相驩·吳相駿·禹大奎 삭제 ·金光一·朱建章·白來章·朱埴·鄭宗杰·金秉杰·金基觀·李德麟·李敬俊·朴元涉·白日煥·金成熙·李斗南·元容一·李寅英 추가
孝子	『강지』-金奉一 등 8인 『삼지』-林錫明 등 7인	·『삼지』의 金熙光·李順傑·金山松·朱德秉妻 金氏·朱坪妻 金氏 삭제 ·白大福·高載崇·鄭俊錫·李敏俶·李文圭·許穩·金德華·金德源·李尙黙·洪翊祖·李瑄·趙正呂·金學沈·金大坤·崔時恒·洪世豪·金宇栢·金正祿·李完昌·洪錫觀·金天樞·白龍圭·李遇彦·金樂潤·朴昇耉·金鶴民·韓興秀·金行恕·李希烈·李桓哲 추가
烈女節婦	『강지』-金官孫妻 金氏 등 5인 『삼지』-朱德秉妻 金氏 등 2인	·『삼지』의 朱德秉妻 金氏·朱坪妻 金氏 삭제 ·高希軾妻 田氏·李餘慶妻 金氏·洪興祖妻 趙氏·洪慶維妻 高氏·金泰相妻 金氏·鄭匡績妻 李氏·洪禹錫妻 李氏·張鍾一妻 李氏·金潤源妻 金氏·金匡奎妻 李氏·朱氏·金濬基妻 李氏·李永培妻 韓氏·李英觀妻 李氏·韓基鍾妻 徐氏·韓鎭薛妻 李氏 추가
現代人物	『강지』-없음 『삼지』-없음	朱鉉明 등 156인
歷代守令	『강지』-없음 『삼지』-黃大鵬 등 58인	·『삼지』의 邑先生 없음 ·尹文亨(中宗)-宋杜淳(1935) 199인 수록

『강동지』는 지리편에서 산천·사찰·토지면적·호구·교육·종교·토산과 특산, 인물편에서 효자·열녀절부·현대인물조에서 현재적 관점이 드러나 있다. 그 편찬이 현재 강동군의 현황 파악[지리편]과 효과적인 군정郡政의 수행[인물편]을 위한 자료 구축이라는 목적에 부합한다. 조선총독부의 식민통치 방향과도 일정하게 연계되는 것이었다. 따라서 1935년 강동명륜회를 주축으로 이루어진 군지의 편찬은 조선총독부의 식민통치를 원활하게 유지하는 방향과 이에 근거하여 강동지방의 지배를 위한 자료 확보를 위해 이루어진 것이라고 할 수 있다. 이는 현대인물조를 분석하는 가운데 보다 구체적으로 드러날 것이다.

4. 「현대인물」조와 단군릉수축기성회檀君陵修築期成會

『강동지』의 현대인물조는 편찬의 현재적 관점을 가장 잘 읽을 수 있는 부분이다. 범례에 의하면, 현대인물을 수록하게 된 배경과 수록의 방향에 대해 약간의 사실을 확인할 수 있다. 첫째, 고금의 인물을 빠짐없이 기재코자 했으나 고기古記가 남아있지 않아 현대인물만을 기록할 수밖에 없었다는 점, 둘째, 세계世系를 기록하는 것을 원칙으로 하되 원하지 않는 경우는 싣지 않았다는 점, 셋째, 기재 순서는 연령에 따라 했고, 동년인 경우에는 월이 앞서는 것에 따라, 동월인 경우에는 일이 앞서는 것에 따라 편차했다는 점이다.[17]

이 원칙에 따라 1935년 읍사 간행을 기준으로 강동군에서 활동하고 있는 56여개 성씨 156인의 간략한 경력과 세계를 출생연도를 기준으로 실었다. 이들 중 최고령자는 1853년생인 신안주씨新安朱氏 현명鉉明이고,

---

17) 『강동지』, 「凡例」 "一 本誌를編輯함에對하야古今人物을無漏記載코져하나古記가 無하야現代人物만記載함 … 一 人物記事에世系를記載하되不願하는境遇에依하 야不載한이도有함 … 一 人物順序는 年齡을 從하야 序列하되 同年인 時는 月上 으로 同年同日인 時는 日上으로 先序함".

가장 어린 사람은 1913년생의 청주김씨淸州金氏 기택岐澤이다. 이들을 성 관별로 살펴보면 다음과 같다.[18]

(1) 신안주씨新安朱氏

고려 공민왕 때 도순문사를 지낸 순문淳文이 요승妖僧 신돈을 피해 평 양으로 이거했고, 그의 6대손인 윤문允汶이 평양에서 삼등현 숭효동崇孝 洞으로 입거했다고 한다. 『여지도서』 삼등현조에 입진성入鎭姓으로 비로 소 나타난다. 삼등면 효덕리와 강동면 숭의리崇義里에 거주했다. 『강동 지』에는 윤문의 16대손 현명鉉明(1853~, 文廟都訓長)·현각鉉恪(1877~, 文 廟齋長)·승종升鍾(1877~, 삼등면장)·두종斗鍾(1880~), 18대손 일상一相(187 9~)이 올랐다. 현명의 6대조 경보璟輔는 숭령전참봉을 역임했다. 현명 과 현각, 승종과 승종은 형제이다. 현각은 단군릉수축운동에 각면이사 로 참여했다.

(2) 남양홍씨南陽洪氏

고려 말 중랑장을 지내고 조선 건국 후 원종훈原從勳으로 연안군延安君 에 봉해진 진進이 참소로 강동에 유배됨으로서 세거하게 되었다고 한다. 『여지도서』 강동현조에 비로소 보인다. 봉진면 봉당리鳳塘里에 거주했 다. 『강동지』에는 대수大修(1856~)가 올랐는데, 1885년 국학서기재國學 西寄齋했고, 1925년 숭인전참봉崇仁殿參奉을 지냈다. 시문이 평담혼순平淡 渾純하여 포백숙율布帛菽栗과 같다는 평을 들었으며, 「단군릉기적비檀君陵 記蹟碑」를 지었다.

---

18) 이하의 내용은 『강동지』 人物編의 「現代人物」조를 토대로 서술하였고, 단군릉 수 축공사와 관련한 부분은 「단군릉기적비」를 참조했다. 따라서 두 자료의 인용 부 분은 별도의 주를 생략한다.

(3) 청주정씨清州鄭氏

통훈대부 군자감주부를 지내고 호성공신으로 녹훈된 이逖가 성주에서 강동 입석리立石里로 이거했다고 한다. 『강동지』에는 문묘도훈장文廟都訓長을 지낸 건영健永(1856~)이 올랐는데, 이의 11대손이다. 만달면 괴음리槐陰里에 거주했다.

(4) 홍주이씨洪州李氏

선전관을 지낸 천薦이 직간으로 왕의 뜻을 거스려 홍주로부터 강동에 유배되어 세거하게 되었다고 한다. 『여지도서』 강동현조에 처음 보인다. 만달면 대성리大成里와 강동면 칠포리漆浦里·원탄면 문우리文隅里에 거주했다. 『강동지』에는 석준錫俊(1858~)·석려錫侶(1863~, 文廟 重職)·병섭秉燮(1870~, 강동면장)·환표桓豹(1880~, 文廟 重任)·복섭復燮(1897~, 문묘재장·원탄면협의원)이 올랐다. 석준·석려는 형제이고, 석려의 아들 능순菱淳은 문묘에 봉직하고 있었다.

(5) 결성장씨結城張氏

통정대부 공조참의에 증직된 응길應吉이 처음 강동으로 이거한 분파가 있고, 낭관을 지낸 괄도括渡가 인근 성천으로 이주하고 그 5대손 길상吉祥이 성천에서 강동으로 이거한 분파가 있다. 응길의 후손은 삼등면 송가리松街里·청탄리清灘里·사단리社壇里에 거주했고, 괄도의 후손은 강동면 송학리松鶴里에 거주했다. 『강동지』에 응길의 후손으로 8대손 노연魯淵(1861~)·병연秉淵(기독교신자), 9대손 내승來昇(천도교신자·농민공생조합장)·내린來麟, 10대 재형在炯(1895~, 삼등면협의원)과 동생 원형元炯, 기성基盛(松街里學校 교사)이 올랐고, 길상의 후손으로 운홍運洪(1873~, 문묘도유사)이 올랐다. 재형은 단군릉수축운동에 각면이사로 참여했다.

(6) 교하이씨交河李氏

중종 때 대사헌을 지냈다는 용기龍起가 사화로 함종咸從에 유배되었는데, 그 증손 어모장군 자동自東이 함종에서 강동 권장리權長里로 이거했다고 한다. 『여지도서』 강동현조에 처음 보인다. 만달면 광청리廣淸里·승호리勝湖里, 원탄면 봉도리鳳島里·하리下里·권장리, 강동읍내에 거주했다. 『강동지』에는 자동의 13대손 문규文圭(1861~, 동릉참봉)·병찬炳瓚(1871~, 문묘도훈장·원탄면협의원)·정호廷浩(1873~), 14대손 일화日華(1872~), 15대손 규영奎濚(1871~, 동당초시[1889]·육군군의[1904]·평양공의平壤公醫), 이태익李泰翊, 이윤근李潤根(원탄면장), 이동걸李東杰, 이원석李元錫이 올랐다. 정호의 조부 진각鎭珏은 숭인전참봉을 지냈고, 아들 흥조興祚는 명치대학明治大學을 졸업했다. 규영은 1904~1905년 일본 동경을 관유觀遊했는데, 조부 응주應柱는 숭령전참봉을 지내고 한말 단군묘를 능으로 숭봉하려는 논의에 적극 참여했으며, 부 명환明煥은 통정대부 중추원 의관을 지냈다.

(7) 파평윤씨坡平尹氏

성천에서 양덕陽德으로 이거한 세번世磻의 아들 찬서贊瑞가 강동으로 이거한 분파와 태조 때 직간하다가 숙천肅川으로 적거된 판부사 사재감을 지낸 천보天寶의 손자인 통훈대부 의인依仁이 성천의 천곡泉谷으로 이거하여 세거한 분파가 있었다. 1871년 『강동현지』에 처음 보인다. 의인의 고손 기자전참봉 사결士潔은 이후 자산리慈山里로 옮겼고, 그 고손 상은相隱이 다시 자산 매화동梅花洞으로 이거했다. 강동면 아달리阿達里·하리下里, 고천면 열파리閱波里에 거주했다. 『강동지』에는 찬서의 6대손 형건衡健(1861~, 강동면장, 강동면협의원), 동원東元, 상은의 7대손 상조尙晁(1875~, 厚德學校長·문묘 중임)가 올랐다.

(8) 밀양박씨密陽朴氏

문과에 급제하여 성천에 거주한 참봉 종宗의 11대손으로 강동에 이 거한 희천熙天의 후손과 약간 늦게 강동으로 이거한 응장應璋의 후손이 세거하고 있었다. 1871년 『강동현지』에 처음 보인다. 강동면 문평리文 坪里・원탄면 송오리松塢里・삼등면 청탄리에 거주했다. 『강동지』에는 희천의 8대손 원삼元三(1861～, 문묘직원), 응장의 10대손 정실鼎實 (1865～, 구일본 방풍헌坊風憲, 문묘훈장・현 기자전참봉), 길수吉洙가 올랐다. 원삼은 1930년대 단군릉수축운동에서 기성회의 고문과 각면이사로 참여했다.

(9) 수원백씨水原白氏

고려 고종 때 통례를 지내고 1231년 몽고와의 싸움에서 전공으로 능성문 지후能城文祗侯에 봉해진 숭문崇文의 후손과 조선시대 선무랑과 안주도독安 州都督을 지내고 태천泰川에 이거한 산珊의 후손이 있다. 『세종실록』 지리지 삼등현에 입진성入鎭姓으로 기록되어 있다. 삼등면 고봉리古鳳里・태령리太岺 里・옥정리玉井里・송석리松石里・봉의리鳳儀里에 거주했다. 『강동지』에는 숭문 의 19대손 천익天翼(1878～, 문묘재장), 20대손 일봉日奉(1863～), 21대손 두 경斗庚(1869～)・대수大洙(1878～, 문묘 중임)・찬수燦洙(1880～, 문묘 중임)・용 수庸洙(1885～, 문묘도유사), 22대손 낙선樂善(1865～, 삼등면장・문묘훈장)・인 규仁奎(1867～, 증광별시[1892]・명륜회장)・낙인樂仁(1878～, 문묘재장)・낙영樂瑛 (1879～, 문묘훈장)・낙준樂俊(1883～)・낙봉樂鳳(1902～), 23대손 남걸南杰 (1897～, 문묘 중임)・남현南顯(1911～)과 산珊의 20대손으로 1904년 태천에 서 봉의리로 이거한 회겸會謙(1870～, 태천 문묘의 중임) 등 15인이 올랐다. 인규가 단군릉수축기성회에 상무이사, 낙선은 고문, 낙인・용수는 각면이사 로 참여했다.

(10) 김해이씨金海李氏

병마첨절제사로 강동에 시거始居한 주화宙華의 후손이다. 각종 지리지에서 확인되지 않는다. 원탄면 송오리에 거주했다.『강동지』에는 경렬景烈(1864~, 문묘 중직)이 올랐는데, 부친 석근錫根은 문묘재장을 지냈다.

(11) 진위이씨振威李氏

임실현감으로 재직중 양전量田의 일로 강동에 적거된 시무始茂의 후손이다.『여지도서』강동현에 기록되어 있다. 만달면 응암리鷹岩里·원탄면 훈암리燻岩里·문우리文隅里에 거주했다.『강동지』에는 시무의 16대손 창환煥(1865~, 문묘훈장)·창훈昌薰(1871~, 천도교도)·영하永夏(1867~, 훈암리장), 17대손 영근永根(1874~, 문묘훈장)·재근載根(1892~, 문묘재장·만달면협의원), 19대손 봉하鳳夏(1880~, 문묘도유사·원탄면협의원), 관규觀奎(1866~, 문묘도훈장)가 올랐다.

(12) 신창표씨新昌表氏

통훈대부로 양덕·강서 현감을 지낸 맹리孟理의 후손이다.『여지도서』삼등현에 기록되어 있다. 삼등면 태령리에 거주했다.『강동지』에는 맹리의 14대손 용삼龍三(1877~)이 올랐다.

(13) 청주한씨淸州韓氏

호조판서로 순안順安에 시거始居한 안해安海의 아들 사직 복정福𨠵이 성천으로 이거하여 유동柳洞에 세거하다가 그 9대손 준필俊必(평양 부산斧山으로 이거)을 거처 중추원의관 영권永權이 갑오난甲午亂 때 강동으로 이거한 분파와 안해의 12대손으로 강동에 입향한 분파, 참봉으로 성천에 처음 거주를 시작한 분파가 있다.『강동현지』(1871)에 기록되어 있다.

원탄면 신룡리新龍里·고천면 명리明里·봉진면 외단리外端里·강동면 명의
리明義里에 거주했다. 『강동지』에는 영권의 아들 창정昌禎(1865∼, 平北奉
祝官·五衛將), 안해의 17대손 형준亨俊(1888∼, 문묘재장·고천면협의원)·석초
錫初(1893∼), 18대손으로 6대조 필량必良부터 강동에 세거한 진태鎭泰
(1879∼, 문묘재장·고천면협의원), 1919년 성천에서 명의리로 이거한 기순
基淳(1883∼, 명의리장·문묘재장)이 올랐다. 형준과 기순은 단군릉수축기성
회에 각면이사로 참여했다.

(14) 화순김씨和順金氏

태종 때 사헌부지평으로 증직된 홍택弘宅이 강동으로 이거했다. 『여지
도서』 강동현에 기록되어 있다. 고천면 동서리東西里 노포蘆浦에 거주했
다. 『강동지』에는 홍택의 18대손 석걸錫杰(1868∼)이 올랐다.

(15) 청도김씨淸道金氏

좌익공신을 지낸 한철漢喆이 강동에 시거하여 고천면 도덕리道德里·봉
진면 고성리姑城里에 거주했다. 각종 지리지에서 확인되지 않는다. 『강동
지』에는 한철의 25대손 성숙聲淑(1869∼, 문묘직원)과 관숙觀淑(1883∼,
문묘 증직)이 올랐는데 성숙의 부친 치화致華는 강동현의 공방工房을 지냈
다. 성숙은 단군릉수축기성회에 상무이사, 동생 관숙은 각면이사로 참여
했다.

(16) 광주김씨廣州金氏

입향조와 시기를 알 수 없다. 각종 지리지에서도 확인되지 않는다. 만
달면 승호리·강동면 아달리에 거주했고, 『강동지』에는 석규錫奎(1869∼,
삼등 문묘재장·삼등면장), 성갑聲甲(1894∼)이 올랐다. 석규는 단군릉수축기

성회의 각면이사, 성갑은 상무이사로 참여했다.

(17) 성주김씨星州金氏

성천에 거주했던 정국鼎國의 후손으로 후에 강동에 들어온 분파와 성주에서 분파하여 평양으로 이거한 진사 합습의 9대손 두채斗采가 평양에서 강동 파릉리巴陵里로 이거한 분파가 있다. 각종 지리지에서 확인되지 않는다. 강동면 상리, 만달면 승호리·파릉리에 거주했다.『강동지』에는 정국의 10대손 익재益財(1869~, 문묘 중임), 두채의 8대손 병초秉初(1879~, 기독교신자)·병두秉斗(1888~, 京城五星學校卒·만달면협의원), 9대손 중보重寶(1902~, 기독교장로·동아일보분국장)가 올랐다. 중보는 단군릉수축기성회의 상무이사로 참여했다.

(18) 제안이씨齊安李氏

중직대부 곽산군사를 지낸 석령碩齡이 평양 정양문正陽門 밖에 시거했는데, 그 15대손 기종起鍾이 신미년(1871)의 난리에 강동으로 이거했다가 50년 후 평양으로 환거했다. 그 아들 석원錫源이 1894년 다시 강동으로 들어온 분파가 있고, 역시 석령의 후손으로 1895년 평양에서 탑하리塔下里에 이거한 분파가 있다. 원탄면 하리下里·탑하리에 거주했다.『강동지』에는 택澤(1869~, 문묘중직)·은灣(1875~, 啓明學校長)이 올랐는데, 은은 단군릉수축기성회에 각면이사로 참여했다.

(19) 함안조씨咸安趙氏

원탄면 하리에 세거했으나 입향 시기를 알 수 없다.『강동현지』(1871)에 기록되어 있다.『강동지』에는 운홍雲鴻이 올랐는데, 1935년에는 평양으로 이거했다.

(20) 해주오씨海州吳氏

문학으로 이름이 있었던 세창世昌이 처음 강동에 들어왔다. 각종 지리 지에서 확인되지 않는다. 『강동지』에는 17대손 응엽應燁(1871～)이 올랐 는데, 만달면 화천리貨泉里 개양곡開暘谷에 거주했다.

(21) 충주유씨忠州劉氏

입향조를 알 수 없다. 강동면 문평리文坪里에 세거했다. 『여지도서』 강동현의 성씨조에서 확인된다. 『강동지』에는 원진元鎭이 올랐다.

(22) 강릉김씨江陵金氏

시사時事로 철산鐵山에 적거되었던 덕선德善의 아들 응화應華가 강동으 로 이거했다. 각종 지리지에서 확인되지 않는다. 봉진면 문왕리文旺里에 거주했다. 『강동지』에는 호조참판 환煥의 15대손 준호俊浩(1871～, 문묘 중임)와 응화의 11대손 이초履初(1883～, 봉진면장)가 올랐다. 준호의 아들 이주履柱는 법학을 전공하여 당시 법원에서 근무한다고 한다. 이초는 단 군릉수축기성회의 부회장이다.

(23) 창녕조씨昌寧曺氏

『강동지』에 오른 익환益煥(1872～)이 평양 외성外城에서 고천면 수리 壽里로 이거하여 사숙私塾을 개설하고 후진을 양성했다.

(24) 해주장씨海州張氏

강서군 잉차면 이리二里 신동新洞에서 1887년 강동면 아달리로 이거 한 분파와 1916년 이거한 분파가 있었다. 『강동지』에는 1916년 강서군 에서 이거한 운익雲翼(1873～, 기독교장로)과 1887년 이거한 재호在昊의

아들 운경雲景(기독교목사)이 올랐다. 운익과 운경은 단군릉수축기성회의
상무이사로 참여했다.

(25) 안악김씨安岳金氏

병조판서를 지낸 홍찬弘贊이 안악에서 강동 구암龜岩으로 이거했다.
『세종실록』지리지 삼등현에 입진성으로 올랐다. 고천면 동서리 노포蘆
浦·향교리鄕校里·수리壽里·천답리泉畓里에 거주했다. 『강동지』에는 홍찬
의 18대손 달룡達龍(1873~, 平南觀察府掌議·고천면협의원·기독교장로)·두홍
斗洪(1879~, 고천면장·문묘재장), 19대손 영권永權(1889~, 고천면장·문묘재
장), 천홍天洪이 올랐다. 달용은 단군릉수축기성회의 고문 및 각면이사,
영권은 상무이사 및 각면이사로 참여했다.

(26) 수안이씨遂安李氏

수안에서 삼등으로 이거한 광준光俊의 후손이다. 『여지도서』강동현
에 올랐다. 삼등면 송가리·사탄리沙灘里, 봉진면 금곡리金谷里·한왕리漢
王里에 거주했다. 『강동지』에는 광준의 9대손 승협承協(1874~, 家塾 개
설), 10대손 두홍斗洪(1905~)·효전孝傳(1908~), 경선景善(문묘 중직, 봉진
면협의원)·익선益善이 올랐다. 익선은 단군릉수축기성회에 각면이사로
참여했다.

(27) 경주최씨慶州崔氏

진사로 평양 외성에서 거주하던 국주國柱의 7대손 진사 심深이 원탄면
송오리로 이주했다. 각종 지리지에서 확인되지 않는다. 『강동지』에는 관
서의 사종師宗으로 칭송되던 봉진鳳鎭의 아들 운섭雲涉(1874~, 전화과 주
사)·운상雲湘(1882~)이 올랐다.

(28) 평창이씨平昌李氏

입향조와 시기를 알 수 없다. 각종 지리지에서도 확인되지 않는다. 『강동지』에는 경선景善(1874~)이 올랐는데, 교육에 종사했고 만달시사晚達詩社를 결성하기도 했다. 만달면 화천리 호곡虎谷에 거주했다. 단군릉수축기성회에 각면이사로 참여했다.

(29) 반남박씨潘南朴氏

연산군 때 화를 피하여 삼등현으로 시거한 명산明山의 후손이다. 각종 지리지에서 확인되지 않는다. 만달면 인흥리仁興里에 세거했다. 『강동지』에는 명산의 14대손 기진基鎭(1875~, 문묘 중임·東興學院長)과 15대손 용구用龜(1882~)가 올랐다. 기진은 단군릉수축기성회에 각면이사로 참여했다.

(30) 청풍김씨淸風金氏

송도松都 북부에서 평양으로 이거했던 재탁載鐸의 후손이다. 『여지도서』 강동현에서 확인된다. 경릉참봉을 지낸 관연觀淵의 아들 동윤東潤(1876~)이 평양에서 만달면 화천리로 이거했다. 1903년 동릉참봉을 지냈고, 1923년 화천리에서 약포藥舖를 개설하기도 했다.

(31) 청주이씨淸州李氏

시사로 인해 강동에 적거한 봉鳳의 후손이다. 『여지도서』 강동현에서 확인된다. 강동면 용흥리龍興里·고천면 맥전리麥田里에 거주했다. 『강동지』에는 천훈天勳(1876~), 창규昌奎(1882~, 문묘 중직), 봉의 18대손 병순秉純(1904~, 고천면협의원)이 올랐다.

(32) 당악김씨唐岳金氏

순안에 세거했던 충순忠順의 11대손 취복就福이 강동으로 이거했다.
『강동현지』(1871)에서 확인된다. 고천면 향교리에 세거했다.『강동지』
에는 취복의 고손 웅주應柱(1876～, 문묘 중직)와 정주楨柱(1889～, 교육종
사)가 올랐다.

(33) 진주정씨晉州鄭氏

강동에 시거한 석진碩珍의 후손으로 봉진면 용연리龍淵里에 세거했다.
각종 지리지에서 확인되지 않는다.『강동지』에는 석진의 14대손 빈용斌
容(1878～, 봉진면장·문묘 중임)과 일용日容(1880～, 봉진면장·문묘재장)이 올
랐다. 빈용은 단군릉수축기성회에 상무이사로 참여했다.

(34) 안산이씨安山李氏

강동에 시거한 인기仁奇의 후손이다.『여지도서』강동현에서 확인된
다. 원탄면 송오리와 봉진면 하단리에 세거했다.『강동지』에는 석문錫文
(기독교장로)·인영寅英(진사, 1894)과 인기의 23대손이자 전화과 주사 서봉
瑞鳳의 아들 성숙成淑(1911～)이 올랐다.

(35) 전주이씨全州李氏

입향조는 계방桂芳으로 삼등면 청탄리와 강동면 원효리源孝里에 세거
했다. 각종 지리지에서 확인되지 않는다.『강동지』에는 계방의 9대손 유
근宥根(1879～)과 10대손 환煥(1896～), 그리고 인상仁祥(1895～, 문묘 종
사)이 올랐다.

(36) 창원황씨昌原黃氏

강동에 시거한 부사직 자명自明의 후손이다. 『강동현지』(1871)에서 확인된다. 고천면 선광리先光里·강동면 아달리에 세거했다. 『강동지』에는 재순在淳·두성斗星(고천면장), 자명의 16대손 정준貞俊(1893~, 강동면 학교 교사)이 올랐다. 정준은 단군릉수축기성회에 서기 및 각면이사로 참여했다.

(37) 양주김씨楊州金氏

삼등현에 들어온 세원世元의 후손이다. 각종 지리지에서 확인되지 않는다. 삼등면 고봉리古鳳里에 세거했다. 『강동지』에는 세원의 11대손 환진矆鎭(1879~, 문묘 중직)과 규진珪鎭(1904~)이 올랐다.

(38) 연안김씨延安金氏

영석永奭(1880~)이 1923년 평양에서 만달면 승호리로 이주했다. 만달시사晩達詩社의 결성에 참여했다.

(39) 진주이씨晉州李氏

입향조와 시기를 알 수 없다. 1871년 간행된 『강동현지』의 성씨조에 비로소 보이며, 강동면 용복리龍伏里·원탄면 탑하리塔下里에 거주했다. 『강동지』에는 형재瀅材(1881~, 문묘 중직)·국빈國斌(1894~)이 올랐다.

(40) 김해김씨金海金氏

세종 때 예조판서로 강동에 적거되었다는 중상仲祥의 후손으로 그 직계와 중상의 아들로 문과에 급제하고 북평사北評事를 지내다 숙천에 이거한 적록積祿의 10대손으로 숙천에서 다시 강동으로 들어온 덕룡德龍의

후손이 있다.『세종실록』지리지 삼등현에 속성續姓으로 기록된 김씨로
추측된다. 봉진면 북삼리北三里, 강동면 아달리·칠포리漆浦里·문평리, 고
천면 열파리閱波里에 세거했다.『강동지』에는 중상의 15대손 명희明喜
(1898～, 봉진면협의원)·병희丙喜(1901～), 16대손으로 선공감감역 주희冑
喜의 아들인 상준商俊(1881～, 동릉참봉·강동군참사·평안도평의회원)·상무商
武(1884～, 사범학교 졸)·상화商和(1893～, 의학전문 졸), 상확商確(1888～),
18대손 천우天羽(기독교장로), 덕룡의 고손인 응주應柱(1882～, 문묘재장)·
완주完柱(1904～)가 올랐다. 상준의 아들 대우大羽는 구주대학을 졸업하
고 군수를 거쳐 총독부 사회과장에 있었으며, 호우虎羽는 경도제국대학
을 졸업하고 경부警部에, 홍우鴻羽는 중학교를 졸업, 관우寬羽는 동경 법
정대학에, 완우完羽는 고등학교에 재학하고 있었다. 단군릉수축기성회에
서 상준은 회장과 회계, 천우는 상무이사, 상화는 고문, 명희는 각면이사
로 참여했다.

(41) 보성선씨寶城宣氏

상익尙翼(1882～)이 1922년 영변에서 만달면 승호리로 이거했다.

(42) 강동이씨江東李氏

입향조는 속續으로 원탄면 신룡리新龍里에 세거했다.『여지도서』강
동현에서 확인된다.『강동지』에는 속의 21대손 정종鼎宗(1886～)이 올
랐다.

(43) 전주최씨全州崔氏

명단命丹의 후손으로 대동군 임원林原에 세거하다가 그 7대손인 사직
유사社稷有司 관호觀浩의 아들 윤학允鶴(1887～)이 만달면 승호리로 이거

했다. 각종 지리지에서 확인되지 않는다.

(44) 인천김씨仁川金氏

입향조와 시기를 알 수 없다. 각종 지리지에서 확인되지 않는다. 고천면 열파리에 거주했다. 『강동지』에는 정섭鼎燮(1887～)이 실렸는데, 열파공보교학무위원閱波公普校學務委員·고천면협의원·보안조합장·소비조합이사 등을 지냈다.

(45) 개성김씨開城金氏

석채錫采가 개성에서 평양 중성中城으로 이거했다가 고손 영탁永鐸이 강동으로 이거하여 만달면 승호리에 거주했다. 각종 지리지에서 확인되지 않는다. 『강동지』에는 그 아들 익성益性(1888～)이 올랐다.

(46) 전주김씨全州金氏

입향조와 시기를 알 수 없다. 각종 지리지에서 확인되지 않는다. 삼등면 봉의리鳳儀里·원탄면 삼청리三靑里·만달면 승호리에 거주했다. 『강동지』에는 익조益祚(1888～, 만달면장·삼등면장)·홍철鴻哲(1897～, 원탄면협의원)이 올랐다. 익조가 단군릉수축기성회에 각면이사로 참여했다.

(47) 영광김씨靈光金氏

입향조와 시기를 알 수 없다. 『강동현지』(1871)에서 확인된다. 고천면 고성리古城里에 거주했는데, 『강동지』에는 광혁光赫이 올랐다.

(48) 원주원씨原州元氏

가선대부 부호군 천복千福이 처음 강동에 입거하여 강동면 칠포리에

거주했다. 각종 지리지에서 확인되지 않는다.『강동지』에는 천복의 11대
손이자 숭령전참봉 경현景鉉의 아들 용제容濟(1890~, 문묘재장)가 올랐는
데, 단군릉수축기성회에 상무이사로 참여했다.

(49) 연안이씨延安李氏

입향조와 시기를 알 수 없다. 각종 지리지에서 확인되지 않는다. 삼등면
고봉리에 거주했다.『강동지』에는 치준致俊(1891~, 문묘 중직)이 올랐다.

(50) 청주김씨淸州金氏

진사로 송도에서 안주安州 봉서동鳳棲洞으로 이거한 명운命雲의 후손이
다. 각종 지리지에서 확인되지 않는다.『강동지』에는 기찬岐燦(1892~)·
기환岐煥(1903~)·기택岐澤(1913~)이 올랐는데, 이들이 안주에서 만달
면 승호리로 이주했다.

(51) 평산신씨平山申氏

맹령孟令이 삼등현 번룡리樊龍里에 입거하여 삼등면 대리垈里에 거주했
다.『여지도서』삼등현에서 확인된다.『강동지』에는 맹령의 15대손 인
걸麟杰(垈里長·명륜회평의원·삼등면협의원), 15대손 기순基淳(1907~), 문묘재
장인 봉걸鳳杰의 아들 기곤基坤(문묘장의)이 올랐다. 인걸이 단군릉수축
기성회의 각면이사로 참여했다.

(52) 강동김씨江東金氏

좌익공신 한철漢喆이 입거했고, 원탄면 내리內里에 거주했다. 각종 지리
지에서 확인되지 않는다.『강동지』에는 한철의 25대손 성혁聖赫(1893~)
과 달종達鍾이 올랐다.

(53) 경주김씨慶州金氏

입향조와 시기를 알 수 없다. 『강동현지』(1871)에서 확인된다. 『강동지』에는 석붕錫鵬(1896~, 誠明學校長·문묘훈장)이 올랐는데, 만달면 응암리鷹岩里에 거주했다.

(54) 농서이씨隴西李氏

입향조와 시기를 알 수 없다. 『여지도서』삼등현조에 요산이씨遼山李氏가 보인다. 『강동지』에는 재명在明(1897~, 강동군금융조합이사)이 올랐다. 강동면 아달리에 거주했다.

(55) 순흥안씨順興安氏

입향조와 시기를 알 수 없다. 각종 지리지에서 확인되지 않는다. 삼등면 고봉리에 거주했다. 『강동지』에는 병덕秉德(문묘 奉聖)이 올랐다.

(56) 일직손씨一直孫氏

병조판서로 양덕陽德에 적거되었던 득수得壽의 9대손 서장庶長이 성천成川으로 이거했고, 그 아들 세복世福이 강동에 입거했다. 강동면 하리에 거주했다. 각종 지리지에서 확인되지 않는다. 『강동지』에는 세복의 11대손 창준昌俊(1865~, 성천 문묘재장·강동 문묘도훈장)이 올랐다. 그는 단군릉수축기성회에 각면이사로 참여했다.

(57) 기 타

관적이나 입향조를 알 수 없는 인물이 6인이다. 만달면 동서리에 거주하던 김익삼金益三, 강동면 원효리의 정구연丁九淵(문묘 중임, 강동면협의원), 용복리龍伏里의 김찬형金瓚衡(1878~, 문묘재장·강동면협의원),

삼등면 영대리靈垈里의 장도규張道奎(문묘 중임), 송가리의 최건극崔建極, 봉진면 북삼리의 박영관朴永觀이 그들이다. 이상을 정리한 것이 <표 4>이다.

〈표 4〉『강동지』의 현대인물조 성관별 분석

본 관	성 명	자	호	입향조	부	후 계	거주지	통 혼	경 력	비 고
新安	朱鉉明 (1853-)	乃文	孝谷		基謙	文濟	三登面 孝德里	羅州 羅疇斌女	三登稅務主事, 文廟都訓長	6代 環輔- 崇靈殿參奉
	朱鉉恪 (1877-)	汝三		21代祖 淳文(恭愍王朝都巡撫使避妖僧移居平壤) 15代祖 允汶(自平壤移居三登崇孝洞)		永濟, 德濟, 民濟, 世濟		慶州 金喜澤女	文廟齋長	一名 鉉慤, 鉉明의 弟
	朱升鍾 (1877-)	日汝			基觀	秉濟, 達濟		慶州 金鳳周女	三登面長	6代 環輔- 崇靈殿參奉
	朱斗鍾 (1880-)	極汝				明濟, 利濟		驪州 李夏黙女	力耕勤讀 一鄕之模範	升鍾의 弟
	朱一相 (1879-)	純哉	金谷	17代祖 允汝	基洙	璨燮, 道燮, 昌燮	江東面 崇義里	水原 白在欽女	鄕風一變順厚成俗에 盡力	
南陽	洪大修 (1856-)	禪顧	松庵	進(高麗末官中郎將入入李朝以原從勳封延安君未幾被讒謫江東仍居)	柄	埈	鳳津面 鳳塘里	振威 李基畯女	國學西寄齋(1885) 江東文廟直員(1922), 崇仁殿參奉(1925)	詩文이 平淡渾純하여 布帛菽栗과 같음
淸州	鄭健永 (1856-)	大翼	達菴	10代祖 逸(通訓大夫行軍資監主簿扈聖功臣自星州始入江東立石里)	龍錫	璧和, 世和, 致和	晩達面 槐陰里	三陟 金秉濟女	文廟都訓長	
洪州	李錫俊 (1858-)	學濬	東谷	14代祖 薦 (宣傳官以直諫忤旨自洪州謫居江東)	正根	蓋淳, 蕎淳	晩達面 大成里	水原 白乃亨女	人皆服其孝誠	
	李錫侶 (1863-)	元俊				菱淳(文廟奉職)		宜寧 南元仲女	文廟의 重職	錫俊의 弟
	李秉燮 (1870-)		玉圃	15代祖 薦	琪甲	載淳	江東面 漆浦里	南陽 洪錫範女	江東面長	
	李桓豹 (1880-)	文叔	誠齋	16代祖 薦	祁淳	快燮, 蒙燮, 復燮	晩達面 大成里	密陽 朴濟達女	文廟의 重任	一名 潘明
	李復燮 (1897-)	德輔	海菴	17代祖 薦	桓旲-文學行義名重	址麟, 址鳳	元灘面 文隅里	交河 李賢華女	文廟齋長, 學校評議員, 元灘面協議員	
結城	張魯淵 (1861-)	文伯		7代祖 應吉(贈通政大夫工曹參議始居江東)	鍾一	來翼	三登面 松街里	平山 申錫龜女	是非不爭孝奉其親	

본관	성명	자	호	입향조	부	후계	거주지	통혼	경력	비고
結城	張秉淵								田農勤勞, 基督教篤信	世居三登
	張在烱 (1895-)		松隱	9대조 應吉		來學	三登面 淸灘里	密陽 朴基浩女	三登面協議員, 農會委員, 山林組合評議員	
	張元烱						三登面 松街里		耕讀不廢	在烱의 從弟
	張來昇 (1896-)	日升	明菴	8代祖 應吉	珍淵		三登面 社壇里	密陽 朴永德女	天道教篤信 布教盡力, 農民共生組合長, 東亞日報分局長	祖 鍾常-三登面長
	張來麟						三登面		一鄕準的	世居三登
	張基盛						三登面 松街里		自私塾移遊新學界, 科學深究, 松街里學校教鞭	
	張運洪 (1873-)	翼鵬	松軒	14代祖 括渡(官郎官居成川) 9代祖 吉祥(自成川移居江東)	鑛澄	箕翰	江東面 松鶴里	尙州 金麗水女	文廟郡有司	受業 洪在翰, 曾祖 再儉-崇仁殿參奉
交河	李文主 (1861-)	和仲	錦西	15代祖 龍起 (大司憲中宗朝以士禍貶咸從)	遇彦	斗兢, 斗垃, 斗明	晩達面 廣淸里	齊安 黃瀋女	兼究醫學施其仁術(居忠北20年), 文廟直員, 東陵參奉	
	李炳贊 (1871-)	玉汝	桓岩	12代祖 自東 (禦侮將軍移居江東權長里)	鍾英	天奎, 德奎, 樂奎, 南奎, 哲奎	元灘面 鳳島里	淸風進士 金仁聲女	文廟都訓長, 學校評議員, 元灘面協議員	
	李廷浩 (1873-)				鐸魯	養祚, 興祚 (明治大卒)	元灘面 下里	洪州 李秉濂女	溫仁寬重孝友克篤一鄕共稱	祖 鑛珏-崇仁殿參奉
	李日華 (1872-)	極中		13代祖 自東	商道	廷瑞	晩達面 廣淸里	金化 金學鳳女	一鄕之長老師表	不入是非之場 不蹈非禮之地 治産增殖
	李奎濬 (1871-)	榮五	春島, 簡齋, 晩達山人, 東隱	14代祖 自東	明煥-正3品通政大夫中樞院議官		晩達面 勝湖里	初娶海州吳漢侃女 再娶晉州蘇侯雨女	東堂初試(1889), 江東稅務主事(1895), 醫學校卒業後醫學校教官, 6品職(1903), 陸軍軍醫(1904), 師範學校教師(1905), 車輦館公立學校設立 및 校醫囑託(1910), 寧邊郡公醫, 平壤公醫	黃岦을 師事, 遊歷東京 (1904-05), 平壤公醫後來勝湖里, 今移洪川 祖 廣柱-崇靈殿參奉
	李泰翊						元灘面 下里		設家塾以訓子弟及鄕中俊髦	
	李潤根						元灘面 下里		元灘面長, 情愛不變知禮並濟하여 一鄕의 師表	
	李東杰						元灘面 鳳島里		夙事漢學終日樂易可謂傲世高老	
	李元錫			自元灘面權長里移居江東邑內	東斌		江東 邑內		實業盡誠, 一鄕模範, 靑年界重鎭	

본관	성명	자	호	입향조	부	후계	거주지	통혼	경력	비고
清州	金岐燦 (1892-)			12代祖 命雲(進士 自松都移居安州鳳 樓洞) 自安州鳳樓洞移居 晩達面勝湖里	鎬創		晩達面 勝湖里	全州 李氏	商業從事	
	金岐煥 (1903-)				鎬原				臨事勤實	
	金岐澤 (1913-)				鎬膺			延日 鄭致璜女		
平山	申麟杰	成一	雲菴	14代祖 孟令(始居 三登樊龍里)	鍒藻-文 學著名	基革	三登面 垈里	白川 趙秉一女	垈里長, 鄕約設立, 文廟의 重任, 明倫會評議員, 三登 面協議員	
	申基淳 (1907-)	景熙		15代祖 孟令	熊杰-文 士名高			安岳 金允杰女	一鄕儀表	
	申基坤	成一			鳳杰-文 廟齋長				學漢文後入學校, 設夜學 盡誠敎導, 文廟掌議	
江東	金聖赫 (1893-)			24代祖 漢喆(佐翊 功臣始居江東)	基恒	炳綱	元灘面 內里	交河 李最奎女	移居平壤商業從事	
	金達鍾								田圃致力, 鄕里準의 靑年界 巨擘	
慶州	金錫鵬 (1896-)	圖南	月菴		元奎	相說	晩達面 鷹岩里	清州 李公麟女	誠明學校長, 文廟訓長	
隴西	李在明 (1897-)				應燁	潤德, 永德	江東面 阿達里		江東郡金融組合 理事	
順興	安秉德						三登面 古鳳里		田圃致力, 文廟奉聖	
坡平	尹衡健 (1861-)	維强	岩泉	6代祖 世磧(自成川 移居陽德) 5代祖 贊瑞(自陽德 移居江東)	處珪	宜淳, 宜洪	江東面 阿達里	慶州參奉 金錠熙女	江東面長, 文廟의 重職, 江東面協議員	
	尹東元			世祖獞項洞(古成川 地今江東下里)			江東面 下里		浩然賦詩見情 是非名利漠 然不問不關	
	尹尙晃 (1875-)		梅隱	16代祖 天寶(判府 事司宰監太祖朝以 直諫謫居鼓川) 14代祖 依仁(通訓 大夫移居成川泉谷) 10代祖 士潔 (箕子殿參奉移居慈 山一里) 6代祖 相隱(移居慈 山梅花洞) 自慈山梅花洞移居 高泉面閣波里	瀯	瓚根, 瑀根, 珍根, 玭根	高泉面 閣波里	初娶順安 金聖奎女 再娶濟州 高鼎熙女	劬經讀史詩文見稱 兼涉醫 學, 厚德學校長, 文廟의 重任	10代祖 士潔 - 箕子殿 參奉
密陽	朴元三 (1861-)	台汝	松塢	17代祖 宗(文科參 議始居成川) 7代祖 熙天(自成川 移居江東)	處疇	鴻洙, 燦洙	江東面 文坪里	金海 金廷洙女	文廟直員	

본관	성명	자	호	입향조	부	후계	거주지	통혼	경력	비고
密陽	朴鼎實 (1865-)	梅卿	松菴	9代祖 應璋 (始居江東)	迪霖	濟國	元灘面 松塢里	全州 金利寬女	從事實業, 産母貧者施以米藿, 松塢里中學校에 義金多數寄附, 州人立施惠碑, 舊日本坊風憲, 文廟訓長, 元灘面協議員, 公普校學務委員, 現箕子殿參奉	
	朴吉洙						三登面 清灘里		勤力田畝	三登面古家
水原	白天翼 (1878-)	仁叔	敬菴	18代祖 崇文 (麗朝高宗時官通禮辛卯興蒙兵戰有功封能城文祗侯因居)	載億	斗七	三登面 古鳳里	扶餘 金龍雲女	實業從事, 文廟齋長	
	白日奉 (1863-)			19代祖 崇文	命碩	泰玉	三登面 太岑里	達城 徐相玉女	田畝勤力寬以對人	
	白斗庚 (1869-)	星七	龍星		永鎬	樂殷		羅州 羅處恭女	篤農治産, 一鄕大老萬人儀表	
	白大洙 (1878-)	子業	雲峰	20代祖 崇文	璟鑛	樂琓, 樂炯		全州 李閏吉女	文廟의 重任	11代祖 瑀-箕子殿參奉
	白燦洙 (1880-)	善汝	松軒		在錡-以道德行義聞於世	樂範, 樂憲	三登面 玉井里	延安 李基南女	文廟의 重任	
	白庸洙 (1885-)	時中	湖山		在欽	樂濟, 樂權		初娶慶州 金鳳舜女 再娶清州 韓炳疇女	文廟都有司	
	白樂善 (1865-)	聖哉	小溪		鳳洙	南仁, 南星	三登面 松石里	咸陽 呂聖澤女	三登面長, 文廟訓長	12代祖 瑀-箕子殿參奉
	白仁奎 (1867-)	敬心	樵雲		日煥-進士	錫源	三登面 太岑里	逢城 李允燦女	增廣別試(1892), 文廟直員, 明倫會長	檀君陵修築에 盡力
	白樂仁 (1878-)	致三	龍岩	21代祖 崇文	燦庚-以孝行特表彰	南麟, 南龍, 南殷, 南淑		密陽 朴宗運女	文廟齋長, 都有司	世居太岑, 12代祖 瑀-箕子殿參奉
	白樂瑛 (1879-)	英玉	愚石		雲洙-文學有名	南煥, 南壁, 南准	三登面 松石里	全州 李大彦女	文廟訓長	
	白樂俊 (1883-)	汝賢	石隱		河庚	南喆, 南潤	三登面 太岑里	初娶全州 李濟華女 再娶遂安 李性教女	隱居樂土□絶是非	12代祖 瑀-箕子殿參奉
	白樂鳳 (1902-)	兮周	得菴		瑞庚			魯城 朴淳浩女	耕田讀書	
	白南杰 (1897-)	子俊	松岩	22代祖 崇文	樂賢	世基	三登面 玉井里	羅州 羅錫漢女	文廟의 重任	

본관	성명	자	호	입향조	부	후계	거주지	통혼	경력	비고
水原	白南顯 (1911-)	明汝	雲坡		樂三		三登面 太岑里	慶州 金秉喆女	處事勤正, 當世模範 靑年	
	白會謙 (1870-)	大用	市隱	19代祖 珊(宣撫郞 安州提督始入泰川) 自泰川移居三登面 鳳儀里(1904)	鶴壽	演振	三登面 鳳儀里	丹陽 李正芳女	泰川文廟의 重任	
一直	孫昌俊 (1865-)	若汝	龜亭	18代祖 得壽(兵曹 判書謫德仍居) 11代祖 庶長(自陽 德移居成川) 10代祖 世福(移居 江東)	秉烈	慶珍 (以醫名), 慶孝, 慶麟, 慶祚	江東面 下里	海州 吳希哲女	成川文廟齋長, 江東 文廟都訓長	
金海	李景烈 (1864-)	河卿	松塢	8代祖 宙華(兵馬僉 節制使始居江東)	錫根-文廟 齋長	觀龍, 觀麟, 觀鳳	元灘面 松塢里	和順 金永達女	文廟의 重職	
振威	李昌煥 (1865-)	汝明	伏圃		寅楫 生父-仁泰	秉彊	晚達面 鷹岩里	全州 金養復女	文廟訓長	
	李昌薰 (1871-)	一士	晚溪	15代祖 始茂 (任實縣監以量田事 謫居江東)	仁泰	秉國	晚達面 鷹岩里	星州 金載旭女	就傅學漢文 篤攻十年, 天道敎布 敎盡誠, 設家塾敎育 子姪	
	李永夏 (1867-)	一善	竹圃		基瑞	洪俊, 洪允, 洪錫	元灘面 燃岩里	初娶洪州 李秉濂女 再娶密陽 朴基虹女	燃岩里長	
	李永根 (1874-)	立龍	晚峰		尙孝, 生父 -尙信	基洙	晚達面 鷹岩里	金海 金洛範女	文廟訓長	
	李載根 (1892-)	乃文	豊浩	16代祖 始茂	尙信	基觀, 基俊, 基燮, 基業, 基恒	晚達面 鳳岩里	慶州 金昌俊女	文廟齋長, 晚達面協 議會員	
	李鳳夏 (1880-)	鎬甫	岐菴	18代祖 始茂	承烈	麗郁	元灘面 文隅里	江東 金元漢女	文廟齋長, 都有司, 元灘面協議員	
	李觀奎 (1866-)	用賓	松峴			龍基, 鳳基, 桓基, 炳基	元灘面 燃岩里	初娶昌遠 黃基滿女 再娶坡平 尹泰翼女	詩賦著名累試不中, 文廟都訓長	
新昌	表龍三 (1877-)	敬明	栗圃	13代祖 孟理(通訓 大夫歷任原德縣監 江西縣令)	鳳南	錫瀍	三登面 太岑里	羅州 羅處權女	事親孝對人敬, 篤農 治産	
淸州	韓昌禎 (1865-)	允瑞	剛軒	15代祖 安海(戶曹 判書始居順安) 14代祖 福矼(司直 移居成川柳洞) 6代祖 俊必(自成川 移居平壤斧山) 父 永權(値甲午亂 移居江東)	永權- 通政大夫 中院議官	應鎬, 章鎬, 庠鎬, 庸鎬	元灘面 新龍里	延日 鄭基燦女	平北奉祝官, 正3品 五衛將	

본관	성 명	자	호	입 향 조	부	후 계	거주지	통 혼	경 력	비 고
淸州	韓亨俊(1888-)	龍水	湖菴	16代祖 安海 8代祖 應逸 5代祖 必良	尙倫	鑛杰, 鑛璜	高泉面 明里	振威 李用華女	文廟齋長, 高泉面協議會員	
	韓錫初(1893-)		雲菴	16代祖 安海	致侃	麟濟	鳳津面 外端里	全州 李寅達女	博涉經史從事育英	
	韓鑛泰(1879-)	景澤	義菴	17代祖 安海 9代祖 應逸(自成川移居江東達谷) 6代祖 必良(入江東鄕)	仁謨(有文學)	璿源-訓導, 瑞源	高泉面 明里	洪州 李昇皓女	文廟齋長, 高泉面協議會員	
	韓基淳(1883-)			14代祖 殷福(參奉始居成川) 自成川移居江東面明義里(1919)	德敎	相烈, 相俊, 相貞	江東面 明義里	仁同 張昌玒女	明義里長, 文廟齋長	
和順	金錫杰(1868-)	胤伯	蘆湖	17代祖 弘宅(始居江東 李朝太宗朝贈司憲府持平)	聲爐-以文學有名	濟璿, 濟珞	高泉面 東西里 蘆湖面	淸風 金國聲女	惟善是務溫 故而不泥	
靑道	金聲淑(1869-)	大哉	龜湖	24代祖 漢喆(左翊功臣 始居江東)	致華-爲士林之首 以本縣工曹有名	柱赫, 柱鍾, 柱鎔, 柱鎬, 柱五, 柱六, 柱七, 柱鉛	高泉面 道德里	初娶洪州李昌益女 再娶密陽朴東奎女	現文廟直員	
	金觀淑(1883-)	良哉	湖翁			柱永	鳳津面 姑城里	初娶信川康文起女 再娶金海金氏	從事實業博聞審記, 文廟의 重職	
廣州	金錫奎(1869-)		雲樵			志陽, 志浩, 志鵬	晩達面 勝湖里	初娶延安車斗南女 再娶羅州羅思綱女 三娶中和楊基薰女 四娶晉州姜氏	三登文廟齋長, 三登面長	
	金聲甲(1894-)				鳳河	在洪, 在善	江東面 阿達里	卓雲章女	商農之業從事	
星州	金益財(1869-)		敬菴	9代祖 鼎國(始居成川 以文學著名於世)	師用	潤燮, 炳燮, 德燮, 魯燮	江東面 上里	延安 李文成女	文廟의 重任	
	金秉初(1879-)				觀瀅	明煥	晩達面 勝湖里	延山 田元淳女	耶蘇教宣教盡力, 實業從事, 勝湖里東部市場創設	
	金秉斗(1888-)	允七		15代祖 合(進士自星州分派移居平壤) 7代祖 斗釆(自平壤移居江東巴陵)	觀浹	鍾煥, 億煥, 圭煥	晩達面 巴陵里	延安 金楨鑽女	京城五星學校卒, 京城測量學校講習, 孟山熙明學校, 密陽同化學校教鞭, 晩達面協議會員, 現在夜學開設文盲打破에 勤勞	

본관	성명	자	호	입향조	부	후계	거주지	동혼	경력	비고
星州	金重寶 (1902-)	德煥	海曙	16代祖 合 8代祖 斗采	秉祜	寅星	晩達面 勝湖里	齊安 黃致賢女	耶蘇教長老, 東亞日報分局長	
齊安	黃澤 (1869-)	子淳	東菴	16代祖 碩齡(進士 中直大夫郭山郡事 始居平壤正陽門外) 祖 起鍾 (辛未亂移居江東五十年復還平壤) 父 錫源 (以文學著名居喪不解衣三年甲午復居江東)	錫源	炳尚, 炳燮	元灘面 下里	坡平 尹謙洙女	楊命浩·黃昱과 性理之說篤攻, 文廟의 重職	
	黃瀜 (1875-)	君甫	農隱	16代祖 碩齡自平壤移居塔下里(1895)	錫永	秉模, 秉楷	元灘面 塔下里	白川 趙觀黙女	設立啓明學校兼校長	
咸安	趙雲鴻			世居元灘面下里 今移居于平壤		貞杰	元灘面 下里		勤儉保家守分聽天	
海州	吳應燁 (1871-)	之祥	暘山	16代祖 世昌(以文學著名始居江東)	昇柱	伯龍	晩達面 貨泉里 開暘谷	清州 李鎭皐女	終日樂易耕讀自守	
忠州	劉元鎭			世居江東面 文坪里	堪	啓仁	江東面 文坪里	延安車氏	勤儉篤農純謹眞實	
江陵	金俊浩 (1871-)	仲三	文谷	戶曹參判 煥의 15代孫		履柱(法學專攻, 現任法院之職)	五峰山 下隱居	新安 朱希洙女	文廟의 重任	
	金履初 (1883-)	禮吉	五峰	11代祖 德善 (以事謫居鐵山) 10代祖 應華(自鐵山移居江東)	振聲	東燁, 東善	鳳津面 文旺里	龍仁 李炳俊女	鳳津面長	
昌寧	曹益煥 (1872-)	重三		自平壤外城移居高泉面壽里			高泉面 壽里		里中長老之請設私塾 啓進後生	
海州	張雲翼 (1873-)			自江西郡仍次面二里新洞移居江東面阿達里(1916)		昌煜	江東面 阿達里	李氏女	耶蘇教會長老	
	張雲景 (1894-)			父 在昊 (自江西郡仍次面二里新洞移居江東面阿達里(1887)	在昊	昌德, 春德, 廣德	江東面 阿達里	延日 鄭義朝女	耶蘇教牧師 宣教盡力	
安岳	金達龍 (1873-)	天用	龍浦	17代祖 弘贊 (兵曹判書自安岳移居江東龜岩)	文室	容碻, 容吉, 容晉, 容智	高泉面 東西里 蘆浦	江陵 崔振英女	平南觀察府掌議, 崇遊學校校監(大同郡柴足面), 閭波公普校設立委員, 高泉面協議員, 耶蘇教長老	
	金斗洪 (1879-)	範汝	松坡		榮錫	熙濬, 海濬	高泉面 鄕校里	水原 白正奎女	高泉面長, 文廟齋長, 明倫學院長, 學校評議員, 高泉面協議員, 學務委員	

본관	성명	자	호	입향조	부	후계	거주지	통혼	경력	비고
安岳	金永權 (1889-)	胤汝	壽湖	18代祖 弘贊	炫益	鍊郁, 鍊三, 鍊燮, 鍊五, 鍊赫	高泉面 壽里	初娶昌寧 曺益煥女 後娶全州 李賢浩女	學漢文, 文廟齋長, 高泉面長, 高泉面協議員, 農會委員, 消費組合長, 閣波公普校設立 學務委員	
	金天洪						高泉面 泉沓里		曾攻漢學, 孫子山下林 園幽處에서 耕讀自娛	
逢安	李承協 (1874-)			8代祖 光俊(自遂安始 入三登)	秉五	斗善, 斗漢, 斗滿, 斗應	三登面	濟州 高承伯女	勤於治農, 開家塾敎養 子弟	
	李斗洪 (1905-)			9代祖 光俊	承浩		松街里	水原 自義燁女	少讀漢學是非明辯勤 儉自養	
	李孝傳 (1908-)	三勇	沙雲		恒敏		三登面 沙灘里	商山 金相玉女	漢文熟攻, 青年界重 鎭, 實業從事	
	李景善						鳳津面 金谷里		文廟의 重職, 鳳津面 協議會員	
	李益善						鳳津面 漢王里		青年界準的 鄉里導師	
慶州	崔雲涉 (1874-)	利京	松菴	11代祖 國柱(進士始 居平壤外城)	鳳鑛- 文學爲 關西師	瑚植, 珪植, 善植	元灘面 松塢里	振威 李龍燮女	電話課主事, 商事致力 (平壤), 箕의修享文 廟再審에 克勤	
	崔雲湘 (1882-)	君淸	松圃	5代祖 深(進士自平壤 移居江東松塢)	宗累中 初試終 不大捷	成植, 春植		晉州 蘇興範女	田園致力讀書不輟	
平昌	李景善 (1874-)		寅溪				晩達面 貨泉里 虎谷		從事敎育, 從學門人立 石以記其蹟, 結晩達詩 社	
潘南	朴基鑛 (1875-)	衡緒	莘谷	13代祖 明山(燕山朝 避禍始入三登居焉)	勝赫	贊英, 贊斗	晩達面 仁興里	逢安 李鳳烈女	少學漢文從事實業, 文 廟의 重任, 東興學院 設 立兼院長	
	朴用龜 (1882-)	贊禹		14代祖 明山	志厚	昌元, 昌雲, 昌根, 昌榮, 昌燮, 昌勳, 昌希		白川 趙基善女	耕田釣水不參是非	
淸風	金東潤 (1876-)	允德	春山	5代祖 載鐸(自松都北 部移居平壤) 自平壤移居貨泉 (1923)	觀淵- 慶陵參 奉	大性	晩達面 貨泉里	南原 梁在鴻	醫學留意, 東陵參奉 (1903), 判任, 陞6品, 開藥舖於貨泉(1923)	
淸州	李天勳 (1876-)	雲觀	松溪		廷彦	炳龍	江東面 龍興里	初娶洪州 李士霖女 再娶淸州 韓應夏女	開學塾敎育生徒	
	李昌奎 (1882-)	文翁	花谷		秉柱	稷鉉, 泰鉉, 明鉉, 承鉉		南陽 洪道根女	文廟의 重職	
	李秉純 (1904-)		南坡	17代祖 鳳(因事謫江 東仍居焉)	弘濬		高泉面 麥田里	延州 高瀅甲女	高泉面協議員	

본관	성명	자	호	입향조	부	후계	거주지	통혼	경력	비고
唐岳	金應柱 (1876-)	濟七	愚公	15代祖 忠順(行義卓異始居順安) 高祖 就福(自順安移居江東)	潤源	仁燮,春燮	高泉面鄉校里	江陵 劉禮八女	文廟의 重職	
	金楨柱 (1889-)	中泉	柳菴		潤源	利燮,日燮,楠燮		洪州 李正珠女	教育從事, 結詩社, 可謂淸潔之士一鄉의 師表	
晉州	鄭斌容 (1878-)	道一	德岩	13代祖 碩珍(始居江東)	文述	鎬乙,鎬薛,鎬黙,鎬律,鎬爵	鳳津面龍湖里	初娶新昌表煥斗女 再娶慶州金炳義女	天文數學深透, 鳳津面長, 文廟의 重任	
	鄭日容 (1880-)	夢悅			文初	鎬益,鎬監		遂安 李載繡女	文廟齋長, 鳳津面長	
安山	李錫文						元灘面松塢里		基督教長老-天堂地獄說구에치 않음	
	李寅英								進士(1894), 隱居田園耕讀爲樂	
	李成淑 (1911-)	仲九	玉菴	22代祖 仁奇(始居江東)	瑞鳳-電話課主事		鳳津面下端里		隱居讀書有君子之風	
全州	李宥根 (1879-)			8代祖 桂芳(始居江東)	益瑞	燦,爛	三登面淸灘里	初娶晉州金大錫女 再娶密陽朴仁國女	不言是非不貪名利	
	李煥 (1896-)			9代祖 桂芳	宣根	完應		江陵 劉正仁女	力農治産是非之場不入	
	李仁祥 (1895-)	富汝	石溪		斗賢		江東面源孝里	洪州 李基煥女	文廟의 任	
昌原	黃在淳						高泉面		治家有法又好施與	
	黃斗星						先光里		高泉面長	
	黃貞俊 (1893-)	田卿		15代祖 自明(副司直始居江東)	大憲	昌彬,昌星,昌男	江東面阿達里	公州 金斗弘女	時潮一變으로 新學界에 立하여 精工力學하여 江東面學校教師, 現在實業從事	
楊州	金瓛鑛 (1879-)	汝軼	晦窩	10代祖 世元(始入三登)	基謙	澈項,澈昊,澈濟,澈堯	三登面古鳳里	坡平尹尙旭女	文廟의 重職	
	金珪鑛 (1904-)	汝玉	竹圃		基坤	澈殷,澈富,澈桓		水原白樂賢女	致力農圃	
延安	金永奭 (1880-)	重百	天然	自平壤移居晚達面勝湖里(1923)			晚達面勝湖里		熟攻漢學兼究醫學, 結晚達詩社	
晉州	李瀅材 (1881-)	賢容	海山		國疇	楨煌	江東面龍伏里	新安朱寬燮女	文廟의 重職	
	李國斌 (1894-)				雲興		元灘面塔下里		移住平壤하여 實業從事, 三盛製綿所運營	
金海	金明喜 (1898-)	若觀		14代祖 仲祥(世宗朝禮曹判書因事謫居江東)	章瑚	商穆,商玉,商珏,商國	鳳津面北三里	平昌李環幹女	勤農治産, 現任鳳津面協議員	
	金丙喜 (1901-)				章翰	商喆,商硯,商雲,商蕧	江東面阿達里	南陽洪在鎰女	性賦順善	

본관	성명	자	호	입향조	부	후계	거주지	통혼	경력	비고
金海	金商俊(1881-)	能潤	海嶽	15代祖 仲祥	胄喜-繕工監監役	大羽-九州大學卒, 郡守·總督府社會課長 虎羽-京都帝國大學卒, 警部 鴻羽-中學校卒 寬羽-東京法政大學在 完羽-高等學校在	江東面阿達里	密陽朴鳳善女	力志篤學筆材又高書道留意翰札致精, 教育盡誠, 檀君陵修築期成會長, 東陵參奉, 江東郡參事, 平安道評議會員	
	金商武(1884-)	剛潤	景湖			騰羽, 兗羽, 釬羽, 亨羽		木川馬聖鍾女	篤攻性理學, 師範學校卒業從事教育, 從事實業 或入學校	
	金商和(1893-)	應潤	湖嶽			義羽, 應羽, 東羽, 龍羽		牧師密陽朴昇燁女	醫學專門卒 開院施療	
	金商確(1888-)	可聖			宗喜		江東面漆浦里	坡平尹弘洙女	閉戶讀書以道自守可謂誠篤君子	
	金天羽(1895-)			17代祖 仲祥	商協	光錫, 光鑛, 光敦, 光玭	江東面阿達里	羅州羅氏	中學卒, 基督教長老, 青年界重鎭	
	金應柱(1882-)	汝鍾	松齋	15代祖 仲祥 14代祖 積祿(文科官至北評事移居肅川)		炫杰, 炫黙	高泉面閔波里	密陽朴俊榮女	文廟齋長	
	金完柱(1904-)	珎礎		高祖 德龍(通政大夫自肅川移居江東)	廷洙-贈通政大夫	炫濬, 炫濤	江東面文坪里	交河李現澤女	謹儉持身不言是非	
寶城	宣尙翼(1882-)	公振	溪亭	自寧邊移居晚達面勝湖里(1922)					博涉經史筆力健固是非名利之場不入	
江東	李鼎宗(1886-)			20代祖 續(始居江東)	膺道	興燦, 承燦	元灘面新龍里	密陽朴尙奎女	農圃致力不入是非場裡	
全州	崔兌鶴(1887-)			7代祖 命丹(居大同林原)自大同郡林原移居晚達面勝湖里	觀浩-社稷有司	致祿, 致禎	晚達面勝湖里	玄風郭昌穆女	商業從事, 立言處事克謹克誠	
仁川	金鼎燮(1887-)	泰善	泉隱		時恒	秉直, 秉德, 秉均, 秉坤	高泉面閔波里	初娶淸道金仁杰女 再娶南陽洪億周女	獻其土地公普校施設協助, 閔波公普校學務委員, 高泉面協議會員, 保安組合長, 消費組合理事	
開城	金益性(1888-)	天奧	浩齋	5代祖 錫采(自開城移居平壤中城) 父 永鐸(粹學彊齋金光鉉探究性理學 及老平壤移居江東)	永鐸	重禧, 重鎰	晚達面勝湖里	延安李益勳女	受漢學性理學致力, 實業從事	
全州	金益祚(1888-)		愚溪			元吉, 元璋, 元珍	三登面鳳儀里	坡平尹基洙女	晚達面長, 三登面長	

본관	성명	자	호	입향조	부	후계	거주지	통혼	경력	비고
全州	金鴻哲(1897-)			自元灘面三靑里移居晚達面勝湖里	仁常	昌海	晚達面勝湖里	昌寧曺應煥女	商業致力, 現元在灘面協議員	
靈光	金光赫						高泉面古城里		就學漢文兼營農業	
原州	元容濟(1890-)	若川	達浦	10代祖 千福(嘉善大夫副護軍始居江東)	景鉉-崇靈殿參奉	道潤	江東面漆浦里	南陽洪日善女	文廟齋長	
延安	李致俊(1891-)	文甫	高山		命錫	宣一, 南一, 鎭一	三登面古鳳里	同福吳相駿女	滄浪臺下築室漁樵自樂, 文廟의 重職	
未詳	金益三						晚達面東西里		設家塾延聘賢師	
	丁九淵		龍隱		根昊		江東面源孝里		設家塾敎其子孫, 文廟의 重任, 江東面協議員	
	張道奎		靈岩				三登面靈岱里		靈岱里에 製紙工場設立, 文廟의 重任	
	金瓚衡(1878-)	在平	璣堂		鼎三	寅植, 潤植, 京植	江東面龍伏里	淸州李寬洪女	文廟齋長, 江東郡學校評議員, 江東面協議會員	
	朴永觀						鳳津面北三里		和氣自洽隣里俱化一鄕之長者	
	崔建極						三登面松街里		移居平壤商業從事	

『세종실록』지리지에는 강동현과 삼등현의 성씨로 이(속성), 김(함창)
－입진성入鎭姓(이상 강동현), 김·송(속성), 백·김(부여)·류劉(今山)·김(안
악)·김(동주)·황(수안)－이상 입진성(이상 삼등현)을 기록하고 있다.[19)]
이는『동국여지승람』에서도 큰 변화 없이 유지되고 있다.[20)] 『여지도서』
에 의하면, 강동현에서는 입진성인 함창김씨가 사라지고 이(교하·홍주·
안산·수안·진위·강동·청주), 황(강화), 홍(남양·연안), 백(진안), 김(강동·
화순·안악·청풍), 류劉(충주), 최(상원)의 성씨가 새롭게 기록되고 있고,
삼등현에서는 기존의 성씨에 주(능성)·이(요산)·신(평산)·표(신창)의 성
씨가 추가되고 있어 많은 변화가 있었음이 확인된다(<표 5> 참조).[21)]

---

19)『세종실록』권154, 지리지, 평안도, 삼등현 및 강동현 참조.
20)『동국여지승람』권55, 평안도, 삼등현 및 강동현 참조.
21)『여지도서』평안도, 삼등 및 강동 참조.

〈표 5〉 강동군의 역대 성씨

지역		성 씨	
		續姓	入 鎭 姓
세종실록 지리지	강동현	李	金(咸昌)
	삼등현	金·宋	白·金(扶餘)·劉(今山)·金(安岳)·金(洞州)·黃(遂安)
동국여지 승람	강동현	李	金(咸昌)
	삼등현	金·宋	白·金(扶餘·安岳·洞州)·劉(金山)·黃(遂安)
여지도서	강동현		李(交河·洪州·安山·遂安·振威·江東·淸州), 黃(江華), 洪(南陽·延安), 白(鎭安), 金(江東·和順·安岳·淸風), 劉(忠州), 崔(祥原)
	삼등현	金·宋	白·金(扶餘·安岳·洞州)·劉(金山)·朱(能城)·李(遼山)·申(平山)·黃(遂安)·表(申昌)
邑誌 (1871)	江東縣志		土姓-李(淸州·洪州·交河·晉州·遂安·振威·江東·安山·龍仁·忠州), 金(唐岳·江東·淸風·慶州·安岳·和順·靈光·忠州), 洪(南陽·延安), 黃(昌原), 高(濟州), 白(水原·扶餘), 吳(南陽·同福), 劉(忠州·江陵), 朴(密陽), 趙(咸安), 尹(坡平), 崔(祥原), 韓(淸州)
	三登縣邑誌		金, 宋(並續), 白(扶餘), 金(安岳·同州), 劉(綿山)
江東誌 (1935)			白(水原), 李(交河·振威·洪州·遂安·淸州·安山·全州·晉州·金海·平昌·江東·延安·隴西), 金(金海·星州·安岳·淸州·靑道·廣州·唐岳·楊州·江陵·全州·江東·和順·淸風·延安·仁川·開城·靈光·慶州), 張(結城·海州), 朱(新安), 韓(淸州), 尹(坡平), 朴(密陽·潘南), 黃(昌原·齊安), 申(平山), 崔(慶州·全州), 鄭(晉州·淸州), 洪(南陽), 表(新昌), 趙(咸安), 吳(海州), 劉(忠州), 曹(昌寧), 宣(寶城), 元(原州), 安(順興), 孫(一直), 其他(金·丁·張·朴·崔)

19세기 후반의 『강동현지』(1871)와 『삼등현읍지』(1871)를 비교해도 성씨의 변화상을 추적할 수 있다. 『강동현지』에 의하면, 18세기의 성씨 강화황씨가 사라지고, 토성으로 이씨(용인·충주), 김씨(경주·영광·충주), 황씨(창원), 고씨(제주), 오씨(남양·동복), 유씨(강릉), 박씨(밀양), 조씨(함안), 윤씨(파평), 한씨(청주) 등이 새로 기록되고 있다. 또 『삼등현읍지』에 의하면, 주씨(능성)·이씨(요산)·신씨(평산)·표씨(신창)·황씨(수안)가 사라지고 있음을 확인할 수 있다.[22] 아울러 각 지리지에서 같은 성씨라도 본관의 기록 순차가 바뀌고 있음을 확인할 수 있는데, 이는 각 시기별 강동과 삼등현에서 유력성씨의 변화상을 반영하는 것으로 추측된다.

---

22) 『강동현지』(1871) 및 『삼등현읍지』(1871) 참조.

한편『강동지』의 현대인물조에 실린 인물을 본관별로 정리하면, 수원 백씨 15, 교하이씨·김해김씨 9, 결성장씨 8, 진위이씨 7, 신안주씨·홍주 이씨·청주한씨·수안이씨 5, 성주김씨·안악김씨 4, 파평윤씨·밀양박씨· 청주이씨·안산이씨·전주이씨·창원황씨·청주김씨·평산신씨 3, 청도김 씨·광주김씨·제안황씨·해주장씨·경주최씨·반남박씨·당악김씨·진주정 씨·양주김씨·진주이씨·강릉김씨·전주김씨·강동김씨 2, 남양홍씨·청주 정씨·김해이씨·신창표씨·화순김씨·함안조씨·해주오씨·충주유씨·창녕 조씨·평창이씨·청풍김씨· 연안김씨·보성선씨·강동이씨·전주최씨·인천 김씨·개성김씨·영광김씨·원주원씨·연안이씨·경주김씨·농서이씨·순흥 안씨·일직손씨 1인의 순이고, 관적이 실려 있지 않은 성씨는 김씨 2인, 정丁·장·박·최씨 각 1인이다. 관적이 실려 있지 않은 6인은 세계를 잃은 사람도 있지만, 대부분 본인들의 원하지 않아 싣지 않았을 것으로 보인 다. 즉 범례에서 세계世系를 기록하는 것을 원칙으로 하되 원하지 않는 경우는 싣지 않았다는 것은 이들을 지칭하는 것이다.

각종 지리지의 성씨 변화를『강동지』의 현대인물조와 비교해도 많은 변화상을 엿볼 수 있다.『강동현지』에서의 이씨(용인·충주), 김씨(충주), 홍씨(연안), 고씨(제주), 오씨(남양·동복), 유씨(강릉), 최씨(상원)와『삼등 현읍지』에서의 송씨·김씨(동주)·유씨(금산)는 현대인물조에 명단을 올리 지 못하고 있다. 또『여지도서』에서는 성씨가 보였다가『삼등현읍지』에 서 사라졌던 주씨(능성)·이씨(농서)·신씨(평산)·표씨(신창)가 다시 현대 인물조에서 등장하고 있기도 하다. 한편 역대 지리지에서 보이지 않던 성씨 중 결성장씨·성주김씨·전주이씨·청주김씨·청도김씨·광주김씨·제 안황씨·해주장씨·경주최씨·반남박씨·진주정씨·양주김씨·강릉김씨·전 주김씨·청주정씨·김해이씨·해주오씨·창녕조씨·평창이씨·연안김씨·보 성선씨·전주최씨·인천김씨·개성김씨·원주원씨·연안이씨·순흥안씨 등 27개 성씨는 새롭게 등장하고 있는 것으로 확인된다(<표 4> 참조).『강동지』에서의 이 같은 성씨 분포와 현대인물조에 이름을 올린 성씨의 수 적 분포는 일제강점기 강동군의 유력성씨와 대략 일치하는 것으로 추측 된다.

『강동지』의 현대인물조에 실린 56개 성씨 156인은 1930년대 강동군의 대표적 인물이다. 여기에는 수원백씨·김해김씨·안악김씨 등 조선전기부 터 강동지방의 유력성씨로 자리하여 이를 지속한 성씨가 있는 반면, 이후 사회적 여건과 함께 성쇠를 거듭하며 새롭게 등장한 성씨도 있었다. 이들 은 일제강점기에 식민정책에 부응하기도 하고, 또는 반목하기도 하며 가 문을 유지했을 것으로 보인다. 이는 이후 살펴보고자 하는 단군릉수축기 성회를 중심으로 전개된 단군릉수축운동에도 그대로 적용될 수 있을 것이 다. 이중 상당수가 단군릉수축운동에 참여하고 있기 때문이다.

5. 맺음말

강동지방의 읍사邑史로서 『강동지』는 인조·순조 때의 편찬에 이은 세 번째의 결과이다. 첫 번째 읍지인 인조 때의 것은 19세기 초에 이미 멸실 되어 순조 때의 작업에도 참고하지 못했다. 두 번째 읍지인 순조 때의 것 은 편찬 당시 참고할 자료가 많지 않고, 나만갑이 편찬한 첫 번째 읍지 역시 남아 있지 않아 소략하게 마무리될 수밖에 없었다. 1935년 『강동지』 는 홍익문의 읍사를 참고하며 편찬되었지만, 이전의 읍사와 성격에서 차 이를 지닌다. 지방수령이 편찬을 주도했고, 명륜회 같은 유림이 실질적 인 작업에 참여했다는 점에서는 차이가 없다. 읍지의 편찬이 지방의 치 정治政을 위한 자료의 확보라는 목적성이 우선한다는 점에서도 마찬가지 이다. 그러나 첫 번째와 두 번째의 읍지가 우리의 전통사회와 관련한 작 업이었다면, 1935년의 작업은 일제강점기 조선총독부의 식민통치를 위 한 자료 확보라는 목적이 있었다는 점에서 차이가 있다. 이는 『강동지』

체제와 내용에도 그대로 반영되어 있다.

『강동지』는 강동명륜회의 주도로 이루어졌고, 그 목적이 강동군의 시정에 도움을 얻기 위한데 있었기 때문에 지리·인물조의 서술에 역점을 두고 편성되었다. 편찬은 평양의 사인 조병원曺秉源이 주관했는데, 1932년 가을 명륜회에서 본격적인 읍사의 속찬續撰이 논의된 후 1933~34년 2년간 본격적인 작업을 걸쳐 이듬해 6월 간행되었다. 지리와 인물 두 편으로 구성되었는데, 전체 분량의 15%에 불과한 지리편에 비해 85%가 인물편으로 이루어져 있음에서 편찬의 목적을 짐작할 수 있다. 이는 편찬 방향을 예시하고 있는 범례 6개 항목 중 1개 항목만을 제외한 나머지 항목이 인물편과 관련한 내용이라는 점에서도 확인할 수 있다.

1935년 현재 강동군에서 활동하던 유력인물 156인의 성향·이력·선계를 비교적 상세하게 서술하고 있는 인물편의 「현대인물」조가 전체 58%를 차지하고 있음은 이 자료를 편찬한 현실적인 목적을 반영하고 있다. 특히 이중 원하지 않는 경우 세계를 싣지 않았다는 범례의 내용은 이들의 사회적 여건을 배려하는 쪽으로 편찬방향이 정해졌음을 엿볼 수 있는 대목으로, 『강동지』 편찬의 객관성에 의문을 가질 수 있다.

『강동지』는 현대에 큰 비중을 두고 편찬되었다. 지리편에서는 19세기 말의 『강동현읍지』·『삼등현읍지』와 비교하여 산천에서 23곳이 추가되는 한편, 만류제萬柳堤와 용교龍橋가 제언과 진량津梁이 아닌 명승에, 고성古城이 성곽이 아닌 고적에 편재되어 있고, 11573호 60093명의 호구를 각 면별로 기록하였다. 또 서당을 포함한 각 학교의 교원과 생도, 종교시설물과 신도 등도 1935년 직전의 상황을 구체적으로 파악하고 있다. 인물편에서는 읍사와 무과를 삭제하는 대신 여기서 16인을 추려 '관직'을 설정했고, 체제의 순응성을 강조하기 위해 효자와 열녀절부를 대폭 추가했다. 그리고 이 같은 관점은 현대인물의 편재와 비중을 강화함으로서 정점에 이른다. 이는『강동지』의 편찬이 조선총독부의 식민통치

제1장 『강동지江東誌』의 편찬과 단군릉수축운동檀君陵修築運動 59

를 원활하게 유지하는 방향과 이에 근거한 지방사회의 지배를 목적으로
하는 자료 확보를 위해 이루어졌음을 의미한다.

『강동지』에는 현대인물조를 신설한 것에 대해 고금의 인물을 빠짐없
이 기재코자 했으나 고기古記가 남아있지 않아 현대인물만 기록할 수밖
에 없었다고 밝혀져 있다. 하지만 이는 표면적인 이유에 불과하다. 여기
에는 1935년 읍사 간행을 기준으로 강동군에서 활동하던 56여개 성씨
156인의 간략한 경력과 세계가 출생연도를 기준으로 실려 있다. 성관별
로 정리하면, 수원백씨·교하이씨·김해김씨·결성장씨·진위이씨·신안주
씨·홍주이씨·청주한씨·수안이씨·성주김씨·안악김씨 등이 4인 이상을
등재시켜 이 시기 강동군의 유력성씨로 활동하고 있었음을 알 수 있다.
그리고 이들 가문에는 조선전기부터 당시까지 강동지방의 토반土班으로
자리하고 있던 가문도 있지만, 사회 변화에 따라 성쇠를 달리하는 가문
도 확인할 수 있다. 현대인물조에서의 이 같은 성씨 분포는 일제강점기
강동군의 유력성씨와 일치하는 것으로 파악해도 무리가 없다고 생각된
다. 특히 이중에서 같은 시기에 역시 강동명륜회를 중심으로 전개되었던
단군릉수축운동과 관련한 기성회의 역원을 상당수 확인할 수 있는데, 이
는 이 시기의 단군릉수축운동이 단순한 측면에서 전개되지 않았음을 예
고한다. 즉 이들은 식민정책에 부응하기도 하고, 반목하기도 하며 가문
을 유지했을 것으로 보이기 때문이다.

여기에서는 일제강점기 강동군을 중심으로 전개되었던 단군릉수축운
동을 보다 구조적으로 이해하기 위해 같은 시기 강동명륜회에서 편찬한
『강동지』를 주목했다. 특히 이곳에 편재된 현대인물조에는 수축운동을
주도했던 기성회 및 강동군의 성금자에 대한 기본적인 정보를 싣고 있
다. 이 자료들은 단군릉수축운동을 이해하는데 많은 도움이 된다.

제2장 단군릉수축운동檀君陵修築運動의 주도단체

1. 머리말

강동은 단군 그리고 동명왕과 관련이 깊은 곳이었다.[1] 1136년(인종 14) 고려가 서경기를 나누어 잉을사향仍乙舍鄕(강동면 龍興里)·반석촌班石

---

1) 강동군, 1935,『강동지』,「序」(曺秉遠)(韓國人文科學院, 1991,『韓國近代邑誌』59 －平安道1－) "… 江東 是檀君及東明王弓釰之鄕 …".『강동지』는 1935년 江東 明倫會의 의뢰로 曺秉遠이 간행한 자료이다. 이 자료가 간행되기 이전 강동과 관련한 지방지로는 인조 때 羅萬甲에 의해 편찬된 것과 순조 때 洪益聞에 의해 편찬된 것, 그리고 고종 때 편찬된『江東邑誌』(1871)와『江東縣邑誌』(1895) 등 대략 4종을 확인할 수 있다. 이들 자료에서 단군묘에 대한 기록은 나만갑에 의해 편찬된 자료가 전하지 않아 알 수 없지만, 나머지 3종의 자료에서는『동국여지승람』의 서술에 기초하고 이후의 수리 사실을 덧붙이는 형태로 기술되고 있다. 1935년 간행된『강동지』의 대본이 된 것은 소략하기는 하지만, 홍익문에 의해 편찬된『강동지』였다(『강동지』,「江東誌序」(宋柱淳) "… 其在仁祖時 有羅萬甲所誌 純祖時有洪益聞所誌 而羅氏之誌 亦無遺焉 洪氏之誌 亦僅有一於郡衙 其載述者 猶未免疏略 其後百餘年之間 無續而述者 自數年前 本郡明倫會諸員 有意於作誌 以續前著 而因循未擧 …"). 여기서 단군묘에 대한 기록 중 순조 이전의 내용은 대체로『강동읍지』·『강동현읍지』와 대동소이하고, 갑오경장 이후 특히『강동지』편찬 직전에 시작된 단군묘의 수리 사실을 강조하고 있다. 이는 이 자료가 단군릉 수축운동을 주도했던 강동명륜회의 의지에 의해 편찬되었음과 무관하지 않을 것으로 생각된다. 이는 다음과 같은 언급에서도 확인된다.『강동지』,「序」(曺秉遠) "… 余與本郡明倫會諸益 論及於此 遂相謂曰 邑誌之述 雖晩 今日之續 亦其時矣 蓋速圖諸 乃博詢公議 遍訪鄕曲 欲爲蒐荣其材料 衆推余以其任 固辭不得 遂至染手 …". 이 시기『강동지』의 편찬에 대해서는 김성환, 2006,「日帝强占期 ≪江東誌≫의 編纂과 內容」『한민족학보』1, 한민족학회(이 책 Ⅰ-1) 참조.

村(고천면 盤石里)·박달곶촌朴達串村(봉진면 龍巖)·마탄촌馬灘村(원탄면 마
탄)을 합쳐 강동현으로 하였다가 몇 차례의 승강을 겪고 1482년(성종
13) 다시 현감을 두었다고 한다. 현치縣治는 원탄면 남경南京→고천면 고
성리古城里→대박산 청계동淸溪洞→용산龍山 아래→사자현獅子峴 아래 등
으로 변화가 있었는데,[2] 특히 단군릉이 위치한 대박산大朴山의 청계동이
한때 현치縣治였음이 주목된다.

1935년 편찬된 『강동지』는 단군릉에 대해 다음과 같이 기록하고
있다.

> B. 檀君陵은 郡西三里大朴山南麓下에在하니周四百十尺이라自古로本縣에
> 서封修守護하더니正宗丙午에縣監徐瀅修奏啓함애本道伯趙噭을命하샤
> 巡路親審케하고本官으로春秋奉審케하더니更張以后로修護懈易하야使
> 人嗟惜이라幾年前에本郡儒林에서墻垣을築하야敬護奉審하고于今郡人
> 士守護會를組成하고各處義金이亦多하야陵前石物과守護殿建築을進行
> 中에在하니라(『강동지』, 제5장, 「古蹟」).

이에 의하면, 강동군 서쪽 3리 대박산 남록 아래에 있던 410척 규모
의 단군릉은 대대로 강동현에서 봉수封修·수호했는데, 1786년(정조 10)
현감 서형수徐瀅修의 건의에 의해 평안도 관찰사 조경趙噭이 친심親審하
고 이후 강동현감이 매년 춘추로 봉심했다고 한다. 그러나 갑오경장 이
후 수호가 이루어지지 않다가 강동 유림에 의해 장원牆垣이 수축되었고,
현재는 강동군 인사에 의해 수호회가 조성되는 한편, 의금義金을 모집하
여 각종 석물과 수호전守護殿 건축을 진행 중이라고 한다. 여기서 강동
유림의 장원 수축 사실은 1923년 강동명륜회의 축장건문築墻建門 사실
을, 수호회 조직은 1932년 이후부터 진행된 단군릉수축기성회의 단군
릉수축운동을 지적하는 것이다. 이는 단군묘가 강동군의 대표적인 고적

---

2) 강동군, 1935, 『강동지』, 第一編 地理, 第一章 「本郡의 建置沿革」 참조.

으로 조선시대 이래 그 유림에 의해 지속적으로 관리·수호되어 오던 전통이 일제강점기에도 그 목적은 동일하지 않지만 지속되고 있었음을 의미한다. 그러나 『강동지』에는 단군묘와 관련하여 「고적」조에서 위의 사실만 언급하고 있을 뿐, 단군과 관련한 전승을 가지고 있는 것으로 알려진 제석산帝釋山·응봉鷹峰·청계동굴淸溪洞窟·삼등굴三登窟·수정천水晶川·임경대臨鏡臺·청계굴淸溪窟 등에 대해서는 아무런 내용을 전하고 있지 않다.[3]

이 시기 단군릉수축운동에 대해서는 일제강점기 위인 선양 및 유적보존운동, 또는 대종교의 활동과 관련하여 단편적으로 이해되고 있다. 또 김일성의 아버지인 김형직의 지도아래 이루어졌음을 강조하는 견해도 제시되기도 했다.[4] 단군릉수축기성회장 김상준金商俊이 강동군수였음을[5] 언급하기도 하면서 그의 친일성향에는 전혀 관심을 두지 않고 있다. 이제까지 사회문화적인 측면에서 단군에 대한 긍정적 이해를 확대·연장하여 이 시기 수축운동을 접근하려 하기도 한다. 그러나 이런 견해들은 이 시기 수축운동의 전체상을 이해하는데 충분한 도움이 되지 못한다.

여기에서는 1920년대부터 진행되어 온 강동군의 단군릉수축운동을 주도단체를 중심으로 검토하고자 한다. 동아일보의 도움이나 대종교의 활동도 중요하지만,[6] 보다 중요한 것은 이를 전개한 주도집단에 대한 검토라고 생각되기 때문이다. 논지의 전개를 위해 그 시기를 1920년대 초

---

3) 강동군, 1935, 『강동지』, 第一編 地理, 제3장 「山川 ― 帝釋山·鷹峰·淸溪洞窟·三登窟 ―」; 제4장 「名勝 ― 臨鏡臺·淸溪窟 ―」 참조.
4) 권승안, 2004, 「일제의 단군말살책동과 그를 반대한 우리 인민들의 투쟁」 『조선고대사연구』 2, 241~246쪽 참조.
5) 김상준은 강동군수를 역임하지 않았다. 그는 강동군참사를 시작으로 평안남도평의원을 지냈다. 이에 대해서는 김성환, 2009, 「단군릉수축운동과 기성회장 金商俊일가」 『백산학보』 83, 백산학회(이 책 II-2) 참조.
6) 실제 이 시기 단군릉수축운동에서의 대종교 역할은 확인되지 않는다. 단군교의 경우는 1918년 정훈모鄭薰模가 단군릉을 심방하고 있을 뿐이다.

반 및 중반, 1930년대로 나누고, 1920년대 초반에는 강동명륜회의 축장
건문築墻建門의 노력, 1920년대 중반에는 강동명륜회와 평안남도유림연
합회平安南道儒林聯合會의 단군묘수호계壇君墓守護契를 중심으로 수축운동
의 내용을 검토하고자 한다. 또 1930년대에는 명륜회 소속 유림들을 중
심으로 조직된 단군릉수축기성회檀君陵修築期成會를 중심으로 수축운동의
전개과정을 살펴보고, 1934년 농촌부흥을 위해 조직된 강동향약江東鄕約
에서의 수축운동과 관련한 성금모집 활동을 검토하고자 한다.

2. 1910년대 초반의 강동명륜회江東明倫會

1909년 단군묘檀君墓의 능릉으로 숭봉과 함께 계획되었던 수치는 저
간의 사정으로 이루어지지 못했던 것으로 보인다. 물론 순종의 명으로
봉식수호의절封植守護儀節이 준비되고, 정자각 및 각종 석물의 건립과 수
리를 위해 2000~3500원의 예산을 투입할 구체적인 계획까지 수립되었
으나, 이는 중지되었다.[7] 이런 사정으로 단군릉은 더욱 황폐화되어 일제
강점기 단군민족주의檀君民族主義를 중심으로 국혼을 통한 국권 회복을
위한 각계각층의 노력과는 일정한 거리를 둘 수밖에 없었다. 여기에 단
군릉의 취신과 불신의 입장이 개재되어 있었음은 물론이다. 그리고 일본
관학자들이 내세운 단군부정론과 함께 우리의 고적을 근대적 관광으로
포장하여 역사적 위상보다는 시각적 풍경을 만들어내려는 식민통치자들
의 의도가 포함되어 있었다. 이런 측면에서 동조동근론同祖同根論·내선일
체內鮮一體 등을 내세우며 조선의 식민통치를 정당화했던 일제에 논리에
단군에 대한 다양한 이해를 종합하여 총체적으로 대응하는 데 역부족이
었음도 사실이다.

---

7) 김성환, 2009, 「韓末 檀君墓 認識과 陵으로의 崇封」『조선시대 단군묘 인식』, 경
   인문화사 참조.

C. 檀祖陵寢이江東郡邑西距二里地에在하니卽衣履葬이시라地名은檀君洞
　이라함으로卽馳進奉審하온즉墳墓上雜草가甚爲荒蕪한지라是必禁護無
　人인가하고探問則傍有頹屋石室一座하니 乃曰 檀君殿이라고도하며或
　稱社稷直家라하난지라招其家主人하니女子가來曰乃夫가卽檀君陵所守
　護直而姓名은朴楨天이라適出他라하난지라問　局內伐草난何時爲之乎
　아答八月間爲之라하난지라又曰墳墓上雜草가甚爲荒蕪하얏스니侍守護人
　還來하야八月에伐草를正式으로할지라도爲先雜草를除去하난게可한즉
　墳墓上荒草만除斬케하라하고當日午料幾十錢을出付하얏스니卽戊午五
　月初三日也라(鄭鎭洪,『檀君敎復興經略』, 1937, 68쪽)

이 자료는 1918년 5월 단군교의 정훈모鄭薰模가 지방에 소재하고 있
던 단군단체를 보호하기 위해 먼저 평양을 방문하면서[8] 강동의 단군릉
을 봉심하고 그 현황을 기록한 것이다. 이에 의하면, 단군릉의 봉분은
잡초가 매우 황무荒蕪하여 수호직守護直이 없는 듯했다고 한다. 능 옆에
있는 재실齋室 겸 사직직가社稷直家로 사용되었던 무너져가는 석실石室
한 채에 수호직 박정천朴楨天이란 사람이 거주하고 있었다. 하지만 한식
이 얼마 지나지 않은 때임에도 불구하고 벌초조차 이루어지지 못했음에
서 상태의 심각성을 감지할 수 있다. 특히 8월에 벌초가 계획되어 있기
때문에 잡초가 무성한 것은 당연하다는 듯 관심 없다는 박정천 부인의
대답에서는 그들의 소임에 대한 관심도를 엿볼 수 있다. 안타까움에 당
일 점심값이었던 몇 십전을 건네주며 분묘 위에 황초荒草만이라도 제거
해달라고 부탁했던 정훈모의 심정이 어떠했을까는 헤아릴 수 없지만, 단
군릉의 관리 상태는 방치 그 자체였다고 짐작된다.

단군묘의 이 같은 황폐는 강동군민에게도 미안한 일이었다. 그간 이
들을 중심으로 수치 및 관리의 논의가 지속적으로 이루어졌을 것이다.
이는 19세기말 인근의 기자묘箕子墓와 동명왕묘東明王墓가 능陵으로 숭봉

---

8) 佐佐充昭, 2003,「한말·일제시대 檀君信仰運動의 전개－大倧敎·檀君敎의 활동을
　중심으로－」, 서울대종교학과박사학위논문, 175~183쪽.

되는 과정에서 유독 단군묘가 제외되자 이를 능으로 숭봉하기 위한 강동인의 지속적인 노력이 전개되고 있음에서 그렇게 짐작된다. 이때도 강동인은 전 단군전령檀君殿令 이응주李膺柱 등 유림계를 중심으로 단군묘의 능으로 숭봉과 수치를 위한 운동을 전개했다. 그리고 그들은 이를 평안남도 유림계로 확대하여 조정의 관심을 유도하기도 했다. 앞서의 이 같은 능으로의 숭봉과 수치 노력은 이 시기 강동인에게 단군릉을 관리하는데 많은 도움이 되었을 것이 분명하다. 이는 이때의 강동군 명륜회와 1920년대 말 단군묘수호계의 수치 운동의 주도집단이 강동군 유림계→ 평안남도 유림계로 확대 전개되고 있어 19세기말 능으로의 숭봉 및 수치를 위한 노력과9) 비교할 수 있기 때문이다.

하지만 단군릉의 수치 목적은 같다고 볼 수 없다. 물론 강동군민의 전체 관심사였음은 분명하지만, 그 주도세력의 성격이 변질되었기 때문이다. 일제강점기 단군릉수축운동의 주도세력은 한말 단군릉 숭봉과 수치를 주도했던 강동군 향반鄕班의 후손이라는 점에서 그들의 인식을 일정 부분 계승하고 있다고 볼 수 있다. 하지만 일제강점기 수축운동을 주도했던 집단들의 역사관과 시국관은 그들의 선대와는 달리 식민통치자들이 목적했던 내선일체, 동조동근론에 닿아 있었다. 그들의 대부분은 강동군에서 조선총독부의 식민통치정책을 전달, 시행하는 최일선을 담당하고 있었기 때문이다. 이때 수치의 내용에 대해서는 동아일보에서 간략하게 전한다.

> D. 강동면 칠포리 아달산 서방에 있고, 묘의 주위가 407척으로 정조 때부터 춘추 2회 현감으로 奉祀케 하였던 바 옛날의 森嚴의 觀이 점점 퇴락되어 有志士의 감탄하는 바가 있더니 1923년 11월 본군 明倫會에서 비용 200여원을 割立하여 새로 築墻建門을 하고, 또 奉祀의 制를 設하고 古典의 準據로 길이 제사를 행하게 되었다고 한다(『동아일보』

---

9) 김성환, 2008, 위의 논문 참조.

1926.10.22, 순회탐방114, 「交通의 至便 天惠의 沃土 産物殷豊한 江東
－壇君墓」).

이에 따르면, 예전 삼엄한 모습의 단군묘가 점차 퇴락됨을 안타까워
하던 강동의 유지사有志士들이 강동명륜회江東明倫會를 중심으로 200여원
을 갹출하여 축장건문築墻建門하고, 봉사지제奉祀之制를 설립하여 고전을
준거로 봉사奉祀했다고 한다. 여기서 고전이란 당시 강동현감 서형수徐瀅
修의 건의에 의해 이루어진 해당 도백道伯으로 하여금 순행할 때 직접
살펴보고, 무덤에 가까이 사는 민호로서 수호를 정하게 하는 수총호守塚
戶를 두는 한편, 강동의 수령이 봄·가을로 직접 살펴보는 것을 규식으로
삼은 정조 때 조치를[10] 의미하는 것으로 보인다. 수치 계획은 담장 수축
과 건문建門이었다. 이것이 당초 계획대로 진행되었을지 의문시되기도
한다. 200여원밖에 되지 않는 재정이 충분한 것으로 보이지 않고, 이때
의 수치로 건문은 없이 능의 장원을 둘러막는 일만을 언급하고 있음에서
그렇게 생각할 수도 있다.[11] 그러나 동아일보에 실린 단군릉의 사진에
서 건문의 사실을 확인할 수 있다.[12] 이는 이때 명륜회가 수치하면서 건
립한 것으로 보인다.

이때의 수치를 주도했던 단체는 강동명륜회였다. 이는 강동의 유림계
가 단군묘 수축을 적극 이끌었음을 의미한다. 하지만 그 인물 개별에 대
해서는 자료의 한계로 접근할 수 없다.[13] 다만 동아일보 등의 보도를 통

---

10) 『정조실록』 권22, 정조 10년 8월 기유 "修檀君墓置守塚戶 承旨徐瀅修啓言 …
    敎曰 … 年代久遠 且無可信文字 雖不設祭 宜禁樵牧 令該道伯 巡過時躬審 以近
    塚民戶定守護 本邑倅春秋躬審爲式" 및 『국조보감』 권72, 정조 10년 8월 ; 『일
    성록』, 정조 10년 8월 9일 기유 ; 『明皋全集』 권3, 疏啓, 「喉院請檀君墓置戶守
    護啓」 참조.
11) 『동아일보』 1934.1.12, 「今番運動은 三十餘有志發起」 참조.
12) 『동아일보』 1932.4.26, 「江東壇君墓와 荒凉한 담」 ; 1934.1.7, 「檀君陵修築에 本
    社의 微誠으로 五百圓을바처」 ; 1934.1.13, 「흰눈덮인단군릉」 참조.
13) 이에 대해서는 김성환, 2006, 「日帝强占期 ≪江東誌≫의 編纂과 內容」 『한민족

해 그 단편만을 추측할 수 있을 뿐이다.

E-1. 江東明倫會에서는去陰五月一日□明倫會館에서定期總會를開催한바
決議事項은從來郡守를   本會長으로推薦하든바今後부터는一般會員
中에서推薦하기로되어   儒林界功勞者金允龍氏를選擧하얏스며□□
하야檀君墓前에서檀君聖祭를盛大히擧行하얏다더라(『중외일보』
1927.6.5, 「江東儒林의 檀君聖祭擧行」).

E-2. 평남강동江東아달산阿達山미테 루천년 풍운곡절속에 적적히잇는
단군묘壇君墓는 지금으로부터 二백년전 정종正宗 병오丙午년에 나
라에 알린바되어 본관本館으로하야금 춘추로 봉심함을명하얏다고
한다 그후는 강동명륜회江東明倫會에서 봉제를 한다는바 황폐하고
퇴락한자최를 보는일반은 벌서부터 수축코저 만흔활동을하얏스나
아직실현치못한것을 유감으로 강동김상준金商俊씨의 발긔로 타락
된성묘를 중수하는동시에수호각守護閣을 건축하야 영구히보전하기
로하고 씨는 벌서부근토지 백여원가치를긔증하얏다하며 불일간 발
긔회를 열기로한다는데 강동군수郡守 김수철金守哲씨는만흔찬조와
노력을한다하며 멀지아니하야 사업에착수하리라고한다(『동아일보』
1932.4.26, 「朝鮮의始祖 壇君墓修築」).

자료 E-1·2는 1923년 명륜회의 단군묘 수치 이후 단군제檀君祭의 내
용을 전하고 있다. 그런데 명륜회장은 명륜회의 추천에 의해 강동군수가
맡는 것을 관례로 했으나, 1927년 5월부터는 유림계의 공로자 중에서
선거했다고 전한다. 자료 E-2는 1932년 시작된 단군릉수축운동이 김상
준金商俊의 발긔와 군수 김수철金守哲의 찬조로 이루어질 것임을 예고하
고 있다.

자료 E-1·2에서 1923년 명륜회의 수축이든 1932년 전개될 기성회의
수축운동이든 식민관료였던 강동군수의 주도와 참여로 이루어졌음을 알
수 있다. 특히 명륜회 주도의 수축이 그 회장이었던 강동군수에 의해 주

학보』 1, 한민족학회(이 책 Ⅰ-1) 참조.

도되고, 유림이 성금을 갹출하는 방법으로 이루어졌음을 의미한다. 이때의 수치에 참여했던 유림의 개별에 대해서는 구체적이지 못하지만, 1927년 명륜회장으로 선출되고 있는 김윤용金允龍, 1932년 수축운동을 주도하는 김상준金商俊 등이 포함되었을 것이 분명하다. 또 이 시기 군수를 역임한 김영필金永弼·김재호金在皓·현순관玄淳琯·박선철朴善哲 등도[14] 명륜회장으로 이때의 수축을 적극 주도했을 것이다. 그들은 강동군에서 조선총독부의 지방행정 정책을 효율적으로 시행하고 전달하였던 친일계 인사들이었다는 점에서 공통점이 있다.

강동군민의 단군묘에 대한 관심은 지대하였다. 이는 강동 명륜회 소속 유림들의 단군묘에 대한 관심도로 나타나기도 하였다. 이들은 매년 단군묘 앞에서 단군성제檀君聖祭를 거행하며 단군묘를 중심으로 강동군 민을 규합했다.[15] 언제부터였는지는 불분명하지만, 조선전기 이후 단군묘는 역사와 문화에서 강동군의 상징 요소였고, 그 앞에서 정례적으로 거행되던 단군성제는 강동 지역민 전체가 참여하는 축제이자 문화 그 자체였을 것이다. 그들의 단군묘 수축을 위한 부단한 노력은 이 때문이었다. 강동군수 역시 단군묘에 주목하지 않을 수 없었다. 이는 단군묘가 『동국여지승람』 이래 읍사邑史에서 고적으로 수록되어 있었고, 유림에서의 관심도는 자연 지방행정의 상당한 비중을 차지하고 있었을 것이다. 이는 1920년대 중반까지 강동 명륜회의 회장을 역대로 명륜회의 추천으로 군수가 역임하고 있음에서 알 수 있다. 1930년대의 수축운동에 강동 군수가 많은 지원을 약속하고 있음도 이를 반영한다. 따라서 1923년 강동군 명륜회가 주도한 축장건문을 중심으로 한 단군묘 수축은 강동군민의 이러한 관심도를 강동군 명륜회가 반영한 것이었고, 강동군수로 대표되는 식민관료들은 이를 교묘하게 이용하려고 했던 것이다.

---

14) 강동군, 1935, 『강동지』, 제8장 「歷代守令」 참조.
15) 『동아일보』 1927.6.5, 「江東儒林의 檀君聖祭 擧行」 참조.

3. 1920년대 중반의 단군묘수호계壇君墓守護契

단군묘수호계壇君墓守護契는 1932년부터 본격화된 단군릉수축기성회檀君陵修築期成會가 단군릉수축운동을 전개하기 이전에 단군묘의 수치를 위해 조직된 계이다. 계와 관련한 내용이나 규약 등 구체적인 자료가 전하지 않아 수호계守護契가 펼친 그 내용의 전반을 파악할 수 없다. 그러나 조선시대 향촌사회의 자치규약중 하나인 계가 보다 확대된 범위에서 전적으로 단군묘 수치를 위해 조직되었다는 점만으로도 주목하지 않을 수 없다. 물론 이 역시 친일 성향의 평남유림연합회가 각 군의 명륜회 소속 유림을 대상으로 조직했다는 점에서 한계를 가지고 있다. 다음은 단군묘수호계와 관련한 동아일보의 기사이다.

F-1. 평남유림련합회平南儒林聯合會에서는 강동읍내서삼리대박산江東邑內西三里大朴山알에잇는 단군묘壇君墓를잘지키고 간수하기위하야 단군묘수호계壇君墓守護契의 규약을작성하야 동규약서를 지난십이일부로각군에잇는유림회儒林會에발송하얏다더라(『동아일보』 1929.10.18, 「壇君墓守護契」).

F-2. 평남련합유림회에서도 수년전부터 여기수호각守護閣을 세우기로하야 수호계守護契를 모으고 돈을 모으는중 이라하나 그들의 일은 아마 흐지부지되는 모양입니다(『동아일보』 1932.5.12, 「江東大朴山에잇는 壇君陵奉審記(下)」[吳基永]).

F-3. … 이 강동읍의 주민들로 말하면 바로 능하에 살고잇서 단군릉 퇴락에대한 공축의 정이 남보담 더크고 더긴박한 관계로 지금부터가 아니라 벌서 오래전부터 능의 수축과동시에 수호각을 건축하고 가장 소규모로나마 이 유적을 보전이라도하자고 하여, 일즉十여년 계해년癸亥에 강동유림회江東儒林會에서 능의 장원을 둘러막은일도잇섯고, 또 그로부터 四년이지난 정묘丁卯년에 평남유림련합회에 발기로 이번과같은 운동을 해본일도 잇섯으나 결과를 얻

지는못하엿다고한다(『동아일보』 1934.1.12, 「今番運動은 三十餘
有志發起」).

자료 F에 의하면, 단군묘수호계는 단군묘의 수호를 위해 평남유림연
합회에 의해 조직되었다. 평남유림연합회가 단군릉 수축에 뛰어든 것은
1927년 강동명륜회의 요청에 따른 것이었다. 2년 전부터 단군릉 수축을
위해 제반 내용을 검토하였을 평남유림연합회는 단군묘수호계를 조직
하기 전부터 2년 동안 그 재원의 마련을 위해 많은 방법을 세웠을 것이
다. 그들의 당면 목표는 능의 수축과 수호각 건립이었으며, 기금의 마련
을 위한 최선의 방법도 유림회 소속 회원을 통한 성금이었다는 점에서
이견이 있을 수 없었다. 조선총독부의 지원을 바랄 수는 더욱 없는 실정
이었다.

유림연합회의 본부는 평양에 있었다고 생각되는데, 이들은 규약을 작
성하여 1929년 10월 각 군의 유림회에 배포했다. 이는 수호계의 건립취
지를 알리는 목적도 있었으나, 이면에는 성금의 후원을 독려하기 위한
것이었다. 규약의 내용은 대략 단군릉의 수호와 관리, 매년 정기적인 단
군제檀君祭의 내용과 제반 절차, 수호계의 조직과 임원, 성금의 모집방법
등이었을 것이다.

단군묘수호계는 단군묘에 수호각 건립과 그 수치의 기금 조성을 위해
조직된 계이다. 평남유림연합회에서 주도하여 본부를 평양에 두고, 각 군
의 유림회를 지부로 활용했을 것으로 판단된다. 각 군 유림회 또는 명륜
회에 소속된 유림 역시 자연 수호계의 계원이 되었을 것이다. 물론 계원
으로서의 성금 후원이 강제성을 띠지는 않았겠지만, 평남 전역의 유림을
대상으로 했다는 점만으로도 상당한 효과를 거둘 수 있을 것으로 판단했
을 것이다. 특히 그 대상이 강동군 지역에 한정된 것이 아닌 평안남도
전 지역을 대상으로 하는 것이었고, 일부 유림을 포함한 평안남도 지역민

대부분이 인식하고 있던 조선 역사 및 민족의 시원과 직결되는 것이었기 때문이다. 또 각 군의 유림회에 소속된 유림 역시 수 천 명 이상이었을 것이다. 평남유림연합회에서도 당연히 이 같은 효과를 기대했을 것이다.

수호계는 수호각 건립을 1차 목표로 출발하여 1929년 가을부터 각 군에서 활동을 개시했다. 자연 강동 명륜회 역시 지부로 참여했을 것이고, 이들은 연합하여 수호각 건립을 위한 성금 운동을 전개했을 것이다. 하지만 평남 전역 각 군의 유림회가 모두 참여했을 이 운동은 2년여를 지나도 성과를 거둘 수 없었다. 그 원인이 어디에 있는지 갑자기 알 수 없지만, 각 군의 호응과 달리 현실적인 참여의 부족이 첫 번째 이유였을 것이다. 이는 평남유림연합회의 성격과도 관계가 있는 듯하다. 평남유림연합회가 평안남도 유림을 대표하는 단체인 것은 분명하다. 하지만 이 단체에게 어떤 추진력이나 실행력을 기대하는 것은 당초부터 어려웠을 것이다. 그 산하에 단군묘의 수호각 건립이라는 과제의 실행을 위해 수호계를 조직했을지라도, 이에 대한 적극적 호응은 강요할 수 없는 것이었다. 유림연합회에는 각 군 명륜회의 이해가 함께 공존했을 것이고, 단군묘수호계를 중심으로 전개된 수호각 건립사업은 연합회에서 진행하고 있던 여러 사업 중 하나였을 것이다.

단군묘 수치가 전조선인을 대상으로 전개할 수 있는 사업이라 할지라도 그 방향과 구체적 실행은 다른 문제였을 것이다. 또 각 군 유림회에 토대하여 운영되던 평남유림연합회가 신규 사업으로 단군묘 수호를 선정하고, 이를 위한 별도의 계를 조직·운영한다는 것은 이들에게 새로운 부담을 가중하는 것을 의미했다. 강동 유림을 제외한 다른 군의 유림에게 단군묘는 아무래도 관심이 떨어질 수밖에 없었을 것이다. 이들에게는 자기 고장에서의 현안 해소가 우선이었지 단군묘 수치는 부차적인 것으로 이해되었을 것이다. 이로 인해 그들은 관심과는 달리 참여에 적극적이지 못했을 것이다.

다음으로는 계획의 문제를 생각할 수 있다. 재정의 문제와도 관계된
다. 이는 수호각 건립이라는 계획을 실천할 구체성을 담보한다. 이후 강
동을 중심으로 이루어진 단군릉수축운동의 과정에서도 참고할 수 있듯
이 단군릉 수축은 재정 문제로 수차례에 걸친 계획의 변경과 축소를 거
듭했다. 수호계의 1차 목표가 수호각 건립이었지만, 그것은 기천원 이상
의 재정을 담보로 한다. 그러나 전적으로 평남 유림계를 중심으로 성금
에만 의지해서 이를 달성하기는 어려웠을 것이다. 1917년 조선총독부의
지원으로 동명왕릉東明王陵이 수리되고 있는 것과 비교될 수 있다.[16]

1920년대 초반 단군릉 수축을 위한 강동 유림계의 활동은 후반에 이
르러 평안남도 유림계로 확대되었다. 이는 강동 명륜회의 수축 노력이
어느 정도 성과가 있었음을 반영한다. 이에 평안남도 유림계에서는 강동
명륜회의 성과를 토대로 수호각 건립을 위한 수호계를 조직한 것으로 보
인다. 그러나 이는 기대와는 달리 흐지부지해졌다. 이 같은 1920년대의
단군릉수축운동은 19세기 후반 단군묘를 능으로 숭봉하기 위한 강동 및
평안남도 유림의 노력과 닮아있다. 이때도 강동 유림을 중심으로 이루어
진 숭봉의 소지所誌가 강동현을 거쳐 평안남도에 전해지자 평남 유림계
의 적극적인 지원으로 중앙에 전달되어 십 수 년 만에 능으로 숭봉되었
기 때문이다. 이로 미루어 단군릉에 대한 평남 유림계의 관심은 상당한
것이었지만, 현실적 여건은 그렇지 못했다고 짐작된다.

평남유림연합회에서 주도한 수호계에 구체적으로 어떤 사람들이 참여
했는지 역시 알 수 없다. 다만 이후 단군릉수축기성회의 노력 결과 1936
년 건립된 「단군릉기적비檀君陵記蹟碑」의 우측면에 기록된 성금 후원자
59인중 강동 유림 50인을 제외한 평남 지역의 8인을 주목할 수 있다. 평
양의 김광일金光一·김영필金永弼·김석응金奭應, 대동大同의 이교식李敎植,

---

16) 김영관, 2005, 「고구려 동명왕릉에 대한 인식변화와 東明王陵重修記」 『고구려연
　　구』 20, 고구려연구회 참조.

안주安州의 김인오金仁梧, 평원平原의 송주순宋柱淳, 순천順川의 고양봉高陽
鳳 등이 그들이다. 이들 중 김영필·김광일·송주순은 1920~30년대 중반
강동군수를 역임한 인물이어서 일단 제외할 수 있다. 그리고 대동의 이교
식 등 나머지 5명은 수호계를 주도했던 평남유림연합회의 역할과 관련하
여 해석해도 좋을 듯하다.[17]

한편 1920년대 강동 유림과 평남유림연합회의 수축운동을 통해 그들
의 단군릉에 관해 인식 정도를 엿볼 수 있다. 이는 '묘墓'와 '능陵'의 문
제이다. 단군묘는 19세기 후반 강동과 평남 유림계의 지속적인 노력으로
1909년 능으로 숭봉되었음은 앞서도 지적한 바 있다. 이때는 순종의 명
으로 봉식수호의절封植守護儀節이 준비되고, 정자각 및 각종 석물의 건립
과 수리를 위한 예산이 투입될 계획까지 마련되었다. 물론 수리가 이루
어지지 못했지만, 능으로의 숭봉은 유효한 것이었다. 그러나 자신들의
노력에 의해 이룩한 결과임에도 불구하고 그들에게는 여전히 '단군묘'로
이해되고 있었다. 이를 어떻게 이해해야할지는 구체적이지 못하지만, 아
무래도 순종 때 단군묘에 대한 조치가 제대로 이루어지지 못한데 원인이
있는 것으로 추측된다. 그때 마련된 봉식수호의절이 시행되고, 정자각
및 각종 석물의 건립과 수리가 이루어졌다면, 1920년대 강동과 평남 유
림계의 단군묘 수축을 위한 노력은 대대적으로 진행하지 않아도 될 일이
었기 때문이다. 또 이들에게 조차 묘로 호칭되던 단군묘는 당연히 단군
릉으로 정리되었어야 했다. 능으로의 숭봉은 단군묘를 기자릉·동명왕릉
과 비교하여 격이 떨어진다는 강동과 평안남도 유림의 노력에 의해 이루
어진 것이었기 때문이다. 하지만 그렇지 못했다. 이런 점에서도 순종 때
의 단군릉 숭봉의 의미를 다시 생각할 수 있다.

1929년 평남유림연합회에서는 강동 명륜회의 지원 요청으로 10월 이

---

17) 김성환, 2007, 「일제강점기 「檀君陵記蹟碑」의 건립과 단군전승」『사학연구』86,
    한국사학회(이 책 Ⅲ-1) 참조.

전 단군묘수호계를 조직한다. 단군묘의 수호각 건립은 강동군만이 아니라 평안남도 유림이 추진하는 사업으로 확대되었다. 이에 평남유림연합회에서는 그 산하에 이를 추진할 단군묘수호계를 조직하고, 이에 대한 취지와 재정 마련 및 구체적인 공사 추진 방향 등을 담았을 단군묘수호계 규약을 작성하여 평안남도 각 군의 유림회에 발송했다. 그러나 강동명륜회의 당초 기대와는 달리 단군묘수호계 활동은 별반 성과를 보이지 못했다.

4. 1930년대의 단군릉수축기성회檀君陵修築期成會

1) 단군릉수축기성회의 조직

단군릉수축기성회는 1920년대 후반 평남유림연합회에서 단군묘의 수호각 건립을 목표로 조직했던 단군묘수호계 활동이 부진하자 강동군의 유지들을 중심으로 그 수축을 위해 만든 단체이다. 기성회는 수호각의 건립을 목표로 1920년대 초반 강동 명륜회를 중심으로 한 수축 운동에 참여한 경험을 가졌을 김상준金商俊이 발기하고, 군수 김수철金守哲의 도움으로 1932년 4월말부터 준비되었다. 그리고 다음 달에는 명륜당에서 각 면의 대표들이 회합하여 기성회를 조직하여 여러 방책을 강구했고,[18] 읍내에 사무실을 두는 한편 임원진을 구성했다.

이는 3년이 넘어도 단군묘수호계의 활동이 부진하자 강동명륜회에서 그간 평남유림연합회에 기대고 있던 수호각 건립 사업을 강동군 단독으로 추진하기로 결정하고, 그 산하에서 설치한 단체이다. 따라서 기성회는 강동명륜회와 별개의 것이 아니라 명륜회 소속의 유림이 단군릉에 수호각 건립을 신속하고 효율적으로 추진하기 위해 만든 실행단체였다. 일종의 TF라고 할 수 있다. 그 체제는 단군묘수호계가 평남유림연합회의

---

18) 『동아일보』 1932.5.15, 「檀君陵修築期成會組織」 참조.

산하에 있던 것과 닮아있다. 즉 강동명륜회는 수호각 건립을 위해 평남 유림연합회가 실행단체로 조직한 단군묘수호계를 참고하여 단군릉수축 기성회를 조직한 것으로 짐작된다. 강동 유림과 군수가 그 활동에 적극 참여하고 있음은 이런 배경에서 이해해야 한다.

단군릉의 중수와 수호각 건립을 위한 기성회의 본격적인 노력은 김상준의 발기로 시작되었다. 그는 100원 가치의 토지를 먼저 기증하고, 군수 김수철의 지원 약속을 이끌어 내는 한편, 사업의 구체적인 시행을 위한 발기회를 발족시켰다.[19] 그리고 연말까지 공사를 마무리한다는 목표를 설정하고, 이의 진행과 성금 수집을 추진하기 위해 기성회의 조직을 서둘러[20] 5월 20일 강동읍 명륜당에서 단군릉수호각건축기성회檀君陵守護閣建築期成會를 발족함과 동시에 인선을 마무리했다.[21] 김상준이 기증한 100원 가치의 토지를 수호각 건립부지와 연계하여 생각할 수도 있으나, 가능성이 많지 않다. 이후 수호각 건립부지의 매입에 대한 문제가 발생하고, 결국 재원 부족으로 이를 해결하지 못해 수호각은 건립되지 못한 채 기성회의 단군릉수축운동이 마무리되고 있기 때문이다.

기성회는 읍내에 별도의 사무실을 마련하는 한편, 조직은 전체 수축공사를 통괄하고 기성회를 대표할 회장과 이를 보좌할 부회장 각 1인, 그리고 공사에 대한 제반 절차와 서류·문서 등의 작성과 정리를 담당할 서기와 기성회 기금의 출납을 담당할 회계 각 2인, 수축공사를 실질적으로 담당할 상무이사 5인, 강동군 각 면에서의 성금 모집을 독려하고 기성회를 지원할 약간의 각면이사로 구성했다. 그런데 동아일보에서는 각 면이사의 명단을 생략하여 그 내용을 알 수 없다. 아마도 인원이 많아 모두 기록하지 못하고 생략한 것으로 짐작된다. 그러나 강동군의 면리

---

19) 『동아일보』 1932.4.26, 「江東 壇君墓와 荒廢한 담」 참조.
20) 『동아일보』 1932.5.18, 「江東八大名勝 古蹟保存에 努力」 참조.
21) 『동아일보』 1932.5.28, 「檀君陵修築期成, 江東人士의 贊助를 促함」(江東一記者) 참조. 단군릉수축기성회의 정식 명칭은 '단군릉수호각건축기성회'이다.

체제를 고려할 때, 최소한 6명 이상으로 각 면에서의 유력인사들이 그 소임을 맡았을 것으로 추측된다.

또 당시 동아일보 사회부장이던 현진건玄鎭健의 「단군성적순례檀君聖跡巡禮」에서 단군릉보존회 역원으로 김상준·장운경張雲景·김천우金天羽 등과 함께 김상화金商和·원용제元容濟·김경선金景善·장운익張雲翼·조병운趙秉雲이 소개되고 있음을 볼 때,[22] 이들이 각면이사였을 것으로 추측된다. 기성회가 조직되기 직전 기성회원들과 함께 성금을 찬조한 인물 중 위의 명단에서 확인되지 않는 박기진朴基鎭·김용려金容礪·박원삼朴元三·이재근李載根·주현각朱鉉慤·손창준孫昌俊·백인규白仁奎·김중보金重寶·한진태韓鎭泰,[23] 부회장 김이초 등과 함께 각면을 순회하며 모금활동을 벌인 김성숙金聖淑[24] 등 역시 그들의 소임이 각면이사였을 가능성이 있다. 그렇다면 각면이사는 20여명 이상으로 구성되었다고 볼 수 있다. 이를 간략하게 정리하면 <표 6>과 같다.

〈표 6〉 단군릉수축기성회 역원(1932.5)[25]

직 임	성 명
회 장	김상준金商俊
부회장	김이초金履初
서 기	윤의홍尹宜洪·문한식文漢植
회 계	이병섭李秉燮·허기도許基道
상무이사	장운경張雲景·윤완섭尹完燮·이응규李應圭·김천우金天羽·김영권金永權
각면이사	김상화金商和·원용제元容濟·김경선金景善·장운익張雲翼·조병운趙秉雲·박기진朴基鎭·김용려金容礪·박원삼朴元三·이재근李載根·주현각朱鉉慤·손창준孫昌俊·백인규白仁奎·김중보金重寶·한진태韓鎭泰·김성숙金聖淑

---

22) 『동아일보』 1932.7.29~11.09, 「檀君聖跡巡禮」(51회 연재) ; 玄鎭健, 1948, 『檀君聖跡巡禮』 ; 국학연구소, 2002, 『國學研究』 7, 영인본 참조.
23) 『동아일보』 1932.5.29, 「檀君陵修築 守護誠金還至」 참조.
24) 『동아일보』 1933.12.17, 「檀君陵修築期成會의 活動」 참조.
25) 『동아일보』 1932.6.17, 「檀君陵修築 今年內로 完了」 참조.

기성회 설립 당시 그 체계는 이사를 중심으로 하는 것이었다. 회장·
부회장 등을 제외하고 실질적인 업무를 담당하던 이들의 소임이 상무이
사·각면이사로 분장되고 있음에서 그러하다. 이는 기성회가 수직적인
체계에서의 운영보다는 이사를 중심으로 수평적인 체계에서의 운영을
그 방향으로 설정하고 있음을 나타낸다. 즉 기성회는 2단계로 나뉘어 운
영되었던 것으로 짐작된다. 회장 이하 상무이사는 기성회의 기간으로 묘
의 수축과 수호각 건립을 위한 계획의 수립과 실무를 진행했을 것이다.
특히 상무이사 5인은 본회의 실무를 담당했던 역원으로 짐작된다. 이에
비하여 각 면의 유지로 구성된 각면이사는 단군릉 수축의 당위성을 각
면민에게 설명하고, 성금 후원을 독려하는 일을 담당했다. 역사상 단군
의 존재 여부에 대한 문제를 비롯하여, 단군릉의 진위 문제가 끊임없이
지속되고 능 밑까지 경작되어 전혀 관리조차 되지 않는 상황에서[26] 강
동군민의 성원을 이끌어내는 일은 중요했다. 다음의 동아일보 기사는 이
런 점에서 참고할 수 있다.

> G. 檀君이 歷史上에 있섯느냐업섯느냐하는것은 學者의一致하지안는바이
> 나 史籍에도잇는것이事實이며 傳說로도江東阿達山, 西大朴山下의一
> 坏古陵이 檀君之聖陵이라일커러왔다(『동아일보』 1932.5.28, 「檀君陵
> 修築期成, 江東人士의 贊助를 促함」[江東一記者])

기성회 역원 역시 이런 사실을 인지하고 있었다. 그들은 조선 팔도에
서 단군릉으로 구전이나마 되는 것이 이뿐이어서 진부를 의심하는 것부
터 황송惶悚한 일이라는 논리로[27] 군민을 설득했다. 이는 기성회에서도
단군릉의 역사성과 진위성 문제에 대한 강동군민을 비롯한 사회적 시각

---

26) 『동아일보』 1932.5.6, 「壇君墓奉審記(上)」(吳箕永) 참조.
27) 『동아일보』 1932.7.29~11.09, 「檀君聖跡巡禮」(51회 연재) ; 玄鎭健, 1948, 『檀君
聖跡巡禮』 ; 국학연구소, 2002, 『國學研究』 7, 영인본 참조.

을 충분히 숙지한 가운데 수축공사를 추진했음을 의미한다.

그들이 계획했던 수축공사의 범위는 능 주변 담장의 확장과 수축, 능비陵碑·제단祭壇·제구祭具·석인석초石人石草의 석물, 양통兩通 4～5칸 규모의 수호각, 3칸의 재진인가在眞人家 등이었다. 이를 위해서는 인근의 대지와 토지를 매입해야만 했고, 거기에 필요한 비용은 수 만원이었다.[28] 그리고 그들이 이를 추진하기 위한 재원을 확보할 방법은 성금에 의존하는 것밖에 없었다. 물론 동아일보를 비롯한 언론의 기성회 활동에 대한 보도로 전조선인에게 호소하는 방법도 강구되어 전개되기도 했다. 그러나 그들 역시 전국적인 성금활동에는 큰 기대를 하지 않았던 것으로 보인다. 이는 강동지방에 국한해서 이 같은 사업을 추진하는 것 자체가 달성하기 어렵다는 점을 알고, 사업의 수행 범위를 수호각 건립 및 담장 수축·제단 설비 등으로 제한하고 있음에서 알 수 있다.[29]

기성회에서는 성금을 위한 활동을 두 가지 방향에서 전개했다. 기성회 역원들이 각면이사 및 유지와 함께 각 면을 순회하며 단군릉 수축의 당위성을 군민에게 직접 설명하고 성금을 유도하는 방법과 동아일보를 중심으로 언론에 호소하여 전조선의 지원을 촉구하는 방법이다. 김상준·김이초·윤의홍 등은 각 면을 순회하기도 하고 조선인에게 호소하기도 했다.[30] 당시 동아일보 강동분국장이었던 김중보 등은 동아일보를 비롯한 언론의 관심을 유도했다. 이 같은 기성회의 성금 활동과 수축을 위한 준비는 1년여 지속된다. 이는 기성회가 출범하는 1932년 5월 그해에 마무리하려던 계획을 1년여 넘긴 것이었다. 그럼에도 불구하고 성과는 기대와 달리 미진했다.

---

28) 『동아일보』 1932.5.28, 「檀君陵修築期成, 江東人士의 贊助를 促함」(江東一記者) 참조.
29) 위와 같음.
30) 『동아일보』 1932.10.25, 「檀君陵修築期成會 大活動」 참조.

2) 단군릉수축기성회의 1차 개편

당초 계획의 추진과 성금 모집이 부진하자 강동군을 중심으로 기성회의 무성의와 무책임에 대한 비판이 거론되기 시작했다. 계획의 전면적인 수정이 필요했다. 동아일보에서도 완전한 설계 없이 조급히 착수하여 불완전한 설비와 조품粗品을 조성하여 천추만대를 전하느니 완전한 기본과 충실한 설계 및 만반의 준비를 한 후에 추진하여 조선의 시조 단군의 성릉聖陵이라는 명칭에 손색이 없을 만큼 완전무결한 사업이 되어야 할 것을 권고했다. 또 사업의 성공이 재원 문제를 해결하는 것에 있음을 직시하여 그 취지를 널리 알릴 것을 권고하면서도, 강동인사가 제일선에서 물자와 정신 모든 방면에 성의를 다할 것과 그들의 열성과 기성회 간부의 활동으로 사업을 추진하기를 바라고 있다.[31]

이 같은 기성회 활동의 부진은 이후 동아일보가 전조선인을 통해 성금 후원을 독려하는 등 단군릉수축운동에 적극 참여하는 계기가 되었지만, 기성회 측에서도 그들의 사업 계획과 활동 방향을 재검토할 필요를 느끼게 했다. 이에 그들은 겨울동안 각 면을 대상으로 더욱 많은 순회활동을 펼쳐 성금을 독려하는 한편,[32] 12월 회장 김상준의 집에서 역원회의를 열고 앞으로의 진행방향을 밀의했다.[33] 그 내용에 대해서는 자세히 알 수 없으나, 1934년 봄 사업의 착공을 위해 성금의 수집에 실질적 역할을 담당하던 각면이사의 규모를 늘리고 책임을 강화하는 방향으로 기성회 조직을 개편하는 것이었다고 추측된다. 그리고 이들의 이 같은 성금활동은 역원회의가 있기 직전부터 각 면별로 이루어졌는데, 1933년 10월 이후에는 삼등면과 강동면을 대상으로 전개하여 1933년 12월말까지 약 822원이 모금되었다.[34]

---

31) 『동아일보』1933.10.21, 「檀君陵修築期成會」(江東—記者) 참조.
32) 『동아일보』1933.12.17, 「檀君陵修築期成會의 活動」참조.
33) 『동아일보』1933.12.22, 「檀君陵修築期成委員의 活動」참조.

기성회의 조직 개편은 이듬해 1월 단군릉의 특집기사를 다룬 동아일
보를 통해 확인할 수 있다. 이때 동아일보는 동경 고학생의 50전, 강동
촌로의 19전, 어린학생 16명의 1원, 수축공사를 논의하던 어느 날 밤 회
관에 닭 한 마리와 술 한 병을 넣어주고 사라진 사람 등의 애정 어린
성의를 보도하여 단군릉수축운동의 성금에 대한 부진성을 극복하고 적
극적인 관심을 유도하고자 했다. 또 동아일보사 역시 5백원을 성금하여
모범을 보이기도 했다.[35)]

〈표 7〉 단군릉수축기성회 1차 개편(1934.1)

직 임	성 명
회 장	김상준金商俊
부회장	김이초金履初
서 기	윤의홍尹宜洪·황정준黃貞俊
회 계	김상준金商俊
상무이사	장운경張雲景·김천우金天羽·장운익張雲翼·김성갑金聲甲
각면이사	159인

이때의 역원 개편은 성금운동과 사업추진의 부진을 타개하고 활동 방
향을 재검토한 1933년 12월 역원회의의 결과이다. 이에 서기 중 한 사람
인 문한식文漢植이 황정준黃貞俊으로, 상무이사도 5인중 윤완섭尹完燮·이
응규李應圭·김영권金永權이 그만두고 장운익張雲翼·김성갑金聲甲이 새로
가담하여 4인으로 축소 개편된다. 서기와 상무이사의 교체 및 축소에 대
해서는 그 사정을 알 수 없다. 그런데 이때의 개편 중 주목되는 것은 회
계와 각면이사이다.

1932년 기성회의 설립 당시 회계로는 강동면장을 지낸 이병섭李秉燮

---

34) 『동아일보』 1933.12.24, 「檀君陵修築誠金이 還至, 현재의 累計만 五百六十二원」
 ; 1933.12.25, 「檀君陵修築誠金 나날이 還至, 累計 七百四十八圓也」 ; 1933.12.26,
 「檀君陵修築誠金 나날이 還至, 累計 八百二十二圓也」 참조.

35) 『동아일보』 1934.1.7, 「檀君陵修築에 本社의 微誠으로 五百圓을 바처 쓰러진 성
 묘와 허무러진 담을 誠金으로 今春着工」 ; 1934.1.12, 「檀君陵 特輯」 참조.

(1870~)과36) 허기도許基道가 맡았는데, 이때 회장인 김상준이 이를 겸
직하였다. 이는 기성회에서 김상준의 권한이 한층 강화되는 체제로 개편
되었음을 의미한다. 기성회 내부에서 성금을 둘러싼 제반 문제가 이 같
은 개편의 원인을 제공하여 김상준에게 힘을 실어주었을 가능성이 있다.
또 동아일보를 통한 성금 운동(Campaign)에 따라 많은 성금의 답지를 예
상하여 효율적인 운영을 도모하기 위한 사전 포석일 수도 있다.

각면이사는 159인으로 대폭 강화된다. 이 시기에 간행된『강동지』의
「현대인물」조에 실린 인물이 156인이었음을 감안할 때,37) 그들 대부분
이 각면이사로 참여했을 가능성도 있다. 특히 당시 강동군이 6개면 109
개리로 구성되어 있었고,38) 전체 호구가 11,573호 60,093명이었음을 고
려할 때,39) 각면이사 1인이 1개리 혹은 약 70여 호씩을 담당하는 체제로
전환되었음을 알 수 있다. 이는 기성회에서 강동군민을 수축운동에 참여
시키기 위한 노력의 정도를 의미한다. 그리고 이 같은 조직의 개편은 강
동군수와 강동명륜회의 뒷받침이 없었다면 불가능한 것이었다.

강동명륜회는 전통적으로 단군묘[릉]에 대해 많은 관심을 가지고 있
었다. 그들은 19세기 후반 평양의 기자묘와 중화의 동명왕묘가 능으로
숭봉되고, 단군묘가 제외되자 이의 숭봉을 위해 평안도관찰사와 조정에
지속적인 건의를 하여 1909년 마침내 능으로 숭봉시켰다. 또 1923년에
는 2백 여원을 갹출하여 담장을 새로 쌓고 문을 세우는 등의 수축을 하
기도 했다. 이는 강동명륜회 소속 유림들의 단군묘에 대한 관심도를 의
미한다. 기성회도 독립된 조직이 아니었다. 이는 강동명륜회에서 능의
수축과 수호각 건립을 위해 만든 임시조직이었다. 따라서 기성회의 운영

---

36) 강동군, 1935,『강동지』, 제7장「現代人物」참조.
37) 김성환, 2006,「日帝强占期 ≪江東誌≫의 編纂과 內容」『한민족연구』1, 한민족
    학회(이 책 Ⅱ-1) 참조.
38) 강동군, 1935,『강동지』, 지리편, 面及里 참조.
39) 강동군, 1935,『강동지』, 지리편,「土地面積戶口及交通市場日」참조.

은 명륜회의 지도와 감독을 받고 있었을 것이고, 명륜회의 유림이 기성회의 활동에 자연스럽게 참여할 수 있었다. 이런 측면에서 기성회가 추진한 단군릉 수축에 관한 전반적인 계획 역시 그들의 독자적인 것이 아니라 이제까지 계획되다가 여러 여건으로 인해 진행되지 못하고 중도에 포기된 것이었을 것이다. 이는 이 시기 수축운동의 핵심이었던 수호각 건립을 통해서도 짐작할 수 있다.

수호각의 건립이 자료에서 처음 확인되는 것은 능으로의 숭봉 직후 수치 준비가 이루어지는 1909년 5월이다. 이때 강동현령에게 위임된 정자각과 각종 석물을 위한 예산은 2천원 또는 3천5백원이었다.[40] 여기서 정자각은 수호각을 의미하는 것으로 짐작된다. 기자릉·동명왕릉의 규모와 시설을 잘 알고 있던 강동 유림에게 단군릉도 그에 준하는 시설을 갖춘 고적이어야 했다. 10여 년 전부터 그들이 단군묘를 능으로 숭봉하기 위한 노력을 전개한 것은 이를 위해서였다. 그러나 이때의 수치는 재정 문제로[41] 이루어지지 못했다. 이후 앞서 검토한 바와 같이 평남유림연합회에서 조직한 단군묘수호계 활동을 통해 계획되기도 했지만, 이 역시 이루어지지 못했다.

1934년 1차 개편 역시 이런 배경에서 이루어졌다. 강동명륜회와 기성회의 입장에서 수호각 건립을 내용으로 하는 수축운동은 더 이상 미룰 수 없는 것이었다. 따라서 159인으로 대폭 증원된 각면이사는 각리별로 강동민을 접촉하여 성금을 유도함으로서 기성회의 활동을 활성화하기 위한 조치였다. 또 회장 김상준으로 하여금 회계를 겸임하게 한 것 역시 기성회의 원활한 운영과 신속한 사업의 추진을 위해 회장에게 힘을 실어 줌으로서 수년간 추진되지 못하고 있던 수호각 건립을 가시화하려는 목

---

40) 『대한매일신보』 1909.5.25, 잡보 「檀陵開役」 ; 『신한민보』 1909.6.16, 「국조의 당우건립」 참조.
41) 『황성신문』 1909.5.12, 잡보 「箕察質稟」 ; 1909.5.19, 잡보 「歷代陵改莎費」 ; 『대한매일신보』 1909.5.16, 잡보 「道傍築室」 참조.

적에서였다.

이후 기성회의 성금 모집은 그 역원이 강동·삼등·원탄·만달·봉진·고천면을 분담 순회하는 방향으로 이루어졌다. 여기에는 각 면리에서 활동하고 있던 각면이사의 역할이 절대적이었을 것이다. 물론 이런 기성회의 개편과 이를 통한 활성화 방안은 1933년 12월 김상준의 집에서 열린 역원회의를 통해 결정되었다. 이에 그들은 강동면과 삼등면을 중심으로 기성회의 회장을 비롯한 임원이 각면이사를 접촉하여 그해 말까지 강동면 아달리, 삼등면 태령리·고봉리·봉서리·옥정리·봉오리·문명리·대리·봉의리 등지에서 모금활동을 전개했다.42) 또 1934년 1월초부터는 강동면과 삼등면은 물론 원탄면 봉조리·원신리, 고천면 열파리·동서리·송학리·화강리, 만달면 대성리 등 강동군 전역으로 확대했다.43) 그 결과 1,780여명의 약 1,140여원 정도의 성금이 접수된 것으로 확인된다. 성금액은 앞서 기성회가 단독으로 성금운동을 전개했을 때보다 적은 금액이지만, 참여인원에서는 비교할 수 없을 정도로 많다. 이는 이전의 성금활동이 기성회 역원과 각 면리의 유지들에 의존한 것이었다면, 이후의 활동은 대규모의 각면이사가 가가호호를 직접 접촉하는 방법으로 이루어졌음을 의미한다.

한편 동아일보에서는 만달면의 승호勝湖·괴음槐陰·입석立石·광청廣淸·대성大成·운학雲鶴·신장新壯·동서東西·파릉리巴陵里, 강동면의 와룡臥龍·지례리智禮里, 고천면의 맥전麥田·명명明明·고성古城·선광先光·구암龜巖·광덕廣德·반석리盤石里, 봉진면의 운룡리雲龍里, 삼등면의 봉의鳳儀·용연龍淵·고류

---

42) 『동아일보』 1933.12.24, 「檀君陵修築 誠金이還至」; 1933.12.25, 「檀君陵修築 誠金나날이還至」; 1933.12.26, 「檀君陵修築 誠金나날이還至」 참조.

43) 『동아일보』 1934.1.19, 「檀君陵修築誠金이 還至」; 1934.1.21, 「檀君陵修築誠金 期成委員會接收分」; 1934.1.24, 「檀君陵修築誠金 期成委員會接收分」; 1934.2.4, 「檀君陵修築誠金 期成委員會接收分」; 1934.2.9, 「檀君陵修築誠金 期成委員會接收分」 참조.

古柳·석름石廩·사탄리沙灘里, 원탄면의 하下·남경南京·표대表垈·마산리馬山里 등 28개리에서의 참여를 확인할 수 없는데, 그 원인을 알 수 없다.

이 같은 기성회의 각면이사를 통한 모금활동은 수축공사가 한창 진행되었던 1935년 7월까지 지속되었다.[44] 그런데 이 같은 기성회의 활동은 1934년 2월 설립된 강동향약江東鄕約의 활동과도 관련되어 있다. 즉 강동군과 강동명륜회는 수축운동의 활성화를 위해 기성회와 강동향약의 연계를 모색한다. 이에 대해서는 동아일보의 다음과 같은 보도를 참고할 수 있다.

> H. 평남강동군平南江東郡 명륜회明倫會에서는 군내각리에 향약鄕約을 설립하고 농촌진흥을 목표로 풍속 생활개선風俗, 生活改善등을 지도하기로 금춘부터 대활동을 개시하는중이라는데, 방금 향약정관鄕約定款 二만부를 인쇄하야 각리에 배부하는중이라 한다 회장김상준金商俊씨와 강동군수 김광일金光一씨는 철저히실행방침을 지도하는중이라고한다(『동아일보』 1934.2.20, 「江東鄕約設立」).

위의 보도에서 강동향약의 목적은 농촌진흥에 있었고, 이를 위한 풍속과 생활개선을 실천지표로 삼고 있었다. 이것만으로는 강동향약과 단군릉수축운동과의 관련성을 찾을 수 없다. 그런데 향약의 설립을 명륜회에서 주도하고 있고, 단군릉수축기성회장인 김상준이 그 회장을 겸하고 있으며, 군수 김광일 역시 향약에 적극 관여하고 있음에서 강동향약과 단군릉수축기성회의 연계성을 짐작할 수 있다. 특히 명륜회 회원이자 단군릉수축기성회의 각면이사였던 신인걸申麟杰이 향약의 설립을 주도하고 있음은[45] 양자의 관계성을 이해하는데 도움이 된다.

그들이 향약정관 2만부를 인쇄 배포했음은 당시 강동군의 호수가

---

44) 『동아일보』 1935.7.30, 「檀君陵修築 今秋에는完成, 奉陵과陵碑는 工事完了 追慕의誠金도還至중」 참조.
45) 「단군릉기적비」 및 강동군, 1935, 『강동지』, 제7장 「현대인물」 참조.

11,573호, 인구가 60,093명임을 감안할 때,[46] 강동군민 전체를 각 호별로 지도했음을 의미한다. 이로 미루어 강동명륜회의 지원 아래 설립된 강동향약은 농촌진흥을 위한 풍속·생활개선을 목표로 했지만, 이면에는 강동군민을 호별로 침투하여 단군릉 수축의 당위성을 호소하고 성금 모집의 실질적 역할을 수행했음을 짐작하기 어렵지 않다. 이는 수축운동을 실질적으로 주도하고 있던 강동명륜회가 1932년 사업을 전담할 수 있는 기성회를 두었으나, 부진성을 면치 못하자 1933년 말 기성회의 조직을 개편하는 한편, 사업비를 마련하기 위한 구체적 실천방향의 하나를 강동향약의 설립을 통해 찾은 것으로 짐작된다. 특히 정관 2만부를 각 리별로 배포한 것은 당시 강동군의 호수를 감안할 때 거의 2배에 달하는 것이어서 기성회 및 강동군에서 강동향약에 기대하는 정도를 짐작할 수 있다.

기성회의 수축운동과 강동향약의 연계로 각 면리를 통한 성금 활동은 원탄면 고비리高飛里를 대상으로 우선 시행되었다. 그 대상으로 고비리가 선정된 배경에 대해서는 짐작할 수 없지만, 강동향약을 통한 단군릉 수축을 위한 성금 수집은 3~4월 고비리를 대상으로 대략 1인당 10전씩을 갹출하는 것이 원칙이었던 것으로 보인다. 17개리로 구성된 원탄면의 호구가 2,020호, 10,446명이었음을 고려할 때,[47] 1,170여명이 성금자로 기록되고 있고 그 총액이 260여원이었음은[48] 고비리 주민 거의 전체가 향약을 통해 단군릉 수축에 참여하고 있음을 알 수 있다. 즉 동아일보에는 1934.3.30~4.13까지 6차례에 걸쳐 고비리에서의 성금 현황을 보도

---

46) 강동군, 1935, 『강동지』, 제8장 「土地面積과戶口及交通場日」 참조.
47) 『강동지』, 1935, 지리편, 「土地面積과戶口及交通市場日」 참조.
48) 『동아일보』 1934.3.30, 「檀君陵修築誠金 卄七日 委員會接收分」; 1934.3.31, 「檀君陵修築誠金 卄九日 委員會接收分」; 1934.4.3, 「檀君陵修築誠金 二日 本社·委員會接收分」; 1934.4.6, 「檀君陵修築誠金 五日 委員會接收分」; 1934.4.13, 「檀君陵修築誠金 八日 委員會接收分」 참조.

하고 있다. 여기서 중복되어 있는 명단을 제외하면 1,171명이 성금을 후
원한 것으로 나타난다. 향약의 실효성을 실감할 수 있는 부분이다.

한편 기성회에서는 공사 준비를 진행했다. 수 만원의 재정이 필요한
기자릉·동명왕릉에 준하는 설비 규모는 당초부터 어려워 그들은 수축
범위를 수호각 건립 및 담장 수축, 석물 및 제단 설비로 규정하면서 출
발했다. 여기에 소요되는 예산은 약 7천 여원이었다. 이 역시 기성회의
노력만으로 마련하기 어려운 재정이었다. 공사가 본격적으로 시작되는
1934년 봄 성금의 총액은 2천8백 여원에 불과했다.[49] 사업내용의 축소
가 불가피했다. 그러나 수호각 건립은 기성회 발기의 당초 목표였기 때
문에 포기할 수 없는 것이었다. 공사는 수호각과 기념비 및 단군릉비 건
립이라는 2가지를 중심으로 진행하는 방향으로 결정되었다. 양통兩通
4~5칸의 수호각(1,600원), 높이 7척 두께 1척5촌 너비 2척2촌의 기념비
와 높이 4척5촌 두께 1척 너비 2척의 단군릉비, 길이 5척 두께 1척5촌
너비 4척의 상석(총 1,000원), 능 주변 담장의 수축 등이 그 내용이었
다.[50] 각종 제구祭具·석인석초石人石草의 석물, 3칸의 재진인가在眞人家
및 능의 확장을 위한 토지 매입 등은 향후를 기약할 수밖에 없었다. 이
후 기성회의 수축공사의 계획은 이를 중심으로 전개되었다.

3) 단군릉수축기성회의 2차 개편

기성회의 조직은 개천절을 즈음하여 단군릉에 상석을 안치하고 제향
을 하면서 1차적인 공사를 마무리하는 시점인 1935년 10월 31일 이전에
다시 개편되는 것으로 짐작된다. 이는 1936년 9월 건립된 「단군릉기적
비檀君陵記蹟碑」를 통해 알 수 있다. 여기에는 기성회 조직과 관련하여 68

---

49) 『동아일보』 1934.4.20, 「檀君陵修築事業進陟 總工費七千圓豫定 于先守護閣부터
    着工」 참조.
50) 위와 같음.

인의 명단을 수록하고 있다. 이들중 고문 및 수금원으로 중복 기록된 박
원삼朴元三·김달용金達龍을 제외하면 66인이다. 이들을 간략하게 살펴보
면 다음과 같다.

〈표 8〉 단군릉수축기성회의 2차 개편(1936.9)

직 임	성 명
회 장	김상준金商俊
부회장	김이초金履初
서 기	윤의홍尹宜洪·문한식文漢植
회 계	김연우金淵羽
當 務	백인규白仁奎·김성숙金聲淑·정빈용鄭斌容·김천우金天羽·김영준金永俊·김중보金重寶·원용제元容濟
顧 問	김수철金壽哲·김광일金光一·김영필金永弼·박원삼朴元三·백낙선白樂善·김달용金達龍·장운경張雲景·김상화金商和
收金員	장운익張雲翼·황정준黃貞俊·손창준孫昌俊·주현각朱鉉慤·이일상李一相·박원삼朴元三·김찬형金瓚衡·한기순韓基淳·채인준蔡仁俊·이익화李益化·백낙인白樂仁·이권□李權□·김□겸金□兼·장익주張翼宙·김익조金益祚·백용수白庸洙·백인환白仁煥·장재형張在炯·김여섭金礪燮·박기진朴基鎭·이달경李達慶·이경선李景善·이기순李慶淳·이재근李在根·김정진金品鎭·□□□·김석규金錫奎·김수성金壽星·황군보黃君甫·이경열李景烈·김한림金翰林·김기창金基昌·이복섭李復燮·이홍수李洪洙·윤국환尹國煥·김영권金永權·우성룡禹聲龍·김달룡金達龍·황창순黃昌淳·정이연丁二淵·한형준韓亨俊·김영길金永吉·이익선李益善·김명희金明喜·김관숙金觀淑·홍대수洪大修·김□수金□洙·신인걸申麟杰

1934년의 1차 개편과 비교하면 전면적인 재정비가 이루어졌음이 확
인된다. 상무이사가 실질적인 수축 공사의 실무를 담당하는 당무當務로,
각면이사가 각 면리에서의 성금 활동을 전개하는 수금원으로 명칭이 바
뀌고 있다. 이는 기성회가 이사를 중심으로 하는 횡적인 수평 체제에서
종적인 수직체제로 개편되었음을 의미한다. 그 배경은 수년전부터 진척
이 없이 지지부진한 공사를 신속하고 효율적으로 추진하기 위해 회장의
책임과 권한을 더욱 강화하려는 것에 있었다. 이는 상무이사였던 당무가
1934년의 4인에서 7인으로 증원되고, 회장 김상준과 같은 집안의 김천
우金天羽만 남고 장운경張雲景·장운익張雲翼·김성갑金聲甲이 백인규白仁

奎·김성숙金聲淑(1932년 각면이사)·정빈용鄭斌容·김영준金永俊·김중보金
重寶·원용제元容濟(1932년 각면이사)로 확대된다. 이는 공사가 실행되던
이때 제반 업무를 추진하기 위한 실무진의 강화가 목적이었다. 개편의
내용은 각면이사가 수금원 체제로 바뀌고 있음에서도 확인된다. 1934년
의 개편에서 각면이사는 159인으로 강동의 유력인사 모두를 망라하고
있었다. 기성회에서는 이들을 각 면리별로 고르게 배분하여 성금 모집에
기여하기 바랐다. 그러나 이런 기성회의 의도와는 달리 이들 활동의 기
여도는 높지 못했던 것으로 짐작된다. 대부분 각면이사로 참여한 인물들
은 이를 명예직 정도로 인지한 것으로 짐작된다. 이에 기성회에서는 이
에 대해 실질적으로 운영에 도움을 얻으려는 방향으로 개편을 추진했다.
그리고 그 결과가 「단군릉기적비」에 실린 48명의 수금원이었을 것이다.
이들의 활동지 및 성향에 대해서는 또 다른 검토를 필요로 하는 것이지
만, 간략하게 면별로 수적 대비를 하면 각 면에서 8명 정도의 수금원이
활동하는 체제였을 것이다.

아울러 김수철金壽哲·김광일金光一·김영필金永弼·박원삼朴元三(1861〜)·
백낙선白樂善(1865〜)·김달용金達龍(1873〜)·장운경張雲景(1894〜, 1932·
1934년 상무이사)·김상화金商和(1893〜, 1932년 각면이사)가 고문으로 추
대되어 있다. 이들 중 김수철·김광일·김영필은 강동군수를 역임한 바 있
다. 박원삼과 백낙선은 문묘에 관여하고 있고, 김달용·장운경은 기독교
목사 또는 장로이며, 김상화는 상준의 동생으로 당시 강동면에서 병원을
운영하던 기독교 신자였다. 이들은 강동군의 행정, 사회, 문화 등의 분야
에서 대표자들이었기 때문에 이전부터 단군릉수축공사에 많은 찬조를 한
바와 같이 앞으로의 수축운동에도 많은 기여를 할 것이라는 기대를 가지
고 고문에 추대된 것으로 보인다. 이들은 수축공사가 진행되면서 일의 효
율적 처리와 이에 대한 자문을 담당했을 것이다. 또 서기 중 1934년의
황정준은 다시 1932년 발기 당시의 문한식으로 환원되고 있고, 회계 역

시 김상준이 겸하는 체제에서 그의 조카로 추측되는 김연우金淵羽가 맡음
으로서 역시 김상준 체제의 강화에 일조하고 있다. 회장 김상준의 회계
겸직에 대한 강동명륜회 또는 기성회 내부에서의 비난 또는 견제도 회계
직의 변경에 영향을 준 것으로 추측된다.

그러면 이 같은 2차 개편의 시기는 언제였는가의 문제이다. 이는 단
군릉수축공사가 1920년대 이후 5차례, 1930년대 기성회 발기 이후 3차
례 정도의 변화와 개편을 거치면서 이루어졌음을 감안할 때, 중요하다.
특히 이때의 개편으로 수축운동과 공사가 마무리되었다는 점에서 더욱
그러하다. 수축운동과 관련한 동아일보의 보도를 참고할 때, 기성회의 3
차 개편 시점으로 상정할 수 있는 때는 1934년 11월과 1935년 4월이다.
1934년 11월 9일 기성회 전원은 강동 명륜당에 모여 회장 김상준의 사
회로 그간의 경과보고와 함께 능 수축 및 수호각 건축에 대한 토의, 석
물에 관한 상황을 논의하고 성금 활동에 더욱 박차를 가해 이듬해 봄
완공으로 사업 목적을 달성할 수 있도록 결의했다고 한다.[51] 석물은 이
미 5월 김준택金俊澤 석물공장에서 조영하여 거의 완성 단계에 있으나,
비문의 각자刻字는 못하고 있다는 보고도 함께 되었다.

또 1935년 4월 17일 개최된 기성회 총대회에서는 30여명이 강동 명
륜당에 회집하여 능 수축에 대한 토의 및 성금 수합 및 공사 진행방법
등을 결의했다.[52] 3월 20일부터 담장을 허물고 봉분을 돋우는 작업을
진행 중이라는 보고도 함께 있었다.

그런데 2차 개편이 이루어진 시기는 1935년 4월보다 1934년 11월이
었을 가능성이 높다. 이는 1935년 봄이 당초 수축 공사를 마무리 할 시
점이었기 때문이다. 물론 사업의 부진으로 이때 공사를 한창 진행하고

---

51) 『동아일보』 1934.11.11, 「檀君陵修築消息; 石物은 거의 完成 陵修築은 明春에 모
     혀든 誠金은 겨우 三千圓, 期成會서 委員會開催」 참조.
52) 『동아일보』 1935.4.23, 「檀君陵修築 封墳工事着工 明倫堂에서 會合決議期成會
     積極活動」 참조.

있었기 때문에 가능성이 없는 것도 아니지만, 이후 기성회의 활동은 별반 확인할 수 없다. 성금 모집 역시 마찬가지이다. 이로 미루어 기성회는 1934년 11월의 회합에서 성금 모집의 활성화와 이듬해 봄 완료를 목표로 재차 결의를 다지고, 이를 위한 조직의 개편이 이루어진 것으로 판단된다. 특히 이때의 회의가 수금위원회를 중심으로 그간의 경과보고와 앞으로의 진행방향을 논의하기 위해 소집되었음에서 각 면리를 대상으로 전개했던 성금 모집의 부진은[53] 기성회의 공사계획에 많은 차질을 가져왔을 것이다. 하지만 겨우내 성금 활동은 별다른 진전을 보지 못했다. 이는 이듬해 2월 단군릉수축사업에 전조선인의 참여를 또다시 민족감정에 호소하는 동아일보의 보도를 통해 알 수 있다.[54]

이런 와중에서도 기성회는 수축사업을 진행한다. 그러나 1935년 봄 완공 예정이었던 수축사업은 또 연기될 수밖에 없었다. 아마도 그해 가을 개천절을 즈음하여 거행될 단군성제檀君聖祭에 맞추어졌던 것 같다. 이에 4월 수호각 건립을 위해 터의 매수를 위해 노력하는 한편 재목과 기와를 매입하고, 단군릉비檀君陵碑의 각자 역시 진행한다.[55] 담장과 봉분의 수축 공사도 함께 진행되었다.[56] 그렇지만 수축사업은 순조롭게 진행되지 못했다. 그해 7월 동아일보에 의하면,[57] 봉릉 공사는 거의 마무리된 것으로 보도되었다. 하지만 나머지는 그렇지 못했다. 평양 김준택 석물공장에서 조성중인 단군릉비는 각자刻字를 마쳤으나, 수축사적비

---

53) 『동아일보』 1934.10.28, 「今年 상달 초사흗날 檀君陵祭를 擧行, 來十一月九日 江東에서 陵修築委員會도 開催」 참조.

54) 『동아일보』 1935.2.2, 「내 地方 當面問題, 平南江東篇; 檀君陵修築事業」 참조.

55) 『동아일보』 1935.4.18, 「大朴山下 檀君聖陵修築工事를 進行, 修護建築材料를 사드리고 石物刻字도 거이 完成」 참조.

56) 『동아일보』 1935.4.23, 「檀君陵修築 封墳工事着工 明倫堂에서 會合決議期成會 積極活動」 참조.

57) 『동아일보』 1935.7.30, 「檀君陵修築 今秋에는 完成, 奉陵과 陵碑는 工事完了, 追慕의 誠金도 還至中」 참조.

修築事蹟碑는 평양에 거주하는 품전稟田 조병원趙秉源의 글씨를 받아 각자
중이어서 완료되지 못했다고 했다. 능 앞의 상석 역시 평양 이경히李景히
석물공장에서 조영중인데, 몸돌이 커서 운반이 곤란하여 조만간 완성될
것이라고 했다.[58]

그런데 문제는 수호각 건립이었다. 이에 대한 공사의 진척에는 아무
런 언급이 없다. 이미 그해 4월 이를 위한 재목과 기와를 매입하고 부지
매수를 위해 노력중이라는 소식이 전해진 바 있지만, 수호각 건립부지가
당면 문제로 떠오른 듯하다. 이것이 해결되지 못하면, 길게는 10여년 이
상을, 기성회 발기이후 4년 이상 노력했던 단군릉수축운동은 별반 성과
없이 마무리될 수밖에 없었다. 기성회의 설립 목적이 수호각 건립이었
고, 그 정식 명칭 역시 '단군릉수호각건축기성회'였기 때문이다. 수호각
건축을 예정했던 부지를 기성회측이 어떤 이유로 매수하지 못했는지 알
수 없지만, 이는 실현되지 못했다.

건축부지의 매수를 위한 성금의 부족이 그 원인 중 하나였을 것으로
추측된다. 기성회에서 편성한 수호각 건립예산은 1,600원이었다. 이는
단군릉비와 사적비의 건립 예산 1,000원에 비교하여 적은 규모였다. 기
와·목재 등 건축 재료의 구입과 건축을 위한 공사비에도 부족한 것이었
다. 여기에 부지 구입을 위한 재원이 포함되어 있다고 보이지 않는다.
이로 미루어 기성회에서는 당초 수호각 건립을 위한 부지 마련을 위해
먼저 단군릉 수축을 강동군민은 물론 전조선인이 적극 참여하는 캠페인
으로 확대하여 그 소유자에게 기부를 적극 권유하는 한편, 이것이 가능
하지 못할 경우에는 그동안의 성금으로 이를 매수한다는 계획을 가지고
있었던 것으로 짐작된다. 이런 기성회 측의 계획은 토지 소유자의 거부
와 성금의 부진으로 이루어지지 못했다. 이는 그해 개천절에 상석만을
겨우 안치하고 단군릉제檀君陵祭를 지냄으로서 알 수 있다.[59]

---

58) 위와 같음.

1932년 단군릉수축기성회의 발기로 본격적으로 전개된 수축운동은 소기의 목적을 이루지 못하고, 1935년 10월 단군릉제의 거행 사실을 끝으로 사실상 마무리되었다. 동아일보를 통해 그 활동상이 상세하게 보도되는 한편, 민족적 감성에 호소하는 캠페인을 통해 일제강점기 전조선인에게 민족의 시원에 대한 관심을 제고하는데 기여하기도 했다. 하지만 수축공사와 직접 관련을 가진 성금 모집에는 성공하지 못해 미완의 캠페인으로 마무리되었다. 물론 이듬해 봄에 담장 공사의 완성을 보게 되고 가을에는 「단군릉기적비」의 건립으로 수축공사가 최종 마무리되었지만, 이 역시 당초 계획과는 큰 차이가 있는 것이었다.

그 원인은 대략 다음의 것을 생각할 수 있다. 첫째, 당시 조선인의 열악한 경제사정을 들 수 있다. 둘째, 이때는 비교적 일제 식민통치가 안정화된 시기였다는 점을 들 수 있다. 이런 이유들은 단군릉 수축에 대한 조선인의 관심과 달리 참여에는 소극적이게 했을 것이다. 셋째, 기성회 측의 성금 운영에 대한 불합리성을 들 수 있다. 이와 관련해서 기성회에서 모집한 성금은 3,600여원이었다. 강동군민의 성금 2,600여원과 기타 지역에서 모집된 1,000여원이 그것이다. 이는 기성회에서 당초 계획했던 수호각과 2기의 비석 건립비 2,600원을 크게 뛰어 넘는 것이었다. 하지만 수축공사는 담장과 봉분 수축, 상석 조성 및 「단군릉비」와 「단군릉기적비」만으로 완료되었다. 수호각 건립은 아예 이루어지지 못했다. 결과론일지 모르지만, 전체 성금의 운영에 문제점을 생각할 수 있는 부분이다. 별도의 검토를 통해 접근해야 할 문제이지만, 강동향약江東鄕約의 규정을 인쇄, 간행하기 위한 성금의 전용 문제도 포함되어 있었을 것으로 추측된다.[60]

---

59) 『동아일보』 1935.10.31, 「修築中床石安置코 檀君陵에 對祭饗, 十月三日 有志들이」 참조.
60) 김성환, 2009, 「일제강점기 단군릉수축운동의 전개」『대동문화연구』 67, 성균관대 대동문화연구원(이 책 Ⅱ-3) 참조.

그렇다 할지라도 이 시기 단군릉수축운동은 강동군민의 적극적 참여
가 전제된 것이었다. 당시 강동군의 호구가 11,573호 60,093명임을 고려
할 때, 1,940여명의 성금 후원은 열악한 경제 여건에도 불구하고 강동의
전체 가구 17% 정도가 직접 단군릉의 수축에 적극 참여하고 있음을 보
여준다. 이는 강동군민에게 단군릉이 역사·문화적으로 자신들의 지역을
대표하는 상징 기제였고, 정례적으로 이루어지는 단군성제는 전군민이
참여하는 문화축제였기 때문에 가능한 것이었다.

5. 맺음말

단군릉은 역사와 문화적으로 강동을 상징하는 기제였다. 이에 정조
이후 강동현령이 매년 춘추로 봉심했고 10월의 단군성제檀君聖祭는 강동
민이 아우러지는 축제였다. 이는 강동민에게 자연 단군은 물론 그 최후
와 관련한 유적인 단군릉에 대한 관심을 제고하도록 했다. 조선전기 이
후 단군묘와 관련한 각종 전승의 양상과 수호·숭봉崇封에 관한 논의는
이를 의미한다. 이 같은 관심은 일제강점기에도 마찬가지였다. 그들에게
여전히 단군릉은 자신의 역사와 문화적 연원을 대표하는 대표적 요소였
다. 이에 단군릉은 이 시기에도 몇 차례의 수축 또는 이와 관련한 노력
이 진행된다. 물론 그간에도 역사적 존재로서 단군에 대한 실존 여부,
단군릉에 대한 진위 여부에 대한 제반 견해가 노정되고 있었다. 그러나
외세의 강점이라는 위기의식 속에서 단군에 대한 역사적 측면에서의 인
식이 민족적 측면으로 보다 확대되어 단군릉에 대한 관심 역시 자연 강
동군과 평안남도에서 전 조선으로 확대되었다.

일제강점기 단군릉수축운동을 주도한 단체는 강동명륜회였고, 주요
추진사업의 대상은 수호각 건립이었다. 이는 대한제국기 단군묘를 능으
로 숭봉할 것을 건의하면서 기자릉과 동명왕릉에 준하는 시설을 갖추게

해달라고 요청하면서 본격화되었다. 그러나 대한제국의 멸망과 일제강
점이라는 정치적 소용돌이를 경험하는 한편, 이에 대한 재정의 부족으로
그들의 요구는 수용되지 못했다. 일제강점기에 들어서면서 식민통치자
들은 이를 적극 이용하였다. 이에 친일성향을 가진 강동명륜회를 이용하
여 사업을 주도하게 했는데, 그 첫 번째 노력이 1923년에 있었던 강동명
륜회의 축장건문築墻建門이었다. 1918년 정훈모의 단군묘봉심기檀君墓奉
審記에서 볼 수 있듯이 단군묘는 황폐 그 자체였다. 이를 안타까워하던
강동명륜회에서는 1923년 11월 200여원을 갹출하여 축장건문하고, 정
조 때의 조치를 준거로 봉사지제奉祀之制를 설립했다. 그리고 그 배후에
는 전례를 모방한 명륜회장을 겸했던 강동군수의 적극적 후원이 있었을
것이다. 즉 이때의 수축에 참여했던 유림에는 이 시기 군수로 명륜회장
을 겸했던 김영필金永弼·김재호金在晧·현순관玄淳瑄·박선철朴善哲 등과
1927년 명륜회장으로 선출된 김윤용金允龍, 그리고 1932년 수축운동을
주도한 김상준金商俊 등의 일부 기성회원 등 강동군의 친일 인사들 대부
분을 포함하고 있었을 것이다.

　1923년 축장건문으로 임시적인 조치를 마무리한 강동명륜회는 그들
의 당초 계획의 목표인 수호각 건립을 추진한다. 그러나 이는 막대한 재
정을 요하는 것으로 강동군의 노력만으로 이루어질 수 없었다. 강동명륜
회는 평남유림연합회에 도움을 요청한다. 이는 1920년대 초반 어느 정
도 성과를 거둔 강동명륜회의 수축 노력이 후반에 평안남도 유림계로 확
대되었음을 의미한다. 이에 평남유림연합회에서는 그 산하에서 단군묘
수호계를 설립·운영함으로서 수호각 건립을 위한 운동을 전개한다. 계
와 관련한 규약 등을 파악할 수 없어 전반적인 내용을 알 수 없으나, 향
촌사회의 자치규약중 하나인 계가 확대된 범위에서 전적으로 단군묘 수
치를 위해 조직되었다는 점만으로도 주목된다.

　평남유림연합회에서는 규약을 작성하여 1929년 10월 각 군의 유림회

에 배포함으로서 수호각 건립을 위한 기금 마련을 위해 노력하고 있다. 자연 강동명륜회 역시 지부로 참여했을 것이고, 이들은 연합하여 수호각 건립을 위한 성금 운동을 전개했을 것이다. 이들에 대해 구체적으로 알 수 없으나, 1936년 건립된 「단군릉기적비」의 성금 후원자 명단 중 강동 유림을 제외한 평남지역의 평양 김석웅金奭應·대동 이교식李敎植·안주 김인오金仁梧·순천 고양봉高陽鳳 등을 수호계를 주도했던 평남유림연합회의 인사와 관련하여 추측할 수 있다. 또 1923년 축장건문을 주도한 강동명륜회의 유림은 당연히 포함되었을 것이다. 하지만 평남 전역 각 군의 유림회가 모두 참여했을 이 운동은 2년여를 지나도 성과를 거둘 수 없었다. 그 원인은 단군묘에 대한 관심과 현실적 여건의 차이 등에서 비롯된 것이라 짐작된다.

단군묘수호계의 활동이 부진하자 강동명륜회는 단군릉 수축과 수호각 건립을 강동군만의 사업으로 다시 추진한다. 그것이 1932년 4월의 단군릉수호각건축기성회였다. 이 단체는 강동명륜회에서 단군릉 수축을 전담하기 위해 조직한 것으로, 그 명칭에서부터 수호각 건립을 분명하게 하고 있다. 회장에는 평안도평의회원平安道評議會員이었던 김상준을 선임하고, 부회장 1인, 서기와 회계 2인, 상무이사 5인, 각면이사 20여인 정도로 구성했다. 그 체제는 이사 중심이었다. 이는 기성회가 수직적인 체계에서의 운영보다는 이사를 중심으로 수평적인 체계에서의 운영을 그 방향으로 설정하고 있음을 의미한다.

이들이 계획했던 사업계획은 능 주변 담장의 확장과 수축, 능비陵碑·제단祭壇·제구祭具·석인석초石人石草의 석물, 양통兩通 4~5칸 규모의 수호각, 3칸의 재진인가在眞人家 등이었다. 이를 위해서는 수 만원이 필요했고, 이는 강동군의 능력에서 벗어나는 것이었다. 이에 기성회에서는 사업의 범위를 수호각 건립 및 담장 수축·제단 설비 등으로 설정했다. 그러나 이에 따른 재원은 성금에만 의존해야했기 때문에 이 역시 쉽지 않았다. 기성회에서는 역원들이 각면이사 및 유지와 함께 각 면을 순회하며 성금을 유도하는 한편, 동아일보를 중심으로 언론에 사업의 당위성을 호소하여 전조선에 지원을 촉구했다. 기성회의 성금 활동과 수축 준비는 1년여 지속되었지만, 성과는 기대와 달리 미진했다.

당초 계획의 추진과 성금 모집의 부진으로 기성회의 무성의와 무책임에 대한 비판이 거론되기 시작했다. 계획의 전면적인 수정이 필요했다. 이는 동아일보가 전조선인을 통해 성금 후원을 독려하는 등 단군릉수축운동의 전국적 확산을 유도하는 한편, 기성회 조직의 1차 개편으로 이어졌다. 기성회 측은 1933년 12월 회장 김상준의 집에서 역원회의를 열고 1934년 봄, 사업의 착공을 위해 조직을 개편했다. 이때의 개편은 회장의 권한 강화와 각면이사의 대폭 증원으로 마무리되었다. 회계를 회장이 겸직했고, 각면이사는 159인으로 증원되었다. 특히『강동지』의「현대인물」조의 수록 인물이 156인이었음을 감안할 때, 그들 대부분이 각면이사로 참여했을 것이다. 이는 6개면 109개리로 구성된 강동군의 전체 호구가 11,573호 60,093명이었음을 고려할 때, 각면이사 1인이 1개리 혹은 약 70여 호씩을 담당하는 체제로의 전환을 의미한다. 특히 각면이사의 대폭 증원은 각 리별로 강동민을 접촉하여 성금을 유도함으로서 기성회의 활동을 활성화하기 위한 조치였고, 회장 김상준으로 하여금 회계를 겸임하게 한 것 역시 수년간 추진되지 못하고 있던 수호각 건립을 가시화하려는 목적에서 기성회 원활한 운영과 신속한 사업의 추진을 위한 것이었다.

한편 강동명륜회와 강동군에서는 보다 적극적인 성금 모집을 위해 1934년 2월 설립된 강동향약江東鄕約과의 연계를 모색한다. 이는 향약의 설립을 명륜회에서 주도하고, 단군릉수축기성회장인 김상준이 그 회장을 겸하고 있으며, 군수 김광일 역시 이에 적극 관여하고 있음에서 알 수 있다. 특히 명륜회 회원이자 단군릉수축기성회의 수금원이었던 신인걸申麟杰이 향약의 설립을 주도하고 있다. 강동향약을 통한 각 면리의 성금 활동은 1인당 10전씩을 갹출하는 것이 원칙으로 3~4월 원탄면 고비리高飛里를 대상으로 우선 시행되었다. 당시 17개리로 구성된 원탄면의 호구가 2,020호, 10,446명이었음을 고려할 때, 고비리의 1,170여명이 성금자로 기록되고 있고 그 총액이 260여원이었음은 주민 전체가 향약을 통해 단군릉 수축에 참여하고 있음을 의미한다.[61]

기성회에서는 공사 준비도 병행했다. 그들이 계획했던 수호각 건립 및 담장 수축, 석물 및 제단 설비에는 약 7천 여원이 소요될 것으로 예측되었다. 그러나 1934년 봄까지 성금의 총액은 2천8백 여원에 불과했다. 사업내용의 축소가 불가피했다. 공사는 수호각과 기념비 및 단군릉비 건립이라는 2가지를 중심으로 진행하는 방향으로 결정되었고, 각종 제구祭具·석인석초石人石草의 석물, 3칸의 재진인가在眞人家 및 능의 확장을 위한 토지 매입 등은 향후를 기약할 수밖에 없었다.

기성회의 조직은 1934년 11월 두 번째 개편이 이루어진다. 1933년 12월 1차 개편과 비교하면 전면적인 재정비가 이루어졌다. 상무이사가 실질적인 수축 공사의 실무를 담당하는 당무當務로 바뀌고 인원 역시 7인으로 증원되며, 각면이사가 각 면리에서의 성금 활동을 전개하는 48인의 수금원으로 명칭이 바뀌고 있다. 이는 기성회가 이사를 중심으로 하는 횡적인 수평 체제에서 종적인 수직체제로 개편되었음을 의미한다. 이는 수년전부터 진척이 없이 지지부진한 공사를 신속하고 효율적으로 추진하기 위해 회장의 책임과 권한을 더욱 강화하려는 것에 있었을 것이다. 즉 공사가 실행되던 이때 제반 업무를 추진하기 위한 실무진의 강화가 목적이었다. 그 결과에 따라 기성회는 수축사업을 진행한다. 그러나 1935년 봄 완공 예정이었던 수축사업은 가을 개천절을 즈음하여 거행될 단군성제에 맞추어 또 연기될 수밖에 없었다.

---

61) 김성환, 위의 논문(이 책 II-3) 참조.

문제는 수호각 건립이었다. 기성회는 1935년 4월 재목과 기와를 매입하고 그 터의 매수를 위해 노력하지만, 순조롭지 못했다. 수호각 건립부지가 해결되지 못하면, 길게는 10여년 이상을 노력했던 수축운동은 별반성과 없이 마무리될 수밖에 없었다. 기성회의 설립 목적이 수호각 건립이었고, 그 정식 명칭 역시 '단군릉수호각건축기성회'였기 때문이다. 그러나 이는 실현되지 못했다. 그해 개천절에 상석만을 겨우 안치하고 단군릉제檀君陵祭를 지냈기 때문이다.

1932년 단군릉수축기성회의 발기로 본격적으로 전개된 수축운동은 소기의 목적을 이루지 못하고, 1935년 10월 단군릉제의 거행 사실을 끝으로 사실상 마무리되었다. 동아일보를 통해 그 활동상이 상세하게 보도되는 한편, 민족적 감성에 호소하는 캠페인을 통해 일제강점기 전조선인에게 민족의 시원에 대한 관심을 제고하는데 기여하기도 했다. 하지만 수축공사와 직접 관련을 가진 성금 모집에는 성공하지 못해 미완의 캠페인으로 마무리되었다. 물론 이듬해 봄 담장 공사의 완료와 가을 「단군릉기적비」의 건립으로 최종 마무리되지만, 이 역시 당초 계획과는 큰 차이가 있는 것이었다. 그렇다 할지라도 이 시기 단군릉수축운동은 강동군민의 적극적 참여가 전제된 것이었고, 강동명륜회가 그 중심에 있었다. 1,940여명의 성금 후원은 열악한 경제 여건에도 불구하고 강동의 전체 가구 17% 정도가 직접 그 수축에 적극 참여하고 있음을 보여준다. 이는 강동군민에게 단군릉이 역사·문화적으로 자신들의 지역을 대표하는 상징 기제였고, 정례적으로 이루어지는 단군성제檀君聖祭는 전군민이 참여하는 문화축제였기 때문에 가능한 것이었다. 그렇지만 이 시기의 수축운동은 강동군수, 평안도평의회원 김상준 등 식민관료들과 친일 인사들이 주도하고 있다는 점에서 한계를 가진다. 여기에는 조선총독부의 식민지 문화정책이 녹아있었기 때문이다.

제3장 단군릉수축운동檀君陵修築運動의 전개

1. 머리말

조선 숙종, 영·정조 이후 지속적인 수치 논의가 있기도 했고, 간헐적으로 수리가 있었던 단군릉檀君陵의 수축은 일제강점기에 비교적 적극적으로 전개된다. 이는 내선일체內鮮一體와 동조동원론同祖同根論을 내세우며 조선을 식민통치하던 일제강점기라는 현실 아래 단군민족주의檀君民族主義를 중심으로 전조선인全朝鮮人이 결속할 수 있는 여건을 제공했다는데서 일정한 의의를 찾을 수 있다고 논의되고 있다. 하지만 이에 대한 우리의 관심이 이제까지 미미했던 것은 사실이다. 이 시기 수축운동은 민족대동단결의 사상적 기반 정립이라는 큰 목표아래 조선의 문화와 사상을 부르주아적 관점에서 부양시키고 선양하기 위해 동아일보에 의해 추진되었던 위인 선양 및 유적보존운동 차원에서 검토된 바 있고,[1] 대종교大倧敎의 활동과 관련하여 간략하게 논의되기도 했다.[2] 그러나 이상의 검토에서 그 과정이나 의미가 충분하게 규명되었다고 생각되지 않는다.

필자는 이미 조선시대 단군묘에 대한 인식의 문제와 한말 단군릉으로의 숭봉崇封과 그 인식, 그리고 단군릉수축운동檀君陵修築運動의 결과로

---

1) 李智媛, 1993, 「1930년대 民族主義系列의 古蹟保存運動」 『東方學志』 77·78·79, 연세대 국학연구원 참조.
2) 佐佐充昭, 2003, 「한말·일제시대 檀君信仰運動의 전개 – 大倧敎·檀君敎의 활동을 중심으로 – 」, 서울대종교학과 박사학위논문, 138~144쪽.

1936년 건립된 「단군릉기적비檀君陵記蹟碑」에 대한 검토를 진행한 바 있
다.3) 여기에서는 이 시기 단군릉수축운동의 전말을 보다 구체적으로 접
근하여 그 의미가 단군민족주의라는 일방의 검토만으로 충분한지의 문
제를 생각하기로 한다. 단지 동아일보에서 전개한 위인 선양 및 유적보
존운동 차원이나, 대종교의 측면이 아니라, 이 시기가 식민지 사회였음
을 전제하고 그 상황 속에서 단군릉 수축을 위한 일련의 캠페인이 지니
는 의미에 접근하려는 것이다.

논의는 이 시기 확대되고 있는 단군릉 인식의 문제에서 시작한다. 이
시기 단군릉에 대해서는 의리지장衣履之葬과 사군지릉嗣君之陵으로서의
이해가 있다. 그리고 고조선의 중심지를 대동강 유역으로 이해하고 있던
독자적인 고대사관을 기초로, 18세기말 이후 복수의 단군묘 존재를 확대
하여 단군조선의 시조묘始祖墓로서 단군릉과 함께 다수의 단군조선 및
후조선 왕릉의 존재를 언급한 장도빈張道斌의 이해를 주목할 것이다. 이
는 1930년대 단군릉수축운동의 배경을 이해하기 위한 것이다. 다음은
강동지역민을 중심으로 가시화된 단군릉수축운동의 과정을 상세하게 다
루고자 한다. 기자릉箕子陵과 동명왕릉東明王陵에 준하는 당초의 계획이
봉릉奉陵과 담장의 수축, 상석 및 기적비記蹟碑 건립이라는 축소된 결과
로 마무리되었지만, 그 과정에는 강동 유림→단군묘수호계檀君墓守護契
→단군릉수축기성회檀君陵修築期成會→강동향약江東鄕約·단군릉수축기성
회라는 조직의 변화와 뒷받침이 있었음을 밝히고자 한다.

아울러 이 시기 동아일보에서 전개한 전조선인의 참여 유도를 위한

---

3) 김성환, 2008, 「檀君傳承과 檀君墓－고려시대 단군묘 전승에 대한 가능성 모색－」
　『역사민속학』29, 한국역사민속학회 ; 2006, 「朝鮮時代 檀君墓에 관한 認識」『한
　국사학사학보』13, 한국사학사학회 ; 2008, 「조선 후기의 단군묘 인식」『단군학연
　구』18, 단군학회(김성환, 2009, 『조선시대 단군묘 인식』, 경인문화사 재수록) ;
　2009, 「전통시대의 단군묘인식」『고조선연구』1, 고조선학회 ; 2007, 「일제강점기
　「檀君陵記蹟碑」의 건립과 단군전승」『사학연구』86, 한국사학회(이 책 Ⅲ-1) 참조.

단군릉수축공사 성금운동에 대해서도 살펴보려고 한다. 여기서는 이 운동이 동아일보의 의도와는 달리 적극적 지지를 받지 못했음에도 기성회 주도로 마무리될 수 있었던 원인을 강동군에서 친일 유림을 중심으로 조직된 향촌사회의 자치규약인 계와 향약을 연계하여 이해하고자 한다. 또 동아일보의 단군에 대한 표기가 '단군壇君'과 '단군檀君'을 넘나들고 있음을 최남선의 「단군론壇君論」과 관련하여 이해하고, 그 같은 변화와 단군릉수축운동의 관계를 추측하고자 한다. 이상의 검토가 이 시기 단군릉수축운동의 내용과 의미를 이해하는데 일조하기를 기대한다.

2. 단군릉과 다수의 왕검묘王儉墓

한말 고종 때의 지속적인 숭봉 논의의 결과, 단군묘는 1909년 형식적으로나마 능陵으로 숭봉되었다. 그러나 이와 달리 민간에서는 이미 능으로 불리고 있었고, 일부 국사교과서에 이런 분위기가 적극 반영되어 단군릉으로 서술되기도 했다. 이는 앞서 기자묘箕子墓와 동명왕묘東明王墓가 능으로 숭봉된데 대한 대응이었다. 또 신채호申采浩에게 볼 수 있는 것처럼 단군묘檀君墓의 존재는 정복군주로서 단군의 활동을 강조하는 것으로 해석되어 그 원정遠征과 연계하는[4] 근대 역사학적인 접근이 시도되기도 했다.

일제강점기에 들어서면서 단군릉을 역사적 측면에서 해석하려는 움직임은 단군민족주의의 대두와 함께 식민 관학자들의 단군부정론에 대응하기 위해 민족주의사학자들에 의해 보다 적극적으로 거론된다. 대표적인 것이 대종교계大倧敎系 사서史書에서의 이해였다.[5] 대종교를 대표하

---

4) 김성환, 2009, 「韓末 檀君陵 認識과 陵으로의 崇封」『조선시대의 단군묘 인식』, 경인문화사 참조.

5) 김성환, 2006, 「大倧敎系 史書의 歷史觀-上古史 認識을 중심으로-」『한민족연구』2, 한민족학회 ; 한영우, 1994, 『韓國民族主義歷史學』, 일조각 참조.

는 사서인 『단조사고檀祖事攷』(대종교 편, 1911)와[6] 『신단실기神檀實記』(김교헌, 1914)에서는 비판적 시각에서 접근하고 있지만, 비교적 자세한 서술을 확인할 수 있다. 이들이 단군릉을 「강동유선침江東有仙寢」과 「강동릉변江東陵辨」이라는 항목에서 접근하고 있는 태도는 대종교의 신관神觀과 밀접한 관련이 있다. 물론 이들의 단군릉에 대한 언급에 앞서 1909년 (원)단군교(原)檀君敎의 중광重光에 이용된 문건으로 추측되는 「포명본교대지서佈明本敎大旨書」(「단군교포명서檀君敎佈明書」)에서도 대박산大朴山에서의 선침仙寢 수축 사실을 확인할 수 있다.[7]

　이들이 이해하고 있던 전승 유형은 『고기古記』 유형과 『응제시應製詩』 유형이 절충된 것으로 대종교의 삼신일체三神一體 신관神觀과 연계되어 있다. 단군의 선계·치세·후계에 대해서는 비교적 상세하게 서술하고, 최후에 대해서도 전통적 이해인 아사달산신阿斯達山神으로의 좌정으로 정리하고 있다. 단군[환검]이 그들 신관의 정점에 자리하고 있었기 때문이다. 아울러 『단조사고』와 『신단실기』에서 서술하고 있는 단군릉의 인식 역시 삼신일체를 중심으로 하는 그들의 신관을 충실하게 반영하고 있다.

---

6) 『檀祖事攷』의 저자와 저술 시기와 관련해서 최근 많은 논의가 이루어지고 있다. 저자와 관련해서는 朴殷植을 주목하는 견해(尹炳奭, 2006, 「朴殷植의 민족운동과 한국사 서술」 『韓國史學史學報』 6, 한국사학사학회 ; 박걸순, 2004, 「白巖 朴殷植의 古代史 認識論」 『植民地 시기의 歷史學과 歷史認識』, 경인문화사 참조)와 대종교 편이라는 기존의 견해를 지지하면서도 金敎獻과 관련하여 이해하는 견해(정욱재, 2005, 「『檀祖事攷』 저술에 관한 검토」 『韓國史學史學報』 12, 한국사학사학회 참조), 朴殷植·柳槿·金敎獻의 참여를 주목하는 견해(김동환 역, 2006, 『단조사고』, 한뿌리 참조) 등이 제시되고 있다. 또 저술 시기 역시 1911년설(김동환 역, 위의 책 참조)과 1911~12년설로 나뉘어 있다(尹炳奭, 위의 논문 ; 정욱재, 위의 논문 참조).

7) 『佈明本敎大旨書』 "… 大皇祖의聖諱二字로氏名을仿儗ᄒ샤其敬慕의誠을寓ᄒ시며本敎의宗國高句麗를不忘ᄒ샤國號를高麗라稱ᄒ시고妙香山에靈壇을建ᄒ시며江東大朴山에仙寢을修ᄒ시나其子孫이遺志를承치못할ᄲᅮᆫ아니라 …". 김성환, 2006, 「대종교 관련 필사본 「佈明本敎大旨書」에 대하여」 『단군학연구』 14, 단군학회 참조.

단군릉을 고조선 시조 단군과 관련하여 이해하는데 비판적인 관점이라
는 것도 동일하다.

『단조사고』에서는 동명왕東明王의 옥편玉鞭 따위의 의리지장 내지는
세월이 오래되어 잃어버린 후세 사군지릉嗣君之陵 중의 하나일 가능성을
제시하고 있고,[8] 『신단실기』에서는 단군의 존재가 신인神人으로 능이
있을 수 없기 때문에 단국檀國의 군주를 의미하는 여러 단군의 사군지
릉으로 단정하고 있다.[9] 전자는 임경대臨鏡臺 전승을 중심으로 하는 의
리지장과 사군지릉의 가능성을 모두 제시하고 있지만, 후자는 사군지릉
으로서의 존재만을 언급했다. 역사적 해석과 관련해서는 후자가 보다
적극적이라고 할 수 있다. 이는 단군이 18세기 후반 이후 단수가 아닌
복수의 존재로까지 인식의 범위가 확대된 결과를[10] 토대로 하는 것으
로 판단된다.

그렇지만 이 시기 저술된 자료들에서도 단군릉의 존재는 역사적으
로 그다지 주목되지 못했다. 단군의 최후를 단군릉과 관련하여 서술하
고 있는 것은 『동사연표東史年表』(魚允迪, 1915)·『오천년 조선역사五千
年 朝鮮歷史』(高裕相, 1930) 정도이고,[11] 『조선사략朝鮮史略』(金宗漢,

---

8) 『단조사고』 외편, 「江東有仙寢」 "按 江東之陵 盖是諺俗相傳 亦無確據 歷代守護
   但憑俗傳而已 況檀祖自天而降 復御于天 非如凡人委骸之比 安有玉匣之葬乎 借使
   實有是陵不過衣履之藏 而如東明玉鞭之類耳 不然或後世嗣君之陵 而通稱爲檀君
   墓乎 歷世旣久 陵寢皆闕而失傳所傳者只此耶".

9) 『신단실기』 「江東陵辨」 "盖檀君이以神人으로降셨라가復爲神하섯스니安有陵寢
   之爲乎아檀君之稱은卽檀國君之號라 故로其嗣君을皆稱檀君하니則江東之陵이無
   乃嗣君之陵耶아非始降檀君之陵은則明矣라". 대종교의 이해와는 달리 단군교의
   鄭薰模는 衣履之葬으로 이해하고 있었다. 鄭鎭洪, 1937, 『檀君敎復興經略』, 15
   7~158쪽 "檀祖陵寢이江東郡邑西距二里地에在하니卽衣履葬이시라 …".

10) 김성환, 2006, 「朝鮮時代 檀君墓에 관한 認識」 『韓國史學史學報』 13, 한국사학사
    학회 참조.

11) 魚允迪, 1915, 『東史年表』 ; 高裕相, 1930, 『五千年 朝鮮歷史』 참조. 『東史年表』
    에서는 「古朝鮮」으로, 『五千年 朝鮮歷史』에서는 「상고사－단군조선」에 편목하
    여 고조선의 역사를 서술하고 있다.

1924)·『반만년 조선역사半萬年 朝鮮歷史』(朴海默, 1924) 등에서는 아사
달산신으로 정리하고 있다.[12) 또 『조선위인전朝鮮偉人傳』(張道斌,
1925)·『대동사강大東史綱』(金洸, 1928) 등에서는 최후에 대해 언급하
지 않고 있거나, '붕崩'으로 서술하면서도 단군릉을 주목하지 못하고
있다.[13) 이들이 대체로 조선시대의 전통적 이해방식을 그대로 수용하
고 있다는 점과 관련이 있다.[14)

　　이 시기 단군전승의 유형과 관련하여 언급할 것은 『응제시』 유형보다
는 재차 『고기』 유형의 전승이 주목된다는 점이다. 신채호나 최남선崔南
善 등이 근대역사학과 신화학神話學의 수용으로 단군신화에 대한 또 다
른 새로운 접근이 이루어진다는 분위기와 연계되어 있다. 위의 자료 중
『응제시』 유형과 『고기』 유형을 복합적으로 수용하고 있는 『조선사략』
을 제외하고 모두 『고기』 유형을 수용하고 있는데서 확인할 수 있다. 특
히 일본신화에 근거하여 단군檀君=스사노 노미코토素盞嗚尊의 설說을 내
세우거나 단군신화를 평양지방, 또는 불교와 관련된 연기설화 내지 전설
로 연계시켜 단군부정론을 주장하던 일본 관학자들의 논의를 반박하며,
『삼국유사』에 소재한 『고기』 유형을 인류학·민속학·신화학·종교학·역
사학 등의 측면에서 연구하여 문화적 단군론으로 귀결한 최남선의 연구
는 이점에서도 유의할 필요가 있다.[15)

　　일본 관학자들의 단군부정론이 지속되는 가운데 간략하다고 하더라

---

12) 金宗漢, 1924, 『朝鮮史略』 ; 朴海默, 1924, 『半萬年 朝鮮歷史』 참조. 『朝鮮史略』
　　에서는 「檀朝紀」로 편목하고 환인·환웅시대를 별도로 설정하고 있으며, 『半萬年
　　朝鮮歷史』에서는 「태고사」로 편목하고 있다.
13) 張道斌, 1925, 『朝鮮偉人傳』 ; 金洸, 1928, 『大東史綱』 참조. 『大東史綱』에서는
　　「檀君朝鮮紀」로 편목하고, 47대 단군의 이름과 주요 치적을 기록하고 있다.
14) 김성환, 2009, 「전통시대의 단군묘 인식」 『고조선연구』 1, 고조선학회 참조.
15) 李英華, 2002, 「崔南善 壇君論의 전개와 그 변화-檀君에서 壇君으로, 壇君에서
　　檀君으로-」 『한국사학사학보』 5, 한국사학사학회 ; 2003, 『崔南善의 歷史學』,
　　경인문화사 재수록 참조.

도 그들의 단군릉에 대한 서술은 이마니시 류今西龍에게서 찾아볼 수 있다. 하지만 단군묘에 대한 그의 서술은 아무런 역사적 접근 없이 『세종실록』 지리지 평안도 강동현 고적조의 '대총大塚'이 『동국여지승람』에 단군묘로 기록되게 되었다는 서술일 뿐이다.[16] 단군부정론에 최선두에 있던 그로서는 당연한 것이었다. 하지만 그의 이런 입장은 이후 우리 학계에 그대로 이어져 단군릉을 불신하거나, 불신의 이해가 더욱 확대되어 검토 대상으로 조차 삼지 않는 원인을 제공하였다.

그렇지만 분명한 것은 단군에 대한 그의 논의가 단군=스사노 노미코토의 설을 부정하면서도 동시에 단군신화를 고려중기 이후 평양지역의 지기地祇가 불교·도교 등과 합쳐진 연기전설로 폄하하려는데 있었다는 점이다. 이 같은 그들의 입장은 지속되어 묘향산신妙香山神의 연기설화와 평양선인平壤仙人의 설이 합쳐져 이루어진 평양의 전설로 논의되었다.[17] 이는 단군릉에 대한 불신론과는 또 다른 측면에서 검토되어야 할 문제라는 점을 명확하게 해야 할 필요가 있다.

한편 일연一然이 짓고 1708년(숙종 34) 계천繼天이 개간改刊했다는 「신라국 동 토함산 화엄종 불국사사新羅國東吐含山華嚴宗佛國寺事」에서는 『계림고사鷄林古史』와 『위서魏書』를 인용하여 단군의 고조선 건국과 아사달 산신으로의 최후를 서술하고 있다.[18] 이는 고조선과 신라의 일정한 관계를 도모하기 위한 목적에서 서술된 것이라고 보인다. 그런데 이 자료에서는 『위서』를 원나라와 관련하여 이해하고, 『삼국유사』에 인용된 『위서』에서의 '단군왕검壇君王儉'을 '성군왕후聖君王候'로 개서改書하고 있다. 자

---

16) 今西龍, 1921, 「檀君考」『朝鮮古史の研究』; 신종원 엮음, 2005, 『일본인들의 단군 연구』, 한국학중앙연구원, 100쪽.

17) 廣瀨憲, 1921, 「檀君傳說と平壤」『古朝鮮と平壤』, 平安南道敎育會, 1~12쪽.

18) 『佛國寺誌(外)』 "按鷄林古史及元魏書 乃往二千載 有聖君王候 都阿斯達 開國號 朝鮮 此卽古朝鮮 與高同時 御國一千五百年 周武王卽位元年己卯 封箕子於朝鮮 檀君乃移於莊唐京 後還隱於阿斯達爲山神 壽 一千九百八歲 …"(한국학문헌연구회 편, 1983, 『佛國寺誌(外)』, 韓國寺志叢書 11, 아세아문화사 영인본 참조).

료의 작성시기도 '경력慶曆 6년 병술丙戌(1046)'로 밝혀져 있는데, 이는
찬자라는 일연의 생존시기와 일치하지 않는다. 이런 점에서 이 자료를
취신 할 수 없다. 또『계림고사』의 존재도 확실하지 않다. 단군=스사노
노미코토의 설로 단군부정론이 확대되고, 신라와 스사노 노미코토의 관
계를 설정하기 위한 시기에『삼국유사』의 찬자 일연에 의탁하여 특정의
목적성을 위해 작성된 자료가 아닐까 짐작된다.

이와 달리 장지연張志淵(1864~1921)은 이 시기 일본 고고학자들에
의한 단군묘 발굴을 전하고 있다.

> I. 평안도 강동군 서쪽 3리에 大塚이 있는데 둘레는 410척이다. 俗稱 檀君
> 墓라고 하는데, 몇 년 전 일본 고고학자가 이를 발굴하였다. 그 안에는
> 모두 磚石으로 쌓았고, 네 벽에 있는 그림은 옛날 仙人과 神將의 모습
> 을 그렸는데 완연하여 변하지 않았다(『위암문고』권7, 외집, 만필, 문방
> 잡기, 檀君墓).

고조선의 중심지를 요동으로 이해하고 있던 그는[19] 발굴 결과 단군묘
로 전하는 대총이 전석磚石으로 축조되었고, 네 벽에 그려져 있던 옛날
선인仙人·신장神將의 모습이 완연했다고 한다. 이 서술을 어느 정도 믿을
수 있는가의 문제는 여지로 남지만, 일단 이 시기 각종 자료에서 강동의
단군릉에 대한 발굴이나 도굴의 기록을 확인할 수 없다. 일본 관학자에
의해 황제묘皇帝墓로 전하던 대총의 발굴 사실을 장지연이 단군묘의 조
사로 이해했던 것이 아닌가 한다. 조사 결과 이 묘는 장수왕대를 전후한

---

19)『위암문고』권9, 외집, 사설 중, 동사고략, 遼界沿革 "遼 天下之要衝也 千百年來
英雄豪傑多崛起於此 奧自檀箕開創以後 有三韓之分據 又自衛滿東來 薊門以東
與燕爲界 遼地盡爲朝鮮版圖 漢武帝分爲四郡 眞蕃一郡 是遼之東西 西有婆江邊
之平那山 鎭爲平州 北有黃龍府之黑龍江 入于北海 亦爲肅愼靺鞨之分據 …". 이
런 견해는 張錫英(1851~1929)에게서도 찾아볼 수 있다.『회당집』권2, 시, 「留
江東四朔而還家日謾吟三絶」 "(一) 黑龍江北狄人居 王儉山河萬里餘 願得明王尋
舊城 和渠共讀孔周書".

고구려 무덤으로 추측되었는데,20) 이미 조선후기 이만운李萬運·이긍익李肯翊·이원익李源益 등에 의해 또 다른 단군묘로 추정되기도 했다.21) 이에 위암은 별개의 단군묘로 인식되곤 했던 황제묘의 발굴을 단군릉의 발굴로 이해한 것으로 추측된다. 물론 여기에도 문제가 남아있다. 『조선고적도보』에 수록된 황제묘 조사 내용에는 그가 언급한 선인·신장의 모습을 담은 벽화가 담겨있지 않기 때문이다.22)

단군릉에 대한 역사학 측면에서의 적극적 해석은 신채호의 역사관을 계승한 장도빈張道斌(1888~1963)에게서 보인다. 강동의 인근 지역인 중화 출신인 그는 1936년 9월 『평양지平壤誌』를 저술했다. 지방지라는 특성과 한계를 지니기는 했지만, 여기에서 그는 단군릉에 대한 해석을 보다 적극적으로 시도한다. 앞서 살펴본 『조선위인전』에서 아무런 서술이

---

20) 조선총독부, 1915, 『朝鮮古蹟圖譜』 2, 115~122[漢王墓] 및 1995, 『조선고적도보해설』 2, 민족문화 영인본, 4~5면 ; 『동아일보』 1926.10.22 「巡廻探訪 天惠의 沃土(2)-産物殷豊한江東-」 참조.

21) 『기년아람』 권5, 서, 「檀君朝鮮」 ; 『연려실기술』 별집 권19, 「歷代典故」 ; 『기년동사략』 권1, 「檀君朝鮮紀」, 乙未 ; 『동전고』 권12, 歷代, 「檀君朝鮮」 참조. 이에 대한 자세한 논의는 김성환, 2006, 「朝鮮時代 檀君墓에 관한 認識」 『韓國史學史學報』 13, 한국사학사학회 참조.

22) 조선총독부, 1915, 『朝鮮古蹟圖譜』 2 참조. 한편 1935년 간행된 『강동지』에는 이를 東川王墓로 단정하고 있다. 강동군, 1935, 『江東誌』, 제5장 「古蹟」(韓國人文科學院, 1991, 『韓國近代邑誌』 59-平安道1-, 영인본) "皇帝墓는郡西北三十五里錢浦里에在하니周六百七尺四寸이요高一百二十六尺이오隧道와丁字閣의遺址가至今宛然이라墓南烏崖窟中에終南山下漢王天地八字가有함으로或稱漢王墓라하며古人詩에曰片土至今漢垈延熙十年葬東川이라하니東史와漢史를按考한즉東川은高句麗東川王이요延熙는蜀漢後主의年號라東川王葬時가延熙十年丁卯에當하니東川王의陵됨이無疑하나漢王의稱은不知何據니라".
이는 1895년 편찬된 『강동현읍지』에서 처음 보인다. 『關西邑誌』 제10책, 「開國五百四年三月 日平安道江東縣邑誌」, 古跡, "○皇帝墓[在縣北三十五里 錢浦里 圍六百七尺四寸 高一百二十六尺 隧道丁字閣遺址完然 至今墓南烏崖窟中有 終南山下漢王天地八字 古人詩曰 片土至今名漢垈 延熙三月葬東川 謹案漢史與東史 則東川卽高句麗王 而延熙蜀漢後主年號也 東川之葬在於延熙十載丁卯 以此推之 東川之墓 無疑也]".

없던 것과는 사뭇 다른 양상이다. 여기서 단군릉과 관련한 그의 이해는 고조선사 인식과 불가분의 관계를 가진다. 당시 민족주의사학에서의 단군릉 이해는 고조선의 중심지 내지 도읍의 문제와 직결되어 있었다. 따라서 박은식·신채호 등은 이를 분명하게 이해하지 못했거나 주목하지 못했다. 이는 단군릉을 단군의 원정 도중의 붕조崩殂와 관련하여 이해하고 있는 신채호에게서 볼 수 있듯이 고조선의 중심지가 한반도가 아니라 요동이라는 인식에서 연유한다.

장도빈의 고대사 인식이 신채호申采浩를 비롯한 민족주의사학의 그것을 계승한 것이지만, 고조선사를 비롯한 고대사관은 독자적인 것이었다.[23] 그는 고조선의 시조인 단군을 실존 인물로 이해하고, 그 영역이 난하灤河 일대까지 미쳐 만몽 지역을 지배하는 최대강국이 되었다고 이해했다. 고조선의 영역을 난하 이동으로 이해했던 그의 이해는 양자강·회하淮河·산동山東 일대까지로 이해하고 있던 신채호의 그것과 분명한 차이가 있다. 하지만 그 중심지는 평양을 중심으로 하는 대동강 유역으로 이해하고 있었다.[24] 우리 역사의 독자성이 단군조선에서 비롯한다는 이해를 전제한 것이기도 하다. 이 같은 인식은 분명 다른 민족주의사학자들의 주장과 차이를 지니는 것이었고, 그것은 단군릉의 이해로 직결되었다.

『평양지』에서 그는 제1편을 「단군조선시대檀君朝鮮時代」로 편목하고, 제1장 지리에서 "대박산大朴山은 강동군읍내江東郡邑內의북北잇스니 단군檀君이 붕崩하매 이곳에 단군릉檀君陵을작作하다"라고 하여[25] 그 존재를 거론하고 있다. 그의 단군릉에 대한 서술은 제3장 고적에서 보다 자세하게 보인다.

23) 신형식, 1988, 「汕耘 張道斌의 歷史認識－古代史觀을 중심으로－」『汕雲史學』 2, 산운학술문화재단, 3～14쪽 참조.
24) 신형식, 위의 논문, 15～17쪽 참조.
25) 장도빈, 1936, 『평양지』, 평양상공사, 5쪽.

J-1. 平壤은 朝鮮의첫서울되얏던곳으로 곳檀君이 처음朝鮮을建設한때에
서울을定하얏던따이오 … 檀君陵의遺蹟이 平壤의東北九十里인 江東
郡에잇다. … 江東의檀君陵은 實로 平壤의 最高貴한史蹟이다. 平壤
에서 東北으로 大同江上流인 大同郡柴足面에서 江을건너가면 山岳
이 重疊한中에 江東邑附近의小平野가 열녓고 이平野의北部에 大朴
山과阿達山이 圍繞하얏스며 그中間에水晶川이흘너내려 大同江으로
드러간다. 이가티山川形勢는 매우莊嚴雄偉한中에 大朴山의南麓곳江
東邑의西北으로約一里에 檀君陵이잇스니 그位置는매우아름답고 雄
偉하야 國祖의陵墓所在한地로相當한곳이다. 이곳이 江東郡江東面柴
浦里이다.

J-2. … 檀君이 平壤에定都하얏다가 末年에 黃海道九月山에가서 崩逝하
얏다고 諸史에記錄되얏거늘 檀君墓가 江東에在함은何故이뇨 그는檀
君이 九月山에서 崩逝하얏스나 그故都인平壤附近 곳江東郡에葬한것
일것이다 그럼으로 九月山附近에는 檀君墓가업다 곳江東郡의檀君陵
은 朝鮮의唯一인 檀君陵이다.

J-3. 『東國輿地勝覽』에는 檀君墓가 周圍四百十尺이라하얏스나 지금은그陵
의四面에 墻垣을圍繞하얏고 陵墓는低小한것으로 四百十尺의大墓는아
니니 그는近世에와서 發掘되얏던것인듯하다 이곳傳說에도曰 平壤觀
察使로왓던사람이 檀君陵을發掘한즉 그속에棺이잇섯다고云云한다.

J-4. … 檀君陵所在地에는 古來로 지금보다 더큰墻垣을쌋코松林을길녀왓
스며 이곳사람들이 檀君陵을 檀君殿이라고불녀왓다 그럼으로檀君陵
의近傍에잇는 小村落의名稱이 古來로檀君殿洞이다 이곳에서南方으
로보이는 臨鏡臺라는山에는 檀君의足跡이남아잇다고 遺傳하는말이
잇다.

J-5. 檀君陵에對하야 가장깁히印象되는것은 檀君史와平壤史가 明白히現
露되는것이다 … 檀君王儉이 平壤에都하야 朝鮮을創建한바 그의史
蹟證據로는 檀君墓와 王儉墓와 儉山의等이가장重要하나니 檀君王儉
이잇슨故로 平壤을 王儉城이라한同時에 平壤附近에檀君墓, 王儉墓,
儉山의等이잇는것이다 곳檀君의名이王儉인바 檀君의後王들도 王儉
이라稱하며 君主가되얏던것이다 平壤附近에이가티 檀君王儉의 遺跡

이 散在한것을보아 確實히 檀君이 平壤에都하얏던것을 明知하게되
얏다 檀君墓가 江東에 在한故로 或은그것을 高句麗의陵墓인가 疑訝
할뜻하다 그러나 그것이確實히 高句麗의陵墓가아니다 곳高句麗는
二十八王中에 十九王은 鴨綠江北곳國內城附近에잇섯고 長壽王以後
로 九王이 平壤에居하얏는바 末王곳寶藏王은 中國에서死한故로 그
墓가 中國에잇고 오직八王의陵이 平壤附近에잇는바 長壽王은 江
東郡鳳津面에잇고 … 이가티高句麗의八王陵은 다ㅡ他處에明在한즉
江東의檀君陵은 決코高句麗의陵墓가아니것이 明白하니라 檀君이후
에 여러王儉이잇섯는故로 平壤附近에 王儉墓, 儉山의等이散在하나
그들은다ㅡ王儉墓, 儉山이라稱하되 오직江東의檀君墓는 檀君墓라고
遺傳하야온것을보면 江東의檀君墓는 곳여러王儉의始祖인 檀君의陵
墓인것이確實하니라(장도빈, 『평양지』, 제1편 檀君朝鮮時代, 제3장
古跡, 江東의檀君陵)

다소 장황하지만 이상이 『평양지』에 기술된 단군릉의 내용이다. 그는
『삼국사기』·『동국여지승람』·『정조실록』 등을 이용하여 단군릉의 역사
적 내용과 수치·봉심奉審의 사실을 서술하고, 조선의 평양을 중국의 장
안長安, 이태리의 로마와 견주고 있다. 단군릉에 대해서는 그 위치의 형
세(J-1), 조성의 역사적 배경(J-2), 규모와 도굴(J-3), 전설과 유적(J-4), 역
사적 사실성(J-5) 등으로 나누어 설명하고 있다. 또 여기서 주목되는 점
은 평양의 가장 고귀한 사적인 단군릉의 조성 배경과 고조선의 시조 단
군이 묻힌 단군묘와는 별개로 고조선[단군조선과 후조선]에서 여러 왕
의 묘인 왕검묘王儉墓가 조성되었음을 언급한 부분이다.

그는 강동에서의 단군묘 조성에 대해 나름대로 역사적인 해석을 하고
있다. 구월산에서 붕서崩逝했지만, 고도故都인 평양에 근접한 곳에 장례
했다는 것이다. 이는 신채호의 단편적인 해석과 다르다. 아사달산신으로
의 좌정과 강동에서의 홍장薨葬이라는 두 가지 배치되는 전승을 효율적
으로 이해하려는 접근이라 보인다. 이 같은 측면은 또 단군 출생의 이해
에서도 엿볼 수 있다. 『평양지』에서 환인부터 시작되는 선계先系 인식과

인민의 추대라는 전승을 동시에 서술하고 있음을 볼 때, 그의 단군 출생
에 대한 이해는 『고기』 유형을 중심으로 『응제시』 유형을 보조적인 측
면에서 절충하고 있었던 것으로 짐작된다.[26]

이런 단군릉은 이후 몇 차례의 도굴이 이루어지면서 모습이 변해 규
모나 위용이 점차 축소되었지만, 단군전檀君殿이나 임경대 등의 전승에
서 볼 수 있듯이 지속적으로 전해져 왔다.[27] 한편 단군릉이 고구려 고분
이라는 불신론不信論에 대해서는 평양 주변에 위치한 고구려 왕릉의 위
치를 구체적으로 언급하며 비판하고, 이것이 단군조선의 시조 단군릉임
을 확신하고 있다.

또 단군릉을 제외한 평양 부근에 있던 다른 단군조선 또는 후조선
왕릉의 존재를 언급하고 있는데, 왕검묘王儉墓와 검산儉山 등이 그것이
다. 즉 후왕들이 단군의 이름으로 알려져 있는 왕검王儉을 재차 칭하며
왕위에 올랐는데, 그들의 무덤이 왕검묘·검산이라는 것이다. 순천順川의
왕검묘, 평원平原의 검산檢山, 정주定州의 검산儉山, 영원寧遠의 검산령儉
山嶺 등이 그것이다.[28] 특히 순천 선소면仙沼面 용암리龍岩里에 있는 왕
검묘는 지방기록에 왕검묘王儉墓라고 기록되어 있다고 하는데, 고구려식
에 근사한 구조를 가지고 있고 도기편과 벽돌편이 출토되었음을 밝히
며, BC 4~5세기경의 무덤으로 추정하고 있다. 그 명칭이 왕검묘인 것
은 후조선의 왕검과 관련이 있다고 한다.[29] 그가 참고한 지방기록이 어
떤 것인지 알 수 없지만, 1871년 제작된 『관서읍지關西邑誌』의 『순천읍
지順川邑誌』와 이듬해의 『순천군지도順川郡地圖』(奎10618), 1895년 제작

---

26) 장도빈, 『평양지』, 6쪽 참조.
27) 단군릉을 檀君殿으로 불렀다고 하는 전승에서는 단군릉에서의 제향을 위한 재실
   형태의 전각이 건립되어 내려오다가 관찰사·지방관 등에 의해 진행되었던 국가
   주도의 제향이 단군릉보다 상징적인 요소로 치환되었다는 전승이 전해지고 있었
   을 가능성을 엿볼 수 있다.
28) 장도빈, 『평양지』, 9~10쪽 참조.
29) 장도빈, 위의 책, 19~20쪽 참조.

된『관서읍지』의『순천읍지』에서는 확인되지 않는다.[30] 하지만 이 같이 여러 곳에서 단군조선 및 후조선 왕릉의 존재에 대한 그의 견해는 사실성을 떠나 18세기 말 이후 복수의 단군묘 존재를 조심스럽게 추측해온 견해를 확대한 것이라 할 수 있다. 또 이와 달리『규원사화』와 같이 단군조선의 역대를 47대로 파악하고, 그 최후를 아사달산으로의 어천御天으로 서술하면서도 강동의 묘墓를 함께 서술하고 있는 사례도 확인된다.[31]

한말에서 일제강점기로 넘어오면서 국권회복과 이를 토대할 민족적 자부심의 고양을 위해 고조선사 및 단군에 대한 역사 인식은 강화되었다. 이는 단군민족주의라고 개념화되기도 했다. 이에 따라 단군릉 또한 자연 주목되었고, 점차 취신하는 입장이 확대되고 있었다. 이 시기 단군릉을 취신하는 입장은 고조선의 시조인 단군의 죽음과 연결시키는 이해와 사군嗣君과 관련한 이해로 나뉘어져 있었다. 후자의 입장은 삼신일체三神一體의 신관을 견지한 대종교 신관이 반영된 이해가 대표적이며, 전자의 입장은 신채호와 장도빈에게 확인된다. 특히 장도빈은 강동의 단군릉을 시조묘로 이해하는 한편, 주위의 왕검묘와 검산 등의 지명을 고조선의 사군지릉嗣君之陵으로 해석하여 조선후기 2기로 확대되고 있는 단군릉의 존재를 더욱 확장하여 고조선의 역사를 해석하는데 적극 이용하고자 했다.

---

30) 韓國學文獻研究所 編, 1986,『平安道邑誌』, 아세아문화사 영인본 및 서울대학교 규장각 편, 2005,『朝鮮後期 地方地圖』-平安道 編- 참조.
31) 弦間孝三, 1934,「檀君朝鮮」『平壤大誌』, 衛生彙報社, 23~24쪽 "… 庚子三月 入阿斯達山[今九月山] 化神御天 在君位 九十三年 歷代四十七世 壽二百十七[我朝鮮古史] 太白山阿斯達 皆有祠宇 崇靈殿 在鷄里 檀君東明王並祠廟 世宗十一年 [距今五百餘年前]創建 英廟乙巳宣額 墓在江東郡 檀聖殿 在始興郡東面松鹿洞".

3. 단군릉수축운동檀君陵修築運動의 과정

대한제국기 말인 1909년 단군묘의 능으로의 숭봉은 1890년대 기자묘·동명왕묘가 능으로 숭봉된 것에 대한 자극으로 촉발된 강동 지방민의 지속적인 관심 결과였음이 분명하다. 여기에는 단군=스사노 노미코토의 설에 기초하여 능으로의 숭봉과 확정으로 식민통치의 기반을 구축하려는 일본의 조치, 그리고 이에 대응하여 국가 제례의 폐지·축소의 와중에도 이를 통해 국권 유지를 위한 대한제국의 마지막 상징적 조치 등의 측면이 함께 작용하고 있었다.[32] 이에 따라 단군릉의 봉식수호지절封植守護之節이 마련되고, 수치를 위해 2000~3500원의 건축비를 마련하라는 칙교가 내려지기도 했다.[33] 그러나 이때의 수치가 제대로 이루어졌는지는 의문이다. 이듬해의 경술국치로 조선은 일본의 식민지로 전락했기 때문이다.

건축비의 재원 조성에도 문제가 있었다. 순종의 칙교 직후 개봉축改封築과 수호의절守護儀節에 대한 구체적 방안을 물은 평안남도관찰사의 질의와[34] 함께 순종의 순행巡幸에서 남은 예산을 사용하는 방법, 탁지부度支部에서 재원을 조달하는 방법 등 구체적인 문제 등이 적시되고 있기 때문이다.[35] 결국 단군릉 등 역대 능침의 개사비改莎費는 퇴락 정도에 따라 책정한다는 결정으로 마무리되었지만,[36] 그 비용에서도 2000~3500

32) 김성환, 2009, 「韓末 檀君陵 認識과 陵으로의 崇封」『조선시대의 단군묘 인식』, 경인문화사 참조.
33) 『신한민보』에는 건축비 2000원으로 실려 있고(『신한민보』 1909.6.16, 「국조의 당우건립」 참조), 『大韓每日申報』에는 3500원으로 실려 있다(『大韓每日申報』 1909.5.25, 雜報 「檀陵開役」 참조).
34) 『황성신문』 1909.5.12, 잡보, 「箕察質稟」 참조.
35) 『대한매일신보』 1909.5.16, 잡보, 「道傍築室」 참조.
36) 『황성신문』 1909.5.19, 잡보, 「歷代陵改莎費」 참조.

원이라는 차이를 보여 이때 숭봉崇封과 함께 이루어진 수치의 규모와 내용에 대해서는 자세하게 알 수 없다.

일제강점기 단군릉은 친일성향의 강동 유림들을 중심으로 지역민과 전조선인에게 수치비용의 조달을 위한 캠페인이 시작됨으로서 그 움직임이 가시화된다. 결과는 1935년 10월 31일 개천절에 즈음하여 상석 등을 안치하고, 단군릉에 제향祭饗하는 것으로 마무리 되었다.[37] 그리고 그 중심에는 1923년 강동 유림→1929년 평남유림연합회의 단군묘수호계→1932년 단군릉수축기성회→1934년 강동향약과 단군릉수축기성회가 있었다. 여기서는 1909년 단군릉 숭봉 이후 수축과정을 강동군을 중심으로 살펴보기로 한다.

이 과정에서 1889년 기자릉의 숭봉과정은 참고가 되었을 것이다. 기자箕子는 단군과 더불어 조선의 역사와 문화 두 축 중 하나였고, 기자릉의 숭봉에 주도적 역할을 한 것으로 보이는 김명희金命羲가 단군릉수축기성회 회장인 김상준金商俊과 같은 집안 출신이기 때문이다.[38] 김상준은 기자릉의 숭봉과정을 주도한 김명희의 예를 참고하여 단군릉수축운동을 준비하였을 것이다. 물론 1930년대의 수축운동에 동아일보도 적극 참여하고 있지만, 사업의 실질적인 주도는 강동군에 의해 이루어졌다. 동아일보의 역할과 공로를 폄하하려는 것이 아니라 실제 참여계층을 중심으로 그 과정을 보다 구체적으로 검토하려는 것이다.[39]

순종 때의 숭봉과 수축 논의 이후 단군릉이 다시 주목되는 것은 동아일보에 연재된 각 지역의 순회탐방을 통해서이다. 여기서 동아일보는 강

---

37) 『동아일보』 1935.10.31, 「修築中床石安置코 檀君陵에 對祭饗」 참조.
38) 金命羲의 13대조는 예조판서 仲祚이고, 부는 호조참판을 지낸 仁瑾이다. 그는 順康園守로 있다가 1888년 기자묘를 능으로 숭봉하는 과정에서의 공로로 가선대부 동지돈녕부사로 승진하였다. 그의 아들인 金冕夏는 1889년 기자릉참봉을 지냈다. 金輔鍵 편, 1933, 『箕城儒林名家世誼譜』, 평양 강서읍내 三共印刷所 참조.
39) 이 시기 동아일보의 위인선양·유적보존운동에 대해서는 이지원, 2004, 위의 논문 참조.

동군의 현황과 명승고적 등을 간략하게 소개하면서 단군묘檀君墓를[40] 소개하고 있다. 그 내용은 칠포리 아달산 서방의 위치, 407척의 규모와 정조 이후 현감에 의한 춘추 봉사奉祀의 퇴락과 복설復設, 1923년 11월 명륜회에서 200여원의 기금 조성과 축장건문築墻建門 등으로 요약된다.[41] 이로 미루어 단군묘는 정조 이후 춘추의 봉사奉祀가 지속적으로 이루어지지 못했고, 고·순종 때의 수치 역시 제대로 실행되지 못했음을 알 수 있다. 여기에서 순종 때의 숭봉과 수축에 대한 강동지역민의 이해를 엿볼 수도 있다. 이때의 수축에 대해 전혀 언급 없이 정조 때의 사실만 기록하고 있음은 1909년 숭봉으로 인한 수축이 제대로 진행되지 못했음을 의미한다. 이에 강동 유림에서는 200여원의 기금으로 담장을 쌓고 문을 짓는 수축을 진행했다.

처음 단군릉에 대한 강동군의 이 같은 움직임은 일제의 단군부정론과 단군말살책동에 대응하려는 목적에서 전개된 측면도 있었다.[42] 대종교 나철羅喆의 순교 이후 구월산의 삼성사三聖祠와 단군굴檀君窟은 중대한 사태의 재발 방지와 신신앙新信仰 온양醞釀의 효모酵母가 된다는 명목으로 일제의 지방헌병대에 의해 철회되었다. 평양의 숭령전崇靈殿 또한 초래草萊에 파묻혀 제대로 기능하지 못했다. 삼성사의 경우 이후 수차례의 중건을 위한 움직임이 없었던 것은 아니었지만, 이 역시 그들의 단군부

---

40) 단군의 명칭과 관련해서 동아일보는 초기에 檀君을 사용하다가 이후 檀君과 壇君을 혼용하기도 했으나, 壇君이 많이 사용되는 시기가 있었고, 최종적으로 다시 檀君으로 환원된다. 이런 단군묘의 표기 변화는 최남선의 단군론과 관련하여 이해할 수 있다. 이 글에서는 이런 변화를 동아일보의 표기를 중심으로 사용하기로 한다.

41) 『동아일보』 1926.10.22, 「交通의 至便 天惠의 沃土 産物殷豊한 江東」 참조.

42) 권승안은 이 시기 단군릉수축운동을 일제의 단군부정론과 단군말살책동에 대응하려는 목적에서 전개된 것으로 파악하고 있다. 권승안, 2004, 「일제의 단군말살책동과 그를 반대한 우리 인민들의 투쟁」 『조선고대사연구』 2, 사회과학출판사 참조. 하지만 그렇게 파악하기에는 어려움이 있다. 특히 김상준을 중심으로 구성된 단군릉수축기성회에서는 친일 성향을 분명하게 엿볼 수 있다.

정론과 맞물려 이루어지지 못했다. 1928년에는 그 터를 가족공동묘지로 불하하려고 하기도 했다.[43]

이에 대한 우리의 조치라는 것은 최남선崔南善의 말대로 "일이하도 해괴하니까 말을할여디도업습니다마는 아무리 조선이어듭다하기로 단군의 사당이 가족공동묘디가 되리는만무하리라고생각합니다 적어도 그디방인민의신앙심이 그를그저두지안하겠지요 이십뎡보를 그사람이불하한다하면 결국단군사당의 그대로긔부하게될줄아니까매우조흔일인줄로압니다"라고[44] 하여 황해도 지방민의 신앙심과 불하자 김모金某의 양심에 호소하는 것뿐이었다.

이 점에서 단군릉은 강동지역민을 중심으로 구월산의 삼성사를 대체할 유적으로 자리해갔을 것이다. 동아일보에 실린 「고적보존古蹟保存의 요체要諦」에서 첫째로 강조한 것이 단군壇君의 성적聖蹟을 수복收復하는 것이었음은 이런 점에서 참고할 수 있다.[45] 또 연이은 최남선의 「단군壇君께의 표성表誠」이라는 제하의 논설은[46] 조선인에게 단군민족주의의 의미를 새삼 촉구했고, 이는 강동지역민에게도 단군릉에 대한 인식의 제고를 위한 배경이 되었다.

그런데 이후 단군릉에서의 제전祭典은 식민관료였던 강동군수의 주관으로 매년 춘추로 진행되었다. 1927년 5월 1일 개최된 강동명륜회 정기총회의 내용에서 알 수 있다. 이때 명륜회에서는 지금까지 군수로 추천했던 명륜회장을 일반회원 중에서 추천하기로 결정하고, 유림계 공로자 김윤용金允龍을 뽑아 단군묘 앞에서 단군성제檀君聖祭를 성대하게 거행했다고 한다.[47] 단군릉의 수호·관리가 관에서 민간으로 전환되었음을 의

43)『동아일보』1928.6.13,「九月山檀君聖地를 家族墓地로拂下運動」참조.
44) 위와 같음.
45)『동아일보』1926.12.2~4,「古蹟保存의 要諦」참조.
46)『동아일보』1926.12.9~10 ; 12.12,「壇君께의 表誠－朝鮮心을 具現하라－」참조.
47)『중외일보』1927.6.5,「강동유림의 檀君聖祭 거행」참조.

미하는 것이다. 하지만 이는 일제의 단군말살책동에 대응하여 전개되었
던 단군민족주의에 토대한 것으로만 볼 수 없다. 이때 이미 강동명륜회
역시 친일성향을 뚜렷이 나타냈기 때문이다. 역사적인 측면에서의 단군
릉에 주목했기 보다는 강동군에서 추진하고 있던 명승으로서의 관리 측
면이 부각되었을 것이다.

　강동 유림의 단군릉 수호·관리를 위한 움직임은 평안남도 유림계로
보다 확대되었다. 이것은 강동 유림계만으로는 재원 확보가 어려워 평남
유림연합회에 도움을 요청함으로서 이루어졌다. 이에 강동의 단군묘 수
축을 위한 움직임은 1927년 강동명륜회에서 평남유림연합회로 확대되
었고, 1929년에는 '단군묘수호계'를 조직하게 되었다. 평남유림연합회는
평양에서 단군묘를 잘 지키고 간수하기 위해 단군묘수호계를 조직하고
규약을 정해 1929년 10월 12일 각 군의 유림회에 발송했다고 한다.48)
그 규약의 내용은 자세히 알 수 없으나, 순종 때 마련된 단군릉 봉식수
호의절封植守護節에 준하여 지속적인 수호·관리 및 춘추 봉사, 개천절
의 단군성제檀君聖祭 등과 관련한 제반 준비절차, 수치를 위한 재정확보
지침 등을 주요 내용으로 했을 것이다. 그러나 평남유림연합회 역시 친
일 성향을 보이고 있었으며, '단군묘수호계'는 각 군 명륜회에서의 원조
가 거의 이루어지지 못해 수축과 관련하여 역할을 제대로 하지 못했다.

　1932년 단군릉을 답사하고 그 현황과 소회를 밝힌 오기영吳箕永의「단
군릉봉심기壇君陵奉審記」에서 평남유림연합회가 주도한 '단군묘수호계'
의 활동을 어느 정도 어림할 수 있다. 이에 따르면, 단군묘수호계는 평양
의 기자릉과 중화의 동명왕릉에 비해 일개 고총에 지나지 않는 존재로
인식되었던 단군릉의 봉릉과 수호각 건립을 위해 조직되어 기천원의 성
금을 모집하고자 했으나, 호응이 거의 없이 흐지부지해졌다고 한다.49)

48)『동아일보』1929.10.18,「壇君墓守護契」참조.
49)『동아일보』1932.5.12,「壇君陵奉審記」(下) ; 1932.5.28,「檀君陵修築期成, 江東

그 원인이 무엇인지 자세히 알 수 없지만, 아마도 조선후기부터 논란되어온 단군릉의 실재성에 무게를 둘 수 있지 않을까 한다. 수축운동이 진행되던 때에도 단군의 실재성은 물론, 능의 진위의 문제에 대해서도 간간히 논란이 되고 있었음은 이런 추측을 가능하게 한다.50) 이는 다음의 오기영의 「단군릉봉심기」에서도 확인된다.

> K. 설혹 이무덤속에 그의 썌와 살이 무치지 안헛슨들 어엇습니까 평양에 기자릉箕子陵은분명코 기자의릉이라 해서 위하는 것이며 중화의 동명왕릉東明王陵은 무슨 실증實證이 잇는것이리까 기자묘와 동명왕묘를 봉심하면서 이 단군릉은 오늘날싸지 이러틋 초라하게 겨우 대대로 전하는 조상의말슴이 범연치안흔 고총으로만 여겻스니내비록 보잘것업는─개 서생이로되 그의 피와살을 전해바든 후손이어든 그 초라한 선조의 무덤아페서 한줄기의 눈물을 바침이 어찌 정성업슨 일이라 하오리까(『동아일보』 1932.5.6, 「壇君陵奉審記」 上)

수축운동이 본격적으로 진행되는 것은 1932년이다. 이때 강동군의 유지인 김상준은 묘를 중수하고 수호각을 건축할 계획을 발기했다. 그가 100원의 가치를 지닌 토지를 기증하자 군수 김수철金壽哲 등이 적극 찬조를 한다.51) 1923년 축장건문築墻建門에 이은 세 번째의 수축 움직임이다. 앞서 진행되다가 중단된 평남유림연합회가 중심이 된 단군묘수호계의 수호각 건립을 강동 유림이 재추진한 것이다. 이 소식을 접한 동아일보는 오기영을 파견하여 단군릉壇君陵을 답사하는 등 이후 수축운동에 가담한다. 그의 「단군릉봉심기」에는 단군릉의 전반적인 현황을 자세하

人士의贊助를促함」 참조.

50) 『동아일보』 1932.5.6, 「壇君陵奉審記」(上) 참조.

51) 후술하는 것처럼 이때부터 동아일보는 단군릉의 수축운동에 관심을 가지고 참여를 유도하기 위한 일련의 보도를 계속하지만, 본격적인 참여는 1934년 1월 동아일보사장 송진우가 500원의 성금을 기부한 직후부터이며, 이후 적극 동참하여 수년에 걸친 대대적인 모금운동을 전개한다.

게 소개하고 있다. 그는 5월 2일 서울을 출발하여 평양에서 동아일보 강
동지국장 김중보金重寶를 만나 함께 강동에 도착한 후, 김상준의 안내로
단군릉을 답사했다. 그가 본 단군릉은 옆의 소나무만 지키고 있을 뿐 주
인 없는 일개의 고총에 불과했다. 오기영은 단군릉의 현황을 다음과 같
이 서술하고 있다.

> L. 야박한 밧[田]주인의 염치업는『보습』이바로능밋까지 범하야 바를가라
> 노앗습니다 나히먹은 소나무가 릉을 지킬뿐, 비록 야튼담속에 들리워
> 잇서도 범연한 고총으로 지나처볼자는업습니다 … 그저 황폐한 산기슭
> 미테 외로히 큼직한 무덤한개가 풀을싹글 주인도업시바람과 비에 시달
> 리고 잇습니다(『동아일보』 1932.5.6, 「壇君陵奉審記」 上).

그가 단군릉을 봉심한 이유는 강동 유림에서 주도하고 있던 수축의
움직임을 전국적으로 확산시키려는데 있었다. 「단군릉봉심기」에서 강동
의 단군유적을 소상하게 소개하고 있음도 그러하다.[52] "우리는 제 멧대
조의 한일업시 낫다 죽는이의 뼈다귀를무들자리를 골나 명당을 구하고
석물을 바치여잇는 정성을 다하엿습니다 그짓을하기에 조선은 쇠하엿거
니와 이민족의 첫임금이요 첫조상의무덤은 거츠른 산기슭에 바람과 비
에시달리며 담밋까지『보습』을 드려대고 땅을 파먹엇스니 그의 혼백이
잇슬진대 후손에 대한 섭섭함이 여북할일이 아닐까 합니다"라고[53] 호소
하고 있는 데서도 알 수 있다.

그런데 대종교 신도가 아니었던 그의[54] 단군관檀君觀에도 대종교계의

---

52) 그는 '檀君殿'·'檀君窟(淸溪窟)'·'아달뫼'·'臨鏡臺'·'함박산' 등의 전승을 소개하
고 있다. 『동아일보』 1932.5.11, 「壇君陵奉審記」(中) 참조. 또 『江東邑誌』·『大東
紀年』·『眉叟記』·『文獻備考』·『興地勝覽』 등의 단군릉 기록을 소개하는 한편, 연
대와 성명을 알 수 없으나 어느 관찰사가 松壤을 지나다가 단군릉에 이르러 그
진위를 확인하기 위해 掘冢하던 중 옥관이 출토되어 다시 成墳하고 봉심했다는
전승을 함께 싣고 있다. 위와 같음.
53) 『동아일보』 1932.5.12, 「壇君陵奉審記」(下) 참조.

영향이 비교적 강하게 나타난다.55) 단군릉을 '한배님릉'으로 호칭하고
있거나, 단군을 사천년 전 이천만 조선인에게 밭갈기·씨뿌림·옷입는 법
등의 모든 살림범절을 가르쳐 준 최초의 군주로서 이해하고 있음에서 그
러하다.56) 단군을 단국檀國의 군호君號로 파악하여 시강단군지릉始降檀君
之陵이 아니라 사군지릉嗣君之陵으로 파악하고 있는 대종교계의 이해를57)
그대로 수용하고 있음에서도 확인된다.58)

그런데 강동군 명륜회와 평남유림연합회, 이후 단군릉수축기성회에서
주도했던 단군릉수축운동과 1930년대 동아일보에서 주도한 단군릉 수
축을 위한 성금모집 캠페인을 동일선상에서 이해할 수 있을지는 의문이
다. 이 캠페인이 조선의 문화와 사상을 선양하기 위해 동아일보에 의해
추진되었던 위인 선양 및 유적보존운동 차원에서 이루어졌다면,59) 강동
군 명륜회를 주축으로 이루어진 수축운동은 일제의 식민통치의 효율화
를 위한 의도 역시 개재되어 있다고 생각되기 때문이다.

동아일보의 적극 관심으로 고무된 강동군에서는 신임군수 김수철金壽
哲을 포함한 민관의 협력으로 단군릉·황제묘·청계굴[단군굴] 등 강동을
대표할 8대 명승고적을 선정하여 보존·중수할 계획을 세운다.60) 한편으

---

54) 張圭植, 1997,「해방정국기 中間派 知識人 吳箕永의 현실인식과 국가건설론」『김
    용섭교수정년기념한국사학논총』, 한국사학논총간행위원회 참조.
55) 여기서 '대종교'라고 지칭하지 않고 범칭의 '대종교계'를 사용하는 것은 이때의
    수축운동이 대종교계의 영향을 받고 있음은 분명하지만, 그 계열이 대종교 계통
    인지, 단군교 계통인지 확실하지 않기 때문이다. 이는 추후 검토될 문제이다.
56) 『동아일보』 1932.5.6,「壇君陵奉審記」(上) 참조.
57) 김교헌, 1914,『신단실기』,「江東陵辨」참조.
58) 『동아일보』 1932.5.6,「壇君陵奉審記」(上) "檀君以神人降世 復爲神安有陵寢之爲
    乎 檀君之稱 卽檀國君之號 故其嗣君皆稱檀君 則江東之陵 無乃嗣君之陵耶 非始
    降檀君之陵則明矣".
59) 이지원, 1993,「1930년대 民族主義系列의 古蹟保存運動」『東方學志』77·78·79,
    연세대 국학연구원 참조.
60) 『동아일보』 1932.5.18,「江東八代名勝古蹟保存에 努力」참조.

로 강동군의 움직임이 고조선의 시조 단군을 중심으로 전조선인을 민족
이라는 관념으로 묶는 역할을 했을 것이지만, 강동군 자체의 단군릉 수
축은 이런 전조선인의 기대와는 거리가 있는 것이었다. 그들은 단군릉을
강동군의 명승으로 주목했다. 동아일보의 후원은 재원의 확보라는 측면
에서 마다할 이유가 없었고, 표면상으로는 민족감정에 이를 호소하고 있
지만, 이것은 이율배반적인 것이었다.

1932년 5월 20일에는 각 면 대표들이 명륜당에 모여 단군릉수축기성
회를 조직하여 향후의 수호사업에 대한 제반 방책을 강구하고,[61] 수축
을 위한 구체적인 계획을 수립했다. 그 내용은 대체로 기자릉·동명왕릉
에 준하는 시설로 수축하는 것을 목표로 했던 것 같다. 이에 기성회장
김상준과 군수 김수철 등은 100~200원의 기금을 기탁하고,[62] 1932년
완료를 목표로 임원진을 구성하는 한편, 강동읍내에 기성회 사무실을 마
련했다.[63] 이때의 임원진은 회장 김상준, 부회장 김이초金履初, 서기 윤
의홍尹宜洪·문한식文漢植, 회계 이병분李秉棻·허기도許基道, 상무이사 장운
경張雲景·윤완분尹完棻·이응규李應圭·김천우金天羽·김영권金永權과 각면이
사各面理事로 구성되었다.[64] 또 김상준·김이초·윤의홍 등이 각 면의 유
지들과 이사를 방문하여 지원을 촉구하기도 했다.[65] 그러나 기성회가
조직된 지 1년 6개월이 지나도록 당초의 기대와 계획대로 사업이 진행
되지 못했다. 사업비 전액을 성금에 의존해야만 하는 현실과 관련이 있

---

61) 『동아일보』 1932.5.15, 「檀君陵修築期成會組織」 참조.
62) 『동아일보』 1932.5.29, 「檀君陵修築守護誠金還至」 참조.
63) 『동아일보』 1932.6.17, 「檀君陵修築今年內로完了 一般의誠金을企待」 ; 『조선일
    보』 1932.6.18, 「今年內로 檀君陵修築完了」 참조.
64) 이 같은 임원 구성은 1936년 건립된 「檀君陵記蹟碑」와 비교할 때, 이후 변화가
    있었던 것으로 보인다. 김성환, 2007, 「일제강점기「檀君陵記蹟碑」의 건립과 단
    군전승」『사학연구』 86, 한국사학회(이 책 Ⅲ-1) 참조.
65) 『동아일보』 1932.10.25, 「檀君陵修築期成會 大活動, 각 면으로 순회활동중 各地
    의 聲援熱望」 참조.

다. 보다 근본적인 원인은 역시 역대 이래 지속된 단군릉의 진위 문제와 수축사업에 대한 그들의 진실성에 있었다. 이는 사업의 찬조를 촉구하면서도 단군이 역사상 있었는가의 여부 문제에 대해 일치된 견해가 없지만, 사적史籍에 있는 것이 사실이고 강동의 단군성릉檀君聖陵은 전설에서 출발한다고 하여66) 단군릉에 대한 역사적 인식의 부족을 탓하고 있음에서 확인할 수 있다.

기성회 측에서 단군릉 수축을 조선의 광영을 위한 급무 중에서도 최대의 끽긴사喫緊事로 표현하고 있었다고 하더라도, 그들 자체에서 단군릉에 대한 역사 인식은 부재했다. 고려 말 어느 수령이 능을 파보았더니 황옥관黃玉棺이 드러나 발굴을 중지했다는 부로父老의 말을 근거로 그 신성성神聖性을 기대하고, 수축사업에 전민족의 성원을 기대하면서도 구전이나마 조선 팔도에 단군릉으로 전해지는 것은 여기뿐이라는 이해에서도 짐작할 수 있다.67) 이들은 단군릉의 진부를 의심하는 것부터 황송惶悚한 일이니 성릉聖陵을 모시게 된 것만은 무쌍無雙의 은총을 드리우신 것이라는 언급도 하고 있으나, 이에 대한 확고한 인식의 부진은 사업의 부진으로 직결되었다. 그리고 그들은 이미 일제 식민관학자들의 단군부정론에 대해서도 일정한 이해가 있었을 것이다. 기성회원 대부분이 조선총독부의 지방행정의 일선을 담당하고 있었다는 점에서 확고한 역사인식을 기대한다는 것은 당초부터 기대할 수 없는 것이었다. 출발부터 이 사업의 토대가 약했음을 의미한다.

수축의 움직임이 가시화되지 못하고 재정적인 어려움에 봉착하자 일부에서는 기성회의 무성의와 무책임을 탓하기도 했다. 동아일보에서는 완전한 기본과 충실한 설계, 그리고 만반의 준비 등을 이유로 사업의 재

---

66) 『동아일보』 1932.5.28, 「檀君陵修築期成, 江東人士의 贊助를 促함」 참조.
67) 『동아일보』 1932.7.29~11.9, 「檀君聖跡巡禮(玄鎭健)」(51회 연재) ; 현진건, 1948, 『檀君聖跡巡禮』(國學研究所, 2002, 『國學研究』 7 재수록).

정비와 완전무결한 사업의 완성을 권고하기도 했다. 그러나 여기서도 부진의 원인에 정곡을 찌르지 못하고 재원의 확보에만 급급했다. 해결방안으로 이충무공의 사업을 예로 들며 강동군의 인사들이 제일선에서 물자와 정신 등 모든 방면에서 성의를 다하고, 기성회에서 이 사업의 중요성을 널리 알리는데 진력할 것을 제시하며, 강동인사의 열성과 기성회 간부의 활동을 독려하고 있을 뿐이다.[68]

성금의 부진은 자연 수축사업의 재검토를 가져왔다. 원래 1932년 말 마무리하려던 공사 일정을 이듬해 봄에 착수하는 것으로 연기하는 한편,[69] 김상준의 집에서 역원회의를 열어 구체적인 계획을 수정한다. 향후 진행방침을 밀의하고, 역원을 각 면에 파견하여 지방 이사들에게 모금의 책임을 분담하는 방침이 논의되었다.[70] 하지만 성금의 후원을 강동군민에게만 기댈 수 없는 기성회의 입장에서는 당초 사업의 목적을 달성하기에 역부족이었다. 1932년 5월 기성회를 조직하여 강동군민을 대상으로 성금 모금에 경주했지만, 1년 6개월이 지난 1933년 12월까지의 총액이 562원에 불과한 사실에서 짐작할 수 있다. 특히 이중 기성회 임원들의 성금이 480원으로 대부분을 차지하고 있음은 강동군을 대상으로 한 성금 수집이 일정한 한계를 노정하고 있음을 의미한다. 동아일보에는 이때 삼등면 태령리太嶺里와 고봉리古鳳里 등지에서의 성금 총액을 562원, 그중 기성회 임원의 성금 총액을 480원으로 보도하고 있으나, 실제 총액은 520원, 기성회 임원의 성금 총액은 435원으로 차이가 있다.[71]

기성회의 활동에 지속적인 관심을 가져온 동아일보에서는 이 같은 어

---

68) 『동아일보』 1933.10.21, 「檀君陵修築期成」 참조.
69) 『동아일보』 1933.12.17, 「壇君陵修築期成會의 活動, 明春에는 着手, 各地로 다니며 委員들이 애를 써 一般의 誠金도 遝至」 참조.
70) 『동아일보』 1933.12.22, 「檀君陵修築 期成委員의 活動 역원회 열고 여러 가지 협의 所期의 事業이 進捗中」 참조.
71) 『동아일보』 1933.12.24, 「檀君陵修築 誠金이 遝至 현재의 누계만 五百六十二원 各面에서 모아 보내」 참조.

려움에 처하게 되자 성금 모금에 적극 나선다. 컬럼비아대학에 있는 조선
민족도서관을 축성하기 위해 도서관후원회 주최로『조선꽃과 민담』을
지은 크레인[具禮仁] 부인 개인 회화전을 동아일본 루상홀에서 개최한다
는 보도를 하면서 단군제단壇君祭壇의 사진을 실어 전조선인의 관심 제고
를 유도한다.72) 동아일보에서 단군릉의 사진을 게재한 것은 수축 사업의
시작 단계인 1932.4.26과 구례인부인具禮仁夫人 회화전繪畵展(1933.10.21),
동아일보사의 성금 납부(1934.1.7), 단군릉 특집(1934.1.12), 단군릉봉심
기(1934.1.13), 단군릉제 거행(1934.11.11), 단군릉 수축공사의 마무리
(1935.10.31) 등 총 7차례이다. 사진을 통해 독자에게 그 상황을 자세히
알려 많은 관심을 촉발시키려는 목적이 담겨 있다. 또 다른 언론사에 도
움을 요청하여 조선중앙일보에서는 평남 일대에 걸친 기성회의 모금운동
과 수축공사의 내용을 보도했고,73) 조선일보에서는 사설에서 단군의 혈
통을 계승한 조선인의 조선심朝鮮心에 호소하여 기성회의 활동을 적극 지
원했다.74)

　　동아일보는 이후 대대적인 성금운동을 전개한다. 동아일보사에서도
500원을 기탁하여 대표단이 기성회에 직접 전달하는 한편, 이은상李殷相
의「단군릉봉심기」를 실음으로서 조선인의 관심을 촉발시킨다.75) 특히
단군릉의 현황부터 성금운동의 진행과정, 김상준을 통한 사업의 어려움

---

72)『동아일보』1933.10.21,「具禮仁夫人 繪畵展畵帖(其三) 壇君祭壇」참조.
73)『조선중앙일보』1933.12.24,「강동에 있는 단군릉을 수축, 평남일대에 기금 모집
　　하여, 강동수축기성회서/내년 봄부터 수리할 계획」참조.
74)『조선일보』1933.12.18,「壇君聖蹟保存 歷史의文化의 核心」참조.
75)『동아일보』1934.1.7「檀君陵修築에 本社의 微誠으로 五百圓을 바쳐 쓰러진 성
　　묘와 허무러진 담을 誠金으로 今春着工」; 1934.1.9「檀君陵參拜코저 現地에 代
　　表派遣, 本社營業局長 梁源模氏가 9일 아침 열차로 誠金 가지고 明朝 出發」;
　　1934.1.12「半萬年 지난 檀君陵 風磨雨洗로 頹落, 陵下住民이 修築期成會組織,
　　本社代表 陵參拜코 實地事情調査 廢墟에 빛인 새 光明」; 1934.1.13,「檀君陵奉
　　審記」참조.

및 이은상의 「봉심기」를 통해 조선인의 감성에 호소했다.

> M-1. 우리를 맞아주신 단군릉 수축기성회의 위원제씨를 따라가 밤이깊도
> 록 조선을말하고, 단군을생각하고, 민족을 토론한것은 내인생에 잊
> 지못할 기쁜일이었고 뜻깊은일이엇다. 그무는 등불아래 둘러앉은그
> 들과우리. 그들과우리가 주고받은 끝없이 조선이야기. 그이야기가
> 오고가는것과함께 한자손의끊을수없는 사랑이 다시금 깊이맺히는
> 밤. … 늦게야 우리는 헤어져 등불을 낮추고서 벼개우에 머리를 뉘
> 엇으나 무한한 감격이 내가슴에 차고 오히려 넘쳐오는 그것은 뜨
> 거운 눈물이엇다. 지금내가 거룩한 단군의 능앞에 더 가까이 와서
> 누엇거니, 아니 그품속에 들어와 쉬는것이니 하고 생각하매, 더설은
> 생각이 모진 잠을 쫓고도 오히려 내마음을 괴롭게하고 아프게하고
> 쓰리게하고야 마는것을 나는 참으로 어찌할수가 없다.
>
>> 거룩한 깊은뿌리/줄벋고 가지늘여
>> 그끝에 나도너도/열려맺힘 생각하매
>> 고맙고 아슬아슬하여/도로눈물 납네다
>>
>> 눈으로 흘러나매/눈물이라 하나이까
>> 아니오 아닙니다/눈물이 아닙니다
>> 가슴속 밑에 밑에서/솟는줄로 압소서(『동아일보』 1934.1.12).
>
> M-2. 우리는 우리의 마땅히할일을 하는것밖에 다른아무것도 아닙니다. …
> 다만우리의빈주머니가 우리의마음과 뜻을어기고 슬프게하여 온것만
> 이 한스러운 일이요, 또한 그로 말미암아 이런 막중막대한 사업이
> 너무도너무도 늦어진것이 더할수없이 죄송스럽습니다. 그런데 세상
> 일이란 뜻같이되는일이 없으므로 가장실제성잇게 소규모로 설계하
> 여 우리의 정성을 한끝이나마 도달하는것이 옳은줄로 알았습니다마
> 는 실상인즉 이런일이 결코 강동군의 사업도 아닐것이오 평안도의
> 사업도 아닐것이오, 조선민족의 전체적 사업인것만은앙발할수없는
> 일인줄믿습니다. 다만 우리는 지척에살고잇으므로 그촉감이 때때로
> 견디기 어려운바잇으므로 이일을 먼저시작한것뿐입니다(『동아일보』
> 1934.1.13)

또 끼니를 굶고 50전을 기탁한 일본의 고학생과 20전을 채우지 못
하고 19전을 성금한 강동 촌로, 어린 학생 16명의 1원, 닭 한 마리와
술 한 병의 강동인 등 감동적인 사연을 보도하여[76) 전조선의 참여를
유도한다. 조선일보에서도 거부들의 대형 성금을 유도하는 이광수李光
洙의 글을 싣기도 한다.[77) 동아일보를 비롯한 주요 언론사의 이 같은
참여는 일단 조선인들의 관심 유도에 성공했던 것으로 보인다. 수축운
동의 범위가 강동군 또는 평안남도에서 전조선으로 확대되었음을 의미
한다.

이후 동아일보는 성금접수란을 고정 설치하여 성금의 현황을 신속하
게 보도했다. 이것이 성금 모집에 얼마나 기여했는지는 의문이지만, 조
선인의 관심을 유발하는 데는 일정한 성과를 얻었다. 또 사업의 부진으
로 고민하던 기성회가 분위기를 쇄신하고, 수축운동 추진의 새로운 모색
을 가능하게 했다. 지탱할 실질적 조직을 창출하도록 했다. 이것이 강동
향약江東鄕約의 설립이다. 물론 이 역시 일제가 자신들의 지방통치를 각
가구마다 철저하게 침투시키려는 의도와 연계되어 있지만, 상세한 내용
에 대해서는 자료의 불비로 알 수 없다. 다만 동아일보의 보도에서는 그
취지와 방침을 어느 정도 예시하고 있다.

> N. 평남강동군平南江東郡 명륜회明倫會에서는 군내 각리에 향약鄕約을 설립
> 하고 농촌진흥을 목표로 풍속 생활개선風俗, 生活改善등을 지도하기로
> 금춘부터 대활동을 개시하는중이라는데 방금 향약정관鄕約定款 二만부
> 를 인쇄하야 각리에 배부하는중이라한다. 회장김상준金商俊씨와 강동군
> 수 김광일金光一씨는 철저히실행방침을 지도하는중이라고한다(『동아일
> 보』 1934.2.20, 「江東鄕約設立」)

---

76) 『동아일보』 1934.1.12, 「半萬年 지난 檀君陵 風磨雨洗로 頹落, 陵下住民이 修築
　　期成會組織, 本社代表 陵參拜코 實地事情調査 廢墟에 빛인 새 光明」 참조.
77) 『조선일보』 1934.1.11, 「一事一言 ; 長白山人」 참조.

이 보도는 강동명륜회를 주축으로 향약을 조직하여 각 리에 보급을 도모하고 있음을 알려준다. 그 목적이 농촌진흥을 목표로 풍속 생활개선 등을 지도하는데 있었으며, 이를 위해 정관 2만부를 인쇄하여 각 리에 배부중이라고 하였다. 그런데 이런 표면적인 이유와 함께 이를 이용하여 단군릉 수축을 위한 재원 마련에 전 군민의 참여를 적극 유도하려는 목적성이 개재되어 있었다. 향약의 회장으로 기성회를 주도하고 있던 김상준이 나서고 있고, 강동군수인 김광일金光一도 참여하고 있기 때문이다. 이는 향약의 조직을 대부분 기성회의 임원이 겸임했을 가능성을 시사한다. 특히 정관을 2만부 인쇄하여 각 리의 가가호호에 배포한다는 사실은 기성회의 성금 모금에 대한 적극적 의지를 반영하고 있다고 해석된다.

이후 강동군 각 면리에서의 개별 성금은 활기를 띠게 된다. 특히 동아일보에 보도되고 있는 성금접수분이 각 면리의 개인별로 기록되고 있음에서 그러하다. 강동향약의 조직과 기성회의 활동은 불가분의 관계에 있었고, 기성회의 임원과 향약의 조직원들이 각 면리의 주민을 개별 접촉하여 성금을 독려했다. 강동군의 적극적인 지원이 있었음도 물론이다. 따라서 단군릉수축공사는 기성회와 강동향약의 주도 및 강동군의 지원, 그리고 군민의 참여로 진행되었다.

그 결과 1934년 4월 17일까지 접수된 성금은 2859원 78전이었다.[78] 이는 당초 계획했던 공사예산 7천원에 크게 미치지 못하는 결과였다. 계획의 수정이 불가피했다. 담장 수축, 능비·제단·제구·석인석초 설비, 수호각·재진인가在眞人家 가옥 건립 등의 원래 계획에서 수호각·제단 설비·담장 수축만 우선 추진하기로 했던 기성회의 계획은[79] 다시 수호각과 비석만 설치하는 것으로 축소되었다. 이에 대한 공사비는 수호각

---

78) 『동아일보』 1934.4.20, 「檀君陵修築事業進捗 總工費 七千圓豫定 于先 修護閣부터 着工, 江東委員會에서 活動中 誠金 總收合七千八百餘圓」 참조.
79) 『동아일보』 1932.5.28, 「檀君陵修築期成, 江東人士의 贊助를 促함」 참조.

1,600원, 비석 1,000원, 총 2,600원이었고, 설비의 규모는 수호각 4~5칸, 기념비 높이 7척·두께 1척5촌·너비 2척2촌, 단군릉비 높이 4척5촌·너비 2척·두께 1척, 상석 길이 5척·두께 1척5촌·너비 4척이었다. 또 위원회에서는 공사 착수에 앞서 평양과 중화의 기자릉·동명왕릉 등을 견학하여 공사 진행을 준비하기도 했다.[80]

이제 단군릉 수축공사는 당초 계획에 못 미치는 것이었지만, 계획 수립 2년 만에 본격적으로 진행된다. 조경 사업도 부분적으로 실시된다. 단군릉 부근 지리芝里의 뒷산에 위치한 7600여 평의 못에 지제池堤를 수축하고 그 중앙에 섬을 조성하는 한편, 주위에 만 여주의 뽕나무를 식수했다.[81] 보도만으로 이 사업과 단군릉의 관련성을 확인할 수 없지만, 능 주변의 정비작업과 관련을 가지는 것으로 보인다. 그 주체에 강동향약이 있었을 것으로 보이기 때문이다. 따라서 강동군에서는 농촌 부업을 장려하기 위해 총독부와 교섭하여 조선총독부 수산시험장인 진해양어장에서 잉어종자 1만 마리를 기증받아 양어하고, 뽕나무 1만 여주를 식수하여 수입원을 확보하는 한편, 단군릉 부근의 정비를 도모하였다. 농촌진흥이라는 목표아래 풍속 생활개선 등의 개선으로 동리에 복리를 주기 위한 향약의 설립취지와도 부합하는 것이었다. 하지만 명승으로의 관심 유도로 전조선인의 마음 속 깊이 자리하고 있던 단군에 대한 인식을 단순화, 타자화 하려는 조선총독부의 교묘한 이해가 맞아 떨어진 것이기도 하다.

또 기성회에서는 11월 9일 개천절을 맞아 단군릉제檀君陵祭를 성대하게 거행하였다.[82] 이때의 단군릉제에는 기성회장 김상준과 강동·원탄·

---

80) 『동아일보』 1934.4.20, 「檀君陵修築事業進捗 總工費 七千圓豫定 于先 修護閣부터 着工, 江東委員會에서 活動中 誠金 總收合七千八百餘圓」 참조.

81) 『동아일보』 1934.5.23, 「檀君聖陵附近에 共同養魚와 植樹 江東의 新名勝地를 築成」 참조.

82) 『동아일보』 1934.10.28, 「今年 상달 초사흔날 檀君陵祭를 擧行, 來十一月九日 江東에서 陵修築委員會도 開催」 참조.

고천·삼등·봉진·만달 등 각 면에서 모인 제관 등 50여명이 참석하여
9시부터 2시간 동안 진행되었는데, 초헌관 송주순宋柱淳, 아헌관 홍대수
洪大修, 종헌관 박원삼朴元三, 전사관典祀官 박정실朴鼎實, 집례執禮 김영□
金永□, 대축大祝 백관수白觀洙, 봉향奉香 한기순韓基淳, 봉로奉爐 김원걸金
元杰, 봉작奉爵 허기주許基柱, 전작奠爵 주기봉朱基鳳, 찬인贊引 김성숙金聲
淑 등으로 구성되었다.[83] 명륜당에서는 수금위원회를 개최하여 그간의
경과를 보고하는 한편, 능 수축과 수호각 및 각종 석물의 건축 문제를
토의한다.[84] 그 내용은 석물의 조영을 위해 이미 평양의 김준택金俊澤
석물공장에 주문하여 지난 5월부터 착공한 바 그 원체는 거의 완성되었
으나, 아직 비문 각자를 맞추지 못하여 운반하지 못하고 있음에 마무리
를 이듬해 봄으로 미룬다는 것이었고, 3천원 정도에 지나지 않는 성금
모집에 일층 박차를 가하여 사업 목적의 달성을 독려하는 것이었다.

단군릉 수축과 관련하여 기성회의 활동은 이듬해 2월까지 확인되지
않는다. 이는 겨울이라는 계절적인 요인이라 할 수 있다. 아직 착수조차
하지 못하고 있는 수호각의 조속한 건립과 이를 위한 재원의 확보를 위
해 동아일보는 1935년 2월 성금을 독려한다.

> O. … 이 사업인 즉 우리 강동지방에 국한한 것이 아니오 전조선적으로
> 우리민족으로 누구나 각자의 사업이 아니리오. 그러나 우리 강동에 당
> 면한 사업인지라 누구를 의뢰하고 태연히 연장한다는 것은 우리 강동
> 인사의 열성이 부족함으로 써이다. 전군을 통하여 아직까지 이에 성의
> 가 없는 연고이라 하겠다. 이 사업이 즉 우리 강동의 자랑이오 조선의
> 자최이다. 그 뿐이랴. 그 한걸음 더 나아가서 세계적으로 꾸미는 장식품
> 이니 우리 강동인사여! 분발하여라! 이 중대한 사업에 모두 역꾼이 되

---

83) 『동아일보』 1934.11.11, 「五十餘名 參詣下에 檀君陵祭를 擧行. 상달 초사흔날 오
   전 九시부터 江東各面의 有志가 모여」 참조.
84) 『동아일보』 1934.11.11, 「檀君陵修築消息; 石物은 거의 完成 陵修築은 明春에 모
   혀든 誠金은 겨우 三千圓, 期成會서 委員會開催」 참조.

어 하루바삐 성과를 맺자!(『동아일보』 1935.2.2, 「내 地方 當面 問題, 平南江東篇; 檀君陵修築事業」).

그리고 4월부터 본격적인 공사를 진행한다. 수호각 건립에 필요한 재목과 기와를 매입하고, 부지의 매수에 노력한다.[85] 17일에는 기성회원이 명륜당에 모여 수축과 관련한 제반 토의 및 성금 수합과 공사 진행방법 등에 관해 토의하고,[86] 20일부터는 봉분을 돋우기 위해 담장을 허는 공사를 진행했다.

이후 공사는 비교적 순조롭게 진행되었다. 7월말 봉릉奉陵 공사와 능비의 각자를 마무리하고, 수축사적비는 품전稟田 조병원趙秉源의 글씨로 각자하는 중이며, 상석은 역시 평양의 이경희李景히 석물공장에서 치석 중인데 이 역시 조만간 마무리 될 것이라는 보도가 전해졌다.[87] 그러나 수호각과 관련한 공사는 그렇지 못한 것으로 보인다. 이와 관련한 내용을 전혀 확인할 수 없기 때문이다. 그리고 수축공사는 10월 개천절에 일단 상석만 안치하고, 제관 30여명이 참여하여 제향하는 것으로 마무리된다.[88] 물론 거의 완성된 석물의 건립과 담장이 이듬해 봄에 마무리될 것이라는 여지를 남겨두고 있지만, 단군릉 수축과 관련한 내용을 동아일보에서는 더 이상 찾아볼 수 없다.

1923년 강동 유림이 주도했던 단군릉수축운동은 군민의 참여로 15년이 지난 1936년 일단락된다. 이 계획은 1929년 평남유림연합회의 수호각

---

85) 『동아일보』 1935.4.18, 「大朴山下 檀君 聖陵 修築工事를 進行 修護建築材料를 사드리고 石物刻字도 거의 完成」 참조.

86) 『동아일보』 1935.4.23, 「檀君陵修築 封墳工事着工 明倫堂에서 會合決議期成會 積極活動」 참조.

87) 『동아일보』 1935.7.30, 「檀君陵修築 今秋에는 完成, 奉陵과 陵碑는 工事終了 追慕의 誠金도 遝至中」 참조.

88) 『동아일보』 1935.10.31, 「修築中床石安置코 檀君陵에 對祭饗, 十月三日 有志들이」 참조.

건립이라는 것으로 확대되어 동명왕릉과 기자릉의 규모에 준하는 시설의 확충을 도모했다. 그러나 재원의 미흡이라는 열악한 조건에서 당초의 계획을 충실하게 달성할 수 없었다. 수축과 관련한 구체적 준비를 진행하면서 성금에만 의존할 수밖에 없는 현실 때문이었다. 계획의 내용은 축소변경되어 마지막에는 기적비·단군릉비·상석 건립, 담장 신축, 봉릉 공사 정도로 마무리되었다. 당초 계획과 크게 다른 내용이었다.

그럼에도 불구하고 이 수축운동은 단군릉수축기성회의 발기 목적과는 달리 일정한 의미를 가진다. 일제가 내선일체와 동조동원론을 내세우며 조선을 식민통치하던 현실 아래 단군을 중심으로 민족이 결집할 수 있는 모티브를 제공해주고 있기 때문이다. 물론 성금 모집 등에 적극적인 참여를 할 수밖에 없었던 것은 강동군민이지만, 동아일보의 지속적인 관심과 대대적인 보도로 조선인의 관심을 유도한 것은 성금의 결과와는 달리 단군민족주의를 중심으로 전조선인이 결속할 수 있는 여건을 제공했다.

4. 동아일보의 모금운동 전개

동아일보는 창간부터 단군에 지대한 관심을 가졌다. 창간과 더불어 1920년 4월부터 3년 동안 이루어진 단군영정현상모집檀君影幀懸賞募集을 통해서 알 수 있다. 단군천제檀君天帝의 영정은 정간과 몇 차례에 걸친 발표일의 연기 등 우여곡절을 경험하며 1922년 개천절을 맞아 공개되기도 했다.[89] 동아일보의 이런 관심은 김범준金範埈의 창간축시에서 환왕검桓王儉의 묘예가 4천여 년 동안 부창富昌했음을 밝히고 있음에서도 엿볼 수 있다.[90] 대종교와 단군교의 활동, 어천절·개천절 등의 행사, 단군

---

89) 『동아일보』 1920.4.11; 1920.6.1; 1922.11.21 참조.
90) 『동아일보』 1920.4.11 참조.

탄압과 같은 사건을 비교적 상세에게 보도하고 있음도 그러하다. 특히 나카 미치요那珂通世·시라도리 구라키치白鳥庫吉·오다 세미고小田省吾의 단군부정론을 비판하는 논설인 「단군부인檀君否認의 망妄」을 필두로[91] 「단군론壇君論」[92)]·「고적보존古蹟保存의 요체要諦」[93)]·「단군壇君께의 표성 表誠」[94)]·「조선문화朝鮮文化의 일체종자一切種字인 단군신전檀君神典의 고 의古義」[95)]·「단군壇君과 삼황오제三皇五帝」[96)] 등 최남선의 단군 사론史論 을 계속 연재하며 일본인의 단군부정론에 대한 반론을 적극 전개하기도 했다.

아울러 지방 면에서는 단군의 땀과 피의 결정체로서 참성단塹城壇을 시작으로[97)] 신천의 삼성전三聖殿[98)]·강동의 단군묘壇君墓·갑산의 단군상 사제檀君上巳祭[99)] 등을 소개하여 단군의 유적과 유습에 대한 관심에도 소 홀히 하지 않았다. 사회부장 현진건玄鎭健이 1932년 7월 태백산·평양·강 동·강서·구월산·마니산 등지에 산재한 단군 유적을 봉심하고 이를 연재 하여 단군에 관한 인식을 환기하기도 했다.[100)] 이들은 동아일보가 식민 지시기 단군의 부인과 말살에 경주하던 일본의 책동에 대응하여 부단한 노력을 했음을 보여준다. 이 시기 합법적인 문화운동을 통한 민족의식의 고취를 위한 방법 중 하나이기도 했다.

---

91) 『동아일보』 1926.2.11~2.12, 「檀君否認의 妄」 참조.
92) 『동아일보』 1926.3.3~7.25, 「壇君論」(77회 연재) 참조.
93) 『동아일보』 1926.12.2~12.4, 「古蹟保存의 要諦」 참조.
94) 『동아일보』 1926.12.9~12.10; 12.12, 「壇君께의 表誠」 참조.
95) 『동아일보』 1928.1.1~2.7, 「朝鮮文化의 一切種字인 檀君神典의 古義」(32회 연 재) 참조.
96) 『동아일보』 1928.8.1~12.16, 「壇君과 三皇五帝」(72회 연재) 참조.
97) 『동아일보』 1926.7.13, 「향토예찬 내고장 명물-참성단-」 참조.
98) 『동아일보』 1926.8.13, 순회탐방43, 「信川地方大觀-三聖殿-」 참조.
99) 『동아일보』 1930.12.6, 「檀君上巳祭」 참조.
100) 『동아일보』 1932.7.9, 「檀君聖跡巡禮 特派員 本社 社會部長 玄鎭健」; 1932.7.2 9~11.9, 「檀君聖跡巡禮」(51회 연재) 참조.

동아일보사는 1931년부터 역사 위인의 선양과 유적보존을 통해 민족
의식을 고양하기 위한 일련의 운동(Campaign)을 전개했다. 이순신·권
율·을지문덕·단군의 유적이 그 대상이었다. 이들은 민족의 정통성을 대
표하거나 대내외의 위기에서 민족을 구한 인물이라는 점과 비교적 대중
의 접근성이 용이하다는 점에서 공통점이 있다. 또 동아일보 사장 송진
우宋鎭禹가 숭앙하는 3대 인물이 단군·세종대왕·이순신이었다는 점에서
도 관심의 대상이었다. 1931.5.26~1932.4.3까지 동아일보에 연재된 이
광수李光洙의 장편소설 「이순신李舜臣」의 집필동기 중 하나가 송진우의
숭앙인물중 하나가 이순신이었다는 점에서도 알 수 있다.101) 그는 또
1917년 중앙학교 교장시절 삼성사건립기성회三聖祠建立期成會를 조직하
여 이들을 모신 사당을 남산에 건립하는 운동을 전개했으나, 일제의 조
선신궁朝鮮神宮 건립 때문에 실패하기도 했다.102)

특히 이순신·권율·단군의 유적보존운동은 동아일보에서 선정한 3대
선인추모사업三大先人追慕事業이었다.103) 이에 동아일보는 1931년 5월부
터 이순신·권율의 유적보존운동을 대대적으로 전개하고, 이들이 마무리
된 후 1934년부터 단군릉수축운동에 적극 참여했다. 특히 구월산의 단
군굴과 삼성전을 없애버린 후 조선인의 단군 모앙慕仰이 오히려 증상增
上했음을 지적하며, 고릉古陵을 중수하고 단군성적檀君聖蹟의 수복을 독
려했던 「고적보존古蹟保存의 요체要諦」와 조선심의 구현을 주제로 단군
에 대한 규정을 명확하게 한 「단군壇君께의 표성表誠」의 연재는 이후 동
아일보가 수축운동에 참여하는 배경을 제공했다.

동아일보의 단군릉수축운동과 관련한 첫 번째 보도는 평남유림연합
회가 조직한 '단군묘수호계'의 조직이었다.104) 이후 앞서 언급한 바와

---

101) 『동아일보』 1931.5.3 참조.
102) 古下先生傳記編纂委員會, 1965, 『古下宋鎭禹先生傳』, 65쪽 참조.
103) 『동아일보』 1935.4.6, 창간15주년 특집판, 「先人追慕의 丹誠」 참조.
104) 『동아일보』 1929.10.18, 「壇君墓守護契」 참조.

같이 강동 유림을 중심으로 한 단군릉수축기성회의 조직과 동향을 소
개하고, 오기영·현진건 등을 파견하여 능을 답사하고 현황을 자세하게
실어 독려하기도 했다. 이런 관심에도 불구하고 강동군의 재원만으로
사업이 부진하자 동아일보는 1934년 1월 모금에 적극 참여한다. 1932
년 4월부터 동아일보가 모금에 적극 참여하기 이전인 1933년 12월말
까지의 성금은 모두 822원에 불과했다.[105] 동아일보사는 이의 수축을
위해 사장 송진우의 명의로 500원의 거금을 기탁하는 한편,[106] 사원의
성금 227원 97전을 모아 전달하는[107] 등 약 728원을 기성회에 보낸다.
또 전조선인의 참여를 유도하기 위해 능의 현황과 이은상李殷相의 봉심
기奉審記를 내용으로 단군릉 특집을 마련한다.[108] 아울러 조그만 미성
微誠이라도 모으기 위해 간곡한 편지와 1원을 기탁한 대전의 송병기宋
秉己나[109] 강동군의 어린 아동 16명의 눈물겨운 성금 1원, 성금이 아니
라 할지라도 단군릉수축기성회의 활동을 독려하기 위해 늦은 밤에 닭
한 마리와 술 한 병을 넣어주고 사라진 사람의 사연 등이 소개되기도
했다.[110]

　　동아일보는 이후 1월부터 5월까지 성금의 내용을 1달에 3~9회씩 보
도하여 조선인의 관심을 이끌어내는데 성공한다.[111] 아울러 수축을 위한
기성회의 활동과 강동향약의 설립, 공사 진행상황 등의 보도를 통해 지속
적인 관심을 유도하고 있다. 단군릉 수축에 대한 동아일보의 관심과 참여
는 다른 일간지의 그것과 비교할 수 없다. 단군릉수축운동이 단군을 정점

---

105)『동아일보』1933.12.26,「檀君陵修築期成 나날이 還至 累計 八百二十二圓也」참조.
106)『동아일보』1934.1.7 참조.
107)『동아일보』1934.1.17,「壇君陵修築誠金 今日本社接收分」참조.
108)『동아일보』1934.1.12~13,「檀君陵 特輯」및「檀君陵奉審記」참조.
109)『동아일보』1934.1.11 참조.
110)『동아일보』1934.1.12,「檀君陵 特輯」참조.
111) 이후에도 동아일보에서는 1934년 7월, 1935년 4월과 7월 각 1회씩 성금접수 현
　　황을 보도하고 있다. 이에 대해서는 동아일보 해당 월일 기사 참조.

으로 조선인을 규합하기 위한 동아일보의 목적성을 엿볼 수 있는 부분이다. 참고로 수축공사의 성금 현황을 간략하게 살펴보면 <표 9>과 같다.

〈표 9〉 동아일보 수록 단군릉 수축공사 성금 현황

지 역		참 여 지 역	성금액	비 고
강동군	총 계	1,938명	2654.72	
	만달면晚達面	만달리晚達里·화천리貨泉里·인홍리仁興里·금옥리金玉里·응암리鷹巖里－94명	142.90	괴음槐陰·입석立石·광청廣淸·대성大成·운학雲鶴·신장新壯·동서東西·파릉리巴陵里는 없음
	강동면江東面	아달리阿達里·하리下里·숭의리崇義里·효덕리孝德里·화강리化岡里·원효리源孝里·명례리明禮里·명의리明義里·용복리龍伏里·용흥리龍興里·송학리松鶴里·문평리文坪里·문흥리文興里·지리芝里·칠포리漆浦里－284명	1171.37	와룡臥龍·지례리智禮里는 없음
	고천면高泉面	열파리閱波里·수리壽里·향교리鄕校里·도덕리道德里·용천리龍泉里·관학리冠鶴里·삼성리三成里·천답리泉沓里·동서리東西里·마학리馬鶴里－67명	127	맥전麥田·명명古城·고성古城·선광先光·구암龜巖·광덕廣德·반석리盤石里는 없음
	봉진면鳳津面	한왕리漢王里·봉호리鳳湖里·고성리姑城里·외단리外端里·중단리中端里·하단리下端里·신리新里·용연리龍淵里·금곡리金谷里·봉당리鳳塘里·향목리香木里·건천리乾泉里·하희리下希里·문왕리文旺里·동삼리東三里·북삼리北三里·동리東里·연리蓮里－138명	255.70	운룡리雲龍里는 없음
	삼등면三登面	문명리文明里·생금리生金里·명학리鳴鶴里·송석리松石里·자양리紫陽里·석문리石門里·태령리太嶺里·고봉리古鳳里·봉오리鳳梧里·봉래리鳳來里·옥정리玉井里·상속리上束里·속추리束芻里·반룡리攀龍里·대리垈里·영대리靈臺里·제령리祭靈里·송가리松街里·청탄리淸灘里·사단리社壇里·봉서리鳳瑞里－231명	569.35	봉의鳳儀·용연龍淵·고류古柳·석름石廩·사탄리沙灘里는 없음

지 역		참 여 지 역	성금액	비 고
	원탄면元灘面	상리上里·원흥리圓興里·내리內里·신룡리新龍里·원신리元新里·문우리文隅里·봉조리鳳鳥里·송오리松塢里·삼청리三靑里·탑하리塔下里·흑룡리黑龍里·고비리高飛里·훈암리壎巖里 一 1262명	388.40	하下·남경南京·표대表垈·마산리馬山里는 없음
기 타	총 계	326명	1018.48	
기 타	평양부	읍내·상수리上需里·상수구리上水口里·관후리館後里·수옥리水玉里·기타	108.50	
	평남	대동군·성천군·중화군·순천군順川郡	46.98	
	경성	서린동·누하동樓下洞·□정동□井洞·다옥정茶屋町·필운동 등	754.23	
	경기도	여주군	1.14	
	충남	대전읍大田邑·연기군·서산군·논산군	8	
	충북	담양군·청원군	7.90	
	경북	김천군·안동군·달성군·합천군	10.40	
	경남	함안군·마산부·함양군	30.23	
	황해도	황주군	1	
	강원도	원주군·인제군·춘천군·양양군	7.34	
	평북	용천군·개천군	3	
	제주도	한림翰林	1	
	동경		0.50	
	미상		38.76	

* 1. 동아일보에 보도된 수축운동 성금현황(1932.4.26~1935.7.30)을 정리한 것이다.
  2. 강동군의 면·리가 잘못 기재되어 있는 경우 이를 해당 면리에 수정하여 포함했다.
  3. 중복된 기부자 명단은 1회만 포함하여 계산했다.

<표 9>를 보면, 단군릉수축공사를 위한 성금은 총 3,673원 20전이다. 이중 강동군에서의 모금액이 2,654원 72전이고, 기타 지역에서의 것이 1,018원 48전이다. 이는 1934년 4월 7,800여원이라는 보도와는[112]

---

112) 『동아일보』 1934.4.20, 「檀君陵修築事業進捗 總工費 七千圓豫定 于先 修護閣부터 着工, 江東委員會에서 活動中 誠金 總收合七千八百餘圓」 참조.

상당한 차이가 있다. 동아일보는 1933년 12월말 822원에 불과했던 성금을[113] 실제 이듬해 1월 중순 1,494원,[114] 4월 중순 2,859원 78전, 11월 3천여원으로[115] 보도하고 있다. 그러나 성금 현황을 개별적으로 소개하고 있는 보도는 본사 접수분과 위원회 접수분으로 나누어 기재되어 있고, 이미 보도되었던 본사 접수분을 또 위원회 접수분에 더하여 기재하는 한편, 특정인의 경우는 3~4회에 걸쳐 중복 기재한 경우도 발견할 수 있어 접수 현황에 기재된 모금액과 실재 성금액과는 많이 차이를 보인다. 이 같은 원인은 동아일보와 강동의 기성회에서 성금을 각기 접수하여 동아일보 접수분을 다시 기성회에서 접수하는 과정에서 비롯된 경우와 적극적인 참여 유도를 위해 일부 중복 기재한 경우에서 비롯된 것으로 짐작된다.

강동군에서의 모금액이 2,654원이고, 기타 지역의 것이 1,018원이라는 사실은 두 가지 측면에서의 접근이 가능하다. 첫째는 강동군민을 대상으로 한 기성회의 성금운동이 일정한 성공을 거두었다는 점이다. 강동군의 성금운동은 기성회를 비롯하여 강동향약이 큰 역할을 했을 것으로 짐작된다. 기성회장인 김상준이 향약회장을 겸하고 있고, 군수 김광일 역시 기성회와 향약이 적극 참여하고 있는 것을 볼 때, 기성회 임원들이 향약의 임원 대부분을 겸했을 것이라는 데서 추측이 가능하다. 특히 향약의 설립 이후 강동에서의 성금운동이 각 면리 단위로 주민들에게 10전 정도씩 갹출하는 방향으로 이루어지고 있음은 향약을 통한 기성회 성금운동의 성과를 반영하는 것으로 해석된다. 즉 향약을 적극 이용하여 면리 주민 개인에게까지 접촉할 수 있었기 때문에 가능한 것이었다. 이

---

113) 『동아일보』 1933.12.26, 「檀君陵修築期成 나날이 還至 累計 八百二十二圓也」 참조.
114) 『동아일보』 1934.1.19, 「檀君陵修築誠金이 還至 累計 千四百九十四圓」 참조.
115) 『동아일보』 1934.11.11, 「檀君陵修築消息; 石物은 거의 完成 陵修築은 明春에 모혀든 誠金은 겨우 三千圓, 期成會서 委員會開催」 참조.

런 점에서 강동의 단군릉수축운동은 조선시대 이래 향촌사회의 자치규
약인 계와 향약을 이용하는 방법으로 이루어졌다고 보인다. 이는 강동군
을 중심으로 단군릉수축운동의 참여계층을 분석하면 보다 분명하게 드
러날 것으로 생각된다.

반면 동아일보의 성금운동은 조선인의 관심 유도에는 성공했을지라
도 그 목적을 충실하게 달성했다고는 볼 수 없다. 강동군을 제외한 성금
의 총액이 1,018원에 불과하다는 것으로 알 수 있다. 이중 송진우를 비
롯한 동아일보사의 성금 728원을 제외한다면, 실제 290원에 불과했다.
이 또한 평양과 평남에서의 성금 155원을 제외한다면 134원에 불과한
미미한 것이었다. 동아일보 역시 성금운동을 진행하면서 이런 부진에 대
해 인지하고 있었다. 적극 참여의 유도를 위해 중복 기재 등의 방법을
사용한 것은 이 때문이었다.

이런 가운데 동아일보의 단군에 대한 표기는 일정하게 변화하고 있는
것이 확인된다. '단군壇君'과 '단군檀君'의 문제가 그것이다. 창간과 더불
어 시도된 단군영정현상모집에서 단군의 표기는 '단군檀君'으로 사용된
다.[116] 대체로 조선시대 이래의 전승을 반영한 이해라고 생각된다. 이는
1926년 2월 최남선의 사론「단군론壇君論」의 연재를 광고하는 기사까지
그대로 유지된다.[117] 그러나 최남선의 「단군론」이 연재되는 3월부터 동
아일보의 단군 표기는 '단군檀君'과 '단군壇君'이 혼용되어 사용된다.[118]
강동의 단군묘가 '단군묘壇君墓'로, 단군릉수축기성회가 '단군릉수축기
성회檀君陵修築期成會'로 표기되고 있음에서도 알 수 있다.[119] 1928년 3월

---

116) 『동아일보』 1920.4.11, 「檀君影幀懸賞募集」 참조.
117) 『동아일보』 1926.2.17, 「六堂崔南善 檀君史論 日間本紙에連載」 참조.
118) 『동아일보』 1926.3.3, 「壇君論」 ; 1926.7.13, 「別有天地非人間 檀君祖祭天壇」
    참조.
119) 『동아일보』 1926.10.22, 순회탐방114, 「交通의 至便 天惠의 沃土 産物殷豊한 江
    東-壇君墓-」 ; 1927.12.11, 「檀君陵修築期成會」 참조.

부터는 점차 '단군壇君'으로 바뀌어 주로 '단군壇君'의 표기가 사용된
다.120) 최남선이 「단군壇君과 삼황오제三皇五帝」를 연재하기 직전이
다.121) 하지만 1932년 5월 단군릉수축기성회의 조직과 관련한 기사를
시작으로 다시 '단군檀君'으로 돌아온다.122) 물론 일부 기사에서 '단군壇
君'의 표기가 확인되는 것도 사실이지만,123) 이런 경향은 확실히 감지되
며 이후 '단군檀君'으로 완전히 회귀한다.124)

동아일보의 이 같은 단군 표기의 변화는 최남선의 단군론에 일정한
영향을 받고 있는 것으로 짐작된다. 그는 1926년 「단군론壇君論」에서
일본인의 단군부정론을 조목조목 비판하며 '단군檀君'이 아닌 '단군壇
君'을 주장했다. 일본인이 부정론의 근거로 사용하는 승도망담설의 '단
군檀君'이 아닌 '단군壇君'으로 그의 단군론을 상징하는 그 자체였다.
이 시기 동아일보에서 단군 표기가 '단군檀君'·'단군壇君'으로 혼용되는
것은 이 영향이다. 그러나 역사적 측면과 문화적 측면으로 나누어 진행
되던 그의 단군론은 1930년대 문화적 측면으로 귀결되어 '단군檀君'과
'단군壇君'의 표기 차이가 무의미해지면서 대체로 '단군檀君'으로 환원
되었다.125) 1932년 단군릉수축기성회의 조직과 관련하여 동아일보에
서 단군의 표기가 '단군檀君'으로 돌아오고 있음은 이를 반영한다고 보
인다.

최남선의 단군론 및 동아일보의 단군 표기 변화와 단군릉수축운동이

---

120) 『동아일보』 1928.3.15, 「三百年긴風霜에 年年繁昌하는 壇君子孫」 및 「高麗裳高
麗歌로 神祖壇君崇奉」 참조.
121) 『동아일보』 1928.8.1~12.16, 「壇君과 三皇五帝」(72회 연재) 참조.
122) 『동아일보』 1932.5.15, 「檀君陵修築期成會組織」 참조.
123) 『동아일보』 1933.12.17, 「壇君陵修築 期成會의 活動」 참조.
124) 동아일보의 이 같은 단군 표기의 변화가 다른 언론사와 어떤 관계에 있는지 알
수 없지만, 역시 관심을 가져 볼만 하다.
125) 이영화, 2003, 「단군론」『崔南善의 歷史學』, 경인문화사 ; 2005, 「최남선의 단군
론과 민족주의」『한국 근현대의 상고사 담론과 민족주의』, 한국학중앙연구원 ;
全成坤, 2005, 『日帝下文化ナショナリズ厶의 創出과崔南善』, 재이앤씨 참조.

어떤 관계에 있었는가의 문제는 명확하지 않다. 그러나 최남선의 단군론
이 문화론으로 귀결되고, 이가 정리되는 「조선朝鮮의 고유신앙固有信仰」
(1936)의 발표 시기를 전후하여 그간 동아일보가 단군릉 수축에 쏟았던
열정과 비교하여 유야무야로 수축운동의 결말을 보도하고 있음은 문화
적 단군론의 귀결이라는 최남선의 영향이 일정하게 작용하지 않았는가
하는 느낌도 가지게 한다.

한편 단군릉수축운동은 동아일보가 이전에 전개했던 이순신 유적보
존운동과 동일선상에서 파악할 수 없다. 동아일보는 이순신 유적보존운
동을 적극 주도하여 송진우가 보존회위원으로 참여하여126) 아산 현충사
와 통영 제승당制勝堂의 중건을 위한 준비작업과 기공식을 위해 그곳에
직접 다녀오기도 하고127) 이들의 건물 낙성식에 참여하기도 했다.128) 이
순신 유적보존운동에 대한 동아일보의 이 같은 역할은 성과에 직결되어
21,543명(46개 단체 제외)의 성금 16,021원이 접수되어129) 성공적으로
사업을 마무리할 수 있었다.

이와 비교하여 단군릉수축운동에 대한 동아일보의 관심은 적극적이
었다고 할 수 없다. 오기영·현진건·이은상 등을 파견하여 그 현황을 전
하고, 송진우의 500원을 비롯하여 728원의 성금을 쾌척하였으며, 성금
접수란을 고정하여 조선인을 대상으로 적극 참여를 유도하기도 했
다.130) 물론 성금이란 자체가 자발적 참여를 전제하는 것이어서 출발부
터 참여 유도라는 일정한 한계를 지닌 것이기는 하지만, 성금 접수의 구
체적 과정에서도 분명한 차이를 보인다. 단군릉수축운동의 경우 강동군

---

126) 『동아일보』 1932.5.25 참조.
127) 『동아일보』 1931.6.14; 1932.8.30 참조.
128) 『동아일보』 1933.6.11 참조.
129) 『동아일보』 1932.5.29 참조.
130) 1934.2.에는 평양의 曹晩植이 5원을 성금하기도 했다. 『동아일보』 1934.2.8
    참조.

민을 중심으로 이루어졌다는 점이 그것이다. 이런 점에서 단군릉수축운
동의 성금 캠페인에는 민족대동단결의 사상적 기반의 정립이라는 큰 목
표아래 조선의 문화와 사상을 부양시키려는 동아일보의 목적성이 개재
되어 있다고 할 수 있다. 하지만 그 기저에는 강동명륜회·단군릉수축기
성회·강동향약 등을 통해 강동군민의 참여를 강제하는 친일 성향의 강
동군 유지들의 움직임이 함께하고 있었다.

5. 맺음말

일제강점기 단군릉을 역사적 측면에서 해석하려는 움직임은 보다 확
대되었고, 그 결과 중 하나가 단군릉수축운동이다. 대종교계 사서인『단
조사고』와『신단실기』에서는 단군릉에 대해 비판적 시각이었지만, 1910
년 전후 제작된 것으로 보이는 「포명본교대지서佈明本教大旨書」(「단군교
포명서檀君敎佈明書」)에서의 선침仙寢 수축 사실을 확대하여 의리지장衣履
之葬 또는 사군지릉嗣君之陵의 이해를 보인다. 장지연은 일본 고고학자에
의한 단군묘의 발굴 사실을 전하고 있는데, 이는 별개의 단군묘로 인식
되곤 했던 황제묘의 발굴을 그렇게 이해한 것으로 추측된다.

한말부터 본격적으로 등장한 일본 관학자의 단군부정론은 이마니시
류에 의해 완성되었다. 그의 단군릉에 대한 서술은『세종실록』지리지
의 '대총'이『동국여지승람』에 단군묘로 기록되게 되었다는 단군부정론
에서 출발한 것이었다. 물론 이 같은 서술에는 단군신화가 묘향산신의
연기설화와 평양선인설이 합쳐진 평양의 전설에 불과하다는 인식이 전
제되어 있었다. 이와 달리 장도빈은『평양지』에서 단군릉에 관한 구체
적 이해를 도모한다. 단군은 구월산에서 붕서했지만, 고도인 평양 가까
운 곳에 장례했기 때문에 단군릉은 시조의 무덤이고, 주변 지역의 왕검
묘·검산檢山·검산儉山·검산령儉山嶺 등 역시 단군조선 및 후조선의 왕릉

이라는 것이다. 이 같은 견해는 18세기말 이후 복수의 단군묘 존재를 추측해온 견해를 확대한 것으로, 고조선의 중심지를 만주 일대가 아닌 평양의 대동강 유역으로 이해하고 있었던 그의 독자적인 고대사관에 기초한다. 단군릉에 대한 이 같은 인식의 확대는 국권회복과 이를 토대할 민족적 자부심의 고양을 위해 개념화된 단군민족주의와의 관련을 가지며 전개되었다.

이 시기 단군릉수축운동은 친일 성향의 인사들이 강동지역민을 대상으로 가시화한다. 그 결과 1935년 개천절을 맞아 단군릉에 상석을 안치하고 제향하는 것으로 일단락되었으나, 최종의 작업은 이듬해 개천절에 「단군릉기적비檀君陵記蹟碑」의 건립으로 완성되었다. 그 중심에는 1923년 강동 유림→1929년 평남유림연합회의 단군묘수호계→1932년 단군릉수축기성회→1934년 강동향약과 단군릉수축기성회라는 조직이 뒷받침하고 있었다. 단군릉수축기성회의 발족으로 본격적인 준비에 들어간 수축 계획의 당초 규모는 평양의 기자릉과 중화의 동명왕릉에 비교할 수 있는 것이었다. 담장 확장 및 수축, 능비와 제단·제구·석인석초 등 제반 시설의 설비, 4~5칸 규모의 수호각, 재진인가在眞人家를 위한 3칸 규모의 가옥 건립 등이 계획의 전반이었다. 그러나 이는 강동군민의 부담만으로 실현하기 어려운 것이어서 기성회에서는 수호각·제단의 설비와 담장 수축 등을 우선 사업으로 추진했다.

하지만 보다 근본적인 것은 단군릉의 진위 문제와 함께 친일 성향의 인사들이 수축운동을 주도했다는 것이다. 기성회 측에서 단군릉 수축이 조선의 광영을 위한 급무 중에서도 최대의 끽긴사喫緊事로 인식했다고 했는데, 그들은 출발부터 단군릉에 대한 역사 인식의 부재를 가지고 있었다. 성금 참여를 독려하는 동아일보를 비롯한 언론의 적극적인 지원이 있었다고 할지라도 성금의 부진은 자연 수축사업의 재검토를 가져왔다. 이에 강동군민의 지원을 이끌어내려는 강동향약이 다시 조직되고, 총

2,600원을 투입하여 수호각과 기념비·단군릉비를 1935년 개천절에 건립하는 것으로 공사 일정과 규모도 조정되었다. 그러나 이 역시 순조롭지 못해 봉릉과 담장, 상석 및 기적비 1기를 건립하는 것으로 마무리되었고, 끝내 수호각은 건립되지 못했다. 그럼에도 불구하고 이 수축운동은 동아일보의 성금 캠페인으로 인해 일제강점기 단군민족주의를 중심으로 조선인이 결집할 수 있는 모티브를 제공하고 있다는 점에서 일정한 의의를 찾을 수 있다. 이것은 수축운동의 주도세력이 의도한 결과가 아니었다.

창간부터 단군에 지대한 관심을 가졌던 동아일보는 식민지시기 단군의 부인과 말살에 경주하던 일본의 책동에 대응하여 부단한 노력을 전개했다. 합법적인 문화운동을 통한 민족의식의 고취를 위한 방법 중 하나이기도 했다. 단군릉 수축을 위한 수년간의 성금 모집 역시 그 일환이었다. 그러나 이를 동아일보가 이전에 전개했던 이순신 유적보존운동과 동일선상에서 파악할 수 없다. 단군릉수축운동에도 조선의 문화와 사상을 선양하려는 동아일보의 목적성이 개재되어 있기는 하지만, 그 기저에는 단군묘수호계·단군릉수축기성회·강동향약 등을 통해 강동군민의 노력을 강제하고 있었기 때문이다. 이런 점에서 강동에서의 단군릉수축운동은 조선시대 이래 향촌사회의 자치규약인 계와 향약을 적극 이용하며 이루어졌다고 할 것이다.

한편 이 시기 동아일보에서의 단군에 대한 '단군壇君'과 '단군檀君'의 표기 혼용은 최남선의 「단군론壇君論」과 관련을 가진 것으로 보인다. 단군릉수축운동에 대한 단군의 표기 역시 마찬가지이다. 최남선의 단군론과 동아일보의 이 같은 변화가 단군릉수축운동과 어떤 관계에 있었는지 명확하지 않지만, 문화론으로 귀결되는 그의 단군론이 사회적으로 일정한 영향을 주었던 것과 비교하여 단군릉수축운동에도 마찬가지로 적용할 수 있다. 동아일보가 단군릉 수축에 쏟았던 열정에 비해 그 결과에 대해서는 소극적 태도를 보이고 있음도 이와 무관하지 않은 것으로 짐작된다.

〈표 10〉 단군릉수축기성회의 성금활동(1차 강동군)

지 역		성 금 참 여 자	성금액	연월일
총 계		290명	1,506.66	
晚達面	소 계	4명	40	
	晚達里	朴基鑛·李栽根·金重贊·金容植(10)	40	1933.12.25
江東面	소 계	192명	1,058.16	
		金商俊(토지)	100	1932.4.26
		金商俊(200), 金壽哲(100), 張雲景·金商和(50), 金履初·李秉燮·朴基鑛·尹完燮·金容礪·朴元三·李載根·朱鉉懿·孫昌俊·白仁奎·金永權·金天羽·孫宜洪·金重寶(10), 文漢植·韓鑛奏(5)	550	1932.5.29
		김상준(100), 李秉提·金聲甲(15), 金商武·張雲翼(10), 金炳鉉(5)	155	1933.12.24[131]
		어린학생 16명(1)-金光朝(0.15), 金光豪(0.13), 金光鑛·金東羽(0.12), 金斗一·張昌郁·金順子·金英信(0.11), 金世榮(0.10), 金善英·金慈子(0.08), 尹岐善(0.06), 金龍羽·金福榮·金光晟·金光善(0.05)	1.48	1934.1.12
		金世東·金光殷(0.05)	0.10	1934.1.19/1934.1.20[132]
		촌로(0.19)	0.19	1934.1.12
	阿達里	黃貞俊·朱鉉弼·金弼羽(10), 金漢極·蔡應周·金斗七·金鼎禹·李元錫·千禮商·元容淳·金應泰·金炳鉉(5), 李□述·金商權·金鳳鉉·申景成(3), 金炳模·許基道·李炳贊(2), 金聲益·金容勵·康致雲·張鑛八·金丙喜·金煜成·崔雲龍·王基柄·玄雲鶴·李俊甫(1), 金培浩·蔡錫周·文士鐵(0.50)	104.50	1933.12.25
		朴基俊(20), 金燦成·金仁成·金聲珀·金達彦·洪道植·李貞春·河炳爀(1), 李濟民·李仲鉉·鄭麟河·金履錫·禹龍祥·尹柱燮·鄭赫容·千元根·金斗晟·金鶴翼(0.50), 金道三·孫龍洙·盧承賢·安聖七·韓炳華(0.30), 韓基淳·李根厚(20), □永福·黃昌虎·朱尙俊·趙東周·姜龍雲·朴基天(0.10)	34.50	1934.1.20[133]
		羅雲尙(30), 金商協(10), 강동천도교종리원·金商泓(2), 李河元·文錫元·崔□喆(1), 鄭麟聖·明啓養·安其涉·李澤興·鄭士坪·金燦用·朴瑞文·崔永俊·朴永觀·李基浩·金允涉·金永燦·金東俊(0.50), 蔡致周·金瓊淑·金道敬·金仁德(0.30), 李景鏞·崔明善·金獨成·金潔祚·金敬瑞·安成順·金德三·金宗民(0.20), 宋義□(0.19), 金元祥·鄭斗琓·金龜喆·金松一·金龍錫·李冕燮·金伯鎰·文鳳瑞·金元豊·安重樹·崔寅□(0.10)	57.59	1934.1.24

지 역		성 금 참 여 자	성금액	연월일
江東面	化岡里	石貞銑(2)	2	1934.1.19/1934.1.20
	明禮里	崔秉奎·金德潤(1)	2	1934.1.24
	明義里	文義賢(2), 李命俊·金學麟·韓贊吉·嚴俊德(1)	8	1934.1.24
	龍伏里	李根□(1), 黃從善(2)	3	1934.1.19/1934.1.20
	松鶴里	池靈洛·池陽善(2)	4	1934.1.19/1934.1.20
		池承鏞(0.20), 洪淳郞(0.10)	0.30	1934.1.24
	文坪里	金完柱(20), 韓泳和(1)	21	1934.1.19/1934.1.20
		李致俊·白致龍·李應燁·金文桂·李承鉉(1)	5	1934.1.24
	文興里	金尙柱(2)	2	1934.1.24
	芝里	朱鉉馨(0.30)	0.30	1934.1.24
	漆浦里	元容濟(2), 李珍浩·高□柱·金淳貞·金喆羽(0.50), 文亨彬·崔元錫·李晃業(0.20), 朴允洪·河龍九(0.10)	4.80	1934.1.20
		羅基文·李得□(1), 徐珍模·石萬瓊(0.50), 許□·張永哲·韓士鉉·李庠玉(0.10)	2.40	1934.1.24
高泉面	소 계	27명	54	
	閑波里	黃斗星·金鼎燮(10), 金景相·金應柱·金文玉·任一湖·고천면소비조합(2), 李英一·金聖世·許彬·金東廈·金麗羽·黃郁桓·尹尙晃·강동농민공생조합(1)	38	1934.1.19/1934.1.20
	東西里	金錫杰(3), 金基璜·金濟鏞(2), 金鑮珏(1.50), 金鏞□·金德聲·金錫□·金鏞涉·金潤吉·金□權·金鏞杰(1), 金鏞禹(0.50)	16	1934.1.19/1934.1.20
鳳津面	소 계	1명	2	
	北三里	金俊明(2)	2	1934.1.19/1934.1.20
三登面	소 계	63명	351.50	
	文明里	마을 주민(200)	200	1933.12.22
		文鳳極·張洙·孫命甲(3), 金燮根·三登消育組合·張翼寅·邊利善·三登農民共生組合(2), 李元一(1)	20	1933.12.26
	石門里	表錫正(1)	1	1934.1.19/1934.1.20
	太嶺里	李現龍(15), 白樂仁(10), 白仁奎·金潤贊·尹士殷(5), 林貞根·張鶴燮·白斗庚·金重鏞·白日奉·白□潤(2), 白樂範·白文奎(1)	54	1933.12.24

지 역		성 금 참 여 자	성금액	연월일
		白樂俊·表龍三(1)	2	1934.1.19/ 1934.1.20
	古鳳里	張鑣□·李致俊(5), 金□鑣·金珪鑣·安舜炯(3), 白斗七·安秉德·安弼軫·張大旭·吳得贊·朴準植·康昇濚(2)	31	1933.12.24
元灘面	소 계	3명	3	
	元新里	李仁淳(1)	1	1934.1.19/ 1934.1.20
	鳳島里	李元泰·李善朝(1)	2	1934.1.19/ 1934.1.20/ 1934.1.24

* 1. 이 <표>는 동아일보의 단군릉 수축 성금 중 1932년 기성회의 출발부터 1934년 2월 강동향약의 설립 전까지(1932.4~1934.1) 강동군 각 면리별의 내용을 정리한 것이다.
  2. 확인이 가능한 중복된 사람은 성과 이름의 한자가 상이하게 기록되었을지라도 하나로 합쳤다.
  3. 동아일보에 강동군의 면·리가 잘못 기재되어 있는 경우 이를 해당 면리에 수정하여 포함했다.
  4. 기부자 명단에 중복이 발견된 경우에는 완전히 일치하는 경우 연월일의 일자를 합쳐서 표기했고, 일부 명단이 중복되는 경우에는 주에서 이를 밝혔다.

〈표 11〉 단군릉수축기성회의 성금활동(2차 강동군)

지 역		성 금 참 여 자	성금액	연월일
총 계		1,778명	1,139.06	
晩達面	소 계	90명	102.90[134]	
	晩達里	대성탄광(제2회분성금) 崔奉觀·禹用基·金永述(1), 金水哲·李根華·金賢玉·尹岩·李吉福·李東雲(0.50), 李廷模·李雲鑣·李春道·李孝駿·金□杷·	11.40	1934.2.9

---

131) 김수철(100원), 장운경·김상화(50), 김천우·김이초·윤의홍·尹完燮·朴元三·金永權·孫昌俊(10), 문한식·韓鎭泰(5)는 『東亞日報』의 1932.5.29과 중복되었다.

132) 金斗一·尹岐善·張昌郁·金光朝(0.10), 金龍羽·金善英·金□子·金光鎭·金英信·金光豪·金福英·金光善·金東羽·金順子(0.05)는 『東亞日報』 1934. 1.12과 중복되었는데, 금액은 차이가 있다.

133) 崔雲龍·李俊甫·王基炳(1), 蔡錫周·文士鐵(0.50)은 『東亞日報』 1933.12.25과 중복되었다.

지 역		성 금 참 여 자	성금액	연월일
	貨泉里	李隣煥·金龍基·李相彬·金昌國·朴泰植(0.30), 金成杞·李雲燮·吳鳳奉·金善景·李孝俊·車用弼·金善浩·李炳玉·金仁奎·金光善·李用淳(0.20), 郭泰權·安炳鉤(0.10)		
		朴承知(1)	1	1934.3.30/ 1934.4.20/ 1934.4.30
	仁興里	朴勝朝·朴勝寬·郭子賢·高炳强(2), 金永俊(1.50), 朴基浩·林鳳鑛·高冠祚·李興根·朱仁涉·金仁洙·朴元緒·金基澤·金基鵬·申聲德·金生淵·朴用縞·尹洛永·金在坤·李淳道(1)	24.50	1934.3.30
		金夏均·安在杰·金公烈(2), 金永俊(1.50), 白養善·申京模·裴致彦·白奎煥(1)	11.50	1934.4.20[135]
		朴基鑛(10), 朴勝朝·朴勝寬·郭子賢·高炳强(2), 金永俊(1.50), 朴基浩·林鳳鑛·高冠祚·李興根·朴元緒·金基澤·金基鵬·申聖德·金生淵·朴用龜·尹洛永·金在坤·金仁洙·朱仁涉·李淳道(1)	34.50	1934.4.30
	金玉里	金夏均·宋在杰·金公烈(2), 白養善·申敬模·張致彦·白奎煥(1)	10	1934.3.30/ 1934.4.30
	騰巖里	李載根(10)	10	1934.4.20
江東面	소 계	92명	113.21[136]	
	下里	孫元俊(1), 孫萬吉·邊成楫·孫敬鉉(0.50), 金得祿·孫泰彦·李永燮(0.30)	3.40	1935.4.26
	崇義里	朱一相(5), 朱昌倫(3), 鄭麟祥·朱京城(2), 朱秉昱·朱龍燮·羅尙倫·李昊根(1)	16	1934.3.17
	孝德里	朱文濟(10), 金龍吉·朱鉉尙·朱庸濟(2), 朴鳳岡·朱性儉·車濟道·朱致模·朱雲龍·朱鳳洙(1)	22	1934.2.4
		朱錫龍·朱在浩(2), 李時炫(1), 朱鉉俊(0.50)	5.50	1934.3.17
	化岡里	表尙弘(2), 李允燮·金箕範(1)	4	1934.2.4
		李景玗(2)	2	1935.4.26
	源孝里	金潤榮(5), 李允根(3), 金守吉(2), 羅昌範·李仁祥·李培根·李培植·丁九淵(1)	15	1934.2.4
		安東彦·朴允實(2), 鄭完玉·金致雲·安龍彦(1)	7	1934.3.12
	明禮里	金敬三(2), 朴貞浩·趙昌元·黃時愚(0.50), 徐圭圭(0.30)	3.80	1934.3.17
	龍伏里	徐學魯(10), 金璣衡(5), 崔仁淳(2), 李昌述·金錫範·金元極(1), 朴崙洙·張一鳳·李貞燮·張一龍·金大植(0.50), 李桓龍(0.30)	22.80	1935.4.26
	龍興里	李昌奎(3), 李燦奎(2), 劉蘸涉·劉京鑛·李時彦·李天勳(1), 李文基·李允甫·林鍾應(0.50)	10.50	1935.4.26

지 역		성 금 참 여 자	성금액	연월일
	文坪里	松峴洞 改進夜學會生徒 金順璋·朴秉道(0.20), 金炫文(0.10), 金用璋·金炫□·金炫龍·李起洪·安莫俊·兪基洙·卓基洙·白炳錫·白廷鳳·洪春植·朴秉鎬(0.05), 金濟祐(0.04), 劉宗勛·李商祐·李商俊·劉宗煥(0.03)	1.21	1934.2.4
高泉面	소 계	40명	73[137]	
	壽里	李秉舜·李翊龍(1)	2	1935.4.26
	鄕校里	金斗洪(15)	15	1934.2.4
	道德里	李□聲(4)	4	1934.7.3
	龍泉里	金鴻達(5), 丁景說(3), 丁三淵·金鴻漸(2), 韓國善·金景雲(1)	14	1935.7.30
	冠鶴里	金鑛涉·李仲觀(1), 丁相華·李尙道·李慶俊·李應夏·金觀燮(0.50)	4.50	1935.7.30
	三成里	朴秉直(1)	1	1934.3.30
		朴秉道(1)	1	1934.4.20
		朴秉直(10),[138] 李達伯·李文玉(2), 李彌化·趙元杰·林承一(1), 趙承五(0.50)	17.50	1935.7.30
	泉沓里	金贊奎·金榮翊·金亨彬(1), 金祥황(0.50)	3.50	1935.4.26
	馬鶴里	高在信·李景甲(2), 禹聲記·金奎鼎·金呂洪·金俊燮·崔秉德(1), 禹觀奎·金道鉉·金子鼎(0.50)	10.50	1935.7.30
鳳津面	소 계	139명	246.70[139]	
	漢王里	朴道鉉(5), 李載奎·朴濟鉉(3), 李熙用·朴建鎬·李熙八·玄鳳杰(2), 李載南(1.50), 李載馥·李載麟·李載森·李斗國·朴在璜·李熙柱·李寅喆·李載德·洪夏貞·李宗善·李載華(1), 李珩植·李熙庶·朴在珍(0.50)	33	1934.3.30/ 1934.4.20
	鳳湖里	洪恒根(2), 洪晦根·洪春根·洪杰龍·尹元龍·洪亮根·洪榮杰·金泰彬·洪會洙·洪龍□·洪□夏·李仁元·洪之彦·洪斗莫(1)	15	1934.3.30/ 1934.4.20
		金秉初(2), 洪鑛□(0.50)	2.50	1934.5.17
		洪永基(2), 洪炳□(1), 洪旻燮(0.50)	3.50	1934.4.25
		洪永基(2), 韓□峻(1), 洪張燮(0.50)	3.50	1934.4.28
		洪永其·洪□□·洪□俊(1), 洪□燮(0.50)	3.50	1934.5.20[140]
		全學善·金相贊(5), 李鍾游(3), 李芯燁(2), 林貞煥·金觀淑·李根萬(1)	13	1934.4.25/ 1934.4.28/ 1934.5.20
	外端里	洪在禧(2), 李春植·李慶植·李敬善·韓鎬烈(1)	6	1934.4.25/ 1934.4.28/ 1934.5.20
	中端里	李載萬(3), 朴載顯·盧命煥(2), 李應善·李載謙·朴東元·朴東赫(1)	11	1934.4.25

지 역		성 금 참 여 자	성금액	연월일
		朴載이(1)	1	1934.4.28/ 1934.5.20[141]
	下端里	李應龍·李時炯(3), 金亨燦·趙光涉·趙儀健·朴永燦(2), 金□泰·金亨□·趙益三·尹□奎·朴時燦(1), 朴琪瑛(0.50)	19.50	1934.4.25
		金益泰(1)	1	1934.4.28[142]
		李始煥(3), 趙□□(2), 金益□(1)	6	1934.5.20[143]
		金鳳龍(1)	1	1935.4.26
	新里	金濟化·金行鑛(1)	2	1934.4.25/ 1934.4.28
		□琪容(0.20)	0.20	1934.5.20[144]
	龍淵里	鄭斌容(10), 鄭鎬洛(5), 鄭鎬連(2), 鄭鎬鉉·鄭歡容·鄭有容(1)	20	1934.3.30
	金谷里	李景善(15)	15	1934.3.12
		金永吉(5), 張亘燦·朴根培(3), 李道善·張熙燦·金元吉·林大碩(1)	15	1934.3.30
		張正燦(1)	1	1934.4.20[145]
		李載萬(3), 李應善·李載謙(1)	5	1934.4.28
	鳳塘里	洪大修(10), 金鎭周(2), 洪秉健·洪養淳·洪淳軾(1)	15	1935.4.26
	香木里	白雲鶴·洪元迷(1)	2	1934.3.30
	乾泉里	李大燮(4), 弓鏞三(3), 鄭斗贊(2), 李熙錫·鄭斗煥(1)	11	1934.3.30
	下希里	金永壽·金錫鉉(3), 尹趾斌·金用舜(2), 金用昇(1)	11	1934.3.30
	文旺里	金賢弼(5), 許淑·朴應燦(1)	7	1934.3.30
	東三里	金明熙·李敬澤(3), 金燦興·李炳鶴·金明善·孫昌道·方龍鑛(1)	11	1934.4.28
	北三里	金振玉(2)	2	1934.3.30
		金錫龜(5), 金麗俊(3), 朴永觀(2), 金得□·金得鍊(1)	12	1934.4.28
	東里	李基玉·李東燮·李贊庠·李承燮(1)	4	1934.4.28/ 1934.5.20
	蓮里	鄭術黙(1)	1	1934.4.28/ 1934.5.20
三登面	소 계	169명	217.85[146]	
	文明里	許極·金龍性·朱允濟(2), 文海極·朴聖羽(1)	8	1934.2.4
	生金里	金魯鉉·金龍昇(3), 李寅燮·金用□·金光道·金□文(2)	14	1934.2.4
	鳴鶴里	李賢祚(3), 崔洛彦·金炳耕·白用庚·元道常·崔正華·崔元景(1)	9	1934.2.4

지 역		성 금 참 여 자	성금액	연월일
三登面	松石里	협동청년회(2), 白南□·朱元植·金樂俊·李泰□·李尙竹·金致奎·李基銅·李景興·李德興·李福興(1)	12	1934.2.4
		白奎洙(1)	1	1934.3.12
	紫陽里	朱元欽·金炳淵·朱炳植(3)	9	1934.2.4
	石門里	崔荊昫·李元模(5), 白昇熙(3), 李德景·玄天龍(2), 白雲祥·李贊亨·表用聖·白碩熙(1)	21	1934.2.4
		金觀奇(1)	1	1934.3.17
		白樂三(0.30)	0.30	1935.4.26
	太嶺里	金秉洙·태령청년회·農務會(2), 白樂鳳·表濟煥·白錫浩(1), 東明義塾生徒 白璘永·白樂璜·白南瑩(0.10), 白永杰·崔萬浩·李興澤·白南辰·白□玉·申聖三·金相益·白斗南·白雲深·申在祐·邊用楫·李允相·白璿永·白□永·尹正燮·白瑜永·白玩永·崔永燮·白琓永·白東夏·白秉愛·白璿永·白德永·白玉永·白致永(0.05)	10.55	1934.2.4
	古鳳里	金琇鑌·金成賢·金澤鏞(2), 朴泰鑌·白□洙(1)	8	1934.2.4
	鳳梧里	白彰源(2)	2	1934.3.17
	玉井里	白大洙·白贊洙(3), 張濟民·白萬洙(2), 白現洙·白觀洙·白吉洙·白南杰·白東根(1)	15	1934.12.25
		白란洙(1)	1	1934.4.20
	上束里	甲號부락(3), 白承暾(1)	4	1934.2.4
	束芻里	韓礪良(3), 金炳澤(1)	4	1934.2.4
	攀龍里	盧炳龍(2), 申周澄(1.50), 黃彩元·徐承□·申祺協·金樑奎·申麟相·申秉俊·申寅植·金永洙(1)	11.50	1934.2.4
	岱里	高應甲(1)	1	1934.4.20
	靈臺里	李熙濟(1)	1	1934.2.4
	祭靈里	白承煥·朴用權(3), 張潤(1.50), 李斗彬·李斗燦·趙光彦·李昌根·李昌範(1), 朴永根(0.50)	13	1934.4.20
	松街里	金益煥·徐寬(2), 李斗洪·金應龍·李孝傳·金益□·李承協·李貞赫·金貞彬(1)	11	1934.4.20
	淸灘里	李旭(2), 李煥一·朴吉洙·李承浩(1)	5	1934.4.20
	社塘里	李潤賢·李尙寬(2), 張□淵(1)	5	1934.2.4
		韓達學(2), 白元昊(1.50), 白元鵬(1)	4.50	1934.4.20
	鳳瑞里	李炳燮·表光準(3), 李命煥·李益善(2), 李萬一·李命吉·李龍一·鄭時黙·李命烈·李斗□·李國鉉·李升一·表寬輔·表浣萬(1)	20	1934.12.25

지 역		성 금 참 여 자	성금액	연월일
三登面		李斗南(5), 金益祚·林志鉉·金應鎬·趙允煥·秋川嘉太郎·增田傳六(2), 白孝謙·張基□·趙明雲·尹錫呂·李昇濂·朱炫文·金丙麟·金道亨·韓承祐(1)	26	1934.12.26
元灘面	소 계	1,248명	385.40[147]	
	上里	金永燮·文昌善·文□俊·宋君河·李善根·李秉華·金益財(1), 金元慶·金鳳慶·李弼喬·宋基賢·金得斗(0.50), 金得弼(0.30)	9.80	1934.3.30
		李鼎實(2)	2	1934.7.3
		徐敬燁(3)	3	1935.4.26
	圓興里	李明郁(5), 崔東奎(2), 李桓哲(1.50), 金載洙·崔寅衡·李東高·李殷淳(1), 李炳燮(0.50)	13	1934.4.28
		李恩燮·李昌根·李性淳(1.50)	4.50	1935.4.26
	內里	金始煥(15), 金鎬鶴(2), 孫光祖·孫龍祖(1), 金柄禧(0.50)	19.50	1934.4.28
	新龍里	李用善(2)	2	1934.4.28
	元新里	黃駿穆(2), 金亨道(1)	3	1934.4.28
	文隅里	李復燮(7), 李鳳夏(5), 李日煥(1.50), 李光燮·李得烈·李善夏(1), 李桓裕·李基珽(0.50)	17.50	1934.4.28
		李復燮(10), 李陽燮(1)	11	1935.7.30
	松塢里	李秉源(0.50)	0.50	1934.3.17
	三靑里	李寬植(1)	1	1934.3.17
		朴承煥(1)	1	1934.3.30/1934.4.20
	塔下里	金贊澤·田井珏·李雲奎·田井範·金仁洪·金贊善(1), 李雲成·田喜雨·金聖洪·田井洪·李雲興·金明燮(0.50)	9	1934.3.17
		黃君南(2)	2	1934.4.24
		田裁耕(0.50)	0.50	1934.4.26
	黑龍里	趙文和·金呂燮·金啓三(1), 金鐸□·朱應南·朱極南(0.50)	4.50	1934.3.17
		徐相範(1), 金炳道(0.50)	1.50	1935.4.26
	高飛里	趙信賢·尹基實·金允錫·金利鉉·尹義貞·張明鎬·金麟壽·金鏞國·韓基烈·金成濟·金鳳敎·車聖德·白贊玉·朴致善·朴基覃·李炳植·尹錫吉·金仁浩·崔海弼·金瀅涉·石龍俊·金龍日·李鑛洙·李永七·李基八·吳利杜·李龍成·宋承興·車淳根·李春甫·韓炳高·金利洙·金致華·金應珏·韓道亨·金鉉奎·趙胡津·李道弼·金志浩·盧淵洙·高應龍·李正根·金贊述·韓京燁·朱達汝·金仁盛·金允浩·李光俊·李泰桂·金永友·李宗學·金鳳祚·李陽善·李箕兄·	15	1934.3.30

지 역		성 금 참 여 자	성금액	연월일
元灘面	高飛里	李基華·禹俊燮·金益烈·金寬淑·金德河·申敬植·李宗順·李用寬·金學元·洪淳赫·李善錫·李應浩·金在億·朴聖國·李炳洙·黃承山·黃道贊·金應基·申義福·金道益·金錫萬·金龍瑞·金元浩·車大津·高應聲·金仁夾·金享觀·李呂球·鄭祥洙·李鳳린·李炳津·李相根·金鳳旻·金鑛淳·崔士鍾·李德龍·李成伯·韓明洙·金允玉·白寬俊·金龍澤·李萬赫·朴旻敬·金士俊·金麗洙·李祥蕳·文應祥·吳培弘·申錫均·吳鶴亨·金□걸·金士吉·金吉福·吳瀅燮·盧化德·李基善·李鳳錫·李國元·朴文贊·李鑛西·鄭日模·咸完鳳·李萬根·金尙玉·李京洙·姜雲麗·李炳鳳·金贊文·曹振生·金光鉉·韓成雲·李相鑛·金炳玉·李尙祿·金淳五·朴昌順·禹弘습·李洪錫·金明山·朴永遠·李東津·金奉淳·李正華·玄信奎·白大吉·白基益·金浩元·朴炳熏·朴振孝·朴永植·黃基澤·李履燮·鄭時烈·張國煥·吳泰柱·金貞龍(0.10)		
		鄭致三·許德淳·李俊盛·洪相樹·崔允燦·金鎬善·丁學述·鄭文□·金通仙·金龍雲·朴學根·韓炳珣·咸宅仕·洪江□·李昌린·金永俊·吳培淳·金萬奎·王仁洽·鄭益贊·洪竹根·金明奎·金益章·金昌德·金柱浹·金應聲·朴□煥·李□吉·車仁錫·林基賢·金丁一·文昌周·韓炳斗·盧五奉·白基復·元用□·李一南·金廷洙·金泰鉉·張鑛國·白德彬·朱洛奎·崔鼎寬·韓亨奎·金舜孝·朴吉權·李致景·劉鳳錫·李仁杰·李東玉·李在甫·李明元·崔鑛商·李炳于·金龍淳·張利乾·朴能煥·吉錫基·李英·尹奎赫·李允基·朴雲善·白應八·奉斗□·金光允·朴元亨·金在鉉·高斗旻·張仁謙·金益濟·李鍾三·趙基一·李濟成·崔國昇·尹致貞·金昌龍·李正澤·金□馥·朴禹河·李春英·朴日三·金龍洙·李成吉·朴孝德·高應麗·崔亨泰·高德泰·韓成祿·金昌善·邊龍彩·李炳善·李根·金中永·金昌洙·李永福·許官淳·金永契·金京源·李仁郁·李鴻基·金大錫·張弘斗·李致康·尹相益·李貞盛·金中萬·李鎔相·李雲相·盧錫貞·盧致龜·金壽用·田亨俊·金利元·朴基弼·薛珍載·李鼎雲·金文濟·康永鑛·朴基龍·咸益培·金貞五·李俊淳·洪翊龍·李如用·尹利在·李稷炯·吳國泰·韓炳呂·李在吉·金永福·高□春·鄭玉珠·金大用·金壽億·許基丁·文應祿·金達鉉·李時喆·崔如□·金鑛用·朴基河·金福來·李基弘·金龍錫·李麟基·金應洙·玄昌□·尹得福	27	1934.3.31[148]

지 역		성 금 참 여 자	성금액	연월일
元灘面	高飛里	·李龍三·金巨國·金鳳孫·李相殷·金成福·金國甫·李成玉·李鶴洽·조□善·金武聖·尹大□·李錫□·金基弘·李德善·康元俊·李夏奎·李英春·黃學柱·劉基福·康七寬·李泰植·金在天·金甫石·朴殷遵·金炳赫·金一振·金昌洙·李基芳·金淳禹·李應呂·金秀權·李炳鉉·黃丙龍·朴世華·李宗河·崔康稷·金基丁·崔允豪·高應厚·朴聖雲·崔達成·白樂根·金最善·吳熙泰·徐相煥·李正鎬·金允協·金義植·李觀爕·金俊善·康用善·許三·李文成·金聖康·洪秉漢·李明珍·金文七·洪一爕·崔允杰·金東杰·李成根·李鎬奎·崔元珍·崔光烈·金仁善·韓大官·尹萬福·朴永澤·金萬大·李斗範·金德奎·金有信·洪志穆·林陽根·朴貞夏·金德模·林秉模·金寬祐·徐元祿·金永萬·金孝信·朱在權·金龍洙·金永斗·金連玉·田明俊·朴泰仁·李光濟·李寶花·金炳燁·金春華·洪贊植·韓德鉉·金昌洙·李亨根·張吉龍·李永贊·金學俊·朴基爛·金用爕·朱元孫·李燦·李賢斌·白允九·夜應善·李相俊·金永린·朴一鳳·金明杰·李基勳·丁元益·李泰元·金洛河·崔宗彬·張雲峰·李元淳·李用奎·康承俊·金致道·韓弼奎 (0.10)		
		金賢釣·李福文·朴炳柱·金昌鳳·張昌杰·金秉祿·金仁善·奉昌□·石光淳·李元銅·朴京西·李日□·金士杰·李載丁·金文德·羅俊吉·韓弼淳·金光□·李在成·任孝淳·韓用□·金寬涉·高斗□·李□澤·朴士杰·朴泰鑛·朱炳鶴·李恒穆·鄭想道·黃根河·金俊杰·李龍□·金張福·張德範·金弼洪·李□□·白成煥·李□린·趙日彬·崔永燁·金光晩·趙允玉·李善玉·尹元吉·朴基君·金學觀·李基文·金俊德·金□□·金允澤·金壽一·申永錫·田大英·李□河·郭永燁·李宗郁·白時泰·崔用夏·李應三·金振成·李基導·韓鎬鉉·張日爕·金昌淳·李龍孫·尹春奎·조基容·金根洙·金□赫·金成國·白鎬爕·徐鑛淳·金基善·金鼎華·白日贊·趙元國·李成元·崔昌洙·玄昌道·李賢爕·朴日甫·金玄八·李仁爕·李應京·朴明洙·李貞洙·孔承煥·金龍德·金□浩·吳在甫·柳鳳鉉·金□黃·金星德·尹化洙·黃國□·尹鳳三·李永린·尹基澤·金鼎允·李益泰·金永斗·黃國善·宋天命·李鏞潤·崔南汝·吳泰民·李義淳·金炳龍·羅善文·李振澤·	40.40	1934.4.3

지 역		성 금 참 여 자	성금액	연월일
元灘面	高飛里	李觀實·金澄國·池昌□·黃常道·李元夏·朴奎鉉·崔□洙·李泰國·李春化·白榮濟·李宗浩·韓仁喆·朱吉男·文熙元·孫基弘·李善永·金奎星·朴大煥·宋昌榮·李貞□·李應善·金昇吉·金銀錫·白宗□·朴鳳□·李寶成·康尙□·朴元鑛·李春燮·李民澤·劉東鑛·李成根·白道濟·吳炳律·韓利奎·黃明河·李達□·李永洙·黃河鑛·朴炳植·林貞鶴·康□善·朱吉彦·李官化·金秉錫·孫基鑛·金基璜·尹亨貞·丁永道·李鳳鑛·李貞根·李亨五·李成贊·李龍成·金斗燁·李希洙·朱允華·吳吉順·金永杰·朴桂七·徐相祿·李贊燮·丁海成·金基弘·金基釣·韓道淳·文熙喆·金□穆·許德萬·李相□·朴義哲·金成玉·高斗旻·康□吉·張文洪·李桂鳳·張翰善·李應浩·金鉉秀·李浩淳·金昌奎·李亨喬·朱金錫·李弼用·金長吉·李敏植·張浩燦·李守萬·李夏奎·李尙燁·李□燮·□永植·李基允·殷丙銅·李成國·朴萬孝·高東根·李陽浩·李應龍·閔景鎬·朴在杰·金成律·朴龍□·車正玉·李相祖·李洪洙·洪淳弼·徐燦鳳·李用濟·白觀洙·龍京洙·李炳吉·金喆謙·李基元·尹貞觀·洪淳坤·朴仲植·金亨俊·奉善京·李鑛永·金永澤·黃斗河·金昌三·李熙鑛·黃德福·尹永澤·康德七·任給淳·李桂洙·金在善·李東玉·朴善柱·金永七·金永昌·金士俊·朴基洙·宋仁喆·金景洙·崔宗五·丕秉恒·趙□信·金文洙·趙雲澤·呂孝弼·金根河·李文載·金文坤·黃信鏞·李基恒·金文吉·洪鑛萬·孔永冾·金禮吉·林洙善·許汶·李基植·李河道·李貞洙·李陽涉·鄭永淳·李允瑞·鄭學河·李善柱·吳貞洙·金允九·張允燦·李萬奎·洪基星·白贊奉·韓鳳柱·李周孝·李京述·宋雲玉·金仁俊·尹大學·尹武甲·朱漢國·趙相燮·朴尙根·高致華·李觀敾·李光津·吳斗赫·金秉植·韓敬喜·孫尙緯·金千萬·尹承澤·李益盛·康元鳳·許俊萬·李慶盛·金華善·朱敬欽·尹亨俊·朴元一·金弘烈·尹廷朝·金京浩·李元一·金瑞鳳·李忠九·鄭胡燮·朴盛根·金秉淳·李壽命·吳東彦·李敬德·金炳龍·禹濟俊·崔夢燁·李時斌·晋昌烈·李云涉·李彩均·康永銅·金淳鳳·吳盛정·李昌燮·李盛實·黃龍成·崔淳亨·李恭□·金根鳳·韓炳三·白壽吉·沈盛福·張仁淑·林鳳善·李東福·崔根壽·鄭善洙·鄭應鎬·安奧福·李道運·羅連沐·白泰郁·金成振·金鳳淳·金成仲·李鳳郁·金秉西·高元鑛		

지 역		성 금 참 여 자	성금액	연월일
元灘面	高飛里	·金昌瑞·金泰俊·金致淳·金東秀·李□萬·崔昌恒·李成□·白榮淡·金龍正·金玄洪·李基鉉·金龍德·金貞祚·黃炳億·朴元七·金用河·張日涉·宋基玉·李學均·李基璜·鄭一善·石云淳·金福孫·黃君五·許基龍·張斗□·金利煥·李士謙·禹弘淳·朴泰元·黃義鏞·金元浩·朴昌化·李宗觀·張□輔·金用德·李尙□·許正淳·洪祿根·李淳京·鄭銅려·鄭在玉·李東奎·朴瀅□·李仁華·吳□□·□海龍·金□□·金昌秀·白泰郁·金成振(0.10)		
		李天旭(50), □江章(10), 張允洪(5), 金翼祚·李龍俊·張國煥(3), 徐相周·康亨祚·金利南·安利鎭·金成一·趙均洙·李世澤·小西文助(2), 金容觀(1,50), 孟贊玉·文斗寬·林虎涉·劉鉉鎬·李昌實·李成祐·韓成根·李龍海·金東㬦·李景澤·李夢珏·林益穆·李尙煥·尹浩燮·李昌煥·金□洪·金學洙·韓就賢·李銅淵·李□燮·李光澤·尾上銀太郎·宮村敏·島田武男·森田欣作·左塚安雄(1), 尹尙奎·李陽燮·鄭元□·吳成견·金壽岩·金秉箕·許□·金利洙·李根範·李聖珏·文德洙·金用聲·李萬培·丁泰淳·金濟敬·安虎涉·金鼎敎·金光赫·金燦壽·張景模·李龍熏·金俊泰·李東燁·金在鶴·金鳳鎭·金泰觀·金顯永·劉元鎭·金如篹·金駿聲·鄭斗玉·楊秉燮·白泰亨·金□□·金秉三·李用燁·李榮燁·李夏杰·李稷煥·李恒긍·金東奎·鄭인弘·金利天·金화·金益永·李得燁·黃炳順·金光爀·金元植·金秉洙·鄭인赫·李漢述·朴陽珍·金永淑·許□·金聖煥·金鎬瑞·金鉉燮·丕秉□·鄭達□·金珍三·徐澤俊·趙瀅英·張明煥·金一範(0.50), 金永河·李永源·韓明邊·金達成·安昌□·金永杰·白□찬·李鼎煥·李善吉·鄭龍彦·李裕澤·劉德鎬·黃炳國·崔永□·金在官·白道三·鄭東殷·高允吉·任錫老·金東敎·朱鳳杰·金允杰·兪啓仁·金賢□·李錫□·李桓京·李用熙·金善玉·崔□夏(0.30), 千利根·林文永·金炳□·徐□成·白日鳳·石松木·金萬吉·南星軫·李聖명·黃泰敬·吳希□·黃泰彬·李夏楨·孫順甲·安興俊·金祥현·金致順·趙正洙·李根燮·李英煥·分錫九·金昌化·洪寬洪·林□穆·李周煥·黃□燦·趙炳杰·李德用(0.20), 金貞洙·李永根·文在福·李元鎭·金文吉·金丙熙·趙基元·金秉五·金秉九·白敬濟(0.10)	160.30	1934.4.6

지 역		성 금 참 여 자	성금액	연월일
元灘面	高飛里	李雲鎭·黃泰範·崔基丁·鄭東周·李鑛根·李元奎·玄鳳奎·林昌道·李龍雲·金昌健·金在彬·李仁盛·張基鉉·崔如京·李相楨·李鎬烈·李鳳實·張時岩·李弼昌·金時德·崔明吉·李炳均·李達權·李山銅·金元奎·金文河·劉基福·許贊鎰·黃大應·趙啓榮·李元□·李東淳·朴元三·李桂燮·黃泰淑·康元祜·洪利根·朴仁根·李仁根·金貞玉·尹洪玉·白珍俊·崔鑛泰·金元燮·金炳植·朴仁根·金吉善·金昌信·朴景洙·李雲淳·李在洙·李鳳燁·李雲基·方亨國·李觀珍·崔□華·朴應律·桂翊守·鄭亨容·李光鉉·黃河龍·洪淳坤·朱泰基·李日萬·李見福·田應俊·李在完·李仁昌·金重植·李培雲·金俊八·桂鳳來·林鳳官·鄭鳳熏·朴元甫·李山干·尹相泰·金敬述·崔泰範·金雲國·李貞基·張濟相·李時昌·李錫德·李東勛·張仁浩·洪敬植·朴斗炳·金元植·崔相俊·李鳳德·尹重俊·金勳南·金亨彬·朴基□·金熙燁·田昌祚·白燦熙·金七星·金冕錫·朱東植·金基錫·文在祿·許俊·金龍錫·高應基·李元華·朴泰鎭·李炳桓·李炳道·李貞茂·李成杰·李元龍·崔仁浩·黃慶·金炳淳·高斗赫·金甲根·林利善·李炳律·李永□·李用吉·文鳳官·金鴻敎·李在郡·宋在奎·金敬植·朴炳俊·金善柱·李陽燮·石鳳俊·田亨俊·白奎用·李在□·李士民·黃祥燮·宋面在·金聖龍·李元奎·張正祿·禹河喆·朴在熙·金思源·金元順·李成珏·石宗華·金成七·金承南·李用觀·禹尙弼·石基璜·禹恒述·盧元榮·韓公根·李桂燮·李淳八·田振八·劉泰浩·李用八·李用寬·金成弼·李炳洙·康殷潘·李東□·朴尙烈·宋昌奎·吳貞柱·尹貞龍·李宗學·金敎京·尹基浩·宋炳殷·李昌奎·李基澤(0.10)	17.40	1934.4.13
	爁巖里	李正욱(10), 李洪洙(3), 李貞욱(2), 李昇龍·李雄祿·李龍淑·李永夏·李萬祚(1)	20	1935.4.26

---

134) 晩達面의 勝湖·槐陰·立石·廣淸·大成·雲鶴·新壯·東西·巴陵里

135) 朴基鎭(10), 朴勝朝·朴勝寬·郭子賢·高炳强(2), 朴基浩·林鳳鎭·高冠祚·李興根·朴元緒·金基澤·金基鵬·申聲德·金生淵·朴用龜·尹洛用·金在坤·金仁洙·朱仁涉·李淳道(1)은『동아일보』1934.4.30과 중복된다.

136) 江東面의 臥龍·智禮里의 참여는 『동아일보』에서 확인되지 않는다.

137) 高泉面의 麥田·明·古城·先光·龜巖·廣德·盤石里의 참여는『동아일보』에서 확

* 1. 이 <표>는 동아일보의 단군릉 수축 성금 중 1934년 2월 강동향약의 설립부터
     1935년 7월 30일까지 강동군 각 면리별의 내용을 정리했다.
  2. 이하의 내용은 <표 1>과 같다.

<표 12> 단군릉 수축공사 성금자(기타 지역)

지 역		성 금 참 여 자	성금액	연월일
총 계		326명	1,018.48	
평남 평양부	읍내	曹晩植(5), 朴應茂·韓根祖·金行一·宋錫燦(2), 朴根 燮·朴根盛·吳光福·金淳鑛·洪秉陸·동아일보사 평양지 국 배달일동(0.50)	16	1934.2.8
		평안남도의회 일동 崔東稷(5), 李敦植·大橋恒藏·□ 田善之助·鈴本種一·金秉琓·青木健三郎·福島莊平·李 種燮·李基燦(2), □基喆·徐俊錫·宋顯燮·尹同植·金仁 梧·白崙乙·金□□·康元健·趙元祚·鄭基琇·李炳浩·崔 鼎黙·李寬淳(1)	36	1934.3.12
	上需里	趙雲鴻(0.50)	0.50	1934.1.24
	上水口里	李益紋(2)	2	1934.1.24
	館後里	林永植(2)	2	1934.4.3
	水玉里	劉炳基(1)	1	1934.4.28/ 1934.5.5

인되지 않는다.
138) 『동아일보』 1934.3.30에는 朴秉直(1)으로 기재되어 있다.
139) 鳳津面의 雲龍里의 참여는 『동아일보』에서 확인되지 않는다.
140) 『동아일보』 1934.4.25, 4.28, 5.20의 鳳湖里 기록 3건은 같은 내용으로 보인다.
141) 盧命煥(2), 朴東元·朴東赫(1)은 『동아일보』 1934.4.25과 중복된다.
142) 李應龍·李時炯(3), 趙儀健·金炯燦·朴永燦·趙光涉(2), 尹錫奎·金委泰·金亨侃·趙
     益三·李時燦(1)은 『동아일보』 1934.4.25와 중복된다.
143) 趙光涉(2), 趙益三·尹錫□·李始燦(1)은 『동아일보』 1934.4.25와 중복된다.
144) 金濟化·金行鎭(1)은 『東亞日報』 1934.4.25와 중복된다.
145) 金永吉(5), 林根培(3), 李道善·張熙燦·金元吉·林大碩(1)은 『동아일보』 1934.3.30
     과 중복된다.
146) 三登面의 鳳儀·龍淵·古柳·石廩·沙灘里의 참여는 『東亞日報』에서 확인되지 않
     는다.
147) 元灘面의 下·南京·表岱·馬山의 참여는 『동아일보』에서 확인되지 않는다.
148) 黃道贊은 『동아일보』 1934.3.30과 중복된다.

지 역		성 금 참 여 자	성금액	연월일
평남 평양부		田德龍·盧永勳·南汝伯·金昇鎬(3), 黃錫龍·韓容·崔晶煥·金鑛根·盧光潤·李炳濬·鮮于奎·李연熙·安井鎬·金正商(2), 鮮于상·羅一鳳·鮮于仁淑·李奎燮·盧得柱·李秉鑛·金德商·孫昌淑·金一鑛·金鳳翼·尹任聖·李裕根·李義英·金晶燮·鮮于珉·趙好善·尹경·吳泰玉·朴在昌(1)	51	1934.7.3
대동군	금영면	院壤公普校 車基鼎(3)	3	1934.1.24
	秋乙美面 美林里	미림중립소년회 尹龍福·李基弘·尹麟□·尹在□·尹德在·金秀□·李起元 7인 합(5), 대성탄광종업원 일동(18.48)	23.48	1934.2.9
	남형제산 면業村里	李敎植(10)	10	1935.7.30
성천군	靈泉面 柳洞里	韓廷珏(1)	1	1934.3.30/ 1934.5.5
	通仙面 德岩里	金順德(5)	5	1935.4.26
중화군	당정면 龍海里	尹永甲(3)	3	1934.5.5
順川郡	厚灘面 龍興里	林琪英(0.50)	0.50	1934.4.28
	玉村	金益泰(1)	1	1934.5.5
경성	서린동	金用武(10), 金禹善(0.50)	10.50	1934.1.21/ 1934.5.5
		金觀鎬(1)	1	1934.1.21/ 1934.5.5
		中央高普2년생 金章鎬외 39인(5.66)	5.66	1934.5.5
	樓下洞	남씨(1)	1	1934.1.23/ 1934.5.5
		張英基(0.50)	0.50	1934.3.9/ 1934.5.5
	□井洞	金玉鉉(1)	1	1934.2.14
	茶屋町	徐正錫(2)	2	1934.3.9/ 1934.5.5
	필운동	趙乙午(0.50)	0.50	1934.3.9/ 1934.5.5
		동아일보사(500)	500	1934.1.7/ 1934.1.19/ 1934.1.20
		동아일보사원 일동(164.02), 동아일보사 공장일동(59.90), 동아일보사 배달일동(4.05)	227.97	1934.1.17/ 1934.1.2 0149)

지 역		성 금 참 여 자	성금액	연월일
경성		경성재판소 구내변호사 사무원공소 경성법우회(3)	3	1934.1.23/ 1934.5.5
		一學生(0.10)	0.10	1934.2.14
		李載甲(1)	1	1934.7.3
경기도 여주군	점동면 長老里	長振야학강습회32명대표 閔景植(1.14)	1.14	1934.2.4/ 1934.5.5
충남	大田邑 泉町	宋秉己(1)	1	1934.1.11/ 1934.1.20
연기군	조치원읍 조치원리	朴之赫(3)	3	1934.1.20
서산군	음암면 도당리	崔斗金憲(3.50)	3.50	1934.1.21/ 1934.5.5
논산군	성동면 益尺里	趙南衡(0.50)	0.50	1934.1.23/ 1934.5.5
충북 담양군	읍내 객사리	宋基柱타자기완성축하회비 잔액(2.40), 姜宗元(2), 姜宗律(1), 姜南山·姜振秀·姜漢秀(0.50)	6.90	1934.3.28/ 1934.5.5
청원군	本町	朴扶樓(1)	1	1934.5.5
경북 김천군	과곡면 양색동	李相亮(1), 李奬琦·李煥舜·李煥朝(0.10)	1.30	1934.1.17/ 1934.1.20
안동군	일직면 遠湖洞	徐富勳외 3인(1.30)	1.30	1934.2.4/ 1934.5.5
달성군	多斯面 汶陽洞	鄭永熙(5)[대구지국취급]	5	1934.2.14
	달성면 池山洞	金成業(0.50)	0.50	1934.3.9/ 1934.5.5
합천군	大井面	宋智用·宋寅永·李善寬·宋壽永·李在山·宋台永·宋奎 用·宋順用·宋根永·宋斗永·宋閏永 합(1.10)	1.10	1934.3.9
	大井面	李右山(0.10)	1	1934.5.5150)
	칠곡면 林北里	李英(0.20)	0.20	1934.3.17/ 1934.5.5
마산부		李相滿(5), 明道燮·金炯轍(3), 李澄宰·金轍斗·金九 炫·宋銅守(2), 呂海·金在鏞·金炯才(1), □寅漢 (0.50)	22.50	1934.3.17/ 1934.5.5
		尹太泳·彭東柱(1)	2	1934.4.3
경남 함안군		북공립보통학교 第一歷 대표 趙在驤(0.33)	0.33	1934.2.14
함양군	마천면 군자리	韓琪錫(0.20)	0.20	1934.3.17/ 1934.5.5

지 역		성 금 참 여 자	성금액	연월일
	휴천면 文正里	李宗煥(0.40)	0.40	1934.3.17/ 1934.5.5
	석복면 栢淵里	金奉洙(0.50)	0.50	1934.3.17/ 1934.5.5
	竹谷里	梁址煥(1)	1	1934.3.17/ 1934.5.5
	석하면 하동	朴泰洪·高龜玉(0.50), 李宗彦·朴日榮(0.30)	1.60	1 9 3 4 . 3 . 1 7 151)/ 1934.5.5
	상동	朴□□(0.30)	0.30	1934.3.17
		高繼玉(0.50), 朴應權·朴기秉·李宗彦(0.30)	1.40	1934.5.5
황해도 황주군	청수면 금광리	池夏濬(1)	1	1934.1.21/ 1934.5.5
강원도 원주군	원주면 상우리	劉□根(0.50)	0.50	1934.1.19/ 1934.1.20
인제군	인제면 상동리	申恵休(0.50)	0.50	1934.4.3
춘천군		春川高普校 제4, 5학년 생도 일동(4.44)	4.44	1934.4.26
양양군	양□면 淸溪里	康薦祥(0.50), 禹永宵(0.30), 孫貞弼·崔昌一·崔文善(0.20)	1.40	1934.5.20
	鳳溪里	朴淳厚·陽德公普校生徒 金永□(0.20), 權再容(0.10)	0.50	1934.5.20
평북 용천군	양광면 龍游洞	崔永殷(1)	1	1934.3.9:/ 1934.5.5
개천군	읍내	文命浩(1)	1	1934.3.30/ 1934.5.5
		鄭錫酒(1)	1	1934.5.17
제주도	翰林	金春岡(1)	1	1934.5.5
동경	本鄕區 田町	고학생 李斗鎰(0.50)	0.50	1934.1.12/ 1934.1.24
미상		鄭準台(0.50), 洪性英·鞠淳範·李德河(0.30), 朴利喆·金賣斗·崔炳澤·李義錫·金錫允(0.20), 洪性殷·安壽榮(0.15), 李普□(0.13), 李昌圭(0.12), 趙演坪(0.11), 金章鎬·李成祐·金永錫·鄭養秀·張孝銓·陳車燮·洪淳旭·曹文植·林貞善·姜漢求·李演圭·權熙晟·金榮一·趙春植·李承烈·李根宇·金世喜·李鏞洙·李鍾協·姜和燮·朴泰振·李東熙·安麟勳·廉泰銓·金世玉·鞠泓錫(0.10)	5.66	1934.1.23

지 역		성 금 참 여 자	성금액	연월일
		趙尙鎬·劉世黙(10), 金元甲(3), 玉慶植·금융조합직원 일동(2), 金鴻哲·宣尙翼·金在根·金炳泰·金周用·崔允鶴·郭壽英·羅時山(1), 金大河·朴致郁·金宗燁·黃應學·金永喆·徐翼龍·金用燦·金永□·崔文澤·朴昌淳(0.50), 李炳斌·金炳觀·朴炳□(0.30), 柳重萬·白贊奎·尹泰煜·宋龍鉉·李成文·李君聖·田秉麟·金應□·黃俊星·金淳鉉·李根夏(0.20)	33.10	1934.4.24

149) 『동아일보』 1934.1.20에는 동아일보사장 宋鎭禹(50), 사원일동(104.02), 공장원
　　일동(59.90), 배달일동(4.05)으로 기록되어 있다.
150) 　宋智用·宋寅永·李善寬·宋台永·宋奎用·宋順用·宋根用·宋斗用·宋國用(0.10)은
　　『동아일보』 1934.3.9와 중복되었다.
151) 朴泰洪(0.50)은 『동아일보』 1934.5.5와 중복되었다.

제3부

단군릉수축운동檀君陵修築運動의 성격

제1장 「단군릉기적비檀君陵記蹟碑」와 단군전승

1. 머리말

강동의 단군릉檀君陵은 1993년 북한의 공식적인 발굴과 이듬해 인근 지역에 개건됨으로서 비로소 우리의 관심사로 떠올랐다. 한때 북한 역시 이에 대해 황당무계한 전설에 불구하다는 이해가 있었으나,[1] 1990년대 주체사관의 대두로 이후 고조선의 역사를 실증하는 유적으로 조사되었고, 그 결과를 토대로 고조선사를 재구성했다.[2] 단군릉 발굴조사 결과에 대해 우리 학계의 입장은 부정적이지만,[3] 이는 단군과 관련한 Key Word 전체까지 예민하게 반응하는 결과를 초래하였다.

단군릉에 대한 우리의 인식 역시 마찬가지이다. 단군의 최후를 전하는 또 다른 전승으로서 단군묘檀君墓는 『동국여지승람東國輿地勝覽』에 비로소 소개되고 있지만, 현재 북한의 단군릉에 대한 역사적 접근 방법은 우리에게 이에 대한 기본적 접근 자체를 멀게 한다. 이런 이유 때문에 단군묘에 대한 우리 학계의 이해는 부정적일 수밖에 없었고, 역사인식

---

1) 田疇農, 1963, 「전동명왕릉 부근 벽화무덤」 『각지유적 정리보고』, 과학원출판사, 171쪽 ; 1985, 「東明王陵附近の壁畵古墳」 『五世紀の高句麗文化』, 雄山閣 재수록 참조.
2) 북한의 단군릉 발굴과 고조선사 재정리에 대해서는 이형구, 1995, 「단군릉발굴개요」 『단군과 단군조선』, 살림터 참조.
3) 권오영, 2003, 「단군릉 사건과 대동강문화론의 전개」 『북한의 역사만들기』, 푸른역사 참조.

내지 전승의 이해라는 측면에서의 접근도 적극적이지 못하게 했다.
1990년대 단군릉 발굴 이후 역사적 측면이든, 사학사적의 측면이든 이
에 대한 우리의 대응이 소극적인 것도 여기에 원인이 있다.

여기에서는 이 같은 이해를 토대로 일제강점기 단군릉수축운동의 결
과로 건립된 「단군릉기적비檀君陵記蹟碑」에 대한 검토를 진행하고자 한
다. 「단군릉기적비」에 대해서는 이미 개략적인 자료 소개가 이루어진
바 있다.[4] 하지만 내용적 측면의 검토가 아니었고, 초보적인 수준이어서
이용에 많은 불편이 있었다. 따라서 강동군에서 전해지던 단군전승의 이
해를 토대로 「단군릉기적비」에 소개되어 있는 내용을 검토하려고 한다.

먼저 「단군릉기적비」의 건립과정을 살펴보고자 한다. 조선후기 이후
지속적인 수치의 논의과정에서 비석의 건립이 간헐적으로 논의되기도
했던 과정을 일별하고, 그 연장에서 이루어진 일제강점기 수축운동의 결
과로 「단군릉기적비」가 건립되기까지를 그 범위로 한다. 다음은 「단군
릉기적비」의 구성과 내용에 대한 문제이다. 단군릉의 비석 건립은 당초
계획이었던 높이 7척 두께 1척5촌 너비 2척2촌의 기념비와 높이 4척5촌
두께 1척 너비 2척의 단군릉비가 그대로 건립되었다. 기성회에서 말하는
기념비는 「단군릉기적비」를 의미하고, 단군릉비檀君陵碑는 단군묘 앞에
건립되었다.[5] 여기서는 원문을 제시하고, 이를 구성과 내용으로 나누어
검토하려고 한다.

마지막으로 「단군릉기적비」와 강동군에 전하던 단군전승의 관계를

---

4) 이형구, 1995, 「단군릉 기적비 비문」『단군과 단군조선』, 살림터, 256~266쪽.
5) 필자는 앞서 단군릉수축기성회의 수축운동 결과 당초 계획에 있던 기념비와 단군
   릉비의 건립이 1기인 「단군릉기적비」로 축소·종결되었다는 견해를 밝힌바 있다.
   김성환, 2007, 「일제강점기 「檀君陵記蹟碑」의 건립과 단군전승」『사학연구』86,
   한국사학회 참조. 하지만 최근 자료를 검토하는 과정에서 1947년 러시아에서 촬
   영한 단군릉의 사진을 확인하였는데, 이를 볼 때 단군릉수축기성회의 수축운동
   결과 「단군릉기적비」와 「단군릉비」가 모두 건립되었음을 확인할 수 있었다. 이에
   앞서 필자의 견해를 수정한다.

논의하려고 한다. 「단군릉기적비」의 내용이 삼위일체三位一體 신관神觀
과 신교神敎로 대표되는 (원)단군교(原)檀君敎의 영향 중 정훈모鄭薰模 등
이 이끌던 단군교의 영향이 개입되었을 가능성을 탐색하고, 단군릉수호
계壇君陵守護契·단군릉수축기성회檀君陵修築期成會·강동향약江東鄕約 등을
조직하여 강동군민의 적극적인 참여를 유도했던 친일 계열의 강동 및
평안도 유림계가 적극 관여했음을 추론하려고 한다. 이상의 검토가 일
제강점기 민족주의 계열은 물론 친일 계열 등에게서 단군을 중심으로
복잡하게 전개되었던 일련의 움직임을 이해하는 작업에 일조를 했으면
한다.

2. 「단군릉기적비檀君陵記蹟碑」의 건립과정

「단군릉기적비」는 1923년 이후 지속적으로 논의·전개되어 1936년
일단락된 단군릉 수축공사의 과정을 내용으로 하고 있다. 『동국여지승
람』의 단군묘 기록 이후 수 백 년 동안 몇 차례의 기념비 또는 표석의
설치논의가 진행된 결과이다. 특정 위인이나 유적에 기념비 또는 표석을
건립하는 것은 후일 해당 인물과 유적의 역사성에 근거를 제공한다는 점
에서 신중해야 하고, 또 중요한 일이다. 단군릉 역시 마찬가지이다. 특히
고려후기 이래 고조선[전조선]이 우리 역사의 출발이라는 역사체계가 정
립된 이후, 시조인 단군과 그 유적에 기념물을 건립한다는 것은 후대에
이에 관한 역사적 근거를 제공할 수 있다는 점에서 매우 신중하게 접근
되었다. 먼저 그 논의 과정을 일별하기로 한다.

> A. 큰 무덤[하나는 縣 서쪽 3리 떨어진 곳에 있는데 둘레가 410척으로 諺
> 傳에 檀君墓라고 한다. 하나는 縣 북쪽 30리 떨어진 刀亇山에 있는데
> 諺傳에 옛날 皇帝墓라고 한다](『동국여지승람』 권55, 「강동현」, 고적)

『동국여지승람』의 단군묘 기록은 현전하는 최고의 것이다. 물론 이
기록 역시 양성지梁誠之가 주도한『팔도지리지八道地理誌』나 이의 편찬을
위해 진행되었을『평안도지리지平安道地理志』에서 출발했을 것으로 생각
된다. 하지만 단군릉은 허목許穆이『동사東事』에서 단군을 역사적 인물
로 정립하고, 최후를 강동의 단군총檀君塚으로 정리한6) 이후 조선시대의
식자층에게 재 주목되었다고 할 수 있다. 조선전기에는 유희령柳希齡이
『표제음주동국사략標題音註東國史略』을 저술하면서 단군의 최후를 신神이
아닌 인간으로서의 접근을 시도하여 그 죽음과 송양松壤[강동현]에서의
장례 사실을 주목한 바도 있다.7) 이후 이에 대한 취신과 불신의 논의가
지속되는 과정에서 의리지장衣履之葬의 중간적 견해가 제기되기도 하면
서 조선 정부에 의해 간헐적인 수치도 이루어진다.8)

이런 과정에서 단군묘의 표석 설치와 관련한 최초의 언급은 정조 때
의 수치 과정에서 확인할 수 있다.

> B. 檀君墓를 수리하고 守塚할 戶를 두었다. 승지 徐瀅修가 啓言하기를
> "단군은 我東의 首出之聖으로 역사에서 編髮盖首의 제도와 君臣上下
> 의 분수 및 飮食居處의 예절은 모두 단군으로부터 창시되었다고 일컫
> 고 있습니다. 즉 단군은 동방에서 실로 세상이 끝나도 잊을 수 없는 은
> 택이 있는 것이니 그 존봉하는 바를 마땅히 높이 崇備해야할 것입니다.
> 臣[徐瀅修: 필자주]이 강동에서 待罪하고 있을 때 현의 서쪽 3리쯤 되
> 는 곳에 둘레가 410척 정도 되는 묘가 있었는데, 故老들이 서로 전하기
> 를 檀君墓라고 합니다. 柳馨遠의『輿地志』에도 실려 있는데, 그 허실
> 과 진위를 막론하고 어찌 그 荒蕪함을 容任하고 樵牧을 恣入하게 하겠
> 습니까. 만약 단군이 아사달산에 들어가 神이 되었기 때문에 무덤이 있

---

6)『기언』권32, 외편, 東事1,「檀君世家」; 권35, 외편, 東事4,「地乘」; 권48, 속집,
   사방2,「關西誌」참조.
7)『표제음주동국사략』권1, 전조선 참조.
8) 김성환, 2006,「朝鮮時代 檀君墓에 관한 認識」『韓國史學史學報』13, 한국사학사
   학회 ; 김성환, 2009,『조선시대 단군묘 인식』, 경인문화사 참조.

다는 것을 수긍할 수 없다면, 이미 喬山之舃도 있고 또 崆峒之塚도 있습니다. 하물며 檀君廟가 평양에 있고 本郡에서 崇靈殿으로 높였는데, 무덤이 彝典에 尙闕되어 있음은 정말 하나의 欠事입니다"라고 하였다. 이에 敎하기를 "비록 징신의 흔적이 없지만 마을의 故老들이 가리키는 곳이 있다면, 혹 병졸을 두어 수호하거나 혹 비석을 세워 사실을 기록하는 등 증거를 삼을 만한 사례가 하나뿐이 아니다. 더구나 이곳의 사적이 邑誌에 昭載되어 있음에도 비석을 세우지 않고, 또 수호하는 사람이 없음은 매우 欠事이다. 연대가 久遠하고 또 믿을만한 문자가 없어 비록 제사를 지낼 수 없다고 하더라도 마땅히 樵牧은 금해야 할 것이다. 해당 道伯으로 하여금 순행할 때, 직접 살펴보고 무덤에 가까이 사는 民戶로서 守護를 정하게 하며 本邑[江東: 필자주]의 수령이 봄·가을로 직접 살펴보는 것을 규식으로 삼게 하라"고 하였다(『정조실록』 권22, 정조 10년 8월 기유).

1786년(정조 10) 단군묘 치제와 수리에 관한 서형수徐瀅修의 건의와 정조의 조치는 그곳에 수총호守塚戶를 두는 것으로 귀결되었다. 이때 서형수의 단군묘 수치 건의에는 비석의 건립까지 포함된 것으로 보인다. 그의 건의에서 직접적인 내용을 확인할 수 없지만, 비록 징신의 흔적이 없더라도 마을 고로故老들이 가리키는 곳이 있다면 병졸을 두어 수호하거나 비석을 세워 사실을 기록하는 등 증거를 삼을 만한 사례가 하나뿐이 아닌데, 사적이 읍지에 분명하게 실려 있음에도 불구하고 비석을 세우지 않고 수호하는 사람이 없음을 한탄하고 있는 정조의 언급에서 확인할 수 있다. 서형수는 단군묘를 수치하면서 비석을 세워 이제까지 논란되어 온 단군묘의 취신·불신의 문제가 향후 해소되기를 도모했던 것으로 보인다. 그러나 단군묘에 대한 정조의 이해는 적극적이지 못하여 수리에 대한 미봉책으로 그치고 말았다.

이후 단군묘의 비석 건립은 능으로 숭봉되는 고·순종 때 다시 시도된다. 19세기말 대한제국기에 접어들면서 평양의 기자묘와 동명왕묘가 능으로 숭봉되고, 단군묘가 제외되자 강동 유림을 중심으로 능으로의 숭봉 노력이 전개된다. 고종 때 강동 유림의 소지를 반영한 중추원의관 백호섭白虎燮·김형후金瀅厚 건의가 그것이다. 그들의 건의 내용에 비석 건립에 대한 논의를 찾을 수는 없지만, 기자릉과 동명왕릉에 비교할 수 있는 단군릉의 수치를 건의하고 있는 것으로 미루어 거기에는 각종 석물을 포함한 비석 건립 역시 포함되어 있었을 것은 당연하다.9) 그리고 이는 순종 때의 숭봉으로 구체화되는 것으로 보인다.

> C. 詔書에 이르기를 東方首出之聖의 廟貌는 崇靈殿이 있는데 平安南道觀察使를 보내 致祭한다. 衣履之藏이 江東地에 있다고 들었는데 지금의 檀君陵을 가리킨다. 그러나 잡초가 우거져도 수리치 않으니 崇奉之禮가 매우 부족하다. 지금부터 封植守護之節을 마련하여 거행하라(『순종실록』 권3, 융희 3년 2월 29일).

단군릉에 대한 의리지장衣履之藏의 이해는 임경대臨鏡臺를 중심으로 하

---

9) 『고종실록』 권40, 광무 4년 1월 29일 "議官白虎燮疏略 平壤卽檀君箕子東明王三聖人建都之地 而檀君首出 肇開鴻荒 立國幷唐堯之世 寶曆享千歲之永 今其衣履之藏 在江東邑治五里太白山下 此旣昭載於該邑志與關西文獻錄 而故相臣許穆所述檀君世家曰 松壤西有檀君塚 松壤卽今之江東縣云 其爲可徵可信 固已章章明矣 該邑山林 屬以封植之意 請于府郡者 積券累牘 是執使之然哉 惟我聖朝崇報之典 靡不用極 往在己丑 封箕子陵 辛卯封東明王陵 象設如禮 神人胥悅 夫以三聖相繼之序 則檀君墓之崇封 當居其先 而尙此未遑者 豈不有欠於崇報之擧乎 伏願皇上 俯察蕘言 博採廟議 特令本道道臣 江東之檀君墓 亦依箕東兩陵之例 一體崇封 以昭尊聖之義 以慰群黎之望焉 批曰 崇報之論 尙云晩矣 然而事體愼重 令政府稟處" 및 『일성록』 광무 3년 12월 29일 참조 ; 『고종실록』 권41, 광무 5년 8월 31일 "中樞院議官金瀅厚疏略 維我大韓 本是禮義之邦 扶桑瑞旭 先發鮮明之氣於封域之內 衣冠文物 甲於世界 忠孝良材 自古輩出 天下萬邦 莫不稱美矣 至若關西風俗 好古崇禮 重義輕財 故追念箕子東明之遺化 屢請廟堂 已封兩墓 威儀燦然 德化如新 而夫何檀君之墓 尙且未封 士庶含菀 輿情共願 中間多年 士林之訴 朝士之奏 非止一再 挽近以來 朝廷多事 至今淹然 此果盛世之欠典也 伏乞皇上陛下 幸察民願 特垂許批 西土蒼生 感戴皇命 頌堯稱舜 而況幾千年未遑之典 快新於文明之世 檀王之靈 亦感聖德 永享無彊之休也 批曰 崇報之義 宜有是擧 而事係愼重 令政府稟處" 및 『일성록』 광무 5년 6월 16일 참조.

는 전승에서 비롯한 것으로,[10] 전승의 배경에는 취신과 불신의 논란에 대한 접점을 찾으려는 고육지책이 일정부분 작용하고 있는 것으로 생각된다. 하지만 주목되는 점은 이 같은 이해를 전제로 단군묘를 능으로 숭봉했다는 사실이다. 물론 이 문제는 한말의 단군릉 숭봉이라는 또 하나의 검토과정을 필요로 하는 것이기도 하다.[11]

어찌되었건 이해 5월 수치가 계획되어 내부內部에서 소요 경비와 역군役軍의 동원을 위한 세부 지침을 마련하기 위한 지시를 내렸고,[12] 정자각 및 각종 석물의 수리비 2000~3500원이 책정되었으며, 수리의 전권이 지방관에게 위임되어 진행될 계획이었다.[13] 이때 계획되었던 각종 석물 수리비에는 단군릉에 대한 기념비 혹은 표석의 설치가 포함되었을 것으로 짐작된다. 하지만 이 역시 계획대로 시행되지 못하고, 이듬해 일제의 식민지로 전락함에 따라 후일을 기약할 수밖에 없었다.

일제강점기 강동지역민을 중심으로 전개되었던 단군릉수축운동에는 두 가지 입장이 개재되어 있는 것으로 생각된다. 하나는 일제의 단군부정론에 맞서 한민족韓民族 역사·문화의 출발로 인식 범위가 넓혀진 단군을 중심으로 국혼 회복을 도모하려는 우리 측의 노력이다. 동아일보의 적극적인 참여 역시 이와 관련하여 이해할 수 있다. 다른 하나는 일제 식민통치자들이 조선을 통치하기 위한 목적에서 이를 이용했을 측면이

---

10) 『箋註四家詩』 중 권1, 七律, 「謁崇仁殿」 "檀殿孔宮[江東縣有檀君墓 葬一隻履云 平壤府西門內 學堂洞檀君殿在北 孔子廟在南] …" ; 『동아일보』 1932.5.11, 「壇君陵奉審記(中)」(吳箕永) ; 佐佐木五郎, 1941, 「平壤附近の傳說と昔話」 중 「檀君の話」 『旅と傳說』 14-9(통권 165), 東京 三元社 참조.
11) 이에 대해서는 김성환, 2009, 『조선시대 단군묘 인식』, 경인문화사 참조.
12) 『황성신문』 1909.2.11, 雜報 「檀墓事蹟」 ; 『대한매일신보』 1909.5.5, 雜報 「檀君墓封築提議」 참조.
13) 『대한매일신보』에는 수리비 3500으로 실려 있고(『대한매일신보』 1909.5.25, 雜報 「檀陵開役」 참조), 『신한민보』에는 건축비 2000원으로 실려 있다(『신한민보』 1909.6.16, 「국조의 당우건립」 참조).

다. 일제 식민통치자들은 단군부정론을 내세우기도 했지만, 이와는 달리 한말 이전부터 일본신화에 단군신화를 용해시키려는 시도를 하기도 했다. 하야시 다이스케가 『조선사』에서 서술했던 이사나기伊弉諾=환인桓因, 스사노오 노미코토須佐之男=환웅桓雄, 스사노 노미코토素盞鳴尊의 아들 이타케루五十猛神=단군 설의 주장이 대표적인 예이다. 그리고 1920년대부터 1930년대 이루어진 단군릉수축운동은 내선일치·동조동근론을 강화하기 위한 식민통치자들의 입장 역시 반영되어 있다고 추론된다. 이런 점에서 한말 진행되었던 수축운동과 그 성격을 동일하게 취급해서는 안 된다. 이 시기 수축운동은 조선후기부터 한말까지 진행된 수축운동과 비교하여 성격과 내용을 달리하며 보다 복잡한 양상을 띠고 전개되었다.

1923년 강동 유림은 단군묘 수축을 도모한다. 이때의 수축은 축장건문築墻建門만으로 국한되었다.14) 그리고 얼마 후 강동 유림의 단군릉 수호·관리를 위한 움직임은 평안남도 유림계로 확대되었다. 평남유림연합회가 1929년 조직한 '단군묘수호계壇君墓守護契'가 그것이다. 동아일보에 수록된 오기영吳箕永의 「단군릉봉심기壇君陵奉審記」에 의하면, 단군묘수호계는 평양의 기자릉과 중화의 동명왕릉에 비해 일개 고총에 지나지 않는 존재로 인식되었던 단군릉의 봉릉과 수호각을 건립하기 위해 조직되었고, 기천원의 성금을 모집할 계획이었다고 한다.15) 수호계의 수치 계획에 그 경위를 내용으로 하는 기적비류紀蹟碑類의 건립이 포함되어 있었는지는 분명하지 않다. 목적이 봉릉과 수호각 건립에 있었다는 점에서 각종 석물의 건립 역시 추진할 예정이었던 것으로 추측되지만, 그 활동은 성과 없이 흐지부지해졌다.16) 그리고 그 원인중 하나는 단군릉의 취신과 불신의 문제에 있었을 것으로 짐작된다.17)

---

14) 『동아일보』 1926.10.22, 「交通의 至便 天惠의 沃土 産物殷豊한 江東」 참조.
15) 『동아일보』 1932.5.12, 「壇君陵奉審記」(下) 참조.
16) 『동아일보』 1932.5.28, 「檀君陵修築期成, 江東人士의 贊助를促함」 참조.
17) 김성환, 2009, 「일제강점기 단군릉수축운동의 전개」 『대동문화연구』 67, 성균관

우리의 관심인 수축기적비 건립과 관련한 수축운동은 1932년 단군릉 수축기성회가 추진하여 5년여가 지난 1936년 건립되었다. 김상준金商俊 등 기성회 임원들이 운동을 추진했는데, 그 중심에는 강동 유림을 비롯한 강동지역민이 있었고, 김수철金壽哲·김광일金光一 등 강동군수의 적극적인 참여와 후원도 있었다. 『동아일보』는 단군릉수축기성회가 발기하기 며칠 전, 후에 기성회장에 선임된 김상준이 단군릉 수축을 발기하고, 강동군수 김수철 등의 찬조를 얻어 수호각 등을 건축하고자 발기회를 구성하려는 움직임을 보도하고 있다.[18] 기성회에서의 단군릉 수축의 규모는 대체로 기자릉·동명왕릉에 준하는 시설을 목표로 했다. 구체적으로 능 주변의 담장 확장 및 수축, 능비와 제단祭壇·제구祭具·석인석초石人石草 등 제반시설의 설비, 4~5칸 규모의 수호각, 재진인가在眞人家를 위한 3칸 규모의 가옥 등의 건립이 계획의 전반이었다. 하지만 이 계획은 강동군의 재정만으로 실현하기 어려운 것이어서 기성회에서는 수호각·제단의 설비와 담장 수축 등만을 우선적으로 추진하고자 했다.[19]

기성회에서는 회장·부회장을 비롯한 임원들이 각 면리에 직접 나가 군민들의 도움을 개별적으로 설득하는 한편,[20] 강동 유림회와 강동군수의 도움으로 강동향약江東鄕約을 설립하여[21] 개인 10전씩을 갹출하는 등 재정 마련에 적극 노력했다. 또 언론사의 적극적인 후원을 얻어 동아일보가 성금 모집을 주도하기도 했다. 그리고 4년여의 성금 모집 결과 강동군민의 모금액 2,654원 72전, 기타 지역의 1,018원 48전, 총 3,673원 20전이 접수되었으나, 이는 7천여원이 소요될 수축공사의 당초 계획에는 크게 미치지 못하는 것이었다. 특히 공사가 시작되기 직전인 1934년

대 대동문화연구원(이 책 Ⅱ-3) 참조.

18) 『동아일보』 1932.4.26, 「朝鮮의始祖 檀君墓修築」 참조.

19) 『동아일보』 1932.5.28, 「檀君陵修築期成, 江東人士의贊助를促함」 참조.

20) 『동아일보』 1932.10.25, 「檀君陵修築期成會大活動」 참조.

21) 『동아일보』 1934.2.20, 「江東鄕約設立」 참조.

4월까지의 총액이 2,859원 78전에 불과했다.[22] 이에 기성회에서는 수호각과 비석의 설치만으로 계획을 축소 조정할 수밖에 없었다. 구체적인 내역은 수호각 1,600원, 비석 1,000원 총 2,600원이었고, 규모는 수호각 4~5칸, 기념비 높이 7척·두께 1척5촌·너비 2척2촌, 단군릉비 높이 4척 5촌·너비 2척·두께 1척, 상석 길이 5척·두께 1척5촌·너비 4척이었다.[23]

동아일보에 따르면, 기성회에서는 1935년 4월 수축을 위한 제반 사무와 성금 수합 및 공사 진행방법 등에 관해 토의했다.[24] 수호각 건립에 필요한 재목과 기와를 매입하고 부지의 매수에 노력하기도 했다.[25] 봉분을 돋우기 위해 담장을 허무는 공사를 진행했다. 또 석물은 조영을 위해 1년 전부터 평양 김준택金俊澤 석물공장에서 착공하여 원체를 거의 완성하고, 비문의 각자刻字를 미리 준비했다.[26] 그리고 이때 품전稟田 조병원趙秉源의 글씨를 받아 수축사적비修築事蹟碑를 각자하고, 평양 이경희李景히 석물공장에서 상석을 치석하는 등 제반 사업을 진행하였다.[27]

그렇지만 수축공사는 순조롭게 진행되지 못했던 것으로 짐작된다. 이는 이해 10월 개천절에 일단 상석만 안치하고, 제관 30여명이 참여하여 제향하는 것으로 수 년여를 끌어오던 수축공사가 일단 마무리되는 것으로 보도되고 있기 때문이다.[28] 물론 거의 완성 단계인 석물의 건립과 담

---

22) 『동아일보』 1934.4.20, 「檀君陵修築事業進捗 總工費 七千圓豫定 于先 修護閣부터 着工, 江東委員會에서 活動中 誠金 總收合七千八百餘圓」 참조.

23) 위와 같음.

24) 『동아일보』 1935.4.23, 「檀君陵修築 封墳工事着工 明倫堂에서 會合決議期成會 積極活動」 참조.

25) 『동아일보』 1935.4.18, 「大朴山下 檀君 聖陵 修築工事를 進行 修護建築材料를 사드리고 石物刻字도 거의 完成」 참조.

26) 『동아일보』 1934.10.28, 「今年 상달 초사흔날 檀君陵祭를 擧行, 來十一月九日 江東에서 陵修築委員會도 開催」 참조.

27) 『동아일보』 1935.7.30, 「檀君陵修築 今秋에는 完成, 奉陵과 陵碑는 工事終了 追慕의 誠金도 遝至中」 참조.

28) 『동아일보』 1935.10.31, 「修築中床石安置코 檀君陵에 對祭饗, 十月三日 有志들

장이 이듬해 봄에 마무리될 것이라는 여지를 남겨두고 있기도 하다.

1932년 기성회의 주도와 1934년 강동향약을 기저로 하는 단군릉수축 운동은 이듬해 10월 상석만을 안치하는 것으로 일단락되었다. 그리고 1936년 봄 담장의 수축과 가을 수축사적비의 건립으로 마무리되었다. 그러나 건립이 추진되었던 수호각은 재목과 기와를 매입하고도 이루어 지지 못했다. 부지의 매수와 관련이 있는 듯하다. 아울러 기념비와 능비, 2기의 건립으로 추진되었던 석물에 관한 계획은 「단군릉기적비」와 「단 군릉비」로 귀결되었다. 석물 설비 역시 평양 김준택 석물공장과 이경희 석물공장에서 준비하였다.[29] 이 같이 수축공사가 당초 계획보다 상당히 축소된 상태에서 마무리된 원인은 구체적으로 알 수 없다. 재정의 부족 만으로도 보이지 않는다. 수호각 1,600원, 비석 1,000원 총 2,600원과 봉 릉 수축 및 상석 등 각종 석물의 설비에 소요될 예산이 공사 시작 직전 의 성금 총액 2,859원과 최종 3,673원으로 어느 정도 가능했을 것으로 판단되기 때문이다.

3. 「단군릉기적비」의 구성과 내용

「단군릉기적비」는 기성회에서 건립 계획이었던 2기의 금석문인 기념 비와 단군릉비 중 기념비에 해당한다. 「단군릉비」는 단군묘에 설치된 상석 바로 뒤에 설치된 표석의 의미를 가지고 있는데, 거기에는 앞서 『강동지江東誌』의 편찬을 담당했던 조병원의 글씨로 '단군릉檀君陵'이라 는 3자만을 새겼다. 『동국여지승람』의 단군묘 기록 이후 비석의 건립 논

_____

이」 참조.

29) 필자는 앞서 단군릉에 건립될 석물이 막판에 평양에 있는 김준택석물공장에서 이 경희석물공장으로 변경되었다는 견해를 밝힌 바 있다. 김성환, 2007, 「일제강점 기 「檀君陵記蹟碑」의 건립과 단군전승」『사학연구』 86, 한국사학회 참조. 그러 나 「단군릉기적비」와 「단군릉비」는 김준택 석물공장에서, 상석 등의 각종 석물은 이경희 석물공장에서 준비되었던 것으로 보인다. 이에 앞서의 견해를 수정한다.

의가 처음 거론되었던 정조 이후의 결과이다. 물론 능으로의 숭봉과 관련하여 대한제국기 본격적인 계획이 시도되기도 했지만, 이 역시 무산되었다. 그리고 일제강점기 강동군민에 의해 추진된 수축운동의 결과로 이루어지게 된 것이다.

단군릉에의 기념비 건립은 이 같이 조선후기 이래 수축과정에서 지속적으로 논의된 결과였다. 그러나 그 계획이 번번이 무산된 것은 무엇보다도 단군을 시조로 고조선[전조선]에서 출발하는 역사인식의 부진성에서 찾을 수 있다. 『삼국유사』·『제왕운기』 이후 고조선[전조선]이 우리 역사체계에서 시원으로 인식되어 왔지만, 이에 대한 이견도 있었다. 단군에서 출발하는 역사인식을 수용하는 계층이 있는 반면, 이를 불신하는 계층도 있었다. 특히 단군조선을 불신하는 계층에게 단군묘의 존재는 이에 대한 또 다른 불신의 기제로 작용했다.

설사 전자의 입장이라 하더라도 단군조선을 이해하는 방향은 다양했다. 『고기古記』 유형의 전승을 수용하는 계층도 있고, 이를 불신하고 『응제시應製詩』 유형을 근간으로 단군조선을 이해하는 계층도 있었다. 두 가지 전승 모두를 수용하여 절충을 도모하려는 계층도 있었다. 기존의 전승을 토대로 다른 각도에서 새로운 전승을 창출하는 계층도 있었다.[30] 전체적인 전승의 수용이라는 측면에서 단군묘는 다양한 전승집단에게 그들 나름의 입장에 따라 달리 해석되었을 것이다.[31] 이런 측면에서 단군묘에서의 기념비 또는 표석 건립에 대한 논의도 이해할 수 있다. 특정 유적의 기원과 내용을 담은 기념비의 건립은 향후 이에 대한 취신의 근거를 제공하기 때문이다.

이런 우여곡절을 거쳐 1936년 건립된 「단군릉기적비」는 일제강점기

---

30) 김성환, 2002, 『高麗時代의 檀君傳承과 認識』, 경인문화사 ; 2006, 「高麗時代 檀君觀의 역사적 정립」『白山學報』 70, 백산학회 참조.
31) 김성환, 2006, 「朝鮮時代 檀君墓에 관한 認識」『韓國史學史學報』 13, 한국사학사학회 참조.

라는 시대적 배경을 가지고 있다. 단군릉수축운동은 위인 선양 및 유적 보존운동을 통해 합법적으로 가능했던 조선의 문화와 사상을 선양하려는 동아일보의 목적성이 개재된 측면이 있다.32) 「단군릉기적비」 건립 역시 그 목적에 부합된다고도 할 수 있다. 또 그 토대는 단군부정론을 앞세워 내선일체·동조동원론 등을 근거로 식민통치를 정당화하려는 일제에 반대하여, 민족대동단결을 위한 사상적 기반의 정립이라는 대전제 아래 단군을 정점으로 전조선인의 규합과 국혼 회복을 도모하던 단군민족주의檀君民族主義와도33) 연계되어 있다.

하지만 기성회를 구성하고 있는 임원과 조선총독부의 식민정책을 말단의 행정체계에서 시행하고 있던 강동군수들의 적극적인 참여를 고려할 때, 다른 측면에서의 접근도 필요로 한다. 이 운동의 성격은 당시 강동군 유림회의 성향은 물론 기성회 임원의 이력 등과도 밀접한 관련을 가지고 있는 부분이다. 기성회장인 김상준金商俊의 예만 들어도, 그는 강동군 참사를 비롯하여 평안도평의회원을 역임한 경력이 있다. 또 그 아들인 대우大羽는 일본에 유학하여 구주대학九州大學을 졸업한 후 군수를 지내고 당시 조선총독부 사회과장에 있었으며, 호우虎羽 역시 일본에 유학하여 경도제국대학을 졸업한 후 경부에 있었다. 김상준의 동생으로 기성회의 고문이었던 김상화金商和 역시 평안남도도의원을 지냈다.34) 이 같이 친일계열의 인사가 단군릉수축운동을 주도하고 있다는 점에서 그 성격을 단군민족주의 또는 동아일보와 연계한 부르주아 민족운동과 연

---

32) 이지원, 2004,『日帝下 民族文化 認識의 展開와 民族文化運動－民族主義 系列을 중심으로－』, 서울대교육학박사학위논문, 282～293쪽.

33) 단군민족주의에 대해서는 정영훈, 1995,「단군과 근대 한국민족운동」『한국의 정치와 경제』, 한국정신문화연구원 ; 2001,「근대 한국에서의 단군민족주의」『한국민족운동사연구』29 참조.

34) 김성환, 2006,「일제강점기『강동지江東誌』의 편찬과 내용」『한민족연구』1, 한민족학회 ; 2009,「단군릉수축운동과 기성회장 金商俊 일가」『백산학보』86, 백산학회(이 책 Ⅱ-1 및 Ⅲ-2) 참조.

계하여 이해하는 데는 일정한 한계를 가지게 한다.

「단군릉기적비」는 숭인전참봉을 지낸 홍대수洪大修가 짓고, 『강동지江東誌』 편찬을 주도했던 조병원趙秉源이 글씨를 썼다. 특히 찬자 홍대수는 기성회에서 주도적 역할을 한 인물로 알려져 있다. 1993년 북한의 단군릉 개건과 함께 원래의 장소에서 현재의 위치인 단군릉 안으로 옮겨세웠다고 하는데, 자료에 대한 개략적인 소개는 이미 이루어진 바 있다. 그러나 상태가 좋지 못하여 전문을 파악할 수 없다는 점에서 부족한 감을 지울 수 없다. 판독 가능한 부분을 재 판독하여 가능한 범위에서 그 전문을 소개하고자 한다. 이 시기 단군릉수축운동과 관련한 가장 기본적인 사료로서의 가치를 지니고 있기 때문이다.

　　　　檀君陵記蹟碑[35]

　　　　(前面)
　　　　前朝鮮檀君□□(記蹟)略
　　　謹按大而化之□□聖聖而不可知之□謂神聖神之澤窮天地亘萬世而不漸其惟我 國祖檀君□檀君以天帝之神孫恂斯民之
　　　　草昧已會甲子□天印降于太白山□□□(神檀樹)假化爲人宣帝勅熊虎率舜人以爲神戊辰推戴爲君乃建國之號朝鮮命彭虞治山川莫
　　　　民居設神敎總□三百六十餘事朝□□于會甲子入阿達山復化神御天歷年一

---

35) 「단군릉기적비」 원문을 입수하기는 쉽지 않다. 이 글을 작성하면서 여러 곳에 그 가능성을 문의했지만, 구할 수 없었다. 이는 탁본뿐만 아니라 탁본에 대한 사진자료 역시 마찬가지였다. 이에 여기서는 이형구가 제시한 바 있는 탁본의 사진자료를 이용할 수밖에 없었다. 이형구, 위의 논문 참조. 그러나 자료 상태가 좋지 않아 판독에 어려운 점이 많고, 그가 제시한 원문에서 잘못 읽은 글자도 확인된다. 이 글의 「기적비」 전문은 이형구가 제시한 것을 토대로 필자가 다시 판독하였고, 명단 등의 부분은 『강동지』 『현대인물』조를 참고하기도 하였다. 비석의 마모나 자료 상태가 좋지 못해 판독이 어려운 부분은 □□로 처리하였고, □□ 부분에 의미상 가능한 글자는 ( )에 병기하여 참고할 수 있게 했다. 북한에서의 이에 대한 논고를 확인할 수 있으나 아직 접하지 못했다. 김성미, 2003, 「단군릉기적비」 『민족문화유산』 2003.3(누계 11), 조선문화보존사 참조.

千十有七載天哉檀君微檀君吾其未免魚□我

東稱之以禮義之邦者莫非檀君之所賜也而龍髥繼莫攀於在昔珠卯尙不崩於
至今也則胡爲乎無建官奉陵之禮也蓋歷我朝家

在野士民非其未遑亦非其不誠曺由於聖神至德誰名之故也　　若□前郡守金
公名壽哲金商俊州人以成均□□□□□□

□□□爲祖新羅敬明王爲上祖有志於取聖者前參奉金公名商俊□□□□
南金海人□啓皆□之革罷歟谷□益之□□□

□□盛茂之文字可知以大有爲之人悉以意是□興時世之□□□□於□日
顯奉檀君陵□皆□□□之遠近□□□□□□□

□□檀君陵事豈□然後豈有求曰□之哉□必聖神□□子孫之故□□郡人
請否其□于石不揆潜之敢□□人之志就成而欽□

聖神之澤愈□歿乎□資而獻頌頌曰於奕仰全□□□□天地合德日月拜光
建邦設都□麗東方羍寧峨峨浿水洋洋乃命

國號朝陽鮮明修紀立憲上下和平□判□□盤□□□□宣諭□豊氏□始教
火食燧今□歟□□□□昊氏□□□□□□□

□氏□衣服有乎黃帝氏歟國人願哉唐堯氏歟分別□□□舜氏歟國治山河夏
禹氏歟風□□□□氏歟君哉君也則之乾□□

□章乎煥均業也成巍乎蕩平而無能名三皇可曰五帝可尤故曰大德壽名位□
□湖龍飛虎雖未攀梧野雀求珠自爲山龜龍虎馬

□伏立前後文武釗笏□衛左右前門有优香閣□□□哉阿達不崩下騫前聖之
澤愈久愈近後人之爾彌筵祭聖拜刊□頌何萬億

年朝鮮初開紀元四千二百六十九年丙子九月朔朝從仕郎前崇仁殿參奉洪大
修謹撰

(後面)

檀君陵은 옛날조상 째부터 받들어나려오더니 正祖째나라에서 봉축을고
처하였으나 쏘

□□요 이제는 오로지우리의일이다 지난辛酉에 金永弼이 이골선비와 의
논하고 □□□를

두르고 門을세웟고 첫여닯해가곳戊辰이매 이戊辰이 일흔두번재임을 □
□하야

□□□□ 새로워 능소호의 의논을 거듭하다가 쏘다섯해되던壬申에 金壽
哲金商俊 등의 □□으로 다시

檀君陵修築期成會가되매 □□ 가까운□□이 정성을모드여 여러해만에

修築□□을 마치 □□□□□□□연□를 이같이 써서 돌을 새기고 정
성을바친자의 성명과 그액수

　　□□□□□□□□하야두노라

(左側面)

檀君陵修築期成會役員一同

會　　長　金商俊

副會長　金履初

書　　記　尹宜洪 文漢植

會　　計　金淵羽36)

當　　務　白仁奎 金聲淑 鄭斌容 金天羽

　　　　　金永俊 金重寶 元容濟37)

顧　　問　金□(壽)哲 金光一 金永弼 朴元三 白樂善 金達龍

　　　　　張雲景 金商和

收金員　　張雲翼 黃貞俊 孫昌俊 朱鉉慇 朱一相 朴元三 金瓚衡 韓基淳

　　　　　蔡仁俊 李益化 白樂仁 李權□ 金□兼 張翼宙 金益祚 白庸洙

　　　　　白仁煥 張在炯 金礪燮 朴基鎭 李達慶 李景善 李夔淳 李在根

　　　　　金晶鎭 □□□ 金錫奎 金壽星 黃君甫 李景烈 金翰林 金基昌

　　　　　李復燮 李洪洙 尹國煥 金永權 禹聲龍 金達龍 黃昌淳 丁三淵

　　　　　韓亨俊 金永吉 李益善 金明喜 金觀淑 洪大修 金□洙 申麟杰38)

(右側面)

　　□□□ □□□ □□□ □□□ □□□ □□□ □□□ □□□ □□□
□□□

　　十五円 李現龍 十五円 金聲甲 十五円 李慶善 十五円 李秉燮 十円 洪大修

　　□□ □□□ □□ □□□ □□ □□□ □□ □□□ 　十円 張雲翼 十

---

36) 동아일보에는 회계 李秉焚·許基道 2인이 기록되어 있다.『동아일보』1932.6.17,
「檀君陵修築今年內로完了 一般의誠金을企待」참조.

37) 동아일보에는 상무이사 張雲景·尹完焚·李應圭·金天羽·金永權 5인이 기록되어 있
다.『동아일보』1932.6.17,「檀君陵修築今年內로完了 一般의誠金을企待」참조.

38) 동아일보에는 기성회 임원진에 各面理事를 소개하고 있는데(『동아일보』1932.6.17,
「檀君陵修築今年內로完了 一般의誠金을企待」참조),「기적비」에 기록된 收金員
이 그들로 추측된다. 그렇다면 성금의 모집에는 各面理事들이 중요한 역할을 했
을 것이다.

円 朱鉉愨 十円 白樂仁 十円 鄭斌容 十円 朴基鎭 十円 金商武
　□□ □□□ □□ □□□ □□ □□浩 十円 徐學魯 十円 朱升鍾 十円
堀江章 十円 金履初 十円 尹宜洪 十円 李載根 十円 尹完爕
　十円 金天羽 十円 黃斗星 十円 金鼎爕 十円 黃貞俊 十円 □□□ 十円
金達龍 十円 韓亨俊 十円 李復爕 十円 朴秉直 十円 崔楨葵
　十円 黃從善 十円 金瓚伯 十円 趙將鎬 十円 金永權 十円 金永俊 十円 李
潤根 十円 李得華 十円 洪國善 十円 尹秉呂
　十円 平壤 金光一 十円 京城 金用茂 十円 平壤 金永弻 十円 □□ □□
□ 十円 大同 李教植 十円 安州 金仁梧 十円 平原 宋桂淳 十円 順川 高陽鳳
十円 平壤 金㽔應 十円 朴尙煥

　당초 계획과 같이 단군릉에는 기념비와 능비, 2기의 비석이 건립되었
다. 그중 기념비의 성격인 「단군릉기적비」는 4면 모두에 글씨를 새겼다.
전면前面은 '전조선단군(기적)략前朝鮮檀君(記蹟)略'으로, 정조 이래 수축의
경과를 서술하고 있고, 후면과 좌우 측면에는 단군릉수축기성회의 활동
을 소개하고 있다.

　기적記蹟은 제목을 포함하여 15행으로, 1행의 제목 7자와 마지막 15
행의 찬자를 밝힌 부분의 35자를 제외하고는 한 행에 52자를 원칙으로
모두 718자 내외가 새겨져 있다. 전면에는 『고기』 유형과 『응제시』 유
형의 단군신화를 절충한 내용을 중심으로 단군의 출생·건국·치세·최후
와 역대 숭봉崇奉에 대한 결례, 기성회의 수축운동과 그 당위성을 내용으
로 하고 있다. 특히 기성회의 수축사업을 상세히 기록하면서 전 군수 김
수철金壽哲과 전 참봉 김상준 등의 노력으로 조선을 개창한 성신聖神·국
조國祖 단군의 무덤인 단군릉이 수축될 수 있었음을 서술하였다. 또 단군
의 송덕을 칭송하면서 그의 덕화를 황제黃帝·당요唐堯·순순舜·하우夏禹 등
중국의 삼황오제와 비교하고 있다.

　후면에서는 단군릉의 수치가 오로지 강동군민의 일임을 전제하고 사
업을 당위성을 강조하고 있다. 8행으로 이루어져 있고, 한글을 원칙으로

고유명사와 간지만 한자로 표기했다. 정조 때와 1923년 김영필金永弼 등 강동 유림의 수축, 1928년 '단군묘수호계壇君墓守護契'를 중심으로 평안남도유림회의 수축, 1932년 강동군수 김수철과 기성회장 김상준의 수축 활동 등이 간략하게 언급되어 있다. 대한제국기 단군릉으로의 숭봉과 수치의 기록이 누락된 것은 순종 때 단군릉에 관한 정자각 및 각종 석물의 설치가 계획대로 이루어지지 못했거나 거의 실행되지 않은 것에 원인이 있는 것으로 짐작된다.

좌측면에는 기성회 역원役員의 명단이 새겨져 있다. 회장 김상준, 부회장 김이초金履初, 서기書記 윤의□尹宜□ 등 2인, 회계會計 김□□金□□, 당무當務 백인규白仁奎 등 7인, 고문顧問 김영필 등 8인, 수금원收金員 장운익張雲翼·황정준黃貞俊 등 48인의 명단으로 이루어져 있다. 1932년 동아일보에 보도된 기성회의 임원과 「단군릉기적비」의 임원이 차이를 보이는 것은 기성회의 임원과 조직이 결성되는 1932년부터 기적비가 준공되는 1936년 사이에 기성회의 변화상을 반영하는 것으로 보인다.[39] 우측면에는 성금을 기부한 명단을 기록하고 있다. 동아일보에 상설되었던 단군릉수축성금란에 기록된 2270여명의 참여자(강동군-1938명, 기타지역-326명)중[40] 15원과 10원을 기부한 59인(15원-김성갑金聲甲 등 9인, 10원-홍대수洪大修 등 50인)을 기록하고 있다. 여기에는 50원 이상을 기부한 김상준(200원)·김수철(100원)·장운경張雲景(50원)·김상화金商和(50원),[41] 동아일보사의 500원을[42] 비롯하여 동아일보사 직원의 228원 등[43] 거액을 기부한 많은 사람들이 제외되어 있다.

---

39) 『동아일보』 1932.6.17, 「檀君陵修築今年內로完了 一般의誠金을企待」 참조.
40) 이에 대해서는 김성환, 2009, 「일제강점기 단군릉수축운동의 전개」 『대동문화연구』 69, 성균관대 대동문화연구원(이 책 Ⅱ-3) 참조.
41) 『동아일보』 1932.5.29, 「檀君陵修築 守護誠金還至」 참조.
42) 『동아일보』 1934.1.7, 「檀君陵修築에 本社의 微誠으로 五百圓을 바쳐 쓰러진 성묘와 허무러진 담을 誠金으로 今春着工」 참조.
43) 『동아일보』 1934.1.17, 「檀君陵修築誠金 今日 本社接收分」 참조.

이중 강동군민이 50인으로 수축운동에 그들의 지지와 노력이 절대적이었음을 보여주며, 그 외 지역으로는 전 강동군수 김광일金光一과 1923년 수축에 노력했던 김영필, 평안남도유림연합회가 주도한 단군묘수호계의 소속했던 인물들이 포함되어 있다. 또 전체 59인중 강동 출신을 제외한 9명은 경성의 김용무金用茂를 제외하고 모두 평양·대동大同·안주安州·평원平原·순천順川 등 강동 인근의 평남 지역의 인물들이다. 이는 수축운동에 단군묘수호계를 주도했던 평남유림연합회의 역할이 일정부분 있었음을 반영하는 것으로 짐작된다.

4. 강동의 단군전승과 「단군릉기적비」

「단군릉기적비」에서는 예의지방禮義之邦이라는 조선에 대한 미칭이 단군 이래 내려온 것으로 이해되고 있다. 이는 단군이 조선 역사와 문화의 시원이라는 인식에서 출발한다. 따라서 기성회의 단군릉 수축은 성신聖神의 자손된 입장에서 지덕至德을 밝히기 위한 당연한 것이었다. 여기에 반영되어 있는 단군전승은 기존의 것과 비교하여 약간의 구별되는 점이 있다. 먼저 여기에서는 단군조선을 전조선前朝鮮으로 이해하고 있다. 이는 이승휴가 『제왕운기』에서 구분하고 있는 전조선(단군)·후조선(기자)의 이해를 따른 것으로,[44] 후조선後朝鮮인 기자조선을 염두에 둔 이해 방식이다.

「단군릉기적비」에서 서술되어 있는 전승의 전체적인 내용은 대략 다음과 같다.

> D. 갑자년에 天帝의 神孫인 단군이 태백산 신단수에 내려와 잠시 사람으로 변해 곰과 호랑이를 率舞하니 사람들이 신으로 여겼다. 무진년에 추대되어 임금이 되어 나라를 세우니 국호를 조선이라고 했다. 彭虞에게

---

44) 『제왕운기』 권하, 「東國君王開國年代」 참조.

명하여 산천을 다스리고 백성의 거처를 마련했다. 神敎를 설립하여 360
餘事를 총괄했고, 禹의 塗山朝會에 참여했다. 갑자년에 阿達山에 들어
가 다시 神이 되었으니 御天의 역년이 1017년이다(「단군릉기적비」).

「단군릉기적비」에 보이는 단군전승은 『삼국유사』 소재의 『고기』 유
형을45) 기본으로 『응제시』 유형을46) 절충하였다. 천제의 신손神孫이라
는 서술과 짐짓 사람이 되어 웅호熊虎를 솔순率舜했다는 내용은 『고기』
유형적인 요소이다. 그러나 『고기』 유형의 요소에 보이는 석제釋帝 또는
상제上帝 환인과 환웅에 대한 언급을 전혀 찾아볼 수 없다. 다만 환인을
지칭하는 용어로 천제天帝가 사용되고 있음을 확인할 수 있을 뿐이다. 천
제의 인식은 조선 초기 이선제李先齊나,47) 후기 강재항姜再恒에게서48) 찾
아볼 수 있다. 단군이 직접 태백산에 내려와 추대로 즉위했다는 내용은
『응제시』 유형과 관련된 요소이다. 「단군릉기적비」에 의하면, 신단수로
내려와 임시로 사람으로 변해 웅호熊虎를 솔순하여 신神으로 여겨진 존
재가 환웅[神雄]이 아닌 단군이라고 한다. 이로 볼 때, 「단군릉기적비」에
보이는 강동현의 단군전승은 『고기』와 『응제시』 유형을 별개로 이해한
것이 아니라 이들이 절충된 것이었다. 이는 환인·환웅·환검의 존재가
삼신三神이자 하나라는 삼신일체三神一體의 (원)단군교, 즉 대종교 또는
단군교 신관神觀 및 역사관과도 무관하지 않은 것으로 짐작된다.49)

---

45) 『삼국유사』 권1, 기이2, 「古朝鮮[王儉朝鮮]」 참조.
46) 『양촌집』 권1, 「應製詩」 참조.
47) 『단종실록』 권1, 단종 즉위년 6월 기축, 慶昌府尹 李先齊上書 "… 遺事註云 桓因
   天帝 卽柳觀書所謂檀因也 桓雄天帝之庶子 卽所謂檀雄也 …".
48) 『입재유고』 권9, 「東史評証」 "… 三國遺事曰 天帝子桓雄(或作因) 率神兵三千 降
   于太白山檀樹下 有熊禱于神 乞爲人 遂化爲女身 桓雄因交之 生檀君[生于檀樹下
   故曰檀君 謂之壇君者 字訛也](按佛書有天帝子桓雄者 好事者因此杜撰 而後人不
   覺收之 正史荒誕可笑不足辨矣)".
49) 대종교 편, 1911, 『檀祖事攷』; 金教獻, 1914, 『神檀實記』 참조. 대종교계 역사인
   식에 대해서는 김성환, 2006, 「大倧敎系 史書의 歷史觀－上古史 認識을 중심으
   로－」 『한민족연구』 2, 한민족학회 ; 2006, 「대종교 관련 필사본 佈明本敎大旨書

여기서 먼저 지적해야할 점은 「단군릉기적비」에서 보이는 전승이 과연 강동군에서 전해오는 내용과 동일한 것인가의 문제이다. 결론부터 말하면 일정 부분 거리가 있는 것 같다. 같은 시기에 편찬된『평양지平壤誌』에서 장도빈張道斌은『삼국유사』소재의『고기』유형을 수용하면서 구월산에서 붕서崩逝한 단군의 장례를 고도古都인 평양 부근인 강동에서 하게됨에 따라 묘가 조성되었다고 이해하고 있기 때문이다.[50] 1940년대 초반 사사키 고로佐佐木五郎에 의해 채록된 전승도 「단군릉기적비」의 그것과 유사하다.[51] 이것은 「단군릉기적비」의 내용을 토대로 전래의 전승내용이 습합된 것으로, 「단군릉기적비」의 전승내용이『고기』와『응제시』유형의 전승을 토대로 일정한 목적에 의해 고쳐졌을 가능성을 의미한다. 그리고 그 점에서 단군교의 움직임을 주목할 수 있지 않을까 한다.

1909년 나철羅喆·오기호吳基鎬 등이 창설한 (원)단군교는 이후 나철 등의 대종교와 정훈모鄭薰模 등의 단군교로 분리되어 전자는 만주에서의 독립운동을 주도한 반면, 후자는 국내에서 친일 성향을 띠고 조선총독부와 결탁하는 등 반대의 성향을 보였다. 이들의 단군인식에 대한 차이에 대해서는 향후 검토할 과제이지만, 여기서 지칭하는 (원)단군교는 대종교와 단군교의 신관이 동일한데서 비롯한 것이며, 구체적으로 단군교를 지칭함은 단군릉수축운동에 대종교보다는 정훈모鄭薰模 등의 단군교 영향이 있었을 가능성이 보다 높기 때문이다.

「단군릉기적비」의 단군전승과 (원)단군교, 특히 단군교 계열의 관계는 단군의 강세와 인간사 360여사에 대한 신교神敎 인식에서 보다 구체적으로 확인된다. 「단군릉기적비」에는 단군이 신단수에 내려온 해를 갑

에 대하여」『단군학연구』14, 단군학회 참조.
50) 장도빈, 1936,『평양지』, 제1편 檀君朝鮮時代, 제3장 古跡, 江東의檀君陵, 平壤商工社, 6~9쪽.
51) 佐佐木五郎, 1941, 「平壤附近의 傳說と 昔話」중 「檀君의 話」『旅と 傳說』14-9(통권 165), 東京 三元社 참조.

자년으로 설정하고 있고, 360여사를 총괄할 수 있었던 중심에는 신교神
敎의 창설이 있었기 때문에 가능한 것이었다고 서술하고 있다. 이는 상
원 갑자년에 태백산 단목檀木으로 내려와 신교를 베풀어 백성을 가르쳤
다는『신단실기神檀實記』의 내용과 유사하다.52) (원)단군교 계열 측에서
단군 이후 조선의 역사 문화 사회 등 제반 분야의 출발로 이해되던 신교
가「단군릉기적비」에 언급되고 있음은 단군릉수축운동은 물론 강동군의
단군전승이 이 영향을 일정하게 받고 있음을 의미한다.

　단군릉수축운동을 대종교 남도본사의 활동과 연계지어 논의하고 있
기도 하지만,53) 그 관계는 불분명하다. 물론「단군릉기적비」에서의 전
승 내용이 (원)단군교의 신관을 수용한 것이라는 사실은 인정된다. 하지
만 대종교 측이 수축운동에서 어떤 역할을 했는지는 분명하지 않다. 이
런 점에서도 수축운동의 주도계층을 분석할 필요가 있다.54)

　「단군릉기적비」를 대상으로 (원)단군교의 역할론을 보다 구체적으로
접근하자면, 대종교 보다는 정훈모 계열의 단군교를 추측할 수 있다. 친
일 성향에서 단군릉수축운동의 주도세력과 단군교 계열은 같은 성격을
보인다. 당시 강동명륜회에서 주도했던 2대 사업은『강동지』의 편찬과
단군릉수축운동이었다. 두 사업은 1932년 강동명륜회의 주도로 함께 시
작되어 1935년 마무리되었다. 하지만『강동지』의 교육·종교 편에서는
당시 강동에서의 대종교나 단군교에 대한 어떤 언급도 없다. 그들의 활
동이 전혀 없었거나 미미했음을 알 수 있는 부분이다.

　그렇지만 단군교 교주였던 정훈모는 1918년 단군능침檀君陵寢을 심방
尋訪하여 잡초가 우거지고 폐옥廢屋과 같이 변한 단군전檀君殿에 관리인

---

52) 김교헌, 1914,『神檀實記』「檀君世紀」및「敎化源流」참조.
53) 佐佐充昭, 2003,「한말·일제시대 檀君信仰運動의 전개 ─大倧敎·檀君敎의 활동을
　　중심으로─」, 서울대종교학과박사학위논문, 138～144쪽 참조.
54) 김성환, 2009,「일제강점기 단군릉수축운동의 전개」『대동문화연구』67, 성균관
　　대 대동문화연구원(이 책 Ⅱ-3) 참조.

조차 묘를 떠난 상태임을 한탄하고 있음을 확인할 수 있다.[55] 물론 정훈모가 단군릉을 심방한 시기와 기성회의 주도로 본격적인 단군릉수축운동이 이루어진 시기와는 10년 이상의 시차가 있다. 그렇지만 1920년대부터 꾸준히 진행되어온 수축운동의 중심에 친일성향을 보였던 강동명륜회가 있었고, 역시 조선총독부의 종교정책에 부응했던 단군교의 교주 정훈모가 단군묘를 심방했음을 고려할 때, 쇠퇴기로에 있었지만 단군교의 역할이 있었을 것으로 보는 것이 합리적으로 보인다.

그럼에도 불구하고 단군교 계열의 이해와는 다른 부분도 보인다. 이는 단군의 강림→건국→어천御天 시기에 대한 이해가 그것이다. 「단군릉기적비」에서는 단군의 강림 갑자년, 건국 무진년, 어천 갑자년으로 설정하고 있다. 이에 따르면 단군은 갑자년에 태백산에 강림하여 5년 후인 무진년에 조선을 건국하고, 1017년을 재위하다가 다시 갑자년에 어천한 것으로 이해할 수 있다. 단군의 나이는 1021년으로 계산된다. 「단군릉기적비」는 고조선과 단군의 관계를 강림→건국→어천의 3단계로 이해하고 있었음을 보여준다.

단군의 강림 시기 갑자년은 요임금 건국연대와 관련한 여러 가지 설 중에서 소수설의 하나인 요임금 건국 갑자년설에서 비롯된 것으로 보인다. 여러 설중 유독 갑자년설이 단군의 강림과 관련하여 이해되고 있는 이유를 구체적으로 알 수는 없지만, 단군의 고조선 건국 또는 강림시기 중 한쪽만을 택했던 전통적인 이해방식에서 벗어나 이를 분리하여 단계

---

55) 鄭鎭洪, 1937, 『檀君敎復興經略』, 157~158쪽 "檀祖陵寢이江東郡邑西距二里地에在하니卽衣履葬이시라地名은檀君洞이라함으로卽馳進奉審하온즉墳墓上雜草가甚爲荒蕪한지라是必禁護無人인가하고探問則傍有頹屋石室一座하니乃曰 檀君殿이라고도하며或稱社稷直家라하난지라招其家主人하니女子가來曰乃夫가卽 檀君陵所守護直而姓名은朴檳天이라遍出他라하난지라問 局內伐草난何時爲之乎아答八月間爲之라하난지라又曰墳墓上雜草가甚荒蕪하얏스니侍守護人還來하야八月에伐草를正式으로할지라도爲先雜草를除去하난게可한즉 墳墓上荒草만除斬케하라하고當日午料幾十錢을出付하얏스니卽戊午五月初三日也라".

적으로 이해하고자 하는 움직임에서 이루어졌을 것으로 추측된다.

여기에서는 또 단군이 아달산신阿達山神으로 돌아간 시기를 어천 역년 1017년 후인 갑자년으로 설정하고 있다. 단군의 나이에 대해서는 2800세,[56] 1908세,[57] 1212세,[58] 1048세,[59] 1017세[60] 등이 있고, 향국享國 또는 재위에 대해서는 어국御國 1500년,[61] 향국 1211년,[62] 1048년,[63] 1038년,[64] 1028년,[65] 1017년, 재위 1048년[66] 등 다양한 이해가 앞서부터 제시되어 있었다. 하지만 조선시대 단군의 어천 시기와 역년에 대한 보편적인 이해는 상商나라 무정武丁 8년 을미乙未와[67] 1048년이었다.[68] 이로 볼 때, 「단군릉기적비」의 나이 1021년과 어천 역년 1017년 후 갑자년에 단군이 아달산신阿達山神으로 돌아갔다는 전승은 보편적인 이해가 아니었다. 나이 1021년에 대한 전거가 어디에 있는지는 알 수 없다. 하지만 어천 1017년은 안정복安鼎福[69]·한치윤韓致奫(1765~1814)[70] 등

56) 『이재전서』하, 資知錄 참조.

57) 『삼국유사』권1, 기이2, 「古朝鮮[王儉朝鮮]」참조.

58) 『대동장고』권1, 歷代攷 참조.

59) 『한강선생속집』권15, 잡저3, 歷代紀年 하, 東方「檀君朝鮮」;『총사』, 외편, 檀君享國 ;『해동역사』권2, 세기2, 「檀君朝鮮」참조.

60) 『이재전서』하, 資知錄, 「東國歷代享年圖」참조.

61) 『삼국유사』권1, 기이2, 「古朝鮮[王儉朝鮮]」;『연려실기술』별집 권19, 歷代典故, 「檀君朝鮮」;『동전고』권12, 歷代, 「檀君朝鮮」참조.

62) 『기년아람』권5, 序, 檀君朝鮮 참조.

63) 『응제시주』, 命題十首, 「始古開闢東夷王」;『역대세년가』, 「東國世年歌」;『경암집』권5, 잡저, 「東國歷代紀事」참조.

64) 『세종실록』권154, 地理志, 平安道 평양부 靈異 참조.

65) 『제왕운기』권하, 「東國君王開國年代」, 前朝鮮紀 참조.

66) 『대동장고』권1, 歷代攷 참조.

67) 『동국통감』권1, 외기, 「檀君朝鮮」;『삼국사절요』권1, 외기, 「檀君朝鮮」;『약천집』권29, 잡저, 「東史辨證」;『수산집』권11, 동사, 「檀君本紀」;『동국통감제강』권1, 조선기 상, 「殷太師」;『동사찬요』권1, 상, 「檀君朝鮮」참조.

68) 김성환, 1999, 「檀君傳承의 類型」(Ⅱ)『史學志』32, 단군사학회(김성환, 2002, 『고려시대 단군전승과 인식』, 경인문화사 재수록) 참조.

69) 『동사강목』권1, 상 참조.

에게 살펴볼 수 있다. 또 산신 시기로 갑자년의 이해는 황윤석黃胤錫
(1729~1791)에게서[71) 볼 수 있다.

　이로 미루어 「단군릉기적비」의 단군의 나이 1021을 제외한, 산신 시
기와 어천 역년은 상 무정 8년 을미에 아달산阿達山에 들어가 신이 되었
으며, 대수 1048년이라는 대종교 계통의 인식이[72) 아닌 안정복·한치윤
의 이해를 따르고 있는 것으로 보인다. 그리고 그 배경에는 단군교와는
구분되는 강동 또는 평남의 전통적인 유림계의 이해가 반영되어 있는 것
으로 추측된다. 단군릉수축운동의 참여계층을 단순하게 파악하기 보다
는 당시 강동군의 사회·문화적인 상황을 고려한 종합적으로 접근해야한
다는 사정을 보여준다.

　「단군릉기적비」에 보이는 강동군의 단군전승은 묘향산이나 구월산
전승과도[73) 일정한 차이를 보인다. 이는 단군이 하강한 태백산과 산신
이 된 아달산阿達山의 위치 비정에서 확인할 수 있다. 강동군은 단군이
강림 또는 출생하여 성장하고 최후를 맞이한 곳이다. 각 지역별로 분산
되어 역할을 하고 있는 단군전승의 출생→성장→죽음에 이르는 일생의
설화적인 개별 요소들이 강동군에서는 모두 포함되어 나타나고 있음에
서 알 수 있다. 이는 『삼국유사』에서 『고기』를 통해 전하는 단군신화와
다른 내용이다. 『고기』에서는 출생지 태백산(묘향산)→도읍지 평양(서
경)→이도지 백악산아사달→이도지 장당경→산신지 아사달산으로 설정
되어 있어[74) 지역적 배경이 서북한 지역 전역에 걸쳐 있다. 이는 단웅檀
雄의 하강지 및 단군의 출생지 태백산→산신지 아사달산(구월산)으로 설

---

70) 『해동역사』 권2, 세기2 참조.

71) 『이재전서』 하, 資知錄, 「東國歷代享年圖」 참조.

72) 김교헌, 1914, 「檀君享壽辨」, 『神檀實記』 참조.

73) 김성환, 1996, 「高麗時代 三聖祠의 檀君崇拜」, 『白山學報』 46, 백산학회 ; 2000,
　　 「高麗時代 妙香山의 檀君傳承」, 『明知史論』 11·12합집, 명지사학회 ; 2006, 「高
　　 麗時代 檀君觀의 역사적 정립」, 『白山學報』 75, 백산학회 참조.

74) 『삼국유사』 권1, 기이2, 「古朝鮮[王儉朝鮮]」 참조.

정되어 있는 『제왕운기』의 『본기本紀』[75] 역시 마찬가지라고 생각된다.

이로 볼 때, 「단군릉기적비」에 보이는 단군전승은 『고기』 유형을 기본으로 하면서도 조선시대 보편적인 이해였던 『응제시』 유형을 절충하고, 이를 단군릉을 중심으로 강동 지역에 국한하여 재해석한 전승이라고 할 수 있다. 이는 단군의 강림지 태백산을 대박산大朴山으로, 산신이 된 아사달산을 아달산阿達山으로 이해하고 있음에서 알 수 있다. 그리고 이 같은 전승의 등장 배경에는 단군릉에 기초하여 강동군을 전승의 중심지로 설정하려는 강동군민의 노력에 따른 것이라고 보인다. 이런 점에서 1941년 사사키 고로佐佐木五郎에 의해 채록된 다음의 단군전승은 참고할 수 있다.

> E. 지금부터 몇 천 년 전 옛날에, 조선에 단군이란 사람이 하늘에서 내려와서 그 나라를 다스렸지만, 상대가 되는 여인이 한 사람 필요해서 많은 짐승들을 모아서 한 동굴에 넣고 가장 오랫동안 아무 것도 먹지 않고 견딜 수 있는 자를 인간으로 만들려고 했다. 짐승들도 기뻐하며 동굴에 모여 기어들어 갔지만, 날짜가 경과함에 따라 배가 고파서 차츰 동굴에서 나왔고, 가장 최후에는 사자와 곰 두 마리만 남아서 버텼다. 그러나 사자도 마침내 져서 나왔다. 그러자 갑자기 綺麗한 여자가 되어 단군과 살았다. 잠시 뒤 어느 날 단군이 백마를 타고 諸國을 순시하는 도중 草鞋가 밖으로 떨어졌다. 村人들은 그 초혜가 떨어진 곳에 무덤을 만들고 단군의 廟를 만들었다. 이것이 지금의 강동군 강동면 漆浦里의 규모가 큰 단군릉이다(佐佐木五郎, 1941, 「平壤附近의 傳說と昔話」 중 「檀君의 話」『旅と傳說』14-9(통권 165), 東京 三元社)

여기에서 호랑이가 사자로 치환되고 있지만, 대체적인 전승의 구조는 「단군릉기적비」의 그것과 동일하다고 보인다. 또 단군릉의 조성 조건을 단군의 제국諸國 순시에서 찾고 있음은 원정遠征 등과 관련하여 해석한 신채호나 장도빈의 단군릉 이해와도 상통하는 부분이다.[76]

---

75) 『제왕운기』 권하, 「東國君王開國年代幷序」, 前朝鮮紀 참조.

「단군릉기적비」에는 단군의 최후가 아달산신阿達山神으로 정리되고 있다. 이는 능의 존재를 염두에 둘 때, 자못 이해하기 어렵다. 특히 능의 존재를 역사적으로 수용하는 이해가 유희령柳希齡·허목許穆 등을 비롯한 조선시대의 식자층에게 확인되고 있고, 또 유일이 아닌 복수의 단군릉 존재까지도 간간히 언급되고 있다.77) 이런 점에서 최후를 산신으로 설정하면서 능의 존재까지도 수용하는 이중적 이해는 일견 혼란스럽게 보이기도 한다. 그러나 여기에도 의리지장衣履之葬의 이해와 단군교 계열의 이해들이 녹아있는 것으로 추측된다. 하지만 앞서 언급한 바와 같이 당시 강동군의 종교 현황을 살펴볼 때, 단군교 계열의 움직임은 확인할 수 없다. 이것이 한계로 남는다. 당시 강동군에 보고된 종교로는 조선사찰포교소朝鮮寺刹布敎所 2(신도 2)·야소교장로파예배당耶蘇敎長老派禮拜堂 19(신도 2283)·야소교미감리파예배당耶蘇敎美監理派禮拜堂 1(신도 62)·천도교포교소天道敎布敎所 12(신도 1391)·천리교포교소天理敎布敎所 1(신도 492) 등이 있었다.78)

단군릉에 대해서는 이미 조선시대부터 이를 취신할 것인가, 불신할 것인가의 논의가 지속되어 왔다. 그리고 그 핵심에는 전통적으로 이해되었던『고기』유형에서 아사달산신으로의 최후와 능의 존재로 인한 부정합을 어떻게 이해할 것인가의 문제가 있었다. 물론 취신론자 중 유희령·허목은 이를 역사적 사실로 적극 수용하기도 했지만, 단군조선의 역사적 사실을 수용하고 있던 대부분의 식자층은 아사달산신이라는 전통적 견해에 동조하고 단군릉에 대해서는 불신의 입장을 견지했다. 그리고 이같은 논란은 이후 수축운동이 전개되었던 일제강점기까지 지속되었다.

이런 점에서 절충점을 시도하고 있는 것이 의리지장이라는 견해라고

---

76) 신채호, 1908, 「讀史新論」(檀君時代) 및 장도빈, 1936, 「檀君朝鮮時代」『평양지』 참조.
77) 김성환, 2009, 『조선시대 단군묘 인식』, 경인문화사 참조.
78) 강동군, 1935, 『江東誌』, 제9장 「敎育과 宗敎」 참조.

보인다.[79] 단군릉을 이렇게 이해한다면, 취신과 불신으로 노출된 문제를 동시에 해결할 수 있었다. 이는 아사달산신으로의 최후와 죽음과 연결된 능으로서의 결과 중 어느 한쪽의 선택을 강요하지 않아도 되었다. 따라서 「단군릉기적비」에서의 아달산신阿達山神으로의 최후는 이 같은 이해의 모순을 해결하기 위한 서술이었고, 이는 이미 조선후기부터 강동군을 중심으로 전승되고 있었다. 또 단군교 계열의 신관과도 일정 부분 부합하는 면이 있다.

「단군릉기적비」에 보이는 단군전승은 지금까지 우리가 접했던 내용과는 또 다른 모습을 보여준다. 웅호熊虎 등의 『고기』 유형의 요소와 단군의 태백산 신단수로의 직접 하강, 단군의 웅호熊虎 솔순率舜, 국인國人의 추대로 즉위했다는 『응제시』 유형의 요소가 절충되어 있다. 삼위일체의 신관이나 단군이 신교를 설립하여 360여사를 다스렸다는 단군교 계열의 영향도 확인할 수 있다. 『고기』 유형과 『응제시』 유형의 절충도 단군교 계열의 삼신일체 신관의 영향으로 생각된다. 단군의 나이 1021년도 처음 보이는 전승이다. 안정복·한치윤의 견해를 따라 단군이 산신이 된 시기를 상 무정 8년 갑자년으로, 어천 역년을 1017년으로 파악하고 있기도 하다. 이는 단군교 계열의 이해와 달리, 강동 유림계의 전통적인 이해를 반영한 부분으로 보인다. 여기에는 강동군을 단군의 하강 및 출생→성장→죽음에 이르는 복합 공간으로 설정함으로서 그곳이 단군전승의 중심지였음을 강조하려는 목적이 개재되어 있다. 그리고 이 같은 배경에는 당시 폭넓게 수용되었던 단군교 계열의 영향과 수축운동을 주도했던 강동 유림계의 영향이 함께 작용하고 있는 것으로 짐작된다. 이것이 강동군 단군전승의 특징적 요소이다. 단군릉수축운동의 주도계층과 성격을 보다 정치하게 분석하면, 이 같은 의미가 보다 분명해질 것으로 보인다.

---

79) 『전주사가시』 중 권1, 七律, 「謁崇仁殿」 참조. 이 같은 이해는 단군교의 鄭薰模에게도 보인다. 鄭鎭洪, 1937, 『檀君敎復興經略』, 157~158쪽 참조.

5. 맺음말

「단군릉기적비」는 1920년 이후 논의·진행되어 1936년 마무리된 단군릉수축공사의 전말을 내용으로 하고 있다. 특히 15세기말 『동국여지승람』에 의해 처음 주목된 단군묘에 대한 취신과 불신의 논의가 수 백년 동안 지속되다가 일제강점기에 비로소 수축을 기념하기 위한 기념비로 건립되었다는 시대적 배경을 지니고 있다. 물론 이의 건립으로 단군릉의 취·불신에 대한 논의가 종식된 것은 아니지만, 이로 말미암아 후일 단군릉에 대한 역사적 근거를 추가했다는 점에서 나름의 의의가 있기도 하다.

단군묘의 표석 건립은 분묘의 수축과정에서 정조 때 전 강동현감 서형수徐瀅修에 의해 처음 건의되었다. 이때 비석 건립의 논의가 어떤 성격의 것이었는지 분명하지 않지만, 서형수의 의도에는 단군묘로의 확정을 위한 목적도 게재되어 있었을 것이라는 점을 정조의 언급에서 일정 부분 확인할 수 있다. 이후 대한제국기 강동유림의 의지를 대변한 중추원의관 백호섭白虎燮·김형후金瀅厚 건의에서도 이를 감지할 수 있다. 특히 순종 때에는 능으로 숭봉하면서 정자각 및 각종 석물의 수리비로 2000~3500원이 마련되었다는 보도도 있었으나 이루어지지 못했다. 일제강점기에 들어서 1920년대 역시 강동 유림(1923)이나 단군묘수호계檀君墓守護契를 토대로 한 평안도유림연합회(1929)의 수축 노력이 있었다. 그러나 이때는 축장건문築墻建門이나 봉릉 및 수호각 건립을 목적으로 한 것이어서 기적비류의 건립이 계획에 포함되었는지 분명하지 않다.

「단군릉기적비」의 건립과 관련한 단군릉 수축은 단군릉수축기성회가 1932년 시작하여 1936년 마무리한 수축운동의 결과이다. 동아일보가 여기에 1934년부터 참여하고 있지만, 그 중심에는 강동지역민의 적극적인 참여를 토대로 친일계열의 김상준金商俊 등이 조직한 기성회와 역시 식민통치체제에서 군수를 지낸 김수철金壽哲·김광일金光一 등이 주도한 강동향약이 실질적 역할을 했다. 원래는 7천여원의 공사비를 들여 능 주변의 담장 확장 및 수축, 능비陵碑와 제단祭壇·제구祭具·석인석초石人石草 등 제반시설의 설비, 4~5칸 규모의 수호각, 재진인가在眞人家를 위한 3칸 규모의 가옥 등을 목표로 했다. 하지만 재정의 모두를 성금에만 의지해야하는 여건에서 수호각·제단의 설비와 담장 수축 등이 우선 사업으로 추진되었고, 이는 다시 수호각(4~5칸)과 석물(기념비─높이 7척·두께 1척5촌·너비 2척2촌, 단군릉비─높이 4척5촌·너비 2척·두께 1척, 상석─길이 5척·두께 1척5촌·너비 4척)의 설치만으로 축소되었다. 그렇지만 수축공사는 재정 문제와는 별도로 이후 진행과정에서도 많은 진통을 겪었다. 그 구체적인 내용은 알 수 없지만, 결과적으로 수축공사의 결과는 1935년 개천절에 상석만 안치하고 제향을 하는 것으로 일단락되었기 때문이다. 물론 이듬해 봄에 담장 공사가 마무리되었고, 가을에 또 「단군릉비」와 「단군릉기적비」가 건립되었다.

단군릉수축운동과 「단군릉기적비」의 건립은 복잡한 과정을 통해 이루어진 듯하다. 민족대동단결을 위한 사상적 기반의 정립이라는 대전제 아래 단군을 정점으로 전조선인의 규합과 국혼 회복을 도모하던 단군민족주의와도 연계되어 있다. 동아일보를 중심으로 진행되었던 부루조아 민족운동의 차원에서 전개된 위인 선양 및 고적보존운동과도 연계되었다. 아울러 내선일체·동조동근론을 앞세운 식민통치자들의 목적도 개재되어 있었다. 이 같이 복잡한 상황과 입장이 연결되어 진행된 단군릉수축운동을 단순하게 접근해서는 그 의미와 성격을 제대로 파악하기 어려울 것이다.

비문은 숭인전참봉을 지내고 기성회에서 주도적 역할을 한 홍대수洪大修가 짓고, 평양 출신으로 같은 시기에 제작된 향토지인 『강동지江東誌』

의 편찬을 맡았던 조병원趙秉源이 글씨를 썼다. 4면 모두에 글자를 새겼
는데, 단군릉의 기적記蹟(전면)과 단군릉수축기성회의 활동(후면·좌측면·
우측면)으로 구성되어 있다.

전면은 단군의 출생·건국·치세·최후와 역대 숭봉에 대한 결례, 기성
회의 수축운동과 당위성을 내용으로 하고 있다. 특히 단군의 덕화를 중
국의 삼황오제와 비교하고 있다. 후면은 정조·강동 유림(1923)·단군묘
수호계(1929)·단군릉수축기성회의 활동을 간략하게 언급하고, 이 사업
이 강동군민의 일임을 전제하여 당위성을 강조하고 있다. 또 좌측면에는
기성회 역원 48인, 우측면에는 성금 후원자중 15·10원을 기부한 59인의
명단을 실었다. 이중 강동 출신을 제외한 9명이 대부분 평양·대동·안
주·평원·순천 등 평남 지역 출신이라는 것은 수축운동에 단군묘수호계
를 주도했던 평남유림연합회의 역할을 반영하는 것으로 짐작된다.

「단군릉기적비」에는 단군이 조선 역사와 문화의 시원이라는 인식이
전제되어 있다. 먼저 단군이 전조선의 시조임을 밝히고 있다. 그 내용의
대략은 천제天帝의 신손神孫인 단군이 태백산 신단수에 내려와 웅호熊虎
를 솔순率舜하다가 신으로 여겨졌고, 임금으로 추대되어 신교神敎를 통해
360여사를 총괄하다가 아달산阿達山에 들어가 다시 신이 되었다는 것으
로『고기』유형과『응제시』유형의 전승이 절충되어 있다. 이 같은 전승
은 환인·환웅·환검의 존재가 삼신三神이자 하나라는 삼신일체三神一體의
신관을 가진 단군교 계열의 신관 및 역사관과도 무관하지 않다. 신교를
통한 치세가 더욱 그러하다. 하지만 단군의 나이와 역년, 산신 시기에
대해서는 독창적이면서도 안정복·한치윤의 이해를 따르고 있어 강동 또
는 평남 유림계의 전통적인 이해도 반영되어 있는 것으로 추측된다.

「단군릉기적비」에 보이는 강동군의 단군전승은 묘향산이나 구월산
계열의 전승과도 일정한 차이를 보인다. 묘향산과 구월산 전승의 지역적
배경이 서북한 지역 전역에 걸쳐 있다면, 이곳의 전승은 강동군에 국한

되어 있다. 이는 단군이 하강한 태백산과 산신이 된 아달산의 위치 비정에서 확인할 수 있다. 「단군릉기적비」에 보이는 하강지 태백산 신단수는 대박산大朴山으로, 산신지인 아사달산을 아달산으로 이해하고 있다. 이는 강동이 단군의 출생→성장→죽음에 이른 곳이라는 지역 전승의 내용을 토대로 한 것으로, 단군릉에 기초하여 강동을 전승의 중심지로 설정하려는 강동군민의 노력의 결과로 보인다.

그렇다고 하더라도 산신으로 돌아간 단군의 최후가 다시 능으로 조성된다는 것은 부조화가 아닐 수 없다. 이에 대한 절충점이 의리지장衣履之葬의 전승이었다. 능에 대한 이런 전승을 수용한다면, 아사달산신으로의 최후와 죽음과 연결된 능으로서의 결과 중 어느 한쪽의 선택을 강요하지 않아도 된다. 그리고 「단군릉기적비」의 아달산신阿達山神으로의 최후는 이런 모순을 해결하기 위한 이해였고, 이미 조선후기부터 강동군을 중심으로 전승되고 있었다. 단군교 계열의 신관과도 일정 부분 부합하는 면이기도 하다. 따라서 「단군릉기적비」에 보이는 단군전승은 조선후기 이래 전해져 온 전승과 이 시기 친일성향의 단군교 계열의 영향, 그리고 역시 친일성향을 보이고 있던 강동 또는 평남유림연합회의 이해가 복합적으로 작용한 결과라고 할 수 있다. 이에 대한 구체적 접근을 위해서는 수축운동에 참여한 주도계층에 대한 분석과 수축운동과 단군교 계열의 관계를 면밀하게 검토할 필요가 있다.

제2장 단군릉수축운동과 김상준金商俊 일가

1. 머리말

단군릉수축운동檀君陵修築運動은 일제강점기 식민통치에 맞서 전조선인이 참여한 대대적인 운동이었다고 이해되고 있다. 동아일보의 적극적인 후원으로 수년간 성금 모집을 위한 고정 기사가 수록되었고, 이를 통해 민족의 감정을 한 곳에 모을 수 있는 계기도 마련할 수 있었다. 성금운동에 참여하면서 "하루의 밥도 안심하고 먹지 못하는 상황이지만, 내가 비록 이틀사흘을 굶을지라도 성조聖祖의 능 수축사업에는 그냥 있을 수 없음으로 지금 나의 전재산 50전을 보낸다"는 동경東京의 어느 고학생이 보낸 일화나, "20전을 채우려고 애를 쓰고 힘을 다해도 끝내 이루지 못했으니 1전 한 푼이 덜 찼지만 받아 달라"고 19전을 기탁한 강동의 어느 촌로의 말은[1] 전조선인의 민족감정을 끌어낼 수 있기에 충분한 것이었다. 이 시기 전면 부각하고 있었던 단군민족주의檀君民族主義와 연결되어 있었음도 물론이다.

하지만 이 시기 단군릉수축운동을 단군민족주의라는 시각에서만 검토하는 것은 올바른 이해가 아니라고 생각된다. 여기에 일제 식민통치에 대응하려는 전조선인의 민족감정이 실려 있고, 또 이를 확대하려는 목적을 분명하게 읽을 수 있지만, 이를 교묘하게 이용하여 총독부의 식민통

---

1) 『동아일보』 1934.1.12, 「사흘 굶을지라도 全財産 받혀 苦學生의 눈물談」 참조.

치 전략을 실현하려는 움직임도 있었기 때문이다. 단군릉수축운동에 대한 두 가지 관점에서의 접근이 이루어질 때, 비로소 올바른 인식이 가능하다. 어느 한쪽에서는 확인되지도 않는 자료를 이용하여 이 시기 수축운동을 항일의 움직임으로 이해하려 하지만,[2] 이는 분명히 잘못된 접근이다.

1930년대 단군릉수축운동에서는 단군릉수축기성회를 조직하고 수년간 회장으로 이를 주도한 김상준金商俊의 역할이 주목된다. 그는 동아일보와의 인터뷰에서 "우리는 우리의 마땅히 할일을 하는 것밖에 다른 아무 것도 아닙니다. 남이 칭찬한다고 할일도 아니요, 남이 험 한다고 그만둘 일이 아닙니다. 다만 우리의 빈주머니가 우리의 마음과 뜻을 어기고 슬프게 하여 온 것만이 한스러운 일이요, 또한 그로 말미암아 이런 막중막대한 사업이 너무도 늦어진 것이 더할 수 없이 죄송스럽습니다. 그런데 세상일이란 뜻같이 되는 일이 없으므로 가장 실제성 있게 소규모로 설계하여 우리의 정성을 한끝이나마 도달하는 것이 옳을 줄로 알았습니다 만은 실상인즉 이런 일이 결코 강동군의 사업도 아닐 것이요, 평안도의 사업도 아닐 것이요, 조선민족 전체의 사업인 것만은 앙탈할 수 없는 일인 줄로 믿습니다. 다만 우리는 지척에 살고 있으므로 그 촉감이 때때로 견디기 어려운 바 있으므로 이 일을 먼저 시작하는 것뿐입니다"라고 말한다.[3] 하지만 그의 친일 성향과 수축운동의 전개과정에서의 행태 등은 이 같은 그의 말을 의심하지 않을 수 없게 한다. 이중성이 배어 있다.

여기에서는 단군릉수축운동의 성격을 보다 정치하게 살펴보기 위해 이에 참여하고 있는 김상준 일가의 면면을 검토하려는데 목적이 있다.

---

2) 권승안, 2004, 「일제의 단군말살책동과 그를 반대한 우리 인민들의 투쟁」『조선고대사연구』2, 사회과학출판사 참조.
3) 『동아일보』1934.1.12, 「規模는 적어도 精誠은 極盡케 期成會長 金商俊氏談」참조.

아울러 이 시기 수축운동이 조선총독부를 대표로 하는 식민통치자들의
단군부정론과 어떤 관계를 가지고 전개되고 있는지의 문제에 대해서도
살펴보고자 한다. 이 시기 단군릉 수축은 1917년 조선총독부의 지원으
로 이루어진 동명왕릉東明王陵의 중수와는[4] 또 다른 성격을 가지고 있기
때문이다. 이를 통해 이 시기 단군릉수축운동의 성격에 대한 올바른 이
해에 한걸음 다가갈 수 있기를 기대한다.

2. 강동군에서의 김상준金商俊 일가

일제강점기 단군릉은 1923년 강동지역민들을 중심으로 십여 년 이상
의 수축운동이 진행된다. 그리고 1935년 10월 31일 개천절에 즈음하여
상석 등을 안치하고 단군릉에 제향祭饗하는 것으로 마무리 되었다.[5] 이
과정에서 강동 유림(1923), 평남유림연합회의 단군묘수호계壇君墓守護契
(1929), 단군릉수축기성회檀君陵修築期成會(1932) 등이 조직되어 수축의
제반 사업을 수행하였음은 이미 지적되었다.[6] 1923년 강동 유림계의 수
축은 축장건문築墻建門으로 마무리되었고, 1927년 평남유림연합회의 수
축은 수호각 건립을 목표로 1929년 단군묘수호계를 조직하여 각 군의
명륜회에 성금 모집을 독려하기까지 했으나, 별반 성과 없이 흐지부지
되었다.

1932년 시작된 단군릉수축기성회는 친일계 인사였던 김상준의 발기
로 시작하여 수년간 동아일보가 수축성금을 모집하기 위한 캠페인을 하
는 한편, 강동군민 전체를 대상으로 강동향약江東鄕約(1934)을 구성하여

---

4) 김영관, 2005, 「고구려 동명왕릉에 대한 인식변화와 東明王陵重修記」『고구려연
   구』 20, 고구려연구회 참조.
5)『동아일보』 1935.10.31, 「修築中床石安置코 檀君陵에 對祭饗」 참조.
6) 김성환, 2009, 「일제강점기 단군릉수축운동의 전개」『대동문화연구』 67, 성균관
   대 대동문화연구원(이 책 Ⅱ-3) 참조.

성금을 갹출하기도 했다. 이때 역시 수호각守護閣은 건립하지 못했으나, 5년여에 걸친 활동으로 단군릉의 수축과 「단군릉기적비檀君陵記蹟碑」의 건립으로[7] 마무리되었다. 이 전 과정을 단군릉수축운동으로 부르며, 좁은 의미로는 1930년대 단군릉수축기성회를 주축으로 이루어진 수축의 노력을 가리킨다. 특히 1930년대 수축운동은 그 성격의 문제는 차지하더라도 기성회장이었던 김상준의 역할이 지대하였다. 그는 1920년대 강동 유림과 평안도 유림에서 진행하다가 중단되었던 수축운동을 재개하기 위해 1932년 강동명륜회江東明倫會 안에 단군릉수축기성회를 구성하고, 몇 차례의 조직 개편과 역원의 교체를 해가면서 1936년 10월 단군릉에 기적비記蹟碑가 건립될 때까지 수축운동을 이끌었다. 그가 이 과정에서 보인 열의는 향후 그의 행보와도 직결되는 것이다. 여기서는 그가 수축운동을 주도하게 된 배경과 목적을 구체적으로 이해하기 위해 강동군 내에서 그의 가문이 어떤 위치에 있었는지를 검토하고자 한다. 『강동지江東誌』의 현대인물조를[8] 토대로 김상준을 비롯하여 이 시기 강동군 출신의 김해김씨 인물들을 살펴보기로 한다.

(1) 김상준金商俊(1881~)

김해김씨로 자는 능윤能潤이고 호는 해악海嶽이다. 강동읍 아달리 217번지가 원적이자 주소이다. 세종 때 예조판서로 강동에 적거되었다는 중상仲祥의 후손이라고 한다. 중상의 후손은 그의 아들 적덕積德 계열과 적록積祿 계열로 나뉘는데, 적덕 계열은 강동에 세거하였고, 적록 계열은

---

7) 김성환, 2007, 「일제강점기 「檀君陵記蹟碑」의 건립과 단군전승」『사학연구』86, 한국사학회(이 책 Ⅲ-1) 참조.

8) 각 인물에 대한 서술은 1935년 강동 명륜회에서 간행한 『강동지』를 참고하였다. 이에 대해서는 별도의 주를 생략한다. 강동군, 1935, 『강동지』및 김성환, 2006, 「일제강점기 ≪강동지江東誌≫의 편찬과 내용」『한민족연구』1, 한민족학회(이 책 Ⅱ-1) 참조.

그가 문과에 급제하여 북평사를 지내다 숙천으로 이거하였다가 10대손인 덕룡德龍이 다시 강동으로 들어와 그 후손들이 강동에 세거하고 있었다.『세종실록』지리지 삼등현에 속성續姓으로 기록되어 있는 김씨로 추측된다.[9]

강동에서는 중상의 직계가 세거하였는데, 적덕은 통정대부 병마수군절도사를 지냈고, 유성有聲 역시 병마수군절도사를 지냈다고 한다. 이후 세계는 부호군 익정益精→통의랑과 훈도를 지낸 형珩→장사랑 공虹→기성起城→구석九錫→계서繼瑞→통정대부 창익昌益→통정대부 억경億慶→통정대부 최정最精→기용器用→신오愼五→흡곡현령 장헌章憲을 거쳐 그의 아버지인 선공감감역 주희胄喜에게 이어졌다.

김상준은 천부天賦가 총혜하고 학문과 서도書道에 뜻을 두었으며, 특히 한찰翰札에 뛰어났다고 한다. 이는 그가 9세부터 20세까지 서당에서 한학을 공부했다는 것에서 짐작할 수 있다. 그의 선계는 상당한 경제력을 가지고 있던 강동의 대지주로서 강동명륜회를 중심으로 활동했던 것으로 보인다. 당시 소유하고 있는 토지는 당시 시가 5~6만원 정도의 150정보를 넘었고, 소작인 역시 80여명에 이르렀음은 그가 지니고 있던 강동군에서의 사회경제적 위치를 알려준다.[10]

갓 20세를 넘긴 1901년 강동군수에 의해 향교 장의掌議에 임명되었고, 1904년에는 향교 재장齋長이 되었다는 사실에서도 강동군에서 그의 가문의 경제적 위치와 유교적인 성향을 짐작할 수 있다. 1905년 그는 동

---

9)『세종실록』권154, 지리지, 평안도 삼등현 참조. 하지만『세종실록』지리지를 비롯하여『동국여지승람』·『여지도서』·『강동현지』(1871) 등에는 강동의 성씨로 김해김씨가 확인되지 않는다. 함창에서 온 入鎭姓으로 김씨가 기록되어 있을 뿐이다. 김해김씨가 강동의 성씨로 기록된 것은 1935년 간행된『강동지』가 처음이다. 강동군, 1935,『강동지』참조.

10)『韓民族獨立運動史資料集』13[三一運動 Ⅲ],「三·一 獨立宣言 關聯者 訊問調書 [일반시위자조서]」-金大羽에 관한 건-[1919.3.27] 참조.

명왕릉 참봉에 임명되었고 판임관 8등에 서임되었으나 곧 그만두고, 1907년 사립 광명光明학교에 입학하여 졸업하였다. 1908년에는 평양사립측량학교에 입학하여 세부측량술을 수업 받은 후 교사로 취직했다가 이듬해 해직했다.

그는 밀양박씨 봉선鳳善의 딸과 혼인하였는데, 장남인 대우大羽가 1900년 출생인 것으로 미루어 그때는 1898년 또는 1899년인 것으로 짐작된다. 『강동지』에 의하면, 아들 다섯을 둔 것으로 확인되는데, 대우, 호우虎羽, 홍우鴻羽, 관우寬羽, 완우完羽이다.

경술국치로 조선이 일제의 식민지로 전락하자 김상준은 식민통치의 말단 행정에 불과하지만, 강동군의 행정에 적극 참여한다. 이는 그가 광명학교를 졸업하고, 평양사립측량학교에서 세부측량술을 배워 한때 교사로 재직하는 등 근대 문물의 수용에 비교적 거부감이 없었던 것에도 배경이 있지만, 근대 문물이 일본을 통해 들어왔다는 점에서 일본을 배우고 본받아야 할 대상으로 여겼던 듯하다. 후술하는 바와 같이 그는 다섯 아들 중 대우, 호우, 관우를 일본으로 유학을 보냈는데, 그의 경제력과 함께 일본에 대한 인식을 반영하는 것이라 할 것이다. 특히 강동의 전통적인 향반 출신으로서 기술을 선호하였음은 그의 개인적인 성향과 관련을 가지는 것으로 보인다. 일제가 1911년 5월 강동군에 참사參事를 두게 되자 초대 참사로 임명되었으며, 9월에는 공립강동보통학교 학무위원에 촉탁되었다.[11] 또 11월 강동금융조합장에 선임되었다.[12]

---

11) 그는 이후 3차례에 걸쳐 보통학교 학무위원을 지냈다.
12) 강동금융조합은 1911년 10월 30일 설립되었는데, 이사는 重松辭修였으며 적립금은 14,870원이었다(1927, 『조선은행회사조합요록』 참조). 하지만 1929년에는 자본금 44,500원, 적립금 15,120원(1929, 『조선은행회사조합요록』 참조), 1931년에는 자본금 53,000원, 적립금 17,000원(1931, 『조선은행회사조합요록』 참조), 1933년에는 자본금 59,000원, 적립금 18,000(1933, 『조선은행회사조합요록』 참조)으로 늘어났다.

그가 강동군에서 가문의 위상에 대해 직접 서술하고 있는 자료를 확인할 수 있는데, 이를 살펴보면 다음과 같다.

> F. … 본인(김상준; 필자주)의 가정은 지방에서 드물게 보는 좋은 가문으로 … 본군(강동군; 필자주)에서는 최대의 자력과 덕망이 있어 지방행정 개선에 공헌한 바 적지 않으며 관민의 신뢰가 두텁고 특히 이번의 지방 소요에 있어서는 본인은 몸소 향당을 설복하여 민중의 향방을 밝혀 경거망동의 억제에 전력을 경주했습니다. 그리고 본군의 사방 인근에서는 모두 소요자가 발생하였음에도 불구하고 홀로 본군에서만 사건이 발생하지 않았음은 이 원래 관헌의 시정이 적절했음에 기인했다 하더라도 또한 이들 지방 유력자의 언동이 유효했다고 할 것입니다. 그런데 본인의 장남 大羽의 구치를 듣고 그 마음속에 허무함을 느끼고 한 아들 때문에 공직을 더럽히게 됨을 슬퍼하는 정상을 방관하기에 견디지 못하는 바 있으며, 첫째로는 장래의 군 행정을 위함이요, 둘째로는 본인의 종래부터의 공헌을 참작하여 관대한 조치가 있으시기를 특별히 배려해 주시기 바랍니다. … (『韓民族獨立運動史資料集』13[三一運動 Ⅲ], 「三一 獨立宣言 關聯者 訊問調書[일반시 위자조서]」-金大羽에 관한 건-[1919.3.27])

이 자료는 그의 아들로 당시 경성공업전문대학의 학생이었던 김대우가 학교의 대표로 3·1운동에 참여하였다가 보안법 위반으로 체포되자 선처를 바라기 위해 직접 작성한 것이다. 이 탄원서는 강동군수 류진혁柳鎭爀을 통해 강동헌병분건소장을 거쳐 종로경찰서장, 경성지방법원 검사정에 전달되었다. 여기서 그는 자신의 가문을 지방에서 드물게 보는 좋은 가문으로 생각하고 있었고, 최대의 자력과 덕망이 있어 식민통치의 지방행정 개선에 공헌한바 역시 적지 않아 관민의 신뢰가 두터움을 밝히고 있다. 특히 전국적으로 일어난 3·1만세운동이 유독 강동군에서만 발생하지 않았음은 자신을 포함한 지방 유력자들의 설득이 주효했음을 밝히고 있다.

그는 자신의 가문이 강동군에서의 가지고 있던 사회경제적인 위상에

대해 자부심을 가지고 있었다. 그리고 이런 토대는 그의 조상 이래 전해
내려오던 것이었으며, 일제강점기 가문의 유지를 위해 자신이 식민통치
에 얼마나 조응하고 있었는지를 보여준다. 이는 후술하는 바와 같이 동
생과 아들들에게 일본을 통해 수용된 근대 학문을 적극 수용하도록 하고
식민관료로의 진출을 적극 권장하고 있음에서도 짐작할 수 있다. 이것은
강동의 향반으로 수 백 년 이래 유지해온 가문의 명성을 유지할 수 있는
가장 효과적인 방법으로 판단되었기 때문일 것이다.

> G. 근검저축하고 인보상조하는 미풍을 조성하는데 힘써 스스로 모범을 사
> 방에 보이고, 소작인의 보호와 농사개량에 뜻을 쏟아 소작인들과의 관
> 계가 한 집안 같아서 군내의 모범지주가 되었으며, 성행과 자력이 이와
> 같아 그 덕망과 시력은 군내에서 그를 뛰어넘을 사람이 없다고 평하고
> 있었다(韓民族獨立運動史資料集』13[三一運動 Ⅲ], 「三·一 獨立宣言
> 關聯者 訊問調書[일반시위자조서]」-金大羽에 관한 건-[1919.3.27]
> 참조)

실제로 그의 덕망은 군내에서 뛰어넘을 사람이 없을 정도였다는 위와
같은 강동군에서의 평가는 김상준의 군내에서의 위치를 다지게 해주었
을 것이다. 그리고 이 역시 그의 사회경제적 기반이 조선 전기 이후 이
곳에 세거하며 다져진 선조 이래의 향반에 있었기 때문에 가능한 것이었
다. 즉 그는 강동군에서 선대부터 이어져오는 향반세력이었음을 토대로
일제 식민통치에 부합하며, 그 가문의 유지를 위해 노력하였던 것으로
짐작된다. 특히 그가 "소작인의 보호와 농사개량에 뜻을 쏟아 소작인들
과의 관계가 한 집안 같아서 군내의 모범 지주가 되었고, 그 덕망이 강
동군에서 최고였다"는 것은 그가 가문의 유지와 본인의 입신양명을 위
해 절치부심하였음을 보여준다.

1912년에는 강동면장에 임명되어 일제 식민통치의 지방 최말단의 행
정을 직접 담당하는 한편, 평양축산조합의 강동면평의원을 촉탁하였다.

1914년 군 지주회의가 설립되자 부회장으로 취임하였고, 1916년 5월에
는 명치신궁봉찬회 조선지부 평안남도 군위원에 촉탁되는 한편, 이듬해
에는 군수 김적빈金磧彬, 이병돈李秉敦과 함께 평안남도 지방토지조사위
원회 임시위원을 지내기도 했다. 또 1918년에는 군참사업조합을 설립하
여 부조합장에 취임하는 등 이 시기 강동군의 지방행정에 적극 참여하였
다. 이 과정에서 그는 식민통치의 지방 행정 말단이었지만, 본받을 대상
으로 여기고 있었던 일제의 지방조직에 참여한다는 자부심도 가졌을 것
이고, 식민통치의 시혜자였던 일제를 더욱 긍정적으로 인식되었을 것이
다. 이런 점에서 그가 향후 주도할 단군릉수축운동의 성격에서 전조선인
을 대상으로 하는 민족주의적인 측면을 확인한다는 것은 출발부터 한계
를 가지는 것이기도 하다.

이런 그에게 인생에서 최대의 위기는 장남 대우가 3·1운동에 가담하
여 보안법 위반으로 체포되었을 때였을 것이다. 김대우는 1911년 강동
공립보통학교를 입학하여 3년 만에 졸업하였다. 이때 김상준은 이 학교
의 학무위원을 촉탁했다. 이후 김대우는 경성에 유학하며 경성부 종로통
5정목 232번지 양춘경방梁春景方에 거주하였다.[13] 경성고등보통학교를
거쳐 경성공업전문대학 재학 중이었다. 이때 그는 김상준에서 매월 18원
씩 송금 받고 있었다.[14] 1919년 2월 28일 김대우는 동료 학생이었던 주
종의朱鍾宜의 집에서 그로부터 3·1운동에 대해 듣고 찬성하여 경성공업
전문대학의 대표로[15] 파고다 공원에서 독립선언서의 낭독에 참여하였
고, 남대문역까지 갔다가 대한문 앞으로 나와 종로를 거쳐 광화문까지의
시위에 참여했다고 한다. 이때 그는 검사조서에서 경성공업전문학교 대

---

13) 『韓民族獨立運動史資料集』 14[三一運動 Ⅳ], 「三·一 獨立宣言 關聯者 訊問調書
   [檢事調書]」 - 金大羽 신문조서 - [1919.3.13] 참조.
14) 『韓民族獨立運動史資料集』 14[三一運動 Ⅴ], 「三·一 獨立宣言 關聯者 訊問調書
   [예비조서]」 - 金大羽 신문조서 - [1919.4.9] 참조.
15) 위와 같음.

표로 3·1운동에 참여했음을 밝히고 있으나, 판사의 예비조서에서는 이를 부인하고 경성공업전문학교의 대표가 누구인지 모른다고 답변하고 있다. 주종의에게 자신의 혐의를 덮어씌우는 경향을 보인다.16)

지방의 말단이기는 했지만, 식민통치에 협력하며 강동군을 중심으로 자신의 입지를 굳건히 하던 그에게 장남의 체포 소식은 치명적이지 않을 수 없었다. 이는 장남의 장래뿐만 아니라 향후 자신의 진로에도 상당한 약점으로 작용할 것이 분명했기 때문이다. 이에 그는 자신이 직접 나서 강동공립보통학교장인 고도가부高島嘉夫와 강동군수였던 류진혁에게 아들이 선처될 수 있도록 도움을 요청하였고, 그 역시 아들이 별 뜻 없이 단순 가담했음을 밝히기 위해 탄원하기도 했다.17) 그는 아들 대우에게 3·1운동에 단순 가담했다고 진술하도록 하였고, 가능하다면 아들이 만세운동에 적극적이지 않았음을 강조하려고 하였다. 김대우가 구금되었을 당시 그의 거처를 아들과 상의 없이 효제동으로 바꾸고 있는 점도 그런 노력 중 하나였을 것이다. 김상준의 이런 노력으로 김대우는 별 탈없이 풀려나 경성공업전문대학에서 우등생으로 졸업하고, 일본으로의 유학길에 오른다. 이 역시 그의 권유에 의한 것으로 추측된다.

이후 그는 자신의 입지 확보와 아들의 장래를 위해 일제의 식민통치에 보다 더 적극 참여했을 것으로 짐작된다. 그에게 이것만큼 가문을 유지하는 최적의 방법은 없다고 판단되었을 것이다. 이후 김상준은 1920년 강동면협의회원을 거쳐 1921년에는 평안남도지사에 의해 중추원의원으로 추천되었는데, 여기에서 그가 지니고 있던 성향의 대강을 알 수 있다. 특히 평안남도지사가 정무총감政務總監에게 그를 포함한 중추원의원 후보자들을 추천하는 문건에서 "도내에서 상당한 자산을 가지고 있고 학식과 신망이 있으며, 총독정치의 취지를 잘 이해하고 있어 지역 인

16) 위와 같음.
17) 위와 같음.

민을 대표하여 자순諮詢에 응하는 중추원 의원으로 아주 적임자들"이라
는 평가를18) 하고 있음이 주목된다. 그에게만 국한된 평은 아니지만, 이
것은 그 역시 상당한 자산을 가지고 있으면서 지역민들을 선도할 수 있
는 학식과 신망도 겸하고 있어 조선총독부의 정책을 잘 이해하는 평안남
도의 대표적인 친일계 인사 중 한 사람이었음을 말한다. 즉 조선총독부
의 하수인으로서 가장 친일적인 인사 중 하나였다는 의미였다. 그는 또
1924년에는 민선으로 평안남도평의회원이 되었다. 그의 활동범위가 강
동군에서 점차 평안남도로 확대되어 갔음을 의미한다.

이후 그의 이력에 대해서는 1932년 단군릉수축기성회를 구성하기 전까
지 확인되지 않는다. 단지 어떤 목적이었는지는 모르겠지만, 1930년 강동
면 청계산에 있는 국유임야 213정보가 그를 포함한 3명에게 대부되고 있
음만 확인할 수 있다.19) 그리고 1932년 단군릉수축운동을 주도하여 1936
년 10월 개천절에 단군릉 제향을 끝으로 5년여를 넘게 진행된 수축운동은
마무리된다. 수축운동 이후에는 1937년 평안남도도의원이 되었다.20)

(2) 김상무金商武(1884~)

단군릉수축기성회장인 상준의 동생으로 자는 강윤剛潤이고, 호는 경
호景湖이다. 강동면 아달리에 거주했다. 인품은 고매하고 관대하였으며
매사 정직하면서도 사람을 대할 때는 예의가 있었다고 한다. 성리학에
깊고 여러 종류의 책을 섭렵하여 문의文義를 궁구하였다. 사범학교를 졸
업한 후 10여 년 동안 교육에 종사하다가 고향으로 돌아와 원예사업을
하였다고 한다.

최문백崔文伯의 딸과 결혼했다가 목천 마성종馬聖鍾의 딸과 재혼하여

---

18) 「中樞院 의원 후보자추천의 건」[平南 人秘 제151호], 1921.3.9 참조.
19) 『조선총독부관보』 1930.10.30 참조.
20) 『조선총독부관보』 1937.6.24 참조.

아들 등우騰羽, 윤우允羽, 한우釬羽, 형우亨羽를 두었다. 1920년 상동청년
회를 조직하여 회장으로 취임했다.[21] 1931년 충무공 이순신의 묘토墓土
가 2천원의 채무 때문에 경매에 넘겨진다는 보도를 접하고는 성금운동
을 벌여 보존하고, 13도 대표가 모여 춘추의 향사享祀를 봉행하자는 글
을 기고하기도 했다.[22] 1936~1938년에 강동면장을 지냈다.[23]

(3) 김상화金商和(1893~)

단군릉수축기성회장인 상준의 동생이다. 자는 응윤應潤이며 호는 호
악湖嶽이다. 강동면 아달리에 거주했다. 천성이 관후하고 효성이 깊었다
고 한다. 형인 상준을 엄부와 같이 섬겼다고 하는데, 그의 권유로 1913
년 조선총독부의원 의학강습소에 입학하여 1917년 경성의학전문학교를
졸업하였다. 이후 평안남도 평양자혜의원平壤慈惠醫院 및 경성의과대학에
서 연수하였으며, 1918년 강동군에 응천병원應天病院을 설립하고 개업하
였다.

항상 의리醫理를 연구하여 구인제생求人濟生에 힘쓰고 영리주의에 관
심을 두지 않았다고 한다. 강동군수 류진혁에게도 "온량한 성격으로 환
자 진료에 친절하였고, 빈곤한 사람들에게는 무료로 시약하여 신망이 두
터웠고, 강동군과 주변에 있던 단체들 역시 그를 크게 신뢰하였다"고 평
을 들었다.[24] 1926년 김상무金想武와[25] 함께 발기하여 강동청년회江東靑
年會를 창립하기도 하였다.[26] 후에 평안남도 도회의원을 지냈다.[27] 부인

---

21) 『독립운동사자료집』 14, 1920.7.15 참조.
22) 『동아일보』 1931.5.17, 「忠武公墓土를 完璧하라」 참조.
23) 『조선총독부및소속관서직원록』 1936~1938 참조.
24) 韓民族獨立運動史資料集』 13[三一運動 Ⅲ], 「三·一 獨立宣言 關聯者 訊問調書
   [일반시위자조서]」-金大羽에 관한 건-[1919.3.27] 참조.
25) 형인 金商武의 오기로 보인다.
26) 『동아일보』 1926.10.22 참조.
27) 『民族正氣의 審判』, 1949.2 참조.

은 밀양 목사 박승엽朴昇燁의 딸이고, 아들은 의우義羽, 응우應羽, 동우東
羽, 용우龍羽이다.

(4) 김상확金商碻(1888~)

진사 종희宗喜의 아들이며, 형은 상욱商勗이다. 자는 가성可聖이고, 강
동면 칠포리에 거주했다. 어려서부터 가훈을 이어 시례詩禮를 공부하였
고, 성품은 온아하면서 효우했다고 한다. 독서에 열중하여 명리名利를 구
하지 않았고 시비에도 관심을 두지 않아 향리의 모범이 되었다는 평을
들었다. 파평 진사 윤홍수尹弘洙의 딸과 결혼하여 아들 일곱을 두었다.

(5) 김명희金明喜(1898~)

중상의 14대손으로 고조는 기용器用, 증조는 정원鼎元, 조는 덕래德來,
아버지는 장호章瑚이다. 일명 명희明熙이며 자는 약관若觀이다. 봉진면 북
삼리에 거주했다. 성품은 관중寬重하였고 효성이 순독純篤하여 행동이 다
른 사람에게 모의模儀되었다고 한다. 농업에 종사하면서도 뜻이 강건剛堅
하였다. 봉진면협의원을 지냈다. 평창 이경간李璟幹의 딸과 혼인하여 상
목商穆, 상옥商玉, 상각商珏, 상원商園 4형제를 두었다.

(6) 김병희金丙喜(1901~)

중상의 14대손으로 증조는 기용器用, 조는 신오愼五, 아버지는 장한章
翰이다. 강동면 아달리에 거주했다. 총명하여 일을 가져가는데 주도면밀
하였다고 한다. 사치하지 않았으며 친척은 물론 타인과의 교분에서도 화
합했다. 남양 홍재일洪在鎰의 딸과 혼인하여 상철商喆, 상연商硯, 상운商雲,
상영商㻐 4형제를 두었다.

(7) 김천우金天羽(1895~)

중상의 17대손으로 증조는 흡곡현령 장헌章憲이고, 조는 양희良喜이며, 아버지는 상협商協이다. 강동면 아달리에 거주하였다. 성품은 순실하고 뜻이 깊었다고 한다. 소중학小中學을 졸업하였으나 명리를 구하지 않고 가사에 진력하였으며, 기독교에 독실하여 장로를 맡았다고 한다. 강동군 청년계의 중진으로 평가받았다. 나주나씨와 결혼하여 광석光錫, 광진光鎭, 광돈光敦, 광필光珌 4형제를 두었다.

(8) 김응주金應柱(1882~)

숙천에서 강동으로 이거한 덕룡의 고손이며, 증조는 석초碩礎이고, 조는 효행으로 조봉대부 동몽교관에 증직된 학민學民이다. 정숙廷淑의 아들로 자는 여종汝鍾이고 호는 송재松齋이다. 고촌면 열파리에 거주했다. 근검하고 온후하면서도 인덕仁德과 예의가 있어 도회에서도 임하林下에서 은거하는 듯하여 향리에서 존경받았다고 한다. 문묘재장을 지냈다. 밀양 박준영朴俊榮의 딸과 혼인하여 아들 현걸炫杰과 현묵炫默을 두었다.

(9) 김완주金完柱(1904~)

중상의 15대손으로 숙천으로 옮긴 적록積錄의 후손이다. 이후 그의 가계는 통사랑 자鋅→인지仁智→장사랑 및 기자전참봉 복년福年→통정대부 부호군 연수連壽→수원粹沅→유길由吉→치성致聲→준업俊業→찬기燦基로 이어졌다. 고조는 숙천에서 다시 강동으로 이거한 통정대부 덕룡德龍이고, 증조는 석초碩礎이며, 조부는 증조봉대부 동몽교관 학민學民, 아버지는 증통정대부 정수廷洙이다. 자는 진초珍礎이고 강동면 문평리에 거주했다. 성품은 명철하면서도 가훈을 따르는데 엄격하여 인근의 칭송을 들었다. 농경과 낚시로 소일하면서 행동에는 중심이 있어 향리의 모범이 되었다. 교하 이현택李現澤의 딸과 혼인하여 아들 현준炫濬, 현도炫濤를 두었다.

(10) 김대우金大羽(1900~)

단군릉수축기성회장 상준의 장남이다. 1911년 강동공립보통학교를 입학하여 3년 만에 졸업하고, 경성고등보통학교에 입학하였다. 강동공립보통학교장인 고도가부高島嘉夫는 그가 온량하고 어른을 존경하는 언동을 지니고 있었다는 평을 하고 있다.[28] 경성공업전문대학 재학 중이던 1919년 3·1운동에 가담하여 보안법 위반 혐의로 체포되기도 했다. 그는 2월 28일 동료 학생이었던 주종의朱鍾宜의 집에서 그로부터 3·1운동에 대해 듣고 찬성하여 경성공업전문대학의 대표로 파고다 공원에서 독립선언서의 낭독에 참여하였다.

그런데 1월 26일 주종의가 대관원大觀園에서 박희도朴熙道를 만나 3·1운동의 계획 전반에 걸쳐 들은 것으로 미루어 2월 28일 이전에 거사 계획을 전달받고 참여하기로 결정한 듯하다. 2월 28일에는 오후 8시경에 승동承洞 예배당에서 강기덕康基德, 연희전문학교 학생 김원벽金元璧, 이용설李容卨 등에게 3월 6일 오전 8시경에 3월 1일과 마찬가지의 운동을 할 것이니 참여할 것을 권유받았다. 그는 2월 21일과 26일 강기덕·김원벽 등과 함께 전문학교 학생대표 모두가 승동 예배당에 모여 독립운동계획에 협의했기 때문이다. 그가 설사 이 모임에 참석하지 않았다고 하더라도 이런 계획에 대해 사전에 충분히 알고 있었을 것이다. 앞서 검사의 신문조서에서 3·1운동 계획에 대해 2월 28일 알고 참여했다고 밝히고 있으나, 판사의 예비조서에서는 1주일 전인 2월 23·24일경 전달받은 것으로 진술하고 있는 데서도[29] 짐작이 가능하다.

---

28) 『韓民族獨立運動史資料集』13[三一運動 Ⅲ], 「三·一 獨立宣言 關聯者 訊問調書 [일반시위자조서]」－金大羽에 관한 건－[1919.3.27] 참조.

심대우는 3월 13일 경무총감부에서 조선총독부 김사 산택좌일랑山澤佐一郎에게 신문을 받았는데, 여기에서 조선의 독립 및 일제의 식민통치에 대한 그의 시국관의 일단을 살펴볼 수 있다. 독립신문을 본 일이 있느냐는 검사의 질문에 그는 종묘 앞 공동변소에서 보았을 뿐이며, 3월 1일 파고다공원의 국민대회를 알리는 인쇄물에 대해서는 본 일이 없다고 답변하고 있다. 더욱이 총독부 정치에 대한 의견을 묻자 별 관심이 없다고 답변하고 있는데,[30] 이는 그가 학생대표로서 3·1운동에 참여했다는 사실에 의문을 가지게 한다. 주종의가 3·1운동의 참여 권유를 했느냐는 물음에 대해서도 "세계 대세도 모르면서 그런 일에 가담하는 것보다 학교에서 공부하는 것이 좋겠다"고 답변했다는 사실에서도 짐작할 수 있다.[31]

그의 이 같은 답변은 당시 조선총독부의 식민통치에 대한 그의 인식이라기보다는 아들의 3·1운동 참여로 보안법 위반 혐의를 벗겨내려는 김상준의 생각을 반영하고 있는 것으로 짐작된다. 그는 판사 호리 나오요시堀直喜가 진행한 예비조서에서 강기덕, 김원벽, 의학전문학교 학생인 한위건韓偉鍵 등과 함께 양춘경방梁春景方에 거주하고 있던 박창배朴昌培 등과의 교분 관계를 부인하는 한편, 주종의와의 사전 3·1운동 참여계획을 논의 사실 조차 부인하고 있다. 이는 김상준의 지시에 따른 것으로 볼 수밖에 없다. 그들과의 관계를 단절시키는 것이 아들의 혐의를 풀어 단순가담자로 처리할 수 있을 것이라는 것이 김상준의 생각이었다. 이는 김대우가 입감된 직후 아들의 하숙집을 아무런 상의 없이 양춘경의 집에

29) 『韓民族獨立運動史資料集』 14[三一運動 Ⅴ], 「三·一 獨立宣言 關聯者 訊問調書 [예비조서]」－金大羽 신문조서－[1919.4.9] 참조.
30) 검사 山澤佐一郎의 총독정치가 싫으냐는 질문에 그는 "별로 관계하지 않는다"고 답변하고 있다. 『韓民族獨立運動史資料集』 14[三一運動 Ⅳ], 「三·一 獨立宣言 關聯者 訊問調書[檢事調書]」－金大羽 신문조서－ 참조.
31) 『韓民族獨立運動史資料集』 14[三一運動 Ⅴ], 「三·一 獨立宣言 關聯者 訊問調書 [예비조서]」－金大羽 신문조서－[1919.4.9] 참조.

서 효제동으로 옮기고 있는 것에서도 추측이 가능하다.[32]

경성공업전문학교 재학시 김대우는 조선의 독립에 많은 관심을 가지고 있었고, 이를 위해 실질적인 행동 역시 마지않았을 것으로 생각된다. 이런 그의 시국론은 3·1운동에 학교 대표로 참여할 수 있게 하였다. 이에 그는 조선의 독립은 아닐지라도 독립선언 자체에 기뻐하며 군중과 함께 독립만세를 부르며 시내를 돌아다녔고, 3월 5일의 학생운동에 참여하지 않은 이유를 궁색하게도 발이 아팠다는 신병에서 찾을 수밖에 없게 하였다.

하지만 그의 시국관은 아버지의 강요에 의한 것일지라도 한계를 가지고 있었다. 판사의 "조선의 독립을 희망하고 있는가"라는 질문에 "독립될 수 있으면 독립하는 것이 좋으나, 도저히 독립이 될 가망이 없으므로 지금은 독립을 희망하고 있지 않다"는 답변에서 알 수 있다.[33] 조선에 대한 일제의 식민통치에는 분명 반대하지만, 독립의 희망이 없기 때문에 현실을 인정한다는 것이다. 이런 그의 인식은 일본 유학 이후 조선총독부의 식민통치를 앞장서서 홍보하고 집행하는 식민관료로 적극 가담하게 했을 것이다.

단순가담자로 보안법 위반 혐의를 벗은 김대우는[34] 이후 1921년 경성공업전문학교 광산과를 우등으로 졸업하였다.[35] 이때 그의 졸업논문은 「조선광업朝鮮鑛業의 과거過去와 현재現在 미래未來 발전책發展策에 대對한 사견私見 부附 일반 조선朝鮮 광산기업자鑛産企業者에 대한 희망」이었다.[36] 이후 일본으로 유학하여 구주제국대학九州帝國大學 공학부 야금학과를 마쳤다. 『동아일보』에는 조선인으로 처음 구주대학 지학과를 졸

---

32) 위와 같음.
33) 위와 같음.
34) 『매일신보』 1919.8.30, 「學生의 豫審終決決定書」 참조.
35) 『동아일보』 1921.3.27 참조.
36) 『개벽』 10, 1921.4.10, 「各 專門學校 卒業生과 그 立論」 참조.

업하여 지질학사를 취득했음을 보도하고, 사진까지 싣고 있다.[37] 귀국
후 조선총독부 임야조사위원회의 서기 겸 총독부속總督府屬으로[38] 조선
총독부 관원을 시작하였다. 1928년 평안북도 박천군수가 되었고,[39]
1930년 용강군수를[40] 거쳐 도이사관道理事官으로 평안북도 내무부 산업
과장을[41] 지냈다. 경상남도 이사관으로 옮겨[42] 보통시험위원회의 위원
과 물산진열관과 산업장려관의 관장을 지냈다.[43]

1934년에는 조선총독부 학무국 사회과의 사무관으로 승진하였고,[44]
총독부 직속기관인 조선사편수회의 간사에 임명되어 2년 동안 그 자리
에 있었다.[45] 조선사편수회관제에 따르면, 편수회에는 조선총독부 내부
의 고등관 중에서 약간 명의 간사를 두도록 되어 있고, 이는 조선총독의
요청으로 내각이 임명하였다고 한다. 간사의 임무는 위원장의 지휘를 받
아 서무를 정리하는 것이었다.[46] 이로 미루어 그는 조선총독부의 입장
에서 조선사편수회의 위원들과 직접 대면하며 실무적인 일들을 처리했
을 것으로 보인다.

그는 또 중추원의 통역관과 서기관을 지냈다.[47] 1934년 3월 중추원
비서로서 윤치호를 방문하여 내무국장의직을 제의하며 조선총독부에 협
력할 것을 요청하였고,[48] 8월에는 최린崔麟이 조직한 시중회詩中會에 김

37) 『동아일보』 1925.3.24 참조.
38) 『조선총독부및소속관서직원록』 1926~1927 참조.
39) 『조선총독부및소속관서직원록』 1928~1929 참조.
40) 『동아일보』 1930.3.4 참조.
41) 『조선총독부및소속관서직원록』 1930~1932 ; 『동아일보』 1930.1.4 참조.
42) 『동아일보』 1932.2.16 참조.
43) 『조선총독부및소속관서직원록』 1932~1933 참조.
44) 『조선총독부및소속관서직원록』 1934 참조.
45) 『조선총독부및소속관서직원록』 1934 ; 『동아일보』 1934.2.17 참조.
46) 『조선총독부관보』, 1925.6.12, 조선사편수회관제(칙령 제218호) 참조.
47) 『조선총독부및소속관서직원록』 1934~1935 참조.
48) 『윤치호일기』 권10, 1934.3.31 참조.

사연金思演·조기간趙基栞·장직상張稷相·박희도朴熙道·박준영朴駿榮·최석
련崔碩連·정응봉鄭應琫·주종선朱鍾宣 등과 함께 중요 후원자가 되기도 했
다.49) 또 10월에는 진무텐노神武天皇의 동천東遷 2600년을 기념하는 신무
천황어동천기념제神武天皇御東遷記念祭의 간사를 역임하기도 했다.50)
1935년에는 총독부 사무관으로 평안남도 참여관 유만겸兪萬兼과 함께 평
양 철도호텔에서 노회대표老會代表 조만식曺晚植·이승길李承吉 등을 초빙
하여 신사참배문제간담회神社參拜問題懇談會를 개최하였다.51)

1936년 학무국 사회과 또는 사회교육과 사무관으로 과장을 보임하면
서52) 역시 총독부 직속기관인 조선보물고적명승천연기념물 보존위원회
위원과 간사가 되어 3년 동안 있었고,53) 명륜학원에서의 근무와 제생원
서무과의 촉탁, 조선간이생명보험심사회의 위원을 겸하였다.54) 이때 그
는 총독부의 사회사업을 계도하기 위해 3편을 글을 잡지에 싣기도 한다.
「인간교육人間教育」(김대우[중추원 서기관], 1935.3, 『조선의교육연구』),
「종교단체의 사회봉사宗教團體の社會奉仕」(김대우[총독부사무관], 1935.4,
『조선』제239호), 「조선에서 아동 및 모성에 관한 사회사업朝鮮に於ける兒
童及母性に關する社會事業」(김대우[조선총독부사회교육과장], 1936.11 및
12, 『조선급만주』제348호 및 제349호)가 그것이다.

1937년 금강산탐승시설조사위원회의 간사, 명륜학원의 학감사무취급,
조선중앙정보위원회의 간사 등을 지냈으며,55) 10월에 이른바 '황국신민
皇國臣民의 서사誓詞'를 만들었다고 한다. 이에 대해서는 아래의 기록을
참고할 수 있다.

49) 『윤치호일기』권10, 1934.9.21 참조.
50) 『神武天皇 御東遷記念祭 寄附金 募集의 件』[史朝庶 第587號], 1934.10.24 참조.
51) 『동아일보』1935.12.14 ; 『일제침략하36년사』권11, 177쪽 참조.
52) 『동아일보』1936.5.22 참조.
53) 『조선총독부및소속관서직원록』1936~1937 ; 『동아일보』1936.6.5 참조.
54) 『조선총독부및소속관서직원록』1936 참조.
55) 『조선총독부및소속관서직원록』1937~1938 참조.

H. 總督府 社會敎育課長으로 앉아 양심적인 인사들을 소위 時局講演에
强制登場시키는데 애를 썼고, 금비녀會라는 것을 조직하여 날뛰었고,
한편 崔麟과 함께 內鮮一體運動을 꿈꾸었고, 전쟁말기에 全北道知事
가 되자 道知事 회의석상에서 20세 이상 조선인 남자는 모조리 전쟁에
동원시켜버리자고 强請을 하여 總督을 무색케 한 일제충신으로 '皇國
臣民誓詞'를 창작하여 동족을 울리게 한 자로써 이번 自家에서 체포되
었다(『친일파관련 문헌, 反民者罪狀記』, 1949.4, 「皇民化의 '미소기'를
하던 日帝의 忠犬들－皇國臣民誓詞를 創作한 金大羽－」)

1938년 총독부 직속기관인 박물관건설위원회의 위원, 저축장려위원
회의 간사, 조선간이생명보험심사회의 위원, 조선미술심사위원회의 간
사 등을 겸하였다.[56] 이때 그는 조선총독부 사회교육과장으로 전조선인
의 황국신민화 및 총독부에서 전시체제 아래 비상동원령을 강화하기 위
해 전조선인 개개인까지 조직적으로 연결하는 국민총동원연맹을 구성하
자 이를 홍보하고 확대시키고자 친일인사들을 포섭하기 위해 노력했
다.[57] 또 만주사변 당시에는 조선총독부의 지시로 일본군의 위문을 위
해 각 도의 지사가 군사후원회를 통해 북만주로 파견하였던 위문단을 이
끌고 현지를 다녀오기도 했다.[58]

당시 송화학인松花學人이란 필명을 가진 인물이 조선총독부 및 각도에
서 고관을 맡고 있던 식민관료들의 인물평을 『삼천리』에 싣고 있는데,

---

56) 『조선총독부및소속관서직원록』 1938 참조.
57) 반민족행위특별조사위원회, 『반민특위조사기록, 피의자신문조서(조병상)』, 1949
.2.4 참조. 조병상에게 국민총동원연맹의 설립취지를 설명하는 자리는 旭町에 있
던 일본 요리집 岸ノ察에서 있었는데, 尹致昊·李覺鍾·嚴某·矢鍋榮三郞과 총독
부 학무국장 鹽原 등 이외에 5~6인이 더 참석하였다. 이때 김대우는 시국이 점
차 중대해짐에 따라 전시체제 아래 국민조직의 결성이 긴급함으로 上意下達, 下
意上達을 신속하게 할 수 있는 官民一體의 단체를 조직하여 난국을 극복하자는
취지의 설명과 참석자의 철저한 협력을 요청하였다. 반민족행위특별조사위원회,
『반민특위조사기록, 피의자신문조서(제3회, 조병상)』, 1949.2.19 ; 『반민특위조사
기록, 공판청구서(조병상)』, 1949.3.16 참조.
58) 『반민특위조사기록, 공판조서 1회(조병상)』, 1949.4.7 참조.

김대우에 대한 평은 참고할 수 있다.

I. 당년 39세의 청년 관리로서 총독부 내에서는 유일한 과장으로 중요한 역할을 하고 잇다. 용모 단정하며 키도 6척에 가까워 위풍 당당하야 관리로서의 풍채는 만점이다. 풍채만 좋을 뿐 아니라 才氣 煥發하며 상당한 웅변가이다. 회의 가튼 데서 말할 때이든가 又는 집회의 의사 진행 가튼 것을 할 때에 보면 명민한 두뇌와 其 달변에 감탄하지 아늘 수 업다. 氏가 慶南産業 과장으로 在勤할 때에 본부에서 열린 산업 과장 회의석상에서 답문 사항의 答申을 설명하는 것을 듯고 본 본부 고관과 동료 과장들은 모다 其 이론 정연할 뿐 아니라 웅변으로 설명하는 태도에 감복하야 장래의 名知事 감이라고 칭찬 하엿다는 말을 기자가 현재 본부 사무관으로 잇는 內地人 모씨에게서 들은 적이 잇다. 그러나 씨는 너무 예민한 두뇌를 가젓으니만치 상당히 신경질이어서 너무 사무에 주밀한 때문에 부하들은 너무 소심 翼翼하야 일하기가 곤란하다는 苦情을 토할 적이 잇다. 씨가 비상한 재기를 가젓다는 것은 長所인 동시에 단점이라고 볼 수 잇서 어떠한 때에는 너무나 일을 만히 하기 때문에 동료나 세간에서 시비를 할 적도 잇다. 그러나 여하튼 조선인 관리 중 단연 발군적 존재로서 관민이 주목하는 우수한 인물인 것은 틀림업다. 사변 발생 이후 씨는 밤 10시가 지나도록 과장실에 단좌하야 과원을 督勵 지휘하는 등 최근에는 더욱 其 활동에 괄목할 만한 것이 만타. 장래에 知事, 국장에 영진할 최우수 한 씨여! 더욱 자중하야 才德 겸비한 대성을 하기를 바란다. 씨는 평남 江東郡 출생으로 大正 6년에 京城 第一 高普를 졸업, 大正 10년에는 京城 高工 광산과를 졸업, 다시 동 14년에 九州帝大 공학부 응용지질학과를 졸업한 본래는 기술자이다. 大正 15년에 本府屬으로 행정관이 되야 평북 博川 군수, 평북 산업 과장, 경북 산업 과장을 역임하고 昭和 9년 초에 중추원 통역관 겸 서기관으로 영전하야 사회과 兼務 사무관으로 잇다가 昭和 11년 5월에 사회 과장에 승진하엿을 때에는 고등관 5등 8급에 불과하엿섯다. 동년 10월 중순에 사회, 사회 교육 양 과의 분립과 동시에 현직에 임명되엇다.(『삼천리』 제10권 제5호, 1938.5.1. ─總督府 及 各道 高官 人物評, 金大羽·宋燦道·姜元秀論, 總督府 社會敎育課·外事課·農務課의 要人들─)

이 시기 조선총독부 본청 안에는 주임관奏任官 이상의 고등관이 약
230명이었는데, 조선인 고등관은 12명에 불과했다. 그는 그중 단연 주목
을 끄는 존재였다. 조선총독부 안에서 조선인으로서 유일한 과장이었기
때문이다. 일의 처리에서는 주도면밀하였고, 달변의 웅변에 있어 일가견
이 있었기 때문에 장래에 도지사감으로 추천되기도 했다. 그의 이런 성
향은 조선총독부의 식민통치를 각 지방 행정체제에 원활히 전달하고 시
행하는데 일정한 역할을 했을 것이다. 당당하고 명랑한 성격을 가졌고,
사람 대하는 수완이 좋다는 평 역시 그가 조선총독부 사회교육과장으로
서 그 정책을 실행하는데 노력하였음을 보여준다.59)

1939년 문관보통분한 주임관奏任官위원회의 전라남도 위원, 문관보
통징계위원회의 전라남도 위원, 보통시험위원회 전라남도 위원장, 보호
관찰심사회의 광주 예비위원을 지내며 3월에 전라남도 참여관 겸 내무
부장으로 승진하였고,60) 금융조합연합회 전라남도부 감리관監理官과 전
라남도 방공위원회防空委員會 위원 등을 겸직하였다. 1940년에는 전라남
도 참여관 겸 도사무관에 임명되었다.61) 1941년 경상남도 참여관 겸 산
업부장, 경상남도 황민연성도장皇民練成道場 도사무관을 지내고,62) 국민
총동원연맹의 후신인 국민총력연맹의 전남도연맹 이사장을 지내기도
하였다.63)

1943년 전라북도지사를 지냈는데,64) 사립 한인중학으로 철저한 왜식
倭式 교육을 하지 못하기 때문에 공립으로 변경하여 당국의 지휘감독 아
래 일본의 식민지교육을 완수하려는 목적으로 고창고보를 공립화하기도

---

59)『한국근현대인물자료』, 김대우 참조.
60)『조선총독부및소속관서직원록』 1939 ;『동아일보』 1939.3.16 참조.
61)『동아일보』 1940.5.2 참조.
62)『조선총독부및소속관서직원록』 1941 ;『일본제국직원록(조선총독부편)』, 1942~
    1943 참조.
63)『반민특위조사기록, 피의자신문조서 2회(현준호)』, 1949.5.28 참조.
64)『民族正氣의 審判』, 1949.2 참조.

했다.[65] 1945년 6월 경상북도지사를 지내며 광복까지 그 직에 있었
다.[66] 광복 후에는 친일행위로 인해 도망하였다가[67] 체포되어[68] 반민특
위의 공판에서 공민권 3년 정지의 형을 받았으나,[69] 곧 무죄로 석방되었
다.[70] 1952년 9월 다시 친일행위로 구속되었으나,[71] 구속이 부당하다는
주장을 하며 변호인을 선임하고 적부심사를 신청했다.[72] 이후 1956년
사업체를 운영한 기록을 확인할 수 있을 뿐이다.

(11) 김호우金虎羽 (출생년 미상)

김대우의 동생이다. 일본으로 유학하여 경도제국대학을 졸업한 후,
평안남도 양덕경찰서에서 경부보를 시작으로[73] 중화[74]·강서경찰서
로[75] 옮겼다. 평안남도 경찰부 위생과로 이동하면서 경부로 승진하였
고[76] 이후 평양선교경찰서,[77] 평양경찰서로 이전하였다.[78] 광복 후 일
제강점기 때의 전력으로 일제히 파면된 시내 경찰서장의 후임을 발령

---

65) 『반민특위조사기록, 피의자신문조서 2회(홍종철)』, 1949.6.1 ; 『반민특위조사기록,
    진정서 홍종철, 白寬洙 外』, 참조.
66) 『친일파관련문헌, 反民者罪狀記』, 「李完用의 後孫들, 8.15 前 그들의 功績은 이
    렇다!―總力聯盟 傘下의 罪狀: 文化反逆자들―」(1949.4)에서는 김대우의 친일행
    위에 대해 다음과 같이 서술하고 있다. "… 김대우金大羽 김덕기金德基를 비롯한
    대표적 관리들과 그 수하인들의 죄상이란 이루 말할 수 없으며 …".
67) 『동아일보』 1946.3.2 참조.
68) 『동아일보』 1949.3.23 참조.
69) 『동아일보』 1949.9.4 참조.
70) 『동아일보』 1949.9.16 참조.
71) 『동아일보』 1952.9.28 참조.
72) 『동아일보』 1952.10.22 참조.
73) 『조선총독부및소속관서직원록』 1933~1934 참조.
74) 『조선총독부및소속관서직원록』 1935~1936 참조.
75) 『조선총독부및소속관서직원록』 1937 참조.
76) 『조선총독부및소속관서직원록』 1938 참조.
77) 위와 같음.
78) 『조선총독부및소속관서직원록』 1939~1941 참조.

하면서 전영원서장前寧遠署長이었넌 그는 마포서장에 임명되었고,[79] 이후 경무관으로 내무부 치안국 수사과장을 거쳐 충청남도 경찰국장을 지냈다.[80]

(12) 김관우金寬羽(출생년 미상)

김상준의 넷째 아들로 구주 현립 제제□중학濟濟□中學을 졸업하였다. 어린 나이임에도 김대우의 일본 유학시 구주에 함께 거주했던 것으로 짐작된다. 동경법정대학 영법학부에 재학할 때는 법정대학 육상경기부 주장을 맡기도 했다.[81] 광복 후 1948년 개최된 런던올림픽의 육상팀 감독을 지냈고,[82] 중앙주정공업中央酒精工業 전무이사, 육상연맹 제2대 이사장, 대한체육회 상무이사 등을 지냈다.[83]

1935년 강동군에서 간행한 『강동지』 현대인물조에 실려 있는 김해김씨는 9명이다. 이들은 모두 김상준과 인척 관계에 있다. 『강동지』 현대인물조에서 김상준 가문의 수록 인원을 고려할 때, 당시 그의 가문은 강동군을 대표하는 향반鄕班 중 하나였음을 알 수 있다. 군내에서 김상준의 활동을 차치하더라도 그의 동생인 김상무와 상화가 강동청년회의 조직을 발기하고, 김상무가 회장으로 취임하고 있음도 김상준 가문의 영향력과 무관하지 않다.

그는 다섯 아들 중 셋을 일본에 유학 보냈는데, 이는 일본에서의 교육이 가문의 유지·발전에 도움이 될 것이라는 믿음 때문이었을 것이다. 특히 장남 김대우가 기술직을 전공하고 있음은 그가 일제의 식민통치기

---

79) 『조선일보』 1946.1.17 참조.
80) 『대구매일』 1950.8.10 참조.
81) 『동아일보』 1936.2.15 참조.
82) 『동아일보』 1948.6.20 참조.
83) 『대한민국건국십년지』, 966쪽.

에 근대 문물을 토대로 한 기술의 중요성을 인식하고 있는데서 나온 것이라 할 수 있다. 그 역시 평양사립측량학교에 입학하여 세부측량술을 수업 받은 후 교사로 재직한 경험이 있기도 하였다. 김대우는 귀국 후 조선총독부의 식민관료로서 일제의 식민통치를 현지에서 실행하는 일선을 담당하게 된다. 그는 조선인 식민관료 중에서도 가장 촉망받는 인사로 총독부 사회교육과장으로 있으면서 조선사편수회 간사를 비롯하여 조선보물고적명승천연기념물 보존위원회 위원과 간사, 박물관건설위원회의 위원 등을 맡아 문명동화론적 개화논리를 앞세워 일선동조론과 내선일체를 획책한 일제의 식민지 문화정책을 수립하고 실행하였다. 차남 호우는 경도제국대학을 졸업한 후, 평양을 비롯한 평안남도 일원에서 경부로 근무하였으며, 식민지시기 말기에는 영원경찰서장을 지냈다. 또 관우는 동경법정대학 영법학부를 졸업했는데, 형들과는 달리 체육인의 길을 걸었다.

아들 3형제를 일본으로 유학 보낸 것은 김상준의 경제적인 능력과 관련이 있는 것이지만, 그는 향후 아들들의 사회진출에도 상당한 관심을 가졌던 것으로 짐작된다. 일제의 식민통치 아래 자신의 아들들을 행정, 사법, 입법부에 진출시켜 강동군의 향반에 불과하던 가문을 조선의 유력 가문으로 만들려는 의지가 반영된 것이라 볼 수 있다. 이는 동생 상화가 의학을 전공하여 의료계에 진출한 것 역시 김상준의 적극 권유에 의해 이루어진 것이라는 사실에서 짐작할 수 있다. 특히 그는 장남인 대우에게 큰 기대를 걸었던 것 같다. 유학에서 돌아온 김대우는 이후 전조선인 全朝鮮人의 관심아래 있었기 때문이다. 특히 김대우가 조선총독부에 소속된 조선인 출신의 식민관료 중 촉망받는 인물이었다는 사실은 그에게도 큰 영광이었을 것이고, 이를 통해 강동은 물론 평안남도에서 자신의 사회적 입지 역시 향상되기를 기대했을 것이다. 실지로 그가 단군릉수축기성회를 조직하여 추진했던 단군릉수축운동에 김대우의 도움 역시 적지 않았을 것으로 추측된다.

3. 조선총독부의 단군론檀君論과 단군릉수축운동

조선총독부의 단군론檀君論이란 일제 식민통치기 일인 관학자들의 단
군부정론과 다르지 않다. 일인 관학자들의 단군부정론 자체가 일선동조
론에 근거한 조선총독부의 문화정책의 지침에서 비롯한 것이기 때문이
다. 이에 그들은 단군부정론을 토대로 조선의 고적을 조사발굴하고, 조
선의 역사를 편찬했다.

이는 일제의 조선 강점 직전인 1909년부터 세키노 테이關野貞 등에 의
해 진행된 조선고적조사에서 그대로 드러난다. 그들은 마산면에 있던 소
위 황제묘皇帝墓를 발굴 조사하였다.[84] 그런데 이 묘는 조선후기부터 강
동에 있는 또 다른 단군묘檀君墓라는 전승을 가지고 있었다. 물론 위만묘
衛滿墓, 동천왕묘東川王墓라는 전승도 있었다.[85] 그들이 이 무덤을 조사대
상으로 삼은 것은 일단 규모면에서 이 지역의 다른 것들과 비교할 수
없이 컸다는데 있었을 것이다. 『조선고적도보』에 의하면, 방형의 2층 기
단 위에 축조된 원형무덤으로 지름 30칸, 높이 6칸이라고 한다.[86] 하지
만 그 이면에는 단군묘라는 전승을 가진 무덤을 발굴하여 그들의 단군부
정론을 증명하기 위한 목적도 있었을 것이다. 그들도 이 묘에 대한 다양
한 전승을 알고 있었을 것이기 때문이다.

---

84) 조선총독부, 1914, 『조선고적도보』 제2책, 431~449쪽.
85) 최근 단군묘 전승에 대한 연구성과는 김성환, 2008, 「檀君傳承과 檀君墓-고려시
　　대 단군묘 전승에 대한 가능성 모색-」 『역사민속학』 29, 한국역사민속학회 ;
　　2006, 「朝鮮時代 檀君墓에 관한 認識」 『한국사학사보』 13, 한국사학사학회 ;
　　2008, 「조선 후기의 단군묘 인식」 『단군학연구』 18, 단군학회(이상 김성환, 2009,
　　『조선시대 단군묘 인식』, 경인문화사) ; 2007, 「일제강점기 「檀君陵記蹟碑」의 건
　　립과 단군전승」 『사학연구』 86, 한국사학회(이 책 Ⅲ-1) 참조.
86) 조선총독부, 1914, 『조선고적도보』 제2책, 해설, 4~5쪽.

장지연張志淵은 황제묘의 발굴 사실을 강동군 서쪽 3리에 위치한 단군묘로 잘못 이해하고 다음과 같은 글을 남겼다.

> J. … 몇 년 전에 일본 고고학자가 이를 발굴했는데 그 내부는 모두 磚石으로 쌓았고, 4벽에 옛 선인, 神將의 모습을 그린 벽화가 있었는데 완연하여 변함이 없었다(『위암문고』 권7, 외집, 만필, 문방잡기, 「檀君墓」).

그가 황제묘 발굴을 단군묘 발굴로 잘못 이해한 것은 황제묘에도 단군묘라는 전승이 있었기 때문이었을 것이다. 황제묘와 관련한 이 같은 전승은 조선후기 이래 전승의 주류를 형성하고 있었던 것으로 보인다.[87] 그런데 발굴조사 결과 이 무덤은 통구 지방의 고구려 무덤과 형식에서 유사하고, 출토된 기와류는 집안의 장군총將軍塚에서 발견된 것과 비슷한 양식이었다. 이에 세키노 테이는 이를 『강동군읍지江東郡邑誌』나 『오주지吳州志』에서의 기록과 같이 동천왕의 무덤도 아니고, 고구려 장수왕 이후의 무덤일 것으로 그 견해를 밝히고 있다.[88] 조선후기 김정호金正浩의 견해와 같은 것이기도 하다.[89]

하지만 그들은 이를 공식적으로 '한왕묘漢王墓'로 명칭했다.[90] 이 무덤의 피장자를 둘러싼 여러 가지의 전승인 황제묘, 단군묘, 위만묘, 동천

---

87) 김성환, 2008, 「조선 후기의 단군묘 인식」 『단군학연구』 19, 단군학회(김성환, 2009, 『조선시대의 단군묘 인식』, 경인문화사 재수록) 참조.

88) 조선총독부, 1914, 『조선고적도보』 제2책, 해설, 4~5쪽.

89) 『대동지지』 권22, 평안도, 江東, [塚墓] "大塚[縣西三里有大塚 周一百六十一尺 俗稱檀君墓 ○縣西北三十里都馬山有大塚 周四百十尺 俗稱古皇帝墓 又云衛滿墓 正宗十年 置守護 禁樵採 ○按此二處 高句麗南遷後 某王之葬耳".

90) 조선총독부, 1914, 『조선고적도보』 제2책, 431~449쪽 ; 해설, 4~5쪽. 한왕묘 조사를 위해 關野貞은 谷井濟一·栗山俊一과 함께 1911년 9월 22일 개성을 거쳐 24일 평양에 도착하였다. 하지만 날씨가 좋지 않아 10월 5일에서야 한왕묘 발굴을 시작하였다. 그러나 조사 6일째 되는 10월 10일 고분의 일부가 붕괴되어 인부 1명이 매몰되고, 2명이 무릎까지 빠지는 사고로 발굴은 일시 중단되었다가 16일 재개되었다.

왕묘, 고구려왕릉 등을 모두 제외하고 '힌왕묘'로 정리하고 있는 것이다. 무덤의 양식과 유물이 통구나 집안의 고구려 무덤과 유사하고, 보고서에도 장수왕 이후의 무덤으로 서술하고 있으면서도 굳이 이를 '한왕묘'로 불렀음을 주목해야 한다. 그들의 우리 역사를 바라보는 인식과 연결되어 있다. 여러 전승 중 한반도에서의 중국문화를 강조하기 위해 한사군과 연결되어 있는 '한왕묘'를 선택한 것으로 추측된다. 이와 관련하여 단군묘 또는 위만묘 전승은 보고서 어디에서도 소개조차 하지 않고 있다. 이 점은 1909년 세키노 테이가 조선의 유적을 조사한 후 "익산, 평양 지방에서는 마한, 고구려 시대의 유적을 조사하였으나 … 다소 태고문화의 흔적을 구별하기에는 어려웠다"는[91] 보고에서도 짐작할 수 있다.

그런데 1910년대 후반 『조선사朝鮮史』 편수와 조선고적의 조사를 주도한 구로이타 가쓰미黑板勝美가 1916년 대동강 부근의 사적을 조사했는데, 그 목적은 조선 역사의 출발점이 어디에 있는가 하는 것이었다. 그리고 그는 "중국 문명을 가장 빨리 수용한 곳은 평양이고, 이 지역에 미친 중국 문명의 영향이 한민족의 이동과 동요를 초래했다"고 결론짓고 있다.[92] 더 나아가 그는 조선 역사의 기원과 관련된 단군에 대한 사실은 최근의 신앙 문제일 뿐이라고 언급하고 있다.[93] 이는 1916년 중추원에서 편찬 계획했던 『조선반도사朝鮮半島史』에 단군의 건국 관련 내용이 수록되지 않고 있음에서도 알 수 있다.[94]

그가 이런 결론을 얻게 된 것에는 세키노 테이가 조사한 고적들이 주요 자료로 활용되고 있는데, 구로이타 가쓰미의 조선사에 대한 이해는 세키노 테이의 그것과 차이가 없음을 의미한다. 따라서 세키노 테이의

---

91) 日本歷史地理學會 編, 1911, 「朝鮮遺蹟調査略報告」 『歷史地理』 17-2 참조.
92) 黑板勝美, 1916.11, 「大同江附近의 史蹟」 『朝鮮彙報』 참조.
93) 위와 같음. 이상은 李成市, 1999, 「黑板勝美(구로이타 가쓰미)를 통해 본 식민지와 역사학」 『한국문화』 23, 서울대 한국문화연구소 참조.
94) 조선총독부, 1916, 『朝鮮半島史編成의 要旨及順序』 참조.

'한왕묘' 발굴은 조선 역사의 출발을 평양의 낙랑문화에 이식된 중국 문화에 두고, 단군묘 전승을 가지고 있는 무덤이 허묘虛墓 또는 가묘假墓임을 밝히거나, 최소한 단군과는 관련이 없는 무덤임을 증명하여 그들이 주장하고 있던 단군부정론을 합리화하기 위한 목적에서 이루어진 것으로 짐작된다. 조선시대 이래 이 무덤에 대한 대표적인 전승의 명칭인 황제묘를 사용하지 않고, 중국 문화와의 관련성을 강조하기 위해 유적의 성격과는 전혀 별개의 것인 '한왕묘'를 정식 명칭으로 사용하고 있음이 단적인 예이다. 이 무덤과 관련한 '한왕묘'라는 전승은 여러 전승 중 가장 미미한 것이었기 때문이다. 1920년대 동아일보를 중심으로 한 단군에 대한 관심에 대해 그들은 민족주의자들이 단군을 민족 결속의 방법으로 이용하고 있다고 비난하면서 이에 대한 대응책으로 총독부의 수사사업修史事業을 확충할 것을 강조하였다는 점도 참고할 수 있다.[95]

이런 측면에서 1920~30년대 단군릉수축운동은 강동군의 관심사였을 뿐이다. 특히 1930년대 단군릉수축기성회를 중심으로 이루어진 수축운동은 강동군의 읍사邑史였던 『강동지江東誌』의 간행과 함께 강동군의 역점사업이었지만, 조선총독부의 관심을 유도한다는 것은 사실상 가능하지 못했다. 일찍이 한왕묘 발굴로 그들은 강동군에 전해오는 소위 단군묘라는 무덤들의 성격을 파악하고 있었기 때문이다. 더욱이 이 결과는 그들의 직접적인 언급을 확인할 수는 없지만, 단군부정론을 강화하는데 일조하였을 것이다. 물론 1920년대 말 세계의 대공황으로 인해 총독부가 주도하던 고적조사사업 역시 재정적인 타격을 입어 사업의 규모가 축소되기도 하였다.[96] 하지만 이것이 조선총독부가 단군묘에 가지는 관심과 직접 연결되어 있지는 않다. 애당초 조선총독부의 고적조사사업에는

---

95) 稲葉岩吉, 1922, 「朝鮮の文化問題」『支那社會史研究』; 김성문, 1989, 「朝鮮史編修會의 組織과 運用」『한국민족운동사연구』3, 한국민족운동사연구회 참조.
96) 박선애, 2007, 「조선총독부의 문화재 '보존'사업과 전시동원」『역사와 경계』65, 부산경남사학회, 257~263쪽.

단군릉이 제외되어 있었기 때문이다. 일인들의 단군에 대한 부정론은 이미 결론이 난 상태였고, 단군묘는 동명왕릉 등과 같이 보물고적명승천연기념물에 포함되어 있지 않았기 때문이다. 단군릉은 단지 강동군의 명승유적이었을 뿐이다.

여기에는 또 강점 이전부터 일찍이 간헐적으로 제기된 바 있는 단군檀君=스사노 노미코토素盞嗚尊 설도 관련이 있다. 그들의 단군부정론은 17세기 중엽부터 제기되기 시작하여 1870년 번계繁繼의 『구기집록舊記集錄』, 1875년 스가하라菅原龍吉가 편집한 『계몽조선사략啓蒙朝鮮史略』, 1888년의 『국사안國史眼』, 1892년 하야시 다이스케林泰輔의 『조선사朝鮮史』 등에서 대략 단군=스사노 노미코토, 또는 이사나기伊弉諾=환인桓因, 스사노오 노미코토須佐之男=환웅桓雄, 스사노 노미코토의 아들 이타케루五十猛神=단군이라는 설로 정리되고 있다. 특히 『계몽조선사략』과 『조선사』에서는 단군의 죽음[薨]과 송양松壤에서의 장례로 최후를 정리하고 있는데, 이것은 고조선의 역사적 사실을 인정하는 관점에서 이루어진 것이 아니다. 일본신화에 단군신화를 용해시키려는 시도에서 이루어진 것이라 할 수 있다. 국학國學을 토대로 하는 그들의 전통적 인식 범주를 더욱 확장한 것이라 하겠다.

물론 단군과 스사노 노미코토와의 관련성은 근대역사학의 외피를 쓴 이후 점차 불신되고, 단군신화를 평양지방을 중심으로 하는 연기설화 내지 전설로 파악하려는 관점이 나타났다. 그렇다고 단군=스사노 노미코토 설이 완전히 포기된 것은 아니었다. 이 설은 여전히 국학적 전통을 고수하는 이들에게 유효하게 작용했고, 강점 이후 그들의 조선 통치를 위한 내선일체·동조동원론 등의 근거로 이용되었기 때문이다.[97] 그들의 입장에서 단군묘 전승은 일본신화 안에서 용해시킬 수 있는 근거가 될

---

97) 이에 대해서는 김성환, 2009, 「한말 단군릉 인식과 능으로의 숭봉」 『조선시대의 단군묘 인식』, 경인문화사 참조.

수 있었다. 따라서 일제 식민통치자들은 단군묘 전승을 단군=스사노 노미코토, 또는 단군=스사노 노미코토의 아들 이타케루 설과 연계하여 자신들에게 유리하게 이용할 수도 있었다. 동아일보가 매일 지면을 통해 전조선인에게 민족감정을 불러일으켜 성금모집을 하고 있는 것을 알고 있으면서도, 조선총독부가 단군묘, 또는 그 수축운동에 직접적인 관심을 보이지 않은 것은 이런 배경에서 이해가 가능하다.

강동군에서 추진하였던 단군릉수축운동은 조선총독부에서 추진했던 조선 고적 조사나 보존과는 일정한 거리가 있었다. 하지만 일제의 식민지 문화정책이라는 큰 틀에서는 동일선상에 있었다. 물론 이 시기 시라도리 구라키치白鳥庫吉, 이케우치 히로시池內宏, 쓰다 소우키치津田左右吉, 이마니시 류수西龍 등 식민 관학자들에 의해 국학자의 전통을 이은 일선동조론을 비판하기도 하지만, 이는 일시적인 것이었다. 그들의 식민지 정책이 조선에서 만주로 확대되어 만선사관滿鮮史觀에 맞추어져 있었기 때문이다.[98] 내선일체, 일선동조를 내세워 조선인들을 효율적으로 동화시키는 것은 여전히 문화를 통한 식민통치의 핵심적 과제 중 하나로 유효하였다.

수축운동에 강동군수가 직간접으로 참여하고 있음은 이를 의미한다. 식민통치자나 식민관료에게 단군은 평양지역을 중심으로 하는 일개의 전설에 불과할 뿐이었다. 특히 식민통치자들의 단군부정론은 단군릉수축운동에 일정한 거리를 두게 했다. 그들에게 단군묘는 관심거리가 아니었다. 이 시기에 강동군 유림에서도 단군묘에 대해 취신과 불신의 입장이 그대로 유지되고 있거나, 가묘·허묘의 입장도 보이고 있는 상태에서

---

98) 국학자들이 17세기부터 간헐적으로 제기해온 단군=스사노 노미코토, 또는 단군=스사노 노미코토의 아들 이타케루 설이 이 시기 지역적으로는 평양, 종교적으로는 불교와 연계하여 연기설화 내지 전설에 불과하다는 것으로 방향이 전환된 것은 그들의 제국 경영이 조선에 머물지 않고 만주를 포함한 滿鮮史觀으로 확대되었기 때문이다.

조선의 고적으로서 그들이 단군묘를 수복할 필요는 없었다. 다만 지방
행정단위에서 관광자원으로 주목할 뿐이었다.

이 시기 강동군에서 강동 유림계를 중심으로 단군릉을 수축하기 위한
움직임은 한말 강동 유림계가 추진했던 단군릉 숭봉과 수축의 노력을 계
승한 것이다. 하지만 그 의미에서는 사뭇 다르게 해석된다. 고종·순종
때의 단군릉 숭봉과 수축의 노력이 국조國祖라는 역사적 존재로서 단군
에 대한 인식에서 출발한 것이라면, 이 시기 수축 노력은 일제 식민지로
전락해 버린 조선인들에게 민족감정을 호소하고 있지만, 일선동화 전략
을 통해 식민지의 문화를 자기문화로 끌어들이려는 일제의 자기구성전
략 역시 함께 작용하고 있었기 때문이다.99) 일제강점기『강동지』편찬
자들은 강동의 고적중 하나인 황제묘를 1909년 세키노 테이의 조사 결
과를 수용하여 한왕묘로 기록하고 있는 것은100) 이런 점에서 참고할 수
있다. 그들 역시 이 무덤이 고구려 계통의 무덤이라는 사실을 너무나 잘
알고 있었을 것이기 때문이다.

당시 단군릉의 모습은 1918년 5월 단군교의 정훈모鄭薰模에 의하면,
한식이 얼마 지나지 않은 때임에도 불구하고 벌초조차 이루어지지 못해
봉분에 잡초가 무성하여 거의 방치 상태에 있었다.101) 이에 강동명륜회
에서는 1923년 수리비용 200여원을 갹출하여 담장을 수리하는 한편, 문
을 세우고 정례적인 제사를 지내기도 했다.102) 하지만 수치 작업의 배후
에는 식민관료였던 강동군수가 있었다. 강동군수가 명륜회장을 겸하고
있었기 때문이다.103) 이것은 1917년 중수된 동명왕릉이 그 수치의 일이

99) 일제의 식민지 문화에 대한 전략에 대해서는 우미영, 2006, 「근대 여행의 의미 변
    이와 식민지/제국의 자기 구성 논리-묘향산 기행문을 중심으로-」『동방학지』,
    322~323쪽.
100) 강동군, 1935, 『江東誌』참조.
101) 鄭鎭洪, 1937, 『檀君敎復興經略』, 68쪽.
102) 『동아일보』 1926.10.22, 순회탐방114, 「交通의 至便 天惠의 沃土 産物殷豊한 江
     東-壇君墓」참조.

중화군수→평안남도지사→조선총독부 총독으로 보고되어 하세가와長谷
川 총독의 명으로 이루어졌다는 점과 비교된다. 명분상으로나마 동명왕
릉은 조선총독부에서 직접 나서고 있는 것이 단군묘의 수치와 다른 점이
다.104) 따라서 이때부터 이미 단군릉 수축을 위한 노력에는 일제의 식민
지 정체성 확보를 위한 논리가 개재되어 있었다고 할 것이다. 강동군수의
명륜회장 겸직은 1927년 강동 유림계의 공로자를 추천하는 방식으로 바
뀌어 단군성제檀君聖祭 역시 강동 유림계의 주도로 진행되었다.105) 하지
만 일제의 식민지 통치방식이 바뀐 것은 아니었다. 이미 강동군의 유림계
는 친일 성향으로 기울어져 있었기 때문이다. 강동군수가 강동명륜회의
회장에서 물러난 것도 이에 대한 자신감에서 나온 것으로 추측된다.

　1920년대 초 강동 명륜회의 단군릉 수축은 외관상으로 어느 정도 성
과를 거두었다고 판단된다. 하지만 평양과 중화에 있던 기자릉, 동명왕
릉과 비교하여 단군릉의 모습은 초라하기에 그지없었다. 향후 수치의 주
관심은 자연 기자릉, 동명왕릉에 건립되어 있는 수호각으로 갈 수밖에
없었다. 이에 그 경비를 마련하기 위해 강동 유림계에서는 1927년 평안
남도유림연합회에 도움을 요청하지 않을 수 없었고, 평남유림연합회에
서는 이를 위해 노력하였을 것이다. 그리고 그 결과는 1929년 10월 '단
군묘수호계壇君墓守護契'의 구성으로 나타났다.106)

---

103) 『중외일보』 1927.6.5, 「江東儒林의 檀君聖祭擧行」 참조.
104) 「東明王陵重修記」 "東明王陵重修記 : … 本陵事實 擧詳報于道廳 又因事 至道
　　廳面稟(侍) 悉使之作報于上府者 有年之事 係重大卒難情治矣 是歲之暮春 自總
　　督府特念辨財 命道工匠 不費民力之訖役於一月之間 廈屋渠渠丹艧重新 是誰之
　　力 民曰太守 太守不有 歸功于道長官 官曰非我也 歸美于總督 當是時 本郡守之
　　依仰兩閣下 謂如何哉 二公俱心 聖朝重望 入則有伊周之功 出則有方召之列 何其
　　壯也 略記工役之顚末 俾作後人之觀感之爾 大正六年十一月 日 中和郡守 邊時
　　鵬". 김영관, 2005, 「고구려 동명왕릉에 대한 인식변화와 東明王陵重修記」 『고
　　구려연구』 20, 고구려연구회 참조.
105) 『중외일보』 1927.6.5, 「江東儒林의 檀君聖祭擧行」 참조.
106) 『동아일보』 1929.10.18, 「壇君墓守護契」 참조.

1920년대 강동 유림과 평남유림연합회의 단군릉 수축을 위한 활동에는 김상준의 역할이 있었을 것으로 보인다. 이때 그는 중추원의원을 역임하고 민선이었던 평안남도평의회원이었다. 강동 유림 출신으로 평안남도에서 활동하고 있던 그가 평남 유림계에 일정한 영향력을 가지고 있었을 것이라는 점은 어렵지 않게 추측할 수 있다. 그는 1923년 강동 유림계에서 진행한 담장 및 건문建門을 위한 수축, 1927년부터 평남유림연합회에서 수호각 건립을 위한 수축, 그리고 1929년 '단군묘수호계'의 조직에도 일정 정도 관여를 했을 것이 분명하다. 이는 강동 출신으로 평안남도 전역에 자신의 역할을 드러낼 수 있는 기회이기도 했다. 하지만 수호계의 규약을 작성하여 각 군의 유림회로 발송하면서 단군릉 수호를 위한 성금을 모집하려던 평남유림연합회의 계획은 별반 성과 없이 흐지부지 되었다.[107]

이것이 김상준이 단군릉수축운동에 직접 뛰어들게 된 계기였을 것이다. 그리고 그는 단군릉 수축을 위한 별도의 조직 구성을 발기하였고, 그것이 1932년 5월 구성된 단군릉수축기성회이다. 그 목적은 당연히 단군릉의 수축과 수호각의 건립이었다. 그는 수축기성회를 조직하기에 앞서 단군릉에 대한 전조선인의 관심을 촉구한다. 그렇다고 그가 앞서 살펴보았듯이 철저한 민족주의를 지녔다고 생각되지 않는다. 단군은 전조선인에게 민족감정을 불러일으킬 존재임이 분명하지만, 다른 한편으로는 일본제국주의의 관광정책을 통해 내재된 일선동화를 실현하는 것이었기 때문이다. 이는 조선총독부가 식민지 조선을 통치하기 위한 정책에 부응하는 것이기도 했다.

이때 강동군수로 부임한 김수철金壽哲은 민관의 협력으로 단군릉·황제묘·청계굴(단군굴) 등 강동을 대표할 8대 명승고적을 선정하여 보존·중수할 계획을 세운다.[108] 강동군수 역시 민족의식을 지닌 인물은 아니

---

107) 『동아일보』 1932.5.12, 「江東大朴山에잇는 壇君陵奉審記(下)」(吳基永).

었다. 그는 명치대학에서 법학을 전공하고, 1929년 영변군수를 지냈는데, 오산학교를 설립하여 기부하기로 약속하였으나 이행하지 않아 평양지방법원에 고소를 당해 패소하여 군수직에서 물러난 전력이 있었다. 그가 단군릉을 중수할 계획을 밝힌 것은 식민지의 영토를 바라보던 조선총독부의 시각과 결부되어 있었다. 이런 점에서 전조선인을 대상으로 동아일보를 통해 대대적인 성금 캠페인을 벌인 것은 민족감정을 이용하려는 단순한 술책에 불과한 것이라고 볼 수 있다.[109] 특히 단군릉 답사를 위해 서울에서 강동으로 온 동아일보는 오기영吳箕永을 동아일보 강동지국장 김중보金重寶와 함께 평안남도평의회원인 그가 안내하고 있음은[110] 단군릉을 중심으로 앞으로 그가 전개할 활동의 방향을 이해하는데 참고할 수 있다.

그는 수축기성회를 구성하기에 한 달 전에 이 사업의 추진을 발기하고, 먼저 100원 가치가 있는 토지를 기증하는 한편 강동군수 김수철의 협력을 약속받는다.[111] 연말까지 공사를 마무리할 계획으로 일의 진행과 성금 모집을 위해 단군릉수호각건축기성회를 발족하고 조직의 인선도 마무리했다.[112] 하지만 당초 계획과는 달리 추진되지 못해 5년여 동안 지지부진해진다. 그 과정에서 계획을 변경하고, 기성회 조직도 변화

---

108) 『동아일보』 1932.5.18, 「江東八代名勝古蹟保存에 努力」 참조.
109) 우미영의 다음과 같은 견해는 이점에서 참고할 수 있다. "식민지 조선의 아름다움에 대한 예찬은 조선의 영토를 하나의 볼거리에 국한시킴으로서 민족의식 자체를 무력화시키려는 방향으로 작동한다. 이 과정에서 주체의 주체성은 객체, 즉 시각화된 풍경 안에 함몰되어 버린다. 남은 것은 그림과 같은 풍경 자체 또는 시각적 감각뿐이다. 이를 통해 순례객은 풍경을 즐기는 소비적인 관광객으로 변모한다. 이렇게 볼 때, 제국의 식민지 자연 및 산수 예찬 자체는 결과적으로 정치적이다". 우미영, 위의 논문, 337쪽.
110) 『동아일보』 1932.5.6, 「壇君陵奉審記」(上) 참조.
111) 『동아일보』 1932.4.26, 「江東 壇君墓와 荒廢한 담」 참조.
112) 『동아일보』 1932.5.28, 「檀君陵修築期成, 江東人士의 贊助를 促함」(江東一記者) 참조.

를 주면서 자신의 발기로 추진한 사업을 마무리하려고 한다.

이를 위해 그는 기성회에 대한 자신의 영향력을 강화하고, 집안사람들을 적극 참여시킨다. 그중 단군릉수축기성회에 참여한 인물은 회장 김상준을 비롯하여 당무當務 김천우, 고문 김상화, 각면이사 김명희이다. 또 『강동지』 현대인물조에는 실려 있지 않지만 회계 김연우金淵羽 역시 이들과 같은 가문이다. 그는 또 기성회를 변화시키면서 회장으로서 회계를 겸하기도 했다. 1935년 8월에는 동아일보 강동지국장 고문을 맡았는데,113) 이는 마무리 단계에 있던 단군릉 수축과 관련을 가진 것으로 보인다.

김상준이 단군릉 수축의지가 확고했는지는 분명하지 않다. 물론 그는 5년여를 이를 추진하기 위한 일을 대표하고, 동아일보를 통해 전조선인에게 잊혀져가는 민족의식을 호소하고 있다. 하지만 그는 이를 철저하게 이용했다고 생각된다. 그가 단군릉 수축을 위해 100원 상당의 토지와114) 1932년 200원,115) 1933년 100원을116) 성금했다고 한다. 하지만 동아일보의 단군릉 수축을 위한 성금모집 내용을 검토할 때, 이는 중복 기재일 가능성이 있다. 중복 기재 역시 독자들에게 단군을 통한 민족감정을 건드리는 것이었기 때문이다.

단군릉 수축을 위해 기성회가 계획했던 총 공사 예산은 7천여원이었다. 수호각 건립 및 담장 수축, 석물 및 제단 설비를 위한 것이었다. 1934년 봄 성금의 총액은 2천8백 여원에 불과했다.117) 사업내용의 축소가 불가피했지만, 수호각 건립은 기성회 발기의 당초 목표였기 때문에

---

113) 『동아일보』 1935.8.17 참조.
114) 『동아일보』 1932.4.26 참조.
115) 『동아일보』 1932.5.29 참조.
116) 『동아일보』 1933.12.24 참조.
117) 『동아일보』 1934.4.20,「檀君陵修築事業進陟 總工費七千圓豫定 于先守護閣부터着工」 참조.

포기할 수 없는 것이었다. 이에 공사는 수호각과 기념비 및 단군릉비 건립을 중심으로 진행하였다. 양통兩通 4~5칸의 수호각 건립에 1,600원, 높이 7척 두께 1척5촌 너비 2척2촌의 기념비와 높이 4척5촌 두께 1척 너비 2척의 단군릉비, 길이 5척 두께 1척5촌 너비 4척의 상석 설치에 1,000원, 능 주변 담장의 수축 등이 그 내용이었다.[118]

그렇지만 수축공사는 기적비와 단군릉비 각 1기의 건립과 상석 설치, 능 주변 담장 수축으로 마무리 되었다. 나머지 성금에 대한 용처도 불분명하다. 기성회의 당초 취지와는 달리 성금의 대부분이 다른 용도로 변경되어 사용된 듯하다. 여기에는 그의 아들인 김대우의 역할이 있었을 것으로 추측된다. 그는 이 시기에 도이사관으로 평안북도 내무부 산업과장을 거쳐 경상남도 이사관으로 옮겼다가 1934년 조선총독부 학무국 사회과의 사무관으로 승진하였다. 이때 강동군에서는 단군릉에서 50정보 떨어져 있는 지리芝里의 뒷산 밑에 있는 7000여평 되는 큰 못을 정비하여 경승지를 조성하였는데, 조선총독부에서는 강동군 농촌의 부업을 장려하기 위해 진해양어장에서 잉어 종자 1만 마리를 대가없이 증여했다.[119] 이는 김대우의 역할이 있었기 때문에 가능했던 것으로 짐작된다.

단군릉수축공사비와 관련한 직접적인 용도 변경과 관련해서는 강동향약江東鄕約의 설립을 주목할 수 있다. 강동향약은 강동군 명륜회에서 농촌진흥을 목표로 군내 각리에 풍속 생활개선 등을 지도하고자 1934년 2월 기성회장 김상준과 강동군수 김광일金光一의 주도로 설립되었다.[120] 이는 조선총독부의 농촌을 대상으로 하는 시정정책에도 부응하는 것이었다. 그리고 여기에는 총독부 식민관료였던 김대우의 역할이 있었을 것이다.

---

118) 위와 같음.
119) 『동아일보』 1934.5.23, 「檀君聖陵附近에 共同養魚와 植樹 江東의 新名勝地를 築成」 참조.
120) 『동아일보』 1934.2.20, 「江東鄕約設立」.

향약정관을 2만부 인쇄한다고 했는네, 당시 강동군의 호수가 11,573호였음을 감안할 때, 이는 식민통치 정책이 각 호별로 침투했음을 의미하는 것이다. 총독부 사회과 사무관이었던 김대우에게는 커다란 호재였을 것이다. 이면에는 단군릉 수축을 위한 각 호별 성금 갹출이라는 목적이 있었을 것이지만, 강동향약은 조선총독부의 식민통치가 각 리별 각 호까지 전달되도록 하기 위해 설립된 것이었다. 특히 강동향약이 그 이면에 수축운동의 활성화라는 목적이 있었고, 명륜회 회원이자 단군릉수축기성회의 각면이사였던 신인걸申麟杰이 향약의 설립을 주도하고 있다는 점은121) 두 단체의 상관성을 이해하는데 도움이 된다.

향약정관 2만부를 인쇄하기 위해서는 경비 조달이 문제였을 것이다. 이점에서 단군릉 수축을 위해 수년간 모집한 성금은 2,800여원은 좋은 재원이었다. 그들은 향약정관의 인쇄비용으로 우선 이를 사용하기로 했을 것이다. 여기에 사용된 재원은 강동향약을 통한 갹출과 전조선인을 대상으로 한 민족감정에 또다시 호소하면 될 것이었기 때문이다. 하지만 그들의 생각대로 성금 모집은 쉽지 않았고, 결국에는 인쇄비를 보전하지 못한 상태에서 단군릉의 수축은 당초 계획보다 상당히 축소되어 기적비와 단군릉비 건립, 상석 설치, 담장의 수축으로만 정리될 수밖에 없었다고 추측된다.

더욱이 김상준은 상당한 재력가로 1919년 당시 만해도 재산이 5~6만원에 이르렀음을 고려할 때, 그가 수축운동에 가지고 있던 표면적인 열의에 비해 성금내용은 미미하기 그지없다. 그에게는 단군릉 수축이 중요한 것이 아니라 그것을 이용하여 자신을 널리 알리는 것이 필요했을 것이다. 이는 그가 따르던 총독부의 식민통치에 부응하여 그 정책을 실행하는 또 다른 방법이었기 때문이다. 역사적 존재 및 그 유적에 대한 가치 부여와 이를 이용한 탈취라는 이중성이 엿보인다. 이런 점에서 전

---

121) 「단군릉기적비」 및 강동군, 1935, 『江東誌』, 제7장 「현대인물」 참조.

조선인의 관심으로 수년간 진행되었던 단군릉수축운동은 미완의 캠페인
으로 마무리될 수밖에 없었다.

4. 맺음말

1932년 시작된 단군릉수축기성회는 친일계 인사였던 김상준의 발기
로 시작하였다. 수년간 동아일보가 수축성금을 모집하기 위한 캠페인을
하는 한편, 강동군민 전체를 대상으로 1934년 강동향약을 구성하여 성
금을 갹출하기도 했다. 이 과정에서 기성회장이었던 그의 역할이 지대하
였다.

그는 김해김씨로 강동읍 아달리 217번지가 원적이자 주소이다. 세종
때 예조판서로 강동에 적거되었다는 중상仲祥의 후손으로 전통적인 강동
의 향반 출신이었다. 또한 상당한 경제력을 가지고 있던 강동의 대지주
로 당시 그가 소유하고 있던 토지는 시가 5~6만원 정도의 150정보를
넘었고, 소작인 역시 80여명에 이르렀다고 한다. 조선이 일제의 식민지
로 전락하자 그는 식민통치의 말단 행정에 소속되어 있던 강동군의 초대
참사로 임명되었으며, 강동금융조합장을 지내기도 한다. 그는 강동군에
서 선대부터 이어져오는 향반세력이었음을 토대로 일제 식민통치에 부
합하며, 그 가문의 유지를 위해 노력하였던 것으로 짐작된다. 이후 강동
면장, 평양축산조합의 강동면평의원, 명치신궁봉찬회 조선지부 평안남
도 군위원, 평안남도 지방토지조사위원회 임시위원, 강동면협의회원, 중
추원의원, 평안남도평의회원, 평안남도도의원 등을 지냈다. 특히 평안남
도지사가 그를 중추원의원으로 추천하면서 "도내에서 상당한 자산을 가
지고 있고 학식과 신망이 있으며, 총독정치의 취지를 잘 이해하고 있어
지역 인민을 대표하여 자순諮詢에 응하는 중추원의원으로 아주 적임자"
라는 평을 하고 있음은 그의 성향을 단적으로 나타내준다고 하겠다.

1935년 강동군에서 간행한『강동지』현대인물조에 실려 있는 김해김씨는 9명이다. 이중 김상준의 동생인 김상무와 상화가 강동청년회의 조직을 발기하고, 김상무가 회장으로 취임하고 있음 역시 강동군에서 그의 가문의 영향력과 무관하지 않다. 아들 다섯 중 셋을 일본에 유학 보냈는데, 특히 장남 김대우는 유학 이후 조선총독부의 식민관료로 일제의 문명동화론적 개화논리를 앞세워 일선동조론과 내선일체를 획책하며 일제의 식민지 문화정책을 수립하고 실행하였다. 차남 호우도 평양을 비롯한 평안남도 일원에서 경부로 근무하였다. 아들의 일본 유학과 이후 사회진출에도 김상준의 관심은 크게 작용하였다. 일제의 식민통치 아래 자신의 아들들을 행정, 사법, 입법부에 진출시켜 강동군의 향반에 불과하던 가문을 조선의 유력가문으로 만들려는 그의 계획이 반영된 것이라 볼 수 있다. 특히 김대우가 조선총독부에 소속된 조선인 출신의 식민관료 중 촉망받는 인물이었다는 사실은 그에게도 큰 영광이었을 것이고, 이를 통해 강동은 물론 평안남도에서 자신의 사회적 입지 역시 향상되기를 기대했을 것이다.

조선총독부의 단군론이란 일제 식민통치기 일인 관학자들의 단군부정론과 다르지 않다. 일인 관학자들의 단군부정론 자체가 일선동조론에 근거한 조선총독부의 문화정책의 지침에서 비롯한 것이기 때문이다. 일제의 조선 강점 직전인 1909년부터 세키노 테이關野貞 등에 의해 진행된 조선고적조사에서 그대로 드러난다. 거기에는 강동의 황제묘도 포함되어 있었다. 이 묘는 조선후기부터 강동에 있는 또 다른 단군묘라는 전승을 가지고 있었다. 하지만 그 목적에는 단군묘라는 전승을 가진 무덤을 발굴하여 그들의 단군부정론을 증명하기 위한 것도 있었을 것이다. 실제로 그들은 이 무덤을 공식적으로 '한왕묘漢王墓'로 명칭했다. 무덤의 양식과 유물을 통해볼 때, 고구려 무덤이 분명함에도 불구하고 '한왕묘'로 불렸다. 이는 조선 역사의 출발을 평양의 낙랑문화에 이식된 중국 문화에 두고, 단군묘 전승을 가지고 있는 무덤이 허묘 또는 가묘임을 밝히거나, 최소한 단군과는 관련이 없는 무덤임을 증명하여 그들이 주장하고 있던 단군부정론을 합리화하기 위한 목적과 관련이 있다.

단군릉수축운동은 강동군의 관심사였을 뿐이다. 조선총독부의 관심을 유도한다는 것은 사실상 가능하지 못했다. 일인들의 단군에 대한 부정론은 이미 결론이 난 상태였고, 단군묘는 동명왕릉 등과 같이 보물고적명승천연기념물에 포함되어 있지 않았기 때문이다. 단군릉은 단지 강동군의 명승유적이었을 뿐이다. 그들은 단군묘 전승을 단군=스사노 노미코토, 또는 단군=스사노 노미코토의 아들 이타케루의 설과 연계하여 자신들에게 유리하게 이용할 수도 있었다. 동아일보가 전조선인에게 민족감정을 불러일으켜 성금모집을 하고 있는 것을 알고 있으면서도, 조선총독부가 단군묘, 또는 그 수축운동에 직접적인 관심을 보이지 않은 것은 이런 배경에서 이해가 가능하다.

강동군에서 추진하였던 단군릉수축운동은 일제의 식민지 문화정책이라는 큰 틀에서 이해가 가능하다. 내선일체, 일선동조를 위해 조선인들을 효율적으로 동화시키는 것은 문화를 통한 식민통치의 핵심적 과제 중 하나였기 때문이다. 수축운동에 강동군수가 직간접으로 참여하고 있음은 이를 의미한다. 물론 이 시기 단군릉을 수축하기 위한 움직임은 한말 강동 유림계가 추진했던 단군릉 숭봉과 수축의 노력을 계승한 것이다. 하지만 그 의미에서는 사뭇 다르다. 고종·순종 때의 단군릉 숭봉과 수축의 노력이 국조라는 역사적 존재로서 단군에 대한 인식에서 출발한 것이라면, 이 시기 수축 노력은 일제 식민지로 전락해 버린 조선인들에게 민족감정을 호소하고 있지만, 일선동화를 통해 식민지의 문화를 자기문화로 끌어들이려는 일제의 자기구성전략 역시 함께 작용하고 있다.

김상준은 1920년대 강동 유림과 평남유림연합회의 단군릉 수축을 위한 활동에도 역할을 하였을 것이다. 그가 평남 유림계에 일정한 영향력을 가지고 있었기 때문이다. 하시만 1920년대 계획들이 흐지부지되자 그는 단군릉수축운동에 직접 뛰어든다. 그렇다고 그가 철저한 민족주의를 지니고 있지는 않았다. 그에게 단군묘는 다른 한편으로 일본제국주의의 관광정책을 통해 내재된 일선동화를 실현하는 방책으로 이해되었을 것이다. 특히 그는 기성회에 대한 자신의 영향력을 강화하기 위해 집안 사람들을 적극 참여시킨다. 그러면서 5년여를 지속한 단군릉수축운동은 당초 계획대로 마무리되지 못한다.

1934년 봄 성금의 총액은 2천8백 여원으로, 수호각 건립에 1,600원, 기념비와 단군릉비 건립 및 상석 설치에 1,000원, 능 주변 담장의 수축에 200여원 등이 지출될 계획이었다. 그렇지만 수축공사는 기적비와 단군릉비의 건립과 상석 설치, 능 주변 담장 수축으로 마무리 되었다. 나머지 성금에 대한 용처도 불분명하다. 기성회의 당초 취지와는 달리 성금의 대부분이 다른 용도로 변경되어 사용된 듯하다. 이런 점에서 강동향약의 설립을 주목할 수 있다.

강동향약은 강동명륜회에서 농촌진흥을 목표로 군내 각리에 풍속 생활개선 등을 지도하고자 1934년 2월 기성회장 김상준과 강동군수 김광일金光一의 주도로 설립되었다. 조선총독부의 농촌을 대상으로 하는 시정정책에 부응하는 것이었다. 조선총독부의 식민통치가 각 리별 각 호까지 침투하는 효과가 있었다. 그런데 향약정관을 2만부 인쇄했다고 하는데 경비 조달이 문제였다. 그리고 단군릉 수축을 위해 수년간 모집한 성금은 2,800여원은 좋은 재원이었다. 그들은 향약정관의 인쇄비용으로 우선 이를 사용하기로 했을 것이다. 여기에 사용된 재원은 강동향약을 통한 갹출과 전조선인을 대상으로 한 민족감정에 또다시 호소하면 될 것이었기 때문이다. 하지만 결국에는 인쇄비를 보전하지 못한 상태에서 단군릉의 수축은 당초 계획보다 상당히 축소되어 마무리될 수밖에 없었다. 김상준에게 단군릉 수축은 총독부의 식민통치에 부응하여 그 정책을 실

행하는 또 다른 방법이었다. 역사적 존재 및 그 유적에 대한 가치 부여
와 이를 이용한 탈취라는 이중성이 엿보인다.

제3장 단군릉수축운동檀君陵修築運動의 성격
-단군릉수축기성회를 중심으로-

1. 머리말

1920~30년대 강동군이 중심이 되어 전개된 단군릉수축운동은 그 동안 별반 주목되지 못했다. 그 원인으로는 동아일보가 1930년대 초·중반이 운동에 대해 비교적 상세한 보도를 하고 있음에도 불구하고, 대부분 성금활동이 중심이 된 내용으로 이루어져 있어 자료적 접근이 쉽지 않았고,「단군릉기적비檀君陵記蹟碑」의 비문 역시 상태가 양호하지 못해 그 내용을 파악하기에 용이하지 못했다는 점 등을 들 수 있다. 또 이에 대한 관심을 가진다 하더라도 이 운동을 주도한 인물의 정보를 얻는데 어려움이 있었다. 이들은 이 시기 단군릉수축운동의 전반을 이해하는데 장애가 되었다.

그러나 무엇보다도 그 배경에는 단군릉이 체제와 정치적 관점에 의해 이용되면서 부정적인 측면으로 다가왔다는데 있다. 1993년 전격적인 발굴과 이듬해의 개건, 이후 객관적 검토가 배제된 결과의 수용으로 이어지는 북한 역사학,[1] 특히 고대사의 전면적인 개편과 수정은『동국여지승람東國輿地勝覽』이후 기록으로 남게 된 단군묘 전승 및 수축운동에 대

---

1) 堀田幸由, 2005,「北朝鮮における'始祖檀君'敎化の政治的背景」『東亞世亞地域研究』12 참조.

한 검토에 소극적이게 했다. 물론 일제강점기 단군릉수축운동에 대해서
여러 가지 견해가 제시되어 있다.[2] 그러나 이 같은 견해는 수축운동의
전체적인 이해에 토대한 검토로서 부족한 측면이 있거나, 잘못 파악한
견해도 있다. 이 운동을 보다 상세하게 검토하기 위해서는 이를 이끌었
던 단군릉수축기성회檀君陵修築期成會의 주축인물에 대한 검토가 선행되
어야 한다.

 필자는 일련의 작업을 통해 조선시대 이후 단군묘檀君墓 전승과 그 숭
봉 및 일제강점기 단군릉수축운동에 대한 검토를 진행한 바 있다.[3] 이를
통해 강동의 단군묘와 관련한 강동인사의 일련의 활동은 어느 정도 밝혀
졌다고 생각된다. 그러나 기성회 역원에 대한 검토가 진행되지 못해 그
성격에 대해서는 여전히 충분한 이해를 구할 수 없다. 여기에서는 이 같
은 문제의식을 가지고 기성회 역원에 대한 검토를 통해 이 시기 단군릉
수축운동의 성격을 보다 구체적으로 검토하고자 한다. 먼저 기성회에 대

---

 2) 이지원, 1993, 「1930년대 民族主義系列의 古蹟保存運動」『東方學志』77·78·79,
  연세대 국학연구원 ; 2004, 「日帝下 民族文化 認識의 展開와 民族文化運動－民
  族主義 系列을 중심으로－」, 서울대 교육학박사학위논문 ; 佐佐充昭, 2003, 「한
  말·일제시대 檀君信仰運動의 전개－大倧敎·檀君敎의 활동을 중심으로－」, 서울
  대종교학과박사학위논문 참조. 또 북한에서는 정치적 관점에 입각하여 김형직의
  지도를 강조하는 견해를 제시하고 있다. 특히 그들은 "1910년대 말 봉화리에 있
  던 김형직이 조선민족의 넋을 빼앗기지 않기 위해 단군릉 분향식에 많은 사람을
  파견하여 전국 각지의 군중들을 반일애국사상으로 각성시키도록 하였는데, 이에
  의해 교육 육성된 사람들과 애국적 인민들이 1930년대 초 여러 사람들과 단군릉
  수호회를 결성하여 각처에서 의연금을 모아 수축하는 한편 석물과 수호전을 세웠
  다"고 설명하고 있다(사회과학출판사, 2001, 『조선지명편람(평양시)』, 638~639
  쪽 ; 권승안, 2004, 「일제의 단군말살책동과 그를 반대한 우리 인민들의 투쟁」『
  조선고대사연구』2, 241~246쪽 참조).
 3) 김성환, 2006, 「朝鮮時代 檀君墓에 관한 認識」『한국사학사학보』13, 한국사학사
  학회 ; 「韓末 檀君陵 認識과 崇封」(이상 김성환, 2009, 『조선시대 단군묘 인식』,
  경인문화사 참조) ; 2006, 「日帝强占期 『江東誌』의 編纂과 內容」『한민족연구』
  1, 한민족학회(이 책 Ⅱ-1) 참조.

한 전반적인 이해를 위해 발기 이후 2차례에 걸친 개편을 거듭한 조직의
문제를 개관하기로 한다. 그리고 기성회 역원의 개별적 이력과 활동상을
1935년 강동명륜회에서 간행한『강동지』의「현대인물」조를 통해 살펴본
후, 이를 토대로 단군릉수축운동의 성격을 규명하고자 한다. 이상의 검토
가 일제강점기 단군릉수축운동을 이해하는데 일조하기 바란다.

2. 단군릉수축기성회檀君陵修築期成會의 조직과 역원役員

단군릉수축기성회는 1930년대 단군릉의 수축을 위해 강동명륜회江東
明倫會를 중심으로 조직된 단체이다. 능陵의 중수와 수호각守護閣 건립을
목표로 단군릉 수축을 위한 본격적인 노력은 1932년 4월 김상준金商俊의
발기로 시작되었다. 그는 100원 가치의 토지를 먼저 기증하고, 군수 김
수철金壽哲의 지원을 받는 한편, 사업의 구체적인 시행을 위한 발기회를
발족시켰다.[4] 그리고 연말까지 공사를 마무리한다는 목표를 설정하고,
이의 진행과 성금 수집을 추진하기 위해 기성회의 조직을 서둘러[5] 5월
20일 강동읍 명륜당에서 단군릉수호각건축기성회檀君陵守護閣建築期成會
를 발족함과 동시에 인선을 마무리했다.[6]

앞서 언급한 바와 같이 단군릉수축기성회의 수축운동이 본격적으로
시작되기에 앞서 강동명륜회는 능으로의 숭봉과 수치를 위한 노력의 중
심에 있었다. 이는 강동명륜회로 대표되는 강동군민에게 단군묘檀君墓가
지니는 의미를 가늠할 수 있게 한다. 특히 일제강점기에 이루어진 강동
명륜회의 단군묘 수축은 이 시기 민족주의사학과 대종교大倧敎·단군교檀
君敎 등의 영향으로 이미 역사적 시조라는 범위에서 보다 확대된 한민족

---

4)『동아일보』1932.4.26,「江東 壇君墓와 荒廢한 담」참조.
5)『동아일보』1932.5.18,「江東八大名勝 古蹟保存에 努力」참조.
6)『동아일보』1932.5.28,「檀君陵修築期成, 江東人士의 贊助를 促함」(江東一記者)
　참조.

의 시원으로서 자리한 단군의 존재를[7] 자리매김하기 위한 것임과 동시에 이를 식민통치의 일환으로 이용하려는 목적이 함께 내재되어 있었다.

단군릉수축기성회의 설립 역시 이 같은 일련의 움직임 속에서 이해할 수 있다. 그리고 앞서의 수축 노력과 마찬가지로 강동군수의 적극적 찬조라는 행정 지원이 수반되었다. 기성회가 발족한 직접적인 배경은 평남유림연합회平南儒林聯合會에서 주도한 '단군묘수호계檀君墓守護契'가 2∼3년이 지나도록 진전이 없었던데 있다. 이에 강동명륜회는 다시 수호각 건립과 능의 수치를 위해 단군릉수축기성회를 조직했다. 1936년 10월 기성회 활동이 마무리될 때까지 단군릉수축운동은 4∼5년간 지속되었는데, 이 과정에서 몇 차례의 개편이 있었다. 이는 수축과 관련한 재원을 전적으로 성금에만 의지해야 하는 기성회의 사정과 공사 진행을 위한 운영의 효율성을 도모하기 위한 것이었다.

1932년 4월 발기한 기성회는 공사가 마무리 될 때까지 회장 김상준의 적극적 노력에 의해 운영되었지만, 설립 당시에는 이사 중심의 수평적인 체제를 도모한 것으로 짐작된다. 이는 부회장·서기·회계를 포함하는 회장단 밑에 실무를 담당한 5인의 상무이사와 성금 모집을 담당하는 20여 인의 각면이사를 두고 있는데서 확인할 수 있다. 그러나 1932년 연말까지 공사를 마무리한다는 당초 계획은 재원의 미확보로 점차 지연될 수밖에 없었고, 전체 계획 역시 축소 조정되었다. 하지만 1933년 말에 이르러서도 별 다른 진전을 보지 못하는 답보 상태를 지속했다. 기성회의 무성의와 무책임에 대한 비판도 거론되었다.

이 같은 문제의 심각성을 간파하고 있던 기성회는 1934년 말을 완료 목표로 1933년 12월 조직을 개편한다. 그 결과는 성금 활동의 활성화를 위해 각면이사를 159인으로 대폭 증원하는 것이었다. 또 회장의 권한을

---

7) 조현설, 2006, 「근대계몽기 단군신화의 탈신화화와 재신화화」『민족문학사연구』
   32, 민족문학사학회 참조.

강화하기 위해 상무이사를 4인으로 축소하는 한편, 회계 역시 회장이 겸임하도록 했다. 아울러 강동향약江東鄕約을 조직하고 이를 각면이사 체제와 병행하여 성금 모집에 활용함으로서 보다 많은 재원의 확보에 경주했다. 이때 강동군민을 대상으로 각면이사 1인이 1개리 혹은 약 70 여 호씩을 담당하게 했음에도 불구하고, 향약을 통한 이중적 참여의 유 도는 강동명륜회와 기성회가 재원 확보에 부단한 노력을 하고 있음을 보여준다.[8]

기성회가 계획한 수축공사에는 약 7천 여원의 예산 확보가 필요했지 만, 각면이사와 강동향약, 동아일보 등을 통한 대대적 성금활동의 결과 1934년 봄까지 모집한 성금 총액은 2천8백 여원에 불과했다.[9] 사업내용 의 축소가 불가피했다. 공사는 수호각과 기념비 및 단군릉비 건립을 중심 으로 진행하는 방향으로 결정되었다. 그렇지만 그들이 계속 연기하면서 목표로 잡은 1934년 말에도 공사의 진전을 보지 못했고, 다시 연기된 1935년 봄에도 완료는 불가능했다. 그렇다고 연기만을 거듭할 수도 없었 다. 기성회는 활로의 모색과 공사의 진행을 위해 2차 개편을 단행한다.

그들은 수축공사의 완료를 다시 1935년 10월 개천절로 연기하고, 공사 진행을 위한 체제로 조직을 개편한다. 그 시점은 1934년 11월이었을 것이 고, 「단군릉기적비」에 수록된 기성회 명단은 그 결과라고 생각된다.[10] 이 때의 개편은 이제까지 이사 중심의 수평적인 체제로 운영되던 기성회 조 직이 회장을 중심으로 한 수직적인 체제로 개편되었다는데 특징이 있다. 상무이사의 명칭은 당무當務로 바뀌었고, 각면이사 역시 수금원으로 바뀌

---

8) 김성환, 2009, 「일제강점기 단군릉수축운동의 전개」『대동문화연구』69, 대동문 화연구원(이 책 Ⅱ-3) 참조.
9) 『동아일보』1934.4.20, 「檀君陵修築事業進陟 總工費七千圓豫定 于先守護閣부터 着工」 참조.
10) 김성환, 2007, 「일제강점기 「檀君陵記蹟碑」의 건립과 단군전승」『사학연구』86, 한국사학회(이 책 Ⅲ-1) 참조.

었다. 이는 진척 없는 공사를 신속하게 추진하기 위해 회장의 책임과 권한
을 강화와 이에 따른 실무진의 보강이 이루어졌음을 의미한다.

하지만 2차 개편으로 추진된 단군릉수축사업도 순조롭게 진행되지
못했다. 담장 수축을 비롯한 능 주변의 정비, 「단군릉기적비」와 「단군
릉비」 및 상석 등 약간의 석물로 마무리되었다. 또 시기도 1935년 개천
절이 아니라 1936년 9월 기적비가 건립됨으로서 가능했다. 1935년 사
업 내용의 수정으로 그들이 계획했던 수호각 1600원과 단군릉비를 포
함한 2기의 비석 1000원에 대한 예산은 수년간의 성금 활동으로 마련
된 것으로 보이는데, 계획대로 진행되지 못한 이유에 대해서는 구체적
으로 알 수 없다. 수호각의 경우 부지와 재원의 확보 두 가지 문제가
모두 있었던 것으로 추측된다.

여러 우여곡절을 겪으며 진행된 수축공사는 1935년 7월 봉릉공사를
완료하고, 10월 개천절에 상석을 안치하여 단군릉제檀君陵祭를 거행함으
로서 일단락되었다. 그리고 이듬해 9월 기적비가 능 앞에 건립됨으로서
최종적인 마무리가 이루어진다. 수호각 건립이라는 당초 목표는 달성하
지 못했다. 이로서 기성회를 중심으로 수년간, 강동명륜회를 중심으로
십 여 년 동안 진행되어 온 단군릉수축사업은 미완의 캠페인으로 마무리
되었다. 그리고 이는 후술하는 바와 같이 친일계열의 인사들이 적극 주
도하고 강동군민을 비롯한 전조선인이 참여함으로서 내용에서는 복잡하
게 전개되고 있었다. 그렇다고 기성회를 중심으로 이루어진 단군릉수축
운동을 친일성향의 일방적인 움직임으로만 파악할 수 없다. 그것이 단군
에 대한 다양한 시각이 함께 연동하면서 진행되었을지라도 강동군을 중
심으로 전해져 오던 단군릉 전승을 통해 강동민은 물론 전조선인의 민족
의식을 제고하는데 일정한 기여를 했을 것이기 때문이다.

4년여 이상의 수축운동 결과를 싣고 있는 「단군릉기적비」에는 회장
이하 68인의 기성회 명단이 실려 있다.[11] 이들은 강동군의 유력인물들

로 단군릉수축운동을 적극 주도했다. 그러나 이는 기성회 발기 이후 2차례에 걸친 개편의 결과만을 반영한 것이어서 설립 당시 및 1차 개편 때의 성원과는 차이가 있었다. 여기서는 2차 개편의 성원을 중심으로 그들의 대략에 대해 살펴보기로 한다. 즉 기성회 설립과 2차례의 개편에 참여한 인사 중 모두 88인의 성명을 확인할 수 있다. 이중 중복된 인물인 김상준金商俊·김상화金商和·김중보金重寶·박원삼朴元三·백인규白仁奎·원용제元容濟·장운익張雲翼·김달룡金達龍·김영권金永權·황정준黃貞俊을 제외하면, 모두 78명이다. 또「단군릉기적비」에서 상무이사로 기록한 김성숙金聲淑과 1932년 동아일보에서 확인되는 김성숙金聖淑,「단군릉기적비」에서 수금원의 이재근李在根과 역시 1932년 동아일보에서 확인되는 이재근李載根은 동일인으로 보인다. 여기에「단군릉기적비」의 마모로 이름을 알 수 없는 김□겸金□兼·김□수金□洙·이권□李權□과 성명을 알 수 없는 1인을 제외하면, 확인 가능한 인물은 72명이다.[12]

(1) 회장 김상준金商俊 (1881~)

III-2.「단군릉수축운동과 김상준金商俊 일가」의 김상준(200~207쪽) 참조.

(2) 부회장 김이초金履初 (1883~)

본관은 강릉이고 자는 예길禮吉이며 호는 오봉五峰이다. 매월당 김시습金時習의 19대손으로 11대조 덕선德善이 시사時事로 철산鐵山에 적거되

---

11)「단군릉기적비」에 수록된 기성회 역원은 68인이다. 이중 朴元三·金達龍은 고문과 수금원에 중복 기재되어 있어 이들을 제외하면 66인이다. 김성환, 위의 논문 (이 책 III-1) 참조.

12) 단군릉수축기성회 역원의 행력의 내용은『강동지』「현대인물」조를 토대로 서술했다. 강동군, 1935,『강동지』참조.『강동지』의 내용에 대해서는 별도의 주를 생략한다.

었다가 그 아들 응화應華가 강동으로 이거했다고 한다. 봉진년 문왕리에 거주했다. 전원과 천석泉石에서 낙오樂娛했다고 한다. 면민의 천거로 1920~1928년 구지면장區池面長, 1929~1932년 봉진면장을 역임했고,[13] 단군릉수축에 진성했다. 부인은 용인 이병준李炳俊의 딸이다. 같은 집안으로 문묘의 중임을 역임한 김준호金俊浩(1871~)의 아들 이주履柱가 법학을 전공한 후 당시 법원에서 근무했다고 한다. 1932년 5월 10원을 성금했다.[14]

(3) 서 기

① 윤의홍尹宜洪(생년 미상)

본관은 파평으로 7대조 세번世磻이 성천에서 양덕陽德, 5대조 찬서贊瑞가 다시 강동으로 이거했다. 강동면 아달리에 거주했다. 강동면장, 문묘의 중직重職, 강동면협의원을 지낸 윤형건尹衡健(1861~)의 아들이자 참봉 경주 김정희金錠熙의 외손이다. 1921~1917년 강동공립보통학교, 1918년 성천공립보통학교의 부훈도, 1919~1920년 성천공립보통학교, 1922~1925년 강동공립보통학교, 1926~1927년 덕암보통학교와 승호보통학교의 훈도, 1935~1939년 강동군지방교화주사를 지냈다.[15] 1932년 5월 10원을 성금했다.[16]

② 황정준黃貞俊(1893~)

본관은 창원이고 자는 전경田卿이다. 15대조 부호군 자명自明이 처음 강동에 들어왔다. 강동면 아달리에 거주했다. 어려서 서숙書塾에서 한학을 공부했으나 시세의 일변으로 신학문을 공부하여 강동읍 소재의 학교

---

13) 『조선총독부및소속관서직원록』 1920~1932 참조.
14) 『동아일보』 1932.5.29 참조.
15) 『조선총독부및소속관서직원록』 1912~1939 참조.
16) 『동아일보』 1932.5.29 참조. 동아일보에는 孫宣洪으로 잘못 기재되어 있다.

에서 교사를 역임했다. 후에 실업에 종사했으며, 단군릉수축에 성의를
무진務盡했다. 부인은 공주 김두홍金斗弘의 딸이다. 1933년 12월 10원을
성금했다.[17]

③ 문한식文漢植(생년 미상)

가계 및 이력에 대해 알 수 없다. 강동면 아달리에 거주했다. 1932년
5월 5원의 성금을 후원했다.[18]

(4) 회 계

① 김연우金淵羽(생년 미상)

본관은 김해로 자세한 이력과 성금 여부를 알 수 없으나 기성회장 상
준商俊의 조카로 추측된다.

② 김상준金商俊 - 회장 참조

③ 이병섭李秉燮(1870∼)

본관은 홍주洪州이고 호는 옥포玉圃이다. 영의정 안평부원군安平府院君
서舒의 후손으로 선전관을 지낸 15대조 천薦이 직간하다가 왕의 뜻을 거
스러 홍주에서 강동으로 적거했다. 기갑琪甲의 아들로 천성이 강직하고
일에는 명근明勤하다는 평을 들었다고 한다. 강동면 칠포리에 거주했다.
1921∼1924년 고천면장, 1926∼1935년 강동면장을 지냈고, 조선총독
부 시정 25주년을 기념하여 표창을 받기도 했다.[19] 나이 들어서도 민활
함이 청년에 못지않았다고 한다. 부인은 남양 홍석범洪錫範의 딸이다. 기
성회 발족시 회계를 맡았다. 1932년 5월 10원의 성금을 후원했다.[20]

---

17) 『동아일보』 1933.12.25 참조.
18) 『동아일보』 1932.5.29 참조.
19) 『조선총독부및소속관서직원록』 1912∼1935 및 『조선총독부시정25주년기념표창
    자명감』 참조.
20) 『동아일보』 1932.5.29 참조.

④ 허기도許基道(생년 미상)

가계 및 이력에 대해 알 수 없다. 강동면 아달리에 거주했다. 1933년 12월 2원의 성금을 후원했다.[21]

(5) 당무當務 [상무이사]

① 백인규白仁奎(1867∼)

본관은 수원이고 자는 경심敬心이며 호는 초운樵雲이다. 고려 고종 때 통례를 지낸 21대조 숭문崇文이 몽골과의 전쟁에서 공을 세워 능성문지후能城文祗侯로 봉해진 후 세거했다. 5대조 재량載良은 행의로 도천道薦을 받았고, 고조 진옥鎭玉은 효행으로 유품儒稟에 올랐다. 진사 일환日煥의 아들이다. 삼등면 태령리에 거주했다. 1892년 증광별시에 급제했고 강동 유림의 추천으로 문묘의 직원을 역임한 후 명륜회장을 지냈다. 단군릉수축에 진력했다. 부인은 수안 이윤찬李允燦의 딸이다. 1932년 5월 10원의 성금을 후원했다.[22]

② 김성숙金聲淑(1869∼)

본관은 청도이고 자는 대재大哉이며 호는 구호龜湖이다. 좌익공신에 봉해진 24대조 한철漢喆이 처음 강동에 거주했다. 부 치화致華는 사림의 으뜸으로 강동현의 공방工房을 지냈다. 고천면 도덕리에 거주했다. 성품이 호협하고 행실은 효우하다는 평을 들었다. 당시 문묘의 직원으로 단군릉 수축에 헌신했다고 한다. 1923∼1924년 원탄면장을 지냈고,[23] 1932년부터 기성회의 각면이사로 활동했다. 초취는 홍주 이창익李昌益의 딸이고, 재취는 밀양 박동규朴東奎의 딸이다. 동아일보에서 성금 내용을 확인할 수 없다.

---

21) 『동아일보』 1933.12.25 참조.
22) 『동아일보』 1932.5.29 참조.
23) 『조선총독부및소속관서직원록』 1923∼1924 참조.

③ 정빈용鄭斌容(1878~)

본관은 진주이고 자는 도일道―이며 호는 덕암德岩이다. 13대조 석진
碩珍이 강동에 시거했다. 봉진면 용연리에 거주했다. 박문강기했으며 특
히 천문과 수학에 조예가 깊었다. 향리의 추천으로 봉진면장과 문묘의
중임을 역임했다. 1920~1928년 마산면장馬山面長을 지냈다.[24] 초취는
신창 표환두表煥斗의 딸이고, 재취는 경주 김병의金炳義의 딸이다. 1934
년 3월 10원의 성금을 후원했다.[25]

④ 김천우金天羽(1895~)

본관은 김해로 입향조 중상仲祥의 18대손이다. 강동면 아달리에 거주
했다. 중학교를 졸업하고 가사에 진력하였다. 기독교를 독신하여 장로로
서 교화에 용성用誠했고, 청년계의 중진으로 칭송되었다. 부인은 나주나
씨이다. 1932년 5월 10원의 성금을 후원했다.[26]

⑤ 김중보金重寶(1902~)

본관은 성주이고 자는 덕환德煥이며 호는 해서海曙이다. 16대조인 진
사 합심이 성주에서 분파하여 평양에 이거했는데, 8대조 두채斗采가 평양
에서 강동 파릉으로 이거했다. 만달면 승호리에 거주했다. 사람됨이 단
결명직하고 온후화순했다고 한다. 야소교를 독신하여 장로로 교화에 진
성했고, 동아일보 분국장을 역임했다. 청년계의 모범이 되었고 사회의
신망이 높았다고 한다. 부인은 제안 황치현黃致賢의 딸이다. 1932년 5월
10원의 성금을 후원했다.[27]

⑥ 원용제元容濟(1890~)

본관은 원주이고 자는 약천若川이며 호는 달포達浦이다. 10대조 가선
대부 부호군 천복千福이 처음 강동에 입거했고, 부 경현景鉉은 숭령전참

---

24) 『조선총독부및소속관서직원록』 1920~1928 및 『조선신사대동보』 참조.

25) 『동아일보』 1933.3.30 참조.

26) 『동아일보』 1932.5.29 참조.

27) 위와 같음.

봉을 지냈다. 강동면 질포리에 거주했나. 천성이 화직和直하고 자중하여 일향一鄕의 긍식이 되었고, 유림의 천거로 문묘재장을 지냈다. 부인은 남양 홍일선洪日善의 딸이다. 1934년 1월 2원의 성금을 후원했다.[28]

⑦ 장운경張雲景(1895～)

본관은 해주로 부 재호在昊가 1887년 강서군 잉차면 이리 신동新洞에서 강동면 아달리에 이주했다. 심성이 관인하고 처사에 명상明詳했다. 1911년 숭실학교, 1926년 평양장로교회신학교를 졸업하고 평양노회에서 목사 안수를 받았으며, 선교에 힘써 이름이 높았다. 1929년 평안노회장에 피선되었고, 1938년 일제가 한국교회에 신사참배를 강요하면서 한국교회의 지도자들을 회유하기 위해 목사들을 일본에 초청했을 때 일본교회를 시찰하기도 했다. 1940년 신사참배 반대문제로 주기철朱基徹 목사가 검거되고 산정현교회 처리문제로 임시 평양노회가 열렸을 때, 산정현교회 수습위원에 임명되어 이해 4월 23일 교인들의 반대 속에 강단에 올라가려다가 교인들과 충돌하기도 했다. 숭실학교 학부형회 발기인으로 참여하였고, 1943년 일본기독교조선교단 설립을 위한 교파합동위원 장로교측 대표를 지내는 등 친일 성향을 나타냈다.[29] 부인은 연일 정의 趙鄭義朝의 딸이다. 1932년 5월 50원의 성금을 후원했다.[30]

⑧ 장운익張雲翼(1873～)

본관은 해주로 1916년 강서군 잉차면 이리 신동에서 강동면 아달리로 이거했다. 야소교회 장로로 진성했고, 농업에 성근하여 평안도 수도 다수확품평회 1등상과 2등상을 수상하기도 했다. 부인은 이씨이다. 1934년 기성회 상무이사로 활동했고, 「단군릉기적비」에는 수금원으로 올라있다. 1933년 12월 10원의 성금을 후원했다.[31]

---

28) 『동아일보』 1934.1.20 참조.
29) 『조선일보』 1937.1.30 및 1.31 ; 金麟瑞, 1962, 『韓國敎會殉敎史와 그 說敎集』, 신앙생활사 ; 이영헌, 1985, 『한국기독교사』, 컨콜디아사 참조.
30) 『동아일보』 1932.5.29 참조.

⑨ 김성갑金聲甲(1894~)

본관은 광주이고 입향조는 알 수 없다. 강동면 아달리에 거주했다. 천성이 충직하고 효우했다. 상농업에 종사했다. 부인은 탁운장卓雲章의 딸이다. 1933년 12월 15원의 성금을 후원했다.[32]

⑩ 김영권金永權(1889~)

본관은 안악이고 자는 윤여胤汝이며 호는 수호壽湖이다. 18대조 병조판서 홍찬弘贊이 안악에서 강동으로 이거하여 구암龜岩에 세거했다. 고천면 수리에 거주했다. 어려서부터 한학에 전념했고 다른 사람의 어려운 일들을 잘 처리하여 칭송이 높았다. 문묘재장·고천면장(1925~1928)[33]·고천면협의원·농회위원·소비조합장·열파공보교閱波公普校 학무위원 등을 역임했다. 초취는 창녕 조익환曹益煥의 딸이고, 후취는 전주 이현호李賢浩의 딸이다. 1932년 5월 10원의 성금을 후원했다.[34]

⑪ 김영준金永俊(생년 미상)

가계 및 이력에 대해 알 수 없다. 만달면 인흥리에 거주했다. 1934년 3월 1.50원의 성금을 후원했다.[35]

⑫ 윤완섭尹完燮(생년 미상)

가계 및 이력에 대해 알 수 없다. 강동면 아달리에 거주했다. 1932년 5월 10원의 성금을 후원했다.[36]

⑬ 이응규李應圭(생년 미상)

가계 및 이력에 대해 알 수 없다. 동아일보에서도 성금 내용을 확인할 수 없다.

---

31) 『동아일보』 1933.12.24 참조.
32) 위와 같음.
33) 『조선총독부및소속관서직원록』 1925~1928 참조.
34) 『동아일보』 1932.5.29 참조.
35) 『동아일보』 1934.3.30 및 1934.4.20 참조.
36) 『동아일보』 1932.5.29 참조.

(6) 고 문

① 김수철金壽哲(생년 미상)

명치대학에서 법학을 전공하고,[37] 평양부에 속한 관원으로 1929년 영변군수를[38] 지냈다. 오산학교를 설립하고 이를 기부하기로 약속하였으나 이행하지 않아 평양지방법원에 고소를 당하여 패소하여[39] 군수직에서 물러났다.[40] 1930~1931년 영원군수, 1932년 기성회 설립 당시 강동군수를 역임했다.[41] 이때 부임하면서 단군릉 등 강동의 8대 명승 고적 보존에 진력할 의지를 보이기도 했다.[42] 1932년 5월 100원의 성금을 후원했다.[43] 하지만 1933년 3월 의원면직했다.[44]

② 김광일金光一(생년 미상)

1912년 개천공립보통학교의 부훈도를 시작으로 숙천·입석공립보통학교 부훈도, 입석공립보통학교의 훈도, 보통학교 교원 평안남도 시험위원, 1930년 용강군수, 1931~1932년 맹산군수,[45] 1933년부터 1934년 기성회 개편과 강동향약 설립 당시 강동군수를 역임했으며,[46] 의원면직했다.[47] 10원을 성금했다.[48]

---

37) 『동아일보』 1923.5.17 참조. 이때 그는 일본 유학 후 귀국하였는데, 5월 13일 평양 大成館에서 지우 60여명과 귀국 환영연을 열었다.
38) 『동아일보』 1929.5.3 참조.
39) 『동아일보』 1929.11.14 ; 1929.11.21 참조.
40) 『동아일보』 1930.1.2 참조.
41) 『조선총독부및소속관서직원록』 1926~1932 참조.
42) 『동아일보』 1932.5.18 참조.
43) 『동아일보』 1932.5.29 참조.
44) 『동아일보』 1933.3.3 참조.
45) 『동아일보』 1931.4.5 참조. 맹산군수로 재직하면서 그는 맹산군의 현안에 대해 강연을 하기도 했다. 『동아일보』 1931.5.20 참조.
46) 『조선총독부및소속관서직원록』 1912~1933 ; 『조선총독부관보』, 1930.3.6, 1933.3.6 ; 『동아일보』 1933.3.3 참조.
47) 『동아일보』 1934.3.30 참조.
48) 「단군릉기적비」 참조.

③ 김영필金永弼(1885~)

본관은 연안이고, 자는 중설仲說, 호는 정전井田이다. 조부는 훈도를 지낸 익수益秀이고, 부는 숭령전참봉을 지낸 현국鉉國이다. 16대조인 송화현감 상안尙安이 가산에서 평양 외성으로 입향하여 1930년대에 평양부 이향리履鄕里에서 거주하였다.[49] 1908년 대한제국 탁지부 소속 평양출장소의 기수技手를 시작으로 조선총독부직속기관 임시토지조사국 기수(1910~1915), 평양공립농업학교 교유敎諭, 평안남도 도서기都書記(1916·1918~1919), 평안남도지방토지조사위원회 통역생(1917~1918), 1923년 강동 유림의 단군릉 수축시 강동군수(1920~1924), 중화군수(1925~1927), 성천군수(1928~1929) 등을 역임했다.[50]

특히 1937년 7월 일제의 북지전세北支戰勢의 확대와 관련한 시국간담회 개최 때 7인의 상임간사로 선출되어 민중에게 시국인식 보급 및 국방에 관한 국민적 의무완수에 노력할 것과 이에 대한 실행방법으로 강연회 개최 및 호별 방문, 일제 식민통치에 보국할 물질적·정신적 노력 방법 등을 추진하였다. 그해 9월에는 조병상曺秉相·박희도朴熙道 등과 함께 지방순강대 평남반平南班에 피선되어 황민화·지원병·학병·헌납 권장 등을 추진했다.[51] 단군릉 수축에 10원을 성금했다.[52]

④ 박원삼朴元三(1861~)

본관은 밀양이고 자는 태여台汝이며 호는 송오松塢이다. 문과에 급제하여 참의를 지낸 17대조 종宗이 성천에 처음 거주했는데, 7대조 희천熙天이 성천에서 강동으로 이거했다. 12대조 광량光樑은 조호익曺好益에게 수학했고, 조부 승구昇耉는 효행으로 『강동지』의 효열편에 실려 있다.

49) 金輔鍵 편, 1933, 『箕城儒林名家世誼譜』, 평양 강서읍내 三共印刷所 참조.
50) 『대한제국 직원록』 1908 ; 『조선총독부및소속관서직원록』 1910~1929 ; 『동아일보』 1924.9.11 ; 1927.7.19 참조.
51) 『親日派群像』 참조.
52) 「단군릉기적비」 참조.

상동면 문평리에 거주했다. 시비에 관계하지 않고 항상 겸억謙抑하여 임하고사林下高士라는 평을 들었다. 수년간 문묘의 직원으로 봉직했다. 부인은 김해 김정수金廷洙의 딸이다. 기성회에 각면이사로 참여했고, 「기적비」에는 고문과 수금원으로 올라있다. 1932년 5월 10원의 성금을 후원했다.[53]

⑤ 백낙선白樂善(1865~)

본관은 수원이고 자는 성재聖哉이고 호는 소계小溪이다. 입향조 숭문崇文의 22대손으로, 12대조 우벽는 기자전참봉을 지냈다. 삼등면 송석리에 거주했다. 경전에 밝았고 중망衆望으로 삼등면장과 문묘훈장을 지냈다. 부인은 함양 여성택呂聖澤의 딸이다. 성금 내용에 대해서는 확인되지 않는다.

⑥ 김달룡金達龍(1873~)

본관은 안악이고 자는 천용天用이며 호는 용포龍浦이다. 입향조 병조판서 홍찬弘贊의 18대손이고, 14대조 은겸殷謙은 기자전참봉을 지냈다. 고천면 동서리 노포蘆浦에 거주했다. 평안남도관찰부 장의掌議를 역임했다. 대동군 시족면에 있던 숭유학교崇遊學校의 교감과 열파공보교 설립위원·고천면협의원 등을 지냈다. 야소교를 독신하여 장로로 활동하기도 했다. 부인은 강릉 최진영崔振英의 딸이다. 「기적비」에는 고문과 수금원으로 올라있고, 아들 용려容礪 역시 수금원으로 이름을 올렸다. 동아일보에서 성금 내용을 확인할 수 없으나, 「기적비」에는 10원을 성금한 것으로 기록되어 있다.

⑦ 장운경張雲景(1895~)－당무當務[상무이사] 참조

⑧ 김상화金商和(1893~)

본관은 김해이고 자는 응윤應潤이며 호는 호악湖嶽이다. 입향조 중상仲祥의 16대손이고, 기성회장 상준의 동생이다. 강동면 아달리에 거주했다.

천성이 관후하고 효성이 깊었다. 경성의전京城醫專을 졸업한 후 개원하여
인술을 폈고, 항상 의리醫理를 연구하여 구인제생에 힘쓰고 영리주의에
관심을 두지 않았다고 한다. 평남도회의원을 지냈고, 김상무金商武와 발
기하여 강동청년회를 창립하기도 했다.[54] 엄부와 같이 형을 섬겼다고
한다. 부인은 밀양 목사 박승엽朴昇燁의 딸이다. 1932년 5월 50원의 성금
을 후원했다.[55]

(7) 수금원 [각면이사]

① 장운익張雲翼(생년 미상) - 당무當務[상무이사] 참조
② 황정준黃貞俊(1893~) - 서기 참조
③ 손창준孫昌俊(1865~)

본관은 일직이고 자는 약여若汝이며 호는 구정龜亭이다. 세조 때 적개
공신·계천군鷄川君 소소昭의 후손으로 18대조 병조판서 득수得壽가 양덕으
로 유배되었다가 11대조 서장庶長이 양덕에서 성천으로, 10대조 세복世
福이 다시 강동으로 이거했다. 강동면 하리에 거주했다. 성천의 문묘재
장과 강동의 문묘도훈장文廟都訓長을 역임했다. 부인은 해주 오희철吳希哲
의 딸이다. 일찍부터 기성회의 각면이사로 활동했다. 1932년 5월 10원의
성금을 후원했다.[56]

④ 주현각朱鉉恪(1877~)

본관은 신안이고 자는 여삼汝三이다. 일명 현각鉉愨이다. 고려 공민왕
때 신돈을 피해 평양으로 이거한 도순무사 21대조 순문淳文의 후손이다.
15대조 윤문允汶이 평양에서 삼등현 숭효동으로 이거했다. 삼등면 효자
리에 거주했다. 강동 유림의 추천으로 문묘재장을 지냈다. 부인은 경주

김희택金熹澤의 딸이다. 1932년 5월 10원의 성금을 후원했다.[57]

⑤ 주일상朱一相(1879~)

본관은 신안이고 자는 순재純哉이며 호는 금곡金谷이다. 고려 말부터 평양에 거주하다가 17대조 윤문允汶이 삼등으로 이거했다. 기수基洙의 아들로 한문을 수학했으며, 강동면 숭의리에 거주했다.[58] 경전耕田에 자감自甘하고 동묵중절動默中節하여 향풍鄕風이 일변하더라도 순후성속했다고 한다. 부인은 수원 백재흠白在欽의 딸이다. 1934년 3월 5원의 성금을 후원했다.[59]

⑥ 박원삼朴元三(1861~)−당무當務[상무이사] 참조

⑦ 김찬형金瓚衡(1878~)

본관과 입향조를 알 수 없다. 자는 재평在平이고 호는 기당璣堂이다. 강동면 용복리에 거주했다. 전포田圃에 치력했고, 문묘재장과 강동군학교평의원·강동면협의회원을 지냈다. 부인은 청주 이관홍李寬洪의 딸이다. 1935년 4월 5원의 성금을 후원했다.[60]

⑧ 한기순韓基淳(1883~)

본관은 청주 14대조 참봉 은복殷福이 처음 성천에 거주하여 그곳에 세거하다가 1919년 강동면 명의리明義里로 이주했다. 한진태韓鎭泰와는 다른 분파이다. 대인관계가 좋았고, 임천승유林泉勝遊로 자적했다고 한다. 명의리 이장과 문묘재장을 지냈다. 부인은 인동 장창진張昌珎의 딸이다. 1934년 1월 20원의 성금을 후원했다.[61]

⑨ 백낙인白樂仁(1878~)

본관은 수원이고 자는 치삼致三이며 호는 용암龍岩이다. 고려 고종 때

---

57) 위와 같음.
58) 『조선신사대동보』 참조.
59) 『동아일보』 1934.3.17 참조.
60) 『동아일보』 1935.4.26 참조.
61) 『동아일보』 1934.1.20 참조.

입향한 21대조 숭문崇文의 후손이고, 부 찬경燦庚은 효행으로 유명했다. 삼등면 태령리에 거주했다. 예의에 밝아 유림의 천거로 문묘재장과 도유사를 지냈다. 부인은 밀양 박종운朴宗運의 딸이다. 1933년 12월 10원의 성금을 후원했다.[62]

⑩ 김익조金益祚(1888~)

본관은 전주이고 호는 우계愚溪이다. 입향조를 알 수 없다. 삼등면 봉의리에 거주했다. 1924~1925년 만달면장, 1926~1930년 삼등면장을 지냈다.[63] 기주嗜酒하다가 그 잘못을 깨닫고 계주시戒酒詩를 짓기도 했다. 부인은 파평 윤기수尹基洙의 딸이다. 성금내용을 확인할 수 없다.

⑪ 백용수白庸洙(1885~)

본관은 수원이고 자는 시중時中이며 호는 호산湖山이다. 입향조 숭문崇文의 21대손이다. 삼등면 옥정리에 거주했다. 강동 명가의 후손으로 문묘의 도유사를 역임했다. 초취는 경주 김봉순金鳳舜의 딸이고, 재취는 청주 한병주韓炳疇의 딸이다. 성금 내용을 확인할 수 없다.

⑫ 장재형張在炯(1895~)

본관은 결성이고 호는 송은松隱이다. 통정대부 공조참의에 증직된 9대조 응길應吉이 처음 강동에 입거했다. 삼등면 청탄리에 거주했다. 천성이 온직하고 시여施與하기를 좋아했으며, 외유내강하며 산수를 자적했다. 삼등면협의원·농회위원·산림조합평의원 등을 지냈다. 부인은 밀양 박기호朴基浩의 딸이다. 성금 내용을 확인할 수 없다.

⑬ 박기진朴基鎭(1875~)

본관은 반남이고 자는 형서衡緖이며 호는 신곡莘谷이다. 좌명공신 평도공平度公 은訔의 후손으로 13대조 명산明山이 연산군 때 화를 피해 처음 삼등에 입거했다. 만달면 인흥리에 거주했다. 어려서는 한학을 했으

---

62) 『동아일보』 1933.12.24 참조.
63) 『조선총독부및소속관서직원록』 1924~1930 참조.

나 성장하여 실업에 종사했다. 문묘의 중임을 지내고, 가재家財로 동흥학원東興學院을 설립하여 학원장을 겸하여 인재 육성에 노력했다. 부인은 수안 이봉렬李鳳烈의 딸이다. 1933년 12월 10원의 성금을 후원했다.[64]

⑭ 이경선李景善(생년 미상)

자료에서 확인되지 않는다.

⑮ 이재근李在根(1892~)

본관은 진위이고 자는 내문乃文이며 호는 풍호豊浩이다. 일명 재근載根이다. 입향조는 16대조 시무인데, 임실현감으로 재직시 양전量田의 일로 왕의 뜻을 거스려 강동에 적거했다. 10대조 봉남鳳楠은 숭령전참봉을 지냈다. 만달면 봉암리에 거주했다. 효우가 극진했고 근검했다고 한다. 문묘재장·만달면협의회원을 역임했다. 부인은 경주 김창준金昌俊의 딸이다. 1932년 5월 10원의 성금을 후원했다.[65]

⑯ 김석규金錫奎(1869~)

본관은 광주이고 호는 운초雲樵이다. 입향조와 시기는 알 수 없고 조는 수구守九이고 부는 성갑成甲이다. 만달면 승호리에 거주했다. 한학에 전념하여 삼등문묘재장으로 모성흥유慕聖興儒에 전념했고 삼등면장을 지냈다. 초취는 연안 차두남車斗南의 딸이고, 재취는 나주 나사강羅思綱의 딸이며, 삼취는 중화 양기훈楊基薰의 딸, 사취는 진주강씨이다. 성금 내용을 확인할 수 없다.

⑰ 황은黃㥵(1875~)

본관은 제안이고 자는 군보君甫이며 호는 농은農隱이다. 6대조 중직대부 곽산군사를 지낸 석령碩齡부터 평양 정양문 밖에서 세거하다가 1895년 원탄면 탑하리로 이주했다. 계명학교啓明學校를 설립하고 교장을 겸하

여 교육에 종사했다. 부인은 배천 조관묵趙觀默의 딸이다. 1934년 4월 2 원의 성금을 후원했다.[66]

⑱ 이경열李景烈(1864~)

본관은 김해이고 자는 하경河卿이며 호는 송오松塢이다. 병마첨절제사를 지낸 8대조 주화宙華가 처음 강동에 들어왔다. 조부 진태振泰은 문학과 행의로 유림의 천거를 받아 원장을 지냈고, 부 석근錫根 역시 문학으로 유명하여 문묘재장을 지냈다. 원탄면 송오리에 거주했다. 한학에 깊어 유림의 추천으로 문묘의 중직을 역임했다. 부인은 화순 김영달金永達의 딸이다. 성금 내용을 확인할 수 없다.

⑲ 이복섭李復燮(1897~)

본관은 홍주이고 자는 덕보德輔이며 호는 해암海菴이다. 입향조는 선전관을 지낸 17대조 천천薦이다. 조부 득순得淳, 부 환호桓昊는 문학과 행의로 중망을 얻었다. 원탄면 문우리에 거주했다. 행의가 순독했고 근검했으며 어초漁樵로 자락했다. 유림의 천거로 문묘재장을 지낸 후 원탄면학교평의원·원탄면협의원을 역임했다. 부인은 교하 이현화李賢華의 딸이다. 동아일보에는 1934년 4월 7원, 1935년 7월 10원을 성금했다고 기록되어 있다.[67]

⑳ 김영권金永權(1889~)─당무當務[상무이사] 참조

㉑ 김달룡金達龍(1873~)─고문 참조

㉒ 정삼연丁三淵(생년 미상)

강동면 원효리에 거주하며 강동면협의원을 지낸 구연九淵과 같은 집안으로 추정된다. 고천면 용천리에 거주했다. 1935년 7월 2원을 성금했다.[68]

---

66) 『동아일보』 1934.4.24 참조.
67) 『동아일보』 1934.4.28 및 1935.7.30 참조.
68) 위와 같음.

㉓ 한형준韓亨俊(1888~)

본관은 청주이고 자는 용수龍水이며 호는 호암湖菴이다. 16대조 호조
전서 안해安海가 처음 성천에 이주했고, 8대조 응일應逸이 성천에서 강동
달곡達谷으로, 5대조 필량必良이 강동읍으로 입향했다. 고천면 명리에 거
주했다. 예의를 자수했고 때에 따라 독경讀耕을 겸하여 보양심성하니 진
고사眞高士라 칭송되었다. 문묘재장과 고천면협의회원을 지냈다. 부인은
진위 이용화李用華의 딸이다. 동아일보에서 성금 내용을 확인할 수 없으
나, 「기적비」에는 10원을 성금한 것으로 기록되어 있다.

㉔ 이익선李益善(생년 미상)

본관은 수안으로 입향조 광준光俊이 수안에서 삼등으로 이거했다. 봉
진면 한왕리에 거주했다. 항상 언동을 근칙했고, 수기검행하여 청년계의
모범이 되고 향리에 도사導師가 되었다고 한다. 성금 내용을 확인할 수
없다.

㉕ 김명희金明喜(1898~)

본관은 김해이고 자는 약관若觀이며 일명 명희明熙이다. 입향조 중상仲
祥의 15대손이다. 봉진면 북삼리에 거주했다. 효우가 있었고 근농치산했
다. 당시 봉진면협의원에 있었다. 부인은 평창 이경간李璟幹의 딸이다.
1934년 4월 3원을 성금했다.[69]

㉖ 김관숙金觀淑(1883~)

본관은 청도이고 자는 양재良哉이며 호는 호옹湖翁이다. 강동현의 공
방을 지낸 치화致華의 아들이고, 기성회 상무이사 김성숙金聖淑의 동생이
다. 봉진면 고성리에 거주했다. 재예가 뛰어나면서도 단중하였고 여사명
변하여 근칙지사謹勅之士로 칭송되었다. 실업에 종사하면서도 강호지취江
湖之趣를 겸득하였으며 문묘의 중직을 지냈다. 초취는 신천 강문기康文起
의 딸이고, 재취는 김해김씨이다. 1934년 4월 1원을 성금했다.[70]

---

69) 『동아일보』 1934.4.28 참조.

㉗ 홍대수洪大修(1856~)

본관은 남양이고 자는 치원穉願, 호는 송암松菴이다. 봉진면 봉당리에 거주했다. 고려 말 중랑장을 지내고 조선 건국후 원종훈으로 연안군延安君에 봉해진 진進이 강동에 유배됨으로서 세거하게 되었다고 한다. 그의 13대손이다. 7대조 덕휘德輝는 조호익曺好益의 문인으로 선조에게 친필로 '충효사강동유학홍덕휘忠孝士江東幼學洪德輝'라고 쓴 강륜서綱倫書를 하사받고, 도학의 통서統緖로서 강동 청계서원淸溪書院에 배향되었다고 한다. 어려서부터 정훈을 이어 시례를 독공篤工하고 사서자집史書子集을 섭렵하여 당대의 명유로 이름을 떨쳤다고 한다. 1885년 국학서기재國學西寄齋했고, 1922년 강동군 문묘직원을 거쳐 1925년 도유道儒의 추천으로 숭인전참봉崇仁殿參奉을 지냈다. 나이 80에 이르러서도 책을 놓지 않았으며, 시문은 평담혼순하여 포백숙속布帛菽粟과 같다는 평을 들었다. 1920년 강동·선천 일대에서 독립운동 자금모집을 위한 권총강도 사건에 연루되어 검거되기도 했다.[71] 1936년 건립된 「단군릉기적비」의 비문을 지었다. 부인은 진위 이기준李基峻의 딸이다. 1935년 4월 10원을 성금했다.[72]

㉘ 신인걸申麟杰(생년 미상)

본관은 평산이고 자는 성일成一이며 호는 운암雲菴이다. 14대조 맹령孟令이 처음 삼등면 번룡리에 거주했고, 부 유영鍒濚은 문학으로 저명했다. 삼등면 대리에 거주했다. 효성이 지극했고 근검 역농力農하여 향리의 모범이 되었다. 대리의 이장 및 문묘의 중임과 명륜회평의원·삼등면협의원 등을 역임했고, 강동향약의 설립에도 역할을 했다. 부인은 배천 조병일趙秉一의 딸이다. 1933년 5월 5원을 성금했다.[73]

70) 『동아일보』 1934.4.25 ; 1934.4.28 ; 1934.5.20 참조.
71) 『조선소요사건관계서류 메타정보 관리』「拳銃携帶의 獨立運動資金 募集者 徘徊의 件」(1920.4.5) 및 「獨立運動資金募集을 標榜한 拳銃所持 不逞鮮人 檢擧의 件」 참조.
72) 『동아일보』 1935.4.26 참조.

㉙ 김성숙金聲淑(1869~) - 당무當務[상무이사] 참조

㉚ 김용려金容礪(생년 미상)

본관은 안악이다. 기독교 장로로 「기적비」에 고문과 수금원으로 활동한 것으로 기록된 김달룡金達龍(1873~)의 아들이다. 고천면 동서리 노포蘆浦에 거주했다. 1933년 12월 1원을 성금했다.[74]

㉛ 한진태韓鎭泰(1879~)

본관은 청주이고 자는 경택景澤이며 호는 의암義菴이다. 입향조 필량必良의 6대손으로 부 인모仁謨는 문학으로 이름이 있었다. 고천면 명리에 거주했다. 박학강기하고 예의상면禮義相勉했으며, 문묘재장·고천면협의 회원을 역임했다. 부인은 홍주 이승호李昇皓의 딸이고, 장자 선원璿源은 훈도訓導로 가성家聲을 이었다. 1932년 5월 5원을 성금했다.[75]

㉜ 이익화李益化(생년 미상)

삼등면 봉오리에 거주했다. 1933년 12월 3원을 성금했다.[76]

㉝ 장익주張翼宙(생년 미상)

삼등면 문명리에 거주했다. 1933년 12월 2원을 성금했다.[77]

㉞ 김여섭金礪燮(생년 미상)

삼등면 봉래리에 거주했다. 천도교인으로 1929년 1월 새로 구성된 천도교학생회에 임원으로 참여하기도 했다.[78] 1934년 1월 1원을 성금했다.[79]

㉟ 이홍수李洪洙(생년 미상)

원탄면 훈암리에 거주했다. 1935년 4월 3원을 성금했다.[80]

73) 『동아일보』 1933.12.26 참조.
74) 『동아일보』 1933.12.25 참조.
75) 『동아일보』 1932.5.29 참조.
76) 『동아일보』 1933.12.25 참조.
77) 『동아일보』 1933.12.26 참조.
78) 『동아일보』 1929.1.5 참조.
79) 『동아일보』 1934.1.19 및 1934.1.20 참조. 金呂燮과 동일인으로 추측된다.

㊱ 황재순黃在淳(생년 미상)

본관은 창원으로 부사직을 지낸 자명自明이 강동에 시거했다. 고천면 생조리에 거주했다. 강동의 명가로 다른 사람에게 시여施與하기를 좋아했고, 공익에 도움이 많았다고 한다. 홍대수와 함께 1920년 강동·선천 일대에서 독립운동 자금모집을 위한 권총강도 사건에 연루되어 검거되기도 했다.[81] 『강동지』에는 단군릉 수축에 치성하여 사람들의 칭송을 들었다고 기록되어 있다. 하지만 동아일보나 「단군릉기적비」에서 그의 이름은 확인되지 않는다.

이상이 『강동지』를 중심으로 동아일보 등에 보이는 기성회 역원 개인에 대한 개략적인 정보이다. 이밖에 비문의 마모로 이름을 알 수 없는 1인을 포함하여 채인준蔡仁俊·이권□李權□·김□겸金□兼·백인환白仁煥·이달경李達慶·이기순李慶淳·김정진金晶鎭·김수성金壽星·김한림金翰林·김기창金基昌·윤국환尹國煥·우성룡禹聲龍·황창순黃昌淳·김영길金永吉·김□수金□洙·김경선金景善·조병운趙秉雲 등 18인에 대해서는 정보를 확인할 수 없다. 특히 『강동지』에는 회장 김상준을 비롯하여 부회장 김이초, 서기 황정준, 상무이사 백인규·김성숙 등이 단군릉수축운동에 진성갈력했음을 기록하고 있어 이들이 기성회 활동을 주도했음을 알 수 있다. 또 『강동지』는 황재순 역시 단군릉수축에 치성하여 칭송을 들었음을 기록하고 있는데, 「단군릉기적비」나 동아일보에서 확인할 수 없다.

이중 김상준과 황정준은 강동면, 김이초는 봉진면, 백인규는 삼등면, 김성숙과 황재순은 고천면에 거주하고 있었다. 또 회장 김상준은 강동군 참사와 평안도평의회원을 역임하여 강동군의 유력인사 중 하나였고, 김

---

80) 『동아일보』 1935.4.26 참조.
81) 『조선소요사건관계타서류 메타정보 관리』 「獨立運動資金募集을 標榜한 拳銃所持 不逞鮮人 檢擧의 件」 참조.

이초·백인규·김성숙·황재순은 직간접으로 문묘에 관계된 명륜회원이었
을 것으로 생각된다. 황정준의 경우 한학을 하다가 신학문으로 바꾸어
교사를 역임하기도 했지만, 이들은 모두 학문적인 토대를 유학에 두고
있었다. 이는 수축운동 및 이를 주도한 기성회와 강동 명륜회의 관계를
짐작할 수 있게 한다.

한편 회장 김상준이 강동군참사와 평안도평의회원을 역임하고 있음
은 이를 그의 친일 행적과 관련하여 생각할 수 있다. 이는 후술하는 바
와 같이 이 운동을 단순히 단군민족주의에 토대하여 한민족의 민족의식
을 제고하기 위한 움직임과 관련하여 해석하는데 한계가 있음을 의미한
다. 단군에 대한 여러 다양한 입장과 시각이 함께 연계되어 있는 것으로
판단된다. 여기에는 또 조선총독부의 식민화정책에 의해 이루어진 유림
계의 친일화 경향도[82) 일정 부분 게재되어 있었을 것이다. 이런 점에서
친일 성향을 보였던 단군교와의 관련성도 생각할 수 있다. 이런 점들은
다음 절에서 검토될 것이다.

3. 단군릉수축운동의 성격

동아일보사는 1931년부터 역사 위인의 선양과 유적보존을 통해 민족
의식을 고양하기 위한 일련의 운동(Campaign)을 전개했다. 이순신·권
율·을지문덕·단군의 유적이 그 대상이었다. 이들은 민족의 정통성을 대
표하거나 대내외의 위기에서 민족을 구한 인물이라는 점과 비교적 대중
의 접근성이 용이하다는 점에서 공통점이 있다. 또 동아일보 사장 송진
우宋鎭禹가 숭앙하는 3대 인물이 단군·세종대왕·이순신이었다는 점에서
도[83) 관심의 대상이었다. 특히 1931.5.26부터 1932.4.3까지 동아일보에

---

82) 劉準基, 2001, 「1910년대 전후 일제의 유림 친일화정책과 유림계의 대응」『한국
   사연구』 114, 한국사연구회 참조.
83) 古下先生傳記編纂委員會, 1965, 『古下宋鎭禹先生傳』, 65쪽 참조.

연재된 이광수李光洙의 장편소설 「이순신李舜臣」의 집필동기중 하나가
송진우의 숭앙인물이 단군·세종대왕·이순신이라는 것에 있었다는 점에
서 알 수 있다.[84] 그는 또 1917년 중앙학교 교장시절 삼성사건립기성회
三聖祠建立期成會를 조직하여 이들을 모신 사당을 남산에 건립하는 운동
을 전개했으나 일제의 조선신궁朝鮮神宮 건립 때문에 실패하기도 했다.
이순신·권율·단군의 유적보존운동은 동아일보에서 선정한 3대 선인추
모사업이었다.[85] 이에 동아일보는 1931년 5월부터 이순신·권율의 유적
보존운동을 대대적으로 전개하였고, 이들이 마무리된 후인 1934년부터
단군릉수축운동에 적극 참여했다.

　동아일보의 단군릉수축운동과 관련한 첫 번째 보도는 평남유림연합
회가 조직한 '단군묘수호계'의 조직이다.[86] 이후 앞서 언급한 바와 같
이 강동 유림을 중심으로 한 단군릉수축기성회의 조직과 동향을 소개하
고, 오기영·현진건 등을 파견하여 능을 답사하고 현황을 자세하게 실어
이를 독려하기도 했다. 이런 관심에도 불구하고 강동군의 재원만으로
사업이 부진하자 동아일보는 1934년 1월 모금에 적극 참여한다.[87] 동
아일보사는 이의 수축을 위해 사장 송진우의 명의로 500원의 거금을 기
탁하는 한편,[88] 사원의 성금 227원 97전을 모아 전달하는[89] 등 약 728
원을 기성회에 보낸다. 또 전 조선인의 참여를 유도하기 위해 조그만
미성微誠이라도 모으기 위해 간곡한 편지와 1원을 기탁한 대전의 송병
기宋秉己나[90] 강동군의 어린 아동 16명의 눈물겨운 성금 1원, 성금이 아

---

84) 『동아일보』 1931.5.3 참조.
85) 『동아일보』 1935.4.6, 창간15주년 특집판, 「先人追慕의 丹誠」 참조.
86) 『동아일보』 1929.10.18, 「壇君墓守護契」 참조.
87) 1932년 4월부터 동아일보가 모금에 적극 참여하기 이전인 1933년 12월말까지의
　　성금은 모두 822원에 불과했다. 『동아일보』 1933.12.26, 「檀君陵修築期成 나날
　　이 還至 累計 八百二十二圓也」 참조.
88) 『동아일보』 1934.1.7 참조.
89) 『동아일보』 1934.1.17, 「壇君陵修築誠金 今日本社接收分」 참조.

니라 할지라도 단군릉수축기성회의 활동을 독려하기 위해 늦은 밤에 닭 한 마리와 술 한 병을 넣어주고 사라진 사람의 사연 등을 소개하기도 했다.[91]

동아일보는 이후 1월부터 5월까지 성금의 내용을 1달에 3~9회씩 보도하여 조선인의 관심을 이끌어내는데 성공한다.[92] 그 결과 단군릉수축 공사를 위한 성금은 총 2264명에게 3673원 20전을 모금했다. 강동군 1938명 2654.72원, 기타지역 326명 1018.48원이었다.[93] 이는 1934년 4월 7800여원이라는 보도와는[94] 상당한 차이가 있다. 동아일보는 1933년 12월말 822원에 불과했던 성금을[95] 실제 이듬해 1월 중순 1494원,[96] 4월 중순 2859원 78전, 11월 3천여원으로[97] 보도하고 있다. 그러나 성금 현황을 개별적으로 소개하고 있는 보도는 본사 접수분과 위원회 접수분으로 나누어 기재되어 있고, 이미 보도되었던 본사 접수분을 또 위원회 접수분에 더하여 기재하는 한편, 특정인의 경우는 3~4회에 걸쳐 중복 기재한 경우도 발견할 수 있어 접수 현황에 기재된 모금액과 실재 성금 액에는 많이 차이를 보인다. 이 같은 원인은 동아일보와 강동의 기성회에서 성금을 각기 접수하여 동아일보 접수분을 다시 기성회에서 접수하는 과정에서 비롯된 경우와 적극적인 참여 유도를 위해 일부 중복 기재

---

90)『동아일보』1934.1.11 참조.
91)『동아일보』1934.1.12,「檀君陵 特輯」참조.
92) 이후에도 동아일보에서는 1934년 7월, 1935년 4월과 7월 각 1회씩 성금접수 현황을 보도하고 있다. 이에 대해서는 동아일보 해당 월일 기사 참조.
93) 김성환, 2009,「일제강점기 단군릉수축운동의 전개」『대동문화연구』69, 대동문화연구원(이 책 Ⅱ-2) 참조.
94)『동아일보』1934.4.20,「檀君陵修築事業進捗 總工費 七千圓豫定 于先 修護閣부터 着工, 江東委員會에서 活動中 誠金 總收合七千八百餘圓」참조.
95)『동아일보』1933.12.26,「檀君陵修築期成 나날이 還至 累計 八百二十二圓也」참조.
96)『동아일보』1934.1.19,「檀君陵修築誠金이 還至 累計 千四百九十四圓」참조.
97)『동아일보』1934.11.11,「檀君陵修築消息; 石物은 거의 完成 陵修築은 明春에 모혀든 誠金은 겨우 三千圓, 期成會서 委員會開催」참조.

한 경우에서 비롯된 것으로 짐작된다.

이에 대해서는 두 가지 측면에서의 접근이 가능하다. 첫째는 강동군 민을 대상으로 한 기성회의 성금운동이 일정한 성공을 거두었다는 점이 다. 강동군의 성금운동은 기성회를 비롯하여 강동향약江東鄕約이 큰 역할 을 했을 것으로 짐작된다. 이는 기성회장인 김상준이 향약회장을 겸하고 있고, 군수 김광일 역시 기성회와 향약에 적극 참여하고 있는 것을 볼 때, 기성회 임원들이 향약의 임원 대부분을 겸했을 것이라는 데서 추측 이 가능하다. 특히 향약의 설립 이후 강동에서의 성금운동이 기성회와 향약의 주도로 각 면리 단위로 주민들에게 10전 정도씩 갹출하는 방향 으로 이루어지고 있음은 향약을 통한 기성회 성금운동의 성과를 반영하 는 것으로 해석된다. 그리고 그 바탕에서 면리 주민 개인에게까지 접촉 할 수 있는 향약이 있었기 때문에 가능한 것이었다. 이런 점에서 강동의 단군릉수축운동은 조선시대 이래 향촌사회의 자치규약인 계와 향약을 적극 이용함으로서 가능했다고 보인다.

반면 동아일보의 성금운동은 조선인의 관심 유도에는 성공했을지라 도 그 목적을 충실하게 달성했다고는 볼 수 없다. 이는 강동군을 제외한 성금의 총액이 1018원에 불과하다는 것으로 알 수 있다. 이중 송진우를 비롯한 동아일보사의 성금 728원을 제외한다면, 실제 290원에 불과했 다. 이 또한 평양과 평남에서의 성금 155원을 제외한다면 134원에 불과 한 미미한 것이었다. 동아일보 역시 성금운동을 진행하면서 이런 부진에 대해 인지하고 있었다. 이에 적극 참여의 유도를 위해 중복 기재 등의 방법을 사용한 것으로 생각된다. 그리고 그 핵심에는 단군릉수축기성회 가 있었다.

1932년 기성회 설립 당시 회장 이하 각면이사까지 거주지 분포를 보 면, 모두 26명중 거주지를 알 수 없는 3인을 제외하고 강동면 13인, 고 천면·만달면 각 3인, 봉진면·삼등면 각 2인으로 확인된다. 물론 기성회

사무실이 강동읍에 설치되었기 때문에 이들 중 거주지가 강동면으로 잘 못 기재되어 있는 인물도 있을 수 있다. 그러나 이는 강동면을 중심으로 기성회가 운영되었음을 의미한다. 특히 회장부터 상무이사까지의 역원 중 봉진면 문왕리의 김이초, 고천면 수리의 김영권을 제외하고 거주지를 모두 강동면으로 기록하고 있음은 그들이 기성회의 주축을 이루고 있었 음을 짐작하게 한다. 각면이사는 면별로 2~3인을 고르게 분배되어 있 는데, 이는 강동군 전 지역의 참여를 적극 유도하려는 의지를 반영한 것 이다.

이들의 이력에서는 강동을 벗어나 평안도평의회원을 지낸 회장 김상 준과 내용을 알 수 없는 8인을 제외하면, 강동면·봉진면 등의 면장 출신 이 3인이고, 문묘재장 등 문묘와 관련한 인물이 9인으로 기성회의 조직 에 강동명륜회가 깊숙하게 관여하고 있음을 알 수 있다. 또 기독교 목사 였던 장운경을 포함하여 장로 3인이 포함되어 있어 수축운동에 강동군 의 기독계가 적극 가담하고 있음도 확인할 수 있다. 이중 김중보는 당시 동아일보 강동분국장을 맡고 있어 동아일보를 통해 수축운동이 전 조선 민의 관심을 유도하는데 일정한 역할을 했음을 알 수 있다. 이때 이들의 연령층을 보면, 회장과 부회장 및 서기와 회계는 50~60대, 상무이사는 주로 40대로 구성되었고, 각면이사는 30대의 김중보 등 특별한 경우를 제외하고는 각 면의 지역민의 참여를 유도하기 위해 50~60대의 유지로 구성하는 것을 원칙으로 했던 것으로 보인다.

이들의 성관별 분포를 보면, 성관을 알 수 없는 4인을 제외하고, 김해 김씨 3, 파평윤씨·해주장씨·안악김씨 2, 강릉김씨·홍주이씨·원주원씨· 반남박씨·밀양박씨·진위이씨·신안주씨·일직손씨·수원백씨·성주김씨· 청도김씨 1인으로 나타난다. 이중 김해김씨는 수원백씨·교하이씨·홍주 이씨·신안주씨·진위이씨·청주한씨 등과 함께 당시 강동군의 유력성씨 중 하나였다.[98] 또 해주장씨는 기성회 역원 자신 또는 부친에 의해 비교적 최근에 강동으로 이거한 성씨로 장운익張雲翼·장운경張雲景이 기독교 목사 또는 장로였음을 염두에 둘 때, 이들의 기성회 참여는 선교의 목적 이 일정 부분 포함되어 있었음을 추측할 수 있다.

이 같은 기성회의 조직은 별반 변화 없이 1년 6개월 이상을 지속한다. 그러나 당초의 계획과 기대와는 달리 사업은 부진을 면치 못했다. 이에 기성회에서는 사업의 성공 여부를 가늠할 성금 모집을 보다 강화하기 위 해 대외적으로는 동아일보의 적극적인 참여를 유도하는 한편, 기성회 체 제 역시 대폭 보강·강화했다. 그 결과는 회장 김상준 체제의 강화와 대 폭적인 각면이사의 증원이라는 1934년 1월 1차 개편으로 나타났고, 규 모는 회장단 9인과 각면이사 159인, 총 168인이라는 대대적인 것이었다.

먼저 회장단에서는 기성회 설립 이후 이병섭李秉燮·허기도許基道가 맡 았던 회계를 회장이 직접 겸임하는 체제로 바꾼다. 이는 성금 모집에 적 극적 의지를 반영한 것이라고 짐작된다. 서기 역시 문한식文漢植을 교사 를 지내고 당시 실업에 종사하고 있던 황정준黃貞俊으로 교체한다. 또 5 인의 상무이사를 4인으로 축소하는 한편, 윤완섭尹完燮·이응규李應圭·김 영권金永權을 장운익張雲翼·김성갑金聲甲으로 교체한다. 장운익은 기성회 설립 당시 각면이사로 참여하다가 본격적인 기성회 활동에 가담한 인물 이며, 김성갑(1894~)은 당시 상농업에 종사하던 인물이다. 이 같은 개 편은 비교적 장년층으로 운영되던 기성회의 조직을 40대로 낮추어 활성 화를 도모하려는 것이었다.

이때의 개편에서 가장 두드러진 것은 각면이사에 있다. 발족 당시 20 여명 내외의 각면이사를 159인으로 대폭 증원한 것이다. 그들의 면면에 대해서는 그 명단을 확인할 수 없어 자세히 알 수 없지만,『강동지』현 대인물조에 수록된 인물이 156인이고, 그들의 상당수가 기성회나 단군

---

98) 김성환, 2006,「日帝强占期『江東誌』의 編纂과 內容」『한민족연구』1, 한민족학 회(이책 Ⅱ-1) 참조.

릉수축운동에 참여하고 있는 것으로 미루어 이들 모두를 각면이사로 추측해도 무리는 아닐 것으로 생각된다. 이는 이들의 거주지별 분석을 통해서도 어느 정도 확인이 가능할 것이다. 특히 이 시기 수축운동과『강동지』의 편찬이 강동명륜회의 중점사업이었고, 각 사업들이 마무리되는 시기가 1935년이었음을 고려할 때, 더욱 그러하다.

『강동지』현대인물조에 수록 인물은 156인이다. 이는 이때 기성회의 대대적인 개편으로 이루어진 168인과 12인 정도 차이를 가진다. 물론 회장단 9인중 각면이사에 중복된 인물이 있을 가능성도 배제할 수 없다. 그렇다면 이때 기성회에 명단을 올린 인물은 약 160~165인 정도로 짐작된다. 이는 현대인물의 156인과 비교하여 10~5인 정도의 차이를 지니는 것이지만, 이들이 대체로 각면이사에 포함되었을 것으로 추측된다.

〈표 1〉『강동지』현대인물조 수록인물의 거주지 및 활동

거주지		직 업		종 교	
총 계	156	총 계	184	총 계	121
강동면	31	문묘	58	유교	107
삼등면	41	기독교목사	1	기독교	8
만달면	29	상공업	23	천도교	2
원탄면	23	농업	20	미상	4
고천면	18	교육자	34		
봉진면	12	의학	4		
		관직	4		
		언론인	2		
		면장	13		
		이장	3		
		면협의원	20		
		미상	2		

<표 1>을 살펴보면,『강동지』현대인물조 수록인물의 거주지별 분포는 이전 읍치였던 강동면과 삼등면의 비중이 높음을 알 수 있다. 이는 강동군에서 각 면이 지니는 비중을 의미하는 것으로 해석된다. 직업별 분포에서는 문묘의 재장齋長·도유사都有司·훈장訓長 및 중직重職·중임重任으로 기록되어 문묘와 관련했거나 관련한 인물이 58인으로 단연 높았다. 종교에서 유교적 성향인물을 보면 더욱 높아진다. 이는『강동지』가 강동 명륜회의 주도로 이루어진 작업이라는 점에서 당연한 결과라고 할 수 있지만, 기성회 역시 명륜회 산하에서 단군릉 수축을 위해 조직된 추진팀의 성격을 지닌다는 점에서 다르지 않다.[99] 또 면장·이장을 비롯하여 각 면의 협의원이 상당수 포함되고 있음은 이들을 통한 대민 접촉의 통로를 확보하기 위한 것과 수축운동이 일제강점기 강동군의 일정한 지원 아래 이루어졌음을 보여주는 것이다. 기독교인과 천도교인은 각기 8인과 2인이 수록되어 있는데, 이들은 당시 강동군에 있던 기독교인 2345인, 천도교인 1391인을 대상으로[100] 수축운동의 성금 수집을 독려했을 것이다.

특히 1934년 조직 개편이후 강동면 문평리 송현동의 개진야학생도改進 夜學生徒 19인, 삼등면 송석리의 협동청년회, 태령리의 태령청년회·농무회 農務會·동명의숙생도東明義塾生徒,[101] 문명리의 삼등농민공생조합,[102] 봉래리의 명화청년회,[103] 강동면 아달리의 천도교종리원,[104] 고천면 열파리의 고천면소비조합·강동농민공생조합[105] 등 각 단체들의 참여는 각면이사의

---

99) 이들이 직업별 분포가 총 184인으로 수록인물 156인 보다 18인 많은 것은 수록 인물의 직업별 성향이 중복적으로 기록된 인물이 있기 때문이다. 또 상공업 종사자의 경우는 조합이사·조합장 등을 포함하였고, 교육자에는 훈장·교사는 물론 가숙설립자·학무위원·학교설립자·학교평의원 등을 포함하였다.

100) 강동군, 1935,『강동지』, 제1편 지리,「제9장 教育과 宗教」참조.

101)『동아일보』1934.2.4 참조.

102)『동아일보』1933.12.26 참조.

103)『동아일보』1934.1.19 ; 1934.1.20 참조.

104)『동아일보』1934.1.24 참조.

105)『동아일보』1934.1.19 ; 1934.1.20 참조.

적극적 노력의 결과라고 하겠다. 각면이사들이 이들 단체와 직간접으로 관련되어 있었기 때문이다.

각면이사의 대폭적인 증원의 결과는 이때 함께 시행된 강동향약과도 밀접한 관련을 가진다. 이는 이후 「기적비」에 수금원으로 활동한 것으로 기록된 신인걸申麟杰이 향약의 설립에 적극 노력하고 있음에서도 짐작할 수 있다. 기성회는 단군릉수축운동을 강동향약과 연계하여 원탄면 고비리를 시험적으로 성금 모집을 실시했는데, 약 1200여명에게 1인당 10전씩을 갹출했다. 이때 원탄면에 소속된 20여명의 각면이사들이 강동 향약을 통한 성금 활동을 적극 주도했을 것은 당연하다.

각면이사를 대폭 증원하고 회장 김상준 체제를 강화하여 본격적인 성금 모집에 박차를 가하던 기성회 조직은 1934년 11월 다시 개편된다. 이는 각면이사의 전면적인 활동으로 성금 모집에 일정한 성과를 거두기는 했지만, 당초 계획했던 수축공사의 규모에는 절대적으로 부족한 것이었다. 그러나 몇 차례의 연기를 거듭한 결과 수축공사는 이듬해 봄을 완공 시점으로 정해놓고 있었다. 따라서 공사 규모를 축소할 필요가 있었고, 기성회 조직 역시 공사의 실질적인 진행을 위해 정비할 필요가 있었다. 그리고 그 결과가 1934년 11월 개편으로 나타난 것으로 생각된다.

이때의 조직 개편 결과는 1936년 9월 건립된 「단군릉기적비」를 통해서 알 수 있는데, 이사를 중심으로 하는 수평체제에서 회장 중심의 수직체제로 정비되었다. 이는 상무이사가 당무로, 각면이사가 수금원으로 개편되고 있음에서 확연하다. 4인에 불과하던 상무이사를 공사의 적극 추진을 위해 7인으로, 159인의 각면이사를 48인의 수금원으로, 공사 자문을 위해 전 군수 등 유지 8인을 고문으로 추대했다. 이때의 개편은 1936년 「기적비」의 건립으로 수축이 완료될 때까지 유지된 것으로 추측된다. 따라서 이는 기성회 최종 역원의 명단이라고 할 수 있다.

〈표 2〉 『단군릉기적비』 수록인물의 거주지 및 활동

본 관				거 주 지				직 업				종 교			
회 장 단		수 금 원		회 장 단		수 금 원		회 장 단		수 금 원		회 장		수 금 원	
총 계	17		48		20		48		22		71		20		45
김해김씨	4	해주장씨	1	강동면	7	강동면	7	면장	3	면장	3	유교	8	유교	19
강릉김씨	1	창원황씨	1	삼등면	2	삼등면	6	문묘직원	6	문묘직원	20	기독교	5	기독교	2
파평윤씨	1	일직공씨	1	만달면	1	만달면	4	언론인	1	교육자	4	미상	7	미상	24
수원백씨	2	신안주씨	2	봉진면	2	봉진면	4	교육자	1	농업	3				
청도김씨	1	밀양박씨	1	고천면	2	고천면	3	종교인	1	실업	3				
진주정씨	1	청주한씨	1	원탄면		원탄면	3	의사	1	학교평의원	2				
성주김씨	1	수원백씨	2	미상	6	미상	21	평의회원	1	면협의원	9				
원주원씨	1	전주김씨	1					군수	3	이장	2				
밀양박씨	1	결성장씨	1					미상	5	학교설립위원	1				
안악김씨	1	반남박씨	1							학무위원	1				
해주장씨	1	평창이씨	1							농회위원	2				
미상	2	진위이씨	1							조합장	1				
		광주김씨	1							조합평의원	1				
		제안황씨	1							미상	19				
		김해이씨	1												
		홍주이씨	1												
		안악김씨	2												

본 관		거 주 지				직 업				종 교		
수안 이씨	1											
김해 김씨	1											
청도 김씨	1											
남양 홍씨	1											
평산 신씨	1											
미상	23											

<표 2>은 「기적비」에 실린 기성회원의 본관·거주지·직업·종교에 대한 분포로, 고문 이상의 회장단과 수금원으로 나누어 분류했다. 이를 살펴보면, 회장단에는 회장 김상준을 비롯하여 회계·당무·고문에 그의 조카 또는 동생 등이 자리함으로서 단연 김해김씨가 수적으로 우세하다. 이는 그 조직을 김해김씨가 주도하고 있음을 의미한다. 이밖에 2인의 수원백씨를 비롯하여 9개 성씨가 1인씩 참여하고 있는데, 1887년 강서군에서 이주한 해주장씨를 제외하고는 일찍부터 강동에서 세거하고 있던 유력성씨이다. 이들의 거주지별 분포 역시 기성회 활동의 중심지였던 강동면의 7인을 제외하고는 각 면별로 2인씩의 분포를 보여 지역적 배려가 있었음을 암시하고 있다. 직업별 분포는 문묘에서 직임을 역임했거나 현재 맡고 있는 인물이 6인, 면장을 역임한 인물이 3인이어서 사업이 명륜회를 중심으로 각 면별로 이루어졌음을 짐작할 수 있다. 유교적 성향을 가진 인물이 전체 17인중 8인에 이르고 있음에서 명륜회의 역할을 재확인할 수 있다. 또 목사 장운경을 비롯하여 장로 또는 기독교 성향을 가진 인물이 5인이나 되어 수축운동에서 강동군 기독교계의 역할도 적지 않았음을 알 수 있다. 특히 김해김씨로 장로였던 김천우와 김상준의 동생인 김상화가 목사 박승엽朴昇燁의 사위였음은 이들을 통한 기독교계

의 참여가 자연스럽게 이루어졌을 것임을 추측하게 한다.

48인의 수금원 중 본관을 알 수 없는 성씨는 절반에 가까워 일정한 한계를 가질 수 있지만, 여기서도 2인의 수원백씨·신안주씨·안악김씨를 제외한 창원황씨 등 19개 성씨가 1인씩 포함되어 있다. 이들 중 19세기 말 강동으로 이주한 해주장씨·제안황씨를 제외하고는 모두 강동군의 세거성씨였다. 또 거주지별로는 알 수 없는 21인을 제외하고 강동면과 삼등면이 7~6인, 나머지가 3~4인의 분포를 보이고 있어 이들 역시 거주지별 안배가 이루어졌음을 알 수 있다. 이들의 직업과 종교별 성향에서도 강동명륜회로 대표되는 유림의 영향을 짐작할 수 있다. 수금원 중 문묘 직임을 경험한 인물이 20명, 유교적 성향을 보이는 인물이 19인에 이르고 있음이 그것이다. 이밖에 수금원에는 면장·면협의원·이장 14인, 교사 등 교육계 인사 8인이 포함되어 있어 이들을 통한 성금 활동이 집중적으로 이루어졌음을 알 수 있다.

이런 기성회 역원들의 분석을 토대로 수축운동의 성격에 관한 문제를 검토하기로 한다. 기성회의 활동을 검토할 때, 우선 주목되어야 할 점은 이들이 지니고 있던 성향이다. 이들에게는 민족주의사학에 토대한 단군 인식이나 일제 식민통치에 반대한 일련의 움직임을 찾아보기 어렵다. 이는 먼저 기성회를 주도한 회장 김상준의 성향을 통해서도 확인할 수 있다. 그는 기성회를 발기하기 이전 강동군참사와 평안도평의회원을 역임했다.[106] 이는 그가 일제의 식민통치에 일정부분 참여했음을 의미한다. 특히 그의 아들 중 장남 대우大羽는 구주대학九州大學을 졸업한 후 군수를 역임하고 당시 조선총독부 사회과장으로 있었고, 호우虎羽는 경도제국대학을 졸업한 후 경부警部로 있었다. 또 관우寬羽는 동경법정대학東京

---

106) 권승안은 김상준이 강동군수를 지냈다는 견해를 제시했지만, 어떤 자료에 근거했는지 알 수 없다. 권승안, 2004, 「일제의 단군말살책동과 그를 반대한 우리 인민들의 투쟁」 『조선고대사연구』 2, 사회과학출판사, 245쪽.

法政大學에 재학 중이었다. 이는 그의 친일적 성향과 관련하여 참고할 수 있다. 또 부회장 김이초의 경우도 같은 집안의 문묘재장을 지낸 준호俊浩의 아들인 이주履柱가 법학을 전공한 후 당시 법원에서 근무하고 있어 친일적 성향에서 자유로울 수 없다. 이는 단군릉 수축을 위한 기성회의 활동이 조선총독부의 식민통치정책과도 일정하게 연계되어 이루어졌을 가능성을 상정하게 된다.

특히 이 시기 이루어진 고적의 보호, 보수공사나 정비작업이 민족주의를 고양할 우려가 있는 유적에 대해서는 거의 이루어지지 않고 사찰만 대상으로 하였다는 사실은 의미 있게 받아들일 수 있다.[107] 이때는 단군릉수축운동이 활발하게 전개되던 때로 식민통치자들에게 단군릉은 전조선인을 고양시킬 유적의 대상이 아니었음을 뜻한다. 일제가 식민지를 대상으로 실행한 문화정책의 기조가 일방적인 무시·말살이 아닌 고유문화의 왜곡·변형을 통한 이데올로기적인 활용에 있었다는 지적은[108] 이런 점에서 참고할 만 하다.

이와 관련하여 1934년 강동향약의 사업 일환으로 이루어진 단군릉 부근 지리芝里의 뒷산에 위치한 지제池堤 수축 과정을 살펴볼 필요가 있다. 보도에 의하면, 7600여 평의 못에 지제를 수축하고 그 중앙에 섬을 조성하는 한편, 주위에 만 여주의 뽕나무를 식수했다고 한다.[109] 이는 능 주변의 정비작업과 관련을 가지는 것으로 보인다. 그런데 강동군은 이 과정에서 농촌 부업을 장려하기 위해 총독부와 교섭하여 조선총독부 수산시험장인 진해양어장에서 잉어종자 1만 마리를 기증받아 양어하고, 뽕나무 1만 여주를 식수하여 수입원을 확보했다. 여기에는 김상준의 아들로 당시 조선총독부 사회과장이었던 김대우의 일정한 역할이 있었을

---

107) 『매일신보』 195.6.9, 「보물고적보존은 사찰 중심주의」 참조.
108) 이순자, 2007, 「일제강점기 고적조사사업 연구」, 숙명여대박사학위논문, 9쪽.
109) 『동아일보』 1934.5.23, 「檀君聖陵附近에 共同養魚와 植樹 江東의 新名勝地를 築成」 참조.

것이다. 이점은 수축운동과 조선총독부의 식민정책의 관계성을 추측할 수 있게 한다.

이는 일제강점기 군수를 역임했던 인물들이 기성회의 활동을 적극 지원하며 고문으로 참여했던 점이나, 기성회 성원 중 면장·면협의원 등 식민통치에 일조했던 인물들 상당수가 적극 참여하고 있음에서도 알 수 있다. 아울러 총독부의 한국내 여러 종교에 대한 회유와 분열책에 이 운동을 주도한 강동명륜회 역시 자유로울 수 없다는 점 역시 고려되어야 한다. 이는 문묘 관계자들이 적극 주도한 단군릉수축운동의 성격을 가늠할 수 있는 부분이다.

이 운동을 대종교와 관련하여 검토하는 측면 역시 재고의 여지가 있다. 이 시기 강동군에는 조선사찰포교소 2개소(신도 2)·야소교장로파예배당 19개소(신도 2283)·야소교미감리파예배당 1개소(신도 62)·천도교포교소 12개소(신도 1391)·천리교포교소 1개소(신도 492) 등의 종교단체가 있었다.[110] 단군과 관련한 대종교나 단군교의 동향은 전혀 확인되지 않는다. 당시 대종교의 국내 활동은 미미한 것이었고, 교단 조직 역시 국내에 남아있지 못했다. 1930년대부터는 대종교 남도본사 소속인사들이 단군교에 입교하고 있었다. 이런 점들은 단군릉수축운동과 대종교의 연계 모색을 어렵게 한다.

반면 단군교는 일제에 의한 황민화 정책이 본격적으로 실시된 1930년대 후반까지 공적인 포교활동을 할 수 있었다. 또 당대의 자산가이자 총독부와도 깊이 연계되어 조선유교회朝鮮儒敎會를 결성했던 안순환의 도움으로 포교활동도 비교적 활발하게 진행할 수 있었다. 또 단군교는 지방의 단군신앙단체를 포섭하기 위해 일련의 노력을 경주했다. 묘향산을 중심으로 한 김염백金廉白의 신교神敎와 충남 작산의 단군전檀君殿은 그 대표적 사례라 할 수 있다.[111] 또 단군교의 정훈모鄭薰模는 1918년

---

110) 강동군, 1935, 『강동지』, 제1편 지리, 「제9장 敎育과 宗敎」 참조.

5월 같은 목적으로 평양을 방문하여 강동의 단군릉을 봉심하기도 했다.112) 이런 정황은 단군릉수축운동이 대종교보다는 단군교에 영향을 받았을 가능성을 높여준다. 이는 1920년대 강동 명륜회와 평남유림연합회의 수축운동에도 마찬가지였을 것이다.

그렇다고 하더라도 「단군릉기적비」의 전승내용 자체에서는 대종교나 단군교의 영향을 쉽게 찾아보기 어렵다. 「단군릉기적비」의 전승은 웅호熊虎를 중심으로 하는 전승을 수용하면서도 이들을 솔순率舜한 존재가 환웅이 아닌 단군으로 이해되고 있어 『고기』 유형과 『응제시』 유형의 절충이 이루어지고 있다. 단군이 신교神敎를 설립하여 360여사를 총괄했음을 기록하여 대종교·단군교의 영향도 보인다. 이 같은 절충 자체가 환인·환웅·환검이 삼신三神이자 하나라는 삼신일체의 신관은 물론, 역사관과도 무관하지 않은 것으로 짐작되기도 한다.113) 그러나 당시 대종교 또는 단군교 관련 사서에서 보이는 것과는 차이가 있다.114) 이로 미루어 1920~30년대 강동 명륜회를 중심으로 이루어진 단군릉수축공사는 강동 지역의 전승을 토대로 조선총독부의 황민화 정책에 회유된 친일 성향의 강동 유림계와 미비하지만 단군교의 일정한 영향 아래 이루어진 것으로 판단된다.115) 그렇지만 단군릉수축운동은 전 조선인의 민족의식을

111) 이 시기 대종교와 단군교의 동향에 대해서는 佐佐充昭, 2003, 「한말·일제시대 檀君信仰運動의 전개-大倧敎·檀君敎의 활동을 중심으로-」, 서울대종교학과 박사학위논문 참조.

112) 鄭鎭洪, 1937, 『檀君敎復興經略』, 68쪽.

113) 김성환, 2007, 「일제강점기 「檀君陵記蹟碑」의 건립과 단군전승」 『사학연구』 86, 한국사학회(이 책 Ⅲ-1) 참조.

114) 김성환, 2006, 「大倧敎系 史書의 歷史觀-上古史 認識을 중심으로-」 『단군학연구』 15, 단군학회 참조.

115) 구체적인 자료를 확인할 수 없지만, 수년간 지속된 수축운동이 제대로 마무리되지 못하고 1935년 10월 담장 수축과 상석 안치, 1936년 기적비의 건립만으로 끝을 맺은 것이 1930년대 후반 총독부의 유사종교 탄압정책의 본격화로 1936년 7월 檀君殿施敎部의 해산 명령(尹定孝, 1984, 『雲庭日史』, 尹昌漢 발행,

제고하는데도 긍정적인 역할을 했다고 생각된다.

4. 맺음말

1930년대 단군릉 수축을 위해 강동인사들은 단군릉수축기성회를 발기했다. 그 목표는 기자릉·동명왕릉에 준하는 시설의 확충이었고, 구체적으로는 수호각 건립이었다. 따라서 정확한 명칭은 단군릉수호각건축기성회였다. 이는 강동명륜회의 요청으로 1929년 추진된 평남유림연합회의 단군묘수호계 활동이 지난해지면서 그에 대한 대책의 성격을 가진다. 물론 수축사업은 강동명륜회로 대표되는 유림들이 주도했지만, 그 산하에 이를 적극 추진하기 위한 기성회를 별도로 설립함으로서 수년간의 수축 노력을 지속했다. 기성회는 1934년 발기 이후 그해 연말 공사 마무리를 목표로 활동을 추진했으나, 이는 순조롭지 못했다. 이에 4~5차례에 걸친 완료 시점의 연기와 2차례의 조직 개편을 거듭하면서 기성회는 강동군을 대상으로 대대적인 성금활동을 전개했다.

그들이 처음 계획했던 수축의 범위는 능 주변 담장의 확장과 수축, 능비陵碑·제단祭壇·제구祭具·석인석초石人石草의 석물, 양통兩通 4~5칸 규모의 수호각, 3칸의 재진인가在眞人家 등 종합적인 것이었다. 이는 곧 수호각 건립 및 담장 수축·제단 설비로 축소되었고, 최종적으로는 담장 수축 및 상석 설치, 2기의 비석 설치, 수호각 건립으로 정리되었다. 그러나 이 역시 그대로 추진되지 못했고, 담장 수축 및 상석 설치, 2기의 비석 건립으로 대폭 축소되었다. 당초 목표였던 수호각 건립은 이루어지지 못했다. 여기에는 강동군민의 참여가 토대를 이루고 있지만, 강동군수로 대표되는 강동군의 행정력이 이를 지지하고 있었다. 전·현임의 각 면장 및 면협의원의 주도적 참여와 강동향약의 실시는 이를 의미한다. 특히

1936.7.28, 115쪽)으로 인한 단군교의 쇠퇴와 관련되었을 가능성도 있다.

2차 개편에서 성금 모집을 독려하기 위한 159인의 각면이사 체제는 행정력의 수반 없이는 진행될 수 없는 것이었다.

「단군릉기적비」에는 회장 이하 68인의 기성회 명단이 실려 있다. 그러나 이는 기성회 2차 개편의 결과만을 반영한 것이어서 설립 당시 및 1차 개편 때의 성원과는 차이가 있다. 기성회 설립과 2차례의 개편에 참여한 인사 중 성명을 확인할 수 있는 인물은 88인이다. 이중 역할 등으로 중복된 인물은 김상준金商俊·김중보金重寶·박원삼朴元三·백인규白仁奎 등 9인이고, 「기적비」의 마모로 성명을 정확하게 알 수 없는 인물 4인 등을 제외하면, 72인의 명단이 확인 가능하다. 『강동지』에서는 이들 중 김상준·김이초·황정준·백인규·김성숙 등이 단군릉수축운동에 갈력했음을 기록하여 이들이 기성회의 주축이었음을 밝히고 있다. 또 황재순도 단군릉수축에 치성했음을 기록하였으나, 그의 역할을 「단군릉기적비」나 동아일보에서 확인할 수 없다.

1932년 기성회 설립 당시 회장 이하의 회장단은 강동면에 거주하는 인물을 중심으로 운영되었지만, 각면이사는 면별로 2~3인을 고르게 분배하여 강동군 전 지역의 참여를 적극 유도하려고 했다. 이들의 연령층은 회장과 부회장 및 서기와 회계가 50~60대, 상무이사가 주로 40대, 각면이사가 50~60대를 유지하고 있었으며, 성관별 분포에서는 19세기 말 이주한 해주장씨를 제외하고는 강동지역의 세거성씨로 이루어져 있었다. 특히 해주장씨의 경우 기성회 활동에 참여한 인물들이 기독교 목사나 장로였음은 이들의 참여 목적에 선교가 일정 부분 포함되어 있었음을 추측할 수 있다.

기성회의 1·2차 개편은 회장 김상준의 체제 강화와 성금 활동의 가시화라는 목적을 두고 이루어졌다. 1차 개편에서는 159인에 달하는 대규모의 각면이사를 두었다. 특히 『강동지』 현대인물조의 수록 인물 156인은 1차 개편 때 각면이사 159인과 관련하여 추측할 수 있다. 이들 중에는 문묘에 관여하거나 유교적 성향의 인물의 비중이 단연 높았으며, 기독교계 인사도 일정 부분 포함되어 있었다. 아울러 면장·이장을 비롯하여 각 면의 협의원도 상당수 포함되어 있어 이들을 통한 대민 접촉 통로의 확보를 위해 기성회와 강동군의 노력이 부단했음을 알 수 있다. 이는 강동향약의 실시로도 확인된다.

2차 개편에서는 이제까지 이사 중심의 수평적인 운영이 회장 중심의 수직적인 운영으로 개편되면서 공사의 추진을 위한 7인의 당무와 성금 활동의 실질적 효과를 위해 48인의 수금원을 두었다. 이들 중 회장단 구성의 성관별 분포에서는 회장 김상준의 집안인 김해김씨가 단연 우세하고, 2인이 참여한 수원백씨를 제외하고는 강동에 세거하던 9개 성씨가 1인씩 참여하고 있음을 확인할 수 있다. 거주별 분포에서는 강동면의 7인을 제외하고는 면별로 2인씩의 분포를 보여 지역적 배려가 있었음을 암시하고 있고, 직업별 분포는 문묘에서 직임을 역임했거나 현재 맡고 있는 인물이 6인, 면장을 역임한 인물이 3인으로 사업이 명륜회를 중심으로 각 면별로 이루어졌음을 짐작할 수 있다. 유교적 성향을 가진 인물이 전체 17인중 8인에 이르고 있음은 명륜회의 역할을 확인할 수 있다. 기독교 성향을 가진 인물은 장로였던 김해김씨 김천우와 회장의 동생이자 목사 박승엽朴昇燁의 사위인 김상화 등 5인이 확인된다. 수금원 또한 성관별 분포에서 19세기 말 강동으로 이주한 해주장씨·제안황씨를 제외하고 22개 성씨가 모두 강동군의 세거성씨였고, 거주지별 분포는 알 수 없는 21인을 제외하고 강동면과 삼등면이 7∼6인, 나머지가 3∼4인의 분포를 보여 역시 거주지별 안배가 이루어졌음을 알 수 있다. 또 직업과 종교적 성향에서도 문묘 직임을 경험한 인물이 20명, 유교적 성향을 보이는 인물이 19인, 면장·면협의원·이장 14인, 교사 등 교육계 인사 8인이 포함되어 있다.

수축운동 또는 기성회의 성격 검토에서는 먼저 회장 김상준의 성향을

고려하였다. 그가 강동군참사·평안도평의회원을 역임했다는 점에서 친
일 성향을 읽을 수 있으며, 이는 총독부 사회과장이나 경부警部였던 그의
아들을 통해서도 확인된다. 또 기성회의 활동을 적극 지원하며 고문으로
참여했던 전·현임 군수들, 식민통치에 일조했던 면장·면협의원 등이 적
극 참여하고 있음도 수축운동의 성격을 가늠할 수 있는 부분이다. 또 기
성회의 배후였던 강동명륜회와 1920년대 말 단군묘수호계를 주도했던
평남유림연합회 역시 총독부의 회유책으로 친일 성향을 보였던 단체였
다는 사실 역시 수축운동의 성격을 검토하는데 고려해야 한다.

수축운동에는 또 미미하지만 단군교의 영향도 있었던 것으로 짐작된
다. 이는 단군교의 정훈모가 1918년 단군릉을 봉심했다는 점과 단군교
가 묘향산 김염백金廉白의 신교神敎, 충남 작산의 단군전檀君殿 등 지방의
단군신앙단체를 포섭하기 위해 일련의 노력을 경주했다는 점에서 그러
하다. 반면 대종교는 당시 국내에 기반을 전혀 가지고 있지 못했고, 그
교도 역시 단군교에 입교하는 상황이었다. 이 같은 영향은 「단군릉기적
비」에 단군의 신교 설립과 360여사 총괄로 나타나게 되었을 것이다.
1920~30년대 강동명륜회가 중심이 된 단군릉수축운동은 강동 지역의
전승을 토대로 조선총독부의 황민화 정책에 회유된 친일 성향의 강동 유
림계와 단군교의 일정한 영향 아래 이루어진 것이었다.

제4부

결 론

-단군릉수축운동檀君陵修築運動의 전개와 성격-

1. 단군릉수축운동檀君陵修築運動의 전개

　　강동지방의 읍사邑史로서 1935년 간행된 『강동지江東誌』에는 단군릉수축운동檀君陵修築運動과 관련한 인물정보를 싣고 있다. 여기에서 현대인물조는 단연 주목된다. 『강동지』는 인조·순조 때의 편찬에 이은 세 번째의 결과이다. 첫 번째 읍지인 인조 때의 것은 19세기 초에 이미 멸실되어 순조 때의 작업에 참고도 하지 못했다. 두 번째 읍지인 순조 때의 것은 편찬 당시 참고할 자료가 많지 않고, 나만갑羅萬甲이 편찬한 첫 번째 읍지 역시 남아 있지 않아 소략하게 마무리될 수밖에 없었다. 1935년 『강동지』는 홍익문洪益聞의 읍사邑史를 참고하며 편찬되었지만, 이전의 읍사와 성격에서 차이를 지닌다. 지방수령이 편찬을 주도했고, 명륜회 같은 유림이 실질적인 작업에 참여했다는 점에서는 차이가 없다. 읍지의 편찬이 지방의 치정治政을 위한 자료의 확보라는 목적성에 우선한다는 점에서도 마찬가지이다. 그러나 첫 번째와 두 번째의 읍지가 우리의 전통사회와 관련한 작업이었다면, 1935년의 작업은 일제강점기 조선총독부의 식민통치를 위한 자료 확보라는 목적이 있었다는 점에서 차이가 있다. 이것은 『강동지』 체제와 내용에도 그대로 반영되어 있다.

　　『강동지』는 강동명륜회江東明倫會의 주도로 이루어졌고, 그 목적이 강동군의 시정에 도움을 얻기 위한데 있었기 때문에 지리·인물조의 서술에 역점을 두고 편성되었다. 1932년 가을 명륜회에서 본격적인 읍사의 속찬이 논의된 후 1933~34년 2년간 본격적인 작업을 걸쳐 이듬해 6월 간행되었다. 지리와 인물 두 편으로 구성되었는데, 전체 분량의 15%에 불과한 지리편에 비해 85%가 인물편으로 이루어져 있음에서 편찬의 목적을 짐작할 수 있다. 이는 편찬 방향을 예시하고 있는 범례 6개 항목 중 1개 항목만을 제외한 나머지 항목이 인물편과 관련한 내용이라는 점

에서도 확인할 수 있다. 특히 1935년 현재 강동군에서 활동하던 유력인
물 156인의 성향·이력·선계를 비교적 상세하게 서술하고 있는 인물편
의 「현대인물」조가 전체 58%를 차지하고 있음은 이 자료 편찬의 현실
적 목적을 반영한다. 이중 원하지 않는 경우 세계를 싣지 않았다는 범례
의 내용은 이들의 사회적 여건을 배려하는 쪽으로 편찬방향이 정해졌음
을 엿볼 수 있는 대목으로, 『강동지』편찬의 객관성에 의문을 가질 수
있다.

　『강동지』에 현대인물조를 신설한 것에 대해서는 고금의 인물을 빠짐
없이 기재코자 했으나 고기古記가 남아있지 않아 현대인물만 기록할 수
밖에 없었다고 밝혀져 있다. 하지만 이는 표면적인 이유에 불과하다. 여
기에는 1935년 읍사 간행을 기준으로 강동군에서 활동하던 56여개 성씨
156인의 간략한 경력과 세계가 출생연도를 기준으로 실려 있다. 성관별
로 정리하면, 수원백씨, 교하이씨, 김해김씨, 결성장씨, 진위이씨, 신안주
씨, 홍주이씨, 청주한씨, 수안이씨, 성주김씨, 안악김씨 등이 4인 이상을
등재시켜 이 시기 강동군의 유력성씨로 활동하고 있었음을 알 수 있다.
그리고 이들 가문은 조선전기부터 당시까지 강동지방의 향반으로 자리
하고 있던 가문도 있지만, 사회 변화에 따라 성쇠를 달리하는 가문도 확
인할 수 있다. 현대인물조에서의 이 같은 성씨 분포는 일제강점기 강동
군의 유력성씨와 일치하는 것으로 파악해도 무리가 없다고 생각된다. 특
히 이중에서 같은 시기에 역시 강동명륜회를 중심으로 전개되었던 단군
릉수축운동과 관련한 기성회의 역원役員을 상당수 확인할 수 있는데, 이
는 이 시기의 단군릉수축운동이 단순한 측면에서 전개되지 않았음을 예
고한다. 즉 이들은 식민정책에 부응하기도 하고, 반목하기도 하며 가문
을 유지했을 것으로 보이기 때문이다.

　일제강점기 단군릉을 역사적 측면에서 해석하려는 움직임은 보다 확
대되었고, 그 결과 중 하나가 단군릉수축운동이다. 대종교계大倧敎系 사

서인 『단조사고檀祖事攷』와 『신단실기神檀實記』에서는 대체로 의리지장衣履之葬 또는 사군지릉嗣君之陵의 이해를 보이지만, 장지연張志淵의 경우는 잘못된 이해였지만, 단군묘의 발굴 사실을 전하고 있기도 하다. 반면 일본 관학자의 단군부정론은 이마니시 류今西龍에 의해 완성되었다. 그의 단군릉에 대한 서술은 『세종실록』 지리지의 '대총大塚'이 『동국여지승람』에 단군묘로 기록되게 되었다는 단군부정론에서 출발한 것이었다. 물론 여기에는 단군신화를 묘향산신妙香山神의 연기설화와 평양선인平壤仙人설이 합쳐진 평양의 전설에 불과하다는 인식이 전제되어 있었다. 이와 달리 장도빈張道斌은 『평양지平壤誌』에서 단군릉에 관한 구체적 이해를 도모한다. 단군은 구월산에서 붕서崩逝했지만 고도인 평양에 근접한 곳에 장례했기 때문에 단군릉은 시조의 무덤이고, 주변 지역의 왕검묘王儉墓, 검산檢山·儉山, 검산령儉山嶺 등 역시 단군조선 및 후조선의 왕릉이라는 것이다. 이 같은 견해는 18세기말 이후 복수의 단군묘 존재를 추측해온 견해를 확대한 것으로, 고조선의 중심지를 만주 일대가 아닌 평양의 대동강 유역으로 이해하고 있었던 그의 독자적인 고대사관에 기초한다. 단군릉에 대한 이 같은 인식의 확대는 국권회복과 이를 토대할 민족적 자부심의 고양을 위해 개념화된 단군민족주의와의 관련을 가지며 전개되었다.

이 시기 단군릉수축운동은 강동지역민을 대상으로 친일 성향의 인사들을 중심으로 가시화된다. 그 결과 1935년 개천절을 맞아 단군릉에 상석을 안치하고 제향祭享하는 것으로 일단락되었으나, 최종의 작업은 이듬해 개천절에 「단군릉기적비檀君陵記蹟碑」의 건립으로 완성되었다. 그 중심에는 1923년 강동 유림→1929년 평남유림연합회의 단군묘수호계壇君墓守護契→1932년 단군릉수축기성회→1934년 강동향약江東鄕約과 단군릉수축기성회라는 조직이 뒷받침하고 있었다. 단군릉수축기성회의 정식 이름은 단군릉수호각건축기성회檀君陵守護閣建築期成會였다. 단군릉수축기성회의 발족으로 본격적인 준비에 들어간 수축 계획의 당초 규모는 평양의 기자릉과 중화의 동명왕릉에 비교할 수 있는 것이었다. 그러나 이것은 강동군민의 부담만으로 실현하기 어려운 것이었다. 그리고 근본적인 문제는 친일 성향의 인사들이 수축운동을 주도했다는 것이다. 기성회 측에서 단군릉 수축이 조선의 광영을 위한 급무 중에서도 최대의 끽긴사喫緊事로 인식했다고 했는데, 그들 자체에서 출발부터 단군릉에 대한 역사인식의 부재라는 문제를 가지고 있었다. 성금 참여를 독려하는 동아일보를 비롯한 언론의 적극적인 지원이 있었다고 할지라도, 성금의 부진은 자연 수축사업의 재검토를 가져왔다. 그 결과 봉릉과 담장, 상석 및 기적비 1기를 건립하는 것으로 마무리되었고, 끝내 수호각은 건립되지 못했다. 그럼에도 불구하고 동아일보의 적극적인 성금 캠페인은 일제강점기 단군민족주의를 중심으로 조선인이 결집할 수 있는 모티브를 제공하고 있다는 점에서 일정한 의의를 찾을 수 있다.

이 시기 동아일보에서의 단군에 대한 '단군壇君'과 '단군檀君'에 대한 표기의 혼용은 최남선崔南善의 「단군론壇君論」과 관련하여 일정한 변화를 보인다. 단군릉수축운동에 대한 단군의 표기 역시 마찬가지이다. 최남선의 단군론과 동아일보의 이 같은 변화가 단군릉수축운동과 어떤 관계에 있었는가 명확하지 않지만, 문화론으로 귀결되는 그의 단군론이 사회적으로 일정한 영향을 주었던 것과 비교하여 단군릉수축운동에도 마찬가지로 적용할 수 있다. 동아일보가 단군릉 수축에 쏟았던 열정에 비해 그 결과에 대해 소극적 태도를 보이고 있음은 이와 무관하지 않은 것으로 보인다.

단군릉은 역사와 문화적으로 강동군을 상징하는 기제였다. 이에 정조 이후 강동현령이 매년 춘추로 봉심했고 10월의 단군성제檀君聖祭는 강동민이 아우러지는 축제였다. 이는 강동민에게 자연 단군은 물론 그 최후와 관련한 유적인 단군릉에 대한 관심을 제고하도록 했다. 이 같은 관심은 일제강점기에도 마찬가지였다. 그들에게 여전히 단군릉은 자신의 역사와 문화적 연원을 대표하는 상징적 요소였다. 단군릉은 이 시기에도 몇 차례의 수축 또는 이와 관련한 노력이 진행된다. 외세의 강점이라는 위기의식 속에서 단군에 대한 역사적 측면에서의 인식이 민족적 측면으로 보다 확대되면서 단군릉에 대한 관심 역시 자연 강동군과 평안남도에서 전조선으로 확대되었다. 일제강점기 단군릉 수축운동을 주도한 단체는 강동명륜회였고, 주요 대상은 수호각 건립이었다. 이는 대한제국기 단군묘를 능으로 숭봉할 것을 건의하면서 기자릉과 동명왕릉에 준하는 시설을 갖추게 해달라고 요청하면서 본격화되었다. 그러나 대한제국의 멸망과 일제강점이라는 정치적 소용돌이를 경험하면서 그들의 요구는 수용되지 못했다. 일제강점기에 들어서면서 식민통치자들은 이를 적극 이용하였다. 친일성향을 가진 강동명륜회를 이용하여 사업을 주도하게 했는데, 그 첫 번째 노력이 1923년에 있었던 강동명륜회의 축장건문築墻建門이었다. 그리고 그 배후에는 전례를 모방한 명륜회장을 겸했던 강동군수의 적극적 후원이 있었다. 이때의 수축에 참여했던 유림에는 이 시기 군수로 명륜회장을 겸했던 김영필金永弼·김재호金在晧·현순관玄淳琯·박선철朴善哲 등과 1927년 명륜회장으로 선출된 김윤용金允龍, 1932년 수축운동을 주도한 김상준金商俊 등 일부 기성회원으로 이루어진 강동군의 친일 인사들 대부분을 포함하고 있었을 것이다.

1923년 축장건문으로 임시적인 조치를 마무리한 강동명륜회는 그들의 당초 계획의 목표인 수호각 건립을 추진한다. 그러나 이는 막대한 재정을 요하는 것으로 강동군의 노력만으로 이루어질 수 없는 것이었다. 강동명륜회는 평남유림연합회에 도움을 요청한다. 이에 평남유림연합회에서는 그 산하에서 단군묘수호계를 설립·운영함으로서 수호각 건립을 위한 운동을 전개한다. 향촌사회의 자치규약중 하나인 계가 확대된 범위에서 전적으로 단군묘 수치를 위해 조직되었다는 점이 주목된다. 평남유림연합회에서는 규약을 작성하여 1929년 10월 각 군의 유림회에 배포함으로서 수호각 건립을 위한 기금 마련을 위해 노력하고 있다. 하지만 평남 전역 각 군의 유림회가 모두 참여했을 이 운동은 2년여를 지나도 성과를 거둘 수 없었다. 그 원인은 단군묘에 대한 관심과 현실적 여건의 차이 등에서 비롯된 것이라 짐작된다.

단군묘수호계의 활동이 부진하자 강동명륜회는 단군릉 수축과 수호각 건립을 강동군만의 사업으로 다시 추진한다. 그것이 1932년 4월의 단군릉수호각건축기성회檀君陵守護閣建築期成會였다. 이 단체는 강동명륜회에서 단군릉 수축을 전담하기 위해 조직한 일종의 TF로, 그 명칭에서부터 수호각 건립을 분명하게 하고 있다. 회장에는 평안도평의회원平安道評議會員이었던 김상준을 선임하고, 부회장 1인, 서기와 회계 2인, 상무이사 5인, 각면이사 20여인 정도로 구성했다. 그 체제는 이사 중심이었다. 이는 기성회가 수직적인 체계에서의 운영보다는 이사를 중심으로 수평적인 체계에서의 운영을 그 방향으로 설정하고 있음을 의미한다. 하지만 그들이 계획했던 사업계획은 수 만원이 필요했고, 이는 강동군의 능력에서 벗어나는 것이었다. 기성회에서는 사업의 범위를 수호각 건립 및 담장 수축·제단 설비 등으로 설정했다. 그러나 이에 따른 재원은 성금으로만 의존해야했기 때문에 이 역시 쉽지 않았다. 계획의 전면적인 수정이 필요했다. 동아일보는 전조선인을 통해 성금 후원을 독려하는 등 단군릉수축운동의 전국적 확산을 유도하는 한편, 기성회의 조직은 회장의 권한 강화와 각면이사의 대폭 증원으로 개편되었다. 회계를 회장이 겸직했고, 각면이사는 159인으로 증원되었다. 각면이사의 대폭 증원은 각리별로 강동민을 접촉하여 성금을 유도함으로서 기성회의 활동을 활성화하기 위한 조치였고, 회장 김상준으로 하여금 회계를 겸임하게 한 것 역시 수년간 추진되지 못하고 있던 수호각 건립을 가시화하려는 목적에서였다. 강동명륜회와 강동군에서는 보다 적극적인 성금 모집을 위해

1934년 2월 설립된 강동향약江東鄕約과의 연계를 모색한다. 이에 강동군 주민 전체가 향약을 통해 단군릉 수축에 참여하게 되었다.

기성회에서는 공사 준비도 병행했다. 그러나 1934년 봄까지 성금의 총액은 2천8백 여원에 불과했다. 사업내용의 축소가 불가피했다. 공사는 수호각과 기념비 및 단군릉비檀君陵碑 건립이라는 2가지를 중심으로 진행하는 방향으로 결정되었으며, 기성회의 조직은 1934년 11월 두 번째 개편이 이루어진다. 1차 개편과 비교하여 상무이사가 실질적인 수축 공사의 실무를 담당하는 당무當務로 바뀌고 인원 역시 7인으로 증원되었으며, 각면이사가 각 면리에서의 성금 활동을 전개하는 수금원으로 명칭이 바뀌었다. 기성회가 이사를 중심으로 하는 횡적인 수평 체제에서 회장 중심의 종적인 수직체제로 개편되었음을 의미한다. 공사가 실행되던 이 때 제반 업무를 추진하기 위한 실무진의 강화가 목적이었다. 그리고 기성회는 수축사업을 진행하지만, 1935년 봄 완공 예정이었던 사업은 가을 개천절을 즈음하여 거행될 단군성제檀君聖祭에 맞추어 또 연기될 수밖에 없었다. 문제는 수호각 건립이었다. 기성회의 설립 목적이 수호각 건립이었고, 그 정식 명칭 역시 '단군릉수호각건축기성회'였다. 그러나 이는 실현되지 못했다. 그해 개천절에 상석만을 겨우 안치하고 단군릉제檀君陵祭를 지냈기 때문이다.

1932년 단군릉수축기성회의 발기로 전개된 수축운동은 목적을 이루지 못하고, 1935년 10월 단군릉제의 거행 사실을 끝으로 사실상 마무리되었다. 동아일보를 통해 그 활동상이 상세하게 보도되는 한편, 민족적 감성에 호소하는 캠페인을 통해 전조선인에게 민족의 시원에 대한 관심을 제고하는데 기여하기도 했다. 하지만 미완의 캠페인으로 마무리될 수밖에 없었다. 또 강동군민의 적극적 참여가 전제된 것이었다고 할지라도 이 시기의 수축운동은 강동군수, 평안도평의회원 김상준 등 식민관료들과 친일 인사들이 주도하고 있다는 점에서 한계를 가진다. 여기에는 조선총독부의 식민지 문화정책이 녹아있었기 때문이다.

2. 단군릉수축운동檀君陵修築運動의 성격

단군릉수축기성회를 중심으로 전개된 수축운동은 1936년 「단군릉기적비檀君陵記蹟碑」의 건립으로 종료되었다. 그 내용은 1920~30년대 진행된 단군릉수축공사를 전말로 하고 있다. 15세기말 『동국여지승람』에 의해 처음 주목된 단군묘에 대한 취신과 불신의 논의가 수 백 년 동안 지속되다가 이 시기에 기념비가 건립되었다는 점에서 일정한 의의를 찾을 수 있다. 후일 단군릉에 대한 역사적 근거를 추가했다는 점에서도 의의가 있다. 하지만 그 과정과 내용에는 복잡한 과정이 있었다. 수축운동 자체에 만으로는 민족대동단결을 위한 사상적 기반의 정립이라는 대전제아래 단군을 정점으로 전조선인의 규합과 국혼 회복을 도모하던 단군민족주의와 연계되어 있었다. 또 동아일보를 중심으로 진행되었던 부루조아 민족운동의 차원에서 전개된 위인 선양 및 고적보존운동과도 연계되었다. 아울러 내선일체·동조동근론을 앞세운 식민통치자들의 목적도 개재되어 있었다. 이 같이 복잡한 상황과 입장이 연결되어 진행된 단군릉수축운동을 단선적으로 접근해서는 그 의미와 성격을 제대로 파악하지 못한다.

「단군릉기적비」의 비문은 숭인전참봉을 지내고 기성회에서 주도적 역할을 한 홍대수洪大修가 짓고, 글씨는 같은 시기에 간행된 강동군의 읍사인 『강동지江東誌』의 책임을 맡았던 조병원趙秉源이 썼다. 내용은 단군릉의 기적記蹟(전면)과 단군릉수축기성회의 활동(후면·좌측면·우측면)으로 구성되어 있다. 전면은 단군의 출생·건국·치세·최후와 역대 숭봉에 대한 결례, 기성회의 수축운동과 당위성을 내용으로 하고 있다. 특히 단군의 덕화를 중국의 삼황오제와 비교하고 있다. 후면은 정조·강동 유림

(1923)·단군묘수호계(1929)·단군릉수축기성회의 활동을 간략하게 언급하고, 이 사업이 강동군민의 일임을 전제하여 당위성을 강조하고 있다. 좌측면에는 기성회 역원 48인, 우측면에는 성금 후원자 59인의 명단을 실었다. 강동 출신이 아닌 인물은 9명인데, 그들 대부분이 평양·대동·안주·평원·순천 등 평남 지역 출신이라는 점에서 1920년대 말 단군묘수호계를 주도했던 평남유림연합회의 역할을 반영하는 것으로 짐작된다.

「단군릉기적비」에는 단군이 조선 역사와 문화의 시원이라는 인식이 전제되어 있다. 그 내용은 대략 천제天帝의 신손神孫으로 전조선의 시조인 단군이 태백산 신단수에 내려와 웅호熊虎를 솔순率舜하다가 신으로 여겨졌고, 임금으로 추대되어 신교神敎를 통해 360여사를 총괄하다가 아달산阿達山에 들어가 다시 신이 되었다는 것으로『고기』유형과『응제시』유형의 전승이 절충되어 있다. 이 같은 전승은 환인·환웅·환검의 존재가 삼신三神이자 하나라는 삼신일체三神一體의 신관神觀을 가진 단군교檀君敎 계열의 신관 및 역사관과도 무관하지 않다. 신교를 통한 치세가 더욱 그러하다. 하지만 단군의 나이와 역년, 산신 시기에 대해서는 독창적이면서도 안정복安鼎福·한치윤韓致奫의 이해를 따르고 있어 강동 또는 평남 유림계의 전통적인 이해도 반영되어 있는 것으로 추측된다. 여기에 보이는 강동군의 단군전승은 묘향산이나 구월산 계열의 전승과도 일정한 차이를 보인다. 묘향산과 구월산 전승의 지역적 배경이 서북한 지역 전역에 걸쳐 있다면, 이곳의 전승은 강동군에 제한되어 있다. 단군이 하강한 태백산과 산신이 된 아달산의 위치 비정에서 확인할 수 있다. 「단군릉기적비」에 보이는 하강지 태백산 신단수는 대박산大朴山으로, 산신지인 아사달산을 아달산阿達山으로 이해되고 있다. 이는 강동이 단군의 출생→성장→죽음에 이른 곳이라는 지역 전승의 내용을 토대로 한 것으로, 단군릉에 기초하여 강동을 전승의 중심지로 설정하려는 노력의 결과로 보인다. 단군신화를 평양의 연기설화로 파악하려는 일제 식민관학자들의 이해도 어느 정도 반영되어 있는 것으로 파악된다.

그렇다고 하더라도 산신으로 돌아간 단군의 최후가 다시 능으로 조성된다는 것은 부조화가 아닐 수 없다. 이에 대한 절충점이 의리지장衣履之葬의 전승이었다. 능에 대한 이런 전승을 수용한다면, 아사달산신으로의 최후와 죽음과 연결된 능으로서의 결과 중 어느 한쪽의 선택을 강요하지 않아도 된다. 그리고 「단군릉기적비」의 아달산신으로의 최후는 이런 모순을 해결하기 위한 이해였고, 이런 전승은 이미 조선후기부터 강동군을 중심으로 전승되고 있었다. 단군교 계열의 신관과도 일정 부분 부합하는 면이기도 하다. 따라서 「단군릉기적비」에 보이는 단군전승은 조선후기 이래 전해져 온 전승과 이 시기 친일성향의 단군교 계열의 영향, 그리고 역시 친일성향을 보이고 있던 강동 또는 평남유림연합회의 이해가 복합적으로 작용한 결과라고 할 수 있다.

단군릉수축운동에서 기성회장인 김상준金商俊의 역할은 지대하였다. 단군릉수축기성회는 그의 발기로 시작되었다. 그는 수년간 동아일보가 수축성금을 모집하기 위한 캠페인을 하는 동안, 수축의 계획·범위·재정·홍보 등 각종 문제를 주도해갔다. 강동군민 전체를 대상으로 강동향약江東鄕約을 구성하여 성금을 갹출을 유도하기도 했다. 그는 세종 때 예조판서로 강동에 적거되었다는 김해김씨 중상仲祥의 후손으로 전통적인 강동의 향반 출신이었다. 상당한 경제력을 가지고 있던 강동의 대지주로 소유하고 있던 토지는 시가 5~6만원 정도의 150정보를 넘었고, 소작인 역시 80여명에 이르렀다고 한다. 조선이 일제의 식민지로 전락하자 그는 식민통치의 말단 행정에 소속되어 있던 강동군의 초대 참사를 지냈고, 강동금융조합장에 취임하기도 했다. 강동군에서 선대부터 이어져오는 향반鄕班 세력이었음을 토대로 일제 식민통치에 부합하며, 그 가문의 유지를 위해 노력하였던 것으로 짐작된다. 이후 강동면장, 평양축산조합의 강동면평의원, 명치신궁봉찬회 조선지부 평안남도 군위원, 평안남도 지

방토지조사위원회 임시위원, 강동면협의회원, 중추원의원, 평안남도평의
회원, 평안남도도의원 등을 지냈다. 특히 평안남도지사가 그를 중추원의
원으로 추천하면서 "도내에서 상당한 자산을 가지고 있고 학식과 신망
이 있으며, 총독정치의 취지를 잘 이해하고 있어 지역 인민을 대표하여
자순諮詢에 응하는 중추원 의원으로 아주 적임자"라는 평을 하고 있음은
그의 성향을 단적으로 나타내준다고 하겠다.

 1935년 강동군에서 간행한 『강동지』 현대인물조에 실려 있는 김해김
씨는 9명이다. 이중 김상준의 동생인 상무商武와 상화商和가 강동청년회
의 조직을 발기하고, 김상무가 회장으로 취임하고 있음 역시 강동군에서
그의 가문의 영향력과 무관하지 않다. 아들 다섯 중 셋을 일본에 유학
보냈는데, 특히 장남 김대우金大羽는 유학 이후 조선총독부의 식민관료
로 일제의 문명동화론적 개화논리를 앞세워 일선동조론과 내선일체를
획책하며 일제의 식민지 문화정책을 수립하고 실행하였다. 차남 호우虎
羽도 평양을 비롯한 평안남도 일원에서 경부로 근무하였다. 아들의 일본
유학과 이후 사회진출에도 김상준의 관심은 크게 작용하였다. 일제의 식
민통치 아래 자신의 아들들을 행정, 사법, 입법부에 진출시켜 강동군의
향반에 불과하던 가문을 조선의 유력가문으로 만들려는 그의 계획이 반
영된 것이라 볼 수 있다. 특히 김대우가 조선총독부에 소속된 조선인 출
신의 식민관료 중 촉망받는 인물이었다는 사실은 그에게도 큰 영광이었
을 것이고, 이를 통해 강동은 물론 평안남도에서 자신의 사회적 입지 역
시 향상되기를 기대했을 것이다.

 조선총독부의 단군론檀君論이란 일제 식민통치기 일인 관학자들의 단
군부정론과 다르지 않다. 일인 관학자들의 단군부정론 자체가 일선동조
론에 근거한 조선총독부의 문화정책의 지침에서 비롯한 것이기 때문이
다. 그것은 1909년부터 세키노 테이關野貞 등에 의해 진행된 조선고적조
사에서 그대로 드러난다. 그는 강동군에 있던 소위 '한왕묘漢王墓'라는

고적을 발굴했는데, 그것은 다름 아닌 황제묘皇帝墓였다. 이 묘는 조선후기부터 강동에 있는 또 다른 단군묘라는 전승을 가지고 있었다. 무덤의 양식과 유물을 통해볼 때, 고구려 무덤이 분명함에도 불구하고 그들은 '한왕묘'로 불렀다. 조선 역사의 출발을 평양의 낙랑문화에 이식된 중국문화에 두고, 단군묘 전승을 가지고 있는 무덤이 허묘 또는 가묘임을 밝히거나, 최소한 단군과는 관련이 없는 무덤임을 증명하여 그들이 주장하고 있던 단군부정론을 합리화하기 위한 목적과 관련이 있다. 그들의 단군부정론을 증명하는 과정이었던 것이다.

1920～30년대 단군릉수축운동은 강동군의 관심사였을 뿐이다. 조선총독부의 관심을 유도한다는 것은 사실상 가능하지 못했다. 일인들의 단군에 대한 부정론은 이미 결론이 난 상태였다. 그들은 단군묘 전승을 단군=스사노 노미코토, 또는 단군=스사노 노미코토의 아들 이타케루 설과 연계하여 자신들에게 유리하게 이용할 수도 있었다. 동아일보가 전조선인에게 민족감정을 불러일으켜 성금모집을 하고 있는 것을 알고 있으면서도, 조선총독부가 단군묘, 또는 그 수축운동에 직접적인 관심을 보이지 않은 것은 이런 배경에서 이해가 가능하다. 즉 강동군의 단군릉수축운동은 일제의 식민지 문화정책이라는 큰 틀에서 이해가 가능하다. 내선일체, 일선동조를 위해 조선인들을 효율적으로 동화시키는 것은 문화를 통한 식민통치의 핵심적 과제 중 하나였기 때문이다. 수축운동에 강동군수가 직간접으로 참여하고 있음은 이를 의미한다. 물론 한말 강동유림계가 추진했던 단군릉 숭봉과 수축의 노력을 일정부분 이은 것이기도 하지만, 그 의미에서는 사뭇 다르다. 일제 식민지로 전락해 버린 조선인들에게 민족감정으로 호소하고 있지만, 일선동화를 통해 식민지의 문화를 자기문화로 끌어들이려는 일제의 자기구성전략 역시 함께 작용하고 있다.

김상준은 철저한 민족주의를 지니고 있지 못했다. 오히려 식민정책에 아부하며 자신의 이익을 도모했다. 이런 그에게 단군묘는 다른 한편으로 일본제국주의의 관광정책을 통해 내재된 일선동화를 실현하는 방책으로 이해되었을 것이다. 그는 기성회에 대한 자신의 영향력을 강화하기 위해 집안 사람들을 적극 참여시킨다. 그러면서 5년여를 지속한 단군릉수축운동은 당초 계획대로 마무리되지 못한다. 1934년 봄 성금의 총액은 2천8백 여원이었다. 수호각 건립에 1,600원, 기념비와 단군릉비 건립 및 상석 설치에 1,000원, 능 주변 담장의 수축에 200여원 등이 지출될 계획이었다. 그렇지만 수축공사는 기적비와 단군릉비의 건립과 상석 설치, 능 주변 담장 수축으로 마무리 되었다. 나머지 성금에 대한 용처도 불분명하다. 기성회의 당초 취지와는 달리 성금의 대부분이 다른 용도로 변경되어 사용된 듯하다. 이런 점에서 강동향약江東鄕約의 설립을 주목할 수 있다. 강동향약은 강동군 명륜회에서 농촌진흥을 목표로 군내 각리에 풍속 생활개선 등을 지도하고자 1934년 2월 기성회장 김상준과 강동군수 김광일金光一의 주도로 설립되었다. 조선총독부의 농촌을 대상으로 하는 시정정책에 부응하는 것이었다. 조선총독부의 식민통치가 각 리별 각 호까지 침투하는 효과가 있었다. 그런데 향약정관을 2만부 인쇄했다고 하는데, 경비 조달이 문제였다. 단군릉 수축을 위해 수년간 모집한 성금 2,800여원은 좋은 재원이었다. 그들은 향약정관의 인쇄비용으로 우선 이를 사용하기로 했을 것이다. 단군릉의 수축은 당초 계획보다 상당히 축소되어 마무리될 수밖에 없었다. 김상준에게 단군릉 수축은 총독부의 식민통치에 부응하여 그 정책을 실행하는 또 다른 방법이었다. 역사적 존재 및 그 유적에 대한 가치 부여와 이를 이용한 탈취라는 이중성이 엿보인다.

1930년대 단군릉 수축을 위해 친일성향의 강동인사들이 구성한 단군릉수축기성회의 정확한 명칭은 단군릉수호각건축기성회檀君陵守護閣建築期成會였다. 그 목표는 기자릉·동명왕릉에 준하는 시설이 확충이었고, 구체적으로는 수호각 건립이었다. 그들이 처음 계획했던 수축의 범위는 능주변 담장의 확장과 수축, 능비陵碑·제단祭壇·제구祭具·석인석초石人石草의 석물, 양통兩通 4∼5칸 규모의 수호각, 3칸의 재진인가在眞人家 등 종합적인 것이었다. 하지만 이것은 곧 수호각 건립 및 담장 수축·제단 설비로 축소되었고, 최종적으로는 담장 수축 및 상석 설치, 2기의 비석 설치, 수호각 건립으로 정리되었다. 그럼에도 불구하고 이 역시 그대로 추진되지 못하고, 담장 수축 및 상석 설치, 2기의 비석 건립으로 대폭 축소되었다. 당초 목표였던 수호각 건립은 이루어지지 못했다. 여기에는 강동군민의 참여가 토대를 이루고 있지만, 강동군수로 대표되는 강동군의 행정력이 이를 지지하고 있었다. 전·현임의 각 면장 및 면협의원의 주도적 참여와 강동향약의 실시는 이를 의미한다.

「단군릉기적비」에는 회장 이하 68인의 기성회 명단이 실려 있다. 그러나 이는 기성회 2차 개편의 결과만을 반영한 것이다. 설립 당시 및 1차 개편 때의 성원과는 차이가 있다. 기성회 설립과 2차례의 개편에 참여한 인사 중 성명을 확인할 수 있는 인물은 88인이다. 이중 역할이 중복된 인물과 「단군릉기적비」의 마모로 성명을 정확하게 알 수 없는 인물을 제외하면, 72인의 명단이 확인 가능하다. 『강동지』에서는 이들 중 김상준·김이초·황정준·백인규·김성숙 등이 단군릉수축운동에 갈력했음을 기록하여 이들이 기성회의 주축이었음을 밝히고 있다. 1932년 기성회 설립 당시 회장 이하의 회장단은 강동면에 거주하는 인물을 중심으로 운영되었지만, 각면이사는 면별로 2∼3인을 고르게 분배하여 강동군 전지역의 참여를 적극 유도하려고 했다. 이들의 연령층은 회장과 부회장 및 서기와 회계가 50∼60대, 상무이사가 주로 40대, 각면이사가 50∼60대를 유지하고 있었으며, 성관별 분포에서는 19세기말 이주한 해주장씨를 제외하고는 강동지역의 세거성씨로 이루어져 있었다.

기성회의 1·2차 개편은 회장 김상준의 체제 강화와 성금 활동의 가시화라는 목적을 두고 이루어졌다. 1차 개편에서는 159인에 달하는 대규모의 각면이사를 두었다.『강동지』현대인물조의 수록 인물 156인은 1차 개편 때 각면이사 159인과 관련하여 추측할 수 있다. 이들 중에는 문묘에 관여하거나 유교적 성향의 인물의 비중이 단연 높았으며, 기독교계 인사도 일정 부분 포함되어 있었다. 아울러 친일 성향의 면장·이장을 비롯하여 각 면의 협의원도 상당수 포함되어 있어 이들을 통한 대민 접촉 통로의 확보를 위해 기성회와 강동군의 노력이 부단했음을 알수 있다.

2차 개편에서는 이제까지 이사 중심의 수평적인 운영이 회장 중심의 수직적인 운영으로 개편되면서 공사의 추진을 위한 7인의 당무와 성금 활동의 실질적 효과를 위해 48인의 수금원을 두었다. 이들 중 회장단 구성의 성관별 분포에서는 회장 김상준의 집안인 김해김씨가 단연 우세하고, 2인이 참여한 수원백씨를 제외하고는 강동에 세거하던 9개 성씨가 1인씩 참여하고 있음을 확인할 수 있다. 거주별 분포에서는 강동면의 7인을 제외하고는 면별로 2인씩의 분포를 보여 지역적 배려가 있었음을 암시하고 있다. 직업별 분포는 문묘에서 직임을 역임했거나 현재 맡고 있는 인물이 6인, 면장을 역임한 인물이 3인으로 사업이 명륜회를 중심으로 각 면별로 이루어졌음을 짐작할 수 있다. 유교적 성향을 가진 인물이 전체 17인중 8인에 이르고 있음에서 명륜회의 역할을 확인할 수 있다.

수금원 또한 성관별 분포에서 19세기 말 강동으로 이주한 해주장씨·제안황씨를 제외하고 22개 성씨가 모두 강동군의 세거성씨였고, 거주지별 분포는 알 수 없는 21인을 제외하고 강동면과 삼등면이 7~6인, 나머지가 3~4인의 분포를 보여 역시 거주지별 안배가 이루어졌음을 알 수 있다. 또 직업과 종교적 성향에서도 문묘 직임을 경험한 인물이 20명, 유교적 성향을 보이는 인물이 19인, 면장·면협의원·이장 14인, 교사 등

교육계 인사 8인이 포함되어 있었다.

수축운동 또는 기성회의 성격에 대해서는 먼저 회장 김상준의 성향을 고려하지 않을 수 없다. 그의 전력과 향후 행보에서는 친일 성향을 읽을 수 있으며, 이는 총독부 사회과장이나 경부였던 그의 아들들을 통해서도 확인이 가능하다. 또 기성회의 활동을 적극 지원하며 고문으로 참여했던 전·현임 군수들, 식민통치에 일조했던 면장·면협의원 등이 적극 참여하고 있음도 수축운동의 성격을 가늠할 수 있는 부분이다. 또 기성회의 배후였던 강동명륜회와 1920년대 말 단군묘수호계를 주도했던 평남유림연합회 역시 총독부의 회유책으로 친일 성향을 보였던 단체였다는 사실 역시 수축운동의 성격을 검토하는데 고려해야 한다.

수축운동에는 또 미미하지만 단군교의 영향도 있었던 것으로 짐작된다. 이는 단군교의 정훈모鄭薰模가 1918년 단군릉을 봉심했다는 점과 단군교가 묘향산 김염백金廉白의 신교神敎와 충남 작산의 단군전檀君殿 등 지방의 단군신앙단체를 포섭하기 위해 일련의 노력을 경주했다는 점에서 그러하다. 이 같은 영향은 「단군릉기적비」에 단군의 신교神敎 설립과 360여사 총괄로 나타나게 되었을 것이다. 1920~30년대 강동명륜회가 중심이 된 단군릉수축운동은 강동 지역의 전승을 토대로 조선총독부의 황민화 정책에 회유된 친일 성향의 강동 유림계와 단군교의 일정한 영향 아래 이루어진 것이었다.

이 연구에서는 강동군을 중심으로 이 운동의 성격을 파악하는데 치중하여 강동군 이외의 지역에서 단군릉수축운동에 참여한 인물들에 대한 분석을 전혀 하지 못했다. 이 연구의 또 다른 한계이자 향후 진행되어야 할 과제이기도 하다.

부 록

1. 단군릉수축운동 성금기부자 명단

조선인

강동군 만달면

〈10원〉

金重贊 — 자료에서 확인되지 않는다. 동아일보 강동군 분임기자였던 金重寶와 같은 집안으로 추정된다. 1933년 12월 25일 단군릉수축운동에 10원을 성금했다.

金容植 — 자료에서 확인되지 않는다. 단군릉수축기성회의 金容禰와 같은 집안으로 보인다. 1933년 12월 25일 단군릉수축운동에 10원을 성금했다.

朴基鎭 — 1875년 출생으로 자는 衡緖, 호는 莘谷이다. 勝赫의 아들로 인흥리에서 살았다. 어려서 한학을 수학하였고, 실업에 종사했다.[1] 대한협회 소속 선천지회의 회원이었다.[2] 1920년대에 수백여원의 재산을 헌납하여 강동군 만달면 인흥리에 東興學校를 건립하여 학원장으로 있었다. 1932년 5월에는 이를 기리기 위해 학부형들의 이름으로 기념비를 건립하기도 했다.[3] 1933년 12월 25일 단군릉수축운동에 10원을 성금했다. 1932년 5월 29일, 1934년 4월 30일에도 10원을 성금했다는 기록이 있으나 중복으로 보인다.[4]

李栽根 — 1892년 출생으로 자는 乃文, 호는 豊浩이다. 尙信의 아들로 鳳岩里에 살았다. 文廟齋長, 晩達面協議會員 등을 지냈다.[5] 동아일보에 李在根,

---

1) 강동군, 1935, 『강동지』 참조.
2) 『대한협회회보』 제6호, 「회원명부」, 1908.9.25 참조.
3) 『동아일보』 1932.5.8, 「朴基鎭記念碑建設: 東興學院長」 참조.
4) 『동아일보』 1932.5.29 및 1934.4.30 참조.

李載根으로도 실려 있다. 1932년 5월 29일, 1934년 4월 20일에도 10원을 성금했다는 李載根과 같은 사람으로 보인다.[6] 1933년 12월 25일 단군릉수축운동에 10원을 성금했다.

〈2원〉

高炳强 - 자료에서 확인되지 않는다. 1934년 3월 30일, 4월 30일 각기 2원을 성금했다는 기록이 있으나,[7] 중복으로 보인다.

郭子賢 - 자료에서 확인되지 않는다. 1934년 3월 30일, 4월 30일 각기 2원을 성금했다는 기록이 있으나,[8] 중복으로 보인다.

金公烈 - 자료에서 확인되지 않는다. 1934년 3월 30일, 4월 20일, 4월 30일 각기 2원을 성금했다는 기록이 있으나,[9] 중복으로 보인다.

金夏均 - 자료에서 확인되지 않는다. 1934년 3월 30일, 4월 20일, 4월 30일 각기 2원을 성금했다는 기록이 있으나,[10] 중복으로 보인다.

朴勝寬 - 자료에서 확인되지 않는다. 1934년 3월 30일, 4월 30일 각기 2원을 성금했다는 기록이 있으나,[11] 중복으로 보인다.

朴勝朝 - 자료에서 확인되지 않는다. 1934년 3월 30일, 4월 30일 각기 2원을 성금했다는 기록이 있으나,[12] 중복으로 보인다.

安在杰 - 자료에서 확인되지 않는다. 1934년 4월 20일 2원을 성금했다는 기록이 있다.[13] 1934년 3월 30일과 4월 30일에는 宋在杰로 기록되어 있다.[14] 성금액은 중복으로 보인다.

---

5) 강동군, 1935, 『강동지』 참조.
6) 『동아일보』 1932.5.29 및 1934.4.20 참조.
7) 『동아일보』 1934.3.30 및 4.30 참조.
8) 『동아일보』 1934.3.30 및 4.30 참조.
9) 『동아일보』 1934.3.30 및 4.20, 4.30 참조.
10) 『동아일보』 1934.3.30 및 4.20, 4.30 참조.
11) 『동아일보』 1934.3.30 및 4.30 참조.
12) 『동아일보』 1934.3.30 및 4.30 참조.
13) 『동아일보』 1934.4.20 참조.
14) 『동아일보』 1934.3.30 및 4.30 참조.

〈1원 50전〉

金永俊-자료에서 확인되지 않는다. 1934년 3월 30일 1.50원을 성금했다는 기
　　록이 있다.[15] 4월 20일, 4월 30일에도 1.50원을 성금했다는 기록이 있
　　는데,[16] 중복으로 보인다.

〈1원〉

高冠祚-자료에서 확인되지 않는다. 1934년 3월 30일, 4월 30일 각기 1원을 성
　　금했다는 기록이 있으나,[17] 중복으로 보인다.

金基鵬-자료에서 확인되지 않는다. 1934년 3월 30일, 4월 30일 각기 1원을 성
　　금했다는 기록이 있으나,[18] 중복으로 보인다.

金基澤-자료에서 확인되지 않는다. 1934년 3월 30일, 4월 30일 각기 1원을 성
　　금했다는 기록이 있으나,[19] 중복으로 보인다.

金生淵-자료에서 확인되지 않는다. 1934년 3월 30일, 4월 30일 각기 1원을 성
　　금했다는 기록이 있으나,[20] 중복으로 보인다.

金永述-자료에서 확인되지 않는다. 1934년 2월 9일 1원을 성금했다는 기록이
　　있다.[21]

金仁洙-자료에서 확인되지 않는다. 1934년 3월 30일, 4월 30일 각기 1원을 성
　　금했다는 기록이 있으나,[22] 중복으로 보인다.

金在坤-자료에서 확인되지 않는다. 1934년 3월 30일, 4월 30일 각기 1원을 성
　　금했다는 기록이 있으나,[23] 중복으로 보인다.

朴基浩-자료에서 확인되지 않는다. 1934년 3월 30일, 4월 30일 각기 1원을 성
　　금했다는 기록이 있으나,[24] 중복으로 보인다.

15) 『동아일보』 1934.3.30 참조.
16) 『동아일보』 1934.4.20 및 4.30 참조.
17) 『동아일보』 1934.3.30 및 4.30 참조.
18) 『동아일보』 1934.3.30 및 4.30 참조.
19) 『동아일보』 1934.3.30 및 4.30 참조.
20) 『동아일보』 1934.3.30 및 4.30 참조.
21) 『동아일보』 1934.2.9 참조.
22) 『동아일보』 1934.3.30 및 4.30 참조.
23) 『동아일보』 1934.3.30 및 4.30 참조.

朴承知 — 자료에서 확인되지 않는다. 1934년 3월 30일, 4월 20일, 4년 30일 1원을 성금했다는 기록이 있다.[25] 중복으로 보인다.

朴用縞 — 1882년 출생으로 자는 贊禹이다. 志厚의 아들로 인홍리에 거주했다. 농업에 종사했다.[26] 1934년 3월 30일 1원을 성금했다는 기록이 있다.[27] 4월 30일에는 朴用龜로 기록되어 있으나 같은 사람으로 보인다.[28]

朴元緒 — 자료에서 확인되지 않는다. 1934년 3월 30일, 4월 30일 각기 1원을 성금했다는 기록이 있으나,[29] 중복으로 보인다.

裴致彦 — 자료에서 확인되지 않는다. 1934년 4월 20일 1원을 성금했다는 기록이 있다.[30] 1934년 3월 30일, 4월 20일, 4월 30일에는 張致彦으로 기록되어 있다.[31]

白奎煥 — 자료에서 확인되지 않는다. 1934년 3월 30일, 4월 20일, 4월 30일 각기 1원을 성금했다는 기록이 있으나,[32] 중복으로 보인다.

白養善 — 자료에서 확인되지 않는다. 1934년 3월 30일, 4월 20일, 4월 30일 각기 1원을 성금했다는 기록이 있으나,[33] 중복으로 보인다.

申京模 — 자료에서 확인되지 않는다. 1934년 4월 20일 1원을 성금했다는 기록이 있다.[34] 1934년 3월 30일, 4월 20일, 4월 30일에는 申敬模로 기록되어 있다.[35]

申聲德 — 자료에서 확인되지 않는다. 1934년 3월 30일, 4월 30일 각기 1원을 성금했다는 기록이 있으나,[36] 중복으로 보인다.

---

24) 『동아일보』 1934.3.30 및 4.30 참조.
25) 『동아일보』 1934.3.30 및 4.20, 4.30 참조.
26) 강동군, 1935, 『강동지』 참조.
27) 『동아일보』 1934.3.30 참조.
28) 『동아일보』 1934.4.30 참조.
29) 『동아일보』 1934.3.30 및 4.30 참조.
30) 『동아일보』 1934.4.20 참조.
31) 『동아일보』 1934.3.30 및 4.30 참조.
32) 『동아일보』 1934.3.30 및 4.20, 4.30 참조.
33) 『동아일보』 1934.3.30 및 4.20, 4.30 참조.
34) 『동아일보』 1934.4.20 참조.
35) 『동아일보』 1934.3.30 및 4.30 참조.

禹用基−자료에서 확인되지 않는다. 1934년 2월 9일 1원을 성금했다는 기록이 있다.[37)]

尹洛永−자료에서 확인되지 않는다. 1934년 3월 30일, 4월 30일 각기 1원을 성금했다는 기록이 있으나,[38)] 중복으로 보인다.

李淳道−자료에서 확인되지 않는다. 1934년 3월 30일, 4월 30일 각기 1원을 성금했다는 기록이 있으나,[39)] 중복으로 보인다.

李興根−자료에서 확인되지 않는다. 1934년 3월 30일, 4월 30일 각기 1원을 성금했다는 기록이 있으나,[40)] 중복으로 보인다.

林鳳鎭−자료에서 확인되지 않는다. 1934년 3월 30일, 4월 30일 각기 1원을 성금했다는 기록이 있으나,[41)] 중복으로 보인다.

朱仁涉−자료에서 확인되지 않는다. 1934년 3월 30일, 4월 30일 각기 1원을 성금했다는 기록이 있으나,[42)] 중복으로 보인다.

崔奉觀−자료에서 확인되지 않는다. 1934년 2월 9일 1원을 성금했다는 기록이 있다.[43)]

대성탄광(제2회분성금)−봉산탄광과 함께 서북한 지역의 대표적인 탄광이다. 강동군 만달면에 위치하였다. 1934년 2월 9일 1원을 성금했다는 기록이 있다.[44)]

〈0.50원〉

金水哲·李根華·金賢玉·尹岩·李吉福·李東雲

〈0.30원〉

李廷模·李雲鎭·李春道·李孝駿·金□杷·李隣煥·金龍基·李相彬·金昌國·朴泰植

---

36) 『동아일보』 1934.3.30 및 4.30 참조.
37) 『동아일보』 1934.2.9 참조.
38) 『동아일보』 1934.3.30 및 4.30 참조.
39) 『동아일보』 1934.3.30 및 4.30 참조.
40) 『동아일보』 1934.3.30 및 4.30 참조.
41) 『동아일보』 1934.3.30 및 4.30 참조.
42) 『동아일보』 1934.3.30 및 4.30 참조.
43) 『동아일보』 1934.2.9 참조.
44) 『동아일보』 1934.2.9 참조.

〈0.20원〉

金成杷·李雲燮·吳鳳奉·金善景·李孝俊·車用弼·金善浩·李炳玉·金仁奎·金光
善·李用淳

〈0.10원〉

郭泰權·安炳鉤

강동군 강동면

〈200원〉

金商俊 - 1881년 출생이다. 본관은 김해이고 자는 能潤이고 호는 海嶽이다. 세
종 때 예조판서로 시사에 연루되어 강동에 적거된 15대조 仲祥이 입향
조이다. 부 冑喜는 선공감감역을 지냈다. 강동면 아달리에 거주했다.
天賦가 총혜하고 학문과 서도에 뜻을 두었으며, 특히 翰札에 뛰어났다
고 한다. 교육에 진성하여 후생을 계도하는데도 힘썼다고 한다. 1921
년 평안남도지사에 의해 중추원의원으로 추천되었다. 1887년부터
1900년까지 한문을 수업하고, 1901년 강동군수에 의해 향교 掌議에 임
명되었다가 1904년 재장이 되었다. 이듬해 동명왕릉 참봉에 임명되었
고 판임관 8등에 서임되었다가 곧 그만두고 1907년 사립 光明학교에
입학하여 졸업 후 이듬해 평양사립측량학교에 입학하여 세부측량술을
수업 받은 후 교사로 취직했다가 이듬해 해직했다. 1911년 5월 다시
강동군참사가 되었다가 9월에는 공립강동보통학교 학무위원에 촉탁되
었으며 11월 강동금융조합장에 선임되었다. 다음해 강동면장에 임명되
어 평양축산조합 강동면평의원을 촉탁하였고, 1916년 5월에는 명치신
궁봉찬회 조선지부 평안남도 군위원에 촉탁되는 한편, 이듬해 군수 金
磧彬, 李秉敦과 함께 평안남도지방토지조사위원회 임시위원을 지냈다.
1920년에는 강동면협의회원이 되었으며, 1924년에는 민선으로 평안남
도평의회원이 되었다. 1935년 8월 동아일보 강동지국장을 맡았는데,[45]

---

45)『동아일보』1935.8.17 참조.

단군릉수축운동과 관련을 가진 것으로 보인다. 1937년에는 평안남도 도의원이 되었다.[46] 특히 그가 중추원의원 후보자로 추천되는 문건에서는 도내에서 상당한 자산을 가지고 있고 학식과 신망이 있으며, 총독정치의 취지를 잘 이해하고 있어 지역 인민을 대표하여 諮詢에 응하는 중추원 의원으로 아주 적임자라는 평가를 하고 있다. 부인은 밀양 朴鳳善의 딸로 장남 大羽는 九州大學을 졸업한 후 군수를 역임하고 당시 조선총독부 사회과장으로 있었고, 虎羽는 京都帝國大學을 졸업한 후 警部로 있었다. 鴻羽는 중학교 졸업 후 가사를 돌보고 있었으며, 寬羽는 東京法政大學, 完羽는 高等學校에 다니고 있었다고 한다. 100원 상당의 토지와[47] 1932년 200원,[48] 1933년 100원을[49] 성금했다고 하는데, 내용의 중복으로 짐작된다.[50]

〈100원〉

金壽哲 - 명치대학에서 법학을 전공하고,[51] 평양부에 속한 관원으로 1929년 영변군수를[52] 지냈는데, 오산학교를 설립하고 이를 기부하기로 약속하였으나 이행하지 않아 평양지방법원에 고소를 당하여 패소하여[53] 군수직에서 물러났다.[54] 1930~1931년 영원군수, 1932년 기성회 설립 당시 강동군수를 역임했다.[55] 이때 부임하면서 단군릉 등 강동의 8대 명승 고적보존에 진력할 의지를 보이기도 했다.[56] 1932년 5월

---

46) 조선총독부 중추원 편, 1921.3.9,「各道議員 推薦의 件－金商俊」(중추원의원 후보자추천의 건, 평남 人秘 제151호)과『朝鮮總督府官報』1917.2.16, 1924.4.5, 1937.6.24 참조.
47)『동아일보』1932.4.26 참조.
48)『동아일보』1932.5.29 참조.
49)『동아일보』1933.12.24 참조.
50) 상세한 내용은 김성환, 2009,「일제강점기 단군릉수축운동과 김상준 일가」『백산학보』 84, 백산학회 참조.
51)『동아일보』1923.5.17 참조. 이때 그는 일본 유학 후 귀국하였는데, 5월 13일 평양 大成館에서 지우 60여명과 귀국 환영연을 열었다.
52)『동아일보』1929.5.3 참조.
53)『동아일보』1929.11.14 ; 1929.11.21 참조.
54)『동아일보』1930.1.2 참조.
55)『조선총독부및소속관서직원록』1926~1932 참조.
56)『동아일보』1932.5.18 참조.

100원의 성금을 후원했다.57) 하지만 1933년 3월 의원면직했다.58)

〈50원〉

金商和－본관은 김해이고 자는 應潤이며 호는 湖嶽이다. 입향조 仲祥의 16
대손이고, 기성회장 상준의 동생이다. 강동면 아달리에 거주했다.
천성이 관후하고 효성이 깊었다. 京城醫專을 졸업한 후 개원하여
인술을 폈고, 항상 醫理를 연구하여 구인제생에 힘쓰고 영리주의에
관심을 두지 않았다고 한다. 평남도회의원을 지냈고, 金商武와 발기
하여 강동청년회를 창립하기도 했다.59) 엄부와 같이 형을 섬겼다고
한다. 부인은 밀양 목사 朴昇燁의 딸이다. 1932년 5월 50원의 성금
을 후원했다.60)

張雲景－본관은 해주로 부 在昊가 1887년 강서군 잉차면 이리 新洞에서 강동면
아달리에 이주했다. 심성이 관인하고 처사에 明詳했다. 1911년 숭실학
교, 1926년 평양장로교회신학교를 졸업하고 평양노회에서 목사 안수
를 받았으며, 선교에 힘써 이름이 높았다. 1929년 평안노회장에 피선
되었고, 1938년 일제가 한국교회에 신사참배를 강요하면서 한국교회
의 지도자들을 회유하기 위해 목사들을 일본에 초청했을 때 일본교회
를 시찰하기도 했다. 1940년 신사참배 반대문제로 朱基徹 목사가 검거
되고 산정현교회 처리문제로 임시 평양노회가 열렸을 때, 산정현교회
수습위원에 임명되어 이해 4월 23일 교인들의 반대 속에 강단에 올라
가려다가 교인들과 충돌하기도 했다. 숭실학교 학부형회 발기인으로
참여하였고, 1943년 일본기독교조선교단 설립을 위한 교파합동위원
장로교측 대표를 지내는 등 친일 성향을 나타냈다.61) 부인은 연일 鄭
義朝의 딸이다. 1932년 5월 50원의 성금을 후원했다.62)

57)『동아일보』 1932.5.29 참조.
58)『동아일보』 1933.3.3 참조.
59)『동아일보』 1926.10.22 ; 1949,「各道會議員 歷任者」『民族正氣의 審判』참조.
60)『동아일보』 1932.5.29 참조.
61)『조선일보』 1937.1.30 및 1.31 ; 金麟瑞, 1962,『韓國敎會殉敎史와 그 說敎集』, 신앙
생활사 ; 이영헌, 1985,『한국기독교사』, 컨콜디아사 참조.
62)『동아일보』 1932.5.29 참조.

〈30원〉

羅雲尙 - 자료에서 확인되지 않는다. 1934년 1월 24일에 30원을 성금했다는 기
록이 있다.[63]

〈20원〉

金完柱 - 1904년 출생으로 자는 珎礎이다. 본관은 김해로 廷洙의 아들이다. 문
평리에서 살았다.[64] 1934년 1월 19일과 20일에 20원을 성금했다는 기
록이 있다.[65] 중복으로 보인다.

朴基俊 - 평남 성천군 대곡면장으로 朴杞俊이 확인되는데,[66] 자세한 것은 알 수
없다. 1934년 1월 20일에 20원을 성금했다는 기록이 있다.[67]

〈15원〉

金聲甲 - 1894년 출생으로 鳳河의 아들이다. 아달리에 거주하며, 商農業
에 종사하였다.[68] 1933년 12월 24일에 15원을 성금했다는 기록
이 있다.[69]

李秉提 - 자료에서 확인되지 않는다. 1933년 12월 24일에 15원을 성금했다는
기록이 있다.[70] 혹 1928년 평남 중화군 해학면 동곡리에서 조직된
新昌靑年會의 위원장이었던 李炳植을 가리키는 것이 아닌지 모르
겠다. 그는 동아일보 중화서부분국의 분국장을 맡기도 했다.[71] 성천
군 대곡면에 건립될 대곡공립보통학교에 1천원을 희사하기도 했
다.[72]

---

63) 『동아일보』 1934.1.24 참조.
64) 강동군, 『강동지』, 1935 참조.
65) 『동아일보』 1934.1.19 및 1.20 참조.
66) 『조선총독부및소속관서직원록』 1935~39 참조.
67) 『동아일보』 1934.1.20 참조.
68) 강동군, 1935, 『강동지』 참조.
69) 『동아일보』 1933.12.24 참조.
70) 『동아일보』 1933.12.24 참조.
71) 『동아일보』 1928.6.8 참조.
72) 『동아일보』 1934.4.20 참조.

〈10원〉

金商武 - 1884년 출생이다. 단군릉수축기성회장인 김상준의 동생으로 자는 剛
潤이고, 호는 景湖이다. 강동면 아달리에 거주했다. 인품은 고매하고
관대하였으며 매사 정직하면서도 사람을 대할 때는 예의가 있었다고
한다. 성리학에 깊고 여러 종류의 책을 섭렵하여 文義를 궁구하였다.
사범학교를 졸업한 후 10여 년 동안 교육에 종사하다가 고향으로 돌아
와 원예사업을 하였다고 한다. 崔文伯의 딸과 결혼했다가 목천 馬聖鍾
의 딸과 재혼하여 아들 騰羽, 允羽, 釬羽, 亨羽를 두었다. 1920년 강동
청년회를 조직하여 회장으로 취임했다.[73] 1931년 충무공 이순신의 墓
土가 2천원의 채무 때문에 경매에 넘겨진다는 보도를 접하고는 성금운
동을 벌여 보존하고, 13도 대표가 모여 춘추의 享祀를 봉행하자는 글
을 기고하기도 했다.[74] 1936~1938년에 강동면장을 지냈다.[75]

金商協 - 단군릉수축기성회 김상준과 같은 집안으로 보인다. 1934년 1월 24일
에 10원을 성금했다는 기록이 있다.[76]

金永權 - 본관은 안악이고 자는 胤汝이며 호는 壽湖이다. 18대조 병조판서 弘贊
이 안악에서 강동으로 이거하여 龜岩에 세거했다. 고천면 수리에 거주
했다. 어려서부터 한학에 전념했고 다른 사람의 어려운 일들을 잘 처
리하여 칭송이 높았다. 문묘재장·고천면장(1925~1928)[77]·고천면협의
원·농회위원·소비조합장·閡波公普校 학무위원 등을 역임했다. 초취는
창녕 曹益煥의 딸이고, 후취는 전주 李賢浩의 딸이다. 1932년 5월 10
원의 성금을 후원했다.[78]

金容礪 - 본관은 안악이다. 기독교 장로로 「기적비」에서 고문과 수금원으로 활
동한 것으로 기록된 金達龍(1873~)의 아들이다. 고천면 동서리 蘆浦
에 거주했다. 1933년 12월 1원을 성금했다.[79]

73) 『독립운동사자료집』 14, 1920.7.15 참조.
74) 『동아일보』 1931.5.17, 「忠武公墓土를 完璧하라」 참조.
75) 『조선총독부및소속관서직원록』 1936~1938 참조.
76) 『동아일보』 1934.1.24 참조.
77) 『조선총독부및소속관서직원록』 1925~1928 참조.
78) 『동아일보』 1932.5.29 참조.

金履初 - 1883년 출생이다. 본관은 강릉이고 자는 禮吉이며 호는 五峰이다. 매
월당 김시습의 19대손으로 11대조 德善이 시사로 철산에 적거되었다
가 그 아들 應華가 강동으로 이거했다고 한다. 봉진면 문왕리에 거주
했다. 전원과 泉石에서 樂娛했다고 한다. 면민의 천거로 1920~1928년
區池面長, 1929~1932년 봉진면장을 역임했고,[80] 단군릉수축에 진성
했다. 부인은 용인 李炳俊의 딸이다. 같은 집안으로 문묘의 중임을 역
임한 金俊浩(1871~)의 아들 履柱가 법학을 전공한 후 당시 법원에서
근무했다고 한다. 1932년 5월 10원을 성금했다.[81]

金重寶 - 1902년 출생이다. 본관은 성주이고 자는 德煥이며 호는 海曙이다. 16
대조인 진사 습이 성주에서 분파하여 평양에 이거했는데, 8대조 斗采
가 평양에서 강동 파릉으로 이거했다. 만달면 승호리에 거주했다. 사람
됨이 단결명직하고 온후화순했다고 한다. 야소교를 독신하여 장로로
교화에 진성했고, 동아일보분국장을 역임했다. 청년계의 모범이 되었
고 사회의 신망이 높았다고 한다. 부인은 제안 黃致賢의 딸이다. 1932
년 5월 10원의 성금을 후원했다.[82]

金天羽 - 1895년 출생이다. 본관은 김해로 입향조 仲祥의 18대손이다. 강동면
아달리에 거주했다. 중학교를 졸업하고 가사에 진력하였다. 기독교를
독신하여 장로로서 교화에 用誠했고, 청년계의 중진으로 칭송되었다.
부인은 나주나씨이다. 1932년 5월 10원의 성금을 후원했다.[83]

金弼羽 - 자료에서 확인되지 않는다. 1933년 12월 25일에 10원을 성금했다는 기
록이 있다.[84] 김해김씨로 기성회장 김상준의 조카로 추측된다.

朴元三 - 1861년 출생이다. 본관은 밀양이고 자는 台汝이며 호는 松塢이다. 문
과에 급제하여 참의를 지낸 17대조 宗이 성천에 처음 거주했는데, 7대
조 熙天이 성천에서 강동으로 이거했다. 12대조 光樑은 曺好益에게 수
학했고, 조부 昇喬는 효행으로 효열편에 실려 있다. 강동면 문평리에

79) 『동아일보』 1933.12.25 참조.
80) 『조선총독부및소속관서직원록』 1920~1932 참조.
81) 『동아일보』 1932.5.29 참조.
82) 『동아일보』 1932.5.29 참조.
83) 『동아일보』 1932.5.29 참조.
84) 『동아일보』 1933.12.25 참조.

거주했다. 시비에 관계하지 않고 항상 謙抑하여 林下高士라는 평을 들었다. 수년간 문묘의 직원으로 봉직했다. 부인은 김해 金廷洙의 딸이다. 기성회에 각면이사로 참여했고, 「기적비」에는 고문과 수금원으로 올라있다. 1932년 5월 10원의 성금을 후원했다.[85]

白仁奎 - 1867년 출생이다. 본관은 수원이고 자는 敬心이며 호는 樵雲이다. 고려 고종 때 통례를 지낸 21대조 崇文이 몽골과의 전쟁에서 공을 세워 能城文祇侯로 봉해진 후 세거했다. 5대조 載良은 행의로 道薦을 받았고, 고조 鎭玉은 효행으로 儒禀에 올랐다. 진사 日煥의 아들이다. 삼등면 태령리에 거주했다. 1892년 증광별시에 급제했고 강동 유림의 추천으로 문묘의 직원을 역임한 후 명륜회장을 지냈다. 단군릉수축에 진력했다. 부인은 수안 李允燦의 딸이다. 1932년 5월 10원의 성금을 후원했다.[86]

徐學魯 - 1877년 9월 28일 출생했다. 본관은 달성이고 주소는 강동군 현내면 용복동 9통 6호이다. 利城君 徐愈의 19세손으로 증조는 宗甲, 조는 用淳이며, 基喆이다. 어려서부터 한학을 수업하였고, 강동군 향교의 장의를 지냈다.[87] 1935년 4월 26일에 10원을 성금했다는 기록이 있다.[88]

孫宜洪 - 자료에서 확인되지 않는다. 1932년 5월 29일에 10원을 성금했다는 기록이 있다.[89]

孫昌俊 - 1865년 출생했다. 본관은 일직이고 자는 若汝이며 호는 龜亭이다. 세조 때 적개공신 鷄川君 昭의 후손으로 18대조 병조판서 得壽가 양덕으로 유배되었다가 11대조 庶長이 양덕에서 성천으로, 10대조 世福이 다시 강동으로 이거했다. 강동면 하리에 거주했다. 성천의 문묘재장과 강동의 문묘도훈장을 역임했다. 부인은 해주 吳希哲의 딸이다. 일찍부터 기성회의 각면이사로 활동했다. 1932년 5월 10원의 성금을 후원했다.[90]

---

85) 『동아일보』 1932.5.29 참조.
86) 『동아일보』 1932.5.29 참조.
87) 『조선신사대동보』 참조.
88) 『동아일보』 1935.4.26 참조.
89) 『동아일보』 1934.2.4 참조.
90) 『동아일보』 1932.5.29 참조.

尹完燮 — 자료에서 확인되지 않는다. 1932년 5월 10원의 성금을 후원했다.[91] 황해도 곡산군 봉명리, 평남 성천군 숭인면의 광구 광업권을 崔宗海 등과 획득하기도 했다.[92]

李秉燮 — 1870년 출생이다. 본관은 洪州이고 호는 玉圃이다. 영의정 安平府院君 舒의 후손으로 선전관을 지낸 15대조 薦이 직간하다가 왕의 뜻을 거스려 홍주에서 강동으로 적거했다. 琪甲의 아들로 천성이 강직하고 일에는 明勤하다는 평을 들었다고 한다. 강동면 칠포리에 거주했다. 1921～1924년 고천면장, 1926～1935년 강동면장을 지냈고, 조선총독부 시정 25주년을 기념하여 표창을 받기도 했다.[93] 나이 들어서도 민활함이 청년에 못지않았다고 한다. 부인은 남양 洪錫範의 딸이다. 기성회 발족시 회계를 맡았다. 1932년 5월 10원의 성금을 후원했다.[94]

張雲翼 — 1873년 출생이다. 본관은 해주로 1916년 강서군 잉차면 이리 신동에서 강동면 아달리로 이거했다. 야소교회 장로로 진성했고, 농업에 성근하여 평안도 수도 다수확품평회 1등상과 2등상을 수상하기도 했다. 부인은 이씨이다. 1934년 기성회 상무이사로 활동했고, 「단군릉기적비」에는 수금원으로 올라있다. 1933년 12월 10원의 성금을 후원했다.[95]

朱文濟 — 자료에서 확인되지 않는다. 1934년 2월 4일에 10원을 성금했다는 기록이 있다.[96]

朱鉉懿 — 자료에서 확인되지 않는다. 1932년 5월 29일에도 10원을 성금했다는 기록이 있다.[97]

朱鉉弼 — 자료에서 확인되지 않는다. 1933년 12월 25일에 10원을 성금했다는 기록이 있다.[98]

91) 『동아일보』 1932.5.29 참조.
92) 『조선총독부관보』 3934호, 1940.3.4 참조.
93) 『조선총독부및소속관서직원록』 1912～1935 및 『조선총독부시정25주년기념표창자명감』 참조.
94) 『동아일보』 1932.5.29 참조.
95) 『동아일보』 1933.12.24 참조.
96) 『동아일보』 1934.2.4 참조.
97) 『동아일보』 1932.5.29 참조.
98) 『동아일보』 1933.12.25 참조.

黃貞俊 — 1893년 출생했다. 본관은 창원이고 자는 田卿이다. 15대조 부호군 自明이 처음 강동에 들어왔다. 강동면 아달리에 거주했다. 어려서 書塾에서 한학을 공부했으나 시세의 일변으로 신학문을 공부하여 강동읍 소재의 학교에서 교사를 역임했다. 후에 실업에 종사했으며, 단군릉 수축에 성의를 務盡했다. 부인은 공주 金斗弘의 딸이다. 1933년 12월 10원을 성금했다.[99]

〈5원〉

金璟衡 — 자료에서 확인되지 않는다. 1935년 4월 26일에 5원을 성금했다는 기록이 있다.[100]

金斗七 — 평남 영원군 대흥면의 612,582평에 금광광업권을 설정하였다.[101] 1920년 강동군, 성천군, 순천군 일원에서 독립운동자금모집을 한 혐의로 평양부 상수리에서 체포되어 강도, 방화, 협박 및 총포화약취체령시행규칙 위반으로 관할 검사에 송치되었다는 김두칠과의 관련성도 생각할 수 있다.[102]

金炳鉉 — 원적과 주소는 평안남도 대동군 서천면 동포리이다. 1912년 10월 22일 조선총독부철도국에 傭人으로 고용되었고, 1917년 7월 31일에는 滿鐵의 용인, 1925년 4월 1일 다시 조선총독부철도국 용인으로 옮겨 평양 보선구의 線路手로 西浦에서 근무하였다.[103] 1927년에는 선천군의 金炳模와 함께 宣川郡 山面의 578,777평에 금광광업권을 설정하기도 했다.[104] 1933년 12월 24일에 5원을 성금했다는 기록이 있다.[105] 다음날인 1933년 12월 25일에도 5원을 성금했다는 기록이 있는데,[106] 중복임이 분명하다.

99) 『동아일보』 1933.12.25 참조.
100) 『동아일보』 1935.4.26 참조.
101) 『조선총독부관보』 1917.8.9 참조.
102) 『조선독립운동』 제1권 분책, 「조선국내에서민족주의운동」 참조.
103) 『조선총독부시정25주년기념표창자명감』 참조.
104) 『조선총독부관보』 1927.1.27 참조.
105) 『동아일보』 1933.12.24 참조.
106) 『동아일보』 1933.12.25 참조.

金潤榮 - 평남 순천면 관상리 38에서 자본금 1만원으로 丸五通運社라는 회사를 운영하던 金潤榮이 확인되는데, 자세한 것은 알 수 없다.107) 1934년 2월 4일에 5원을 성금했다는 기록이 있다.108)

金應泰 - 자료에서 확인되지 않는다. 1933년 12월 25일에 5원을 성금했다는 기록이 있다.109)

金鼎禹 - 자료에서 확인되지 않는다. 1933년 12월 25일에 5원을 성금했다는 기록이 있다.110) 평양형무소 금산포지소에서 의무촉탁으로 있던 金鼎禹와의 관계는 알 수 없다.111)

金漢極 - 자료에서 확인되지 않는다. 1933년 12월 25일에 5원을 성금했다는 기록이 있다.112)

文漢植 - 가계 및 이력에 대해 알 수 없다. 강동면 아달리에 거주했다. 1932년 5월 5원의 성금을 후원했다.113)

元容淳 - 1931년 11월 동아일보 강동지국 아달분국의 분국장을 맡았고, 이듬해 1월 아달분국 기자에 임용되었다.114) 1933년 12월 25일에 5원을 성금했다는 기록이 있다.115)

李元錫 - 자료에서 확인되지 않는다. 1933년 12월 25일에 5원을 성금했다는 기록이 있다.116)

朱一相 - 1879년 출생이다. 본관은 신안이고, 주소는 평남 강동군 정호면 숭의동 6통 9호이다. 鳳章의 증손이고, 가선대부 錫洪의 손자이며, 아버지는 基洙이다. 어려서부터 한학을 수업하였다.117) 1934년 3월 17일에 5원을 성금했다는 기록이 있다.118)

---

107) 『조선은행회사조합요록』, 1929 참조.
108) 『동아일보』 1934.2.4 참조.
109) 『동아일보』 1933.12.25 참조.
110) 『동아일보』 1933.12.25 참조.
111) 『조선총독부및소속관서직원록』 1938~39 참조.
112) 『동아일보』 1933.12.25 참조.
113) 『동아일보』 1932.5.29 참조.
114) 『동아일보』 1931.11.8 및 1932.1.23 참조.
115) 『동아일보』 1933.12.25 참조.
116) 『동아일보』 1933.12.25 참조.
117) 『조선신사대동보』 참조.

千禮商－자료에서 확인되지 않는다. 1933년 12월 25일에 5원을 성금했다는 기록이 있다.[119]

蔡應周－자료에서 확인되지 않는다. 1933년 12월 25일에 5원을 성금했다는 기록이 있다.[120]

韓鎭奏－자료에서 확인되지 않는다. 1932년 5월 29일에 5원을 성금했다는 기록이 있다.[121]

〈3원〉

金鳳鉉－평남 중화군 중화면 낙민리가 원적이자 주소이다. 1913년 7월 조선총독부 철도국에 용인으로 고용되었고, 1917년 7월 31일에는 滿鐵의 용인, 1925년 4월 1일 다시 조선총독부철도국 용인으로 옮겨 평양 보선구의 線路手로 중화에서 근무하였다.[122] 1933년 12월 25일에 3원을 성금했다는 기록이 있다.[123]

金商權－단군릉수축기성회 회장 김상준의 사촌 동생이다. 1933년 12월 25일에 3원을 성금했다는 기록이 있다.[124]

申景成－자료에서 확인되지 않는다. 1933년 12월 25일에 3원을 성금했다는 기록이 있다.[125]

李允根－자료에서 확인되지 않는다. 1934년 2월 4일에 3원을 성금했다는 기록이 있다.[126]

李昌奎－자료에서 확인되지 않는다. 1935년 4월 26일에 3원을 성금했다는 기록이 있다.[127]

朱昌倫－자료에서 확인되지 않는다. 1934년 3월 17일에 3원을 성금했다는 기록

---

118) 『동아일보』 1934.3.17 참조.
119) 『동아일보』 1933.12.25 참조.
120) 『동아일보』 1933.12.25 참조.
121) 『동아일보』 1932.5.29 참조.
122) 『조선총독부시정25주년기념표창자명감』 참조.
123) 『동아일보』 1933.12.25 참조.
124) 『동아일보』 1933.12.25 참조.
125) 『동아일보』 1933.12.25 참조.
126) 『동아일보』 1934.2.4 참조.
127) 『동아일보』 1935.4.26 참조.

이 있다.[128)

李燦奎 - 자료에서 확인되지 않는다. 1935년 4월 26일에 3원을 성금했다는 기록이 있다.[129)

李□逑

〈2원〉

金敬三 - 자료에서 확인되지 않는다. 1934년 3월 17일에 2원을 성금했다는 기록이 있다.[130)

金炳模 - 평안남도 대동군 서천면 동포리를 주소로 하는 金炳鉉과 같은 집안일 것으로 추측된다. 1927년에 선천군의 金炳鉉과 함께 宣川郡 山面의 578,777평에 금광광업권을 설정하였다.[131) 1933년 12월 25일에 2원을 성금했다는 기록이 있다.[132)

金尙柱 - 본관은 개성이고, 주소는 강동군 현내면 문흥동 10통 3호이다. 基義의 증손이고, 鳳輯의 손자로, 아버지는 秉郁이다. 어려서부터 漢學을 수학했고, 강동군 향교장의와 재장을 지냈다.[133) 1934년 1월 24일에 2원을 성금했다는 기록이 있다.[134)

金商泓 - 단군릉수축기성회 김상준과 같은 집안으로 보인다. 1934년 1월 24일에 2원을 성금했다는 기록이 있다.[135)

金守吉 - 자료에서 확인되지 않는다. 1934년 2월 4일에 2원을 성금했다는 기록이 있다.[136)

金龍吉 - 車應燮 등과 함께 용강군 대대면 탁동리에 德同勞動夜學 설립했으며,[137) 청산초등학교와 면달심상소학교의 훈도를 지낸[138) 金龍吉이 있

---

128) 『동아일보』 1934.1.20 참조.
129) 『동아일보』 1935.4.26 참조.
130) 『동아일보』 1934.3.17 참조.
131) 『조선총독부관보』 1927.1.27 참조.
132) 『동아일보』 1933.12.25 참조.
133) 『조선신사대동보』 참조.
134) 『동아일보』 1934.1.24 참조.
135) 『동아일보』 1934.1.24 참조.
136) 『동아일보』 1934.2.4 참조.
137) 『일제하사회운동사자료집』 4, 267쪽 및 『동아일보』 1923.12.11 참조.

으나, 자세히는 알 수 없다. 1934년 2월 4일에 2원을 성금했다는 기록
이 있다.139)

羅尙倫－자료에서 확인되지 않는다. 1934년 3월 17일에 2원을 성금했다는 기록
이 있다.140)

文義賢－자료에서 확인되지 않는다. 1934년 1월 24일에 2원을 성금했다는 기록
이 있다.141)

朴允實－자료에서 확인되지 않는다. 1934년 3월 12일에 2원을 성금했다는 기록
이 있다.142)

安東彦－자료에서 확인되지 않는다. 1934년 3월 12일에 2원을 성금했다는 기록
이 있다.143)

李景珏－자료에서 확인되지 않는다. 1934년 4월 26일에 2원을 성금했다는 기
록이 있다.144)

李炳贊－자료에서 확인되지 않는다. 1933년 12월 25일에 2원을 성금했다는 기
록이 있다.145)

李允燮－자료에서 확인되지 않는다. 1934년 2월 4일에 2원을 성금했다는 기록
이 있다.146)

李昊根－자료에서 확인되지 않는다. 1934년 3월 17일에 2원을 성금했다는 기록
이 있다.147)

鄭麟祥－자료에서 확인되지 않는다. 1934년 3월 17일에 2원을 성금했다는 기록
이 있다.148)

朱京城－자료에서 확인되지 않는다. 1934년 3월 17일에 2원을 성금했다는 기록

138)『조선총독부및소속관서직원록』1936, 1940~41 참조.
139)『동아일보』1934.2.4 참조.
140)『동아일보』1934.1.20 참조.
141)『동아일보』1934.1.24 참조.
142)『동아일보』1934.3.12 참조.
143)『동아일보』1934.3.12 참조.
144)『동아일보』1935.4.26 참조.
145)『동아일보』1933.12.25 참조.
146)『동아일보』1934.2.4 참조.
147)『동아일보』1934.1.20 참조.
148)『동아일보』1934.1.20 참조.

이 있다.149)

朱秉昱 - 자료에서 확인되지 않는다. 1934년 3월 17일에 2원을 성금했다는 기록
이 있다.150)

朱錫龍 - 자료에서 확인되지 않는다. 1934년 3월 17일에 2원을 성금했다는 기록
이 있다.151)

朱龍燮 - 자료에서 확인되지 않는다. 1934년 3월 17일에 2원을 성금했다는 기록
이 있다.152)

朱庸濟 - 자료에서 확인되지 않는다. 1934년 2월 4일에 2원을 성금했다는 기록
이 있다.153)

朱在浩 - 자료에서 확인되지 않는다. 1934년 3월 17일에 2원을 성금했다는 기록
이 있다.154)

朱鉉尙 - 자료에서 확인되지 않는다. 1934년 2월 4일에 2원을 성금했다는 기록
이 있다.155)

池陽善 - 자료에서 확인되지 않는다. 1934년 1월 19일과 20일에 2원을 성금했다
는 기록이 있다.156) 중복으로 보인다.

池靈洛 - 자료에서 확인되지 않는다. 1934년 1월 19일과 20일에 2원을 성금했다
는 기록이 있다.157) 중복으로 보인다.

崔仁淳 - 자료에서 확인되지 않는다. 1935년 4월 26일에 2원을 성금했다는 기록
이 있다.158)

表尙弘 - 자료에서 확인되지 않는다. 1934년 2월 4일에 2원을 성금했다는 기록
이 있다.159)

---

149) 『동아일보』 1934.1.20 참조.
150) 『동아일보』 1934.1.20 참조.
151) 『동아일보』 1934.3.17 참조.
152) 『동아일보』 1934.1.20 참조.
153) 『동아일보』 1934.2.4 참조.
154) 『동아일보』 1934.3.17 참조.
155) 『동아일보』 1934.2.4 참조.
156) 『동아일보』 1934.1.19 및 1.20 참조.
157) 『동아일보』 1934.1.19 및 1.20 참조.
158) 『동아일보』 1935.4.26 참조.
159) 『동아일보』 1934.2.4 참조.

許基道－자료에서 확인되지 않는다. 1933년 12월 25일에 2원을 성금했다는 기록이 있다.[160]

黃從善－자료에서 확인되지 않는다. 1934년 1월 19일과 20일에 2원을 성금했다는 기록이 있다.[161] 중복으로 보인다.

강동천도교종리원－강동군에 있던 천도교의 종리원이다.[162] 1934년 1월 24일에 2원을 성금했다는 기록이 있다.[163]

〈1원〉

康致雲－자료에서 확인되지 않는다. 1933년 12월 25일에 1원을 성금했다는 기록이 있다.[164]

金箕範－자료에서 확인되지 않는다. 1934년 2월 4일에 1원을 성금했다는 기록이 있다.[165]

金達彦－자료에서 확인되지 않는다. 1934년 1월 20일에 1원을 성금했다는 기록이 있다.[166]

金德潤－자료에서 확인되지 않는다. 1934년 1월 24일에 1원을 성금했다는 기록이 있다.[167]

金文桂－자료에서 확인되지 않는다. 1934년 1월 24일에 1원을 성금했다는 기록이 있다.[168]

金丙喜－본관은 김해이고, 1901년 출생으로 章翰의 아들이다.[169] 1933년 12월 25일에 1원을 성금했다는 기록이 있다.[170]

金錫範－자료에서 확인되지 않는다. 1935년 4월 26일에 1원을 성금했다는 기록

160) 『동아일보』 1933.12.25 참조.
161) 『동아일보』 1934.1.19 및 1.20 참조.
162) 『동아일보』 1934.1.24 참조.
163) 『동아일보』 1935.8.19 참조.
164) 『동아일보』 1933.12.25 참조.
165) 『동아일보』 1934.2.4 참조.
166) 『동아일보』 1934.1.20 참조.
167) 『동아일보』 1934.1.24 참조.
168) 『동아일보』 1934.1.24 참조.
169) 강동군, 1935, 『강동지』 참조.
170) 『동아일보』 1933.12.25 참조.

이 있다.[171]

金聲珀 — 자료에서 확인되지 않는다. 1934년 1월 20일에 1원을 성금했다는 기록
    이 있다.[172]

金聲益 — 자료에서 확인되지 않는다. 1933년 12월 25일에 1원을 성금했다는 기
    록이 있다.[173] 전날 15원을 성금한 金聲甲과 같은 집안으로 추측된다.

金容勵 — 단군릉수축기성회의 역원이었던 金容礪와 동일인으로 추측된다. 1933
    년 12월 25일에 1원을 성금했다는 기록이 있다.[174]

金煜成 — 자료에서 확인되지 않는다. 1933년 12월 25일에 1원을 성금했다는 기
    록이 있다.[175]

金元極 — 자료에서 확인되지 않는다. 1935년 4월 26일에 1원을 성금했다는 기록
    이 있다.[176]

金仁成 — 자료에서 확인되지 않는다. 1934년 1월 20일에 1원을 성금했다는 기록
    이 있다.[177]

金致雲 — 자료에서 확인되지 않는다. 1934년 3월 12일에 1원을 성금했다는 기록
    이 있다.[178]

金學麟 — 자료에서 확인되지 않는다. 1934년 1월 24일에 1원을 성금했다는 기록
    이 있다.[179]

金燦成 — 자료에서 확인되지 않는다. 1934년 1월 20일에 1원을 성금했다는 기록
    이 있다.[180]

羅基文 — 자료에서 확인되지 않는다. 1934년 1월 24일에 1원을 성금했다는 기록
    이 있다.[181]

171) 『동아일보』 1935.4.26 참조.
172) 『동아일보』 1934.1.20 참조.
173) 『동아일보』 1933.12.25 참조.
174) 『동아일보』 1933.12.25 참조.
175) 『동아일보』 1933.12.25 참조.
176) 『동아일보』 1935.4.26 참조.
177) 『동아일보』 1934.1.20 참조.
178) 『동아일보』 1934.3.12 참조.
179) 『동아일보』 1934.1.24 참조.
180) 『동아일보』 1934.1.20 참조.
181) 『동아일보』 1934.1.24 참조.

羅昌範－자료에서 확인되지 않는다. 1934년 2월 4일에 1원을 성금했다는 기록
이 있다.[182)

文錫元－자료에서 확인되지 않는다. 1934년 1월 24일에 1원을 성금했다는 기록
이 있다.[183)

朴鳳岡－자료에서 확인되지 않는다. 1934년 2월 4일에 1원을 성금했다는 기록
이 있다.[184)

白致龍－자료에서 확인되지 않는다. 1934년 1월 24일에 1원을 성금했다는 기록
이 있다.[185)

石貞銑－자료에서 확인되지 않는다. 1934년 1월 19일과 20일에 1원을 성금했다
는 기록이 있다.[186) 중복으로 보인다.

孫元俊－자료에서 확인되지 않는다. 1935년 4월 26일 1원을 성금했다는 기록이
있다.[187)

安龍彦－자료에서 확인되지 않는다. 1934년 3월 12일에 1원을 성금했다는 기록
이 있다.[188)

嚴俊德－자료에서 확인되지 않는다. 1934년 1월 24일에 1원을 성금했다는 기록
이 있다.[189)

王基柄－자료에서 확인되지 않는다. 1933년 12월 25일에 1원을 성금했다는 기
록이 있다.[190)

元容濟－1890년 출생으로 자는 若川, 호는 達浦이다. 본관은 원주이고 숭령전
참봉 景鉉의 아들이다. 칠포리에 거주하면 문묘재장을 지냈다.[191)
1934년 1월 20일에 1원을 성금했다는 기록이 있다.[192) 강동지국 아달

---

182)『동아일보』1934.2.4 참조.
183)『동아일보』1934.1.24 참조.
184)『동아일보』1934.2.4 참조.
185)『동아일보』1934.1.24 참조.
186)『동아일보』1934.1.19 및 1.20 참조.
187)『동아일보』1935.4.26 참조.
188)『동아일보』1934.3.12 참조.
189)『동아일보』1934.1.24 참조.
190)『동아일보』1933.12.25 참조.
191) 강동군, 1935,『강동지』참조.
192)『동아일보』1934.1.20 참조.

분국의 분국장과 기자였던 元容淳과 일가로 추측된다.

劉京鎭－자료에서 확인되지 않는다. 1935년 4월 26일에 1원을 성금했다는 기록
이 있다.193)

劉鎭涉－자료에서 확인되지 않는다. 1935년 4월 26일에 1원을 성금했다는 기록
이 있다.194)

李根□－자료에서 확인되지 않는다. 1934년 1월 19일과 20일에 1원을 성금했
다는 기록이 있다.195) 중복으로 보인다.

李命俊－자료에서 확인되지 않는다. 1934년 1월 24일에 1원을 성금했다는 기록
이 있다.196)

李培根－자료에서 확인되지 않는다. 1934년 2월 4일에 1원을 성금했다는 기록
이 있다.197)

李培植－자료에서 확인되지 않는다. 1934년 2월 4일에 1원을 성금했다는 기록
이 있다.198)

李承鉉－자료에서 확인되지 않는다. 1934년 1월 24일에 1원을 성금했다는 기록
이 있다.199)

李時彦－자료에서 확인되지 않는다. 1935년 4월 26일에 1원을 성금했다는 기록
이 있다.200)

李時炫－자료에서 확인되지 않는다. 1934년 3월 17일에 1원을 성금했다는 기록
이 있다.201)

李應燁－자료에서 확인되지 않는다. 1934년 1월 24일에 1원을 성금했다는 기록
이 있다.202)

---

193) 『동아일보』 1935.4.26 참조.
194) 『동아일보』 1935.4.26 참조.
195) 『동아일보』 1934.1.19 및 1.20 참조.
196) 『동아일보』 1934.1.24 참조.
197) 『동아일보』 1934.2.4 참조.
198) 『동아일보』 1934.2.4 참조.
199) 『동아일보』 1934.1.24 참조.
200) 『동아일보』 1935.4.26 참조.
201) 『동아일보』 1934.3.17 참조.
202) 『동아일보』 1934.1.24 참조.

李仁祥 – 1895년 출생으로 자는 富汝, 호는 石溪이다. 본관은 전주이고 斗賢의 아들이다. 원효리에서 살았다. 문묘의 직임을 맡고 있었다.[203] 1934년 2월 4일에 1원을 성금했다는 기록이 있다.[204]

李貞春 – 자료에서 확인되지 않는다. 1934년 1월 20일에 1원을 성금했다는 기록이 있다.[205]

李俊甫 – 자료에서 확인되지 않는다. 1933년 12월 25일에 1원을 성금했다는 기록이 있다.[206]

李昌述 – 자료에서 확인되지 않는다. 1935년 4월 26일에 1원을 성금했다는 기록이 있다.[207]

李天勳 – 1876년 출생으로 자는 雲觀, 호는 松溪이다. 炳龍의 아들로 용흥리에서 살았다. 學塾을 열어 아동을 가르쳤다.[208] 1935년 4월 26일에 1원을 성금했다는 기록이 있다.[209]

李致俊 – 자료에서 확인되지 않는다. 1934년 1월 24일에 1원을 성금했다는 기록이 있다.[210]

李河元 – 자료에서 확인되지 않는다. 1934년 1월 24일에 1원을 성금했다는 기록이 있다.[211]

張鎭八 – 자료에서 확인되지 않는다. 1933년 12월 25일에 1원을 성금했다는 기록이 있다.[212]

丁九淵 – 자료에서 확인되지 않는다. 1934년 2월 4일에 1원을 성금했다는 기록이 있다.[213]

鄭完玉 – 자료에서 확인되지 않는다. 1934년 3월 12일에 1원을 성금했다는 기록

---

203) 강동군, 1935, 『강동지』 참조.
204) 『동아일보』 1934.2.4 참조.
205) 『동아일보』 1934.1.20 참조.
206) 『동아일보』 1933.12.25 참조.
207) 『동아일보』 1935.4.26 참조.
208) 강동군, 1935, 『강동지』 참조.
209) 『동아일보』 1935.4.26 참조.
210) 『동아일보』 1934.1.24 참조.
211) 『동아일보』 1934.1.24 참조.
212) 『동아일보』 1933.12.25 참조.
213) 『동아일보』 1934.2.4 참조.

이 있다.214)

朱鳳洙 — 자료에서 확인되지 않는다. 1934년 2월 4일에 1원을 성금했다는 기록
이 있다.215)

朱性儉 — 자료에서 확인되지 않는다. 1934년 2월 4일에 1원을 성금했다는 기록
이 있다.216)

朱雲龍 — 자료에서 확인되지 않는다. 1934년 2월 4일에 1원을 성금했다는 기록
이 있다.217)

朱致模 — 자료에서 확인되지 않는다. 1934년 2월 4일에 1원을 성금했다는 기록
이 있다.218)

車濟道 — 자료에서 확인되지 않는다. 1934년 2월 4일에 1원을 성금했다는 기록
이 있다.219)

崔秉奎 — 자료에서 확인되지 않는다. 1934년 1월 24일에 1원을 성금했다는 기록
이 있다.220)

崔雲龍 — 자료에서 확인되지 않는다. 1933년 12월 25일에 1원을 성금했다는 기
록이 있다.221)

河炳爀 — 자료에서 확인되지 않는다. 1934년 1월 20일에 1원을 성금했다는 기록
이 있다.222)

韓泳和 — 자료에서 확인되지 않는다. 1934년 1월 19일과 20일에 1원을 성금했다
는 기록이 있다.223) 중복으로 보인다.

韓贊吉 — 자료에서 확인되지 않는다. 1934년 1월 24일에 1원을 성금했다는 기록
이 있다.224)

---

214) 『동아일보』 1934.3.12 참조.
215) 『동아일보』 1934.2.4 참조.
216) 『동아일보』 1934.2.4 참조.
217) 『동아일보』 1934.2.4 참조.
218) 『동아일보』 1934.2.4 참조.
219) 『동아일보』 1934.2.4 참조.
220) 『동아일보』 1934.1.24 참조.
221) 『동아일보』 1933.12.25 참조.
222) 『동아일보』 1934.1.20 참조.
223) 『동아일보』 1934.1.19 및 1.20 참조.
224) 『동아일보』 1934.1.24 참조.

玄雲鶴－자료에서 확인되지 않는다. 1933년 12월 25일에 1원을 성금했다는 기록이 있다.[225]

洪道植－자료에서 확인되지 않는다. 1934년 1월 20일에 1원을 성금했다는 기록이 있다.[226]

崔□喆, 李得□

어린학생 16명－金光朝(0.15), 金光豪(0.13), 金光鎭·金東羽(0.12), 金斗一·張昌郁·金順子·金英信(0.11), 金世榮(0.10), 金善英·金慈子(0.08), 尹岐善(0.06), 金龍羽·金福榮·金光晟·金光善(0.05)

〈0.50원〉

李文基·李允甫·林鍾應, 朴崙洙·張一鳳·李貞燮·張一龍·金大植, 朴貞浩·趙昌元·黃時愚, 孫萬吉·邊成楫·孫敬鉉, 徐珍模·石萬瓊, 李珍浩·高□柱·金淳貞·金喆羽, 鄭麟聖·明啓養·安其涉·李澤興·鄭士坪·金燦用·朴瑞文·崔永俊·朴永觀·李基浩·金允涉·金永燦·金東俊, 李濟民·申仲鉉·鄭麟河·金履錫·禹龍祥·尹柱燮·鄭赫容·千元根·金斗晟·金鶴翼, 金培浩·蔡錫周·文士鐵。朱鉉俊

〈0.30원〉

李桓龍, 徐相圭, 金得祿·孫泰彥·李永燮, 朱鉉馨, 蔡致周·金瓊淑·金道敬·金仁德, 金道三·孫龍洙·盧承賢·安聖七·韓炳華

〈0.20원〉

松峴洞 改進夜學會生徒 金順璋·朴秉道, 文亨彬·崔元錫·李晃業,池承鏞, 李景鏞·崔明善·金獨成·金濚祚·金敬瑞·安成順·金德三·金宗民, 韓基淳·李根厚

〈0.19원〉

宋義□

---

225) 『동아일보』 1933.12.25 참조.
226) 『동아일보』 1934.1.20 참조.

〈0.10원〉

金炫文, 許□·張永哲·韓士鉉·李庠玉, 朴允洪·河龍九, 金元祥·鄭斗琓·金龜喆·
金松一·金龍錫·李冕燮·金伯鎰·文鳳瑞·金元豊·安重樹·崔寅□, □永福·黃昌虎·
朱尙俊·趙東周·姜龍雲·朴基天, 洪淳郎

〈0.05원〉

金用璋·金炫□·金炫龍·李起洪·安莫俊·兪基洙·卓基洙·白炳錫·白廷鳳·洪春
植·朴秉鎬, 金世東·金光殷

〈0.04원〉

金濟祐

〈0.03원〉

劉宗勖·李商祐·李商俊·劉宗煥

강동군 고천면

〈15원〉

金斗洪 − 1879년 출생으로 자는 範汝, 호는 松坡이다. 榮錫의 아들로 향교리에
거주했다. 高泉面長, 文廟齋長, 明倫學院長, 學校評議員, 高泉面協議
員, 學務委員 등을 지냈다.[227] 1934년 2월 4일에 15원을 성금했다는
기록이 있다.[228]

〈10원〉

金鼎燮 − 1887년 출생으로 자는 泰善이고, 호는 泉隱이다. 본관은 인천이고 時
恒의 아들이다. 열파리에 살았다. 토지를 헌납하여 公普校 시설에 협조
하였고, 閔波公普校學務委員, 高泉面協議會員, 保安組合長, 消費組合

---

227) 강동군, 1935, 『강동지』 참조.
228) 『동아일보』 1934.2.4 참조.

理事 등을 지냈다.[229] 1934년 1월 19일과 20일에 10원을 성금했다는 기록이 있다.[230] 중복으로 보인다.

黃斗星 – 先光里에 살았다.[231] 1929년부터 39년까지 강동군 고천면장을 지냈다.[232] 1934년 1월 19일과 20일에 10원을 성금했다는 기록이 있다.[233] 중복으로 보인다.

〈5원〉

金鴻達 – 자료에서 확인되지 않는다. 1935년 7월 30일에 5원을 성금했다는 기록이 있다.[234]

〈4원〉

李□聲

〈3원〉

金錫杰 – 1868년 출생으로 자는 胤伯, 호는 蘆湖이다. 聲爐의 아들로 東西里 蘆浦에서 살았다.[235] 1934년 1월 19일과 20일에 3원을 성금했다는 기록이 있다.[236] 중복으로 보인다.

丁景說 – 자료에서 확인되지 않는다. 1935년 7월 30일에 3원을 성금했다는 기록이 있다.[237]

〈2원〉

高在信 – 자료에서 확인되지 않는다. 1935년 7월 30일에 2원을 성금했다는 기록이 있다.[238]

---

229) 강동군, 1935, 『강동지』 참조.
230) 『동아일보』 1934.1.19 및 1.20 참조.
231) 강동군, 1935, 『강동지』 참조.
232) 『조선총독부및소속관서직원록』 1929~39년도 참조.
233) 『동아일보』 1934.1.19 및 1.20 참조.
234) 『동아일보』 1935.7.30 참조.
235) 강동군, 1935, 『강동지』 참조.
236) 『동아일보』 1934.1.19 및 1.20 참조.
237) 『동아일보』 1935.7.30 참조.

金景相 − 1923년부터 1925년까지 강동군 열파공립초등학교 교원촉탁이었다.[239] 1934년 1월 19일과 20일에 2원을 성금했다는 기록이 있다.[240] 중복으로 보인다.

金基璜 − 자료에서 확인되지 않는다. 1934년 1월 19일과 20일에 2원을 성금했다는 기록이 있다.[241] 중복으로 보인다.

金文玉 − 자료에서 확인되지 않는다. 1934년 1월 19일과 20일에 2원을 성금했다는 기록이 있다.[242] 중복으로 보인다.

金應柱 − 1876년 출생으로 자는 濟七, 호는 愚公이다. 본관은 당악이며, 潤源의 아들이다. 향교리에 살았고, 문묘의 중직을 맡고 있었다.[243] 1934년 1월 19일과 20일에 2원을 성금했다는 기록이 있다.[244] 중복으로 보인다.

金濟鏞 − 자료에서 확인되지 않는다. 1934년 1월 19일과 20일에 2원을 성금했다는 기록이 있다.[245] 중복으로 보인다.

金鴻漸 − 자료에서 확인되지 않는다. 1935년 7월 30일에 2원을 성금했다는 기록이 있다.[246]

李景甲 − 자료에서 확인되지 않는다. 1935년 7월 30일에 2원을 성금했다는 기록이 있다.[247]

任一湖 − 자료에서 확인되지 않는다. 1934년 1월 19일과 20일에 2원을 성금했다는 기록이 있다.[248] 중복으로 보인다.

丁三淵 − 강동면 원효리에 거주하며 강동면협의원을 지낸 九淵과 같은 집안으로 추정된다. 고천면 용천리에 거주했다. 1935년 7월 2원을 성금했다.[249]

---

238) 『동아일보』 1935.7.30 참조.
239) 『조선총독부및소속관서직원록』 1923∼25년도 참조.
240) 『동아일보』 1934.1.19 및 1.20 참조.
241) 『동아일보』 1934.1.19 및 1.20 참조.
242) 『동아일보』 1934.1.19 및 1.20 참조.
243) 강동군, 1935, 『강동지』 참조.
244) 『동아일보』 1934.1.19 및 1.20 참조.
245) 『동아일보』 1934.1.19 및 1.20 참조.
246) 『동아일보』 1935.7.30 참조.
247) 『동아일보』 1935.7.30 참조.
248) 『동아일보』 1934.1.19 및 1.20 참조.

고천면소비조합－1934년 1월 19일과 20일에 2원을 성금했다는 기록이 있다.[250] 중복으로 보인다.

〈1.50원〉

金鎭珏－자료에서 확인되지 않는다. 1934년 1월 19일과 20일에 1.50원을 성금했다는 기록이 있다.[251] 중복으로 보인다.

〈1원〉

金景雲－자료에서 확인되지 않는다. 1935년 7월 30일에 1원을 성금했다는 기록이 있다.[252]

金奎鼎－자료에서 확인되지 않는다. 1935년 7월 30일에 1원을 성금했다는 기록이 있다.[253]

金德聲－자료에서 확인되지 않는다. 1934년 1월 19일과 20일에 1원을 성금했다는 기록이 있다.[254] 중복으로 보인다.

金東嗜－자료에서 확인되지 않는다. 1934년 1월 19일과 20일에 1원을 성금했다는 기록이 있다.[255] 중복으로 보인다.

金麗翊－자료에서 확인되지 않는다. 1934년 1월 19일과 20일에 1원을 성금했다는 기록이 있다.[256] 중복으로 보인다.

金鏞杰－자료에서 확인되지 않는다. 1934년 1월 19일과 20일에 1원을 성금했다는 기록이 있다.[257] 중복으로 보인다.

金聖世－자료에서 확인되지 않는다. 1934년 1월 19일과 20일에 1원을 성금했다는 기록이 있다.[258] 중복으로 보인다.

---

249) 『동아일보』 1934.4.28 및 1935.7.30 참조.
250) 『동아일보』 1934.1.19 및 1.20 참조.
251) 『동아일보』 1934.1.19 및 1.20 참조.
252) 『동아일보』 1935.7.30 참조.
253) 『동아일보』 1935.7.30 참조.
254) 『동아일보』 1934.1.19 및 1.20 참조.
255) 『동아일보』 1934.1.19 및 1.20 참조.
256) 『동아일보』 1934.1.19 및 1.20 참조.
257) 『동아일보』 1934.1.19 및 1.20 참조.
258) 『동아일보』 1934.1.19 및 1.20 참조.

金呂洪 — 자료에서 확인되지 않는다. 1935년 7월 30일에 1원을 성금했다는 기록
이 있다.[259]

金榮翊 — 자료에서 확인되지 않는다. 1935년 4월 26일에 1원을 성금했다는 기록
이 있다.[260]

金鏞涉 — 자료에서 확인되지 않는다. 1934년 1월 19일과 20일에 1원을 성금했다
는 기록이 있다.[261] 중복으로 보인다.

金潤吉 — 자료에서 확인되지 않는다. 1934년 1월 19일과 20일에 1원을 성금했다
는 기록이 있다.[262] 중복으로 보인다.

金俊燮 — 자료에서 확인되지 않는다. 1935년 7월 30일에 1원을 성금했다는 기록
이 있다.[263]

金鎭涉 — 자료에서 확인되지 않는다. 1935년 7월 30일에 1원을 성금했다는 기록
이 있다.[264]

金贊奎 — 자료에서 확인되지 않는다. 1935년 4월 26일에 1원을 성금했다는 기록
이 있다.[265]

金亨彬 — 자료에서 확인되지 않는다. 1935년 4월 26일에 1원을 성금했다는 기록
이 있다.[266]

朴秉直 — 자료에서 확인되지 않는다. 1934년 3월 30일, 4월 20일에 각각 1원,
1935년 7월 30일 10원을 성금했다는 기록이 있다. 중복과 1원의 오기
로 보인다.[267]

禹聲訖 — 자료에서 확인되지 않는다. 1935년 7월 30일에 1원을 성금했다는 기록
이 있다.[268]

---

259) 『동아일보』 1935.7.30 참조.
260) 『동아일보』 1935.4.26 참조.
261) 『동아일보』 1934.1.19 및 1.20 참조.
262) 『동아일보』 1934.1.19 및 1.20 참조.
263) 『동아일보』 1935.7.30 참조.
264) 『동아일보』 1935.7.30 참조.
265) 『동아일보』 1935.4.26 참조.
266) 『동아일보』 1935.4.26 참조.
267) 『동아일보』 1934.3.30, 4.20 및 1935.7.30 참조.
268) 『동아일보』 1935.7.30 참조.

尹尚晃 – 자료에서 확인되지 않는다. 1934년 1월 19일과 20일에 1원을 성금했다
　　　　는 기록이 있다.[269] 중복으로 보인다.

李達伯 – 자료에서 확인되지 않는다. 1935년 7월 30일에 2원을 성금했다는 기록
　　　　이 있다.[270]

李文玉 – 자료에서 확인되지 않는다. 1935년 7월 30일에 2원을 성금했다는 기록
　　　　이 있다.[271]

李彌化 – 자료에서 확인되지 않는다. 1935년 7월 30일에 1원을 성금했다는 기록
　　　　이 있다.[272]

李秉舜 – 1904년 출생으로 호는 南坡이다. 麥田里에 거주하였고, 高泉面協
　　　　議員을 지냈다.[273] 1935년 4월 26일에 1원을 성금했다는 기록이
　　　　있다.[274]

李英一 – 자료에서 확인되지 않는다. 1934년 1월 19일과 20일에 1원을 성금했다
　　　　는 기록이 있다.[275] 중복으로 보인다.

李翊龍 – 자료에서 확인되지 않는다. 1935년 4월 26일에 1원을 성금했다는 기록
　　　　이 있다.[276]

李仲觀 – 자료에서 확인되지 않는다. 1935년 7월 30일에 1원을 성금했다는 기록
　　　　이 있다.[277]

林承一 – 자료에서 확인되지 않는다. 1935년 7월 30일에 1원을 성금했다는 기록
　　　　이 있다.[278]

趙元杰 – 자료에서 확인되지 않는다. 1935년 7월 30일에 1원을 성금했다는 기록
　　　　이 있다.[279]

---

269) 『동아일보』 1934.1.19 및 1.20 참조.
270) 『동아일보』 1935.7.30 참조.
271) 『동아일보』 1935.7.30 참조.
272) 『동아일보』 1935.7.30 참조.
273) 강동군, 1935, 『강동지』 참조.
274) 『동아일보』 1935.4.26 참조.
275) 『동아일보』 1934.1.19 및 1.20 참조.
276) 『동아일보』 1935.4.26 참조.
277) 『동아일보』 1935.7.30 참조.
278) 『동아일보』 1935.7.30 참조.
279) 『동아일보』 1935.7.30 참조.

崔秉德－자료에서 확인되지 않는다. 1935년 7월 30일에 1원을 성금했다는 기록이 있다.[280]

韓國善－자료에서 확인되지 않는다. 1935년 7월 30일에 1원을 성금했다는 기록이 있다.[281]

許　彬－자료에서 확인되지 않는다. 1934년 1월 19일과 20일에 1원을 성금했다는 기록이 있다.[282] 중복으로 보인다.

黃郁桓－자료에서 확인되지 않는다. 1934년 1월 19일과 20일에 1원을 성금했다는 기록이 있다.[283] 중복으로 보인다.

강동농민공생조합－1934년 1월 19일과 20일에 1원을 성금했다는 기록이 있다.[284] 중복으로 보인다.

金鏞□, 金錫□, 金□權

〈0.50원〉

金祥황, 趙承五, 禹觀奎·金道鉉·金子鼎, 丁相華·李尙道·李慶俊·李應夏·金觀燮, 金鏞禹(0.50)

강동군 봉진면

〈15원〉

李景善－1874년 출생이다. 본관은 평창이고 호는 寅溪이다. 입향조와 시기를 알 수 없다. 만달면 화천리 虎谷에 거주했다. 群書를 박섭하고 교육에 종사하여 생도가 많았다고 하며, 그들에 의해 기적비가 세워지기도 했다고 한다. 農桑을 권진하며 동지들과 晩達詩社의 회원이기도 하다. 1934년 3월 15원의 성금을 후원했다.[285]

---

280) 『동아일보』 1935.7.30 참조.
281) 『동아일보』 1935.7.30 참조.
282) 『동아일보』 1934.1.19 및 1.20 참조.
283) 『동아일보』 1934.1.19 및 1.20 참조.
284) 『동아일보』 1934.1.19 및 1.20 참조.
285) 『동아일보』 1934.3.12 참조.

〈10원〉

鄭斌容 ─ 1878년 출생이다. 본관은 진주이고 자는 道─이며 호는 德岩이다. 13
대조 碩珍이 강동에 시거했다. 봉진면 용연리에 거주했다. 박문강기했
으며 특히 천문과 수학에 조예가 깊었다. 향리의 추천으로 봉진면장과
문묘의 중임을 역임했다. 1920~1928년 馬山面長을 지냈다.[286] 초취
는 신창 表煥斗의 딸이고, 재취는 경주 金炳義의 딸이다. 1934년 3월
10원의 성금을 후원했다.[287]

洪大修 ─ 1856년 출생이다. 본관은 남양이고 자는 穉顧, 호는 松菴이다. 봉진면
봉당리에 거주했다. 고려 말 중랑장을 지내고 조선 건국후 원종훈으로
延安君에 봉해진 進이 강동에 유배됨으로서 세거하게 되었다고 한다.
그의 13대손이고, 7대조 德輝는 曹好益의 문인으로 선조에게 친필로
'忠孝士江東幼學洪德輝'라고 쓴 綱倫書를 하사받았고, 도학의 統緖로
서 강동 淸溪書院에 배향되었다고 한다. 어려서부터 정훈을 이어 시례
를 篤工하고 史書子集을 섭렵하여 당대의 명유로 이름을 떨쳤다고 한
다. 1885년 國學西寄齋했고, 1922년 강동군 문묘직원을 거쳐 1925년
道儒의 추천으로 숭인전참봉을 지냈다. 나이 80에 이르러서도 책을 놓
지 않았으며, 시문은 평담혼순하여 布帛菽粟과 같다는 평을 들었다.
1920년 강동·선천 일대에서 독립운동 자금모집을 위한 권총강도 사건
에 연루되어 검거되기도 했다.[288] 1936년 건립된 「단군릉기적비」의
비문을 지었다. 부인은 진위 李基峻의 딸이다. 1935년 4월 10원을 성
금했다.[289]

〈5원〉

金相贊 ─ 자료에서 확인되지 않는다. 1934년 4월 25일, 4월 28일, 5월 20일 각기
5원을 성금했다는 기록이 있다.[290] 중복으로 보인다.

---

286) 『조선총독부및소속관서직원록』 1920~1928 및 『조선신사대동보』 참조.
287) 『동아일보』 1933.3.30 참조.
288) 『조선소요사건관계서류 메타정보 관리』「拳銃携帶의 獨立運動資金 募集者 徘徊의
件」(1920.4.5) 및 「獨立運動資金募集을 標榜한 拳銃所持 不逞鮮人 檢擧의 件」 참조.
289) 『동아일보』 1935.4.26 참조.

金錫龜 - 자료에서 확인되지 않는다. 1934년 4월 28일 5원을 성금했다는 기록이 있다.[291]

金永吉 - 자료에서 확인되지 않는다. 1934년 3월 30일 5원을 성금했다는 기록이 있다.[292]

朴道鉉 - 1928년 7월 『동아일보』 강동지국이 설치되면서 集金員이 되었다.[293] 1934년 3월 30일, 1934년 4월 20일 5원을 성금했다는 기록이 있는데,[294] 중복으로 보인다.

全學善 - 자료에서 확인되지 않는다. 1934년 4월 25일, 4월 28일, 5월 20일 각기 5원을 성금했다는 기록이 있다.[295] 중복으로 보인다.

鄭鎬洛 - 자료에서 확인되지 않는다. 1934년 3월 30일 5원을 성금했다는 기록이 있다.[296]

〈4원〉

李大燮 - 자료에서 확인되지 않는다. 1934년 3월 30일 4원을 성금했다는 기록이 있다.[297]

〈3원〉

弓鑛三 - 자료에서 확인되지 않는다. 1934년 3월 30일 3원을 성금했다는 기록이 있다.[298]

金明熙 - 자료에서 확인되지 않는다. 1934년 4월 28일 3원을 성금했다는 기록이 있다.[299]

金麗俊 - 자료에서 확인되지 않는다. 1934년 4월 28일 3원을 성금했다는 기록이

---

290) 『동아일보』 1934.4.25 및 4.28, 5.20 참조.
291) 『동아일보』 1934.4.28 참조.
292) 『동아일보』 1934.3.30 참조.
293) 『동아일보』 1928.7.15 참조.
294) 『동아일보』 1934.3.30 및 4.20 참조.
295) 『동아일보』 1934.4.25 및 4.28, 5.20 참조.
296) 『동아일보』 1934.3.30 참조.
297) 『동아일보』 1934.3.30 참조.
298) 『동아일보』 1934.3.30 참조.
299) 『동아일보』 1934.4.28 참조.

있다.300)

金錫鉉 － 자료에서 확인되지 않는다. 1934년 3월 30일 3원을 성금했다는 기록이 있다.301)

金永壽 － 자료에서 확인되지 않는다. 1934년 3월 30일 3원을 성금했다는 기록이 있다.302)

朴濟鉉 － 朴泰煥의 아들로 1920년에는 강동군 원탄면 송오리에 거주했다. 상해 대한민국임시정부의 원조를 위해 군자금 모집을 목적으로 조직된 비밀 결사단인 農民團 소속이다. 1920년 9월 18일 강동경찰서 청사에 폭탄을 투척한 혐의로 李桓郁, 李成奎, 李錫敦, 李根培, 李仁澤, 李竹水 등과 함께 체포되었다.303) 1934년 3월 30일, 1934년 4월 20일 3원을 성금했다는 기록이 있는데,304) 중복으로 보인다.

朴根培 － 자료에서 확인되지 않는다. 1934년 3월 30일 3원을 성금했다는 기록이 있다.305)

李敬澤 － 자료에서 확인되지 않는다. 1934년 4월 28일 1원을 성금했다는 기록이 있다.306)

李時炯 － 자료에서 확인되지 않는다. 1934년 4월 25일 3원을 성금했다는 기록이 있다.307)

李始煥 － 자료에서 확인되지 않는다. 1934년 5월 20일 3원을 성금했다는 기록이 있다.308)

李應龍 － 기양보통학교, 군우리보통학교, 강동보통학교 훈도를 지냈다.309) 1934년 4월 25일 3원을 성금했다는 기록이 있다.310)

---

300) 『동아일보』 1934.4.28 참조.
301) 『동아일보』 1934.3.30 참조.
302) 『동아일보』 1934.3.30 참조.
303) 『조선독립운동』 제1권 분책, 朝鮮國內に於ける民族主義運動 ; 『조선독립운동』 제1권, 일제침략하 36년사－5, 622쪽.
304) 『동아일보』 1934.3.30 및 4.20 참조.
305) 『동아일보』 1934.3.30 참조.
306) 『동아일보』 1934.4.28 참조.
307) 『동아일보』 1934.4.25 참조.
308) 『동아일보』 1934.5.20 참조.
309) 『조선총독부및소속관서직원록』 1926～36년도 참조.

李載奎 - 자료에서 확인되지 않는다. 1934년 3월 30일, 1934년 4월 20일 3원을 성금했다는 기록이 있는데,[311] 중복으로 보인다.

李載萬 - 자료에서 확인되지 않는다. 1934년 4월 25일, 4월 28일 각각 3원을 성금했다는 기록이 있다.[312] 중복으로 보인다.

李鍾游 - 자료에서 확인되지 않는다. 1934년 4월 25일, 4월 28일, 5월 20일 각기 3원을 성금했다는 기록이 있다.[313] 중복으로 보인다.

張亘燦 - 자료에서 확인되지 않는다. 1934년 3월 30일 3원을 성금했다는 기록이 있다.[314]

〈2원〉

金秉初 - 승호리의 중부시장에서 동부시장을 통합하려는 계획에 동부시장의 대표로 평남도지사에게 통합을 반대하는 진정서를 제출한 바 있다.[315] 1930년 12월 송덕비가 건립되기도 했다.[316] 1934년 5월 17일 2원을 성금했다는 기록이 있다.[317]

金用舜 - 자료에서 확인되지 않는다. 1934년 3월 30일 2원을 성금했다는 기록이 있다.[318]

金俊明 - 자료에서 확인되지 않는다. 1934년 1월 19일과 20일에 2원을 성금했다는 기록이 있다.[319] 중복으로 보인다.

金振玉 - 자료에서 확인되지 않는다. 1934년 3월 30일 2원을 성금했다는 기록이 있다.[320]

金鎭周 - 자료에서 확인되지 않는다. 1935년 4월 26일 2원을 성금했다는 기록이

---

310) 『동아일보』 1934.4.25 참조.
311) 『동아일보』 1934.3.30 및 4.20 참조.
312) 『동아일보』 1934.4.25 참조.
313) 『동아일보』 1934.4.25 및 4.28, 5.20 참조.
314) 『동아일보』 1934.3.30 참조.
315) 『동아일보』 1927.3.3 참조.
316) 『동아일보』 1930.12.7 및 12.13 참조.
317) 『동아일보』 1934.5.17 참조.
318) 『동아일보』 1934.3.30 참조.
319) 『동아일보』 1934.1.19 및 1.20 참조.
320) 『동아일보』 1934.3.30 참조.

있다.[321]

金亨燦─자료에서 확인되지 않는다. 1934년 4월 25일 2원을 성금했다는 기록이
있다.[322]

盧命煥─자료에서 확인되지 않는다. 1934년 4월 25일 2원을 성금했다는 기록이
있다.[323]

朴建鎬─자료에서 확인되지 않는다. 1934년 3월 30일, 1934년 4월 20일 2원을
성금했다는 기록이 있는데,[324] 중복으로 보인다.

朴永觀─북삼리에서 살았다.[325] 1934년 4월 28일 2원을 성금했다는 기록이 있
다.[326]

朴永燦─자료에서 확인되지 않는다. 1934년 4월 25일 2원을 성금했다는 기록이
있다.[327]

朴載顯─자료에서 확인되지 않는다. 1934년 4월 25일 2원을 성금했다는 기록이
있다.[328]

尹趾斌─자료에서 확인되지 않는다. 1934년 3월 30일 2원을 성금했다는 기록이
있다.[329]

李熙用─자료에서 확인되지 않는다. 1934년 3월 30일, 1934년 4월 20일 2원을
성금했다는 기록이 있는데,[330] 중복으로 보인다.

李熙八─자료에서 확인되지 않는다. 1934년 3월 30일, 1934년 4월 20일 2원을
성금했다는 기록이 있는데,[331] 중복으로 보인다.

鄭斗贊─자료에서 확인되지 않는다. 1934년 3월 30일 2원을 성금했다는 기록이
있다.[332]

---

321) 『동아일보』 1935.4.26 참조.
322) 『동아일보』 1934.4.25 참조.
323) 『동아일보』 1934.4.25 참조.
324) 『동아일보』 1934.3.30 및 4.20 참조.
325) 강동군, 1935, 『강동지』 참조.
326) 『동아일보』 1934.4.28 참조.
327) 『동아일보』 1934.4.25 참조.
328) 『동아일보』 1934.4.25 참조.
329) 『동아일보』 1934.3.30 참조.
330) 『동아일보』 1934.3.30 및 4.20 참조.
331) 『동아일보』 1934.3.30 및 4.20 참조.

鄭鎬連－자료에서 확인되지 않는다. 1934년 3월 30일 2원을 성금했다는 기록이
　　　　있다.[333]

趙光涉－자료에서 확인되지 않는다. 1934년 4월 25일 2원을 성금했다는 기록이
　　　　있다.[334]

趙儀健－자료에서 확인되지 않는다. 1934년 4월 25일 2원을 성금했다는 기록이
　　　　있다.[335]

玄鳳杰－자료에서 확인되지 않는다. 1934년 3월 30일, 1934년 4월 20일 2원을
　　　　성금했다는 기록이 있는데,[336] 중복으로 보인다.

洪永基－자료에서 확인되지 않는다. 1934년 4월 25일, 4월 28일 2원을 성금했
　　　　다는 기록이 있는데,[337] 중복으로 보인다.

洪在禧－자료에서 확인되지 않는다. 1934년 4월 25일, 4월 28일, 5월 20일 각기
　　　　2원을 성금했다는 기록이 있다.[338] 중복으로 보인다.

洪恒根－자료에서 확인되지 않는다. 1934년 3월 30일, 1934년 4월 20일 2원을
　　　　성금했다는 기록이 있는데,[339] 중복으로 보인다.

趙□□

〈1.50원〉

李載南－자료에서 확인되지 않는다. 1934년 3월 30일, 1934년 4월 20일 1.50원
　　　　을 성금했다는 기록이 있는데,[340] 중복으로 보인다.

〈1원〉

金觀淑－1883년 출생으로 자는 良哉, 호는 湖翁이다. 柱永의 아들로 姑城里에
　　　　서 살았다. 실업에 종사했으며, 문묘에 중직을 맡고 있었다.[341] 1934년

---

332) 『동아일보』 1934.3.30 참조.
333) 『동아일보』 1934.3.30 참조.
334) 『동아일보』 1934.4.25 참조.
335) 『동아일보』 1934.4.25 참조.
336) 『동아일보』 1934.3.30 및 4.20 참조.
337) 『동아일보』 1934.4.25 및 4.28 참조.
338) 『동아일보』 1934.4.25 및 4.28, 5.20 참조.
339) 『동아일보』 1934.3.30 및 4.20 참조.
340) 『동아일보』 1934.3.30 및 4.20 참조.

4월 25일, 4월 28일, 5월 20일 각기 1원을 성금했다는 기록이 있다.[342) 중복으로 보인다.

金得鍊─자료에서 확인되지 않는다. 1934년 4월 28일 1원을 성금했다는 기록이 있다.[343)

金明善─자료에서 확인되지 않는다. 1934년 4월 28일 1원을 성금했다는 기록이 있다.[344)

金鳳龍─자료에서 확인되지 않는다. 1934년 4월 26일 1원을 성금했다는 기록이 있다.[345)

金用昇─자료에서 확인되지 않는다. 1934년 3월 30일 1원을 성금했다는 기록이 있다.[346)

金元吉─자료에서 확인되지 않는다. 1934년 3월 30일 1원을 성금했다는 기록이 있다.[347)

金益泰─자료에서 확인되지 않는다. 1934년 4월 28일 1원을 성금했다는 기록이 있다.[348)

金濟化─자료에서 확인되지 않는다. 1934년 4월 25일, 4월 28일 각기 1원을 성금했다는 기록이 있다.[349) 중복으로 보인다.

金燦興─자료에서 확인되지 않는다. 1934년 4월 28일 1원을 성금했다는 기록이 있다.[350)

金泰彬─자료에서 확인되지 않는다. 1934년 3월 30일, 1934년 4월 20일 1원을 성금했다는 기록이 있는데,[351) 중복으로 보인다.

金行鎭─자료에서 확인되지 않는다. 1934년 4월 25일, 4월 28일 각기 1원을 성

---

341) 강동군, 1935, 『강동지』 참조.
342) 『동아일보』 1934.4.25 및 4.28, 5.20 참조.
343) 『동아일보』 1934.4.28 참조.
344) 『동아일보』 1934.4.28 참조.
345) 『동아일보』 1934.4.26 참조.
346) 『동아일보』 1934.3.30 참조.
347) 『동아일보』 1934.3.30 참조.
348) 『동아일보』 1934.4.28 참조.
349) 『동아일보』 1934.4.25 및 4.28 참조.
350) 『동아일보』 1934.4.28 참조.
351) 『동아일보』 1934.3.30 및 4.20 참조.

금했다는 기록이 있다.[352] 중복으로 보인다.

金賢弼－자료에서 확인되지 않는다. 1934년 3월 30일 5원을 성금했다는 기록이
있다.[353]

朴東元－자료에서 확인되지 않는다. 1934년 4월 25일 1원을 성금했다는 기록이
있다.[354]

朴東赫－자료에서 확인되지 않는다. 1934년 4월 25일 1원을 성금했다는 기록이
있다.[355]

朴時燦－자료에서 확인되지 않는다. 1934년 4월 25일 1원을 성금했다는 기록이
있다.[356]

朴龍燦－자료에서 확인되지 않는다. 1934년 3월 30일 1원을 성금했다는 기록이
있다.[357]

朴載이－자료에서 확인되지 않는다. 1934년 4월 28일, 5월 20일 각기 1원을 성
금했다는 기록이 있다.[358] 중복으로 보인다.

朴在璜－자료에서 확인되지 않는다. 1934년 3월 30일, 1934년 4월 20일 1원을
성금했다는 기록이 있는데,[359] 중복으로 보인다.

方龍鎭－자료에서 확인되지 않는다. 1934년 4월 28일 1원을 성금했다는 기록이
있다.[360]

白雲鶴－자료에서 확인되지 않는다. 1934년 3월 30일 1원을 성금했다는 기록이
있다.[361]

孫昌道－자료에서 확인되지 않는다. 1934년 4월 28일 1원을 성금했다는 기록이
있다.[362]

---

352) 『동아일보』 1934.4.25 및 4.28 참조.
353) 『동아일보』 1934.3.30 참조.
354) 『동아일보』 1934.4.25 참조.
355) 『동아일보』 1934.4.25 참조.
356) 『동아일보』 1934.4.25 참조.
357) 『동아일보』 1934.3.30 참조.
358) 『동아일보』 1934.4.28, 5.20 참조.
359) 『동아일보』 1934.3.30 및 4.20 참조.
360) 『동아일보』 1934.4.28 참조.
361) 『동아일보』 1934.3.30 참조.
362) 『동아일보』 1934.4.28 참조.

尹元龍 — 자료에서 확인되지 않는다. 1934년 3월 30일, 1934년 4월 20일 1원을 성금했다는 기록이 있는데,363) 중복으로 보인다.

李慶植 — 자료에서 확인되지 않는다. 1934년 4월 25일, 4월 28일, 5월 20일 각기 1원을 성금했다는 기록이 있다.364) 중복으로 보인다.

李敬善 — 자료에서 확인되지 않는다. 1934년 4월 25일, 4월 28일, 5월 20일 각기 1원을 성금했다는 기록이 있다.365) 중복으로 보인다.

李根萬 — 자료에서 확인되지 않는다. 1934년 4월 25일, 4월 28일, 5월 20일 각기 1원을 성금했다는 기록이 있다.366) 중복으로 보인다.

李基玉 — 강동군 구지면 鄕村會 소속으로 대한민국임시정부에 군자금을 보내고 독립신문 배포했다는 혐의로 高迪熙, 高膺大, 劉大鵬, 李致健, 金炳洋, 鄭相穆 등과 함께 체포되었다.367) 1934년 4월 28일, 5월 20일 각기 1원을 성금했다는 기록이 있다.368) 중복으로 보인다.

李道善 — 자료에서 확인되지 않는다. 1934년 3월 30일 1원을 성금했다는 기록이 있다.369)

李東燮 — 1925년 강동면장을 지냈다.370) 1934년 4월 28일, 5월 20일 각기 1원을 성금했다는 기록이 있다.371) 중복으로 보인다.

李斗國 — 자료에서 확인되지 않는다. 1934년 3월 30일, 1934년 4월 20일 1원을 성금했다는 기록이 있는데,372) 중복으로 보인다.

李炳鶴 — 자료에서 확인되지 않는다. 1934년 4월 28일 1원을 성금했다는 기록이 있다.373)

李承燮 — 자료에서 확인되지 않는다. 1934년 4월 28일, 5월 20일 각기 1원을 성

363) 『동아일보』 1934.3.30 및 4.20 참조.
364) 『동아일보』 1934.4.25 및 4.28, 5.20 참조.
365) 『동아일보』 1934.4.25 및 4.28, 5.20 참조.
366) 『동아일보』 1934.4.25 및 4.28, 5.20 참조.
367) 『매일신보』 1920.11.27 및 『일제침략하36년사』 5, 730쪽.
368) 『동아일보』 1934.4.28, 5.20 참조.
369) 『동아일보』 1934.3.30 참조.
370) 『조선총독부및소속관서직원록』 1925년도 참조.
371) 『동아일보』 1934.4.28, 5.20 참조.
372) 『동아일보』 1934.3.30 및 4.20 참조.
373) 『동아일보』 1934.4.28 참조.

금했다는 기록이 있다.[374] 중복으로 보인다.

李應善 — 자료에서 확인되지 않는다. 1934년 4월 25일, 4월 28일 각기 1원을 성
　　　금했다는 기록이 있다.[375] 중복으로 보인다.

李仁元 — 자료에서 확인되지 않는다. 1934년 3월 30일, 1934년 4월 20일 1원을
　　　성금했다는 기록이 있는데,[376] 중복으로 보인다.

李寅喆 — 자료에서 확인되지 않는다. 1934년 3월 30일, 1934년 4월 20일 1원을
　　　성금했다는 기록이 있는데,[377] 중복으로 보인다.

李載謙 — 자료에서 확인되지 않는다. 1934년 4월 25일, 4월 28일 각기 1원을 성
　　　금했다는 기록이 있다.[378] 중복으로 보인다.

李載德 — 자료에서 확인되지 않는다. 1934년 3월 30일, 1934년 4월 20일 1원을
　　　성금했다는 기록이 있는데,[379] 중복으로 보인다.

李載麟 — 자료에서 확인되지 않는다. 1934년 3월 30일, 1934년 4월 20일 1원을
　　　성금했다는 기록이 있는데,[380] 중복으로 보인다.

李載馥 — 자료에서 확인되지 않는다. 1934년 3월 30일, 1934년 4월 20일 1원을
　　　성금했다는 기록이 있는데,[381] 중복으로 보인다.

李載森 — 자료에서 확인되지 않는다. 1934년 3월 30일, 1934년 4월 20일 1원을
　　　성금했다는 기록이 있는데,[382] 중복으로 보인다.

李載華 — 자료에서 확인되지 않는다. 1934년 3월 30일, 1934년 4월 20일 1원을
　　　성금했다는 기록이 있는데,[383] 중복으로 보인다.

李宗善 — 자료에서 확인되지 않는다. 1934년 3월 30일, 1934년 4월 20일 1원을
　　　성금했다는 기록이 있는데,[384] 중복으로 보인다.

---

374) 『동아일보』 1934.4.28, 5.20 참조.
375) 『동아일보』 1934.4.25, 4.28 참조.
376) 『동아일보』 1934.3.30 및 4.20 참조.
377) 『동아일보』 1934.3.30 및 4.20 참조.
378) 『동아일보』 1934.4.25, 4.28 참조.
379) 『동아일보』 1934.3.30 및 4.20 참조.
380) 『동아일보』 1934.3.30 및 4.20 참조.
381) 『동아일보』 1934.3.30 및 4.20 참조.
382) 『동아일보』 1934.3.30 및 4.20 참조.
383) 『동아일보』 1934.3.30 및 4.20 참조.
384) 『동아일보』 1934.3.30 및 4.20 참조.

李春植 − 자료에서 확인되지 않는다. 1934년 4월 25일, 4월 28일, 5월 20일 각기 1원을 성금했다는 기록이 있다.[385] 중복으로 보인다.

李贊庠 − 자료에서 확인되지 않는다. 1934년 4월 28일, 5월 20일 각기 1원을 성금했다는 기록이 있다.[386] 중복으로 보인다.

李苾燁 − 자료에서 확인되지 않는다. 1934년 4월 25일, 4월 28일, 5월 20일 각기 2원을 성금했다는 기록이 있다.[387] 중복으로 보인다.

李熙錫 − 자료에서 확인되지 않는다. 1934년 3월 30일 1원을 성금했다는 기록이 있다.[388]

李熙柱 − 자료에서 확인되지 않는다. 1934년 3월 30일, 1934년 4월 20일 1원을 성금했다는 기록이 있는데,[389] 중복으로 보인다.

林大碩 − 자료에서 확인되지 않는다. 1934년 3월 30일 1원을 성금했다는 기록이 있다.[390]

林貞煥 − 자료에서 확인되지 않는다. 1934년 4월 25일, 4월 28일, 5월 20일 각기 1원을 성금했다는 기록이 있다.[391] 중복으로 보인다.

張正燦 − 자료에서 확인되지 않는다. 1934년 4월 20일 1원을 성금했다는 기록이 있다.[392]

張熙燦 − 자료에서 확인되지 않는다. 1934년 3월 30일 1원을 성금했다는 기록이 있다.[393]

鄭斗煥 − 자료에서 확인되지 않는다. 1934년 3월 30일 2원을 성금했다는 기록이 있다.[394]

鄭術黙 − 자료에서 확인되지 않는다. 1934년 4월 28일, 5월 20일 각기 1원을 성

---

385) 『동아일보』 1934.4.25 및 4.28, 5.20 참조.
386) 『동아일보』 1934.4.28, 5.20 참조.
387) 『동아일보』 1934.4.25 및 4.28, 5.20 참조.
388) 『동아일보』 1934.3.30 참조.
389) 『동아일보』 1934.3.30 및 4.20 참조.
390) 『동아일보』 1934.3.30 참조.
391) 『동아일보』 1934.4.25 및 4.28, 5.20 참조.
392) 『동아일보』 1934.3.30 참조.
393) 『동아일보』 1934.3.30 참조.
394) 『동아일보』 1934.3.30 참조.

금했다는 기록이 있다.[395] 중복으로 보인다.

鄭有容 — 자료에서 확인되지 않는다. 1934년 3월 30일 1원을 성금했다는 기록이 있다.[396]

鄭鎬鉉 — 자료에서 확인되지 않는다. 1934년 3월 30일 1원을 성금했다는 기록이 있다.[397]

鄭歡容 — 자료에서 확인되지 않는다. 1934년 3월 30일 1원을 성금했다는 기록이 있다.[398]

趙盒三 — 자료에서 확인되지 않는다. 1934년 4월 25일 1원을 성금했다는 기록이 있다.[399]

韓鎬烈 — 자료에서 확인되지 않는다. 1934년 4월 25일, 4월 28일, 5월 20일 각기 1원을 성금했다는 기록이 있다.[400] 중복으로 보인다.

許 淑 — 자료에서 확인되지 않는다. 1934년 3월 30일 1원을 성금했다는 기록이 있다.[401]

洪杰龍 — 자료에서 확인되지 않는다. 1934년 3월 30일, 1934년 4월 20일 1원을 성금했다는 기록이 있는데,[402] 중복으로 보인다.

洪斗莫 — 자료에서 확인되지 않는다. 1934년 3월 30일, 1934년 4월 20일 1원을 성금했다는 기록이 있는데,[403] 중복으로 보인다.

洪秉健 — 자료에서 확인되지 않는다. 1935년 4월 26일 1원을 성금했다는 기록이 있다.[404]

洪淳軾 — 자료에서 확인되지 않는다. 1935년 4월 26일 1원을 성금했다는 기록이 있다.[405]

---

395) 『동아일보』 1934.4.28, 5.20 참조.
396) 『동아일보』 1934.3.30 참조.
397) 『동아일보』 1934.3.30 참조.
398) 『동아일보』 1934.3.30 참조.
399) 『동아일보』 1934.4.25 참조.
400) 『동아일보』 1934.4.25 및 4.28, 5.20 참조.
401) 『동아일보』 1934.3.30 참조.
402) 『동아일보』 1934.3.30 및 4.20 참조.
403) 『동아일보』 1934.3.30 및 4.20 참조.
404) 『동아일보』 1935.4.26 참조.
405) 『동아일보』 1935.4.26 참조.

洪亮根 - 자료에서 확인되지 않는다. 1934년 3월 30일, 1934년 4월 20일 1원을 성금했다는 기록이 있는데,[406] 중복으로 보인다.

洪養淳 - 자료에서 확인되지 않는다. 1935년 4월 26일 1원을 성금했다는 기록이 있다.[407]

洪榮杰 - 자료에서 확인되지 않는다. 1934년 3월 30일, 1934년 4월 20일 1원을 성금했다는 기록이 있는데,[408] 중복으로 보인다.

洪元述 - 자료에서 확인되지 않는다. 1934년 3월 30일 1원을 성금했다는 기록이 있다.[409]

洪之彦 - 자료에서 확인되지 않는다. 1934년 3월 30일, 1934년 4월 20일 1원을 성금했다는 기록이 있는데,[410] 중복으로 보인다.

洪春根 - 자료에서 확인되지 않는다. 1934년 3월 30일, 1934년 4월 20일 1원을 성금했다는 기록이 있는데,[411] 중복으로 보인다.

洪夏貞 - 자료에서 확인되지 않는다. 1934년 3월 30일, 1934년 4월 20일 1원을 성금했다는 기록이 있는데,[412] 중복으로 보인다.

洪晦根 - 자료에서 확인되지 않는다. 1934년 3월 30일, 1934년 4월 20일 1원을 성금했다는 기록이 있는데,[413] 중복으로 보인다.

洪會洙 - 자료에서 확인되지 않는다. 1934년 3월 30일, 1934년 4월 20일 1원을 성금했다는 기록이 있는데,[414] 중복으로 보인다.

金□泰, 金亨□, 金益□, 金得□, 尹□奎, 韓□峻, 洪龍□, 洪□夏, 洪炳□

〈0.50원〉

朴琪瑛, 洪張燮, 洪鎭□, 李珩植·李熙庶·朴在珍, 洪旻燮,(0.50)

---

406) 『동아일보』 1934.3.30 및 4.20 참조.
407) 『동아일보』 1935.4.26 참조.
408) 『동아일보』 1934.3.30 및 4.20 참조.
409) 『동아일보』 1934.3.30 참조.
410) 『동아일보』 1934.3.30 및 4.20 참조.
411) 『동아일보』 1934.3.30 및 4.20 참조.
412) 『동아일보』 1934.3.30 및 4.20 참조.
413) 『동아일보』 1934.3.30 및 4.20 참조.
414) 『동아일보』 1934.3.30 및 4.20 참조.

〈0.20원〉

□琪容

강동군 삼등면

〈15원〉

李現龍 - 자료에서 확인되지 않는다. 1933년 12월 24일 15원을 성금했다는 기록이 있다.[415]

〈10원〉

白樂仁 - 1878년 출생이다. 본관은 수원이고 자는 致三이며 호는 龍岩이다. 고려 고종 때 입향한 21대조 崇文의 후손이고, 부 燦庚은 효행으로 유명했다. 삼등면 태령리에 거주했다. 예의에 밝아 유림의 천거로 문묘재장과 도유사를 지냈다. 부인은 밀양 朴宗運의 딸이다. 1933년 12월 10원의 성금을 후원했다.[416]

〈5원〉

金潤贊 - 자료에서 확인되지 않는다. 1933년 12월 24일 5원을 성금했다는 기록이 있다.[417]

金贊圭 - 자료에서 확인되지 않는다. 1933년 12월 26일 5원을 성금했다는 기록이 있다.[418]

白仁奎 - 1867년 출생이다. 본관은 수원이고 자는 敬心이며 호는 樵雲이다. 고려 고종 때 통례를 지낸 21대조 崇文이 몽골과의 전쟁에서 공을 세워 能城文祗侯로 봉해진 후 세거했다. 5대조 載良은 행의로 道薦을 받았고, 고조 鎭玉은 효행으로 儒稟에 올랐다. 진사 日煥의 아들이다. 삼등면 태령리에 거주했다. 1892년 증광별시에 급제했고 강동 유림의 추천으로 문

---

415) 『동아일보』 1933.12.24 참조.
416) 『동아일보』 1933.12.24 참조.
417) 『동아일보』 1933.12.24 참조.
418) 『동아일보』 1933.12.26 참조.

묘의 직원을 역임한 후 명륜회장을 지냈다. 단군릉수축에 진력했다. 부
인은 수안 李允燦의 딸이다. 1932년 5월 10원의 성금을 후원했다.[419]

申麟杰 − 자료에서 확인되지 않는다. 1933년 12월 26일 5원을 성금했다는 기록
이 있다.[420]

尹士殷 − 자료에서 확인되지 않는다. 1933년 12월 24일 5원을 성금했다는 기록
이 있다.[421]

李斗南 − 자료에서 확인되지 않는다. 1934년 12월 26일 5원을 성금했다는 기록
이 있다.[422]

李元模 − 자료에서 확인되지 않는다. 1934년 2월 4일 5원을 성금했다는 기록이
있다.[423]

李致俊 − 자료에서 확인되지 않는다. 1933년 12월 24일 5원을 성금했다는 기록
이 있다.[424]

崔荊跑 − 자료에서 확인되지 않는다. 1934년 2월 4일 5원을 성금했다는 기록이
있다.[425]

張鎭□

〈3원〉

金珪鎭 − 1904년 출생으로 자는 汝玉이고, 호는 竹圃이다. 본관은 양주이고 基
坤의 아들이다. 古鳳里에 거주하며 농업에 전념했다.[426] 1933년 12월
24일 3원을 성금했다는 기록이 있다.[427]

金魯鉉 − 자료에서 확인되지 않는다. 1934년 2월 4일 3원을 성금했다는 기록이
있다.[428]

---

419) 『동아일보』 1932.5.29 참조.
420) 『동아일보』 1933.12.26 참조.
421) 『동아일보』 1933.12.24 참조.
422) 『동아일보』 1934.12.26 참조.
423) 『동아일보』 1934.2.4 참조.
424) 『동아일보』 1933.12.24 참조.
425) 『동아일보』 1934.2.4 참조.
426) 강동군, 1935, 『강동지』 참조.
427) 『동아일보』 1933.12.24 참조.
428) 『동아일보』 1934.2.4 참조.

金炳淵 − 자료에서 확인되지 않는다. 1934년 2월 4일 3원을 성금했다는 기록이
   있다.[429]

金龍昇 − 자료에서 확인되지 않는다. 1934년 2월 4일 3원을 성금했다는 기록이
   있다.[430]

文鳳極 − 자료에서 확인되지 않는다. 1933년 12월 26일 3원을 성금했다는 기록
   이 있다.[431]

白大洙 − 18789년 출생이다. 자는 子業이고 호는 雲峰으로, 環鎭의 아들이다. 문
   묘에서 중임을 맡고 있었다.[432] 1934년 12월 15일 3원을 성금했다는
   기록이 있다.[433]

白承煥 − 자료에서 확인되지 않는다. 1934년 4월 20일 3원을 성금했다는 기록이
   있다.[434]

白昇熙 − 자료에서 확인되지 않는다. 1934년 2월 4일 3원을 성금했다는 기록이
   있다.[435]

白贊洙 − 자료에서 확인되지 않는다. 1934년 12월 15일 3원을 성금했다는 기록
   이 있다.[436]

朴用權 − 자료에서 확인되지 않는다. 1934년 4월 20일 3원을 성금했다는 기록이
   있다.[437]

孫命甲 − 자료에서 확인되지 않는다. 1933년 12월 26일 3원을 성금했다는 기록
   이 있다.[438]

孫昌錫 − 자료에서 확인되지 않는다. 1933년 12월 26일 3원을 성금했다는 기록
   이 있다.[439]

---

429) 『동아일보』 1934.2.4 참조.
430) 『동아일보』 1934.2.4 참조.
431) 『동아일보』 1933.12.26 참조.
432) 강동군, 1935, 『강동지』 참조.
433) 『동아일보』 1934.12.15 참조.
434) 『동아일보』 1934.4.20 참조.
435) 『동아일보』 1934.2.4 참조.
436) 『동아일보』 1934.12.15 참조.
437) 『동아일보』 1934.4.20 참조.
438) 『동아일보』 1933.12.26 참조.
439) 『동아일보』 1933.12.26 참조.

申基淳 − 1907년 출생으로 자는 景熙이다. 본관은 평산이고 熊杰의 아들이다. 대리에서 살았고, 一鄕을 대표할 수 있는 성품을 가졌다는 평을 들었다.[440] 1940년 『동아일보』 숙천분국이 지국이 되면서 분국장을 맡다가 지국장이 되었다.[441] 1933년 12월 26일 3원을 성금했다는 기록이 있다.[442]

申基豊 − 자료에서 확인되지 않는다. 1933년 12월 26일 3원을 성금했다는 기록이 있다.[443]

安舜炳 − 자료에서 확인되지 않는다. 1933년 12월 24일 3원을 성금했다는 기록이 있다.[444]

李炳燮 − 자료에서 확인되지 않는다. 1934년 12월 25일 3원을 성금했다는 기록이 있다.[445]

李盆化 − 자료에서 확인되지 않는다. 1933년 12월 25일 3원을 성금했다는 기록이 있다.[446]

李賢祚 − 자료에서 확인되지 않는다. 1934년 2월 4일 3원을 성금했다는 기록이 있다.[447]

張 洙 − 자료에서 확인되지 않는다. 1933년 12월 26일 3원을 성금했다는 기록이 있다.[448]

朱炳植 − 자료에서 확인되지 않는다. 1934년 2월 4일 3원을 성금했다는 기록이 있다.[449]

朱元欽 − 자료에서 확인되지 않는다. 1934년 2월 4일 3원을 성금했다는 기록이 있다.[450]

---

440) 강동군, 1935, 『강동지』 참조.
441) 『동아일보』 1940.5.10 참조.
442) 『동아일보』 1933.12.26 참조.
443) 『동아일보』 1933.12.26 참조.
444) 『동아일보』 1933.12.24 참조.
445) 『동아일보』 1934.12.25 참조.
446) 『동아일보』 1933.12.25 참조.
447) 『동아일보』 1934.2.4 참조.
448) 『동아일보』 1933.12.26 참조.
449) 『동아일보』 1934.2.4 참조.
450) 『동아일보』 1934.2.4 참조.

表光準 — 자료에서 확인되지 않는다. 1934년 12월 25일 3원을 성금했다는 기록이 있다.[451]

韓礪良 — 자료에서 확인되지 않는다. 1934년 2월 4일 3원을 성금했다는 기록이 있다.[452]

甲號부락 — 삼등면 상속리에 있던 마을이다. 1934년 2월 4일 3원을 성금했다는 기록이 있다.[453]

金□鎭

〈2원〉

康昇濂 — 자료에서 확인되지 않는다. 1933년 12월 24일 2원을 성금했다는 기록이 있다.[454]

金光道 — 자료에서 확인되지 않는다. 1934년 2월 4일 2원을 성금했다는 기록이 있다.[455]

金秉洙 — 자료에서 확인되지 않는다. 1934년 2월 4일 2원을 성금했다는 기록이 있다.[456]

金成賢 — 자료에서 확인되지 않는다. 1934년 2월 4일 2원을 성금했다는 기록이 있다.[457]

金琇鎭 — 자료에서 확인되지 않는다. 1934년 2월 4일 2원을 성금했다는 기록이 있다.[458]

金應鎬 — 자료에서 확인되지 않는다. 1934년 12월 26일 2원을 성금했다는 기록이 있다.[459]

金益祚 — 1888년 출생으로 본관은 전주이고 호는 愚溪이다. 봉의리에 거주하면

---

451) 『동아일보』 1934.12.25 참조.
452) 『동아일보』 1934.2.4 참조.
453) 『동아일보』 1934.2.4 참조.
454) 『동아일보』 1933.12.24 참조.
455) 『동아일보』 1934.2.4 참조.
456) 『동아일보』 1934.2.4 참조.
457) 『동아일보』 1934.2.4 참조.
458) 『동아일보』 1934.2.4 참조.
459) 『동아일보』 1934.12.26 참조.

서 晚達面長, 三登面長 등을 지냈다.[460) 1934년 12월 26일 2원을 성금했다는 기록이 있다.[461)

金益환－자료에서 확인되지 않는다. 1934년 4월 20일 2원을 성금했다는 기록이 있다.[462)

金龍性－1929년 10월 『동아일보』 강동지국이 설치되자 초대 지국장을 지냈다.[463) 1934년 2월 4일 2원을 성금했다는 기록이 있다.[464)

金重鏞－자료에서 확인되지 않는다. 1933년 12월 24일 2원을 성금했다는 기록이 있다.[465)

金澤鏞－자료에서 확인되지 않는다. 1934년 2월 4일 2원을 성금했다는 기록이 있다.[466)

金瑩根－자료에서 확인되지 않는다. 1933년 12월 26일 2원을 성금했다는 기록이 있다.[467)

盧炳龍－자료에서 확인되지 않는다. 1934년 2월 4일 2원을 성금했다는 기록이 있다.[468)

朴準植－자료에서 확인되지 않는다. 1933년 12월 24일 2원을 성금했다는 기록이 있다.[469)

白樂俊－1883년 출생으로 자는 汝賢, 호는 石隱이다. 河庚의 아들로 太岑里에 살았다.[470) 단군릉수축기성회의 白樂仁과 같은 집안이다. 1934년 1월 19일과 20일에 2원을 성금했다는 기록이 있다.[471) 중복으로 보인다.

白斗庚－1909년 승호면 봉상리 이장을 지냈다. 4월 25일 李太平이 인솔하는 5명

460) 강동군, 1935, 『강동지』 참조.
461) 『동아일보』 1934.12.26 참조.
462) 『동아일보』 1934.4.20 참조.
463) 『동아일보』 1929.10.4 참조.
464) 『동아일보』 1934.2.4 참조.
465) 『동아일보』 1933.12.24 참조.
466) 『동아일보』 1934.2.4 참조.
467) 『동아일보』 1933.12.26 참조.
468) 『동아일보』 1934.2.4 참조.
469) 『동아일보』 1933.12.24 참조.
470) 강동군, 1935, 『강동지』 참조.
471) 『동아일보』 1934.1.19 및 1.20 참조.

이 화승총 4정, 양총 1정을 휴대하고 봉상리를 내습하였다는 내용을 삼
등주재소에 보고하여 순사 楊龍善이 수비대 병사 3명과 함께 주변을 정
찰한 바 있다.[472] 1933년 12월 24일 2원을 성금했다는 기록이 있다.[473]

白斗七 ─ 자료에서 확인되지 않는다. 1933년 12월 24일 2원을 성금했다는 기록
이 있다.[474]

白萬洙 ─ 자료에서 확인되지 않는다. 1934년 12월 15일 2원을 성금했다는 기록
이 있다.[475]

白日奉 ─ 본관은 수원이고 命碩의 아들이다. 삼등면 태령리에서 거주했다. 성품
은 질식하고 관대했다고 한다.[476] 1933년 12월 24일 2원을 성금했다는
기록이 있다.[477]

白彰源 ─ 자료에서 확인되지 않는다. 1934년 3월 17일 2원을 성금했다는 기록이
있다.[478]

邊利善 ─ 자료에서 확인되지 않는다. 1933년 12월 26일 2원을 성금했다는 기록
이 있다.[479]

徐 寬 ─ 자료에서 확인되지 않는다. 1934년 4월 20일 2원을 성금했다는 기록이
있다.[480]

安秉德 ─ 본관은 순흥으로 古鳳里에서 살았다. 농업에 전념하며, 문묘를 奉聖했
다.[481] 1933년 12월 24일 2원을 성금했다는 기록이 있다.[482]

安彌軫 ─ 자료에서 확인되지 않는다. 1933년 12월 24일 2원을 성금했다는 기록
이 있다.[483]

472) 『한국독립운동사자료』 14(의병편Ⅶ), 융희 3년 5월, 평안도, 「暴徒討伐에 關한 狀況
     報告」 참조.
473) 『동아일보』 1933.12.24 참조.
474) 『동아일보』 1933.12.24 참조.
475) 『동아일보』 1934.12.15 참조.
476) 강동군, 1935, 『강동지』 참조.
477) 『동아일보』 1933.12.24 참조.
478) 『동아일보』 1934.3.17 참조.
479) 『동아일보』 1933.12.26 참조.
480) 『동아일보』 1934.4.20 참조.
481) 강동군, 1935, 『강동지』 참조.
482) 『동아일보』 1933.12.24 참조.

吳得贊－자료에서 확인되지 않는다. 1933년 12월 24일 2원을 성금했다는 기록
이 있다.[484]

李德景－자료에서 확인되지 않는다. 1934년 2월 4일 2원을 성금했다는 기록이
있다.[485]

李命煥－자료에서 확인되지 않는다. 1934년 12월 25일 2원을 성금했다는 기록
이 있다.[486]

李尙寬－자료에서 확인되지 않는다. 1934년 2월 4일 2원을 성금했다는 기록이
있다.[487]

李 旭－자료에서 확인되지 않는다. 1934년 4월 20일 2원을 성금했다는 기록이
있다.[488]

李潤賢－자료에서 확인되지 않는다. 1934년 2월 4일 2원을 성금했다는 기록이
있다.[489]

李益善－자료에서 확인되지 않는다. 1934년 12월 25일 2원을 성금했다는 기록
이 있다.[490]

李寅燮－자료에서 확인되지 않는다. 1934년 2월 4일 2원을 성금했다는 기록이
있다.[491]

林貞根－자료에서 확인되지 않는다. 1933년 12월 24일 2원을 성금했다는 기록
이 있다.[492]

林志鉉－자료에서 확인되지 않는다. 1934년 12월 26일 2원을 성금했다는 기록
이 있다.[493]

張大旭－자료에서 확인되지 않는다. 1933년 12월 24일 2원을 성금했다는 기록

483) 『동아일보』 1933.12.24 참조.
484) 『동아일보』 1933.12.24 참조.
485) 『동아일보』 1934.2.4 참조.
486) 『동아일보』 1934.12.25 참조.
487) 『동아일보』 1934.2.4 참조.
488) 『동아일보』 1934.4.20 참조.
489) 『동아일보』 1934.2.4 참조.
490) 『동아일보』 1934.12.25 참조.
491) 『동아일보』 1934.2.4 참조.
492) 『동아일보』 1933.12.24 참조.
493) 『동아일보』 1934.12.26 참조.

이 있다.494)

張翼寅－자료에서 확인되지 않는다. 1933년 12월 26일 2원을 성금했다는 기록
이 있다.495)

張濟民－자료에서 확인되지 않는다. 1934년 12월 15일 2원을 성금했다는 기록
이 있다.496)

張鶴燮－자료에서 확인되지 않는다. 1933년 12월 24일 2원을 성금했다는 기록
이 있다.497)

趙允煥－강동군 삼등분국 기자이다.498) 1934년 12월 26일 2원을 성금했다는 기
록이 있다.499)

朱允濟－자료에서 확인되지 않는다. 1934년 2월 4일 2원을 성금했다는 기록이
있다.500)

表錫正－자료에서 확인되지 않는다. 1934년 1월 19일과 20일에 2원을 성금했다
는 기록이 있다.501) 중복으로 보인다.

表龍三－1877년 출생으로 자는 敬明, 호는 栗圃이다. 鳳南의 아들로 太岑里에
살면서 농업에 전념했다.502) 1934년 1월 19일과 20일에 2원을 성금했
다는 기록이 있다.503) 중복으로 보인다.

韓達學－자료에서 확인되지 않는다. 1934년 4월 20일 2원을 성금했다는 기록이
있다.504)

許 極－자료에서 확인되지 않는다. 1934년 2월 4일 2원을 성금했다는 기록이
있다.505)

---

494) 『동아일보』 1933.12.24 참조.
495) 『동아일보』 1933.12.26 참조.
496) 『동아일보』 1934.12.15 참조.
497) 『동아일보』 1933.12.24 참조.
498) 『동아일보』 1932.5.20 참조.
499) 『동아일보』 1934.12.26 참조.
500) 『동아일보』 1934.2.4 참조.
501) 『동아일보』 1934.1.19 및 1.20 참조.
502) 강동군, 1935, 『강동지』 참조.
503) 『동아일보』 1934.1.19 및 1.20 참조.
504) 『동아일보』 1934.4.20 참조.
505) 『동아일보』 1934.2.4 참조.

玄天龍－자료에서 확인되지 않는다. 1934년 2월 4일 2원을 성금했다는 기록이
있다.[506]

農務會－삼등면 태령리에 있던 농민 단체이다. 1934년 2월 4일 2원을 성금했다
는 기록이 있다.[507]

明和청년회－삼등면 봉래리에 있던 청년단체이다. 1934년 1월 19일과 20일에
2원을 성금했다는 기록이 있다.[508] 중복으로 보인다.

三登農民共生組合－1933년 12월 26일 2원을 성금했다는 기록이 있다.[509]

三登淸育組合－1933년 12월 26일 2원을 성금했다는 기록이 있다.[510]

松石里협동청년회－삼등면 송석리에 있던 청년단체이다. 1934년 2월 4일 2원
을 성금했다는 기록이 있다.[511]

태령청년회－삼등면 태령리에 있던 청년 단체이다. 1934년 2월 4일 2원을 성금
했다는 기록이 있다.[512]

金用□, 金□文, 白□潤

〈1.50원〉

白元昊－자료에서 확인되지 않는다. 1934년 4월 20일 1.50원을 성금했다는 기
록이 있다.[513]

申周瀅－자료에서 확인되지 않는다. 1934년 2월 4일 1.50원을 성금했다는 기록
이 있다.[514]

李弼亮－자료에서 확인되지 않는다. 1933년 12월 25일 1.50원을 성금했다는 기
록이 있다.[515]

張 潤－자료에서 확인되지 않는다. 1934년 4월 20일 1.50원을 성금했다는 기

---

506) 『동아일보』 1934.2.4 참조.
507) 『동아일보』 1934.2.4 참조.
508) 『동아일보』 1934.1.19 및 1.20 참조.
509) 『동아일보』 1933.12.26 참조.
510) 『동아일보』 1933.12.26 참조.
511) 『동아일보』 1934.2.4 참조.
512) 『동아일보』 1934.2.4 참조.
513) 『동아일보』 1934.4.20 참조.
514) 『동아일보』 1934.2.4 참조.
515) 『동아일보』 1933.12.25 참조.

록이 있다.[516]

〈1원〉

高應甲－자료에서 확인되지 않는다. 1934년 4월 20일 1원을 성금했다는 기록이 있다.[517]

金觀奇－자료에서 확인되지 않는다. 1934년 3월 17일 1원을 성금했다는 기록이 있다.[518]

金樂俊－자료에서 확인되지 않는다. 1934년 2월 4일 1원을 성금했다는 기록이 있다.[519]

金藥基－자료에서 확인되지 않는다. 1933년 12월 25일 1원을 성금했다는 기록이 있다.[520] 金樂基의 오기로 추측된다.

金道亨－자료에서 확인되지 않는다. 1934년 12월 26일 1원을 성금했다는 기록이 있다.[521]

金炳耕－자료에서 확인되지 않는다. 1934년 2월 4일 1원을 성금했다는 기록이 있다.[522]

金炳礪－자료에서 확인되지 않는다. 1934년 1월 19일과 20에 1원을 성금했다는 기록이 있다.[523] 중복으로 보인다.

金丙麟－자료에서 확인되지 않는다. 1934년 12월 26일 1원을 성금했다는 기록이 있다.[524]

金炳澤－자료에서 확인되지 않는다. 1934년 2월 4일 1원을 성금했다는 기록이 있다.[525]

金樑奎－자료에서 확인되지 않는다. 1934년 2월 4일 1원을 성금했다는 기록이

---

516) 『동아일보』 1934.4.20 참조.
517) 『동아일보』 1934.4.20 참조.
518) 『동아일보』 1934.3.17 참조.
519) 『동아일보』 1934.2.4 참조.
520) 『동아일보』 1933.12.25 참조.
521) 『동아일보』 1934.12.26 참조.
522) 『동아일보』 1934.2.4 참조.
523) 『동아일보』 1934.1.19 및 1.20 참조.
524) 『동아일보』 1934.12.26 참조.
525) 『동아일보』 1934.2.4 참조.

있다.[526)

金勵燮 — 자료에서 확인되지 않는다. 1934년 1월 19일과 20일에 1원을 성금했다
는 기록이 있다.[527) 중복으로 보인다.

金永洙 — 자료에서 확인되지 않는다. 1934년 2월 4일 1원을 성금했다는 기록이
있다.[528)

金鏞讓 — 자료에서 확인되지 않는다. 1934년 1월 19일과 20일에 1원을 성금했다
는 기록이 있다.[529) 중복으로 보인다.

金應龍 — 자료에서 확인되지 않는다. 1934년 4월 20일 1원을 성금했다는 기록이
있다.[530)

金貞彬 — 자료에서 확인되지 않는다. 1934년 4월 20일 1원을 성금했다는 기록이
있다.[531)

金致奎 — 자료에서 확인되지 않는다. 1934년 2월 4일 1원을 성금했다는 기록이
있다.[532)

文海極 — 자료에서 확인되지 않는다. 1934년 2월 4일 1원을 성금했다는 기록이
있다.[533)

朴吉洙 — 삼등면 청탄리에 거주하며, 농업에 종사했다.[534) 1934년 4월 20일 1원
을 성금했다는 기록이 있다.[535)

朴斗煥 — 자료에서 확인되지 않는다. 1934년 1월 19일과 20일에 1원을 성금했다
는 기록이 있다.[536) 중복으로 보인다.

朴聖翊 — 자료에서 확인되지 않는다. 1934년 2월 4일 1원을 성금했다는 기록이
있다.[537)

---

526) 『동아일보』 1934.2.4 참조.
527) 『동아일보』 1934.1.19 및 1.20 참조.
528) 『동아일보』 1934.2.4 참조.
529) 『동아일보』 1934.1.19 및 1.20 참조.
530) 『동아일보』 1934.4.20 참조.
531) 『동아일보』 1934.4.20 참조.
532) 『동아일보』 1934.2.4 참조.
533) 『동아일보』 1934.2.4 참조.
534) 『동아일보』 1934.4.28 참조.
535) 『동아일보』 1934.4.20 참조.
536) 『동아일보』 1934.1.19 및 1.20 참조.

朴泰鎭 – 자료에서 확인되지 않는다. 1934년 2월 4일 1원을 성금했다는 기록이
　　있다.[538]

朴虎珏 – 자료에서 확인되지 않는다. 1934년 1월 19일과 20일에 1원을 성금했다
　　는 기록이 있다.[539] 중복으로 보인다.

白觀洙 – 자료에서 확인되지 않는다. 1934년 12월 15일 1원을 성금했다는 기록
　　이 있다.[540]

白奎洙 – 자료에서 확인되지 않는다. 1934년 3월 12일 1원을 성금했다는 기록이
　　있다.[541]

白吉洙 – 자료에서 확인되지 않는다. 1934년 12월 15일 1원을 성금했다는 기록
　　이 있다.[542]

白樂範 – 자료에서 확인되지 않는다. 1933년 12월 24일 1원을 성금했다는 기록
　　이 있다.[543] 단군릉수축기성회의 白樂仁과 같은 집안으로 추측된다.

白樂鳳 – 1902년 출생으로 자는 兮周, 호는 得菴이다. 瑞庚의 아들이다. 농업에
　　종사했다.[544] 1934년 2월 4일 1원을 성금했다는 기록이 있다.[545]

白南杰 – 1897년 출생으로 자는 子俊, 호는 松岩이다. 樂賢의 아들로 옥정리에
　　서 살았다. 문묘에 중임을 맡고 있었다.[546] 1934년 12월 15일 1원을
　　성금했다는 기록이 있다.[547]

白東根 – 자료에서 확인되지 않는다. 1934년 12월 15일 1원을 성금했다는 기록
　　이 있다.[548]

白란洙 – 자료에서 확인되지 않는다. 1934년 4월 20일 1원을 성금했다는 기록이

---

537) 『동아일보』 1934.2.4 참조.
538) 『동아일보』 1934.2.4 참조.
539) 『동아일보』 1934.1.19 및 1.20 참조.
540) 『동아일보』 1934.12.15 참조.
541) 『동아일보』 1934.2.4 참조.
542) 『동아일보』 1934.12.15 참조.
543) 『동아일보』 1933.12.24 참조.
544) 강동군, 1935, 『강동지』 참조.
545) 『동아일보』 1934.2.4 참조.
546) 강동군, 1935, 『강동지』 참조.
547) 『동아일보』 1934.12.15 참조.
548) 『동아일보』 1934.12.15 참조.

있다.[549)

白文奎－자료에서 확인되지 않는다. 1933년 12월 24일 1원을 성금했다는 기록
이 있다.[550)] 단군릉수축기성회의 白仁奎과 같은 집안으로 추측된다.

白錫浩－자료에서 확인되지 않는다. 1934년 2월 4일 1원을 성금했다는 기록이
있다.[551)]

白碩熙－자료에서 확인되지 않는다. 1934년 2월 4일 1원을 성금했다는 기록이
있다.[552)]

白承暾－자료에서 확인되지 않는다. 1934년 2월 4일 1원을 성금했다는 기록이
있다.[553)]

白用庚－자료에서 확인되지 않는다. 1934년 2월 4일 1원을 성금했다는 기록이
있다.[554)]

白雲祥－자료에서 확인되지 않는다. 1934년 2월 4일 1원을 성금했다는 기록이
있다.[555)]

白元鵬－자료에서 확인되지 않는다. 1934년 4월 20일 1원을 성금했다는 기록이
있다.[556)]

白現洙－자료에서 확인되지 않는다. 1934년 12월 15일 1원을 성금했다는 기록
이 있다.[557)]

白孝謙－자료에서 확인되지 않는다. 1934년 12월 26일 1원을 성금했다는 기록
이 있다.[558)]

孫昌麟－자료에서 확인되지 않는다. 1934년 1월 19일과 20일에 1원을 성금했다
는 기록이 있다.[559)] 중복으로 보인다.

549) 『동아일보』 1934.4.20 참조.
550) 『동아일보』 1933.12.24 참조.
551) 『동아일보』 1934.2.4 참조.
552) 『동아일보』 1934.2.4 참조.
553) 『동아일보』 1934.2.4 참조.
554) 『동아일보』 1934.2.4 참조.
555) 『동아일보』 1934.2.4 참조.
556) 『동아일보』 1934.4.20 참조.
557) 『동아일보』 1934.12.15 참조.
558) 『동아일보』 1934.12.26 참조.
559) 『동아일보』 1934.1.19 및 1.20 참조.

申敬杰 - 자료에서 확인되지 않는다. 1933년 12월 26일 1원을 성금했다는 기록이 있다.[560]

申祺協 - 자료에서 확인되지 않는다. 1934년 2월 4일 1원을 성금했다는 기록이 있다.[561]

申命鳳 - 자료에서 확인되지 않는다. 1933년 12월 26일 1원을 성금했다는 기록이 있다.[562]

申命和 - 자료에서 확인되지 않는다. 1933년 12월 26일 1원을 성금했다는 기록이 있다.[563]

申秉俊 - 자료에서 확인되지 않는다. 1934년 2월 4일 1원을 성금했다는 기록이 있다.[564]

申鳳杰 - 본관은 평산이고, 자는 成一, 호는 雲菴이다. 錄漢의 아들로 垈里長, 文廟의 重任, 明倫會評議員, 三登面協議員 등을 지냈다. 강동향약을 설립하는데 공이 있었다.[565] 1933년 12월 26일 1원을 성금했다는 기록이 있다.[566]

申麟相 - 자료에서 확인되지 않는다. 1934년 2월 4일 1원을 성금했다는 기록이 있다.[567]

申寅植 - 자료에서 확인되지 않는다. 1934년 2월 4일 1원을 성금했다는 기록이 있다.[568]

申任瀅 - 자료에서 확인되지 않는다. 1933년 12월 26일 1원을 성금했다는 기록이 있다.[569]

元道常 - 자료에서 확인되지 않는다. 1934년 2월 4일 1원을 성금했다는 기록이 있다.[570]

---

560) 『동아일보』 1933.12.26 참조.
561) 『동아일보』 1934.2.4 참조.
562) 『동아일보』 1933.12.26 참조.
563) 『동아일보』 1933.12.26 참조.
564) 『동아일보』 1934.2.4 참조.
565) 강동군, 1935, 『강동지』 참조.
566) 『동아일보』 1933.12.26 참조.
567) 『동아일보』 1934.2.4 참조.
568) 『동아일보』 1934.2.4 참조.
569) 『동아일보』 1933.12.26 참조.

尹錫呂 - 자료에서 확인되지 않는다. 1934년 12월 26일 1원을 성금했다는 기록
이 있다.571)

李景興 - 자료에서 확인되지 않는다. 1934년 2월 4일 1원을 성금했다는 기록이
있다.572)

李國鉉 - 자료에서 확인되지 않는다. 1934년 12월 25일 1원을 성금했다는 기록
이 있다.573)

李基銅 - 자료에서 확인되지 않는다. 1934년 2월 4일 1원을 성금했다는 기록이
있다.574)

李德興 - 자료에서 확인되지 않는다. 1934년 2월 4일 1원을 성금했다는 기록이
있다.575)

李斗彬 - 자료에서 확인되지 않는다. 1934년 4월 20일 1원을 성금했다는 기록이
있다.576)

李斗燦 - 자료에서 확인되지 않는다. 1934년 4월 20일 1원을 성금했다는 기록이
있다.577)

李斗洪 - 1905년 출생으로 承浩의 아들이다. 송가리에서 살았다. 어려서부
터 한학을 수학했다.578) 1934년 4월 20일 1원을 성금했다는 기록
이 있다.579)

李萬一 - 자료에서 확인되지 않는다. 1934년 12월 25일 1원을 성금했다는 기록
이 있다.580)

李命吉 - 자료에서 확인되지 않는다. 1934년 12월 25일 1원을 성금했다는 기록
이 있다.581)

---

570) 『동아일보』 1934.2.4 참조.
571) 『동아일보』 1934.12.26 참조.
572) 『동아일보』 1934.2.4 참조.
573) 『동아일보』 1934.12.25 참조.
574) 『동아일보』 1934.2.4 참조.
575) 『동아일보』 1934.2.4 참조.
576) 『동아일보』 1934.4.20 참조.
577) 『동아일보』 1934.4.20 참조.
578) 강동군, 1935, 『강동지』 참조.
579) 『동아일보』 1934.4.20 참조.
580) 『동아일보』 1934.12.25 참조.

李命烈 ─ 자료에서 확인되지 않는다. 1934년 12월 25일 1원을 성금했다는 기록이 있다.[582]

李福興 ─ 자료에서 확인되지 않는다. 1934년 2월 4일 1원을 성금했다는 기록이 있다.[583]

李尙竹 ─ 자료에서 확인되지 않는다. 1934년 2월 4일 1원을 성금했다는 기록이 있다.[584]

李聖鶴 ─ 자료에서 확인되지 않는다. 1933년 12월 25일 1원을 성금했다는 기록이 있다.[585]

李昇濂 ─ 자료에서 확인되지 않는다. 1934년 12월 26일 1원을 성금했다는 기록이 있다.[586]

李升一 ─ 자료에서 확인되지 않는다. 1934년 12월 25일 1원을 성금했다는 기록이 있다.[587]

李承協 ─ 1874년 출생으로 秉五의 아들이다. 송가리에서 살았다. 농사를 지으면서 집안에서 아이들을 가르쳤다.[588] 1934년 4월 20일 1원을 성금했다는 기록이 있다.[589]

李承浩 ─ 자료에서 확인되지 않는다. 1934년 4월 20일 1원을 성금했다는 기록이 있다.[590]

李龍一 ─ 자료에서 확인되지 않는다. 1934년 12월 25일 1원을 성금했다는 기록이 있다.[591]

李元一 ─ 자료에서 확인되지 않는다. 1933년 12월 26일 1원을 성금했다는 기록이 있다.[592]

---

581) 『동아일보』 1934.12.25 참조.
582) 『동아일보』 1934.12.25 참조.
583) 『동아일보』 1934.2.4 참조.
584) 『동아일보』 1934.2.4 참조.
585) 『동아일보』 1933.12.25 참조.
586) 『동아일보』 1934.12.26 참조.
587) 『동아일보』 1934.12.25 참조.
588) 강동군, 1935, 『강동지』 참조.
589) 『동아일보』 1934.4.20 참조.
590) 『동아일보』 1934.4.20 참조.
591) 『동아일보』 1934.12.25 참조.

李貞赫-자료에서 확인되지 않는다. 1934년 4월 20일 1원을 성금했다는 기록이
있다.593)

李瓚亨-자료에서 확인되지 않는다. 1934년 2월 4일 1원을 성금했다는 기록이
있다.594)

李昌根-자료에서 확인되지 않는다. 1934년 4월 20일 1원을 성금했다는 기록이
있다.595)

李昌範-자료에서 확인되지 않는다. 1934년 4월 20일 1원을 성금했다는 기록이
있다.596)

李致黙-자료에서 확인되지 않는다. 1933년 12월 26일 1원을 성금했다는 기록
이 있다.597)

李煥一-자료에서 확인되지 않는다. 1934년 4월 20일 1원을 성금했다는 기록이
있다.598)

李孝傳-1908년 출생으로 자는 三勇, 호는 沙雲이다. 恒敏의 아들이다. 沙灘里
에 거주하였다. 한문을 숙공하였고, 실업에 종사했는데, 강동군에서 청
년계의 중진으로 평가받았다.599) 1934년 4월 20일 1원을 성금했다는
기록이 있다.600)

李熙濟-자료에서 확인되지 않는다. 1934년 2월 4일 1원을 성금했다는 기록이
있다.601)

田宅殷-자료에서 확인되지 않는다. 1934년 1월 19일과 20일에 1원을 성금했다
는 기록이 있다.602) 중복으로 보인다.

鄭時黙-자료에서 확인되지 않는다. 1934년 12월 25일 1원을 성금했다는 기록

592) 『동아일보』 1933.12.26 참조.
593) 『동아일보』 1934.4.20 참조.
594) 『동아일보』 1934.2.4 참조.
595) 『동아일보』 1934.4.20 참조.
596) 『동아일보』 1934.4.20 참조.
597) 『동아일보』 1933.12.26 참조.
598) 『동아일보』 1934.4.20 참조.
599) 강동군, 1935, 『강동지』 참조.
600) 『동아일보』 1934.4.20 참조.
601) 『동아일보』 1934.2.4 참조.
602) 『동아일보』 1934.1.19 및 1.20 참조.

이 있다.603)

趙光彦－자료에서 확인되지 않는다. 1934년 4월 20일 1원을 성금했다는 기록이
있다.604)

趙明雲－자료에서 확인되지 않는다. 1934년 12월 26일 1원을 성금했다는 기록
이 있다.605)

朱元植－자료에서 확인되지 않는다. 1934년 2월 4일 1원을 성금했다는 기록이
있다.606)

朱炫文－자료에서 확인되지 않는다. 1934년 12월 26일 1원을 성금했다는 기록
이 있다.607)

崔洛彦－자료에서 확인되지 않는다. 1934년 2월 4일 1원을 성금했다는 기록이
있다.608)

崔元景－자료에서 확인되지 않는다. 1934년 2월 4일 1원을 성금했다는 기록이
있다.609)

崔正華－자료에서 확인되지 않는다. 1934년 2월 4일 1원을 성금했다는 기록이
있다.610)

表寬輔－자료에서 확인되지 않는다. 1934년 12월 25일 1원을 성금했다는 기록
이 있다.611)

表浣萬－자료에서 확인되지 않는다. 1934년 12월 25일 1원을 성금했다는 기록
이 있다.612)

表用聖－자료에서 확인되지 않는다. 1934년 2월 4일 1원을 성금했다는 기록이
있다.613)

603) 『동아일보』 1934.12.25 참조.
604) 『동아일보』 1934.4.20 참조.
605) 『동아일보』 1934.12.26 참조.
606) 『동아일보』 1934.2.4 참조.
607) 『동아일보』 1934.12.26 참조.
608) 『동아일보』 1934.2.4 참조.
609) 『동아일보』 1934.2.4 참조.
610) 『동아일보』 1934.2.4 참조.
611) 『동아일보』 1934.12.25 참조.
612) 『동아일보』 1934.12.25 참조.
613) 『동아일보』 1934.2.4 참조.

表濟煥 - 자료에서 확인되지 않는다. 1934년 2월 4일 1원을 성금했다는 기록이
있다.[614]

韓承祐 - 자료에서 확인되지 않는다. 1934년 12월 26일 1원을 성금했다는 기록
이 있다.[615]

黃彩元 - 자료에서 확인되지 않는다. 1934년 2월 4일 1원을 성금했다는 기록이
있다.[616]

黃學洙 - 黃基守, 李基磻 등과 함께 비용을 부담하여 봉래리에 鳳來學院을 신설
하고, 교사 鄭釆鉉을 초빙하여 주야간으로 학교를 운영하였다.[617]
1934년 1월 19일과 20일에 1원을 성금했다는 기록이 있다.[618] 중복으
로 보인다.

嚴村소년회 - 삼등면 봉래리에 있던 소년 단체이다. 1934년 1월 19일과 20일에
1원을 성금했다는 기록이 있다.[619] 중복으로 보인다.

金益□, 白南□, 白□洙, 徐承□, 李斗·□, 李允□, 李泰□, 張□淵, 張基□

〈0.50원〉

朴永根

〈0.30원〉

白樂三

〈0.10원〉

東明義塾生徒 白璘永·白樂璜·白南瑩

〈0.05원〉

白永杰·崔萬浩·李興澤·白南辰·白□玉·申聖三·金相益·白斗南·白雲深·申在

---

614) 『동아일보』 1934.2.4 참조.
615) 『동아일보』 1934.12.26 참조.
616) 『동아일보』 1934.2.4 참조.
617) 『동아일보』 1927.5.13 참조.
618) 『동아일보』 1934.1.19 및 1.20 참조.
619) 『동아일보』 1934.1.19 및 1.20 참조.

祐·邊用楫·李允相·白璿永·白□永·尹正爕·白瑜永·白玩永·崔永爕·白琓永·白東夏·白秉愛·白珞永·白德永·白玉永·白致永

강동군 원탄면

〈50원〉

李天旭－자료에서 확인되지 않는다. 1934년 4월 6일 50원을 성금했다는 기록이 있다.[620]

〈15원〉

金始煥－자료에서 확인되지 않는다. 1934년 4월 28일 15원을 성금했다는 기록이 있다.[621]

〈10원〉

李復爕－1897년 출생이다. 자는 德輔, 호는 海菴이다. 桓昊의 아들로 文隅里에 거주했다. 文廟齋長, 學校評議員, 元灘面協議員 등을 지냈다.[622] 1934년 4월 28일 7원,[623] 1935년 7월 30일 10원을 성금했다는 기록이 있다.[624] 중복으로 보인다.

李正旭－자료에서 확인되지 않는다. 1934년 4월 26일 10원을 성금했다는 기록이 있다.[625]

□江章

〈5원〉

李明郁－자료에서 확인되지 않는다. 1934년 4월 28일 5원을 성금했다는 기록이

620) 『동아일보』 1935.4.6 참조.
621) 『동아일보』 1934.4.28 참조.
622) 강동군, 1935, 『강동지』 참조.
623) 『동아일보』 1934.4.28 참조.
624) 『동아일보』 1935.7.30 참조.
625) 『동아일보』 1935.4.26 참조.

있다.[626)

李鳳夏－자료에서 확인되지 않는다. 1934년 4월 28일 5원을 성금했다는 기록이
있다.[627)

張允洪－자료에서 확인되지 않는다. 1934년 4월 6일 5원을 성금했다는 기록이
있다.[628)

〈3원〉

金翼祚－자료에서 확인되지 않는다. 1934년 4월 6일 3원을 성금했다는 기록이
있다.[629)

徐敬燁－자료에서 확인되지 않는다. 1935년 4월 26일 3원을 성금했다는 기록이
있다.[630)

李龍俊－자료에서 확인되지 않는다. 1934년 4월 6일 3원을 성금했다는 기록이
있다.[631)

李洪洙－자료에서 확인되지 않는다. 1934년 4월 26일 3원을 성금했다는 기록이
있다.[632)

張國煥－자료에서 확인되지 않는다. 1934년 4월 6일 3원을 성금했다는 기록이
있다.[633)

〈2원〉

康亨祚－자료에서 확인되지 않는다. 1934년 4월 6일 2원을 성금했다는 기록이
있다.[634)

金成一－자료에서 확인되지 않는다. 1934년 4월 6일 2원을 성금했다는 기록이
있다.[635)

---

626) 『동아일보』 1934.4.28 참조.
627) 『동아일보』 1934.4.28 참조.
628) 『동아일보』 1935.4.6 참조.
629) 『동아일보』 1935.4.6 참조.
630) 『동아일보』 1935.4.26 참조.
631) 『동아일보』 1935.4.6 참조.
632) 『동아일보』 1935.4.26 참조.
633) 『동아일보』 1935.4.6 참조.
634) 『동아일보』 1935.4.6 참조.

金利南 - 자료에서 확인되지 않는다. 1934년 4월 6일 2원을 성금했다는 기록이
있다.636)

金鎬鶴 - 자료에서 확인되지 않는다. 1934년 4월 28일 2원을 성금했다는 기록이
있다.637)

徐相周 - 자료에서 확인되지 않는다. 1934년 4월 6일 2원을 성금했다는 기록이
있다.638)

安利鎭 - 자료에서 확인되지 않는다. 1934년 4월 6일 2원을 성금했다는 기록이
있다.639)

李世澤 - 자료에서 확인되지 않는다. 1934년 4월 6일 2원을 성금했다는 기록이
있다.640)

李用善 - 자료에서 확인되지 않는다. 1934년 4월 28일 2원을 성금했다는 기록이
있다.641)

李鼎實 - 자료에서 확인되지 않는다. 1934년 7월 3일 2원을 성금했다는 기록이
있다.642)

李貞욱 - 자료에서 확인되지 않는다. 1934년 4월 26일 2원을 성금했다는 기록이
있다.643)

趙均洙 - 자료에서 확인되지 않는다. 1934년 4월 6일 2원을 성금했다는 기록이
있다.644)

崔東奎 - 자료에서 확인되지 않는다. 1934년 4월 28일 2원을 성금했다는 기록이
있다.645)

黃君南 - 자료에서 확인되지 않는다. 1934년 4월 24일 2원을 성금했다는 기록이

---

635) 『동아일보』 1935.4.6 참조.
636) 『동아일보』 1935.4.6 참조.
637) 『동아일보』 1934.4.28 참조.
638) 『동아일보』 1935.4.6 참조.
639) 『동아일보』 1935.4.6 참조.
640) 『동아일보』 1935.4.6 참조.
641) 『동아일보』 1934.4.28 참조.
642) 『동아일보』 1934.7.3 참조.
643) 『동아일보』 1935.4.26 참조.
644) 『동아일보』 1935.4.6 참조.
645) 『동아일보』 1934.4.28 참조.

있다.[646)

黃駿穆－자료에서 확인되지 않는다. 1934년 4월 28일 2원을 성금했다는 기록이 있다.[647)

〈1.50원〉

金容觀－자료에서 확인되지 않는다. 1934년 4월 6일 1.50원을 성금했다는 기록이 있다.[648)

李性淳－자료에서 확인되지 않는다. 1934년 4월 26일 1.50원을 성금했다는 기록이 있다.[649)

李恩燮－자료에서 확인되지 않는다. 1934년 4월 26일 1.50원을 성금했다는 기록이 있다.[650)

李日煥－자료에서 확인되지 않는다. 1934년 4월 28일 1.50원을 성금했다는 기록이 있다.[651)

李昌根－자료에서 확인되지 않는다. 1934년 4월 26일 1.50원을 성금했다는 기록이 있다.[652)

李桓哲－자료에서 확인되지 않는다. 1934년 4월 28일 1.50원을 성금했다는 기록이 있다.[653)

〈1원〉

金啓三－자료에서 확인되지 않는다. 1934년 3월 17일 1원을 성금했다는 기록이 있다.[654)

金東奭－자료에서 확인되지 않는다. 1934년 4월 6일 1원을 성금했다는 기록이 있다.[655)

---

646) 『동아일보』 1934.4.24 참조.
647) 『동아일보』 1934.4.28 참조.
648) 『동아일보』 1935.4.6 참조.
649) 『동아일보』 1934.4.26 참조.
650) 『동아일보』 1934.4.26 참조.
651) 『동아일보』 1934.4.28 참조.
652) 『동아일보』 1934.4.26 참조.
653) 『동아일보』 1934.4.28 참조.
654) 『동아일보』 1934.3.17 참조.

金呂燮－자료에서 확인되지 않는다. 1934년 3월 17일 1원을 성금했다는 기록이
있다.656)

金永夔－자료에서 확인되지 않는다. 1934년 3월 30일 1원을 성금했다는 기록이
있다.657)

金益財－자료에서 확인되지 않는다. 1934년 3월 30일 1원을 성금했다는 기록이
있다.658)

金仁洪－자료에서 확인되지 않는다. 1934년 3월 17일 1원을 성금했다는 기록이
있다.659)

金載洙－자료에서 확인되지 않는다. 1934년 4월 28일 1원을 성금했다는 기록이
있다.660)

金贊善－자료에서 확인되지 않는다. 1934년 3월 17일 1원을 성금했다는 기록이
있다.661)

金贊澤－자료에서 확인되지 않는다. 1934년 3월 17일 1원을 성금했다는 기록이
있다.662)

金學洙－자료에서 확인되지 않는다. 1934년 4월 6일 1원을 성금했다는 기록이
있다.663)

金亨道－자료에서 확인되지 않는다. 1934년 4월 28일 1원을 성금했다는 기록이
있다.664)

孟贊玉－자료에서 확인되지 않는다. 1934년 4월 6일 1원을 성금했다는 기록이
있다.665)

文斗寬－자료에서 확인되지 않는다. 1934년 4월 6일 1원을 성금했다는 기록이

---

655) 『동아일보』 1935.4.6 참조.
656) 『동아일보』 1934.3.17 참조.
657) 『동아일보』 1934.3.30 참조.
658) 『동아일보』 1934.3.30 참조.
659) 『동아일보』 1934.3.17 참조.
660) 『동아일보』 1934.4.28 참조.
661) 『동아일보』 1934.3.17 참조.
662) 『동아일보』 1934.3.17 참조.
663) 『동아일보』 1935.4.6 참조.
664) 『동아일보』 1934.4.28 참조.
665) 『동아일보』 1935.4.6 참조.

있다.[666)]

文昌善 – 자료에서 확인되지 않는다. 1934년 3월 30일 1원을 성금했다는 기록이
있다.[667)]

朴承煥 – 자료에서 확인되지 않는다. 1934년 3월 30일, 4월 20일 각기 1원을 성
금했다는 기록이 있다.[668)] 중복으로 보인다.

徐相範 – 자료에서 확인되지 않는다. 1935년 4월 26일 1원을 성금했다는 기록이
있다.[669)]

孫光祖 – 자료에서 확인되지 않는다. 1934년 4월 28일 1원을 성금했다는 기록이
있다.[670)]

孫龍祖 – 자료에서 확인되지 않는다. 1934년 4월 28일 1원을 성금했다는 기록이
있다.[671)]

宋君河 – 자료에서 확인되지 않는다. 1934년 3월 30일 1원을 성금했다는 기록이
있다.[672)]

劉鉉鎬 – 자료에서 확인되지 않는다. 1934년 4월 6일 1원을 성금했다는 기록이
있다.[673)]

尹浩燮 – 자료에서 확인되지 않는다. 1934년 4월 6일 1원을 성금했다는 기록이
있다.[674)]

李景澤 – 자료에서 확인되지 않는다. 1934년 4월 6일 1원을 성금했다는 기록이
있다.[675)]

李寬植 – 자료에서 확인되지 않는다. 1934년 3월 17일 1원을 성금했다는 기록이
있다.[676)]

---

666) 『동아일보』 1935.4.6 참조.
667) 『동아일보』 1934.3.30 참조.
668) 『동아일보』 1934.3.30 및 4.20 참조.
669) 『동아일보』 1935.4.26 참조.
670) 『동아일보』 1934.4.28 참조.
671) 『동아일보』 1934.4.28 참조.
672) 『동아일보』 1934.3.30 참조.
673) 『동아일보』 1935.4.6 참조.
674) 『동아일보』 1935.4.6 참조.
675) 『동아일보』 1935.4.6 참조.
676) 『동아일보』 1934.3.17 참조.

李光燮 – 자료에서 확인되지 않는다. 1934년 4월 28일 1원을 성금했다는 기록이 있다.[677]

李光澤 – 자료에서 확인되지 않는다. 1934년 4월 6일 1원을 성금했다는 기록이 있다.[678]

李東禼 – 자료에서 확인되지 않는다. 1934년 4월 28일 1원을 성금했다는 기록이 있다.[679]

李銅淵 – 자료에서 확인되지 않는다. 1934년 4월 6일 1원을 성금했다는 기록이 있다.[680]

李得烈 – 자료에서 확인되지 않는다. 1934년 4월 28일 1원을 성금했다는 기록이 있다.[681]

李萬祚 – 자료에서 확인되지 않는다. 1934년 4월 26일 1원을 성금했다는 기록이 있다.[682]

李夢珏 – 자료에서 확인되지 않는다. 1934년 4월 6일 1원을 성금했다는 기록이 있다.[683]

李秉華 – 자료에서 확인되지 않는다. 1934년 3월 30일 1원을 성금했다는 기록이 있다.[684]

李尙煥 – 자료에서 확인되지 않는다. 1934년 4월 6일 1원을 성금했다는 기록이 있다.[685]

李善根 – 자료에서 확인되지 않는다. 1934년 3월 30일 1원을 성금했다는 기록이 있다.[686]

李善朝 – 자료에서 확인되지 않는다. 1934년 1월 19일과 20일에 1원을 성금했다

---

677) 『동아일보』 1934.4.28 참조.
678) 『동아일보』 1935.4.6 참조.
679) 『동아일보』 1934.4.28 참조.
680) 『동아일보』 1935.4.6 참조.
681) 『동아일보』 1934.4.28 참조.
682) 『동아일보』 1935.4.26 참조.
683) 『동아일보』 1935.4.6 참조.
684) 『동아일보』 1934.3.30 참조.
685) 『동아일보』 1935.426 참조.
686) 『동아일보』 1934.3.30 참조.

는 기록이 있다.687) 중복으로 보인다.

李善夏 - 자료에서 확인되지 않는다. 1934년 4월 28일 1원을 성금했다는 기록이
있다.688)

李成祐 - 자료에서 확인되지 않는다. 1934년 4월 6일 1원을 성금했다는 기록이
있다.689)

李昇龍 - 자료에서 확인되지 않는다. 1934년 4월 26일 1원을 성금했다는 기록이
있다.690)

李陽燮 - 자료에서 확인되지 않는다. 1935년 7월 30일 1원을 성금했다는 기록이
있다.691)

李永夏 - 자료에서 확인되지 않는다. 1934년 4월 26일 1원을 성금했다는 기록이
있다.692)

李龍淑 - 자료에서 확인되지 않는다. 1934년 4월 26일 1원을 성금했다는 기록이
있다.693)

李龍海 - 자료에서 확인되지 않는다. 1934년 4월 6일 1원을 성금했다는 기록이
있다.694)

李雲奎 - 자료에서 확인되지 않는다. 1934년 3월 17일 1원을 성금했다는 기록이
있다.695)

李雄祿 - 자료에서 확인되지 않는다. 1934년 4월 26일 1원을 성금했다는 기록이
있다.696)

李元泰 - 숙천보통학교, 숙천관동심상소학교, 양덕용계심상소학교의 훈도
로 李元泰가 확인되는데,697) 자세한 것은 알 수 없다. 1934년 1

---

687) 『동아일보』 1934.1.19 및 1.20 참조.
688) 『동아일보』 1934.4.28 참조.
689) 『동아일보』 1935.4.6 참조.
690) 『동아일보』 1935.4.26 참조.
691) 『동아일보』 1935.7.30 참조.
692) 『동아일보』 1935.4.26 참조.
693) 『동아일보』 1935.4.26 참조.
694) 『동아일보』 1935.4.6 참조.
695) 『동아일보』 1934.3.17 참조.
696) 『동아일보』 1935.4.26 참조.
697) 『조선총독부및소속관서직원록』 1937~39년도 참조.

월 19일과 20일에 1원을 성금했다는 기록이 있다.[698] 중복으로 보인다.

李殷淳 — 자료에서 확인되지 않는다. 1934년 4월 28일 1원을 성금했다는 기록이 있다.[699]

李仁淳 — 자료에서 확인되지 않는다. 1934년 1월 19일과 20일에 1원을 성금했다는 기록이 있다.[700] 중복으로 보인다.

李昌實 — 자료에서 확인되지 않는다. 1934년 4월 6일 1원을 성금했다는 기록이 있다.[701]

李昌煥 — 자료에서 확인되지 않는다. 1934년 4월 6일 1원을 성금했다는 기록이 있다.[702]

林益穆 — 자료에서 확인되지 않는다. 1934년 4월 6일 1원을 성금했다는 기록이 있다.[703]

林虎涉 — 자료에서 확인되지 않는다. 1934년 4월 6일 1원을 성금했다는 기록이 있다.[704]

田井珏 — 자료에서 확인되지 않는다. 1934년 3월 17일 1원을 성금했다는 기록이 있다.[705]

田井範 — 자료에서 확인되지 않는다. 1934년 3월 17일 1원을 성금했다는 기록이 있다.[706]

趙文和 — 자료에서 확인되지 않는다. 1934년 3월 17일 1원을 성금했다는 기록이 있다.[707]

崔寅衡 — 자료에서 확인되지 않는다. 1934년 4월 28일 1원을 성금했다는 기록이

---

698) 『동아일보』 1934.1.19 및 1.20 참조.
699) 『동아일보』 1934.4.28 참조.
700) 『동아일보』 1934.1.19 및 1.20 참조.
701) 『동아일보』 1935.4.6 참조.
702) 『동아일보』 1935.4.6 참조.
703) 『동아일보』 1935.4.6 참조.
704) 『동아일보』 1935.4.6 참조.
705) 『동아일보』 1934.3.17 참조.
706) 『동아일보』 1934.3.17 참조.
707) 『동아일보』 1934.3.17 참조.

있다.[708]

韓成根－자료에서 확인되지 않는다. 1934년 4월 6일 1원을 성금했다는 기록이 있다.[709]

韓就賢－자료에서 확인되지 않는다. 1934년 4월 6일 1원을 성금했다는 기록이 있다.[710]

金□洪, 文□俊, 李□燮

〈0.50원〉

尹尙奎·李陽燮·鄭元□·吳成건·金壽岩·金秉箕·許□·金利洙·李根範·李聖珏·文德洙·金用聲·李萬培·丁泰淳·金濟敬·安虎涉·金鼎敎·金光赫·金燦壽·張景模·李龍熏·金俊泰·李東燁·金在鶴·金鳳鎭·金泰觀·金顯永·劉元鎭·李如篡·金駿聲·鄭斗玉·楊秉燮·白泰亨·金□□·金秉三·李用燁·李榮燁·李夏杰·李稷煥·李恒긍·金東奎·鄭인弘·金利天·金화·金益永·李得燁·黃炳順·金光爀·金元植·金秉洙·鄭인赫·李漢述·朴陽珍·金永淑·許□·金聖煥·金鎬瑞·金鉉燮·丕秉□·鄭達□·金珍三·徐澤俊·趙澄英·張明煥·金一範, 金炳道, 金鐸□·朱應南·朱極南, 田裁耕, 李雲成·田喜雨·金聖洪·田井洪·李雲興·金明燮, 李秉源, 李桓裕·李基珽, 金柄禧, 李炳燮, 金元夔·金鳳夔·李弼喬·宋基賢·金得斗

〈0.30원〉

金永河·李永源·韓明邊·金達成·安昌□·金永杰·白□찬·李鼎煥·李善吉·鄭龍彦·李裕澤·劉德鎬·黃炳國·崔永□·金在官·白道三·鄭東殷·高允吉·任錫老·金東敎·朱鳳杰·金允杰·兪啓仁·金賢□·李錫□·李桓京·李用熙·金善玉·崔□夏, 金得弼

〈0.20원〉

千利根·林文永·金炳□·徐□成·白日鳳·石松木·金萬吉·南星軫·李聖명·黃泰敬·吳希□·黃泰彬·李夏楨·孫順甲·安興俊·金祥현·李致順·趙正洙·李根燮·李英煥·庚錫九·金昌化·洪寬洪·林□穆·李周煥·黃□燦·趙炳杰·李德用

---

708)『동아일보』 1934.4.28 참조.
709)『동아일보』 1935.4.6 참조.
710)『동아일보』 1935.4.6 참조.

〈0.10원〉

金貞洙·李永根·文在福·李元鎭·金文吉·金丙熙·趙基元·金秉五·金秉九·白敬濟,　李雲鎭·黃泰範·崔基丁·鄭東周·李鎭根·李元奎·玄鳳奎·林昌道·李龍雲·金昌健·金在彬·李仁盛·張基鉉·崔如京·李相楨·李鎬烈·李鳳實·張時岩·李弼昌·金時德·崔明吉·李炳均·李達權·李山銅·金元奎·金文河·劉基福·許贊鎰·黃大應·趙啓榮·李元□·李東淳·朴元三·李桂燮·黃泰淑·康元祐·洪利根·朴仁根·李仁根·金貞玉·尹洪玉·白珍俊·崔鎭泰·金元燮·金炳植·朴仁根·金吉善·金昌信·朴景洙·李雲淳·李在洙·李鳳燁·李雲基·方亨國·李觀珍·崔□華·朴應律·桂翊守·鄭亨容·李光鉉·黃河龍·洪淳坤·朱泰基·李日萬·李見福·田應俊·李在完·李仁昌·金重植·李培雲·金俊八·桂鳳來·林鳳官·鄭鳳熏·朴元甫·李山干·尹相泰·金敬述·崔泰範·金雲國·李貞基·張濟根·李時昌·李錫德·李東勖·張仁浩·洪敬植·朴斗炳·金元植·崔相俊·李鳳德·尹重俊·金勳南·金亨彬·朴基□·金熙燁·田昌祚·白燦根·金七星·金冕錫·朱東植·金基錫·文在祿·許俊·金龍錫·高應基·李元華·朴泰鎭·李炳桓·李炳道·李貞茂·李成杰·李元龍·崔仁浩·黃慶·金炳淳·高斗赫·金甲根·林利善·李炳律·李永□·李用吉·文鳳官·金鴻敎·李在郡·宋在奎·金敬植·朴炳俊·金善柱·李陽燮·石鳳俊·田亨俊·白奎用·李在□·李士民·黃祥燮·宋面在·金聖龍·李元奎·張正祿·禹河喆·朴在熙·金思源·金元順·李成珏·石宗華·金成七·金承南·李用觀·禹尙弼·石基荒·禹恒述·盧元榮·韓公根·李桂燮·李淳八·田振八·劉泰浩·李用八·李用寬·金成弼·李炳洙·康殷濬·李東□·朴尙烈·宋昌奎·吳貞柱·尹貞龍·李宗學·金敎京·尹基浩·宋炳殷·李昌奎·李基澤,　趙信賢·尹基寶·金允錫·金利鉉·尹義貞·張明鎬·金麟壽·金鏞國·韓基烈·金成濟·金鳳敎·車聖德·白贊玉·朴致善·朴基覃·李炳植·尹錫吉·金仁浩·崔海弼·金瀅涉·石龍俊·金龍日·李鎭洙·李永七·李基八·吳利柱·李龍成·宋承興·車寅根·李春甫·韓炳高·金利洙·金致章·金應珏·韓道亨·金鉉奎·趙胡津·李道弼·金志浩·盧淵洙·高應龍·李正根·金贊述·韓京燁·朱達汝·金仁盛·金允浩·李光俊·李泰柱·金永友·李宗學·金鳳祚·李陽善·金箕兄·李基華·禹俊燮·金益烈·金寬淑·金德河·申敬植·李宗順·李用寬·金學元·洪淳赫·李善錫·李應浩·金在億·朴聖國·李炳洙·黃承山·黃道贊·金應基·申義福·金道益·金錫萬·金龍瑞·金元浩·車大津·高應聲·金仁夾·金享觀·李呂球·鄭祥洙·李鳳린·李炳津·李相根·金鳳旻·金鎭淳·崔士鍾·李德龍·李成伯·韓明洙·金允玉·白寬俊·金龍澤·李萬赫·朴

旻敬·金士俊·金麗洙·李祥薑·文應祥·吳培弘·申錫均·吳鶴亨·金□걸·金士吉·金吉福·吳瀅燮·盧化德·李基善·李鳳錫·李國元·朴文贊·李鎭西·鄭日模·咸完鳳·李萬根·金尙玉·李京洙·姜雲龍·李炳鳳·金贊文·曹振生·金光鉉·韓成雲·李相鎭·金炳玉·李尙祿·金淳五·朴昌順·禹弘合·李洪錫·金明山·朴永遠·李東津·金奉淳·李正華·玄信奎·白大吉·白基益·金浩元·朴炳熏·朴振孝·朴永植·黃基澤·李履燮·鄭時烈·張國煥·吳泰柱·金貞龍·鄭致三·許德淳·李俊盛·洪相樹·崔允燦·金鎬善·丁學述·鄭文□·金通仙·金龍雲·朴學根·韓炳瑞·咸宅柱·洪江□·李昌린·金永俊·吳培淳·金萬奎·王仁洽·鄭益賢·洪竹根·金明奎·金益章·金昌德·金柱浹·金應聲·朴□煥·李□吉·車仁錫·林基賢·金丁一·文昌周·韓炳斗·盧五奉·白基俊·元用□·李一南·金廷洙·金泰鉉·張鎭國·白德彬·朱洛奎·崔鼎寬·韓亨奎·金舜孝·朴吉權·李致景·劉鳳錫·李仁杰·李東玉·李在甫·李明元·崔鎭商·李炳于·金龍淳·張利乾·朴能煥·吉錫基·李英·尹奎赫·李允基·朴雲善·白應八·奉斗□·金光允·朴元亨·金在鉉·高斗旻·張仁謙·金益濟·李鍾三·趙基一·李濟成·崔國昇·尹致貞·金昌龍·李正澤·金□馥·朴禹河·李春英·朴日三·金龍洙·李成吉·朴孝德·高應麗·崔亨泰·高德泰·韓成祿·金昌善·邊龍彩·李炳善·李根·金中永·金昌洙·李永福·許官淳·金永契·金京源·李仁郁·李鴻基·金大錫·張弘斗·李致康·尹相益·李貞盛·金中萬·李鎔相·李雲相·盧錫貞·盧致龜·金壽用·田亨俊·金利元·朴基弼·薛珍載·李鼎雲·金文濟·康永鎭·朴基龍·咸益培·金貞五·李俊淳·洪翊龍·李如用·尹利在·李稷栅·吳國泰·韓炳呂·李在吉·金永福·高□春·鄭玉洙·金大用·金壽億·許基丁·文應祿·金達鉉·李時喆·崔如□·金鑌用·朴基河·金福來·李基弘·金龍錫·李麟基·金應洙·玄昌□·尹得福·李龍三·金巨國·金鳳孫·李相股·金成福·金國甫·李成玉·李鶴洽·丕□善·金武聖·尹大□·李錫□·金基弘·李德善·康元俊·李夏奎·李英春·黃學柱·劉基福·康七寬·李泰植·金在天·金甫石·朴殷遵·金炳赫·金一振·金昌洙·李基芳·金淳禹·李應呂·金秀權·李炳鉉·黃丙龍·朴世華·李宗河·崔康稷·金基丁·崔允豪·高應厚·朴聖雲·崔達成·白樂根·金最善·吳熙泰·徐相煥·李正鎬·金允協·金義植·李觀燮·金俊善·康用善·許三·李文成·金聖康·洪秉漢·李明珍·金文七·洪一燮·崔允杰·金東杰·李成根·李鎬奎·崔元珍·崔光烈·金仁善·韓大官·尹萬福·朴永澤·金萬大·李斗範·金德奎·金有信·洪志穆·林陽根·朴貞夏·金德模·林秉模·金寬祐·徐元祿·金永萬·金孝信·朱在權·金龍洙·金永斗·金連玉·田明俊·朴泰仁·李光濟·李寶花·金炳燁·金春華·洪贊植·韓德鉉·金昌洙·李亨根·張吉龍·李永贊·金學俊·朴基燦·金

用燮·朱元孫·李燦·李賢斌·白允九·夜應善·李相俊·金永린·朴一鳳·金明杰·李基勳·丁元益·李泰元·金洛河·崔宗彬·張雲峰·李元淳·李用奎·康承俊·金致道·韓弼奎, 金賢釣·李福文·朴炳柱·金昌鳳·張昌杰·金秉祿·金仁善·奉昌□·石光淳·李元銅·朴京西·李日□·金士杰·李載丁·金文德·羅俊吉·韓弼淳·金光□·李在成·任孝淳·韓用□·金寬涉·高斗□·李□澤·朴士杰·朴泰鎭·朱炳鶴·金恒穆·鄭想道·黃根河·金俊杰·李龍□·金張福·張德範·金弼洪·李□□·白成煥·李□린·趙日彬·崔永燁·金光晚·趙允玉·李善玉·尹元吉·朴基君·金學觀·李基文·金俊德·金□□·金允澤·金壽一·申永錫·田大英·李□河·郭永燁·李宗郁·白時泰·崔用夏·李應三·金振成·李基導·韓鎬鉉·張日燮·金昌淳·李龍孫·尹春奎·丕基容·金根洙·金□赫·金成國·白鎬燮·徐鎭淳·金基善·金鼎華·白日贊·趙元國·李成元·崔昌洙·玄昌道·李賢燮·朴日甫·金玄八·李仁燮·李應京·朴明洙·李貞洙·孔承煥·金龍德·金□浩·吳在甫·柳鳳鉉·金□黃·金星德·尹化洙·黃國□·尹鳳三·李永린·尹基澤·金鼎允·李益泰·金永斗·黃國善·宋天命·李鏞潤·崔南汝·吳泰民·李義淳·金炳龍·羅善文·李振澤·李觀實·金瀅國·池昌□·黃常道·李元夏·朴奎鉉·崔□洙·李泰國·李春化·白榮濟·李宗浩·韓仁喆·朱吉男·文熙禾·孫基弘·李善永·金奎星·朴大煥·宋昌榮·李貞□·李應善·金昇吉·金銀錫·白宗□·朴鳳□·李寶成·康尙□·朴元鎭·李春燮·李民澤·劉東鎭·李成根·白道濟·吳炳律·韓利奎·黃明河·李達□·李永洙·黃河鏞·朴炳植·林貞鶴·康□善·朱吉彦·李官化·金秉錫·孫基錫·金基璜·尹亨貞·丁永道·李鳳鎬·李貞根·李亨五·李成贊·李龍成·金斗燁·李希洙·朱允華·吳吉順·金永杰·朴桂七·徐相祿·李贊燮·丁海成·金基弘·金基釣·韓道淳·文熙喆·金□穆·許德萬·李相□·朴義哲·金成玉·高斗旻·康□吉·張文洪·李桂鳳·張翰善·李應浩·金鉉秀·李浩淳·金昌奎·李亨喬·朱金錫·李弼用·金長吉·李敏植·張浩燦·李守萬·李夏奎·李尙燁·李□燮·□永植·李基允·殷炳銅·李成國·朴萬孝·高東根·李陽浩·李應龍·閔景鎬·朴在杰·金成律·朴龍□·車正玉·李相祖·李洪洙·洪淳弼·徐燦鳳·李用濟·白觀洙·龍京洙·李炳吉·金喆謙·李基元·尹貞觀·洪淳坤·朴仲植·金亨俊·奉善京·李鎭永·金永澤·黃斗河·金昌三·李熙鎭·黃德福·尹永澤·康德七·任給淳·李桂洙·金在善·李東玉·朴善柱·金永七·金永昌·金士俊·朴基洙·宋仁喆·金景洙·崔宗五·丕秉恒·趙□信·金文洙·趙雲澤·呂希弼·金根河·李文載·金文坤·黃信鏞·李基恒·金文吉·洪鎭萬·孔永洽·金禮吉·林洙善·許汶·李基植·李河道·李貞洙·李陽涉·鄭永淳·李允瑞·鄭學河·李善柱·吳貞洙·金允九·張允燦·李萬奎·洪基星·白贊奉·韓鳳柱·

李周孝·李京述·宋雲玉·金仁俊·尹大學·尹武甲·朱漢國·趙相燮·朴尙根·高致華·
李觀釰·李光津·吳斗赫·金秉植·韓敬喜·孫尙緯·金干萬·尹承澤·李益盛·康元鳳·
許俊萬·李慶盛·金華善·朱敬欽·尹亨俊·朴元一·金弘烈·尹廷朝·金京浩·李元一·
金瑞鳳·李忠九·鄭胡燮·朴盛根·金秉淳·李壽命·吳東彦·李敬德·金炳龍·禹濟俊·
崔夢燁·李時斌·晋昌烈·李云涉·李彩均·康永銅·金淳鳳·吳盛정·李昌燮·李盛實·
黃龍成·崔淳亨·李恭□·金根鳳·韓炳三·白壽吉·沈盛福·張仁淑·林鳳善·李東福·
崔根壽·鄭善洙·鄭應鎬·安奥福·李道運·羅連洙·白泰郁·金成振·金鳳淳·金成仲·
李鳳郁·金秉西·高元鎮·金昌瑞·金泰俊·金致淳·金東秀·李□萬·崔昌恒·李成□·
白榮淡·金龍正·金玄洪·李基鉉·金龍德·金貞祚·黃炳億·朴元七·金用河·張日涉·
宋基玉·李學均·李基璜·鄭一善·石云淳·金福孫·黃君五·許基龍·張斗□·金利煥·
李士謙·禹弘淳·朴泰元·黃義鏞·金元浩·朴昌化·李宗觀·張□輔·金用德·李尙□·
許正淳·洪祿根·李淳京·鄭銅려·鄭在玉·李東奎·朴瀅□·李仁華·吳□□·□海龍·
金□□·金昌秀·白泰郁·金成振

기 타

평양부

〈5원〉

曹晩植－1881년 평양 출생이다. 일본 동경명치대학 법과를 졸업했다. 조선민족
운동 및 기독교계의 중진으로 활약했다. 광복 후 김일성과 제휴하여
조선민주당을 조직하여 평안남도인민위원회 위원장으로 활약중 정치
적으로 실각하여 1947년 평양 고려호텔에서 靜養했다. 평양 숭인중학
교 교장, 조선일보사 사장, 건국준비회 평양위원장, 평남인민정치위원
회 회장, 조선민주당 당수, 평양 오산중학교 교장, 평양기독교청년회
총무, 평양 숭실대학 교수, 조선물산장려회 회장, 관남체육회 회장, 신
간회 회장 등을 역임했다.711) 1934년 2월 8일 5원을 성금하였다.712)

---

711) 『조선연감』 1947, 1948 및 『대한민국인사록』 참조.
712) 『동아일보』 1934.2.8 참조.

崔東稷－순천군 자산면장을 지냈으며,[713) 자산면에서 1931년 11월 설립된 적립
　　　　금 880,326원의 慈山水利組合의 사장이었다.[714) 1934년 3월 12일 5원
　　　　을 성금하였다.[715)

평안남도의회 일동

〈3원〉

金昇鎬－북창공립보통학교,[716) 평양종로공립보통학교,[717) 평양남산여자공립보
　　　　통학교,[718) 평양명륜여자보통학교,[719) 동명보통학교의[720) 훈도를 지냈
　　　　다. 평양남산여자공립보통학교에서는 10주년 근속 표창을 받기도 하였
　　　　다.[721) 1934년 7월 3일 3원을 성금하였다.[722)

南汝伯－平壤天一醫院長으로[723) 1936년 10월 각종 고무화 布靴의 제조판매
　　　　및 이것에 부대한 일체의 사업을 위해 평양부 기림리 175번지에 설립
　　　　된 (주) 선만고무공업사의 감사였다.[724) 1934년 7월 3일 3원을 성금하
　　　　였다.[725)

盧永勳－자료에서 확인되지 않는다. 1934년 7월 3일 3원을 성금하였다.[726)

田德龍－1874년 출생으로 원적과 주소는 평양부 壽町 30번지이다. 1899년 관
　　　　립 한성사범학교를 졸업하고, 평양군 공립소학교교원에 임명되었으며,
　　　　1906년 평양일어학교, 평양대동학교 야학과를 수학하였다. 평양보통학
　　　　교 본과훈도에 임명되었다가 학교장을 겸하였고, 영원군수, 용강군수

---

713) 『조선총독부및소속관서직원록』 1920~31년도 참조.
714) 『조선은행회사조합요록』 1937 참조.
715) 『동아일보』 1934.3.12 참조.
716) 『조선총독부및소속관서직원록』 1923년도 참조.
717) 『조선총독부및소속관서직원록』 1923~24년도 참조.
718) 『조선총독부및소속관서직원록』 1925~32년도 참조.
719) 『조선총독부및소속관서직원록』 1933년도 참조.
720) 『조선총독부및소속관서직원록』 1934년도 참조.
721) 『동아일보』 1931.12.7 참조.
722) 『동아일보』 1934.7.3 참조.
723) 『동아일보』 1923.3.15 참조.
724) 『조선은행회사조합요록』 1937 참조.
725) 『동아일보』 1934.7.3 참조.
726) 『동아일보』 1934.7.3 참조.

등을 지냈다. 일제강점기에는 용강군수, 영원군수, 맹산군수, 평안남도
회의원 평안남도지방토지조사위원회 임시위원 등을 지냈다.[727] 평안
남도 지사에 의해 1921년 단군릉수축기성회 회장 김상준과 함께 평남
중추원의원 후보로 조선총독부에 추천되었다. 그 추천내용은 다음과
같다. "지난번에 전보로 內牒해 주신 首題의 件에 대하여 신중히 인선
해서 아래에 기록된 10명을 추천합니다. 이들은 모두 本道내에서는 상
당한 자산을 갖고 있고, 학식 신망이 있으며, 총독정치의 취지를 잘 이
해하고 있는 자이므로, 지역 인민을 대표하여 諮詢에 응하는 中樞院
의원으로서 매우 적임이라고 인정됩니다. 아래 기록된 순위에 따라 채
용하시길 바라며 이력서를 첨부하여 추천하는 바입니다."[728] 1934년 7
월 3일 3원을 성금하였다.[729]

〈2원〉

金秉珖－농대 출신으로 도회의원을 지냈다.[730] 위탁업, 운송업, 창고업, 금융업
을 목적으로 1923년 3월 용강군 지운면 진지리 502번지에서 설립된
(주) 西鮮興産의 이사,[731] 승합자동차 운수, 화물자동차 운수, 자동차부
분품 판매, 자동차 수선 및 이에 부대하는 일체의 업무를 목적으로
1933년 2월 강서군 강서면 덕흥리 318번지에 설립된 (주) 江西自動車
運輸의 이사,[732] 대절여객자동차 운송업으로 1935년 9월 진남포부 한
두리 39-6번지에 설립된 합자회사인 日光택시의 대표,[733] 용강군 용강
면에서 1910년 9월 설립된 龍岡金融組合의 대표,[734] 평안남도회의원
을[735] 지냈다. 1934년 2월 8일 2원을 성금하였다.[736]

727) 『平南 人秘 제151호』, 中樞院 의원 후보자추천의 건 참조.
728) 『중추원조사자료』 ;『대한제국직원록』 1908년도 ;『조선총독부및소속관서직원록』
   1910～13년도, 1914～20년도 ;『민족정기의 심판』, 各道會議員 歷任者 ;『조선총독
   부관보』 1916.12.18 참조.
729) 『동아일보』 1934.7.3 참조.
730) 『조선공로자명감』 金晋洙 참조.
731) 『조선은행회사요록』 1923 참조.
732) 『조선은행회사조합요록』 1935 참조.
733) 『조선은행회사조합요록』 1937 참조.
734) 『조선은행회사조합요록』 1929 참조.

金正商 - 고무鞋工場을 경영하다가[737] 고무신 및 일반 고무류와 비누 기타 제조 판매 및 창고업, 이상에 부대하는 일체의 업무를 목적으로 1927년 4월 평양부 유정 79번지에 설립된 (주) 西京商工의 이사,[738] 각종 고무화, 布靴의 제조 판매 및 이것에 부대한 각종 사업을 목적으로 1936년 1월 평양부 순영리 103-6번지에 설립된 (주) 平安고무工業의 이사를 지냈다.[739] 1934년 7월 3일 2원을 성금하였다.[740]

金鎮根 - 본관은 전주이고, 1878년 출생이다. 주소는 평양군 내천면 四里 72통 2호이다. 1883년 4월 日影齋에 입학하여 1893년 한학을 하였고, 신학문으로 바꾸어 1907년 졸업했다. 1900년 전화과 주사, 1901년 시종원 시어을 지냈다.[741] 1934년 7월 3일 2원을 성금하였다.[742]

金行一 - 소화 12년 7월 일제의 만주사변을 지원하기 위해 평양에서 조직된 애국단체시국간담회의 발기인으로 참여하였다.[743] 1934년 2월 8일 2원을 성금하였다.[744]

盧光潤 - 平壤府醫였다.[745] 1934년 7월 3일 2원을 성금하였다.[746]

朴應茂 - 토지 건물의 매매 및 이에 관련하는 일체의 사업을 목적으로 1937년 1월 평양부 수옥리 118번지에 설립된 (주)大同土地의 감사와[747] 고무공업 상품 판매, 부동산 매매 관리 위탁 판매, 대리업 창고업, 금융업 및 이에 부대하는 각종 사업을 위해 1936년 1월 평양부 순영리 103-6번지에 설립된 (주) 平安商工의 감사를 지냈다.[748] 임기 4년의 평양부

735) 『조선총독부관보』 1937.7.6, 7.7, 7.8, 7.13 참조.
736) 『동아일보』 1934.2.8 참조.
737) 『동아일보』 1922.6.4 참조.
738) 『조선은행회사조합요록』 1931년도 참조.
739) 『조선은행회사조합요록』 1937년도 참조.
740) 『동아일보』 1934.7.3 참조.
741) 『대한제국관원이력서』 참조.
742) 『동아일보』 1934.7.3 참조.
743) 『친일파군상』, 3. 各種團體及團體共同行動의部① 참조.
744) 『동아일보』 1934.2.8 참조.
745) 『동아일보』 1923.3.15 참조.
746) 『동아일보』 1934.7.3 참조.
747) 『조선은행회사조합요록』 1937 참조.
748) 『조선은행회사조합요록』 1942 참조.

회의원을 역임했다.749) 1936년 7월 평양에 제2인도교 가설을 위해 조
직된 平壤第二人道橋架設期成會의 창립준비위원,750) 평양에서 개최된
법률강좌에 연사로 참여하기도 했다.751) 1934년 2월 8일 2원을 성금하
였다.752)

鮮于奎 - 자료에서 확인되지 않는다. 1934년 7월 3일 2원을 성금하였다.753)

宋錫燦 - 1898년 출생이다. 원적은 衛廳里 4번지이고, 주소는 巡營里 88이다.
景秀의 아들로 명치대학 정치경제과 졸업했다. 처음에는 정미업을 경
영했고, 그 후에 (주) 서경의 상무취체역에 취임했다가 운동구점 경영
으로 바꾸었다. 토지 건물의 매매 및 이에 관련하는 일체의 사업을 목
적으로 1937년 1월 평양부 수옥리 118번지에 설립된 (주)大同土地의
이사와 사장,754) 내외 물산 및 부동산의 매매 경영 및 그것에 관련하는
일체의 사업을 목적으로 1938년 1월 설립된 (주) 大平의 사장을755) 지
냈다. 韓根祖·金建亨·崔基郁 등과 함께 자본금 10만원을 출자하여 한
글 신문사의 설립을 목표로 일간신문인 關西日報 발행허가권을 조선
총독부에 제출하기도 했다.756) 평양상공회의소 의원, 관서체육회 이사
등을 역임했다.757) 1934년 2월 8일 2원을 성금하였다.758)

安井鎬 - 자료에서 확인되지 않는다. 1934년 7월 3일 2원을 성금하였다.759)

李基燦 - 1886년 출생이다. 원적은 경성부 청진동 241이고, 주소는 평양부 南門
町 40의 6이다. 鳳來의 장남으로 1907년 12월 관립법관양성소를 졸업
하여 법관양성소 박사에 임명되었고 판임관 8급에 서임되었다. 1908년
1월 법관양성소 관제 개정에 따라 廢官되어 3월 成法學士의 칭호를 수

749) 『민족정기의 심판』 참조.
750) 『동아일보』 1936.7.10 참조.
751) 『동아일보』 1936.5.30 참조.
752) 『동아일보』 1934.2.8 참조.
753) 『동아일보』 1934.7.3 참조.
754) 『조선은행회사조합요록』 1937, 1939, 1942 참조.
755) 『조선은행회사조합요록』 1939 참조.
756) 『동아일보』 1936.5.26 참조.
757) 『조선인사흥신록』 참조.
758) 『동아일보』 1934.2.8 참조.
759) 『동아일보』 1934.7.3 참조.

여받았다. 6월 판사에 임명되어 훈임관 4등에 서임되었으며, 6월 함흥지방재판소 판사에 보임되었다. 1909년 3월 평양지방재판소 판사, 1912년 7월 경성복심법원 판사를 지내고 1913년 2월 퇴직하여 변호사가 되었다. 1918년 7월 朝鮮製絲株式會社 감사역에 선임되었고, 1923년 11월 평양부협의회원에 당선되었다. 1927년 4월 평양변호사대회장에 당선되었고, 1929년, 1931년 평양부회의원에 당선되었으며, 1931년 평양부회 제2교육부회 부의장에 당선되었다. 1931년 평양공립상업학교 설립을 위하여 기성회가 조직되자 회원으로 참가하였고, 서평양 시가지의 발전에 위해 普生醫院·공립보통학교 설립, 전기궤도의 複線 연장, 수도 확장 등에 노력했다. 특히 전기궤도 복선 부설에 관해 토지중개업자처럼 府有地 매각을 알선하기도 했다.760) 중추원 참의,761) 보호관찰심사회 위원,762) 시국대책조사회 위원,763) 황민화애국운동에 첨단적 역할을 한 조선임전보국단의 모체인 상임위원과 평안남도 위원764) 등을 지냈다. 1919년 8월에는 沈天風 등과 일본 수상 原敬을 방문하고 총독정치에 대한 종래의 실정을 거론하며 한국은 한국인이 다스리게 하거나 조선의회를 만들 의사를 표명하기도 했다.765) 普成專門學校 대표이사,766) 建中會 간사,767) 崇實專門學校 이사와768) 國民總力朝鮮聯盟의 평안남도 이사를 지냈다.769) 1934년 2월 8일 2원을 성금하였다.770)

李敦植─자료에서 확인되지 않는다. 1934년 3월 12일 2원을 성금하였다.771)

---

760)『전선부읍회의원명감』;『조선인사흥신록』;『조선총독부시정25주년기념표창자명감』;『조선총독부및소속관서직원록』1910～12년도 참조.
761)『조선총독부및소속관서직원록』1936년도 ;『민족정기의 심판』, 日本帝國議會議員 歷任者, 日帝末期의 中樞院 議員, 各府會議員 歷任者 참조.
762)『조선총독부및소속관서직원록』1937～1939년도 참조.
763)『조선총독부및소속관서직원록』1939년도 참조.
764)『민족정기의 심판』, 臨戰報國團이 組織되기까지의 經緯, 咀呪받은 叛逆者 群像, 飢狗望厠한 總聯의 陣容 참조.
765)『原敬日記』참조.
766)『동아일보』1925.9.29 참조.
767)『동아일보』1932.8.2 ;『最近に於ける朝鮮治安狀況』참조.
768)『동아일보』1937.11.21 참조.
769)『매일신보』1941.2.27 참조.
770)『동아일보』1934.2.8 참조.

李炳濬－평양자혜의원 촉탁과 의원을 지냈다.[772] 1934년 7월 3일 2원을 성금하
였다.[773]

李연熙－자료에서 확인되지 않는다. 1934년 7월 3일 2원을 성금하였다.[774]

李盆紋－자료에서 확인되지 않는다. 1934년 1월 24일 2원을 성금하였다.[775]

李種燮－자료에서 확인되지 않는다. 1934년 3월 12일 2원을 성금하였다.[776]

林永植－자료에서 확인되지 않는다. 1934년 4월 3일 2원을 성금하였다.[777]

崔晶煥－고무신 및 일반 고무류와 비누 기타 제조 판매 및 창고업, 이상에 따르
　　　　는 일체의 업무를 목적으로 1927년 4월 평양부 유정 79번지에 설립된
　　　　(주) 西京商工의 감사였다.[778] 1934년 7월 3일 2원을 성금하였다.[779]

韓根祖－1895년 출생하였다. 본관은 평남 강서군이며, 일본에 유학하여 명치
　　　　대학 법과를 졸업 후 변호사로[780] 평양에서 23년간 활동했다. 안청 법
　　　　률강연에서 '法律과 靑年'이란 제목으로 강연하였으며,[781] 신간회 평
　　　　양지회의 부회장,[782] 사회장으로 치러진 南岡 李昇薰의 장례에 준비
　　　　위원,[783] 한국 민족의 생활권익 옹호와 신장을 목적으로 설립된 建中
　　　　會의 간사,[784] 인권옹호와 사회문제 비판을 목적으로 결합된 전조선
　　　　조선인변호사협회의 이사[785] 등을 역임했다. 宋錫燦·金建亨·崔基郁
　　　　등과 함께 자본금 10만원을 출자하여 한글 신문사의 설립을 목표로
　　　　일간신문인 關西日報 발행허가권을 조선총독부에 제출하기도 했

---

771) 『동아일보』 1934.3.12 참조.
772) 『조선총독부및소속관서직원록』 1925～1926년도 참조.
773) 『동아일보』 1934.7.3 참조.
774) 『동아일보』 1934.7.3 참조.
775) 『동아일보』 1934.1.24 참조.
776) 『동아일보』 1934.3.12 참조.
777) 『동아일보』 1934.4.3 참조.
778) 中村資良, 1929, 『조선은행회사조합요록』, 東亞經濟時報社 참조.
779) 『동아일보』 1934.7.3 참조.
780) 『동아일보』 1922.10.14 참조.
781) 『동아일보』 1925.1.3 참조.
782) 『동아일보』 1927.12.22 참조.
783) 『조선일보』 1930.5.13 참조.
784) 『동아일보』 1932.8.2 ; 『最近に於ける朝鮮治安狀況』 참조.
785) 『동아일보』 1933.4.16 참조.

다.786) 광복 후 평양시장, 평안남도 정치위원, 군정청 대법원 대법관,
사법부 차장, 조민당 부당수, 조민당 최고위원, 헌법기초전문위원, 사
법과 고시위원, 행정과 고시위원, 고등전형위원, 변호사시험위원, 한
국일보사 사장, 민주당 상임의장 등을 지냈다.787) 1934년 2월 8일 2원
을 성금하였다.788)

韓　容－자료에서 확인되지 않는다. 1934년 7월 3일 2원을 성금하였다.789)

黃錫龍－1866년 출생으로 본관은 제안이고, 주소는 평양 융흥면 回里 27통 7호
이다. 1873년부터 1884년까지 한학을 수업하였고, 1885년 증광과 초시
에 입격하였으나, 회시에 낙제하였다. 1887년 무과감시 초시에 입격하
였으나 1888년 회시에 또 낙제하였다. 1892년 관학유생응제에 입격하
고 1893년 관학유생응제감시 초시, 1894년 진사에 입격, 1896년 평양
관찰부 주사서 판임관이 되었다. 그해 11월 평양향교 동재교장에 피임
되었고, 1900년 평양군도훈장, 1903년 평안남도관찰부 공립소학교부
교원, 1907년 공립평양보통학교 부교원 등을 지냈다.790) 순종의 南西
순행 때 수행원 중 공로자에 등록되기도 하였다.791) 1934년 7월 3일
3원을 성금하였다.792)

〈1원〉

康元健－자료에서 확인되지 않는다. 1934년 3월 12일 1원을 성금하였다.793)

金德商－자료에서 확인되지 않는다. 1934년 7월 3일 1원을 성금하였다.794)

金鳳翼－자료에서 확인되지 않는다. 1934년 7월 3일 1원을 성금하였다.795)

金仁梧－자료에서 확인되지 않는다. 1934년 3월 12일 1원을 성금하였다.796)

786)『동아일보』1936.5.26 참조.
787)『대한민국건국십년지』;『대한연감』4288년판 ;『대한민국인물연감』참조.
788)『동아일보』1934.2.8 참조.
789)『동아일보』1934.7.3 참조.
790)『대한제국직원록』1908년도 ;『조선총독부및소속관서직원록』1910~1914년도 참조.
791)『각사등록』근대편 참조.
792)『동아일보』1934.7.3 참조.
793)『동아일보』1934.3.12 참조.
794)『동아일보』1934.7.3 참조.
795)『동아일보』1934.7.3 참조.

金一鎭－자료에서 확인되지 않는다. 1934년 7월 3일 1원을 성금하였다.[797]

金晶燮－자료에서 확인되지 않는다. 1934년 7월 3일 1원을 성금하였다.[798]

羅一鳳－자료에서 확인되지 않는다. 1934년 7월 3일 1원을 성금하였다.[799]

盧得柱－자료에서 확인되지 않는다. 1934년 7월 3일 1원을 성금하였다.[800]

朴在昌－자료에서 확인되지 않는다. 1934년 7월 3일 1원을 성금하였다.[801]

白崙乙－자료에서 확인되지 않는다. 1934년 3월 12일 1원을 성금하였다.[802]

徐俊錫－자료에서 확인되지 않는다. 1934년 3월 12일 1원을 성금하였다.[803]

鮮于珉－자료에서 확인되지 않는다. 1934년 7월 3일 1원을 성금하였다.[804]

鮮于상－자료에서 확인되지 않는다. 1934년 7월 3일 1원을 성금하였다.[805]

鮮于仁淑－자료에서 확인되지 않는다. 1934년 7월 3일 1원을 성금하였다.[806]

孫昌淑－자료에서 확인되지 않는다. 1934년 7월 3일 1원을 성금하였다.[807]

宋顯燮－자료에서 확인되지 않는다. 1934년 3월 12일 1원을 성금하였다.[808]

吳泰玉－자료에서 확인되지 않는다. 1934년 7월 3일 1원을 성금하였다.[809]

劉炳基－자료에서 확인되지 않는다. 1934년 4월 28일, 5월 5일 각기 1원을 성금했다는 기록이 있다.[810] 중복으로 보인다.

尹　경－자료에서 확인되지 않는다. 1934년 7월 3일 1원을 성금하였다.[811]

尹同植－자료에서 확인되지 않는다. 1934년 3월 12일 1원을 성금하였다.[812]

796) 『동아일보』 1934.3.12 참조.
797) 『동아일보』 1934.7.3 참조.
798) 『동아일보』 1934.7.3 참조.
799) 『동아일보』 1934.7.3 참조.
800) 『동아일보』 1934.7.3 참조.
801) 『동아일보』 1934.7.3 참조.
802) 『동아일보』 1934.3.12 참조.
803) 『동아일보』 1934.3.12 참조.
804) 『동아일보』 1934.7.3 참조.
805) 『동아일보』 1934.7.3 참조.
806) 『동아일보』 1934.7.3 참조.
807) 『동아일보』 1934.7.3 참조.
808) 『동아일보』 1934.3.12 참조.
809) 『동아일보』 1934.7.3 참조.
810) 『동아일보』 1934.4.28, 5.5 참조.
811) 『동아일보』 1934.7.3 참조.

尹任聖－자료에서 확인되지 않는다. 1934년 7월 3일 1원을 성금하였다.[813]

李寬淳－자료에서 확인되지 않는다. 1934년 3월 12일 1원을 성금하였다.[814]

李奎燮－자료에서 확인되지 않는다. 1934년 7월 3일 1원을 성금하였다.[815]

李秉鎭－자료에서 확인되지 않는다. 1934년 7월 3일 1원을 성금하였다.[816]

李炳浩－자료에서 확인되지 않는다. 1934년 3월 12일 1원을 성금하였다.[817]

李裕根－자료에서 확인되지 않는다. 1934년 7월 3일 1원을 성금하였다.[818]

李義英－자료에서 확인되지 않는다. 1934년 7월 3일 1원을 성금하였다.[819]

鄭基瑈－자료에서 확인되지 않는다. 1934년 3월 12일 1원을 성금하였다.[820]

趙元祚－자료에서 확인되지 않는다. 1934년 3월 12일 1원을 성금하였다.[821]

趙好善－자료에서 확인되지 않는다. 1934년 7월 3일 1원을 성금하였다.[822]

崔鼎黙－자료에서 확인되지 않는다. 1934년 3월 12일 1원을 성금하였다.[823]

金□□, □基喆

〈0.50원〉

朴根燮·朴根盛·吳光福·金淳鎭·洪秉陸·동아일보사 평양지국 배달일동, 趙雲鴻

대동군

〈18.48원〉

대성탄광종업원 일동

812) 『동아일보』 1934.3.12 참조.
813) 『동아일보』 1934.7.3 참조.
814) 『동아일보』 1934.3.12 참조.
815) 『동아일보』 1934.7.3 참조.
816) 『동아일보』 1934.7.3 참조.
817) 『동아일보』 1934.3.12 참조.
818) 『동아일보』 1934.7.3 참조.
819) 『동아일보』 1934.7.3 참조.
820) 『동아일보』 1934.3.12 참조.
821) 『동아일보』 1934.3.12 참조.
822) 『동아일보』 1934.7.3 참조.
823) 『동아일보』 1934.3.12 참조.

〈10원〉

李敎植 — 1908년 西京豊慶宮 서기관을 지냈고,[824] 소화 16년 황은감사 명목으로 조선총독부에 10,000원을 헌납하여 중추원 참의가 되었다.[825] 1907년 평양부 계리에 설립된 大同金融組合의 대표였고,[826] 1921년 대동군 남형제산면 사당리에 설립된 同水利組合,[827] 1926년 평원군 순안면 남창리에 설립된 平安水利組合의[828] 대표였다. 1934년 1월 24일 3원을 성금하였다는 기록이 있다.[829] 평양 일대에서는 자선가로 행세하여[830] 빈민에게 施惠했다거나,[831] 제산면 야소교장로회에서 경영하는 私立彰德學校에 1천원을 지원했고,[832] 사창강에 교량을 단독으로 가설하기도 했다.[833] 또 극빈자에게 흰쌀을 배분하여 대동군 4개면의 빈민을 구호했고,[834] 神成學校에 매년 100원씩 기부했다는[835] 보도가 나기도 했다. 하지만 평양수리조합의 경영에서 독직·횡령·비행으로 수리조합원에 불신임되고 고발당했으며,[836] 1938년에는 명륜학원 간사를 지내기도 했다.[837] 1949년 반민족행위특별조사위원회에서 특검에 송치한 반민피의자 43명중 1인이다.[838] 1935년 7월 30일 10원을 성금하였다.[839]

824)『대한제국직원록』1908년도 참조.
825)『조선총독부및소속관서직원록』1935~37년도 ;『친일파군상』, 萬貝以上金品獻納者 ;『조선총독부관보』1942.6.10 ;『매일신보』1942.6.4 참조.『매일신보』에는 平南軍事後援聯盟에 100,000원을 헌금했다고 보도되기도 하였다.『매일신보』1941.2.23, 2.25 참조.
826)『조선은행회사조합요록』1927년도 참조.
827)『조선은행회사조합요록』1929년도 참조.
828)『조선은행회사조합요록』1929년도 참조.
829)『동아일보』1934.1.24 참조.
830)『동아일보』1921.3.28 참조.
831)『동아일보』1921.4.14 참조.
832)『동아일보』1920.8.28 참조.
833)『동아일보』1921.11.12 참조.
834)『동아일보』1926.2.16, 1930.1.30, 1932.2.3 참조.
835)『동아일보』1928.4.10 참조.
836)『동아일보』1932.3.2 ;『일제하사회운동사자료집』4, 373쪽 참조.
837)『동아일보』1938.5.22 참조.
838)『경향신문』1949.8.30 참조.

〈5원〉

미림중립소년회 尹龍福·李基弘·尹麟□·尹在□·尹德在·金秀□·李起元 7인 합(5)

〈3원〉

車基鼎－평양제2공립보통학교,[840] 평양상유공립보통학교,[841] 평양상수공립보통학교,[842] 평양약송보통학교,[843] 신흥보통학교,[844] 원장보통학교,[845] 금제보통학교,[846] 院壤公普校의 훈도를 지냈다. 1927년에는 근속 표창을 받았다.[847] 「濁流を渡る幻僧の奇瑞－平南七寺の由來－」, 「郭公の鳴きごゑ」을 발표하기도 했다.[848] 1934년 1월 24일 3원을 성금하였다.[849]

성천군

〈5원〉

金順德－자료에서 확인되지 않는다. 1934년 4월 26일 5원을 성금하였다는 기록이 있다.[850]

〈1원〉

韓廷珏－자료에서 확인되지 않는다. 1934년 3월 30일, 5월 5일 각기 1원을 성금하였다는 기록이 있다.[851] 중복으로 보인다.

---

839) 『동아일보』 1935.7.30 참조.
840) 『조선총독부및소속관서직원록』 1918～1922년도 참조.
841) 『조선총독부및소속관서직원록』 1923년도 참조.
842) 『조선총독부및소속관서직원록』 1924～1927년도 참조.
843) 『조선총독부및소속관서직원록』 1928～1929년도 참조.
844) 『조선총독부및소속관서직원록』 1930년도 참조.
845) 『조선총독부및소속관서직원록』 1931～1933년도 참조.
846) 『조선총독부및소속관서직원록』 1934～1935년도 참조.
847) 『동아일보』 1927.3.23 ; 5.7 참조.
848) 1927, 『文教の朝鮮』, 朝鮮教育會 ; 1928, 『文教の朝鮮』, 朝鮮教育會 참조.
849) 『동아일보』 1934.1.24 참조.
850) 『동아일보』 1934.3.30, 5.5 참조.

중화군

〈3원〉

尹永甲 - 1919년 출생하였다. 일본 명치대를 졸업했다.[852] 1934년 5월 5일 3원을 성금하였다는 기록이 있다.[853]

순천군

〈1원〉

金益泰 - 자료에서 확인되지 않는다. 1934년 5월 5일 1원을 성금하였다는 기록이 있다.[854]

〈0.50원〉

林琪英

경 성

〈10원〉

金用武 - 자료에서 확인되지 않는다. 1934년 1월 21일, 5월 5일 각기 10원을 성금하였다는 기록이 있다.[855] 중복으로 보인다.

〈3원〉

경성재판소 구내변호사 사무원공소 경성법우회(3)

〈2원〉

徐正錫 - 자료에서 확인되지 않는다. 1934년 3월 9일, 5월 5일 각기 10원을 성

---

851) 『동아일보』 1934.3.30, 5.5 참조.
852) 『대한민국건국십년지』 ; 『대한연감』 4288년판 참조.
853) 『동아일보』 1934.5.5 참조.
854) 『동아일보』 1934.5.5 참조.
855) 『동아일보』 1934.1.21, 5.5 참조.

금하였다는 기록이 있다.856) 중복으로 보인다.

〈1원〉

金觀鎬 - 1863년 출생으로 본관은 창원이다. 주소는 한성 西署 盤松坊 東口契
雇馬洞 79統통 4호이다. 1871년부터 한학을 수학했고, 1894년 경무청
주사, 1895년 경무관을 지냈으며, 1899년 대구지방대부, 1900년 慶
運宮經理別單, 1904년 親衛一聯隊中隊長, 1905년 親衛一聯二隊餉官,
1906년 任陸軍三等司計, 1908년 현재 宮內府事務官 등을 지냈다.857)
1934년 1월 21일, 5월 5일 각기 1원을 성금하였다는 기록이 있다.858)
중복으로 보인다.

金玉鉉 - 제지 문방구의 매매, 인쇄품의 위임경영 등을 목적으로 1926년 경성부
황금정 2정목 180번지에 설립된 (주) 鮮一紙物의 주주중 1인이다.859)
1934년 2월 14일 1원을 성금하였다는 기록이 있다.860)

남 씨 - 자료에서 확인되지 않는다. 1934년 1월 23일, 5월 5일 각기 10원을 성
금하였다는 기록이 있다.861) 중복으로 보인다.

李載甲 - 1920년 경성공회당에서 개최된 조선웅변학회의 강연 도중 '광막한 들
에 나를 구할 자 누구냐'라는 내용이 문제되어 경찰에 의해 중지당하
기도 했다.862) 1922년 5월 覺皇寺에서 개최되었고 조선노동공제회에
서 주최한 메이데이 기념강연회에서는 '노동자의 신기원'이라는 주제
로 강연한 바 있고,863) 조선물산장려회 1주년 기념회에서는 '消費와
生産'을 내용으로 강연하였다.864) 在外朝鮮人勞動狀況調査會 위원,865)
朝鮮餓饉救濟會의 선전부 위원을 역임했고,866) 중앙기독교청년회 총

856) 『동아일보』 1934.3.9, 5.5 참조.
857) 『대한제국관원이력서』 참조.
858) 『동아일보』 1934.1.21, 5.5 참조.
859) 『조선은행회사조합요록』 1927년 참조.
860) 『동아일보』 1934.2.14 참조.
861) 『동아일보』 1934.1.23, 5.5 참조.
862) 『동아일보』 1920.7.26, 7.28 ; 『일제침략하 36년사』 5, 449쪽 참조.
863) 김창순, 『한국공산주의운동사』 참조.
864) 『동아일보』 1924.2.5 참조.
865) 『동아일보』 1922.10.21 참조.

무사임문제로 들어난 적극신앙단의 정체 규명과 대책 강구를 위한 장
로교, 감리교의 목사, 장로 등을 중심으로 구성한 在京基督敎有志會의
실행위원을 맡기도 했다.[867] 1934년 7월 3일 1원을 성금하였다는 기록
이 있다.[868]

⟨0.50원⟩

金禹善, 張英基, 趙乙午

⟨0.10원⟩

一學生

⟨동아일보사(500)⟩

동아일보 사원 일동(164.02), 동아일보사 공장일동(59.90), 동아일보사 배달일동
(4.05)

中央高普2년생 金章鎬외 39인(5.66)

여주군

長振야학강습회32명대표 閔景植(1.14)

대전읍

⟨1원⟩

宋秉己 – 자료에서 확인되지 않는다. 1934년 1월 11일, 1월 20일 각기 1원을 성
금하였다는 기록이 있다.[869] 중복으로 보인다.

---

866) 『동아일보』 1924.10.2 참조.
867) 『동아일보』 1935.2.17 참조.
868) 『동아일보』 1934.7.3 참조.
869) 『동아일보』 1934.1.11, 1.20 참조.

연기군

〈3원〉

朴之赫－전재산의 1/3인 10,000여원 상당의 채권을 포기하고 야학회에 밭 700여평
을 기증하기도 했고, 자녀들의 혼수비용을 절약하여 각 단체에 기부하기
도 했다.[870] 1934년 1월 20일 각기 1원을 성금하였다는 기록이 있다.[871]

서산군

〈3.50원〉

崔斗鐽－자료에서 확인되지 않는다. 1934년 1월 21일, 5월 5일 각기 3.50원을
성금하였다는 기록이 있다.[872] 중복으로 보인다.

논산군

〈0.50원〉

趙南衡(0.50)

담양군

〈2원〉

姜宗元－1938년 담양 南喜亭 노인들이 노인당의 재산 20,000여원으로 재단법
인을 설립하여 육영양로사업을 하기로 결정하였는데, 鞠定完·鞠吉
才·金元燮·鄭均植 등과 평의원으로 선출되었다.[873] 1934년 3월 28일,
5월 5일 각기 2원을 성금하였다는 기록이 있다.[874] 중복으로 보인다.

〈1원〉

姜宗律－1938년 설립된 潭陽商工會 위원을 지냈다.[875] 1934년 3월 28일, 5월

---

870) 『동아일보』 1938.11.2 참조.
871) 『동아일보』 1934.1.20 참조.
872) 『동아일보』 1934.1.21, 5.5 참조.
873) 『동아일보』 1938.5.14 참조.
874) 『동아일보』 1934.3.28, 5.5 참조.

5일 각기 2원을 성금하였다는 기록이 있다.[876) 중복으로 보인다.

⟨2.40원⟩

宋基柱타자기완성축하회비 잔액(2.40)

⟨0.50원⟩

姜南山·姜振秀·姜漢秀(0.50)

청원군

⟨1원⟩

朴扶樓—자료에서 확인되지 않는다. 1934년 5월 5일 1원을 성금하였다는 기록
이 있다.[877)

김천군

李相亮—김천의 재력가로 1932년 회갑을 기념하여 가교를 설치, 기부하기도 했
다.[878) 1934년 1월 17일, 1월 20일 각기 1원을 성금하였다는 기록이
있다.[879) 중복으로 보인다.

⟨0.10원⟩

李奬琦·李煥舜·李煥朝(0.10)

안동군

徐富勳외 3인(1.30)

---

875) 『동아일보』 1938.12.9 참조.
876) 『동아일보』 1934.3.28, 5.5 참조.
877) 『동아일보』 1934.5.5 참조.
878) 『동아일보』 1932.3.11 참조.
879) 『동아일보』 1934.1.17, 1.20 참조.

달성군

〈5원〉

鄭永熙－자료에서 확인되지 않는다. 1934년 2월 14일 5원을 성금하였다는 기록이 있다.[880] 대구지국에서 취급하였다.

〈0.50원〉

金成業(0.50)

합천군

宋智用·宋寅永·李善寬·宋壽永·李在山·宋台永·宋奎用·宋順用·宋根永·宋斗永·宋閏永 합(1.10)

李右山(0.10)

李英(0.20)

마산부

〈5원〉

李相滿－원적과 주소는 경상북도 거창군 위천면 川里 64번지이다. 거창공립보통학교를 졸업하고 경성고등보통학교에 입학하였으나 병 때문에 퇴학했으며, 다시 보성고등보통학교에 2학년으로 입학하였으나 퇴학하였다. 상속재산이 6만원 정도였다. 상해임시정부 발행의 독립공채증권을 500원어치 구입한 혐의로 체포, 취조당하기도 했다. 이때 "상해임시정부는 표면으로는 조선인을 위해 운동하고 있으나 나는 그것을 인정하지 않으며, 도리어 도둑단체라고 생각하고 있다. 도둑에게 빼앗길 돈을 먼저 내가 도둑에게 준다는 생각으로 공채증권을 샀다. 나는 조선의 독립을 희망하고, 그 운동을 원조하는 목적으로 산 것은 아니다. 나 자신을 보호하기 위해 산 것"이라고 진술하였다.[881] 1927년 마산 崇武團

---

880) 『동아일보』 1934.2.14 참조.

회관에서 개최된 각단체대표자간담회에서 崔喆龍, 呂海, 金轍斗, 金容
煥, 明道奭, 李瀅宰 등과 함께 교섭위원으로 선출되었다.[882] 신간회 마
산지회 의안작성위원으로 선정되었고,[883] 동아일보 마산지국 상임기
자를[884] 지냈다. 마산지역의 대표적인 상공업인으로 뽑히기도 했
다.[885] 1934년 3월 17일, 5월 5일 각기 5원을 성금하였다는 기록이 있
다.[886] 중복으로 보인다.

〈3원〉

金炯轍－해륙물산 위탁 매매 및 중개, 부동산매매의 중개 및 대금업, 신탁에 관
한 일체의 사업 등을 목적으로 1920년 양산군 양산면 북부동 425번지
에 설립된 (주) 宜春信託의 감사,[887] 내외국산 무역 및 위탁 매매 및
대부 창고업을 목적으로 1920년 마산부 원정 91-1번지에 설립된 (주)
元東貿易의 감사[888] 등을 지냈다. 마산지역의 대표적인 상공업인으로
뽑히기도 했다.[889] 1934년 3월 17일, 5월 5일 각기 3원을 성금하였다
는 기록이 있다.[890] 중복으로 보인다.

明道奭－자료에서 확인되지 않는다. 1934년 3월 17일, 5월 5일 각기 3원을 성
금하였다는 기록이 있다.[891] 중복으로 보인다.

〈2원〉

金九炫－마산의 독지가로 벼 1석을 빈민들에게 나누어 주기도 했다.[892] 1934년

881) 『한민족독립운동사자료집』 32, 독립군자금모집 1, 李相滿신문조서 참조.
882) 『동아일보』 1927.3.5 참조.
883) 『동아일보』 1927.12.25 참조.
884) 『동아일보』 1926.3.4 참조.
885) 『동아일보』 1931.1.1 참조.
886) 『동아일보』 1934.3.17, 5.5 참조.
887) 『조선은행회사요록』 1921년 참조.
888) 『조선은행회사조합요록』 1935년 참조.
889) 『동아일보』 1931.1.1 참조.
890) 『동아일보』 1934.3.17, 5.5 참조.
891) 『동아일보』 1934.3.17, 5.5 참조.
892) 『동아일보』 1929.3.3 참조.

3월 17일, 5월 5일 각기 2원을 성금하였다는 기록이 있다.[893] 중복으로 보인다.

金轍斗 — 창고업, 육상 운송업, 상업 자금 대부업, 상업 담보 대부업, 화재 보험 대리업, 각 항의 부대사업 등을 목적으로 1920년 마산부 원정 매립지 198번지에 설립된 (주) 馬山倉庫의 대주주와 이사,[894] 내외국 무역 및 위탁매매업을 목적으로 역시 1920년 마산부 원정 91-1번지에 설립된 (주) 元東貿易의 상무이사이다.[895] 마산사회단체대표자 신년간담회 제1회 실행위원회에서 金炯斗, 金轍斗과 함께 공회당설계위원,[896] 마산학원과 배달학원의 병합을 위한 교섭위원,[897] 新幹會 馬山支會의 간사[898] 등을 역임했다. 1934년 3월 17일, 5월 5일 각기 2원을 성금하였다는 기록이 있다.[899] 중복으로 보인다.

宋銅守 — 자료에서 확인되지 않는다. 1934년 3월 17일, 5월 5일 각기 2원을 성금하였다는 기록이 있다.[900] 중복으로 보인다.

李瀅宰 — 마산사회단체대표자 신년간담회 제1회 실행위원회에서 金炯斗, 金轍斗과 함께 공회당설계위원, 마산학원을 청년회에 인도케 할 교섭위원으로 선정되었다.[901] 신간회 마산지부 설치를 위한 準備委員으로 呂海, 金貴東, 崔喆龍, 朴采禹 등과 함께 선정되었고,[902] 마산학원과 배달학원의 병합을 위한 교섭위원,[903] 신간회 마산지회 간사,[904] 1920년 창립된 조선청년회연합회 임원[905] 등을 역임했다. 마산 교육계의 중진

---

893) 『동아일보』 1934.3.17, 5.5 참조.
894) 『조선은행회사요록』 1921년, 1931년 참조.
895) 『조선은행회사요록』 1921년 참조.
896) 『동아일보』 1927.1.17 참조.
897) 『동아일보』 1927.3.5 참조.
898) 『동아일보』 1927.7.23 참조.
899) 『동아일보』 1934.3.17, 5.5 참조.
900) 『동아일보』 1934.3.17, 5.5 참조.
901) 『동아일보』 1927.1.17 참조.
902) 『동아일보』 1927.3.5 참조.
903) 『동아일보』 1927.3.5 참조.
904) 『동아일보』 1927.7.23 참조.
905) 『조선독립운동』 제1권 분책, 朝鮮國內に於ける民族主義運動 ; 매일신보 1920.12. 2～12.4 참조.

으로 1938년 사망했다.[906] 1934년 3월 17일, 5월 5일 각기 2원을 성금
하였다는 기록이 있다.[907] 중복으로 보인다.

〈1원〉

金在鏞 – 자료에서 확인되지 않는다. 1934년 3월 17일, 5월 5일 각기 1원을 성
금하였다는 기록이 있다.[908] 중복으로 보인다.

金炯才 – 마산부 吏員書記를 지냈다.[909] 1934년 3월 17일, 5월 5일 각기 1원을
성금하였다는 기록이 있다.[910] 중복으로 보인다.

呂 海 – 창원, 마산, 함안의 각 노농단체를 망라하여 결성된 三山勞農聯合會의
준비위원,[911] 조선노농총동맹창립총회 집행위원,[912] 마산학원과 배달
학원의 병합을 위한 준비위원 및 교섭위원,[913] 朝鮮勞農總同盟의 중앙
집행위원[914] 등을 지냈다. 1927년에는 동아일보 마산지국 기자로 동아
일보 통영지국을 설치하기 위하여 통영으로 출장갔다가 경남 통영의
친일단체인 三九會員 26명으로부터 감금 폭행당하기도 했다.[915] 사회
노동운동에 관심을 가졌다. 1934년 3월 17일, 5월 5일 각기 1원을 성금
하였다는 기록이 있다.[916] 중복으로 보인다.

尹太泳 – 자료에서 확인되지 않는다. 1934년 4월 3일 1원을 성금하였다는 기록
이 있다.[917]

彭東柱 – 1893년 출생으로 본적은 창원군 熊南面 外洞里이고, 주소는 마산부
上南洞이다. 직업은 운송점 서기였다. 서당에서 한문을 배운 뒤 사

---

906) 『동아일보』 1938.3.2, 3.5 참조.
907) 『동아일보』 1934.3.17, 5.5 참조.
908) 『동아일보』 1934.3.17, 5.5 참조.
909) 『조선총독부및소속관서직원록』 1924~26년 참조.
910) 『동아일보』 1934.3.17, 5.5 참조.
911) 『동아일보』 1924.4.5 참조.
912) 『동아일보』 1924.4.21 참조.
913) 『동아일보』 1927.3.5 참조.
914) 『동아일보』 1927.9.9 참조.
915) 『동아일보』 1927.7.12 참조.
916) 『동아일보』 1934.3.17, 5.5 참조.
917) 『동아일보』 1934.4.3 참조.

립숭광학교 3학년을 다녔다. 3·1운동 1주년 선언문 배포사건으로
체포되어 서대문형무소에서 복역했다.[918] 동아일보 마산지국 신마
산분매소의 주임,[919] 화물 운송 취급 및 운반 및 대부업을 목적으로
1927년 6월 밀양군 하동면 삼랑리에 설립된 (주) 馬山合同運輸의
상무이사를[920] 지냈다. 1934년 4월 3일 1원을 성금하였다는 기록이
있다.[921]

〈0.50원〉

□寅漢(0.50)

함안군

북공립보통학교 第一歷 대표 趙在驤(0.33)

함양군

〈1원〉

梁址煥－농산물, 해산물, 직물, 지류 매매 및 위탁판매 및 창고영업 및 생산자에
대한 자금 대부를 목적으로 1920년 함양군 함양면 상동 50번지에 설립
된 (주) 三一産業의 이사를[922] 지냈고, 교육개선을 위해 朴思稷, 金秉
圭, 金鍾範, 張德秀 등이 조직한 朝鮮敎育改善會의 위원,[923] 신간회 함
양지회 회장[924] 등을 지냈다. 1934년 3월 17일, 5월 5일 각기 1원을
성금하였다는 기록이 있다.[925] 중복으로 보인다.

918)『한민족독립운동사자료집』33, 독립군자금모집2, 예심신문조서 및 『한민족독립운동사자료
　　집』47, 3·1운동1주년선언문배포사건, 彭東柱신문조서 ;『동아일보』1921.6.7, 6.14 참조.
919)『동아일보』1926.9.6 참조.
920)『조선은행회사요록』1929년 참조.
921)『동아일보』1934.4.3 참조.
922)『조선은행회사요록』1921년 참조.
923)『동아일보』1921.4.9 ;『매일신보』1921.4.7 참조.
924)『동아일보』1927.10.29 ;『일제침략하36년사』8, 586쪽 참조.
925)『동아일보』1934.3.17, 5.5 참조.

〈0.50원〉

金奉洙, 朴泰洪·高龜玉, 高繼玉(0.50)

〈0.40원〉

李宗煥(0.40)

〈0.30원〉

李宗彦·朴日榮, 朴□□, 朴應權·朴기秉·李宗彦(0.30)

〈0.20원〉

韓琪錫(0.20)

황주군

〈1원〉

池夏濬－자료에서 확인되지 않는다. 1934년 1월 21일, 5월 5일 각기 1원을 성
    금하였다는 기록이 있다.[926] 중복으로 보인다.

원주군

〈0.50원〉

劉□根(0.50)

인제군

〈0.50원〉

申憓休(0.50)

---

926) 『동아일보』 1934.1.21, 5.5 참조.

춘천군

春川高普校 제4, 5학년 생도 일동(4.44)

양양군

〈0.50원〉

康薦祥(0.50)

〈0.30원〉

禹永肖(0.30)

〈0.20원〉

孫貞弼·崔昌一·崔文善, 朴淳厚·陽德公普校生徒 金永□(0.20)

〈0.10원〉

權再容(0.10)

용천군

〈1원〉

崔永殷－1909년 10월 대한흥학회에 1.15원을 성금했다.[927] 1934년 3월 9일과
5월 5일 각기 1원을 성금하였다.[928] 중복으로 보인다.

개천군

〈1원〉

文命浩－평안부속,[929] 강동군속,[930] 개천군속,[931] 영원군수를[932] 지냈다.

---

927) 『대한흥학보』 6, 1909.10 참조.
928) 『동아일보』 1934.3.9, 5.5 참조.
929) 『조선총독부및소속관서직원록』 1927년도 참조.
930) 『조선총독부및소속관서직원록』 1928~30년도 참조.

1934년 3월 30일과 5월 5일 각기 1원을 성금하였다.[933] 중복으로 보인다.

鄭錫迺－1908년 金壽哲이 군수가 되자 축하시를 지어 보냈고,[934] 「警察要義」,[935] 「祝大韓興學會」,[936] 「實業界의 一嚆矢」[937] 등을 기고하였다. 대한흥학회에 5월을 성금하기도 했다.[938] 1934년 5월 17일 1원을 성금하였다.[939]

제주도

〈1원〉

金春岡－자료에서 확인되지 않는다. 1934년 5월 5일 1원을 성금하였다는 기록이 있다.[940]

동 경

고학생 李斗鎰(0.50)

미 상

〈10원〉

劉世黙－자료에서 확인되지 않는다. 1934년 4월 24일 10원을 성금하였다는 기록이 있다.[941]

---

931) 『조선총독부및소속관서직원록』 1931∼33년도 참조.
932) 『조선총독부및소속관서직원록』 1934∼39년도 참조.
933) 『동아일보』 1934.3.30, 5.5 참조.
934) 『태극학보』 25, 1908.10 참조.
935) 『대한유학생회학보』 3, 1907.5 참조.
936) 『대한흥학보』 3, 1909.5 참조.
937) 『태극학보』 11, 1907.6 참조.
938) 『대한흥학보』 3, 1909.5 참조.
939) 『동아일보』 1934.5.17 참조.
940) 『동아일보』 1934.5.5 참조.
941) 『동아일보』 1934.4.24 참조.

趙尙鎬 － 평안북도 의주군 고진면 석하리에 있던 古邑水利組合의 대표,942) 고 진면장을943) 지냈다. 1934년 4월 24일 10원을 성금하였다는 기록이 있다.944)

〈3원〉

金元甲 － 1927년 강동군 만달면 승호리에 설립된 勝湖里金融組合의 대표,945) 평안남도회의원,946) 평양부회의원,947) 동아일보 강동지국 고문948) 등 을 지냈다. 1934년 4월 24일 3원을 성금하였다는 기록이 있다.949)

〈2원〉

玉慶植 － 율리공립보통학교의 훈도,950) 의사 등으로 활동했다.951) 1934년 4월 24일 2원을 성금하였다는 기록이 있다.952)

금융조합직원 일동

〈1원〉

郭壽英 － 자료에서 확인되지 않는다. 1934년 4월 24일 1원을 성금하였다는 기록 이 있다.953)

金炳泰 － 자료에서 확인되지 않는다. 1934년 4월 24일 1원을 성금하였다는 기록 이 있다.954)

---

942) 『조선은행회사조합요록』 1931 참조.
943) 『조선총독부및소속관서직원록』 1934~36 참조.
944) 『동아일보』 1934.4.24 참조.
945) 『조선은행회사조합요록』 1933 참조.
946) 『민족정기의 심판』, 各道會議員歷任者 ; 『조선총독부관보』 1937.7.6, 7.7, 7.8, 7.13 참조.
947) 『민족정기의 심판』, 各府會議員歷任者 참조.
948) 『동아일보』 1930.10.9 참조.
949) 『동아일보』 1934.4.24 참조.
950) 『조선총독부및소속관서직원록』 1924~25 참조.
951) 『동아일보』 1934.1.24 참조.
952) 『동아일보』 1934.4.24 참조.
953) 『동아일보』 1934.4.24 참조.
954) 『동아일보』 1934.4.24 참조.

金周用－자료에서 확인되지 않는다. 1934년 4월 24일 1원을 성금하였다는 기록
이 있다.[955]

金在根－자료에서 확인되지 않는다. 1934년 4월 24일 1원을 성금하였다는 기록
이 있다.[956]

金鴻哲－자료에서 확인되지 않는다. 1934년 4월 24일 1원을 성금하였다는 기록
이 있다.[957]

羅時山－1932년 평양에서 개최된 제21회 朝鮮예수敎長老總會에서 서기,[958] 24
회 총회에서 임원[959] 등을 지냈다. 동아일보 황주지국 기자로 二浦 주
재를 겸하기도 했다.[960] 1934년 4월 24일 1원을 성금하였다는 기록이
있다.[961]

宣尙翼－자료에서 확인되지 않는다. 1934년 4월 24일 1원을 성금하였다는 기록
이 있다.[962]

崔允鶴－자료에서 확인되지 않는다. 1934년 4월 24일 1원을 성금하였다는 기록
이 있다.[963]

〈0.50원〉

鄭準台,　金大河·朴致郁·金宗燁·黃應學·金永喆·徐翼龍·金用燦·金永□·崔文
澤·朴昌淳

〈0.30원〉

洪性英·鞠淳範·李德河, 李炳斌·金炳觀·朴炳□

---

955) 『동아일보』 1934.4.24 참조.
956) 『동아일보』 1934.4.24 참조.
957) 『동아일보』 1934.4.24 참조.
958) 『동아일보』 1932.9.9 참조.
959) 『동아일보』 1935.9.8, 9.10, 9.15 참조.
960) 『동아일보』 1926.8.10 참조.
961) 『동아일보』 1934.4.24 참조.
962) 『동아일보』 1934.4.24 참조.
963) 『동아일보』 1934.4.24 참조.

〈0.20원〉

朴利喆·金賣斗·崔炳澤·李義錫·金錫允, 柳重萬·白贊奎·尹泰煜·宋龍鉉·李成
文·李君聖·田秉麟·金應□·黃俊星·金淳鉉·李根夏

〈0.15원〉

洪性殷·安壽榮

〈0.13원〉

李普□

〈0.12원〉

李昌圭

〈0.11원〉

趙演坪

〈0.10원〉

金章鎬·李成祐·金永錫·鄭養秀·張孝銓·陳車燮·洪淳旭·曹文植·林貞善·姜漢
求·李演圭·權熙晟·金榮一·趙春植·李承烈·李根宇·金世喜·李鏞洙·李鍾協·姜和
燮·朴泰振·李東熙·安麟動·廉泰銓·金世玉·鞠泓錫

일본인

〈2원〉

秋川嘉太郎 - 강동군 技手,[964] 삼등우편소장 등을 지냈다.[965] 1934년 12월 26일
    2원을 성금했다는 기록이 보인다.[966]

增田傳六 - 1926년 8월 성천군 숭인면의 568,670평에 금은동연아연광의 광업

---

964) 『조선총독부및소속관서직원록』 1922년도 참조.
965) 『조선총독부및소속관서직원록』 1923~24년도 참조.
966) 『동아일보』 1934.12.26 참조.

권을 설정하였다.967) 1934년 12월 26일 2원을 성금했다는 기록이 보인다.968)

大橋恒藏 ― 일본인으로 1875년 東京市 麻布區 谷町 下之關市 출생으로 사립 大阪豫備學校, 府立 大阪商業學校에서 수학했다. 조선으로 건너와 평양에 살면서 실업에 종사했다. 1914년 평양청년회 회장으로 추대되었고, 1917년 學校組合議員, 1919년 商工會議所評議員에 발탁되었으며, 消防組頭, 금융조합평의원, 朝鮮消防協會 의원 등을 겸하였다. 1920년 평양부 대화정 14번지에 설립된 (주) 평양은행의 이사이자 500주를 소유한 대주주였다.969) 또 전등 전력의 공급, 전기에 관한 기계 기구 판매 및 대부, 설계 및 공사의 청부 등을 목적으로 1911년 평양부 유정 12번지에 설립된 (주) 평양전기의 이사이자 1370주를 소유한 대주주,970) 1913년 평양부 팔천 대정에서 설립되어 평안남도 평원, 순천, 대동군 및 강원도 춘천군 등에 지점을 두었던 합자회사인 西鮮造林의 대표,971) 1920년 백화진열, 통신판매 및 부대사업, 각종 대리업을 목적으로 평양부 대화정에서 설립되어 奉天 춘일정에 지점을 두었던 (주) 丸京吳服店의 대주주,972) 1920년 평양부 대화정 14번지에서 설립되어 진남포, 평양 계리, 황해도 재령 등에 지점을 둔 (주) 大同銀行의 이사 및 560주를 소유한 대주주,973) 1920년 부동산 임대, 금전 대부, 상품 부동산 매매 중개 등을 목적으로 평양부 남문정 101-6번지에 설립된 (주) 平壤信託의 감사,974) 無盡業 경영을 목적으로 1925년 평양부 욱정 5번지에 설립된 (주) 平壤無盡의 대표 및 200주를 소유한 대주주,975) 부동산 임대, 금전 대차, 토지 가옥의 경영 및 관리, 각종 대리행위, 상품 부동산 매매 중개를 목적으로 1920년 평양부 욱정 5번지에 설립된 (주) 平壤興業의

967) 『조선총독부관보』 1926.8.18 참조.
968) 『동아일보』 1934.12.26 참조.
969) 『조선은행회사요록』 1921년 ; 『조선총독부관보』 1919.11.18 참조.
970) 『조선은행회사요록』 1921, 1923, 1925년 참조.
971) 『조선은행회사조합요록』 1921, 1923, 1925년 참조.
972) 『조선은행회사요록』 1921년 참조.
973) 『조선은행회사요록』 1923년 참조.
974) 『조선은행회사조합요록』 1925, 1927, 1929년 참조.
975) 『조선은행회사조합요록』 1933, 1935년 참조.

이사,[976] 전등 및 전력의 공급, 가스의 공급, 전기사업에 대한 투자, 전각호에 부대하는 일체의 업무를 목적으로 1921년 평양부 선교리 46번지에 설립된 (주) 西鮮合同電氣의 이사,[977] 1934년 貸室業 및 부대업무 일체를 목적으로 평양부 동정 6-31번지에 설립된 감사 및 200주를 소유한 대주주,[978] 1918년 평양부 수정 지역에 설립된 平壤南金融組合의 대표,[979] 평안남도지방토지조사위원회 임시위원,[980] 平壤商業會議所 대표,[981] 관선 평안남도평의회원을[982] 지냈다. "실업가에서 신문 경영으로 나아간 사람으로서 가장 곤란하다고 하는 사업에서 성공한 것은 진실로 그 수완 때문이라고 하지 않을 수 없다. 최근에는 조·석간을 발행하고 있어 선망의 대상이 되고 있으며, 보통의 실업가와는 달리 사회 대중과 더불어 스스로의 복리를 증진하는 데에 노력하고 있다. 언제나 시민의 선두에 섰으며 평원선 개통운동에도 솔선수범하여 동분서주하고 있으며, 이상은 그 일단을 말한 것에 지나지 않지만, 이것만으로도 公共에 봉사한 정신을 보기에 충분하다"는 평가가 있다.[983] 1934년 3월 12일 2원을 성금하였다는 기록이 있다.[984]

安田善之助 - 평양의 실업가 중 한 사람으로 동경의 어떤 단체로부터 평양에 괴문서가 나돌 때 그 문서를 받기도 하였다.[985] 1934년 3월 12일 2원을 성금하였다는 기록이 있다.[986]

鈴本種一 - 자료에서 확인되지 않는다. 1934년 3월 12일 2원을 성금하였다는 기록이 있다.[987]

---

976) 『조선은행회사조합요록』 1933, 1935년 참조.
977) 『조선은행회사조합요록』 1935년 참조.
978) 『조선은행회사조합요록』 1935, 1937, 1939년 참조.
979) 『조선은행회사조합요록』 1927, 1929, 1933년 참조.
980) 『조선총독부및소속관서직원록』 1914~17년 참조.
981) 『조선총독부관보』 1916.8.19, 1917.12.25 참조.
982) 『조선총독부관보』 1924.4.5 참조.
983) 『조선공로자명감』 참조.
984) 『동아일보』 1934.3.12 참조.
985) 『중앙일보』 1932.12.23 참조.
986) 『동아일보』 1934.3.12 참조.
987) 『동아일보』 1934.3.12 참조.

靑木健三郞 - 일본인으로 1871년 출생이다. 원적은 長崎縣 長崎市 籠町이고, 주
소는 평안남도 鎭南浦府 三和町 35번지이다. 東京郵便電信學校를 졸
업하고, 1893년 4월 조선에 건너와 진남포 개항 직후에 靑木組를 창시
하여 回漕業을 경영하였다. 大阪商船의 대리점이 되어 선박, 통관, 부
선 등의 작업을 하였는데, 겨울철에 얼음이 얼어 입항이 불가능하게
되는 것에 구애받지 않고 일본 郵船인 汽船[오하이요 丸]이 입항할 즈
음 추위를 무릅쓰고 靑木組가 결사적으로 작업하여 하역을 할 수 있게
하였다. 평안남도평의원에 선출되었고, 상공회의소 의원으로 추대되기
도 했다. 鎭南浦水産株式會社 이사, 鎭南浦土地株式會社 監査役 등 역
임했으며, 농장을 경영하기도 했다. "의협심이 있고 염담뢰락하지만
견실한 사업가로 후진을 지도하는 데에도 열심이다. 사회의 공익을 위
해 노력하면서 물심양면에서 결코 인색하지 않았던 인격자"라는 평이
있다. 또 1939년 현재 조선에 사는 일본인 가운데 손꼽힐 정도로 오래
된 인물 중 한 명으로 분투정신이 왕성하면서도 공공사업에 열성적으
로 노력하며, 鎭南浦가 오늘날과 같이 발전을 이룩한 것은 그와 같은
인물이 중심이 되어 활동해준 덕분이라고 할 수 있으며, 재계에서 비
중 있는 인물이라는 평도 있다.[988] 1934년 3월 12일 2원을 성금하였다
는 기록이 있다.[989]

福島莊平 - 일본인으로 1885년 출생이다. 群馬縣 新田郡 綿打村 출신으로 주소
는 平壤府 山手町 33번지이다. 福島英朔으로 개명하였다. 1903년부터
외국어학교 및 慶應義塾 등에서 수학하였다. 1912년 三菱에 입사하여
1918년 평양에 정착하였다. 평양의 山手町에 자리를 잡고 福莊商會를
경영하였고, 철, 시멘트, 유리, 전구, 석탄, 코크스, 벽돌 등 건축 재료를
중심으로 다방면에 걸쳐 판매하였다. 黃金町에 福莊商會 본점을 두고
황해도와 兼二浦에 복장상회 지점을 설치하였다. 1920년 학교조합의
원, 1921년 제4기 평양상공회의소 평의원 및 회장, 1928년 2월 평안남
도평의원, 1923년 대동강 개수공사 鍾紡會社, 東洋紡績會社 설립,
1935년 평양상공회의소 회장 등을 역임했다. (주) 평양신탁, (주) 精華

988) 『조선공로자명감』 ; 『조선인사흥신록』 ; 『사업과 향인』 1, 『재조선내지인신사명감』 참조.
989) 『동아일보』 1934.3.12 참조.

俱樂部 등에 관여하였다. 조선으로 건너온 후 福莊商會 설립하여 재계에서 비약한 인물로 경성의 賀田, 신의주의 多田과 함께 비교할 수 있는 논객이면서 웅변가로 알려져 있다.990) "평양부의 발전을 위해 몸을 아끼지 않으며 진력을 다해 지금은 조선의 福島라는 이름으로 일본에까지 명성이 알려졌고, 특히 석탄업계에서는 중진으로 인정받고 있으며, 특유의 의협심이 풍부하고 믿고 의지할 수 있는 인물이자 항상 많은 이야기보따리를 가지고 말을 잘하는 사람이다. 평양을 중심으로 전기, 철도, 광업 방면의 회사에 중역에 재직 오늘과 같이 큰 인물이 되기까지는 많은 고난을 겪었겠지만, 공적이든 사적이든 사업의 목적을 달성하기 위해 모든 어려움을 극복하며 매진하는 박력을 지닌 사람이며 또한 다른 면에서는 원만한 인격을 바탕으로 남의 마음을 헤아릴 줄 아는 아량도 갖추고 있다. 조선의 서쪽 지방의 재계에서 거물급에 상당하는 실력을 갖춘 인물"로 평가되었다.991) 평안남도 대동군 임원면, 부산면, 서천면의 토지 856,000여평, 대동군 임원면, 서천면 토지 876,500여평에 대한 고령토광업권, 대동군 南串面 토지 617,400여평에 대한 석탄 광업권을 설정하였고,992) 대동군 용산면, 남형제산면 소재 석탄·고령토광 979,000평에 대한 鑛業權을 설정하기도 했다.993) 1934년 3월 12일 2원을 성금하였다는 기록이 있다.994)

〈1원〉

尾上銀太郎 - 자료에서 확인되지 않는다. 1934년 4월 6일 1원을 성금하였다는 기록이 있다.995)

宮村敏 - 자료에서 확인되지 않는다. 1934년 4월 6일 1원을 성금하였다는 기록이 있다.996)

---

990) 『조선공로자명감』 ; 『시정25년기념약진지조선』 부 재계인물전 참조.
991) 『조선총독부시정25주년기념표창자명감』 ; 『사업과 향인』 1 참조.
992) 『조선총독부관보』 1923.12.11 ; 『일제침략하 한국36년사』 참조.
993) 『조선총독부관보』 1937.9.17 ; 『일제침략하 한국36년사』 참조.
994) 『동아일보』 1934.3.12 참조.
995) 『동아일보』 1934.4.6 참조.
996) 『동아일보』 1934.4.6 참조.

島田武男－자료에서 확인되지 않는다. 1934년 4월 6일 1원을 성금하였다는 기록이 있다.[997]

森田欣作－자료에서 확인되지 않는다. 1934년 4월 6일 1원을 성금하였다는 기록이 있다.[998]

---

997) 『동아일보』 1934.4.6 참조.
998) 『동아일보』 1934.4.6 참조.

2. 일제강점기 단군 관련 자료

-『동아일보』를 중심으로-

1) 단군영정 현상모집

· 『동아일보』 1920.4.11
  창간과 더불어 동아일보사 명의로 민족의 宗祖인 檀君影幀懸賞募集 공고
· 『동아일보』 1920.4.11; 4.12; 4.21; 4.22; 4.23; 4.26 모집 기간 4.11~4.30, 발표
  5.10, 3 또는 4면
· 『동아일보』 1920.5.1; 5.6; 5.7; 5.8; 5.10
  발표일 연기 6.1, 5.8, 5.10자는 1면 3~4단 중앙
· 『동아일보』 1920.6.6
  응모기한과 발표일 연기 9월말까지, 발표 10.3 개천절-檀君影幀에 就하야
    -이제까지 모집 작품 56건
  연기 사유-영정의 창작에 많은 시간이 필요하다는 인사들의 희망
  방침 변경-응모작품을 일체 반환하지 않기로 했던 방침을 철회하고 당선작 이
  외의 작품은 응모자가 희망할 경우 반환함
· 『동아일보』 1920.4.21
  창간축시 金範埈 桓王儉之苗裔兮 四千載其富昌
· 『동아일보』 1922.11.21
  개천절을 맞아 단군 천제의 영정 공개

2) 대종교

· 『신한민보』 1909.8.18
  단군교/지사 나인영, 오기호 양씨는 재작년에 7적을 박살내려고 거사하다가 미수
  에 그친 이후로 정계에는 단념하고 종교계에 헌신하여 현재 단군교란 종교를 널리
  펴고자 하여 열심히 주선한다고 한다

· 『신한민보』1909.11.17

단군교 입도절차/단군교에서 단군의 신위패를 중부 중골 나인영의 집에 봉안하고 누구든지 입도하는 자는 글을 낭독하고 백두산백봉신형대종사의 인장을 찍어 입도증서를 준다더라

· 『신한민보』1910.9.21

종교적으로 인민을 현혹/일인들은 외국 선교사를 후히 하는체하고 속으로는 예수교를 박멸코져 하야 간교한 혀끝으로 한인을 미혹케 하되 한인은 당당한 한인 종교를 믿음이 옳다하고 소위 경천교니 단군교니 하고 뒤로는 자본을 대어주며 왜놈의 종놈된 한인 잡류를 사방에 혜쳐 교도를 모집하여 종교덕으로 한인의 정신을 현황케 하여 예수교를 방해하니 우리가 이런 줄 알진대 아무쪼록 예수교를 더욱 신앙하여야 조국정신을 잃지 않을지며 일인의 종이 아주 되지 않을지라

· 『신한민보』1917.11.29

十月 三日 대황조 단군할아버님의 성탄을 봉축함/10월 3일을 단군께서 백두산 단목하에 건국하신 대기념일

　1. 한빗님 오늘날에/누리에 오셨고/빗달나라 우리 짜에/오늘날 나섯네/후렴 ᄎ달ㄷ날 싀김/깁고깁퍼/빗달나라 우리 짜에/오늘날 나섯네

　2. 한빗님참사랑에/우리겨레살고/ 빗달나라 발은빗에/한집살림힛네

　3. 한빗님의 나리신뜻/빗달나라 참빗/우리들이 다물하여/골잘히로살셰

　[글자뜻해석]

한빗님; 대황조니 옛 조선말의 조상이오. 누리; 세계 혹 세상. ᄎ; 10월. ㄷ; 3일. 싀김; 기념. 다물; 회복, 고구려가 패한후에 신하 대조영이 잔민을 거두어 고구려 다물주의를 실현하시고 만주땅에 큰 나라를 세우니 발해국이다. 골잘; 수목, 골은 백만, 잘은 천만

· 『동아일보』1921.4.22

대종교 남도본사에서 오전에 檀君御天紀念式과 오후에 강연회 개최(수송동 覺皇寺) 宋鎭禹－조선인, 朴一秉－神市

· 『동아일보』1921.4.25

마산에서 단군어천절(음력 3.15, 4.22)을 기념하라는 광고문을 전신주와 중요 각처에 붙인 일에 대해 경찰서에서 檜原洞 학생복습소를 압수 수색하여 단군기념에 대한 서류를 발견하고, 昌信學校 학생 辛有植(19) 등 7명을 체포하고 장날인 그날

무슨 일이 있을까 경계

· 『동아일보』 1921.4.26 마산

4.25일 건과 관련하여 마산에서 昌信學校 학생 朴永壽(21)·金命祚(14)·金光之(14)·金錫祚(15)·明尙貴(150)·崔又植(5) 6명을 검거, 인민을 선동하거나 시위운동을 할 목적이 아니라 단군어천절을 맞아 조선사람들에게 조선민족의 시조인 단군을 섬기는 것이 옳은 일이라는 것을 알릴 목적이었다고 함

· 『동아일보』 1921.5.10

창신학교 교사 金麗鶴이 지난 30일에 단군을 기념하는 일을 교사했다는 혐의로 체포되었다가 5일 증거불명으로 석방되었으나, 구류중의 많은 고통으로 현재 치료중임

· 『동아일보』 1921.11.3

계동 대종교 남도본사에서 개천절 기념식 거행, 사회-池錫永, 鄭森-開式願禱, 兪鎭贊-敬賀辭, 朴一秉-축사, 神歌 검노래 합창, 崔益采-願禱

· 『동아일보』 22.4.11

계동 대종교 남도본사에서 단군어천 기념식 거행

· 『동아일보』 1922.4.22, 1단에 사진도 함께 실림

어제 대종교 남도본사에서 4200여년전에 백두산에 강림한 단군의 어천일이어서 이에 대한 기념식을 가짐. 趙承鎬-개식선언, 願禱, 奉賀辭奉讀, 검노래(神歌), 韓相羲-강연, 佈告, 願禱

· 『동아일보』 1922.11.21

4255년 개천절을 맞아 계동 대종교 남도본사에서 개천경배식 거행, 10월 상달 떡을 해먹는 것도 이를 기념하기 위함, 영정도 함께 공개

· 『동아일보』 1924.4.18

가회동 大倧敎會善侍敎堂에서 단군어천 기념식 거행

· 『동아일보』 1924.11.1

계동 대종교에서 개천기념 축하식 거행, 사진 수록

· 『동아일보』 1924.11.9

임시정부에서 대종교의 예에 따라 단군탄강일을 建國紀元節로 정해 임시정부와 仁成學校에서 거행

· 『동아일보』 1925.4.7

단군 어천경절을 맞아 계동 대종교당에서 三神殿祭天禮式과 天宮晝夜敬賀禮式

을 거행

· 『동아일보』 1925.11.27

 상해에서 건국기념절 거행, 오전－靑年同盟會와 三一公學에서 경축식 거행, 오
후－민단 주최 경축식 거행

· 『동아일보』 1926.11.6

 계동 대종교본부에서 대천절 축하 경배식 거행

 ·간도의 蘭溝大脈洞에 있는 東一少年會에서 지난 10월 27일 단군기념식을 현립
42학교에서 개최, 10월 3일紀念(姜長孫), 太初의 回想(金海元), 미정(朴尙俊)

· 『동아일보』 1928.1.6

 대종교와 단군교에 대한 현황 소개－朝鮮人으로 創始된 宗敎와 秘密團體解剖
(四)

· 『동아일보』 1928.2.2

 간동에 있는 대종교 南道一道本司에서 대종교의 중광 20주년 기념강연회를 2.4
일 개최, 久遠한 壇君(최남선), 重光節과 朝鮮(정인보)

· 『동아일보』 1928.5.4

 간동에 있는 대종교 南道本司에서 4일 단군어천일을 맞아 기념식을 거행

· 『중외일보』 1928.5.4

 단군 御天기념, 4일 낮과 밤에, 대종교에서/간동에 있는 대종교 南道本司에서 4
일 단군어천일을 맞아 기념식을 거행

· 『중외일보』 1928.11.23

 개천절 기념 강연회 개최/간동에 있는 대종교 南道本司주최로 개천절 기념강연
을 24일경운동 천도교기념관에서 개최, 개천의 의미－최남선, 미정－정인보

· 『중외일보』 1929.11.3

 고조선의 명절, 단군 개천절/대종교의 본사, 지사는 물론 각처에서 이날을 뜻깊게
기념하려함

· 『중앙일보』 1931.12.19

 단군봉찬회 임시총회 개최, 대성원 강당에서/단군신전봉찬회에서 경성 도림동에
서 20일 2시부터 大聖院 강당에서 임시총회 개최

· 『동아일보』 1935.1.1

 八年苦行을 一誠으로 이누리의 靈跡 찾어 三聖祠祭壇에 올린 거룩한 犧牲 大倧

教 弘嚴 羅喆氏[肖]

3) 단군교

·『동아일보』1922.3.8

단군교 鄭勳模 등 8명은 1922.3.6 貴衆兩院과 樞密院·內閣에 조선내정의 독립을 청원

·『시대일보』1925.11.3

일전에 보도한 단군교가 유아무중에 있다는 것과 정훈모씨 작고의 단군교 기사 는 오보로 정정

·『동아일보』1927.1.18

단군교 鄭勳模가 을축년 겨울 구월산 바위 속에서 단군 塑像을 발견하고 이를 봉안하기 위해 大聖殿을 건축하기 위해 檀君天祖大聖殿期成會發起會를 개최함

·『동아일보』1931.11.12

창성동에 있는 壇君神殿奉贊會에서 15일 단군성탄일을 맞아 시흥군 동면 송록동 에 있는 壇聖殿에서 성대한 祭奠을 거행할 계획

·『동아일보』1931.11.18

壇君神殿奉贊會에서 도염동에 있는 대강당에서 봉찬회를 거행, 고문 78명, 이사 90여명, 감사 17명 등을 선임. 고문－朴泳孝외 77, 이사－윤치호 외 93, 감사－崔 相肆 외 16

·『동아일보』1931.12.10

청운동 거주 李元植 여사가 소유 가옥(3천원)을 檀君奉贊會에 기부하고 단군영 정을 봉안하기로 함

·『동아일보』1937.9.19

檀君教復興經略, 始興郡東面 啓新堂發行

4) 단군탄압

·『동아일보』1920.5.31

5.29일 승동 예배당에서 학생대회 주최로 열린 토론회에서 中東學校 申鉉翊이 "단군자손이니 배달민족이니 참담한 조선이니"하여 일본인 관경에게 중지를 당함

· 『동아일보』 1925.12.7

간도 龍井村 永新中學校에서 지난 3일 檀君紀念祭에서 及友會 주최로 강당에서
음악회를 개최하고, 배일극을 상연했다가 극의 작가인 小學部 교원 金振熙와 출연
학생들이 엄중한 취료를 받았고, 교원은 사표를 제출

· 『동아일보』 1928.6.13

九月山檀君聖地(삼성사 사당터-세종때 건립)를 家族墓地로 拂下運動, 단군승천
하신 곳과 발자욱 남은 곳을 가족묘지로 불하한다는 해괴한 사실, 識者間에 議論
沸騰, 祠堂再建도 時日 問題거늘 突發한 駭怪事, 삼성사는 나철의 憤死 이후 지방
헌병대에서 중대한 사태의 재발 방지를 위해 허물어 버렸음, 15년전 철훼 이후 수
차례의 중건운동이 있었으나 종독부의 단군부인론으로 인해 이루어지지 못함. 최
남선의 평 "일이 하도 해괴하니까 말을 할 여지도 없습니다 만은 아무리 조선이
어둡다 하기로 단군의 사당이 가족공동묘지가 되리라는 것은 만무하리라 생각됩
니다. 적어도 그 지방 인민의 신앙심이 그를 그저 두지 아니하겠지요. 이십정보를
그 사람이 불하한다고 하면 결국 단군사당이 그대로 기부하게 될 줄 아닐까 매우
좋은 일일줄 압니다"

· 『동아일보』 1928.11.18

단군 탄강일을 맞아 장백현 소년회에서 소년소녀웅변대회를 경찰 당국의 양해없
이 개최하여 중외일보 해산진지국장 朱東煥과 吳震을 검거

· 『동아일보』 1931.1.20

月曆押收-19일 종로경찰서에서 和信商會 월력 1만장과 金潤冕상범 월력 6천여
매를 압수, 이유는 단군의 기원을 써넣은 것 때문

· 『조선중앙일보』 1936.8.12

단군교도 탄압, 평양지부 폐쇄/평양부 한전리 50여명의 신도를 둔 단군교 평양지
부를 폐쇄

5) 단군 관련 논설

· 『동아일보』 1926.2.11; 2.12

檀君否認의 妄-那珂·白鳥에서 시작하는 역대 檀君否認論을 小田의 '所謂 檀君
傳說에 對하야'를 중심으로 비판

· 『동아일보』 1926.2.17

崔南善의 檀君史論 연재에 대한 기사-일본인 학자들의 檀君否認論에 대한 반론을 적극적으로 전개

· 『동아일보』 1926.3.3

崔南善의 壇君論 연재, 7.25까지 77회 연재

· 『동아일보』 1926.12.2; 12.3; 12.4

古蹟保存의 要諦-民族的古蹟에 注意-壇君堀과 三聖殿을 없애 버린 후 조선인의 단군 慕仰이 增上함, 古陵을 중수하고 先儒를 新薦, 檀君聖蹟收復

· 『동아일보』 1926.12.9; 12.10; 12.12

壇君께의 表誠-朝鮮心을 具現하라-단군에 대한 규정, 단군릉 수축 배경

· 『동아일보』 1928.1.1, 2.7까지 32회 연재

朝鮮文化의 一切種字인 檀君神典의 古義, 紀元七十週의 戊辰年을 마지하야[崔南善]

· 『동아일보』 1928.8.1부터 12.16, 72회 연재

壇君과 三皇五帝(최남선)

· 『동아일보』 1930.11.23

개천절, 단군 강탄 4388회의 기념(李允宰), 한배단군상 사진 실음

· 『동아일보』 1935.10.29

檀君開天과 十月(鄭寅普)

· 『조선중앙일보』 1935.4.18

학예, 조선 조의화랑사, 제4편 단군소도(97), 박노철/부루단지(신단실기, 湖石遺稿, 東言攷略)

6) 단군유적

· 『동아일보』 1926.7.13 〈향토예찬 내고을 명물〉에서

참성단-別有天地非人間 … 檀君祖祭天壇 참성단은 단군의 땀과 피의 결정체, 사진도 함께 수록(투고자 강화 琴天狗)

· 『동아일보』 1926.8.13 순회탐방43, 信川地方大觀

三聖殿-동방 최초의 神皇인 단군이 태백산 단목하에서 탄생하여 천년간

왕위에 있다가 구월산으로 移來하여 이곳에서 羽化登仙한 곳으로 이를 기념하기 위해 전각을 건축하고 환인·환웅·단군을 봉안하고 매년 본가을로 國祀를 거행

- 『동아일보』 1926.10.22 순회탐방114, 交通의 至便 天惠의 沃土 産物殷豊한 江東
  壇君墓－강동면 칠포리 아달산 서방에 있고, 묘의 주위가 407척으로 정조 때부터 춘추 2회 현감으로 奉祀케 하였던 바 옛날의 森嚴의 觀이 점점 퇴락되어 有志士의 감탄하는 바가 있더니 1923년 11월 본군 明倫會에서 비용 200여원을 割立하여 새로 築墻建門을 하고, 또 奉祀의 制를 設하고 古典의 準據로 길이 제사를 행하게 되었다고 한다

- 『동아일보』 1930.12.6
  檀君上巳祭－함남 三水甲山에서 매년 10월 초순에 上巳祭를 거행, 햇곡식으로 떡을 해 곡간·정주 등 여러 곳에 드려 한배님을 부르며 복을 빌고, 태백성왕께 무병과 태평하기를 빔. 또 10일 동안 정성의례라고 하여 금전거래와 출입을 엄금함. 대안 長白縣 二十道溝 이주동포들도 상사제라고 하여 백두산을 향해 제사를 지낸다고 함

- 『동아일보』 1932.7.9
  檀君聖跡巡禮 特派員 本社 社會部長 玄鎭健: 東亞日報社 연재 광고－태백산 평양 강동 강서 구월산 마니산 등, 목적－현재까지 남은 유적을 봉심하여 현재 환경을 동포에게 보고함

- 『동아일보』 1932.7.29부터 11.09 51회 연재
  檀君聖跡巡禮(特派員 本社 社會部長 玄鎭健) 연재

- 『조선중앙일보』 1933.7.27
  평양, 조선사의 원천이자 역대 군주의 창업지 (1) : 단군의 평양/고구려의 평양/고려의 평양/이조의 평양/성조 단군께서 4266년 10월 3일에 평양에 創都

- 『동아일보』 1935.4.3
  妙香山檀君窟, 有志 道路를 修理[寫](新安州)/단군이 탄생하고 수도하던 단군굴의 용이한 통행을 위해 작년 평원군 동송면 월봉리 車明鎬가 100원을 희사하여 도로 수선공사에 착수

7) 단군릉

· 『共立新報』 1908.8.12

東國歷史/아름답고 거룩하다 삼천리 수려강산 이천만 영혜민족 기후도 온화하고 토지도 기름지며 광산도 풍족하고 어업도 번성하며 인민은 충의정직하고 용맹지혜로운 우리나라는 세계동방에 처하니라. 동방에 처음 임금이 없고 인민이 부락마다 모여 살어 풀로 의복을 삼고 나무열매를 먹고 살며 여름에는 나무에 깃들이고 겨울에는 굴속에 거처하여 거느려 다스리는 어른이 없더니 그 때 한사람이 태백산(영변 묘향산) 박달나무 아래서 탄생하시니 이는 곧 단군이시라.

이름은 왕검이요 그 조부는 환인이오 부는 환웅이니 단군의 위인이 밝고 지혜있고 또 신령하신지라 그 인민이 그 덕을 사모하여 받들어 임금을 삼고 단목아래서 탄생하신 고로 단군이라 일컬으며 도읍을 평양에 정하시고 비서압을 딸을 봉하시어 왕후로 삼고 나라 이름을 조선이라 하니 조선이란 뜻은 아침 날이 오르면 만물이 선명하다 함이니라 인민을 가르쳐 두발을 따서 머리를 덥고 음식식 거처하는 제도를 정해주시니라

강화 마니산에 거동하여 하늘께 제사하시고 왕자 3인을 명하야 성을 쌓으니 가로대 삼랑성이오 그후에 백악으로 도읍을 옮기시니 지금 문화 구월산이니라

지나 하우씨가 제후를 도산땅에 모음을 들으시고 태자 부루를 보내어 참여케 하시니라 후세 자손이 왕위를 서로 전하다 1천여년 후에 지나 은나라 기자가 동으로 오심을 당하여 왕위를 내어놓고 북부여(지금 청국 개원현)로 도읍을 옮겼느니라 단군의 즉위하신 해는 무진년이니 곧 지나 요임금 즉위 25년이오 융희 2년과 상거가 4241년이니 그 능침은 지금 평안도 강동군에 있느니라(교육월보)

· 『신한민보』 1909.6.16

국조의 당우건립 / 우리나라를 처음 건설한 단군의 능침은 평남 강동군 대박산 밑에 황무한 밭 가운데 있는데, 백성이 몽매하여 건국시조의 능침을 존봉하지 아니하였음에 그 광경을 참아 볼 수 없을 지경에 이르렀음에 이번에 어가가 서순하실 때 당우를 건립하라는 칙교를 내려 건축비 2천원을 지출한다고 한다

· 『동아일보』 1926.10.22 순회탐방114, 交通의 至便 天惠의 沃土 産物殷豊한 江東

壇君墓－강동면 칠포리 아달산 서방에 있고, 묘의 주위가 407척으로 정조 때부터 춘추 2회 현감으로 奉祀케 하였던 바 옛날의 森嚴의 觀이 점점 퇴락되어 有志

士의 감탄하는 바가 있더니 1923년 11월 본군 明倫會에서 비용 200여원을 割立하여 새로 築墻建門을 하고, 또 奉祀의 制를 設하고 古典의 準據로 길이 제사를 행하게 되었다고 한다

· 『동아일보』 1926.12.2; 12.3; 12.4

古蹟保存의 要諦－壇君堀과 三聖殿을 없애 버린 후 조선인의 단군 慕仰이 增上함, 古陵을 중수하고 先儒를 新薦, 檀君聖蹟收復－단군릉 수축운동의 배경

· 『동아일보』 1926.12.9; 12.10; 12.12

壇君께의 表誠－朝鮮心을 具現하라－단군에 대한 규정, 단군릉 수축 배경

· 『중외일보』 1927.6.5

강동유림의 단군성제 거행 / 강동명륜회에서 지난 5월 1일 정기총회를 개최하고 본회 회장을 종래 군수로 추천했던 바 금후부터는 일반회원 중에서 추천하기로 하여 유림계 공로자 金允龍을 선거했으며, 단군묘 앞에서 檀君聖祭를 성대히 거행

· 『동아일보』 1929.10.18

壇君墓守護契－평남유림연합회는 단군묘를 잘 지키고 간수하기 위해 단군묘수호계의 규약을 작성하여 이를 지난 12일 각 군의 유림회에 발송

· 『동아일보』 1932.4.26

江東 壇君墓와 荒廢한 담(주위 406척)－조선의 시조 壇君墓 수축, 정조의 本館에 춘추 봉심에 대한 명으로 이후 江東 明倫會에서 봉제를 행했으나 황폐하고 퇴락하여 수축하지 못하고 있음. 강동 金商俊의 발기로 묘를 중수하는 동시에 수호각 건축할 계획, 김상준－토지 100원가치 기증, 강동군수 金壽哲 많은 찬조와 노력이 있음. 조만간 발기회를 열고 사업에 착수, 사진도 함께 실음

· 『동아일보』 1932.5.6; 5.11; 5.12

江東 大朴山에 잇는 壇君陵奉審記(吳箕永)－강동지국장 金重寶의 안내, 단군묘 수축과 수호각 건설에 힘을 기울이는 金商俊 만남, 대박산은 단군이 강림한 속칭 태백산, 읍지에도 대백산만 쓰지 않고 태백산을 병기, 강동 태백산 밑에 단군묘가 있음은 잘 알지 못함, 단군릉이 아니라는 이설도 소개, 대종교의 견해－檀君以神人降世 復爲神 安有陵墓之爲乎, 檀君之稱 卽檀國君之號 故其嗣君皆稱檀君 則江東之陵 無乃嗣君之陵耶 非始降檀君之陵則明矣

현황－야박한 밭주인의 염치없는 보습이 바로 능 밑까지 범하여 밭을 갈아 놓았고, 나이 먹은 소나무가 능을 지킬 뿐 얕은 담 속에 둘리워져 있어도 고총으로 지

나처 볼 사람이 없음.

감회-설혹 이 무덤에 그의 뼈와 살이 묻혀 있지 않은 들 어떻겠는가. 평양의 기자릉은 분명코 기자의 릉이라해서 위하는 것이며 중화의 동명왕릉은 무슨 실증이 있는 것이리까. 기자묘와 동명왕묘를 봉심하면서 단군릉은 오늘날까지 이렇듯 초라하게 겨우 대대로 전하는 조상의 말씀이 범연치 않은 고총으로만 여겼으니 내 비록 초라한 일개 서생이로되 그의 피와 살을 전해 받든 후손이거든 이 초라한 선조의 무덤아래서 한줄기의 눈물을 바침이 어찌 정성없는 일이라 하오리까(이상 上).[『동아일보』 1932.5.6]

·능의 북편 담 밑에 7동의 동네집이 있는데 동명을 檀君殿이라함. 능 동쪽 20정 가량 들어간 태백산 중록에는 淸溪窟이 있는데 일명 단군굴이라함. 이 굴을 사람이 범하면 폭풍이 일고 재해가 심하여 흉년이 진다고 함. 태백산과 마주 대하고 있는 산을 아달뫼라고 함. 동네 부로들에 의하면 예부터 백성이 자진하여 춘추로 단군릉을 봉심했고, 이를 나라에 알려 정조의 수치의 명이 있었음. 태백산에서 서쪽으로 17정 가량 臨鏡臺(단군이 태백산에서 임경대를 건너 뛸 때 신이 벗겨져 임경대 바위를 딛었는데, 발자국 2개가 남아 있음) 있음. 그 때 벗겨진 신을 묻었다고 하는데, 신을 묻은 곳이 단군릉이란 말도 있음. 태백산 뒤에 있는 함박산에는 단군이 백성들에게 범절을 가르치며 꼭대기에 쇠몽둥이를 내려박아 힘을 보인 일이 있다는 전설이 있음. 강동읍지, 大東紀年, 眉叟記, 문헌비고, 여지승람의 자료를 인용(이상 中, 『동아일보』 1932.5.11)

·정조 병오이래 봉심하던 것이 일한합병으로 폐지, 계해년 11월 강동명륜회에서 200원의 경비로 릉주위의 담장을 보수, 기자릉이나 동명왕릉에 비해 일개의 초라한 고총에 지나지 않음, 평남유림연합회가 수호각을 짓기 위해 주도한 단군묘수호계의 활동도 성과없이 흐지부지함. 강동유림을 중심으로 수호각을 짓자는 운동이 일어남. "단군릉에 수호각을 세운다는 것은 큰 일이 아닙니다. 그 속에 우리는 그의 뼈와 살이 있고 없음을 캐어볼 필요가 없습니다. 다만 우리는 우리 조상의 릉을 수축하고 우리 조상의 릉의 소재를 밝힘으로써 족할 것입니다. … 강동의 몇사람 입에서 나온 단군릉 수축은 이것이 몇사람의 일로 그쳐 버릴 수 없는 일이겠습니다. 나는 다시 한번 이 릉을 찾는 날 갖추신 위엄 앞에서 오늘 초라한 고총의 신세를 풀 때 있을 줄 믿음에 구태여 억한 감정이라 그대로 눈물만을 뿌릴 것도 아닐상싶어 앞날을 바라보고 돌아섰습니다".(하, 『동아일보』 1932.5.12)

· 『동아일보』 1932.5.15

오는 20일 강동읍 명륜당에서 강동지방인사[군내 각면 대표]들이 회합하여 단군
릉 수호를 위한 檀君陵修築期成會를 조직하여 여러 가지 방책을 강구하려고 함

· 『동아일보』 1932.5.18

江東八大名勝 古蹟保存에 努力 檀君陵, 黃鶴樓 等이 檀君陵을 비롯하여 黃鶴
樓·皇帝墓·三十六洞天·三登窟(淸溪窟) 등을 전 조선에 자랑할 만한 八大古蹟 고
적으로 선정하고, 新任郡守 金壽哲氏가 이의 보존에 힘쓸 노력을 천명. 수일내로
단군릉수호각건축기성회도 조직에 힘쓸 것이라는 언급

· 『동아일보』 1932.5.28

檀君陵修築期成, 江東人士의 贊助를 促함(江東─記者)─檀君이 역사상에 있었
느냐 없었느냐 하는 것은 학자의 일치하지 않는 바이나 史籍에도 있는 것이 사실
이며, 전설로는 강동 阿達山, 西大朴山下의 一坏 古陵이 檀君之聖陵이라 일컬어
왔다. 然而尙今 奉陵의 盛典이 久闕함은 유감천만이라. 기자의 릉과 明王의 東陵
은 石馬香閣이 巍然出姿인데 檀祖의 聖陵은 荒原草野에 坏丘獨存하여 過客의 墮
淚를 不禁하며 後生에 急頭에 不及케 되었으니 사천년 역사를 자랑하는 우리 배달
자손의 恨然傷心處요 특히 소재지인 우리 강동인사에게 尤益獨念할 바이다. 수년
전 평양유림회에서 단군릉을 奉陵하고 수호각을 건축하기로 발기하고 此에 期成
을 圖하여 성금까지 기천원을 모집한다는 喜報를 접하였거니와 아직 유야무야간
에 실현되지 못하였다는 것만은 유감으로 생각되는 바이다. 今般 특히 강동유지의
발기로 宿望간에 있던 사업을 실현코자 강동군내 각면 유지 諸氏가 지난 20일 읍
내 명륜당에 회집하여 단군릉수호각건축기성회를 조직하였다 하니 기쁜 소식이다.
現下 우리사회에 제반시설이 何者가 급무가 아님이 없으련만은 이 사업만은 최대
喫緊事일 것이다. 내가 빛나고 강동이 잘되고 조선의 광영이 될 것은 다시금 呶呶
할 필요가 없을 것일줄 안다. 기성회의 건축계획과 설계를 듣건대 능 주변의 황폐
한 담을 확장수축하고 陵碑와 祭壇, 祭具며 石人石草 등 제반시설과 兩通 사오칸
의 수호각과 在眞人家 3칸 등과 대지와 부근토지를 買하려면 수만원 거액에 달하
리라 한다. 그러나 강동지방에 한하여서는 前記 사업을 달성하기 어렵다 하여 수
호각과 담과 제단 등 他幾 부분만을 期成코자 한다고 한다. 今此 사업이 단지 강동
인의 사업일뿐 아니라 적어도 민족적 대사업의 하나이다. 주인공이 된 강동인사는
大義를 좇아 勇進不退할지며, 금번 피선된 기성회 임원 諸氏는 사업달성을 위하여

유종의 미를 擧할지며 군민은 협동정신으로 하루바삐 期成을 달성하기 바란다

· 『동아일보』 1932.5.29

檀君陵修築 守護誠金運至－金尙俊 200원, 金壽哲 100원, 張雲景·金商和－50원, 金履初·李秉焚·朴基鎭·尹完焚·金容礪·朴元三·李載根·朱鉉懿·孫昌俊·白仁奎·金永權·金天羽·孫宜洪·金重寶(『동아일보』 강동지국 총무)－10원, 文漢植·韓鎭奏－5원 총 550원

· 『동아일보』 1932.6.17

檀君陵修築 今年內로 完了, 一般의 誠金을 企待(江東)－불면불휴의 노력으로 금년내로 공사를 완료할 예정, 사무소 위치－강동읍내 217번지, 임원진－회장 金尙俊 부회장 金履初 서기 尹宜洪·文漢植 회계 李秉焚·許基道 상무이사－張雲景·尹完焚·李應圭·金天羽·金永權, 各面理事(생략)

· 『동아일보』 1932.7.29부터 11.09 51회 연재

檀君聖跡巡禮(特派員 本社 社會部長 玄鎭健) 연재, 강동묘 관련－임경대, 아달산, 檀君殿(동리), 祭天골. 주위 140여척, 전설－부로에 의하면, 고려말 어느 수령이 이 능을 파보았더니 黃玉棺이 드러나 발굴을 중지했다고함. 단군릉 보존회－金尙俊 金商和 張雲景 金天羽 元容濟 金景善 張雲翼 金利初 趙秉雲. 이들의 주장에 따르면 조선 팔도에 단군릉으로 구전이나마 되는 것은 여기 뿐이요 또 진부를 의심하는 것부터 惶悚한 일이니 聖陵을 모시게 된 것만은 無雙의 은총을 드리우신 것이라 하여 郡下에서 진심갈력할 것은 물론이려니와 일이 聖祖께 관한 것임에 전민족의 성원을 기다린다고 한다.

· 『동아일보』 1932.10.25

檀君陵修築期成會 大活動, 각 면으로 순회활동 중 各地의 聲援熱望(江東)－회장 金尙俊 부회장 金履初 서기 尹宜洪 등은 지난 13일부터 군내 각면 유지와 이사들을 방문하여 대활동을 개시. 금년내로는 사업을 완성할 계획. 전조선에서의 지원 다시 촉구

· 『동아일보』 1933.10.21

檀君陸修築期成會(江東一記者)－단군릉수축기성회의 불면불휴의 노력에도 불구하고 아직까지 목적을 달성하지 못하여 세평에 기성회의 무성의와 무책임이라는 성을 듣게 됨에 따라 천만유감이라 하지 않을 수 없다. 그러나 우리는 이에 대해 다행이라 생각되는 바는 사업이 至重巨大하니 만큼 강동에만 한하여 완전한 설계

도 없이 조급히 착수하여 불완전한 설비와 粗品을 조성하여 천추만대를 전하느니
보다 더 조금 완전한 기본과 충실한 설계와 만반 준비를 완전히 한 후에 시작하여
조선의 시조 단군의 성릉이라는 명칭에 손색이 없으리 만치 완전무결한 사업이 되
어야 할 것이다. 그러나 전 조선적으로 본다면 단군할아버지로부터 내려오는 사천
년 역사는 자랑하면서 퇴락하고 荒蕪속에 묻혀있는 성릉을 그대로 버려두었다는
것은 큰 수치라고 하지 않을 수 없다. 수개월 전의 경성 어떤 선생이 고적답사차
강동에 와서 단군릉을 참배하고 감개무량한 의사로 말하되 이 사업이 아직 실현되
지 못함은 천만유감으로 전 조선적으로 알리지 못한 소이라. 누구를 물론하고 이
사업을 共鳴치 않을 자 없으리라 하며 전례의 이충무공 사업을 예로 들며 중대하
고 귀중한 사업인 즉 재원문제를 널리 알리는 날이 곧 해결되는 날이라고 하였다.
그러면 우리 강동기성회에서는 우선 이를 널리 알리는데 전력할 것이오. 강동인사
가 제일선에서 물자와 정신 모든 방면에 성의를 다하여야 할 것이다. 알고서야 이
사업을 등한시 할 자 누가 있겠는가. 기성회의 효과를 얻고 못얻는 것은 다만 강동
인사의 열성과 기성회 간부의 활동에 있는줄로 믿는다

· 『동아일보』 1933.10.21

具禮仁夫人 繪畫展畫帖(其三) 壇君祭壇 사진 실음-컬럼비아대학에 있는 조선
민족도서관을 촉성하기 위해 도서관후원회 주최로 조선꽃과 민담이라는 책을 지
은 크레인 부인 개인회화전을 19~12까지 본사 루상홀에서 개최

· 『동아일보』 1932.12.17

壇君陵修築期成會의 活動, 明春에는 着手, 各地로 다니며 委員들이 애를 써 一
般의 誠金도 遝至-회장 김상준 이하 많은 회원들의 노력으로 이번 겨울에는 강동
군민만으로도 성금을 모아 내년봄 사업을 착수하기로 결정하고, 지난 10월부터 김
이초·金聖淑 등이 三登面을 순회하는 중이며, 앞으로 각면에 출장하여 가면의 인
사와 협력하여 사업을 진행할 계획인데 성금이 많이 답지한다고 한다

· 『동아일보』 1933.12.22

檀君陵修築 期成委員의 活動 역원회 열고 여러 가지 협의 所期의 事業이 進捗中
(江東)-앞으로의 사업을 진행하기 위해 김상준의 집에서 역원회의를 열고 앞으로
의 진행방침을 밀의. 각 면에 역원을 파견하여 지방 이사들에게 책임을 지워 대활
동을 개시하려는데, 삼등 방면에서 200원이 응모되었다고 하며 앞으로 각 면에서
큰 활동으로 내년 봄에는 사업에 착공하려고 대대적 노력중

· 『동아일보』 1933.12.24

檀君陵修築 誠金이 遝至 현재의 누계만 五백六十二원 各面에서 모아 보내(江東)－강동 아달리 김상준, 김수철－100원, 장운경, 김상화－50원, 李秉提, 金聲甲－15원, 김천우, 김이초윤의홍, 尹完燮, 朴元三, 金商武, 張雲翼, 金永權, 孫昌俊－10원, 문한식, 韓鎭泰, 金炳鉉－5원 누계 480원; 三登面 太嶺里 李現龍－15원, 白樂仁－10원, 白仁奎, 金潤贊, 尹士殷－5원, 林貞根, 張鶴燮, 白斗庚, 金重鏞, 白日奉, 白□潤－2원, 白樂範, 白文奎－1원; 삼등면 古鳳里 張鎭□, 李致俊－5원, 金□鎭, 金珪鎭, 安舜炯－3원, 白斗七, 安秉德, 安弼軫, 張大旭, 吳得贊, 朴準植, 康昇瀁－2원, 누계 562원

· 『조선중앙일보』 1933.12.24

강동에 있는 단군릉을 수축, 평남일대에 기금 모집하여, 강동수축기성회서/내년봄부터 수리할 계획

· 『동아일보』 1933.12.25

檀君陵修築期成 誠金 나날이 遝至 累計 七百四十八圓也(江東)－강동면 아달리 黃貞俊, 朱鉉弼, 金弼羽－10원, 金漢極, 蔡應周, 金斗七, 金鼎禹, 李元錫, 千禮商, 元容淳, 金應泰, 金炳鉉－5원, 李□述, 金商權, 金鳳鉉, 申景成－3원, 金炳模, 許基道, 李炳贊－2원, 金聲益, 金容勵, 康致雲, 張鎭八, 金丙喜, 金煜成, 崔雲龍, 王基柄, 玄雲鶴, 李俊甫－1원, 金培浩, 蔡錫周, 文士鐵－50전, 누계 666원 50전; 강동군 晩達里 朴基鎭, 李栽根, 金重贊, 金容植－10원; 삼등면 鳳瑞里 李炳燮, 表光準－3원, 李命煥, 李益善－2원, 李萬一, 李命吉, 李龍一, 鄭時默, 李命烈, 李斗□, 李國鉉, 李升一, 表寬輔, 表浣萬－1원; 삼등면 玉井里 白大洙, 白贊洙－3원, 張濟民, 白萬洙－2원, 白現洙, 白觀洙, 白吉洙, 白南杰, 白東根－1원; 삼등면 鳳梧里 李益化－3원, 李弼亮－1원50전, 金藥基, 李聖鶴－1원, 누계 748원

·檀君陵修築期成 誠金 나날이 遝至 累計 八百二十二圓也－삼등면 文明里 文鳳極, 張洙, 孫命甲－3원, 金瑩根, 三登消費紹合, 張翼寅, 邊利善, 三登農民共生組合－2원, 李元一－1원; 삼등면 岱里 金贊圭, 申麟杰－5원, 申基淳, 孫昌錫, 申基豊－3원, 申任澄, 申鳳杰, 李致默, 申敬杰, 申命鳳, 申命和－1원; 삼등면 鳳儀里 李斗南－5원, 金益祚, 林志鉉, 金應鎬, 趙允煥, 秋川嘉太郞, 增田傳六－2원, 白孝謙, 張基□, 趙明雲, 尹錫呂, 李昇濂, 朱炫文, 金丙麟, 金道亨, 韓承祐－1원, 계 74원, 누계 822원

· 『동아일보』 1934.1.7

檀君陵修築에 本社의 微誠으로 五百圓을 바쳐 쓰러진 성묘와 허무러진 담을 誠金으로 今春着工[寫]

· 『동아일보』 1934.1.9

檀君陵參拜코저 現地에 代表派遣, 本社營業局長 梁源模氏가 9일 아침 열차로 誠金 가지고 明朝 出發

· 『동아일보』 1934.1.11

檀君陵修築誠金 本社에 委託 간곡한 편지와 함께 돈을 보내 大田邑 泉町에 있는 宋秉己氏가 편지와 함께 1원 기탁

· 『동아일보』 1934.1.12

단군릉 특집[李殷相, 조간 2면]－半萬年 지난 檀君陵 風磨雨洗로 頹落. 陵下住民이 修築期成會組織. 本社代表 陵參拜코 實地事情調査 廢墟에 빛인 새 光明/陵下 마을이름도 지금까지 檀君殿, 역사적 유물이 지금은 평지화 陵地는 겨우 四百坪 뿐/사흘 굶을지라도 全財産 받혀 苦學生의 눈물談/寢食 잊고 誠心으로 期成委員이 活動 二百八十九名 千四百圓의 誠金, 六郡各村을 遍踏/敬虔한 參拜와 本社誠金傳達, 特派員 梁源模 李殷相兩氏. 十日 檀君陵前에서/今番運動은 卅餘有志發起, 재작년 음 四月 十四일에 數次計劃水泡의 苦心/一圓의 誠金 十六兒童이 協心/規模는 적어도 精誠은 極盡케 期成會長 金商俊氏談[寫: 本社代表 兩特派員이 陵을 參拜, 本社誠金을 期成會에 傳達하는 光景]//눈물겨운 성금을 낸 아동들[寫]

－현황 ; 능 넘어의 마을 이름 祭天골. 능 뒤에는 그리 크지 않은 松林만 있을 뿐, 수호할 사람도 두지 못하고 개의 발자국이 생겨도 누구도 이를 막지 못함.

－평남 일대가 크게 움직여 어른부터 아이까지 이 사업을 모르는 사람이 없음. 동경에서 고학생은 "나는 고학생임으로 하루의 밥도 안심코 먹지 못하는 상황이지만, 내가 비록 이틀사흘을 굶을지라도 聖祖의 릉 수축사업에는 그냥 있을 수 없음으로 지금 나의 전재산 50전을 보냅니다". 강동의 어떤 촌로는 "20전을 채우려고 애를 쓰고 힘을 다해도 끝내 이루지 못했으니 1전 한푼이 덜 찻지만 받아달라"고 19전을 기탁.

－10여년전 계해년에 강동유림회에서 능의 牆垣을 둘러막음. 4년이 지난 정묘년에 평남유림연합회의 발기로 이같은 운동을 해보았으나 성과를 보지 못함. 6~7년이 지난 재작년 4월 14일 강동읍 유지 31인이 강동 명륜당에서 기성회 발기회를

열고 각자의 성금을 모으니 450원. 이후 가가호호 한푼두푼을 성금으로 받음.

－김상준의 말 "우리는 우리의 마땅히 할일을 하는 것밖에 다른 아무 것도 아닙니다. 남이 칭찬한다고 할일도 아니요 남이 험한다고 그만둘 일이 아닙니다. 다만 우리의 빈주머니가 우리의 마음과 뜻을 어기고 슬프게하여 온 것만이 한스러운 일이요 또한 그로 말미암아 이런 막중막대한 사업이 너무도 너무도 늦어진 것이 더할 수 없이 죄송스럽습니다. 그런데 세상 일이란 뜻같이 되는 일이 없으므로 가장 실제성있게 소규모로 설계하여 우리의 정성을 한끝이나마 도달하는 것이 옳을 줄로 알았습니다 만은 실상인즉 이런 일이 결코 강동군의 상업도 아닐 것이요 평안도의 사업도 아닐 것이오 조선민족 전체의 사업인 것만은 앙탈할 수 없는 일인줄로 믿습니다. 다만 우리는 지척에 살고 있으므로 그 촉감이 때때로 견디기 어려운 바 있으므로 이 일을 먼저 시작하는 것 뿐입니다"

－289인 헌금 누계 1402원 9전, 기성회 임원 회장－김상준, 부회장－김이초, 서기 윤의홍, 黃貞俊, 회계 김상준, 상무이사－장운경, 김천익, 장운익, 김성갑, 각 면이사－59인, 강동, 삼등, 元灘, 晩達, 鳳津, 古泉 등을 분담 순회.

－어린 학생 16명이 1원을 모아 헌납[金龍羽－5, 金斗一－11, 金善英－8, 尹岐善－6, 金慈子－8, 張昌郁－11, 金順子－11, 金光朝－15, 金光鎭－12, 金英信－11, 金光豪－13, 金世榮－10, 金福榮－8, 金光晟－5, 金光善－5, 金東羽－12] 어떤 사람은 밤에 회관에서 논의하던중 닭 한 마리와 술 한병을 넣어주고 사라짐.

· 『동아일보』 1934.1.13

檀君陵奉審記[寫, 李殷相]－우리를 맞아주신 단군릉수축기성회의 위원 제씨들을 따라가 밤이 깊도록 조선을 말하고, 단군을 생각하고, 민족을 토론한 것은 내 인생에 잊지 못할 기쁜 일이었고 뜻깊은 일이었다. 그무는 등불아래 마주앉은 그들과 우리, 그들과 우리가 끝없이 주고받은 조선이야기, 그 이야기가 오고가는 것과 함께 한자손의 끊을 수 없는 사랑이 다시금 깊이 맺히는 밤 … 늦게야 우리는 헤어져 등불을 낮추고서 벼게위에 머리를 뉘었으나 무한한 감격이 내 가슴에 차고 오히려 넘쳐나오는 그것은 뜨거운 눈물이었다. 지금 내가 거룩한 단군의 능 앞에 더 가까이와서 누웠거니, 아니 그 품속에 들어와 쉬는 것이니 하고 생각함에 더 설은 생각에 모진 잠을 쫓고도 오히려 내 마음을 괴롭게 하고 아프게 하고 쓰라리게 하고야 마는 것을 나는 참으로 어찌 할 수가 없다. "거룩한 깊은 뿌리/줄벋고 가지늘여/그끝에 나도너도/열려맺힘 생각하매/고맙고 아슬아슬하여/도로눈물 남네

다//눈으로 흘러나매/눈물이라 하나이까/아니오 아닙니다/눈물이 아닙니다/가슴속
밑에 밑에서/솟는줄로 압소서"

· 『동아일보』 1934.1.17

檀君陵修築誠金 今日 本社接收分, 동아일보 사원 일동－164원 2전, 동아일보사
공장 일동－59원 90전, 동아일보사 배달 일동－4원 5전, 김천군 과곡면 양색동 李
相亮－1원, 李奬琦, 李煥舜, 李煥朝－10전

· 『동아일보』 1934.1.19

檀君陵修築誠金이 遝至, 累計 千四百九十四圓(江東), 원탄면 鳳鳥里 李元泰, 李
善朝－1원, 읍내 金斗一, 尹岐善, 張昌郁, 金光朝－10전, 金龍羽, 金善英, 金□子,
金光鎭, 金英信, 金光豪, 金世東, 金福英, 金光殷, 金光善, 金東羽, 金順子－5전, 경
성동아일보사－500원, 강동 高泉面 閼坡里 李英一, 金聖世, 許彬, 金東廈, 金麗翊,
黃郁桓, 尹尙晃, －1원, 金景相, 金應柱, 金文玉, 任一湖, 고천면소비조합, －2원, 黃
斗星, 金鼎燮－10원, 東西里 金鏞□, 金德聲, 金錫□－1원, 金基璜, 金濟鏞－2원,
鳳津面 北三里 金俊明－2원, 고천면 동서리 金鏞禹－50전, 金鎭珏－1원50전, 金
鏞涉, 金潤吉, 金□權, 金鏞杰－1원, 金錫杰－3원, 원탄면 元新里 李仁淳－1원,
고천면 열파리 강동농민공생조합－1원, 강동 松鶴里 池靈洛－2원, 화강리 石貞銑
－2원, 삼등면 대령리 白樂俊, 表龍三－1원, 삼등면 石門里 表錫正－1원, 송학리
池陽善－2원, 강원도 원주군 원주면 상우리 劉□根－50전, 강동면 龍伏里 李根□
－1원, 黃從善－2원, 文坪里 韓泳和－1원, 金完柱－20원

· 『동아일보』 1934.1.20

檀君陵修築誠金 期成委員會接收分/원탄면 鳳鳥里 李元泰, 李善朝－1원, 읍내
金斗一, 尹岐善, 張昌郁, 金光朝－10전, 金龍羽, 金善英, 金□子, 金光鎭, 金英信,
金光豪, 金世東, 金福英, 金光殷, 金光善, 金東羽, 金順子－5전, 경성동아일보사－
500원, 강동 高泉面 閼坡里 李英一, 金聖世, 許彬, 金東廈, 金麗翊, 黃郁桓, 尹尙
晃, －1원, 金景相, 金應柱, 金文玉, 任一湖, 고천면소비조합, －2원, 黃斗星, 金鼎燮
－10원, 東西里 金鏞□, 金德聲, 金錫□－1원, 金基璜, 金濟鏞－2원, 鳳津面 北三
里 金俊明－2원, 고천면 동서리 金鏞禹－50전, 金鎭珏－1원50전, 金鏞涉, 金潤吉,
金□權, 金鏞杰－1원, 金錫杰－3원, 원탄면 元新里 李仁淳－1원, 고천면 열파리
강동농민공생조합－1원, 강동 松鶴里 池靈洛－2원, 화강리 石貞銑－2원, 삼등면
대령리 白樂俊, 表龍三－1원, 삼등면 石門里 表錫正－1원, 송학리 池陽善－2원,

강원도 원주군 원주면 상우리 劉□根-50전, 강동면 龍伏里 李根□-1원, 黃從善
-2원, 文坪里 韓泳和-1원, 金完柱-20원, 대전군 대전면 泉町 宋秉己-1원, 연
기군 조치원읍 조치원리 朴之林-3원, 김천군 과태면 양각동 李相亮-1원, 李煥
琦, 李煥舜, 李煥朝-10전, 동아일보사 사장 宋鎭禹-50원, 사원 일동-104원 2
전, 공장원 일동-59원 90전, 배달 일동-4원 5전, 강동면 아달리 金燦成, 崔□龍,
李俊甫, 王基炳, 金仁成, 金聲珀, 金達彦, 洪道植, 李貞春, 河炳爛-1원, 蔡錫周,
文士鐵, 李濟民, 李仲鉉, 鄭麟河, 金履錫, 禹龍祥, 尹柱燮, 鄭赫容, 千元根, 金斗晟,
金鶴翼-50전, 朴基俊-20원, □永福, 黃昌虎, 朱尙俊, 趙東周, 姜龍雲, 朴基天-
10전, 韓基淳, 李根厚-20전, 金道三, 孫龍洙, 盧承賢, 安聖七, 韓炳華-30전, 칠포
리 李珍浩-50전, 元容濟-2원, 朴允洪, 河龍九-10전, 高□柱, 金淳貞, 金喆羽-
50전, 文亨彬, 崔元錫, 李晃業-20전

- 『동아일보』 1934.1.21

檀君陵修築誠金 今日 本社接收分/충남 서산군 음암면 도당리 崔斗金憲-3원50
전, 황주군 청수면 금광리 池厦溶-1원, 경성부 서린동 金用武-10원, 金禹善-50
전, 경성부 계동 金觀鎬-1원

- 『동아일보』 1934.1.23

檀君陵修築誠金 昨日 本社接收分/金章鎬, 李成祐, 金永錫, 鄭養秀, 張孝銓, 陳車
燮, 洪淳旭, 曹文植, 林貞善, 姜漢求, 李演圭, 權熙晟, 金榮一, 趙春植, 李承烈, 李
根宇, 金世喜, 李鏞洙, 李鍾協, 姜和燮, 朴泰振, 李東熙, 安麟勳, 廉泰銓, 金世玉,
鞠泓錫-10전, 趙演坪-11전, 李昌圭-12전, 李普□-13전, 洪性殷, 安壽榮-15
전, 朴利喆, 金賣斗, 崔炳澤, 李義錫, 金錫允-20전, 洪性英, 鞠淳範, 李德河-30
전, 鄭準台-50전, 논산군 성동면 益尺里 趙南衡-50전, 시내 樓下洞 남씨-1원,
경성재판소 구내변호사 사무원 공소 경성법우회-3원

- 『동아일보』 1934.1.24

檀君陵修築誠金, 期成委員會接收分/松鶴里 池承鏞-20전, 洪淳郎-10전, 芝里
朱鉉馨-30전, 아달리 金元祥, 鄭斗琓, 金龜喆, 金松一, 金龍錫, 李冕燮, 金伯鎰,
文鳳瑞, 金元豊, 安重樹, 崔寅□-10전, 宋義□-19전, 李景鏞, 崔明善, 金獨成,
金濚祚, 金敬瑞, 安成順, 金德三, 金宗民-20전, 蔡致周, 金瓊淑, 金道敬, 金仁德-
30전, 鄭麟聖, 明啓養, 安其涉, 李澤興, 姜士坪, 金燦用, 朴瑞文, 崔永俊, 朴永觀,
李基浩, 金允涉, 金永燦, 金東俊-50전, 李河元, 文錫元, 崔□喆-1원, 강동 천도

교종리원, 金商泓-2원, 金商協-10원, 羅雲尙-30원, 평양 上需里 趙雲鴻-50
전, 대동군 금영면 院壤公普校 車基鼎-3원, 평양 上水口里 李益紋-2원, 강동 文
坪里 李致俊, 白致龍, 李應燁, 金文桂-1원, 文興里 金尙柱-2원, 文坪里 李承鉉
-1원, 明義里 李命俊, 金學麟, 韓贊吉, 嚴俊德-1원, 文義賢-2원, 明禮里 崔秉
奎, 金德潤-1원, 칠포리 許□, 張永哲, 韓士鉉, 李庠玉,-10전, 徐珍模, 石萬瓊-
50전, 羅基文, 李得□-1원, 강동군 원탄면 鳳鳥里 李元泰, 李善朝-1원, 東京 本
鄕區 田町 고학생 李斗鎰-50전

·『동아일보』 1934.2.4

檀君陵修築誠金 期成委員會接收分/강동면 孝德里 朴鳳岡, 朱性儉, 車濟道, 朱致
模, 朱雲龍, 朱鳳洙-1원, 金龍吉, 朱鉉尙, 朱庸濟-2원, 朱文濟-10원, 강동면 崇
義里 朱秉昱, 朱龍燮, 羅尙倫, 李昊根-1원, 鄭麟祥-2원, 朱一相-5원, 강동면 源
孝里 羅昌範, 李仁祥, 李培根, 李培植, 丁九淵-1원, 金守吉-2원, 李允根-3원,
金潤榮-5원, 경북 안동군 일직면 遠湖洞 徐富勳외 3인-1원30전, 강동 삼등면
太嶺里 東明의숙생도 白永杰, 崔萬浩, 李興澤, 白南辰, 白□玉, 申聖三, 金相益, 白
斗南, 白雲深, 申在祐, 邊用楫, 李允相, 白璿永, 白□永, 尹正燮, 白瑜永, 白玩永,
崔永燮, 白琓永, 白東夏, 白秉愛, 白珞永, 白德永, 白玉永, 白致永-5전, 白璘永,
白樂璜, 白南瑩-10전, 강동현 文坪里 松峴洞 改進야학회생도 劉宗勖, 李商祐, 李
商俊, 劉宗煥-3전, 金濟祐-4전, 金用璋, 金炫□, 金炫龍, 李起洪, 安莫俊, 兪基
洙, 卓基洙, 白炳錫, 白廷鳳, 洪春植, 朴秉鎬-5전, 金炫文-10전, 金順璋, 朴秉道
-20전, 삼등면 古鳳里 朴泰鎭-1원, 金琇鎭-2원, 삼등면 石□里 白雲祥, 李瓚
亨-1원, 李德景-2원, 崔莉昀, 李元模-5원, 삼등면 鳳來里 金勵燮, 孫昌麟, 金鏞
讓, 嚴村소년회, 朴斗煥, 朴虎珏, 黃學洙, 金炳礪, 李允□, 田宅殷-1원, 明和청년
회-2원, 고천면 鄕校里 金斗洪-15원, 삼등면 樊龍里 黃彩元, 徐承□, 申祺協,
金樑奎, 申麟相, 申秉俊, 申寅植, 金永洙-1원, 申周澄-1원50전, 盧炳龍-2원, 문
명리 文海極, 朴聖翊-1원, 許極, 金龍性, 朱允濟-2원, 鳴鶴里 李賢祚-3원, 崔洛
彦, 金炳耕, 白用庚, 元道常, 崔正華, 崔元景-1원, 삼등면 古□里 金成賢, 金澤鏞
-2원, 白□洙-1원, 生舍里 李寅燮, 金用□, 金光道, 金□文-2원, 金魯鉉, 金龍
昇-3원, 松石里 白南□, 朱元植, 金樂俊, 李泰□, 李尙竹, 金致奎, 李基銅, 李景
興, 李德興, 李福興-1원, 협동청년회-2원, 태령리 白樂鳳, 表濟煥, 白錫浩-1원,
金秉洙, 태령청년회, 農務會-2원, 柴陽里 朱元欽, 金炳淵, 朱炳植-1원, 社壇里

張□淵－1원, 李潤賢, 李尙寬－2원, 東□里 金炳澤－1원, 韓礪良－3원, 上來里
甲號부락－3원, 白承暾－1원, 石門里 白昇熙－3원, 玄天龍－2원, 表用聖, 白碩熙
－1원, 강동면 花岡里 表尙弘－2원, 李允燮, 金箕範－1원, 崇義里 朱昌倫－3원,
朱京城－2원, 경기도 여주군 점동면 長老里 長振야학강습회32명대표 閔景植－1
원14전

· 『동아일보』 1934.2.8

 檀君陵修築誠金 五日 本社接收分/평양읍내 朴根燮, 朴根盛, 吳光福, 金淳鎭, 洪
秉陸, 동아일보사 평양지국 배달일동－50전, 朴應茂, 韓根祖, 金行一, 宋錫燦－2
원, 曹晩植－5원

· 『동아일보』 1934.2.9

 檀君陵修築誠金 委員會接收分/강동군 晩達面 大成里 대성탄광(제2회분성금) 崔
奉觀, 禹用基, 金永述－1원, 金水哲, 李根華, 金賢玉, 尹岩, 李吉福, 李東雲－50전,
李廷模, 李雲鎭, 李春道, 李孝駿, 金□杷, 李隣煥, 金龍基, 李相彬, 金昌國, 朴泰植
－30전, 金成杷, 李雲燮, 吳鳳奉, 金善景, 李孝俊, 車用弼, 金善浩, 李炳玉, 金仁奎,
金光善, 李用淳－20전, 郭泰權, 安炳鉤－10전, 大同郡 秋乙美面 美林里 미림중립
소년회 尹龍福·李基弘·尹麟□·尹在□·尹德在 金秀□·李起元 7인－5원, 대성탄
광종업원 일동－18원48전

· 『동아일보』 1934.2.14

 檀君陵修築誠金 十三日 本社接收分/경성부 □井洞 金玉鉉－1원, 함안군 북공립
보통학교 第一歷 대표 趙在驥－33전, 달성군 多斯面 汶陽洞(대구지국취급) 鄭永熙
－5원, 경성부내 一學生－10전

· 『동아일보』 1934.2.20

 江東鄕約設立/강동군 명륜회에서는 군내 각 리에 향약을 설립하고 농촌진흥을
목표로 풍속 생활개선등을 지도하기로 금년 봄부터 대활동을 개시중이라 하는데,
鄕約定款 2만부를 인쇄하여 각 리에 배부중이라 한다. 회장 김상준과 강동군수 金
光一은 철저히 실행방침을 지도하는중이다

· 『동아일보』 1934.3.9

 檀君陵修築誠金 七日 本社接收分/경성부 茶屋町 徐正錫－2원, 경성부 필운동
趙乙午－50전, 경성부 누하동 張英基－50전, 용천군 양광면 龍□洞 崔永殷－1원,
달성군 달성면 池山洞 金成業－50전, 합천군 大芷面 宋智用·宋寅永·李善寬·宋壽

永·李在山·宋台永·宋奎用·宋順用·宋根永·宋斗永·宋閏永－1원10전

· 『동아일보』 1934.3.12

檀君陵修築誠金 十日 委員會接收分/강동군 봉진면 金谷里 李景善－15원, 삼등면 송석리 白奎洙－1원, 강동군 源孝里 鄭完玉, 金致雲, 安龍彦－1원, 安東彦, 朴允實－2원, 평안남도회의원 □基喆, 徐俊錫－1원, 宋顥燮, 尹同植, 金仁梧, 白崙乙, 金□□, 康元健, 趙元祚, 鄭基琇, 李炳浩, 崔鼎默, 李寬淳－1원, 李敦植, 大橋恒藏, □田善之助, 鈴本種一, 金秉琓, 靑木健三郎, 福島莊平, 李種燮, 李基燦－2원, 崔東稷－5원(평남도회의원 일동)

· 『동아일보』 1934.3.17

檀君陵修築誠金 十五日 本社接收分/마산부내 明道燮, 金炯轍－3원, 李瀅宰, 金轍斗, 金九炫, 宋銅守－2원, 呂海, 金在鏽, 金炯才－1원, 李相滿－5원, □寅漢－50전, 합천군 칠곡면 □북리 李英－20전, 함양군 마천면 군자리 韓琪錫－20전, 휴천면 文正里 李宗煥－40전, 석복면 相渡里 金奉洙－50전, 함양면 하동 朴泰洪, 高龜玉－50전, 李宗彦, 朴日榮－30전, 상동 朴□□－30전, 석복면 筧谷里 梁址煥－1원

· 『동아일보』 1934.3.17

檀君陵修築誠金 十五日 委員會接收分/강동면 鳳梧 白彰源－2원, 孝德里 朱錫龍, 朱在浩－2원, 李時炫－1원, 朱鉉俊－50전, 石□里 金觀奇－1원, 삼등면 □坮里 李熙濟－1원, 강동면 明禮里 金敬三－2원, 朴貞浩, 趙昌元, 黃時愚－50전, 徐相圭－30전, 원탄면 흑룡리 趙文和, 金呂燮, 金啓三－1원, 金鐸□, 朱應南, 朱極南－50전, 원탄면 탑하리 金贊澤, 田井珏, 李雲奎, 田井範, 金仁洪, 金贊善－1원, 李雲成, 田喜雨, 金聖洪, 田井洪, 李雲興, 金明燮－50전, 三靑里 李寬植－1원, 松塢里 李秉源－50전

· 『동아일보』 1934.3.28

檀君陵修築誠金 卄七日 本社接收分/담양읍내 객사리 姜南山, 姜振秀, 姜漢秀－50전, 姜宗律－1원, 姜宗元－2원, 宋基柱 타자기완성축하회비 잔액－2원40전

· 『동아일보』 1934.3.30

檀君陵修築誠金 卄七日 委員會 接收分/강동 高飛里이하 각 10전씩 趙信賢, 尹基寶, 金允錫, 金利鉉, 尹義貞, 張明鎬, 金麟壽, 金鏞國, 韓基烈, 金成濟, 金鳳敎, 車聖德, 白贊玉, 朴致善, 朴基覃, 李炳植, 尹錫吉, 金仁浩, 崔海弼, 金瀅涉, 石龍俊, 金龍

日, 李鎭洙, 李永七, 李基八, 吳利柱, 李龍成, 宋承興, 車淳根, 李春甫, 韓炳高, 金利洙, 金致華, 金應玨, 韓道亨, 金鉉奎, 趙胡津, 李道弼, 金志浩, 盧淵洙, 高應龍, 李正根, 金贊述, 韓京燁, 朱達汝, 金仁盛, 金允浩, 李光俊, 李泰柱, 金永友, 李宗學, 金鳳祚, 李陽善, 李箕兒, 李基華, 禹俊爕, 金益烈, 金寬淑, 金德河, 申敬植, 李宗順, 李用寬, 金學元, 洪淳赫, 李善錫, 李應浩, 金在億, 朴聖國, 李炳洙, 黃承山, 黃道贊, 金應基, 申義福, 金道益, 金錫萬, 金龍瑞, 金元浩, 車大津, 高應聲, 金仁夾, 金享觀, 李呂球, 鄭祥洙, 李鳳린, 李炳津, 李相根, 金鳳旻, 金鎭淳, 崔士鍾, 李德龍, 李成伯, 韓明洙, 金允玉, 白寬俊, 金龍澤, 李萬赫, 朴旻敬, 金士俊, 金麗洙, 李祥薑, 文應祥, 吳培弘, 申錫均, 吳鶴亨, 金□걸, 金士吉, 金吉福, 吳瀅爕, 盧化德, 李基善, 李鳳錫, 李國元, 朴文贊, 李鎭西, 鄭日模, 咸完鳳, 李萬根, 金尙玉, 李京洙, 姜雲龍, 李炳鳳, 金贊文, 曹振生, 金光鉉, 韓成雲, 李相鎭, 金炳玉, 李尙祿, 金淳五, 朴昌順, 禹弘會, 李洪錫, 金明山, 朴永遠, 李東津, 金奉淳, 李正華, 玄信奎, 白大吉, 白基益, 金浩元, 朴炳熏, 朴振孝, 朴永植, 黃基澤, 李履爕, 鄭時烈, 張國煥, 吳泰柱, 金貞龍; 강동군 高泉面 三成里 朴秉直-1원, 원탄면 三靑里 朴承煥-1원, 봉진면 漢王里 朴在今, 李用植, 李熙庶-50전, 李載馥, 李載린, 朴載森, 李斗國, 朴在황, 李寅喆, 李宗善, 李熙柱, 李載德, 洪貞夏, 李載華-1원, 李載南-1원50전, 朴建鉉, 李熙用, 李熙八, 李鳳杰-2원, 李載奎, 朴濟鉉-3원, 朴道연-5원; 봉진면 鳳湖里 洪恒根-2원, 洪晦根, 洪春根, 尹杰龍, 尹元龍, 洪亮根, 尹榮杰, 金泰彬, 洪海洙, 尹龍爕, 洪형夏, 李仁元, 洪主彦, 洪斗英-1원; 봉진면 金谷里 李道善, 張熙燦, 金元吉, 林大碩-1원, 張亘燦, 朴根培-3원, 金永吉-5원; 봉진면 龍淵里 鄭鎬鉉, 鄭歡容, 鄭有容-1원, 鄭鎬連-2원, 鄭鎬洛-5원, 鄭斌容-10원; 봉진면 北三里 金振玉-2원; 봉진면 杏木里 白雲鶴, 洪元述-1원; 봉진면 乾泉里 李熙錫, 鄭斗煥-1원, 鄭斗贊-2원, 李大燮-4원, 弓鏞三-3원; 봉진면 文明里 許淑, 朴龍燦-1원, 金賢弼-5원; 봉진면 下希里 金用昇-1원, 金永壽, 金錫鉉-3원, 尹趾斌, 金用舜-2원; 만달면 仁興里 朴基浩, 林鳳鎭, 高冠祚, 李興根, 朱仁涉, 金仁洙, 朴元緖, 金基澤, 金基鵬, 申聲德, 金生淵, 朴用縞, 尹洛永, 金在坤, 李淳道-1원, 金永俊-1원50전, 朴勝朝, 朴勝寬, 郭子賢, 高炳强-2원, 만달면 金玉里 白養善, 申敬模, 張致彦, 白奎煥-1원, 金夏均, 宋在杰, 金公烈-2원; 貨泉里 朴承知-1원; 강동면 上里 金得弼-30전, 金元夔, 金鳳夔, 李弼喬, 宋基賢, 金得斗-50전, 金永夔, 文昌善, 文□俊, 宋君河, 李善根, 李秉華, 金益財-1원; 성천군 靈泉面 柳洞里 韓廷珏-1원; 价川邑內 文命浩-1원

· 『동아일보』 1934.3.31

檀君陵修築誠金 廿九日 委員會接收分/강동 고비리 鄭致三, 許德淳, 李俊盛, 洪相樹, 崔允燦, 金鎬善, 丁學述, 鄭文□, 金通仙, 金龍雲, 朴學根, 韓炳瑞, 咸宅柱, 洪江□, 李昌린, 金永俊, 吳培淳, 金萬奎, 王仁洽, 鄭益賢, 洪竹根, 金明奎, 金益章, 金昌德, 金柱浹, 金應聲, 朴□煥, 李□吉, 車仁錫, 林基賢, 金丁一, 文昌周, 韓炳斗, 盧五奉, 白基俊, 元用□, 李一南, 金廷洙, 金泰鉉, 張鎭國, 白德彬, 朱洛奎, 崔鼎寬, 韓亨奎, 金舜孝, 朴吉權, 李致景, 劉鳳錫, 李仁杰, 李東玉, 李在甫, 李明元, 崔鎭商, 李炳于, 金龍淳, 張利乾, 朴能煥, 吉錫基, 李英, 尹奎赫, 李允基, 朴雲善, 白應八, 奉斗□, 金光允, 朴元亨, 金在鉉, 高斗旻, 張仁謙, 金益濟, 李鍾三, 趙基一, 李濟成, 崔國昇, 尹致貞, 金昌龍, 李正澤, 金□馥, 朴禹河, 李春英, 朴日三, 金龍洙, 李成吉, 朴孝德, 高應麗, 崔亨泰, 高德泰, 韓成祿, 金昌善, 邊龍彩, 李炳善, 李根, 金中永, 金昌洙, 李永福, 許官淳, 金永契, 金京源, 李仁郁, 李鴻基, 金大錫, 張弘斗, 李致康, 尹相益, 李貞盛, 金中萬, 李鎔相, 李雲相, 盧錫貞, 盧致龜, 金壽用, 田亨俊, 金利元, 朴基弼, 薛珍載, 李鼎雲, 金文濟, 康永鎭, 朴基龍, 咸益培, 金貞五, 李俊淳, 洪翊龍, 李如用, 尹利在, 李稷炯, 吳國泰, 韓炳呂, 李在吉, 金永福, 高□春, 鄭玉洙, 金大用, 金壽億, 許基丁, 文應祿, 金達鉉, 李時喆, 崔如□, 金鎭用, 朴基河, 金福來, 李基弘, 金龍錫, 李麟基, 金應洙, 玄昌□, 尹得福, 李龍三, 金巨國, 金鳳孫, 李相殷, 金成福, 金國甫, 李成玉, 金鶴洽, 丕□善, 金武聖, 尹大□, 李錫□, 金基弘, 李德善, 康元俊, 李夏奎, 李英春, 黃學柱, 劉基福, 康七寬, 李泰植, 金在天, 金甫石, 朴殷遵, 金炳赫, 金一振, 金昌洙, 李基芳, 金淳禹－10전

· 『동아일보』 1934.3.31

檀君陵修築誠金 廿九日 委員會接收分/강동면 고비리 李應呂, 金秀權, 李炳鉉, 黃丙龍, 朴世華, 李宗河, 崔康稷, 金基丁, 崔允豪, 高應厚, 朴聖雲, 崔達成, 白樂根, 金最善, 吳熙泰, 徐相煥, 李正鎬, 金允協, 金義植, 李觀燮, 金俊善, 康用善, 許三, 李文成, 金聖康, 洪秉漢, 李明珍, 金文七, 洪一燮, 崔允杰, 金東杰, 李成根, 李鎬奎, 崔元珍, 崔光烈, 金仁善, 韓大官, 尹萬福, 朴永澤, 金萬大, 李斗範, 金德奎, 金有信, 洪志穆, 林陽根, 朴貞夏, 金德模, 林秉模, 金寬祐, 徐元祿, 金永萬, 金孝信, 朱在權, 金龍洙, 金永斗, 金連玉, 田明俊, 朴泰仁, 李光濟, 李寶花, 金炳燁, 金春華, 洪贊植, 韓德鉉, 金昌洙, 李亨根, 張吉龍, 李永贊, 金學俊, 朴基燦, 黃道贊, 金用燮, 朱元孫, 李燦, 李賢斌, 白允九, 夜應善, 李相俊, 金永린, 朴一鳳, 金明杰, 李基勳, 丁元益,

李泰元, 金洛河, 崔宗彬, 張雲峰, 李元淳, 李用奎, 康承俊, 金致道, 韓弼奎－10전

· 『동아일보』 1934.4.3

檀君陵修築誠金 二日 本社·委員會接收分/본사접수분 인제군 인제면 상동리 申惠休－50전; 마산부 尹太泳, 彭東柱－1원; 평양부 館後里 林永植－2원; 위원회접수분 강동 고비리 金賢鈞, 李福文, 朴炳柱, 金昌鳳, 張昌杰, 金秉祿, 金仁善, 奉昌□, 石光淳, 李元銅, 朴京西, 李日□, 金士杰, 李載丁, 金文德, 羅俊吉, 韓弼淳, 金光□, 李在成, 任孝淳, 韓用□, 金寬涉, 高斗□, 李□澤, 朴士杰, 朴泰鎭, 朱炳鶴, 李恒穆, 鄭想道, 黃根河, 金俊杰, 李龍□, 金張福, 張德範, 金弼洪, 李□□, 白成煥, 李□린, 趙日彬, 崔永燁, 金光晩, 趙允玉, 李善玉, 尹元吉, 朴基君, 金學觀, 李基文, 金俊德, 金□□, 金允澤, 金壽一, 申永錫, 田大英, 李□河, 郭永燁, 李宗郁, 白時泰, 崔用夏, 李應三, 金振成, 李基導, 韓鎬鉉, 張日燮, 金昌淳, 李龍孫, 尹春奎, 죠基容, 金根洙, 金□赫, 金成國, 白鎬燮, 徐鎭淳, 金基善, 金鼎華, 白日贊, 趙元國, 李成元, 崔昌洙, 玄昌道, 李賢燮, 朴日甫, 金玄八, 李仁燮, 李應京, 朴明洙, 李貞洙, 孔承煥, 金龍德, 金 □浩, 吳在甫, 柳鳳鉉, 金□黃, 金星德, 尹化洙, 黃國□, 尹鳳三, 李永린, 尹基澤, 金鼎允, 李益泰, 金永斗, 黃國善, 宋天命, 李鏞潤, 崔南汝, 吳泰民, 李義淳, 金炳龍, 羅善文, 李振澤, 李觀實, 金澄國, 池昌□, 黃常道, 李元夏, 朴奎鉉, 崔□洙, 李泰國, 李春化, 白榮濟, 李宗浩, 韓仁喆, 朱吉男, 文熙元, 孫基弘, 李善永, 金奎星, 朴大煥, 宋昌榮, 李貞□, 李應善, 金昇吉, 金銀錫, 白宗□, 朴鳳□, 李寶成, 康尙□, 朴元鎭, 李春燮, 李民澤, 劉東鎭, 李成根, 白道濟, 吳炳律, 韓利奎, 黃明河, 李達□, 李永洙, 黃河鏞, 朴炳植, 林貞鶴, 康□善, 朱吉彦, 李官化, 金秉錫, 孫基錫, 金基璜, 尹亨貞, 丁永道, 李鳳鎬, 李貞根, 李亨五, 李成贊, 李龍成, 金斗燁, 李希洙, 朱允華, 吳吉順, 金永杰, 朴桂七, 徐相祿, 李贊燮, 丁海成, 金基弘, 金基鈞, 韓道淳, 文熙喆, 金□穆, 許德萬, 李相□, 朴義哲, 金成玉, 高斗旻, 康□吉, 張文洪, 李桂鳳, 張翰善, 李應浩, 金鉉秀, 李浩淳, 金昌奎, 李亨喬, 朱金錫, 李弼用, 金長吉, 李敏植, 張浩燦, 李守萬, 李夏奎, 李尙燁, 李□燮, □永植, 李基允, 殷炳銅, 李成國, 朴萬孝, 高東根, 李陽浩, 李應龍, 閔景鎬, 朴在杰, 金成律, 朴龍□, 車正玉, 李相祖, 李洪洙, 洪淳弼, 徐燦鳳, 李用濟, 白觀洙, 龍京洙, 李炳吉, 金喆謙, 李基元, 尹貞觀, 洪淳坤, 朴仲植, 金亨俊, 奉善京, 金鎭永, 金永澤, 黃斗河, 金昌三, 李熙鎭, 黃德福, 尹永澤, 康德七, 任給淳, 李桂洙, 金在善, 李東玉, 朴善柱, 金永七, 金永昌, 金士俊, 朴基洙, 宋仁喆, 金景洙, 崔宗五, 죠秉恒, 趙□信, 金文洙, 趙雲澤, 呂孝弼, 金根河, 李文載,

金文坤, 黃信鏞, 李基恒, 金文吉, 洪鎭萬, 孔永洽, 金禮吉, 林洙善, 許汶, 李基植,
李河道, 李貞洙, 李陽涉, 鄭永淳, 李允瑞, 鄭學河, 李善柱, 吳貞洙, 金允九, 張允燦,
李萬奎, 洪基星, 白贊奉, 韓鳳柱, 李周孝, 李京述, 宋雲玉, 金仁俊, 尹大學, 尹武甲,
朱漢國, 趙相燮, 朴尙根, 高致華, 李觀赦, 李光津, 吳斗赫, 金秉植, 韓敬喜, 孫尙緯,
金千萬, 尹承澤, 李益盛, 康元鳳, 許俊萬, 李慶盛, 金華善, 朱敬欽, 尹亨俊, 朴元一,
金弘烈, 尹廷朝, 金京浩, 李元一, 金瑞鳳, 李忠九, 鄭胡燮, 朴盛根, 金秉淳, 李壽命,
吳東彦, 李敬德, 金炳龍, 禹濟俊, 崔夢燁, 李時斌, 晋昌烈, 李云涉, 李彩均, 康永銅,
金淳鳳, 吳盛졍, 李昌燮, 李盛實, 黃龍成, 崔淳亨, 李恭□, 金根鳳, 韓炳三, 白壽吉,
沈盛福, 張仁淑, 林鳳善, 李東福, 崔根壽, 鄭善洙, 鄭應鎬, 安奧福, 李道運, 羅連洙,
白泰郁, 金成振, 金鳳淳, 金成仲, 李鳳郁, 金秉西, 高元鎭, 金昌瑞, 金泰俊, 金致淳,
金東秀, 李□萬, 崔昌恒, 李成□, 白榮淡, 金龍正, 金玄洪, 李基鉉, 金龍德, 金貞祚,
黃炳億, 朴元七, 金用河, 張日涉, 宋基玉, 李學均, 李基璜, 鄭一善, 石云淳, 金福孫,
黃君五, 許基龍, 張斗□, 金利煥, 李士謙, 禹弘淳, 朴泰元, 黃義鏞, 金元浩, 朴昌化,
李宗觀, 張□輔, 金用德, 李尙□, 許正淳, 洪祿根, 李淳京, 鄭銅려, 鄭在玉, 李東奎,
朴瀅□, 李仁華, 吳□□, □海龍, 金□□, 金昌秀, 白泰郁, 金成振 — 10젼式

· 檀君陵修築誠金 五日 委員會接收分/강동군 원탄면 고비리 李天旭 — 50원, 張允
洪 — 5원, 金翼祚, 李龍俊, 張國煥 — 3원, 徐相周, 康亨祚, 金利南, 安利鎭, 金成一,
趙均洙, 李世澤 — 2원, 金容觀 — 1원50전, 孟贊玉, 文斗寬, 林虎涉, 劉鉉鎬, 李昌實,
李成祐, 韓成根, 李龍海, 金東奭, 李景澤, 李夢珏, 林益穆, 李尙煥, 尹浩燮, 李昌煥,
金□洪, 金學洙, 韓就賢, 李銅淵, 李□燮, 李光澤 — 1원, 尹尙奎, 李陽燮, 鄭元□,
吳成견, 金壽岩, 金秉箕, 許□, 金利洙, 李根範, 李聖珏, 文德洙, 金用聲, 李萬培,
丁泰淳, 金濟敬, 安虎涉, 金鼎敎, 金光赫, 金燦壽, 張景模, 李龍熏, 金俊泰, 李東燁,
金在鶴, 金鳳鎭, 金泰觀, 金顯永, 劉元鎭, 李如篆, 金駿聲, 鄭斗玉, 楊秉燮, 白泰亨,
金□□, 金秉三, 李用燁, 李榮燁, 李夏杰, 李稷煥, 李恒긍, 金東奎, 鄭인弘, 金利天,
金화, 金益永, 李得燁, 黃炳順, 金光爛, 金元植, 金秉洙, 鄭인赫, 李漢述, 朴陽珍,
金永淑, 許□, 金聖煥, 金鎬瑞, 金鉉燮, 丕秉□, 鄭達□, 金珍三, 徐澤俊, 趙瀅英,
張明煥, 金一範 — 50전, 金永河, 李永源, 韓明遵, 金達成, 安昌□, 金永杰, 白□찬,
李鼎煥, 李善吉, 鄭龍彦, 李裕澤, 劉德鎬, 黃炳國, 崔永□, 金在官, 白道三, 鄭東殷,
高允吉, 任錫老, 金東敎, 朱鳳杰, 金允杰, 兪啓仁, 金賢□, 李錫□, 李桓京, 李用熙,
金善玉, 崔□夏 — 30전, 千利根, 林文永, 金炳□, 徐□成, 白日鳳, 石松木, 金萬吉,

南星斡, 李聖명, 黃泰敬, 吳希□, 黃泰彬, 李夏楨, 孫順甲, 安興俊, 金祥현, 李致順, 趙正洙, 李根燮, 李英煥, 庚錫九, 金昌化, 洪寬洪, 林□穆, 李周煥, 黃□燦, 趙炳杰, 李德用－20전, 金貞洙, 李永根, 文在福, 李元鎭, 金文吉, 金丙熙, 趙基元, 金秉五, 金秉九, 白敬濟－10전; □江章－10원, 小西文助－2원, 尾上銀太郎, 宮村敏, 島田武男, 森田欣作, 左塚安雄－1원[『동아일보』 1934.4.6]

- 『동아일보』 1934.4.13

檀君陵修築誠金 八日 委員會接收分/강동 고비리 李雲鎭, 黃泰範, 崔基丁, 鄭東周, 李鎭根, 李元奎, 玄鳳奎, 林昌道, 李龍雲, 金昌健, 金在彬, 李仁盛, 張基鉉, 崔如京, 李相楨, 李鎬烈, 李鳳實, 張時岩, 李弼昌, 金時德, 崔明吉, 李炳均, 李達權, 李山銅, 金元奎, 金文河, 劉基福, 許贊鎰, 黃大應, 趙啓榮, 李元□, 李東淳, 朴元三, 李桂燮, 黃泰淑, 康元祐, 洪利根, 朴仁根, 李仁根, 金貞玉, 尹洪玉, 白珍俊, 崔鎭泰, 金元燮, 金炳植, 朴仁根, 金吉善, 金昌信, 朴景洙, 李雲淳, 李在洙, 李鳳燁, 李雲基, 方亨國, 李觀珍, 崔□華, 朴應律, 桂翊守, 鄭亨容, 李光鉉, 黃河龍, 洪淳坤, 朱泰基, 李日萬, 李見福, 田應俊, 李在完, 李仁昌, 金重植, 李培雲, 金俊八, 桂鳳來, 林鳳官, 鄭鳳熏, 朴元甫, 李山千, 尹相泰, 金敬述, 崔泰範, 金雲國, 李貞基, 張濟根, 李時昌, 李錫德, 李東勖, 張仁浩, 洪敬植, 朴斗炳, 金元植, 崔相俊, 李鳳德, 尹重俊, 金勳南, 金亨彬, 朴基□, 金熙燁, 田昌祚, 白燦熙, 金七星, 金冕錫, 朱東植, 金基錫, 文在祿, 許俊, 金龍錫, 高應基, 李元華, 朴泰鎭, 李炳桓, 李炳道, 李貞茂, 李成杰, 李元龍, 崔仁浩, 黃慶, 金炳淳, 高斗赫, 金甲根, 林利善, 李炳律, 李永□, 李用吉, 文鳳官, 金鴻教, 李在郡, 宋在奎, 金敬植, 朴炳俊, 金善柱, 李陽燮, 石鳳俊, 田亨俊, 白奎用, 李在□, 李士民, 黃祥燮, 宋面在, 金聖龍, 李元奎, 張正祿, 禹河喆, 朴在熙, 金思源, 金元順, 李成珏, 石宗華, 金成七, 金承南, 李用觀, 禹尙弼, 石基황, 禹恒述, 盧元榮, 韓公根, 李桂燮, 李淳八, 田振八, 劉泰浩, 李用八, 李用寬, 金成弼, 李炳洙, 康殷濬, 李東□, 朴尙烈, 宋昌奎, 吳貞杜, 尹貞龍, 李宗學, 金敎京, 尹基浩, 宋炳殷, 李昌奎, 李基澤－10전

- 『동아일보』 1934.4.20

檀君陵修築事業進捗 總工費 七千圓豫定 于先 修護閣부터 着工, 江東委員會에서 活動中 誠金 總收合七千八百餘圓/총 성금 4.17까지 2859원 78전, 본래 계획 총공사 예산 7천원, 우선 수집된 성금으로 수호각과 비석만을 설치하기로함, 2가지 공사비는 2600여원(수호각 1600원, 비석 1000원), 기념비 高－7척 厚－1척5촌 廣－

2척2촌, 단군릉 碑高－4척5촌 廣－2척 厚－1척, □石 長－5척 厚－1척5촌 廣－4 척, 또 위원회에서는 공사 착수에 앞서 다른 곳에 있는 묘를 견학하기로 함

· 『동아일보』 1934.4.20

檀君陵修築誠金 十八日 委員會接收分/강동군 고천면 三成里 朴秉道－1원, 원탄면 三靑里 朴承煥－1원, 봉진면 漢王里 李珩植, 李熙庶, 朴在珍－50전, 李載馥, 李載麟, 李載森, 李斗國, 朴在璜, 李熙柱, 李寅喆, 李載德, 洪夏貞, 李宗善, 李載華 －1원, 李載南－1원50전, 李熙用, 朴建鎬, 李熙八, 玄鳳杰－2원, 李載奎, 朴濟鉉 －3원, 朴道鉉－5원; 鳳湖里 洪晦根, 洪春根, 洪杰龍, 尹元龍, 洪亮根, 洪榮杰, 金泰彬, 洪會洙, 洪龍□, 洪□夏, 李仁元, 洪之彦, 洪斗莫－1원, 洪恒根－2원; 금곡리 李道善, 張熙燦, 張正燦, 金元吉, 林大碩－1원, 林根培－3원, 金永吉－5원; 강동군 만달면 仁興里 朴基浩, 林鳳鎭, 高冠祚, 李興根, 朴元緖, 金基澤, 金基鵬, 申聲德, 金生淵, 朴用龜, 尹洛用, 金在坤, 白養善, 申京模, 裴致彦, 白奎煥, 金仁洙, 朱仁涉, 李淳道－1원, 金永俊－1원50전, 朴勝朝, 朴勝寬, 郭子賢, 高炳强, 金夏均, 安在杰, 金公烈－2원, 朴基鎭－10원; 만달면 貨泉里 朴承知－1원; 만달면 鳳岩里 李載根－10원

· 『동아일보』 1934.4.24

檀君陵修築誠金 廿二日 委員會接收分/趙尙鎬, 劉世默－10전, 柳重萬, 白贊奎, 尹泰煜, 宋龍鉉, 李成文, 李君聖, 田秉麟, 金應□, 黃俊星, 金淳鉉, 李根夏－20전, 李炳斌, 金炳觀, 朴炳□－30전, 金大河, 朴致郁, 金宗燁, 黃應學, 金永喆, 徐翼龍, 金用燦, 金永□, 崔文澤, 朴昌淳－50전, 金鴻哲, 宣尙翼, 金在根, 金炳泰, 金周用, 崔允鶴, 郭壽英, 羅時山－1원, 玉慶植, 금융조합직원 일동－2원, 金元甲－3원; 강동군 원탄면 塔下里 黃君南－2원; 삼등면 祭靈里 朴永根－50전, 李斗彬, 李斗燦, 趙光彦, 李昌根, 李昌範－1원, 張潤－1원50전, 白承煥, 朴用權－3원; 松街里 李斗洪, 金應龍, 李孝傳, 金益□, 李承協, 李貞赫, 金貞彬－1원, 金益煥, 徐寬－2원; 玉井里 白란洙－1원; 淸濂里 李煥一, 朴吉洙, 李承浩－1원, 李旭－2원; 社壇里 白元鵬－1원, 白元昊－1원50전, 韓達學－2원, 垈里 高應甲－1원

· 『동아일보』 1934.4.25

檀君陵修築誠金 廿三日 委員會接收分/강동군 봉서면 中瑞里 李應善, 李載謙, 朴東元, 朴東赫－1원, 朴載顯, 盧命煥－2원, 李載萬－3원; 姑城里 金學善－5원, 林貞煥, 金觀淑, 李根萬－1원, 李芯燁－2원, 李鍾游－3원, 李相贊－5원; 外瑞里 李

春植, 李□植, 李敬善, 韓鎬烈－1원, 洪在禧－2원; 봉호리 洪旻燮－50전, 洪炳□
－1원, 洪永基－2원; 下瑞里 朴琪瑛－50전, 金□泰, 金亨□, 趙益三, 尹□奎, 朴
時燦－1원, 金亨燦, 趙光涉, 趙儀健, 朴永燦－2원, 李應龍, 李時炯－3원; 新里 金
濟化, 金行鎭－1원

· 『동아일보』 1934.4.26

檀君陵修築誠金 卄四日 本社接收分/春川高普校 제4, 5학년 생도 일동－4원44전

· 『동아일보』 1934.4.28

檀君陵修築誠金 卄六日 委員會接收分/강동군 원탄면 內里 金柄禧－50전, 孫光
祖, 孫龍祖－1원, 金鎬鶴－2원, 金始煥－15원; 文隅里 李桓裕, 李基珽－50전, 李
光燮, 李得烈, 李善夏－1원, 李日煥－1원50전, 李鳳夏－5원, 李復燮－7원; 元新里
金亨道－1원, 黃駿穆－2원; 圓興里 李炳燮－50전, 金載洙, 崔寅衡, 李東高, 李殷
淳－1원, 李桓哲－1원50전, 崔東奎－2원, 李明郁－5원; 新龍里 李用善－2원; 봉
진면 姑城里 林貞煥, 金觀淑, 李根萬－1원, 李芯燁－2원, 李鍾游－3원, 全學善, 金
相賛－5원; 下瑞里 金益泰－1원; 평양 水玉里 劉炳基－1원; 봉서면 外瑞里 李春
植, 李厦植, 李猷善, 韓錫烈－1원, 洪在禧－2원; 봉호리 洪張燮－50전, 洪永基－2
원, 韓□峻－1원; 下端里 尹錫奎, 金委泰, 金亨侃－1원, 趙儀健, 金炯燦－2원, 李
應龍, 李時炯－3원; 順川郡 厚灘面 龍興里 林琪英－50전; 新里 金濟化, 金行鎭－
1원, 下端里 趙益三, 李時燦－1원, 朴永燦, 趙光涉－2원; 中端里 朴東元, 朴東赫,
朴載이－1원, 盧命煥－2원; 금곡리 李應善, 李載謙－1원, 李載萬－3원; 東三里 金
燦興, 李炳鶴, 金明善, 孫昌道, 方龍鎭－1원, 金明熙, 李敬澤－3원; 北三里 金得
□, 金得鍊－1원, 朴永觀－2원, 金麗俊－3원, 金錫龜－5원; 蓮里 鄭術默－1원, 東
里 李基玉, 李東燮, 李賛庠, 李承燮－1원

· 『동아일보』 1934.4.30

檀君陵修築誠金 卄七日 委員會接收分/강동군 만달면 仁興里 朴基浩, 林鳳鎭, 高
冠祚, 李興根, 朴元緒, 金基澤, 金基鵬, 申聖德, 金生淵, 朴用龜, 尹洛永, 金在坤,
金仁洙, 朱仁涉, 李淳道－1원, 金永俊－1원50전, 朴勝朝, 朴勝寬, 郭子賢, 高炳强
－2원, 朴基鎭－10원; 金玉里 白養善, 申亨模, 裴致彦, 白奎煥－1원, 金夏均, 安在
杰, 金公烈－2원; 貨泉里 朴承知－1원

· 『동아일보』 1934.5.5

檀君陵修築誠金 一日 委員會接收分/경성 茶屋井 徐正錫－2원, 필운동 趙乙午－

50전, 樓下洞 張英基－50전; 龍川 楊光面 龍游洞 崔永殷－1원; 달성군 수성면 地
上洞 金成業－50전; 합천군 大井面 宋智用, 宋寅永, 李右山, 李善寬, 宋台永, 宋奎
用, 宋順用, 宋根用, 宋斗用, 宋國用－10전; 담양군 객사리 姜宗元－2원, 姜宗律－
1원, 姜南山, 姜振秀, 姜漢秀－50전, 宋基柱氏타자기완성 축하회비 잔액－2원40
전, 평북 价川邑內 文命浩－1원; 성천군 靈泉面 柳洞里 韓廷珏－1원; 경성부 桂洞
中央高普2년생 金章鎬외 39인－5원66전; 경기 여주군 점동면 長安里 長振야학강
습회 대표 閔景植－1원14전; 논산군 동면 益尺里 趙南衡－50전; 경성 樓下洞 南
氏－1원; 경성재판소 구내 변호사사무소 京城法友會－3원; 서산군 音岩面 道堂里
崔斗鋪－3원50전; 황주군 청수면 金光面 池夏濬－1원; 경성 서린동 金用茂－10
원, 金禹善－50전; 경성 계동 金觀鎬－1원; 경북 안동군 일직면 遠湖洞 徐富動외
3인－1원30전; 제주도 翰林 金春岡－1원; 충북 청원군 本町 朴扶樓－1원; 경북
마산부내 明道燠, 金炯轍－3원, 李榮宰, 金轍斗, 金九鉉, 宋錫宇－2원, 呂海, 金在
□, 金炯在－1원, 羅寅漢－50전, 李相滿－5원; 합천군 율곡면 林北里 李莫－20
전; 함양군 마천면 君子里 韓琪錫－20전; 함양군 휴천면 文山里 李宗煥－40전; 함
양군 석하면 栢淵里 金奉洙－50전; 함양군 석하면 竹谷里 梁址煥－1원; 함양군
석하면 上洞 朴應權, 朴기秉, 李宗彦－30전, 高繼玉－50전; 함양군 석하면 下洞
朴泰洪－50전; 중화군 당정면 龍海里 尹永甲－3원; 평양부 水玉里 劉炳基－1원;
순천군 후탄면 玉村 金益泰－1원

· 『동아일보』 1934.5.17

檀君陵修築誠金 十五日 委員會接收分/평북 □川郡 鄭錫酒－1원; 강동 □湖里
金秉初－2원, 洪鎭□－50전

· 『동아일보』 1934.5.20

檀君陵修築誠金 十七日 委員會接收分/양양군 양□면 淸溪里 孫貞弼, 崔昌一, 崔
文善－20전, 禹永宵－30전, 康薦祥－50전; 鳳溪里 朴淳厚－20전, 陽德公普校生徒
金永□－20전, 權再容－10전; 강동군 봉진면 蓮里 鄭術默－1원; 東里 李基玉, 李
東振, 李寅□, 李承爕－1원; 姑城里 林貞煥, 金□□, 李根萬－1원, 李□□－2원,
李□□－3원, 全學善, 金相贊－5원; 下端里 金益□, 趙益三, 尹錫□, 李始燦－1원,
趙□□, 趙光涉－2원, 朴始煥－3원; 外端里 洪在禧, 李景植, 李慶植, 李□善, 韓□
烈－1원; 鳳湖里 洪永其, 洪□□, 洪□俊－1원, 洪□爕－50전; 新里 □琪容－20
전, 金濟化, 金行鎭－1원; 中端里 朴東元, 朴東壽, 朴□□－1원, 盧命煥－2원

- 『동아일보』 1934.5.23

檀君聖陵附近에 共同養魚와 植樹 江東의 新名勝地를 築成(江東)/단군릉에서 50 정보 떨어져 있는 芝里의 뒷산 밑에 있는 7060여평 되는 큰 못(깊이 6~7척)은 동리 근처에 있어 경치도 아름답고 長流水로 흘러 동리에 유일한 복리를 주는 못으로(백두산상에 있는 池와 동일한 쌍을 이룸) 아직 이용하지 못하고 있어 유감이었다. 동리 유지 黃錫柱, 韓士珍, 朱正基, 朱炫柱 등의 발기로 53호가 1차 협력하여 70여원되는 경비로 池堤를 수축하고, 금년 봄에 동민들이 협심하여 300여일을 들여 못 중앙에 근 섬을 만들어 경승지를 조성한 바, 공동양어하기로 하고 잉어 1만마리를 당국에 청구하였는데 강동군에서는 농촌 유일의 부업으로 장려하여 총독부 당국에 교섭하여 총독부에서는 댓가없이 잉어 종자 1만마리를 기증했다. 6월 15일 경에는 조선총독부수산시험장인 진해양어장에서 잉어 1만마리를 보낼 준비중이고, 못주위에는 뽕뿌리나무 만여주를 동민이 공동식수를 하였는데 이는 10년 계획으로 10년후면 잉어 1마리에 50전, 나무 1주에 50전씩만 수입이 된다고 하더라도 1만여원에 수입이 될 것이라고 한다

- 『동아일보』 1934.7.3

檀君陵修築誠金 卅日 委員會接受分/경성 李載甲－1원; 평양 鮮于상, 羅一鳳, 鮮于仁淑, 李奎燮, 盧得柱, 李秉鎭, 金德商, 孫昌淑, 金一鎭, 金鳳翼, 尹任聖, 李裕根, 李義英, 金晶燮, 鮮于珉, 趙好善, 尹경, 吳泰玉, 朴在昌－1원, 黃錫龍, 韓容, 崔晶煥, 金鑌根, 盧光潤, 李炳濬, 鮮于奎, 李연熙, 安井鎬, 金正商－2원, 田德龍, 盧永勳, 南汝伯, 金昇鎬－3원; 강동 원탄면 上里 李鼎實－2원; 고천면 道德里 李□聲－4원

- 『동아일보』 1934.7.11부터 7.20

檀君聖蹟 九月山登覽誌 今古靈場인 白岳宮[全6回][安民世]

- 『동아일보』 1934.10.28

今年 상달 초사흗날 檀君陵祭를 擧行, 來十一月九日 江東에서 陵修築委員會도 開催(江東)/수축위원들은 11월 9일 읍내에서 수금위원회를 열고 그간의 경과를 보고하고, 앞으로의 진행방향을 토의, 음력으로 10월 3일이어서 단군능제도 성대하게 거행할 계획

- 『동아일보』 1934.11.11

檀君陵修築消息; 石物은 거의 完成 陵修築은 明春에 모혀든 誠金은 겨우 三千

圓, 期成會서 委員會開催/지난 9일 강동명륜당에서 위원회 전원이 회집하여 회장 김상준의 사회로 경과보고와 상황을 보고하고 능 수축과 수호각 건축을 토의 및 석물에 관한 상황을 논의. 총예산이 7천원 가량인 바 아직 3천원에 지나지 않으므로 앞으로 일층 더 활동하여 사업의 목적을 달성하기까지 임원 제씨에게 부탁하고 5시에 해산, 우선 석물을 조영하기 위해 평양 金俊澤 석물공장에 주문하여 지난 5월부터 착공한 바 거의 완성되었는데, 아직 비문 각자를 맞추지 못하고 그 외 원체는 전부 완성하였으나 아직 운반하지 못하고 있음. 건립은 내년 봄에 모두 마무리할 계획

· 『동아일보』 1934.11.11

五十餘名 參詣下에 檀君陵祭를 擧行. 상달 초사흗날 오전 九시부터 江東各面의 有志가 모여[寫]/예정과 같이 강동, 원탄, 고천, 삼등, 봉진, 만달 등 각 면에서 모인 제관이 기성회장 김상준을 비롯하여 50여명의 참석으로 11시까지 제향을 거행, 초헌관 宋柱淳, 아헌관 洪大修, 종헌관 朴元三, 典祀官 朴鼎實, 執禮 金永□, 大祝 白觀洙, 奉香 韓基淳, 奉爐 金元杰, 奉爵 許基柱, 奠爵 朱基鳳, 贊引 金聲淑

· 『동아일보』 1935.2.2

내 地方 當面 問題, 平南江東篇; 檀君陵修築事業/勝湖里 達山 幼稚園 問題/평남 강동군은 고려 인종 14년부터 강동이란 명칭이 지금까지 내려오는 옛 고을인 만큼 우리 조선 민족의 시조인 단군의 聖陵이 바로 강동읍 大朴山麓에 자리를 잡은 것은 역사가 증명하는 바요, 또 세상이 널리 아는 바라. 조선안에 다른 지방에 없는 聖蹟이 우리 강동지방에 있게됨은 참으로 자랑할 만 하다. 그러나 반만년 기나긴 세월에 풍마세우로 헐리고 무너져 그 흔적조차 잃게된 것이 오늘의 현실이다. 날마다 그것을 눈물로 바라보던 능하의 주민들이 마침내 재작년 5월 20일(음력 4월 15일) 명륜당에서 수축기성회가 처음으로 회집하여 회장 김상준씨 사회로 40여 대표들이 수축사업 실행방침을 토의한 것이 이 사업의 첫 소리이다. 처음 이런 사업을 시작한다는 소식이 본보에 실리자 강동군은 물론이오 동경 고학생과 원주 폐병환자까지도 눈물겨운 성금을 비롯하여 각 지방에서 성금이 답지하여 현재 3천여원에 달한 것이다. 기성회역원들은 일층 분발하여 불면불휴로 사업도달에 성의를 다하여 활동하던 중 이미 석물은 거의 치공하여 금춘기에 건설하게 되어 있으나 수호각은 아직 착수하지 못하였다. 이 사업이 본래 중대한 사업이니 만큼 그리 용이하게는 되지 못하나 그렇다고 어느 때까지 끌어갈 수 없는 형편이라 금후 속히

완성에 도달하여야 될 것인데, 아직 처음 설계에 성금이 도달치 못하고 일반적으로 성의가 미급한 것이 사실이라 하겠다. 이 사업인 즉 우리 강동지방에 국한한 것이 아니오 전조선적으로 우리민족으로 누구나 각자의 사업이 아니리오. 그러나 우리 강동에 당면한 사업인지라 누구를 의뢰하고 태연히 연장한다는 것은 우리 강동인사의 열성이 부족함으로 써이다. 전군을 통하여 아직까지 이에 성의가 없는 연고이라 하겠다. 이 사업이 즉 우리 강동의 자랑이오 조선의 자최이다. 그 뿐이랴. 그 한걸음 더 나아가서 세계적으로 꾸미는 장식품이니 우리 강동 인사여! 분발하여라! 이 중대한 사업에 모두 역꾼이 되어 하루바삐 성과를 맺자!

· 『동아일보』 1935.4.18

大朴山下 檀君 聖陵 修築工事를 進行 修護建築材料를 사드리고 石物刻字도 거이 完成(江東)/소호각 건축할 재목과 개와 등을 거의 매입하고 방금기지 매수에 진력하는 중이며, 비석 등도 거의 완성되어 각자중이라 하는데 머지않아 공사에 착수 할 계획

· 『동아일보』 1935.4.23

檀君陵修築 封墳工事着工 明倫堂에서 會合決議期成會 積極活動(江東)/강동군 단군릉수축기성회에서는 지난 17일 총대회로 30여명이 강동명륜당에 회집하여 능수축에 대해 제반토의하고, 성금수합 및 공사진행방법 등을 결의하고, 금후 착착 공사를 진행할 계획을 결의하 후 산회, 마침 현재 있는 담장을 헐어버리고 능묘의 봉분을 돋우기로 하여 지난 20일부터 공사에 착수하여 진행중이며 그 외 제반 공사도 뒤를 이어 계속할 것이라함

· 『동아일보』 1935.4.26

檀君陵修築誠金 江東期成 委員會 接受/강동군 강동면 龍伏里 李桓龍－30전, 朴崙洙, 張一鳳, 李貞燮, 張一龍, 金大植－50전, 李昌述, 金錫範, 金元極－1원, 崔仁淳－2원, 金機衡－5원, 徐學魯－10원; 강동면 龍興里 李文基, 李允甫, 林鍾應－50전, 劉鎭涉, 劉京鎭, 李時彦, 李天勳－1원, 李燦奎－2원, 李昌奎－3원; 花岡里 李景玕－2원; 봉진면 하단리 金鳳龍－1원; 강동면 上里 徐敬燁－3원; 하리 金得祿, 孫泰彦, 李永燮－30전, 孫萬吉, 邊成楫, 孫敬鉉－50전, 孫元俊－1원; 고천면 壽里 李秉舜, 李翊龍－1원; 泉踏里 金祥황－50전, 金贊奎, 金榮翊, 金亨彬－1원; 원탄면 圓興里 李恩燮, 李昌根, 李性淳－1원50전; 탑하리 田裁耕－50전; 黑龍里 金炳道－50전, 徐相範－1원; 慟岩里 李昇龍, 李雄祿, 李龍淑, 李永夏, 李萬祚－1

원, 李貞旭-2원, 李洪洙-3원, 李正旭-10원, 봉진면 鳳塘里 洪秉健, 洪養淳, 洪
淳軒-1원, 金鎭周-2원, 洪大修-10원; 성천군 通仙面 德岩里 金順德-5원; 삼
등면 石□里 白樂三-30전

· 『동아일보』 1935.7.30

檀君陵修築 今秋에는 完成, 奉陵과 陵碑는 工事終了 追慕의 誠金도 遝至中(江
東)/그간 奉陵 공사는 마치고 석물은 평양 金俊澤 석물공장에서 착공하여 오던중
단군룡비는 각자를 필하고, 수축사적비를 각자중인데 사자는 평양 稟田 趙秉源이
쓰게 되었고 상석은 평양 李景히 석물공장에서 치석중 원체 큰 몸돌인만큼 운반이
곤란하리라 하며 금주에는 공부 전부가 완성되리라 한다. 강동군 고천면 三成里
趙承五-50전, 李彌化, 趙元杰, 林承一-1원, 李達伯, 李文玉-2원, 朴秉直-10
원; 馬鶴里 禹觀奎, 金道鉉, 金子鼎-50전, 禹聲訖, 金奎鼎, 金呂洪, 金俊燮, 崔秉
德-1원, 高在信, 李景甲-2원; 冠鶴里 丁相華, 李尙道, 李慶俊, 禹應夏, 金觀燮-
50전, 金鎭涉, 李仲觀-1원; 龍泉里 韓國善, 金景雲-1원, 丁三淵, 金鴻漸-2원,
丁景說-3원, 金鴻達-5원; 文隅里 李陽燮-1원, 李復燮-10원; 대동군 남형제산
면 業村里 李敎植-10원

· 『동아일보』 1935.10.31

修築中床石安置코 檀君陵에 對祭饗, 十月三日 有志들이(강동)[寫]/아직 끝나지
않았으나 근일 상석만은 안치되었고, 기타 석물은 거의 완성된 바 담장은 내년 봄
완성되리라고 한다. 지난 음력 10월 3일 제관 30여명이 모여 상석을 안치한 후 처
음으로 제향을 했다고 함

8) 외국에서의 단군숭배

· 『동아일보』 1928.3.15

三百年 긴 風霜에 年年繁昌하는 檀君子孫, 壬辰年에 渡日한 陶工卄二姓, 鹿兒島
高麗村現狀, 歸國한 沈壽官氏가 說明, 개천절과 승천일에 高麗裳 高麗歌 및 神劍
을 들고 춤을 추어 神祖檀君崇奉, 玉山神祠에서 단군을 제일 높은 신으로 섬겨 온
동리가 진심으로 섬긴다고 三百年綿綿한 祖上崇拜

· 『동아일보』 1935.1.1

예전부터 제일 유명한분은 단군입니다. 나라를 처음 만드신 임금입니다. 4267년

전[어린이 색션]·제일 오래 임금하신 분은 高句麗太祖王; 九十四年間在位

· 『신한민보』 1918.1.3

러시아 블라디보스톡 단군 탄일을 경축/한인학교 학교생도 230~40명과 일반 국민은 경축대를 지어 태극기를 높이 들고 한인촌을 한번 돌아 성황이 대단하여 국혼을 불러일으켰다더라

· 『신한민보』 1918.9.19

해외한인/재미한인(하와이, 멕시코포함)/대한인국민회/기념행사. 대황조 단군 탄생일, 제 4251회 기념/연전에 중앙총회로서 각 지방총회에 공문을 발송하여 이날을 국경명일로 지킴을 훈시한 바 외외탕탕한 성덕을 사모하는 우리 후손은 이날의 장중한 예식을 받들어 행함이 마땅함

· 『신한민보』 1920.10.21

해외한인/재미한인(하와이, 멕시코포함)/대한인국민회/기념행사, 단군기념식/뉴욕에 있는 동포들이 10월 3일 국민회 지방회관에 단군탄일 기념식을 거행

· 『신한민보』 1921.10.13

해외한인/재미한인(하와이, 멕시코포함)/대한인국민회/지방회, 다뉴바의 단군성탄기념

· 『신한민보』 1921.10.13 경축문

9) 단군과 관련한 비행

· 『동아일보』 1928.1.8

1920년 남작을 사칭한 金永洙가 단군을 모신다는 명분으로 神理宗教會를 만들어 대법사라는 직함으로 농민들을 우롱하여 돈을 빼앗음

10) 해방후 단군과 관련한 행사

· 『동아일보』 1945.12.14

聖祖檀君 天眞奉安式/16일 단군전 봉건회 주최로 시내 社稷町 대종교당 시사무소 봉안당에서 국조의 천진봉안식을 거행하기로 했는 바, 김구 주석을 비롯하여 임시정부 요인 각종교문화단체의 유지 다수도 참석할 예정, 이번 단군천진은 池聖彩 작품

• 『동아일보』1945.12.17

　檀君 天眞奉安 臨時政府 要人參拜[寫]/16일 14시 시내 사직동에 있는 대종교 강당에서 단군 성조 천진봉안식 거행, 임시정부 요인 조소앙, 洪震 등을 비롯하여 일반인 다수 참여, 高平의 사회로 천진봉안예배願禱, 神告文낭독, 내빈 축사 등의 순서로 이루어짐

• 『동아일보』 1946.3.15

　檀君殿 奉建會 開催/단군전 봉건회는 전국적으로 국조봉제의 정신과 사업을 일으키기 위해 3월 17일 오후 1시 사직공원내 단군전봉건회 회관내에서 개최할 계획, 토의내용은 전각건축 및 경비에 관한 건

• 『동아일보』 1946.4.13

　檀君御天節 十六日 慶賀式擧行/대종교 남도본사에서 16일(음력 3.3) 10시 어천절 기념식을 엄숙히 거행키로

• 『동아일보』 1946.6.15

　檀君文化講演會/ 대종교 청년회에서 16일 오후 1시 영락정 동회에서 단군 문화진흥강연회를 개최키로 함

• 『동아일보』 1946.6.17

　檀君殿 奉建에서 天眞奉安을 決議/단군전 봉건회에서 13일 정기총회를 열고 단군천진의 임시봉안을 창경원내 명정전으로 즉시 실행할 것을 결의

• 『동아일보』 1946.6.22

　四百萬圓을 本社에 寄託 檀君奉安事業과 京大에 各百萬圓 李博士, 金九總理에도 各百萬圓 群山 李晩秀氏 三父子의 美擧/나의 적은 愛國熱誠에서 群山 李晩秀氏談/自然科學硏究에 李容泰氏談/고무공장을 경영하는 群山 유지 李晩秀氏 三父子가 4백만원을 기탁

• 『동아일보』 1946.7.26

　檀君殿 奉建 確定/단군전봉건회에서 21일 임시회의를 열고 본전의 제1주지를 경복궁 神武門 뒤 북악산록에, 제2주지를 翠雲亭 뒤 북악산록에 각각 정하고 규모와 양식을 현상공모하기로 함

• 『동아일보』 1947.6.10 檀君 奉建大會

• 『동아일보』 1947.10.1

　收穫의 달 十月「데모」開基祭天의「상달」檀君聖訓 바뜨러 獨立戰取에

· 『동아일보』 1948.9.2

始興에 檀君殿/시흥군에 단군 천진을 봉안코저 그간 단군전봉건회 지부를 조직
하고 관민 일체가 되어 활동하던중 드디어 지난 29일 오전 11시 시흥동 녹동서원
내 단군전에서 李淸天 장군이하 내빈 3백명이 참가한 가운데 천진봉안식을 엄숙,
성대히 거행

· 『동아일보』 1949.4.12

申趙安 三氏同行 檀君聖跡을 探訪/신익희, 조소앙, 안재홍씨는 11일 대한민국 건
국기념일을 기하여 강화도 마니산의 단군유적을 탐방

· 『동아일보』 1949.4.14 檀君聖蹟 護維會를 組織

· 『동아일보』 1949.5.4

檀君聖蹟 護維會를 結成/지난번 오세창씨를 비롯하여 백여명이 모인 가운데 檀
君聖蹟 護維會를 발기한 바 있고, 그간 준비위원회로서 신익희, 조소앙, 안재홍,
김성수, 유림, 안호상 등이 수차례에 걸쳐 예비토의를 함. 이 사업은 만민이 일치하
여 목적을 완수하기로 결의하고 지난 4월 13일 단군어천절에는 준비위원과 사계
의 권위자 30여명이 摩利天壇을 실지 답사하여 엄숙한 성지 중수가 시급함을 느끼
며 귀환. 5.7 오후 2시 시내 풍문여중에서 호유회 발기인 총회 개최하여 규약서와
발전대책토의, 임원개선이 있을 예정

· 『동아일보』 1949.5.17

自辦物力으로 檀君殿을 奉建(曾坪)/증평 거주 金基錫은 단군성조를 추모하여 민
족이 통일되어야 한다는 취지아래 증평면에 단군전을 봉건중 지난 10일 상량식을
거행

· 『동아일보』 1949.5.19

檀君歸一會 總裁에 李副統領/단군전봉건회에서는 지난번 정기총회를 개최하고
사업을 한층 더 강화하기 위해 회명을 단군귀일회라 개칭하고 각부 책임자를 선
출, 총재 이시영, 부총재 金昌淑, 池大亨, 참여 최두선, 그밖에 각 부서에 20여명이
선출

· 『동아일보』 1949.10.5

開天慶祝式 ; 檀君聖祖創業地 摩尼山塹星壇서 擧行/삼랑성 전등사 대웅보전앞
광장에서 안호상 문교부장관의 성화 점화가 장화농업중학생에 의해 제천단에 봉
안된 후 11시부터 정부요인과 관민이 참여한 가운데 개최

· 『동아일보』1949.11.30

扶餘檀君殿 天眞奉安式 盛況/부여군에서 해방후 단군전 봉건협찬회를 결성하여 1년여를 진력한 결과, 단군전이 완공되어 지난 22일 천진봉안식을 거행. 서울에서 내려온 부통령 대리 李□悅이 주재

· 『동아일보』1950.5.13

曾坪檀君殿 天眞奉安式/17일 오전 10시 천진봉안식 거행

· 『동아일보』1950.6.4

檀君聖蹟 護維事業 着工/단군성적유호회에서 단군성적을 보존하고자 강화 마리산에 기념공사를 착공했는 바 서울 및 경기도에서는 관할 초중등학도들의 모은 헌금 5백50여만원을 헌금

· 『동아일보』1952.10.4

檀君의 偉業 길이 빗내자 어제 뜻 깊흔 開天節 議事堂서 紀念式盛況/自由精神昻揚하자 申民議院 議長記念辭/國防部서도 慶祝式擧行/10월 3일 신 민의원의장, 김대법원장 등 각부처장 전원참석하여 국회의사당에서 거행

· 『동아일보』1952.10.11

단군전 봉안제 거행/시흥리에서 10월 3일 중앙관계관 및 지방유지가 참여하여 단군전 봉안제 거행

· 『동아일보』1953.10.3

오늘 開天節 檀君의 聖業 받들어 國土統一에 總邁進하자/단군은 강화도 제천단을 만들고 친히 제천의식을 거행

· 『동아일보』1955.10.11

檀君殿 奉安祭 擧行(始興)/동면 시흥리에서 10월 3일 중앙관계관 및 지방유지가 참여하여 단군전 봉안제 거행

· 『동아일보』1956.9.8

天眞奉安式嚴修 古事式으로 異彩(大邱)/달성공원내 구신사 건물을 위요하고 시당국과 단군성전기성회간에 분규가 계속되고 있다고 하는데, 기성회측에서는 이 건물을 접수한다고 옴에 5일 단군성진을 모시는 천진봉안식을 각계 유지 천여명이 모인 가운데 엄숙히 거행. 노인들은 한복 외장 아래 순 古事式을 채택한 것이 이채를 띄움

· 『동아일보』1959.2.10 一然과 歷史哲學 ; 檀君神話에 관한 考察[上](韓相璉)

・『동아일보』 1959.2.11 一然과 歷史哲學 ; 檀君神話에 관한 考察[下](韓相璉)

・『동아일보』 1960.9.3

  檀君銅像建立請願, 李承晚동상자리에/3・1운동 당시에 학생대표로 독립선언서를 낭독한 鄭在鎔옹은 2일 곽 민의원 의장에게 단군동상을 남산 李承晚동상 철거자리에 건립해달라고 청원

・『동아일보』 1961.1.31

  檀君殿奉建會 결성/29일 1시 五도청회의실에서 발기인 백여명이 모여 檀君殿奉建會 결성, 회장 金炳魯 부회장 成元慶, 안호상, 尹在根, 金相敦 이사장 金錫源 부이사장 鄭天祐 상무이사 申哲鎬 이사 金山, 曺國鉉, 方銅石, 姜容求, 吳德根, 姜聖模

・『동아일보』 1962.8.23

  檀君銅像建立 崇寧會서 推進/단군숭녕회 중앙본부는 단군동상건립추진위원회 위원장에 李興秀 부위원장 鄭天祐 白南學을 선임

・『동아일보』 1962.8.29

  檀君銅像과 崇寧殿 推進委構成 서울에 建立/단군동상건립추진위원회는 서울에 단군동상과 숭녕전을 세우기로 하고 최고고문에 박정희 의장, 명예의장에 李寬求를 추대. 국조를 봉안하여 건국 이념을 높이고 민족의 정신통일을 꾀하기 위해, 고문 柳達永 趙鎭滿 李甲成, 지도위원 崔德新 金相万 張基榮 林錫珍 林鍾滿 金正雨

・『동아일보』 1962.9.29

  檀君銅像模型을 完成 崇寧會서 建立費三千萬원計上/단군숭녕회는 남산에 건립할 檀君銅像模型을 完成, 조각가 文貞化 작품, 30척의 石臺에 20척의 좌상, 동상의 오른편-을지문덕, 왼편-충무공, 총공사비 3천만원

참고문헌

1. 자 료

1) 고려~조선시대

사 서 ─『삼국사기』,『삼국유사』,『제왕운기』,『고려사』,『고려사절요』,『기년
동사약』,『기년아람』,『대동장고』,『동국사략』,『동국역대총목』,『동국
통감』,『동국통감제강』,『동사강목』,『동사례』,『동사보유』,『동사절요』,
『동사찬요』,『동전고』,『삼국사절요』,『연려실기술』,『표제음주동국사
략』,『해동역사』,『국조보감』,『승정원일기』,『역대세년가』,『열성어제』,
『용비어천가』,『응제시주』,『일성록』

실 록 ─『태종실록』,『세종실록』,『단종실록』,『세조실록』,『성종실록』,『선조
실록』,『숙종실록』,『영조실록』,『정조실록』,『고종실록』,『순종실록』

지리지 ─『경상도지리지』,『신증동국여지승람』,『평양지』,『동국여지지』,『여지
도서』,『대동지지』,『관서읍지』(1871),『관서읍지』(1895),『강동지』
(1935),『山水志』(洪世泰 編)

문 집 ─『경암집』(吳汝撥, 1570~1635),『고당집』(金圭泰),『관암전서』(洪敬模),
『국담집』(朴壽春, 1572~1652),『기언』(許穆, 1595~1682),『눌재집』(梁
誠之),『대동장고』(洪敬模, 1774~1851),『대은선생실기』(邊安烈),『東
國十志』(裵象鉉, 1814~?),『동국이상국집』(이규보),『동리집』(李殷相,
1617~1678),『두실오언』(李煥模),『명고전집』(徐明膺),『무명자집』(尹
愭, 1741~1826),『반계잡고』(柳馨遠),『비와집』(鄭重岱, 1691~1762),
『석재집』(尹行恁, 1762~1801),『설암잡저』(秋鵬),『성소복부고』(許筠,
1569~1618),『성호전집』(李瀷),『수산집』(李種徽),『순오지』(洪萬宗,
1643~1725),『식산집』(李萬敷, 1664~1732),『쌍매당협장집』(李詹),『약
산만고』(南九萬),『약천집』(南九萬),『양촌집』(權近),『여암전서』(申景
濬, 1712~1781),『연파시초』(金進洙, 1797~1865),『연천집』(洪奭周,
1774~1842),『원교집』(李匡師),『월저당대사집』,『이계집』(洪良浩, 1724~

1802), 『이재전서』, 『임하필기』(李裕元), 『입재유고』(姜再恒), 『위암문고』(張志淵), 『전주사가시』(李德懋, 1741~1793), 『정재집』(朴泰輔, 1654~1689), 『珠淵選集』(고종), 『청장관전서』(李德懋), 『청학집』(趙汝籍), 『총사』(洪敬模), 『추재집』(趙秀三, 1762~1849), 『춘관통고』(柳義養), 『택당집』(李植, 1584~1647), 『풍암집화』(柳光翼, 1713~1780), 『학주전집』(金弘郁, 1602~1654), 『한강집』, 『해동악부』(李福休), 『해동이적』(黃胤錫), 『허백당집』(成俔, 1439~1504), 『호곡집』(南龍翼, 1628~1692), 『홍재전서』(정조), 『회헌선생실기』(安珦)

2) 한말~일제강점기

신문·잡지

『대구매일』, 『대한매일신보』, 『동아일보』, 『매일신보』, 『신한민보』, 『조선일보』, 『조선중앙일보』, 『중외일보』, 『황성신문』, 『서우』 1(1906.12), 『개벽』 10(1921.4), 『삼천리』 10-5(1938.5)

국내자료

高裕相, 1930, 『五千年 朝鮮歷史』.

金 洸, 1928, 『大東史綱』.

김교헌, 1914, 『신단실기』.

金宗漢, 1924, 『朝鮮史略』.

金澤榮, 1902, 『東史輯略』.

金澤榮, 1905, 『歷史輯略』.

대종교 편, 『단조사고』.

朴容大, 1908, 『增補文獻備考』.

朴晶東, 1908, 『初等大東歷史』.

朴海默, 1924, 『半萬年 朝鮮歷史』.

安鍾和, 1909, 『初等本國歷史』.

魚允迪, 1915, 『東史年表』.

元泳義·柳槿, 1906, 『新訂東國歷史』.

柳 槿, 1908, 『初等本國歷史』.

俞星濬, 1908, 『大東歷史略』.

張道斌, 1925, 『朝鮮偉人傳』.

金輔鍵 편, 1933, 『箕城儒林名家世誼譜』, 평양 강서읍내 三共印刷所.

장도빈, 1936, 『평양지』, 평양상공사.

鄭寅琥, 1906, 『初等大韓歷史』.

鄭鎭洪, 1937, 『檀君敎復興經略』.

조원시(Jones, George Heber), 1903, 『국문독본』.

學 部 편, 1895, 『朝鮮歷史』.

學 部 편, 1899, 『東國歷代史略』.

玄 采, 1899, 『東國歷史』.

『대한민국건국십년지』.

『대한제국직원록』.

1949.2, 『民族正氣의 審判』.

『일본제국직원록(조선총독부편)』.

『조선소요사건관계서류 메타정보 관리』.

『조선신사대동보』.

『조선은행회사조합요록』 1927, 1929, 1931, 1933.

『조선총독부관보』.

『조선총독부및소속관서직원록』.

『조선총독부시정25주년기념표창자명감』.

『친일파관련문헌, 反民者罪狀記』.

『親日派群像』.

『한국근현대인물자료』.

1934.10.24, 『神武天皇 御東遷記念祭 寄附金 募集의 件』(史朝庶 第587號).

조선총독부 중추원 편, 1921.3.9, 「中樞院 의원 후보자추천의 건」(平南 人秘 제 151호).

반민족행위특별조사위원회, 1949.2.4, 『반민특위조사기록, 피의자신문조서(조병상)』.

1949.3.16, 『반민특위조사기록, 공판청구서(조병상)』.

1949.4.7, 『반민특위조사기록, 공판조서 1회(조병상)』.

1949.5.28, 『반민특위조사기록, 피의자신문조서 2회(현준호)』.

1949.6.1, 『반민특위조사기록, 피의자신문조서 2회(홍종철)』.

『반민특위조사기록, 진정서 홍종철, 白寬洙 外』.

『韓民族獨立運動史資料集』 13(三一運動 Ⅲ), 「三·一 獨立宣言 關聯者 訊問調 書(일반시위자조서)」.

『韓民族獨立運動史資料集』 14(三一運動 Ⅳ), 「三·一 獨立宣言 關聯者 訊問調 書(檢事調書)」.

『韓民族獨立運動史資料集』 14(三一運動 Ⅴ), 「三·一 獨立宣言 關聯者 訊問調書(예비조서)」.
『윤치호일기』.
尹昌漢, 1936(尹定孝, 1984), 『雲庭日史』.
『丹齋申采浩全集』.
『白巖朴殷植全集』.
「단군릉기적비」.

일본자료

菅原龍吉, 1875, 『啓蒙朝鮮史略』.
伴蒿蹊, 『舊記集錄』.
林　曳, 1666, 『東國通鑑』.
林泰輔, 1892, 『朝鮮史』.
조선총독부, 1915(1995, 민족문화 영인본), 『朝鮮古蹟圖譜』.
조선총독부, 1916, 『朝鮮半島史編成の要旨及順序』.
重野安繹·久米邦武·星野恒, 1888, 『國史眼』.
幣原坦, 1924, 『朝鮮史話』.
弦間孝三, 1934, 『平壤大誌』, 衛生彙報社.
廣瀨憲, 1924, 「檀君傳說と平壤」 『古朝鮮と平壤』, 平安南道敎育會.
今西龍, 1921, 「檀君考」 『朝鮮古史の硏究』.
那珂通世, 1894, 「朝鮮古史考」 『史學雜誌』 5-4.
稻葉岩吉, 1922, 「朝鮮の文化問題」 『支那社會史硏究』.
白鳥庫吉, 1894, 「檀君考」 『學習院輔仁會雜誌』 28.
日本歷史地理學會 編, 1911, 「朝鮮遺蹟調査略報告」 『歷史地理』 17-2.
黑板勝美, 1916.11, 1916, 「大同江附近の史蹟」 『朝鮮彙報』.

사전

단국대 동양학연구소, 2001, 『한화대사전』, 단국대출판부.
諸橋轍次, 『大漢和辭典』.

2. 저 서

강동군지편수위원회, 1984,『江東郡誌』.

고하선생전기편찬위원회, 1965,『古下宋鎭禹先生傳』.

김동환 역, 2006,『단조사고』, 한뿌리.

김성환, 2002,『高麗時代의 檀君傳承과 認識』, 경인문화사.

김성환, 2009,『조선시대 단군묘 인식』, 경인문화사.

김린서, 1962,『韓國敎會殉敎史와 그 說敎集』, 신앙생활사.

사회과학원 력사편집실 엮음, 1994,『단군과 고조선에 관한 연구론문집』, 사회
    과학출판사.

사회과학출판사, 1994,『고조선력사개관』.

사회과학출판사, 2001,『조선지명편람(평양시)』.

사회과학출판사 편, 2003,『우리민족의 원시조 단군』.

송호정, 2004,『단군, 만들어진 신화』, 산처럼.

신종원 엮음, 2005,『일본인들의 단군 연구』, 한국학중앙연구원.

윤이흠 외, 1994,「檀君 硏究史」『檀君; 그 理解와 資料』, 서울대출판부(1997,
    증보『檀君; 그 理解와 資料』, 서울대출판부).

윤이흠·서영대·김성환·이욱·장장식·최종수, 2009,『강화도 참성단과 개천대제
    』, 경인문화사.

이만열, 1990,『丹齋 申采浩의 歷史學 硏究』, 문학과지성사.

이영헌, 1985,『한국기독교사』, 컨콜디아사.

이영화, 2003,『崔南善의 歷史學』, 경인문화사.

이형구 엮음, 1993,『단군을 찾아서』, 살림터.

이형구, 1999,『단군과 고조선』, 살림터.

장우진, 2000,『조선 민족의 발상지 평양』, 사회과학출판사.

장우진, 2002,『조선 민족의 력사적 뿌리』, 사회과학출판사.

장우진, 2002,『조선민족의 원시조 단군의 유골감정보고』, 사회과학출판사.

全成坤, 2005,『日帝下文化ナショナリズムの創出と崔南善』, 재이앤씨.

조동걸, 1998,『現代韓國史學史』, 나남출판.

한국학문헌연구회 편, 1983,『佛國寺誌(外)』, 韓國寺志叢書 11, 아세아문화사.

허종호 등, 1999,『고조선력사개관』, 사회과학출판사.

3. 논 문

1) 국 문

강돈구, 2000,「새로운 신화 만들기－재야사학계에 대한 또 다른 이해－」『정신문화연구』 78, 한국정신문화연구원.

강룡남, 1996,「단군에 대한 고구려사람들의 리해와 숭배」『력사과학』 1996-2.

강룡남, 2004,「단군에 대한 우리 선조들의 리해와 숭배」『조선고대사연구』 2, 사회과학출판사.

강인숙, 1999,「단군의 출생지에 대하여」『력사과학』 1999-3, 과학백과사전종합출판사.

권승안, 2003,「동방문명국건설에 이바지한 단군의 신하들」『민족문화유산』 2003-3, 조선문화보존사.

권오영, 2003,「단군릉 사건과 대동강문화론의 전개」『북한의 역사만들기』, 푸른역사.

김두진, 2000,「단군에 대한 연구의 역사」『한국사시민강좌』 27, 일조각.

김명섭, 2008,「발해의 령역확장에 반영된 고구려계승의식에 대한 고찰」『력사과학』 206.

김봉환,「강동과 성천일대에 분포되어 있는 단군 및 고조선 관계지명에 대하여」『력사과학』.

김성문, 1989,「朝鮮史編修會의 組織과 運用」『한국민족운동사연구』 3, 한국민족운동사연구회.

김성미, 2003,「단군릉기적비」『민족문화유산』 2003-3(누계 11), 조선문화보존사.

김성준, 2006,「고려의 서경(평양)중시정책에 대하여」『김일성종합대학학보』 396.

김성환, 1992,「朝鮮初期 檀君認識」『明知史論』 4, 명지사학회.

김성환, 1996,「고려시대 강화지역의 단군숭배」『대학원논문집』 1, 명지대대학원.

김성환, 1996,「高麗時代 三聖祠의 檀君崇拜」『백산학보』 46, 백산학회.

김성환, 1998,「高麗時代 平壤의 檀君傳承」『문화사학』 10, 한국문화사학회.

김성환, 1999,「단군신화의 기원과 고구려의 전승」『단군학연구』 3, 단군학회.

김성환, 1999,「檀君傳承의 類型(Ⅰ)」『中央史論』 12·13합집, 중앙사학연구회.

김성환, 1999,「檀君傳承의 類型(Ⅱ)」『사학지』 32, 단국대 사학과.

김성환, 2000,「高麗時代 妙香山의 檀君傳承」『명지사론』 11·12, 명지사학회.

김성환, 2000,「高麗 前·中期의 檀君認識」『백산학보』57, 백산학회.

김성환, 2000,「단군신화의 기원과 고구려의 전승」『단군학연구』3, 단군학회.

김성환, 2003,「高麗時代의 檀君傳承과 古朝鮮 認識」『단군학연구』8, 단군학회.

김성환, 2005,「고려왕실의 '龍孫'認識－神聖認識에 관한 예비적 검토－」『동봉 신천식교수정년기념사학논총』, 경인문화사.

김성환, 2006,「일제강점기 ≪강동지≫의 편찬과 내용」『한민족연구』1, 한민족 학회.

김성환, 2006,「대종교계 사서의 역사인식－상고사 인식을 중심으로－」『한민 족연구』2, 한민족학회.

김성환, 2006,「대종교 관련 필사본「佈明本敎大旨書」에 대하여」『단군학연구』 14, 단군학회.

김성환, 2006,「고려시대 단군관의 역사적 정립」『白山學報』75, 백산학회.

김성환, 2006,「朝鮮時代 檀君墓에 관한 認識」『한국사학사학보』13, 한국사학 사학회.

김성환, 2007,「일제강점기「檀君陵記蹟碑」의 건립과 단군전승」『사학연구』86, 한국사학회.

김성환, 2008,「단군 연구사의 정리와 방향－단군릉 발굴 이후 역사학 분야 성 과를 중심으로－」『단군학연구』18, 단군학회.

김성환, 2008,「강화도 단군전승의 이해와 인식－문집 자료를 중심으로－」『인 천학연구』8, 인천학연구원.

김성환, 2009,「국가제사에서의 단군과 참성단 제사」『강화도 참성단과 개천대 제』, 경인문화사.

김성환, 2009,「전통시대의 단군묘 인식」『고조선연구』1, 고조선학회.

김세준, 2008,「고조선건국전설과 부여건국전설의 호상관계」『민족문화유산』 30.

김송현, 2006,「동명왕제사를 통하여본 고구려의 조선적 성격」『北方史論叢』9, 고구려연구재단.

김영관, 2005,「고구려 동명왕릉에 대한 인식변화와 東明王陵重修記」『고구려 연구』20, 고구려연구회.

김유철, 2006,「고조선은 군주제가 지배한 고대국가」『김일성종합대학학보』 387.

김은택, 2004,「고구려는 고조선의 계승국」『력사과학』2004-3.

김철수, 2004,「<강계고>에 반영된 단군조선 관계 력사지리 자료에 대한 고찰」

『력사과학』 2.

김현우, 2005, 「고조선의 건국시조 단군의 출생지에 대하여」『력사과학』 193.

로승민, 2000, 「≪평양지≫의 사료적 가치」『력사과학』 174(2000년 1호).

리광희, 2007, 「고구려의 왕호에 대한 몇가지 고찰」『력사과학』 202.

리기원, 「단군 및 고조선의 지명과 '정주읍도록'에 대하여」『력사과학』.

리기원, 1996, 「성천의 옛 지도 ≪성주읍도록≫에 반영된 단군 및 고조선관계 지명에 대하여」『력사과학』 157(1996년 제1호).

리명철, 2008, 「위대한 수령 김일성동지께서 고조선, 고구려, 고려시조왕릉들의 개건발굴사업을 이끄신 현명한 령도」『김일성종합대학학보』 417.

리 성, 2007, 「단일민족의 유구성을 긍지높이 노래한 ≪제왕운기≫」『민족문화유산』 25.

리성호, 2003, 「고려시기의 '4선'과 단군숭배관념에 대하여」『사회과학원학보』 2003-4(40), 사회과학원학보편집위원회.

문 혁, 2007, 「단군과 조선민족의 형성」『민족문화유산』 27.

박걸순, 2004, 「白巖 朴殷植의 古代史 認識論」『植民地 시기의 歷史學과 歷史 認識』, 경인문화사.

박광용, 1997, 「檀君 認識의 變遷」『韓國史學史研究』-우송조동걸선생정년기념논총(Ⅰ).

박광용, 2000, 「북한학계의 단군 인식과 '단군릉' 발굴」『역사비평』 52, 역사비평사.

박선미, 2006, 「근대사학이후 고조선사 연구의 현황과 쟁점」『한국사학보』 23, 고려사학회.

박선애, 2007, 「조선총독부의 문화재 '보존'사업과 전시동원」『역사와 경계』 65, 부산경남사학회.

박옥성, 2007, 「위대한 수령 김일성동지의 현명한 령도밑에 동명왕릉을 발굴하기위한 투쟁」『김일성종합대학학보』 399.

박종서, 1998, 「한말 국가제사의 변화에 대한 사회학적 연구」, 서울대 석사학위논문.

박혜령, 1999, 「민족주의 전통담론과 단군의 수용」『실천민속학연구』 1, 실천민속학회.

사회과학원, 1993.10, 「단군릉 발굴 보고」.

사회과학원, 1994, 「단군릉발굴보고」『단군과고조선에관한연구론문집』, 사회과학출판사.

서영대, 1987, 「檀君崇拜의 歷史」『정신문화연구』 32, 한국정신문화연구원.

서영대, 1994,「檀君關係 文獻資料 硏究」『檀君-그 이해와 자료-』, 서울대출판부.

서영대, 2000,「신화이해의 역사적 변천-북한의 경우를 중심으로-」『정신문화연구』78, 한국정신문화연구.

서영대, 2001,「한말의 檀君運動과 大倧敎」『韓國史硏究』114, 한국사연구회.

서영대, 2006,「조선후기 선가문헌에 보이는 상고사 인식-단군문제를 중심으로」『한민족연구』2, 한민족학회.

서영수, 2007,「고조선사의 연구 쟁점과 역사 현장-남북한 학계의 연구를 중심으로-」『고조선사 연구의 현황과 쟁점』, 고조선사연구회 제4회 학술발표회자료집.

서용국, 2008,「≪단군기≫에 반영된 고유명사표기의 특성과 후기표기와의 관계」『조선어문』151.

손영종, 2005,「단군 및 고조선관계 비사들에 대한 리해」『단군과 고조선 연구』, 지식산업사.

송호정, 2005,「재야사학자들의 환상적인 고대사 인식과 그 문제점-단군과 고조선사 인식을 중심으로-」『청람사학』12, 한국교원대 청람사학회.

신형식, 1988,「汕耘 張道斌의 歷史認識-古代史觀을 중심으로-」『汕雲史學』2, 산운학술문화재단.

양영걸, 2007,「고려는 동방강국 고구려의 계승국」『민족문화유산』26.

오강원·윤용구, 2003,「북한학계의 고조선·단군 연구 동향과 과제」『북한의 한국사 연구동향(1)』, 한국정신문화연구원.

오영철, 2007,「고구려령역인식에 대한 력사적 고찰」『력사과학』201.

우미영, 2006,「근대 여행의 의미 변이와 식민지/제국의 자기 구성 논리-묘향산 기행문을 중심으로-」『동방학지』, 연세대 국학연구원.

유준기, 2001,「1910년대 전후 일제의 유림 친일화정책과 유림계의 대응」『한국사연구』114, 한국사연구회.

윤병석, 2002,「朴殷植의 민족운동과 한국사 서술」『韓國史學史學報』6, 한국사학사학회.

이선복, 1997,「최근의 '단군릉' 문제」『한국사시민강좌』21, 일조각.

李成市, 1999,「黑板勝美(구로이타 가쓰미)를 통해 본 식민지와 역사학」『한국문화』23, 서울대 한국문화연구소.

이순자, 2007,「일제강점기 고적조사사업 연구」, 숙명여대박사학위논문.

이영화, 2002,「崔南善 壇君論의 전개와 그 변화-檀君에서 壇君으로, 壇君에서 檀君으로-」『한국사학사학보』5, 한국사학사학회.

이영화, 2005, 「최남선의 단군론과 민족주의」『한국 근현대의 상고사 담론과 민족주의』, 한국학중앙연구원.

이지원, 1993, 「1930년대 民族主義系列의 古蹟保存運動」『東方學志』77·78·79, 연세대 국학연구원.

이지원, 2004, 『日帝下 民族文化 認識의 展開와 民族文化運動-民族主義 系列을 중심으로-』, 서울대교육학박사학위논문.

이필영, 1994, 「檀君 研究史」『檀君;그 理解와 資料』, 서울대출판부.

이형구, 1995, 「단군릉 기적비 비문」『단군과 단군조선』, 살림터.

이형구, 1999, 「단군과 고조선사 연구의 현황과 과제」『단군학연구』1, 단군학회.

장규식, 1997, 「해방정국기 中間派 知識人 吳箕永의 현실인식과 국가건설론」『김용섭교수정년기념한국사학논총』, 한국사학논총간행위원회.

전주농, 1963, 「전동명왕릉 부근 벽화무덤」『각지유적 정리보고』, 과학원출판사 (1985, 「東明王陵附近の壁畵古墳」『五世紀の高句麗文化』, 雄山閣).

정영훈, 1995, 「檀君과 近代 韓國民族運動」『한국의 정치와 경제』8, 한국정신문화연구원.

정영훈, 2001, 「근대 한국에서의 단군민족주의」『한국민족운동사연구』29.

정영훈, 2004, 「대종교와 단군민족주의」『단군학연구』10, 단군학회.

정욱재, 2005, 「『檀祖事攷』 저술에 관한 검토」『韓國史學史學報』12, 한국사학사학회.

정창열, 1985, 「韓末의 歷史認識」『韓國史學史의 研究』, 을유문화사.

조법종, 1999, 「古朝鮮關聯研究의 現況과 課題-단군인식을 중심으로-」『단군학연구』창간호, 단군학회.

조법종, 2005, 「한국 고대사회의 고조선·단군인식 연구-고조선·고구려시기 단군인식의 계승성을 중심으로」『先史와 古代』23, 한국고대학회.

조현설, 2000, 「동아시아 신화학의 여명과 근대적 심상지리의 형성-시라토리 쿠라키치, 최남선, 마오둔(茅盾)을 중심으로」『민족문학사연구』16, 민족문화사학회.

조현설, 2006, 「근대계몽기 단군신화의 탈신화화와 재신화화」『민족문학사연구』32, 민족문학사학회.

조희숙, 2004, 『유구한 력사를 자랑하는 단군조선』, 사회과학출판사.

佐佐充昭, 2003, 「한말·일제시대 檀君信仰運動의 전개-大倧敎·檀君敎의 활동을 중심으로-」, 서울대종교학과박사학위논문.

최몽룡, 1994, 「단군릉 발굴에 대한 몇 가지 이견」『한국상고사학보』15, 한국상고사학회.

최석영, 2002, 「한말 일제강점기 國家祭禮 공간의 변화」『한국사연구』118, 한
　　국사연구회.

최인철, 2000, 「전조선왕조의 존속기간」『력사과학』176·177(2000년 2·3호).

최인철, 2004, 「규원사화의 사료적 가치」『력사과학』2.

최혜주, 1998, 「시데하라(幣原坦)의 顧問活動과 한국사연구」『國史館論叢』79,
　　국사편찬위원회.

2) 일문·중문

堀田幸由, 2005, 「北朝鮮におげる'始祖檀君'敎化の政治的背景」『東亞世亞地域
　　研究』12.

佐佐木五郎, 1941, 「平壤附近の傳說と昔話」『旅と傳說』14-9(통권 165), 東京
　　三元社.

佐佐充昭, 2000, 「檀君ナショナリズムの形成－韓末愛國啓蒙運動期を中心に－」
　　『朝鮮學報』174, 朝鮮學會.

佐佐充昭, 2000, 「檀君ナショナリズムの形成－1894～1910を中心に－」『宗敎
　　研究』73-4, 宗敎研究會.

佐佐充昭, 2001, 「韓末における檀君敎の·重光·と檀君ナショナリズム」『朝鮮
　　學報』180, 朝鮮學會.

宗　岩, 2003, 「朝鮮的箕子陵與檀君陵」『中國東北邊疆研究』, 中國社會科學出版
　　社.

이 책에 실린 논문들 대부분은 최근 발표한 것들이다. 책을 내면서 약간의 수정을 하였으며, 두 편의 논문은 새로운 것이다. 그 출전은 다음과 같다.

Ⅱ-1. 2005, 「≪강동지江東誌≫의 편찬과 단군릉수축운동檀君陵守築運動」『한민족연구』1, 한민족학회.
Ⅱ-2. 「단군릉수축운동檀君陵守築運動의 주도단체」-신고新稿
Ⅱ-3. 2009, 「단군릉수축운동檀君陵守築運動의 전개」『대동문화연구』67, 성균관대 대동문화연구원.
Ⅲ-1. 2007, 「단군릉기적비檀君陵記蹟碑와 단군전승」『사학연구』86, 한국사학회.
Ⅲ-2. 2009, 「단군릉수축운동과 기성회장 김상준金商俊 일가」『백산학보』84, 백산학회.
Ⅲ-3. 「단군릉수축운동檀君陵守築運動의 성격」-신고新稿

<Abstract>

The Improvement Campaign of the Tangun Royal Mausoleum under the Period of Japanese Colonial Rule

Kim, Sung-hwan

A work local to Kangdong(江東), the Kangdongji(Geography of Kangdong) as a local material of Kangdong is considered to be the third result linking two works from the Joseon period. Two works are different. The compilation dating from the Joseon period consisted of works intended to teach aspects of traditional society, but this work was to make sure material for a colonial policy of the government-general of Joseon. This appears often in this material.

The Confucian association of Kangdong taken the lead in this book, centering around the geography and lives of important figures in Kangdong. Because the purpose of compilation was to establish a local government, we can suppose that the focus was on a period contemporaneous with the compilation of Kangdongji as well. Especially the item of current men consist of 156 persons, at that time they were active in the place. Another the remarkable fact is that many of those men participated in an "improvement campaign" focusing on the Tangun royal mausoleum(檀君陵).

This thesis utilizes Kangdongji to attain an effective understanding of the improvement campaign on the Tangun's tomb. Much information about the participants in this campaign can be found in the sections dealing with the item of current men. Analyzing this material can lead to a more effective understanding of this campaign.

The movement to explain Tangun's tomb during the period of Japanese occupation went beyond the mere historical aspect. One of the results of this expanded concept was the Repair Movement of Tangun royal mausoleum. Danjosago(檀祖事攷) and Sindansilgi(神檀實記) as the history book of Daejonggyo(大倧敎) show a general understanding of the cloth burial and also a successor, but Jang Ji-yon(張志淵) situation is misunderstood. They do, however, mention the excavation of Tangun's tomb site. On the other hand, Tangun Denial Theory of Japanese national scholars was fully based on Imanisi Ryu(今西龍). The brunt of their attack of Tangun's tomb has at its basis the fact that great grave in the record of Sejongsilryok Jiriji(Geography of Sejongsilryok) records the site as Tangun's tomb Dongkukyeojisungram(Geography of Joseon). Of course, this passage set forth nothing more than the acknowledgement of the deification of Tangun in the Pyeongyang legend, which was composed of the combination of the fate story of Myeohyang mountain God and Pyeongyang wizard.

In contrast, Jang Do-bin(張道斌) strives for a concrete understanding of Tangun's tomb in Pyongyangji(Geography of Pyongyang). Tangun had dead at Guwol mountain, but because he was buried in the vicinity of the ancient city of Pyeongyang, his tomb is considered to be a founder tomb of Tangun Joseon and there are Wanggummyeo(王儉墓), Gumsan(檢山・儉山), Gumsanryeong(儉山嶺) and other grave sites in the area as emperor's tomb of Hu Joseon(後朝鮮). This perspective was based on a unique historical view from the end of the 18th century which held the center of ancient Joseon to be in the basin of Daedong river(大同江) rather than in Manchuria. It was a view which had sprung out of an extension of the belief in the existence of the plural of Tangun's grave site.

This perception of Tangun's tomb was expanded and spread. From this dissemination, the concept of Tangun Nationalism emerged as an exaltation of national pride based on the recovery of the nation's power. Born of the times, the Tangun's Tomb Repair Society was made up targeting the people of the Kangdong region and centering on the consciousness of pro-Japanese tendencies. This resulted in the pausing of the installation of a stone altar in front of Tangun's tomb on National Foundation Day in 1935, but this was completed during the final operation consisting of a Tangun commemorative monument the following National Foundation Day. This event was supported by Confucian Scholars Association in the Kangdong(江東明倫會), 1923 → Mutual Aid Association for Tangun's tomb repair(壇君墓守護契) of Pyeongnam Confucian Union, 1929 → Supporting Association for Tangun royal mausoleum repair(檀君陵修築期成會), 1932 → Kangdong Mutual Aid Association (江東鄉約) and Supporting Association for Tangun royal mausoleum repair, 1934. The formal name of Supporting Association for Tangun royal mausoleum repair was Supporting Association to build T-shrine for Tangun royal mausoleum. The inauguration of the Supporting Association for Tangun royal mausoleum together with its earnest preparations produced plans for repairing the tomb, the scale of which, at the outset, was comparable to that of Gija's tomb in Pyeongyang and Emperor Dongmyeong'e tomb in Junghwa. These plans, however, could not easily be carried out by the people of Kangdong alone. In any case, the repair movement was guided by the invisible presence of pro-Japanese sentiment. In spite of this, Donga-Ilbo ran a significant active donation campaign, the motives of which could be assigned to concentrating the will of the Korean people during Japanese occupation using the concept of Tangun Nationalism.

Tangun's tomb was a symbolizing of Kangdong county. Thus, the magistrate of Kangdonghyeon visited every year in spring and autumn since king Jeongjo and the sacred October festival brought all Kangdong people together. Thus it is natural that the people of Kangdong wanted to ensure that promote concern about both Tangun and his tomb, the last vestige of his existence. This desire was in no way dampened by the period of Japanese occupation. To the people of Kangdong, Tangun's tomb was an essential element, one representing both their historical and cultural origins and even during the occupation period, much effort was spent on a series of repairs. From the consciousness of the crisis brought on by the occupation of a foreign power, the historical aspect of the perception of Tangun's tomb moved beyond the local scene. Concerns about the tomb were naturally expanded from Kangdong county and Pyeongannamdo province to the whole of Korea. The group leading the Tangun's Tomb Repair Movement during the Japanese occupation was Kangdongmyeongryunhoe(Kangdong Confucian Association); its main goal lay in forming T-shrine for Tangun royal mausoleum. Proposing conferral of tomb status to the Korean empire's Tangun grave site while demanding the formation of facilities comparable to those of the Gija and Emperor Dongmyeong's tombs, they became the starting for the groups.

Caught in the political vortex of both the destruction of the Korean empire and the Japanese occupation, however, their demands were doomed to failure. As the occupation took root, the colonial administrators actively exploited them especially in regard to the Supporting Association for Tangun royal mausoleum repair formed in 1933, which had failed to reach its objectives dealing with the repair movement. In October 1935, the celebration of Tangun's tomb was effectively finished. Donga Ilbo reported on the event in detail and contributed much in addition through its campaign appealing to the national sensibilities of Koreans to raise concern about their historical origins, but the efforts could only die in an uncompleted campaign. Even so, Supporting Association for Tangun royal mausoleum repair had set a precedent for active participation by the people of Kangdong County. And yet, the repair movement of this time showed definite limitations, in that its leaders were made up of colonial officials such as Gim Sang-jun(金商俊) [the headman of Kangdong county] and a member of Pyeongando council as well as other pro-Japanese individuals. This was due to the colonial cultural policies of the Japanese Governor General of Korea being permeated.

Tangun's tomb has traditionally been considered to be a fictional construct of the Joseon period. In the late Joseon period, however, scholars began to think of it as one of several royal tombs in the early Joseon period. To gain a better understanding about the background of the improvement campaign centering on Tangun royal mausoleum under Japanese rule, one should consider the theory of Jang Do-bin(張道斌), who understood mausoleum located in Kangdong county to be the founder tomb of Tangun Joseon, or Old Joseon. He also maintained that many of the royal tombs of Tangun Joseon and Gija Joseon periods still exist in the area of Pyeongando. This belief is based on a new understanding that multiple Tangun tombs existed in Kangdong county.

Under Japanese colonial rule, various groups, mostly Confucian adherents, established a foundation to renovate Tangun royal mausoleum in Kangdong county, Pyeongannamdo. The action committee for the improvement of Tangun royal mausoleum organized such as Mutual Aid Association for Tangun tomb repair, Kangdong Mutual Aid Association. Most of these Confucian followers were pro-Japanese. It means that this improvement campaign processed in the center of them. On the other hand the collect contributions for the improvement of Tangun royal mausoleum was connected with the theory of Tangun, which Choe Nam-seon(崔南善) written for Donga Ilbo column.

The monument consists of the leading to the renovation of Tangun's tomb under Japanese rule. There are written letters all sides. The front side comes under epitaph and the others are made up monument. The details consist of the birth, role of the founder of a nation, reign and death of Tangun and lack of courtesy for successive generations worship and justification on the mending movement of an association for the realization of a plan.

There are premised the recognition that Tangun constitutes the beginning of Joseon history and culture. Tangentially, the contents are mixed with Kogi(古記) type and Ungje-si(應製詩) type. Also these transmissions have a connection with the historical view of Dangungyo(檀君敎), which holds that Hwanin(桓因), Hwanung(桓雄) and Hwangum(桓儉) are not only three gods but a divine trinity. The Tangun transmission at the Kangdong county is based on a regional legend that the area was the site of Tangun's birth, flourishing, and death. There contains traditional transmission, influence of Dangungyo and the Confucian union at the Kangdong county, that they were the propensity of pro-japanese.

Many people participated in the improvement campaign of Tangun royal mausoleum as a form of resistance against Japanese colonial policy. The collection of contributions for these improvements were recorded in the Donga Ilbo on demand for several years. This trend was linked in Tangun nationalism, which was very of specious at the time; examine this partial view from the perspective of Tangun nationalism. There included a drift to attain the colonial policy of the was Joseon government-general. Studies the problem from both viewpoints can lead in understands the issue objective. This paper intend to the study of the Gim Sang-jun family who taken the lead in the action committee for the improvement of Tangun royal mausoleum. It's objective is to research the character of the improvement campaign of Tangun royal mausoleum in detail.

The precise name of Supporting Association for Tangun royal mausoleum repair, the organization founded in the 1930's by residents of Kangdong with pro-Japanese sympathies was Supporting Association to build T-shrine for Tangun royal mausoleum. Its goal was the expansion of the facilities in Tangun's tomb to a level comparable to that of Gija and Emperor Dongmyeong's tomb and the establishment of concrete safeguards. However the first goal of the safeguards could not be reached. In regards to this point, the people of Kangdong county had created a base of participation, but this had been propped up by the Administrative powers of Kangdong county represented by the magistrate of Kangdong, which meant that the participation had been carried out under the leadership of the former and present chiefs of the township.

On the monument of Tangun's tomb, a register of 68 person names under that of the chairman were carved. They reflected, however, merely the results of two reorganizations of the restoration society. There was a difference between the rosters of the society created during the actual establishment of the society and its first reorganization. Among the participants in the period between the establishment and second reorganization, the names of 88 people have been able to be confirmed. If one excludes from these the names of people whose roles were duplicated and people whose names cannot be read due to abrasion of the stone, one can confirm 72 person names. At the time of the establishment of the Supporting Association in 1932, the under the chairman was being managed by a core set of people living in Kangdong-myeon, but the board of directors selected two or three people and distributed them among each township in an attempt to actively induce participation throughout the Kangdong county region. The age brackets of these workers broke down as follows: For the chairmen, vice-chairmen, secretaries, and accountants, the ages ranged from 50~60 years, the directors of commercial affairs were mainly in their 40's, and the directors of each township were in their 50's or sixties. The distribution of each family name at the end of the 19th century, with the exception of the Jang of Haeju moved in there was made up of the family name of the residing for generations in Kangdong. The first and second reorganizations of the restoration society were carried out in order to strengthen chairman Gim Sang-jun's system and institute activities to gather donations. During the first reorganization, 159 people were instituted as each township directors, a very large number. While these 159 directors, participating in the affairs of Confucian temples or otherwise involved in Confucianism, had a relatively high importance, there were a certain number of Christians included in these numbers as well. In addition to these groups, there were also the heads of townships with pro-Japanese sentiments. When one considers these chiefs and the representative of each township, one could understand the interminable efforts by the Supporting Association for Tangun royal mausoleum repair and Kangdong county to secure with the people. The second reorganization placed the various directors on an even administrative level centered around the committee chairman who managed them. It also created a seven-man department of party affairs to push construction forward while appointing 48 bill collectors to ensure actual results pertaining to the donation drives.

Among this constitution of the committee, the Gim of Kimhae, being of Chairman Gim's family understandably dominated, and one can confirm that with the exception of two participants from the Baek of Suwon, each one among nine family of the residing for generations in Kangdong participated. This shows distribution two persons each township and hints at the existence of regional allotment. When considering the personality of the repair movement and the restoration committee, one must first consider the inclinations of Chairman Gim Sang-jun. One can read pro-Japanese sentiments in both his former and subsequent paths of life. These can also be confirmed through the head of society department in the Governor General as well as through his own son in the leader of police. One can also watch the repair committee's characteristics through his active participation at the time of magistrate, head of township during the period of colonial rule, township boarder and others, before actively supporting the restoration committee's activities as an advisor. Also, when examining the characteristics of the repair movement, one must consider the background of the Pyeongnam Confucian Union leading the restoration committee's Confucian Scholars Association in the Kangdong and Mutual Aid Association for Tangun's tomb repair, which was at the end of the 1930's. Pyeongnam Confucian Union exhibiting pro-Japanese sentiments through conciliatory gestures to the Governor‑General. The Dangungyo has also been thought to exercise some influence, even if it was of little significance to the repair movement.

During the 1920's and 30's, improvement campaign of Tangun royal mausoleum became the center of Confucian Scholars Association in the Kangdong. Built on the foundation of legends of the Kangdong region, this group was formed under the steady influence of pro-Japanese Confucist circles and Dangungyo as a conciliatory measure to the Governor-General's policies. One can grasp the true nature of this group, centered as it was in the Kangdong region, by this research. One cannot analyze the topic of other regions' participation in improvement campaign of Tangun royal mausoleum. It is a topic that much be approached from a different angle working from research that crosses different borders.

Key Words : Kangdongji(江東誌), Confucian Association of Kangdong(江東明倫會), Improvement Campaign of Tangun royal mausoleum(檀君陵修築運動), Mutual Aid Association for Tangun's tomb repair(壇君墓守護契), Kangdong Mutual Aid Association(江東鄉約), Supporting Association for Tangun royal mausoleum repair(檀君陵修築期成會), Theory of Tangun(壇君論), Monument of Tangun's tomb(檀君陵紀蹟碑)

찾아보기

ㄱ

*학술원 우수학술 도서　　**문화관광부 우수학술 도서